Diseño interior y cubierta: RAG

Traducción de
Alfredo Brotons Muñoz, revisada por el Equipo Editorial

Título original: *A People's History of the World*

© Bookmarks Publications Ltd., 1999, 2002

© Verso, 2008

© Ediciones Akal, S. A., 2013, 2018
para lengua española
Sector Foresta, 1
28760 Tres Cantos
Madrid - España
Tel.: 918 061 996
Fax: 918 044 028
www.akal.com

ISBN: 978-84-460-4617-2
Depósito legal: M-25.323-2018

Impreso en España

La otra historia del mundo

Una historia de las clases populares desde la Edad de Piedra al nuevo milenio

Chris Harman

akal

ARGENTINA / ESPAÑA / MÉXICO

¿Quién construyó Tebas la de las siete puertas?
En los libros encontraréis los nombres de los reyes.
¿Acarrearon los reyes las piedras?
Y Babilonia, muchas veces destruida,
¿quién la construyó otras tantas? ¿En qué casas
de Lima, la resplandeciente de oro, vivían los obreros?
¿Adónde, la noche que se acabó la Muralla China,
fueron sus constructores? Roma la grande
está llena de arcos de triunfo. ¿Quién los erigió? ¿A quiénes
vencieron los césares? Bizancio, tan loado en canciones,
¿sólo tenía palacios para sus habitantes? Incluso en la fabulosa Atlántida,
la noche que el mar se la tragó,
los que se ahogaban seguían llamando a gritos a sus esclavos.
El joven Alejandro conquistó la India.

¿Estaba solo?
César derrotó a los galos;
¿ni siquiera un cocinero lo acompañaba?
Felipe de España lloró cuando su armada
se hundió. ¿Fue el único en llorar?
Federico II venció en la Guerra de los Siete Años, ¿quién
más venció en ella?
Cada página, una victoria.

¿Quién guisó el banquete para los vencedores?
Cada diez años un gran hombre.
¿Quién pagaba la factura?

Tantas crónicas.
Tantas preguntas.

Bertolt Brecht, «Preguntas de un obrero ante un libro»
[*Poemas y canciones,* Madrid, Alianza, 1973, p. 91]

Las preguntas planteadas en el poema de Brecht piden respuestas a gritos. Darlas debería ser la misión de la historia. Esta no debería considerarse como ámbito exclusivo de un pequeño grupo de especialistas o como un lujo para quienes se lo puedan permitir. La historia no es una «bobada», como afirmó Henry Ford, pionero de la producción en masa de automóviles, enemigo acérrimo del sindicalismo y admirador de primera hora de Adolf Hitler.

La historia versa sobre la secuencia de acontecimientos que conformaron las vidas que llevamos hoy en día. Es el relato de cómo llegamos a ser lo que somos. Su comprensión resulta clave para el descubrimiento de hasta qué punto podemos cambiar el mundo en el que vivimos. «Quien controla el pasado controla el futuro» es una de las consignas de los totalitarios que controlan el Estado en la novela de George Orwell *1984:* los habitantes de los palacios y los comensales de los banquetes descritos en las «Preguntas» de Brecht siempre se la han tomado en serio.

Hace unos veintidós siglos, un emperador chino decretó la pena de muerte para quienes «utilizaran el pasado para criticar el presente». Los aztecas trataron de destruir las huellas de los estados anteriores cuando conquistaron el valle de México en el siglo XV, y los españoles intentaron destruir todas las huellas aztecas cuando, a su vez, conquistaron la región en la década de 1520.

Las cosas no han sido tan diferentes en el siglo XX. Llevar la contraria a los historiadores oficiales de Stalin o Hitler comportaba penas de cárcel, exilio o muerte. Hace sólo treinta años, a los historiadores españoles no les estaba permitido hacer averiguaciones sobre el bombardeo de la villa de Guernica, ni a los historiadores húngaros investigar los acontecimientos de 1956. Más recientemente, en Grecia, unos amigos míos fueron procesados por poner en duda la versión oficial sobre cómo este se había anexionado gran parte de Macedonia antes de la Primera Guerra Mundial.

La represión estatal abierta puede parecer relativamente rara en los países industriales de Occidente. Pero hay métodos más sutiles de control que son omnipresentes. En el momento en que escribo estas líneas, el Nuevo Laborismo gobernante está insistiendo en que las escuelas deben hacer hincapié en la historia británica y en sus logros, y en que los alumnos deben aprender el nombre y las fechas de los grandes personajes británicos. En la educación superior, los historiadores más acordes con las opiniones oficiales siguen siendo los únicos en recibir honores, mientras que los que ponen en tela de juicio tales opiniones tienen vetados los puestos universitarios clave. «Transigir, transigir», esa sigue siendo «la manera de ascender».

Los gobernantes llevan desde la época de los primeros faraones (hace 5.000 años) presentando la historia como una lista de «logros» propios y de sus antepasados. Son esos «grandes hombres» los que se supone que construyeron las ciudades y los monumentos, los que trajeron la prosperidad, los responsables de las grandes obras o victorias militares... mientras que, a la inversa, de todas las desgracias en el mundo se hace culpables a los «malos». Las primeras obras de historia fueron listas de monarcas y dinastías, conocidas como «Listas de reyes». El aprendizaje de listas parecidas seguía formando una parte nada desdeñable de la historia impartida en las escuelas británicas hace cuarenta años. El Nuevo Laborismo –y la oposición *tory*– parecen querer restablecerlo.

Para esta versión de la historia, el conocimiento consiste simplemente en la capacidad para memorizar esas listas, a la manera de alguien aquejado de hipermnesia o de un jugador de *Mastermind*. Es una versión «Trivial Pursuit» de la historia que no ayuda en nada a la comprensión ni del pasado ni del presente.

Existe otro modo de considerar la historia, en oposición consciente al enfoque «grandes hombres». Se ocupa de los casos particulares y cuenta su historia, en ocasiones desde el punto de vista de los participantes corrientes. Esto puede resultar fascinante. Los programas –incluso canales enteros– de televisión que utilizan tal material gozan de una enorme popularidad. Los escolares a los que se les presenta muestran un interés muy rara vez despertado por el antiguo método de «reyes, fechas y acontecimientos».

Pero tal «historia desde abajo» quizá pase por alto algo de tanta importancia como es la interconexión de los acontecimientos.

La simple empatía hacia las personas participantes en un acontecimiento no puede producir por sí misma la comprensión de las fuerzas mayores que determinaron sus vidas y siguen determinando las nuestras. No se puede, por ejemplo, comprender el ascenso del cristianismo sin comprender el ascenso y caída del Imperio romano. No se puede comprender el florecimiento del arte durante el Renacimiento sin comprender las grandes crisis del feudalismo europeo y el avance de la civilización en los continentes no europeos. No se pueden comprender los movimientos obreros del siglo XIX sin comprender la Revolución industrial. Y no se puede comenzar a entender cómo la humanidad llegó a su situación actual sin comprender la interrelación en que se hallan estos y otros muchos acontecimientos.

El propósito de este libro es tratar de procurar tal visión panorámica.

No pretendo dar una explicación completa de la historia humana. Faltan muchas personas y muchos acontecimientos que son esenciales para una historia detallada de cualquier periodo. Pero no es necesario conocer todos los detalles del pasado de la humanidad para comprender el modelo general que ha llevado al presente.

Fue Karl Marx quien aportó una comprensión de este modelo general. Fue él quien señaló que los seres humanos sólo han podido sobrevivir en este planeta gracias a la cooperación en el esfuerzo por asegurarse el sustento, y que toda nueva manera de procurarse dicho sustento ha requerido cambios en sus relaciones mutuas. Los cambios en lo que él llamó «las fuerzas de producción» comportan cambios en «las relaciones de producción», y estas acaban por transformar las relaciones más amplias en el conjunto de la sociedad.

Sin embargo, tales cambios no se producen de un modo mecánico. En cada situación los seres humanos escogen entre seguir una senda u otra, y en sus conflictos sociales disputan acerca de estas elecciones. A partir de cierto momento en la historia, la manera en que las personas toman sus decisiones está conectada con su posición de clase. El esclavo hará probablemente una elección diferente de la del esclavista, como el artesano feudal respecto de la del señor feudal. Las grandes luchas a propósito del futuro de la humanidad han incluido un elemento de lucha de clases. La secuencia de estas grandes luchas constituye el esqueleto en torno al cual crece el resto de la historia.

Este enfoque no niega el papel de los individuos o de las ideas que estos propagan. Lo que sí hace es insistir en que el individuo o la idea sólo pueden desempeñar un cierto papel condicionado por el desarrollo material previo de la sociedad, por la manera en que las personas se procuran el sustento y por la estructura de las clases y los estados. El esqueleto no es lo mismo que el cuerpo vivo. Pero, sin el esqueleto, el cuerpo no tendría solidez y no podría sobrevivir. La comprensión de la «base» material de la historia es una precondición esencial, pero no suficiente, para la comprensión de todo lo demás.

Este libro, pues, intenta ofrecer un perfil introductorio de la historia mundial, y nada más que eso. Pero es un perfil que, espero, ayudará a otras personas a comprender el pasado y el presente.

Al escribirlo, todo el tiempo he sido consciente de que he de enfrentarme a dos prejuicios.

Uno es la idea de que los rasgos clave de las sucesivas sociedades y de la historia humana han sido resultado de una naturaleza humana «inalterable». Es un prejuicio endémico en la bibliografía académica, en el periodismo dominante y en la cultura popular por igual. Los seres humanos, se nos dice, siempre han sido codiciosos, competitivos y agresivos, y eso explica horrores como la guerra, la explotación, la esclavitud y la opresión de las mujeres. Es con esta imagen del «troglodita» como se pretende explicar la sangría producida en el Frente Occidental de una guerra mundial y el Holocausto en la siguiente. Mi argumentación es muy distinta. La «naturaleza humana» tal como la conocemos hoy en día es producto de nuestra historia, no su causa. Nuestra historia incluye la modelación de diferentes naturalezas humanas, cada una de las cuales ha desplazado a la anterior al cabo de grandes batallas económicas, políticas e ideológicas.

El segundo prejuicio, muy difundido en la última década, es que, aunque la sociedad humana puede haber cambiado en el pasado, en el futuro ya no lo hará más.

Un asesor del Departamento de Estado de los EEUU, Francis Fukuyama, fue elogiado internacionalmente cuando formuló este mensaje en 1990. Estábamos asistiendo nada menos que al «final de la historia», declaró en un artículo reproducido en un montón de idiomas por periódicos de todo el mundo. Los grandes conflictos sociales y las grandes luchas ideológicas eran cosa del pasado... e infinidad de periodistas y presentadores de televisión asintieron.

En 1998, Anthony Giddens, director de la London School of Economics y sociólogo áulico del primer ministro laborista de Reino Unido, repitió el mismo mensaje en su muy publicitado y poco leído libro *La tercera vía*.

Vivimos en un mundo, escribió, «sin alternativas al capitalismo», con lo que estaba aceptando y repitiendo una suposición muy extendida, por más que insostenible.

En cuanto modo de organización de toda la producción de un país, el capitalismo apenas tiene tres o cuatro siglos de antigüedad; en cuanto modo de organización de toda la producción del mundo, como mucho 150 años. El capitalismo industrial, con sus enormes conurbaciones, la generalización de la alfabetización y la dependencia universal de los mercados, sólo en los últimos cincuenta años ha despegado en amplias partes del globo. Pero seres humanos de una especie u otra llevan sobre la tierra desde hace más de un millón de años, y los humanos modernos desde hace más de 100.000. Sería ciertamente raro que una manera de hacer las cosas que ocupa apenas el 0,5 por 100 del recorrido total de nuestra especie fuera a perdurar para siempre... a no ser que nuestra existencia vaya a ser realmente muy breve. Todo lo que los escritos de Fukuyama y Giddens hacen es confirmar que Karl Marx tenía razón al menos en una cosa: cuando señaló que «para la burguesía ha habido historia, pero ya se ha detenido».

Los últimos años de nuestra especie no han sido ninguna senda de continuo progreso ascendente. Han estado marcados por continuas convulsiones, espantosas contiendas bélicas, guerras civiles sangrientas, violentas revoluciones y contrarrevoluciones. Los tiempos en los que parecía que toda la humanidad no podía hacer otra cosa que mejorar han dado casi invariablemente paso a décadas o incluso siglos de empobrecimiento masivo y terrible devastación.

Cierto es que, pese a esos horrores, ha habido importantes avances en la capacidad de los humanos de controlar y manipular las fuerzas de la naturaleza. En ese sentido, hoy en día estamos muchísimo mejor que hace mil años. Vivimos en un mundo en el que no debería seguir habiendo personas muriendo de hambre o de frío, en el que enfermedades que antaño aterrorizaban a la gente deberían haberse erradicado para siempre.

Pero esto en sí mismo no ha acabado con la destrucción periódica de cientos de millones de vidas como consecuencia del hambre, la malnutrición y la guerra. El balance del siglo XX muestra eso. Fue el siglo en el que el capitalismo industrial se apoderó por fin de todo el mundo, de modo que ahora hasta el más remoto campesino o pastor depende en cierta medida del mercado. Fue también un siglo de guerras, matanzas, privaciones y barbarie sin parangón, hasta el punto de que el filósofo liberal Isaiah Berlin lo describió como «el siglo más terrible de la historia de Occidente». En las últimas décadas del siglo no hubo ningún indicio de que las cosas hubieran mejorado mágicamente para el conjunto de la humanidad; en ellas se produjeron el empobrecimiento general del antiguo Bloque del Este, continuas hambrunas y guerras civiles aparentemente sin fin en diferentes partes de África, casi la mitad de los habitantes de Latinoamérica acabó viviendo por debajo del umbral de la pobreza, una guerra de ocho años entre Irán e Iraq y ataques militares de coaliciones de los estados más poderosos del mundo contra Iraq y Serbia.

La historia no ha acabado, y la necesidad de comprender sus principales rasgos es tan grande como siempre. He escrito este libro con la esperanza de que ayude a algunas personas a comprenderlos.

Al hacerlo, necesariamente me he basado en los esfuerzos de numerosas obras anteriores. La sección sobre el ascenso de la sociedad de clases, por ejemplo, habría sido imposible sin los escritos del gran arqueólogo australiano V. Gordon Childe, cuyo libro *Qué sucedió en la historia* merece leerse una y otra vez, por más que en algunos importantes detalles esté anticuado. Igualmente, la sección sobre el mundo medieval debe mucho a la obra clásica de Marc Bloch y a la producción de la escuela historiográfica francesa de los *Annales,* la sección sobre las primeras décadas del siglo XX a las obras de León Trotsky, y la que versa sobre el final del siglo XX a los análisis de Tony Cliff. Los lectores con conocimientos previos advertirán muchas otras influencias, algunas citadas directamente y mencionadas en el texto o en las notas al pie, otras no menos importantes por el hecho de no recibir reconocimiento explícito. Se me vienen a la mente nombres como Christopher Hill, Geoffrey de Ste. Croix, Guy Bois, Albert Soboul, Edward Thompson, James McPherson y D. D. Kosambi. Espero que mi libro anime a la lectura de sus obras. Para los lectores que quieran ahondar en periodos particulares, al final del libro incluyo una breve lista de lecturas complementarias.

Las fechas no lo son todo en historia, pero a veces la secuencia de los acontecimientos es muy importante… y para los lectores (¡e incluso para los autores!) puede resultar difícil seguirla. Por eso, al comienzo de cada sección se encontrará una breve cronología de los principales acontecimientos de un periodo particular. Por razones similares, al final del libro incluyo glosarios de nombres, lugares y términos poco corrientes. No son exhaustivos, pero su intención es la de ayudar a los lectores de cualquier sección a comprender mejor las referencias a las personas, los acontecimientos y los lugares geográficos que en otras secciones se abordan con mayor profundidad.

Finalmente, doy las gracias a muchas personas que me ayudaron a convertir un manuscrito sin pulir en un libro acabado: Ian Birchall, Chris Bambery, Alex Callinicos, Charlie Hore, Charlie Kimber, Lindsey German, Talat Ahmed, Hassan Mahamdallie, Seth Harman, Paul McGarr, Mike Haynes, Tithi Bhattacharya, Barry Pavier, John Molyneux, John Rees, Kevin Ovenden y Sam Ashman por leer todo el manuscrito o partes de él, corregir numerosas inexactitudes y a veces obligarme a reconsiderar lo que había escrito. Ninguno de ellos, ni que decir tiene, es responsable ni de los juicios históricos que emito en diversos lugares ni de cualesquiera errores objetivos que hayan persistido. Me hallo en deuda especial de gratitud con Ian Taylor por la edición del manuscrito y con Rob Hoveman por la supervisión de la producción final del libro.

PRIMERA PARTE
El surgimiento de las sociedades de clases

Cronología

Hace 4 millones de años
Primeros simios que andan sobre dos piernas: el
Australopithecus.

Hace 1,5-0,5 millones de años
Una especie claramente humana, el *Homo erectus:*
herramientas de piedra, madera y hueso. Paleolítico Inferior.

Hace 400.000-30.000 años
Humanos neanderthales en Europa y en Oriente
Próximo: signos de cultura y probable empleo
del lenguaje.

Hace 150.000 años
Primeros «humanos modernos» *(Homo sapiens
sapiens),* probablemente originarios de África.
Viven del forrajeo (en pequeños grupos nómadas sin clases, estados u opresión sexual). Paleolítico Medio.

Hace 80.000-14.000 años
Humanos modernos llegan a Oriente Próximo
(hace 80.000 años); cruzan a Australia (hace
40.000 años); llegan a Europa (hace 30.000
años); se establecen en las Américas (hace
14.000 años). Paleolítico Superior.

Hace 13.000 años
El clima permite a algunos humanos establecerse
en aldeas de un par de centenares de habitantes
sin dejar de vivir del forraje. Mesolítico.

Hace 10.000 años
Primera revolución agrícola. Domesticación de
plantas y animales. Neolítico. Herramientas más
avanzadas, empleo de vajillas. Extensión de la
vida en aldeas. Primeras guerras sistemáticas entre grupos. Inexistencia de divisiones en clases
ni estados.

Hace 7.000 años
En Eurasia y África comienza a utilizarse el arado.
La agricultura llega al noroeste de Europa. «Caciquismo» en algunos grupos, pero sin clases ni
estados.

Hace 6.000-5.000 años
«Revolución urbana» en valles fluviales de Oriente Próximo y en el valle del Nilo, cierto empleo
del cobre.

Hace 5.000 años (3000 a.C.)
Aparecen estados en Mesopotamia y el «Imperio
antiguo» en Egipto. Primeros alfabetos, descubrimiento del bronce, clara división en clases

sociales, jerarquías sociales y templos. Primeras
pirámides hacia el 2800 a.C. Edad del Bronce.
Tendencia a considerar a las mujeres inferiores a
los hombres.

Hace 4.500-4.000 años (2500-2000 a.C.)
Florecen ciudades-estado en el valle del Indo. Sargón el Grande establece el primer imperio que
unificó el Oriente Próximo. Se erigen crómlech
en el oeste europeo. Probable civilización nubia
en el sur de Egipto.

Hace 4.000 años (*ca.* 2000 a.C.)
«Edad Oscura»: colapso del Imperio mesopotámico y del Reino Antiguo de Egipto. Hierro fundido en Asia Menor.

Hace 4.000-3.600 años (2000-1600 a.C.)
Surgimiento de la civilización «minoica» en Creta.
Revitalización de Egipto con el «Imperio medio» y del Imperio mesopotámico con Hammu-
rabi. Arranque de la revolución urbana en China. Civilización micénica en Grecia.

Hace 3.600 años (1600 a.C.)
Crisis en Egipto con el desmoronamiento del
«Imperio medio» y la entrada en el «Segundo
Periodo Intermedio». «Edad Oscura», con el
desmoronamiento de las civilizaciones cretense,
del Indo y luego micénica. Desaparición de la
escritura en estas zonas. «Edad del Bronce» en
el norte de China con el Imperio Shang.

Hace 3.000 años (1000 a.C.)
Civilización uxum en Etiopía. Crecimiento de las
ciudades-Estado fenicias en las riberas del Mediterráneo. «Revolución urbana» en «Mesoamérica» con la cultura olmeca y en la región andina
con la cultura chavín.

Hace 2.800-2.500 años (800-500 a.C.)
Surgimiento de nuevas civilizaciones en la India,
Grecia e Italia. Meroe en Nubia.

Hace 2.500-2.000 años (400-1 a.C.)
La civilización olmeca de Mesoamérica inventa su
propia forma de escritura.

Hace 2.000 años (siglo I d.C.)
Construcción de Teotihuacán en el valle de México
–probablemente la ciudad más grande del mundo–, pese a no emplear metales duros. Abando-
nada al cabo de unos 400 años. Sigue el ascenso
de las civilizaciones de Monte Albán y de los mayas en el sur de México y Guatemala.

Prólogo
Antes de las clases

El de comienzos del siglo XXI es un mundo dominado por la codicia, por las grandes desigualdades entre ricos y pobres, por los prejuicios racistas y el chovinismo, por la barbarie y las guerras espantosas. Es fácil creer que las cosas han sido siempre así y que, por tanto, no pueden ser diferentes. Tal es el mensaje transmitido por innumerables escritores y filósofos, políticos y sociólogos, periodistas y psicólogos. Según ellos, las jerarquías, las diferencias, la codicia y la brutalidad son rasgos «naturales» de la conducta humana. Es más, hay quienes los consideran como rasgos del reino animal, un imperativo «sociobiológico» impuesto por las supuestas «leyes» de la genética[1]. Son innumerables y muy populares los libros de divulgación supuestamente «científica» que propagan tal visión hablando de los humanos en términos del «mono desnudo» (Desmond Morris)[2], el «imperativo asesino» (Robert Ardrey)[3] y, de una forma más sofisticada, como programados por el «gen egoísta» (Richard Dawkins)[4].

---

[1] En realidad, tales argumentos no pueden extraerse del estudio genuinamente científico de la genética. Véase, por ejemplo, S. Rose, *Lifelines,* Londres, 1997 [ed. cast.: *Trayectorias de vida,* Barcelona, Granica, 2001]; R. Hubbard, *The Politics of Women's Biology,* New Jersey, 1990; R. Lewontin, *The Doctrine of DNA,* Londres, 1993.

[2] D. Morris, *The Naked Ape,* Londres, 1967 [ed. cast.: *El mono desnudo,* Barcelona, Círculo de Lectores, 1968].

[3] R. Ardrey, *African Genesis,* Londres, 1969 [ed. cast.: *Génesis en África: la evolución y el origen del hombre,* Barcelona, Hispano Europea, 1969].

[4] R. Dawkins, *The Selfish Gene,* Oxford, 1976 [ed. cast.: *El gen egoísta,* Barcelona, Labor, 1979].

Sin embargo, tales caricaturas a lo Picapiedra de la conducta humana sencillamente no están respaldadas por lo que ahora sabemos de las vidas de nuestros ancestros en las innumerables generaciones prehistóricas anteriores a la historia registrada. Son ingentes las pruebas científicas de que sus sociedades no se caracterizaban por la competición, la desigualdad y la opresión. Estas cosas son, más bien, producto de la historia, de una bastante reciente. Las pruebas proceden de hallazgos arqueológicos sobre patrones de conducta humana en todo el mundo que se remontan hasta sólo hace unos 5.000 años y de los estudios antropológicos de sociedades de diferentes partes del mundo que han seguido organizadas de similar modo hasta el siglo XIX y comienzos del XX. El antropólogo Richard Lee ha resumido los hallazgos:

> Antes del surgimiento del Estado y de la consolidación de las desigualdades sociales, las personas vivieron durante milenios en pequeños grupos sociales basados en el parentesco, en los cuales las instituciones nucleares de la vida económica incluían la propiedad colectiva o común de la tierra y los recursos, la reciprocidad generalizada en la distribución de la comida y las relaciones políticas relativamente igualitarias[5].

En otras palabras, las personas compartían y se ayudaban las unas a las otras, sin gobernantes ni gobernados, ni ricos ni pobres. Lee se hace eco de la expresión empleada por Friedrich Engels en la década de 1880 para describir este estado de cosas, el «comunismo primitivo». La cuestión es de enorme importancia. La antigüedad de nuestra especie (los humanos modernos, u *Homo sapiens sapiens*) supera los 100.000 años. Durante el 95 por 100 de este tiempo no se ha caracterizado en absoluto por muchas de las formas de conducta hoy en día achacadas a la «naturaleza humana». En nuestra biología no hay nada que haga ser como son a las sociedades actuales y a lo que se pueda echar la culpa de nuestras dificultades en el momento en que afrontamos un nuevo milenio.

Los orígenes de nuestra especie se remontan en las nieblas del tiempo mucho más que a 100.000 años. Nuestros ancestros remotos evolucionaron a partir de una especie de simio que vivió en África hace unos cuatro o cinco millones de años. Por alguna razón desconocida, miembros de esta especie

---

[5] R. Lee, «Reflections on Primitive Communism», en T. Ingold, D. Riches y J. Woodburn (eds.), *Hunters and Gatherers,* vol. I, Oxford, 1988.

abandonaron la vida arborícola de nuestros parientes animales más próximos, el chimpancé común y el bonobo (con frecuencia llamado el «chimpancé pigmeo»), y se pusieron a andar erectos. En su nuevo terreno consiguieron sobrevivir cooperando más que cualquier otra especie de mamífero, trabajando juntos en la fabricación de herramientas rudimentarias (como los chimpancés a veces hacen) con las que arrancar raíces, alcanzar bayas situadas a gran altura, atrapar larvas e insectos, matar animales pequeños y ahuyentar a los depredadores. El premio se lo llevó la cooperación con los demás, no la competición con ellos. Quienes no fueron capaces de aprender a adoptar tales formas de trabajo cooperativo, y los nuevos patrones de conducta mental que las acompañaban, se extinguieron. Quienes lo fueron sobrevivieron y se reprodujeron.

Al cabo de millones de años, el resultado fue la evolución de un mamífero cuya herencia genética era muy diferente de la de los demás mamíferos. Carecía de los rasgos físicos altamente especializados que permiten a otros mamíferos defenderse (grandes dientes o garras), mantenerse calientes (tupido pelaje) o huir (largas piernas). En lugar de eso, los primeros humanos estaban genéticamente programados para la flexibilidad extrema en la respuesta al mundo circundante: sabían usar sus manos para sostener y dar forma a los objetos, usar sus voces para comunicarse con los demás, investigar, estudiar y generalizar sobre el mundo circundante y, tras largos años de educación durante la infancia, transmitir sus destrezas y las cosas que habían aprendido. Todo esto requería el crecimiento de grandes cerebros y la capacidad y deseo de socialización. También llevó al desarrollo de un medio de comunicación (el lenguaje) cualitativamente diferente del de todos los demás animales, y con él de la capacidad para conceptualizar sobre cosas no inmediatamente presentes; esto es, para tomar conciencia del mundo en torno y de sí mismos como seres que lo habitaban[6]. La aparición de los humanos modernos, probablemente en África hace unos 150.000 años, fue la culminación de este proceso[7].

---

[6] La capacidad para usar el lenguaje es, según la teoría generalmente aceptada de Noam Chomsky, un rasgo genéticamente determinado de todos los humanos modernos. La conexión entre el lenguaje, la abstracción y la conciencia humana se explica en detalle en los libros escritos por el marxista ruso Voloshínov durante los años veinte, así como en la segunda parte, titulada «El trabajo», de la *Ontología* del marxista húngaro Georg Lukács.

[7] Lo que aquí ofrezco es un breve resumen de muy largos debates. Para más detalles y referencias, véanse las primeras partes de mi artículo «Engels and the Origins of Human Society», *International Socialism* 65 (invierno de 1994).

Durante los siguientes 90.000 años, grupos de nuestros ancestros se expandieron lentamente desde África hasta establecerse en otras partes del globo, proceso en el cual desplazaron a otras especies humanas, como los neanderthales[8]. Hace al menos 60.000 años habían alcanzado Oriente Próximo. Hace 40.000 años habían pasado a Europa y también habían conseguido cruzar la franja marítima que separaba a Australia del sudeste de Asia. Hace 12.000 años, como muy tarde, habían cruzado el estrecho de Bering congelado para llegar a las Américas, con lo cual se hallaban dispersos en todos los continentes con excepción de la Antártida. Los pequeños grupos que se establecían en cada asentamiento estuvieron muchas veces completamente aislados de los demás durante miles de años (la fusión del hielo hizo intransitable el estrecho de Bering, y elevó el nivel del mar hasta hacer muy difícil el paso del sudeste de Asia a Australia). Sus idiomas evolucionaron hasta hacerse muy diferentes, y cada uno acumuló su propio acervo de conocimientos y desarrolló formas distintivas de organización social y de cultura. Ciertas características hereditarias menores se hicieron más acusadas en algunos de ellos (el color de los ojos, la vellosidad, la pigmentación de la piel, etcétera). Pero la herencia genética de los diferentes grupos siguió siendo sumamente similar. Las variaciones en el seno de cada grupo eran siempre mayores que las variaciones entre ellos. Todos eran igualmente capaces de aprender el idioma respectivo, y todos tenían la misma dotación de aptitudes intelectuales. La especie humana se dividió en grupos sumamente dispersos. Pero no dejó de ser una única especie. El desarrollo de cada grupo no dependía de nada específico relacionado con su equipaje genético, sino de cómo adaptó sus destrezas manipulativas y formas de cooperación a las necesidades de subsistencia en su entorno particular. El elemento subyacente a las diferentes sociedades que aparecieron, cada una con sus costumbres, actitudes, mitos y rituales propios, fue precisamente la forma adoptada por esta adaptación.

Las diferentes sociedades compartieron ciertos rasgos comunes fundamentales hasta hace unos 10.000 años. La razón es que todas obtenían su

---

[8] Los científicos llevan un siglo discutiendo sobre la relación exacta entre los neanderthales y los humanos modernos; por ejemplo, sobre si pudo haber intercambio sexual entre ellos. Ese es un debate en el que aquí no puedo entrar. Baste decir que para el desplazamiento de los neanderthales no fue necesaria su aniquilación por los humanos modernos, según algunas «sangrientas» explicaciones de nuestros orígenes, como las de Ardrey, nos harían creer. Véase mi artículo «Engels and the Origins of Human Society» para una ampliación de este tema.

comida, su cobijo y su ropaje más o menos del mismo modo, mediante el «forrajeo»; es decir, localizando los productos naturales (frutas y frutos secos, raíces, animales salvajes, peces y crustáceos) y procesándolos para su uso. Estas sociedades eran lo que normalmente se denomina sociedades de «cazadores y recolectores» o, mejor, dedicadas al «forraje»[9].

Muchas de ellas sobrevivieron en vastas regiones del mundo hasta hace pocos siglos, y restos de algunas todavía perduran en la actualidad. Mediante su estudio, antropólogos como Richard Lee han podido extraer conclusiones sobre cómo fue la vida de toda nuestra especie durante al menos el 90 por 100 de su historia.

La realidad era muy diferente de la imagen tradicional que en Occidente nos hacemos de tales personas como «salvajes»[10] sin cultura que llevaban vidas duras y miserables en un «estado de naturaleza» consistente en una lucha enconada y sangrienta por la subsistencia, una «guerra de todos contra todos» que hacía la vida «desagradable, brutal y breve»[11].

Las personas vivían en grupos más o menos compactos de 30 o 40 individuos, que periódicamente podían unirse con otros grupos hasta alcanzar los 200 miembros. Pero la vida en tales «hordas» o «sociedades de bandas» no era, desde luego, más dura que la de muchos millones de personas que viven en sociedades agrícolas o industriales más «civilizadas». Un eminente antropólogo ha llegado a llamarlas «la genuina sociedad opulenta»[12].

En estas sociedades no había gobernantes, jefes ni divisiones de clases. Como Turnbull escribió hablando de los pigmeos mbuti del Congo: «No había dirigentes ni cónclaves formales. En cada aspecto de […] la vida tal vez había uno o dos hombres o mujeres más destacados que los demás, pero normalmente por buenas razones prácticas. […] El mantenimiento de la ley

---

[9] «Cazadores y recolectores» es una expresión algo confusa, pues los vegetales recolectados solían tener mayor presencia en la dieta de las personas que los animales cazados.

[10] De ahí el antiguo empleo de la palabra «salvajismo», *savagery,* para describir tales sociedades: un término utilizado incluso por quienes, como Lewis Morgan, Friedrich Engels o V. Gordon Childe, trataron de dar una explicación científica de su desarrollo.

[11] La frase es del filósofo inglés del siglo XVII Thomas Hobbes, pero resume la actitud de «sentido común» presente en la mayoría de los estudios sobre estas sociedades hasta los años sesenta y que todavía se encuentra en libros populares como el citado *African Genesis,* de R. Ardrey.

[12] M. Sahlins, *Stone Age Economics,* Londres, 1974 [ed. cast.: *Economía de la Edad de Piedra,* Madrid, Akal, 1977, reimp. 2018].

era un asunto cooperativo»[13]. Las personas cooperaban para procurarse los medios de subsistencia, sin inclinarse ante un gran líder ni entrar en conflictos interminables. Ernestine Friedl decía, en uno de sus estudios: «Hombres y mujeres son por igual libres de decidir cómo pasarán cada día: si irán a cazar o recolectar, y con quién»[14]. Sus hallazgos llevaron a Eleanor Leacock a la siguiente conclusión: «No había [...] propiedad privada de la tierra ni especialización laboral. [...] Las personas tomaban decisiones sobre las actividades de las que eran responsables. En cualquier actividad colectiva del grupo dominaba el consenso»[15]. La conducta se caracterizaba por la generosidad, no por el egoísmo, y los individuos se ayudaban los unos a los otros, ofreciendo al resto, antes de tomarla para sí, la comida que ellos mismos habían obtenido. Lee comenta: «La comida nunca la consume una familia sola: siempre se comparte entre los miembros de un grupo o comunidad. [...] De este principio de reciprocidad generalizada entre los cazadores-recolectores se tienen noticias en todos los continentes y en toda clase de entornos»[16]. Informa, además, de que el grupo por él estudiado, los !kung[17] del Kalahari (los llamados «bosquimanos»), «son un pueblo extraordinariamente igualitario, que ha desarrollado una serie de importantes prácticas culturales a fin de mantener esta igualdad, en primer lugar cortando las alas a los arrogantes y jactanciosos, y en segundo lugar ayudando a los menos afortunados a recuperarse»[18]. Uno de los primeros misioneros jesuitas señaló acerca de otro pueblo cazador-recolector, los montagnais del Canadá: «Los dos tiranos que atormentan a muchos de nuestros europeos no existen en sus inmensos bosques: me refiero a la ambición y la avaricia [...] ninguno entre los montagnais se ha entregado al demonio para adquirir riqueza»[19].

No había nada parecido a la guerra, como Friedl señala:

No se conocían altercados por el territorio entre los hombres de grupos forrajeros vecinos... Sino que, en conjunto, la cantidad de tiempo y energía

---

[13] C. Turnbull, *The Forest People,* Nueva York, 1962, pp. 107, 110, 124-125.

[14] E. Friedl, *Women and Men: the Anthropologist's View,* Nueva York, 1975, p. 28.

[15] E. Leacock, *Myths of Male Dominance,* Nueva York, 1981, pp. 139-140.

[16] R. Lee, *The !Kung San,* Cambridge, 1979, p. 118.

[17] El signo ! al comienzo de !kung denota un chasquido inexistente en la fonética de los idiomas indoeuropeos.

[18] R. Lee, *The !Kung San,* cit., p. 224.

[19] Padre P. Lejeune (1635), citado en M. Sahlins, *op. cit.,* p. 14 [ed. cast. cit.: p. 27].

invertidos en entrenarse para la lucha o en tomar parte en expediciones bélicas, entre los cazadores-recolectores, no es grande... Los conflictos en el seno de las comunidades normalmente se saldan con la expulsión de una de las partes en disputa[20].

Tales pruebas refutan por completo las tesis de aquellos que, como Ardrey, sostienen que toda la prehistoria de la humanidad, desde los tiempos del *Australopithecus* –el primer simio bípedo– hasta la aparición de la escritura, se basaba en el «imperativo de matar»: «Los grupos de cazadores-recolectores luchaban por los charcos de agua que rápidamente se secaban bajo el abrasador sol africano», todos somos «hijos de Caín», «la historia de la humanidad ha dependido del desarrollo de armas superiores [...] por necesidad genética»; y, por tanto, sólo un delgado barniz de «civilización» oculta un instintivo «gusto por la masacre, la esclavitud, la castración y el canibalismo»[21].

Esto es de suma importancia para todas las discusiones sobre la «naturaleza humana». Pues, si tal naturaleza existe, fue moldeada por la selección natural durante la larga época de la caza y la recolección. Richard Lee tiene toda la razón en insistir:

> Es la larga experiencia del compartir igualitario lo que ha moldeado nuestro pasado. Pese a nuestra aparente adaptación a la vida en las sociedades jerárquicas, y pese al bastante deprimente historial en materia de derechos humanos en muchas partes del mundo, hay signos de que la humanidad conserva un profundo sentido de igualitarismo, un compromiso profundamente enraizado con la norma de la reciprocidad, un profundo [...] sentido de comunidad[22].

Desde una perspectiva muy diferente, Friedrich von Hayek, el economista favorito de Margaret Thatcher, se lamentaba de que los humanos tuvieran unos «instintos atávicos» y unas «emociones primordiales» que hundían sus raíces en «sentimientos que eran buenos para el grupo pequeño», lo que les impulsaba a querer hacer el bien a las personas conocidas[23].

---

[20] E. Friedl, *op. cit.,* pp. 15, 28.

[21] Todas las citas proceden de R. Ardrey, *op. cit.,* pp. 300, 399 [ed. cast. cit.: pp. 338, 412].

[22] R. Lee, *Reflections on Primitive Communism,* cit.

[23] Citado en E. Gellner, *Plough, Sword and Book,* Londres, 1991 [ed. cast.: *El arado, la espada y el libro,* Barcelona, Península, 1994, pp. 27-28].

La «naturaleza humana» es, de hecho, muy flexible. En la sociedad de nuestros días posibilita que al menos algunas personas se entreguen a la codicia y la competitividad de las que tan entusiasta se muestra Hayek. También ha permitido, en las sociedades clasistas, las barbaridades más horrorosas: tortura, violaciones masivas, muertes en la hoguera, masacres gratuitas. Entre los pueblos forrajeros la conducta era muy diferente porque la necesidad de sobrevivir requería del igualitarismo y el altruismo.

Los cazadores y recolectores eran por necesidad sumamente dependientes los unos de los otros. Los recolectores explotaban la fuente más fiable de alimentos; los cazadores, la más valiosa. De manera que, para su supervivencia diaria, los especializados en la caza dependían de la generosidad de los recolectores, mientras que estos –así como los que pasaran por una mala racha en la caza–, para enriquecer su dieta, contaban con los que conseguían matar animales. La caza misma no era por lo general asunto de un héroe individual que salía a cazar, sino de un grupo de hombres que (a veces con la ayuda de mujeres y niños) colaboraban en la persecución y cobranza de una presa. En todo momento, el premio dependía de la cooperación y de valores colectivos. Sin ellos, ninguna comunidad de forrajeros habría podido sobrevivir más allá de unos pocos días.

La ausencia de supremacía de los hombres sobre las mujeres estaba estrechamente relacionada con todo lo anterior. Casi siempre había una división del trabajo entre los sexos, a raíz de la cual los hombres se encargaban sobre todo de la caza y las mujeres de la recolección. Esto era debido a que, durante los embarazos o los periodos de lactancia, la participación de una mujer en la caza suponía un peligro para la prole y, por tanto, amenazaba la reproducción de la comunidad. Pero esta división no equivalía al dominio masculino tal como nosotros lo conocemos. Hombres y mujeres participaban en la toma de decisiones clave, como cuándo trasladar el campamento, o si se debía abandonar una comunidad por otra. La unidad conyugal misma tenía una estructura laxa. Los esposos podían separarse sin poner en peligro su sustento ni el de sus hijos. No existía la supremacía masculina, con demasiada frecuencia tenida por constituyente de la «naturaleza humana»[24].

---

[24] Engels insistía con razón en que en estas sociedades no había un dominio sistemático sobre las mujeres. Sin embargo, se equivocaba en un detalle importante: sobrestimó con mucho el papel desempeñado por los linajes en las sociedades de cazadores-recolectores. Para el argumento completo sobre esto, véase mi «Engels and the Origins of Human Society».

Finalmente, no podía existir la obsesión por la propiedad privada que hoy en día damos por descontada. El tamaño normal de las comunidades forrajeras estaba siempre restringido por las necesidades de encontrar cada día comida suficiente en la zona en que se estuviera acampado. Dentro de esa zona, los miembros individuales estaban moviéndose continuamente de una fuente de comida vegetal a otra o persiguiendo a los animales, mientras que la comunidad en su conjunto tenía que trasladarse cada vez que en un lugar se agotaban los víveres. Ese movimiento continuo impedía la acumulación de riqueza por parte de ningún miembro de la comunidad, pues todo tenía que ser fácil de transportar. A lo sumo, un individuo podía tener una lanza o un arco y una flecha, una bolsa o algunos abalorios. El concepto de acumulación de riqueza personal no existía. Las condiciones materiales en las que los seres humanos vivían produjeron sociedades e ideas dominantes muy diferentes de las que hoy en día se dan por sentadas.

La historia de la humanidad durante los últimos milenios es, ante todo, la historia de la evolución de unas sociedades y conjuntos de ideas muy diferentes. Esa historia se compone de las acciones de innumerables hombres y mujeres que intentaban asegurarse una vida decente para sí mismos, sus compañeros y seres queridos, a veces aceptando el mundo tal como es, a veces desesperando por cambiarlo, a menudo fracasando, otras triunfando en el empeño. Dos cosas, sin embargo, destacan en estas interminables historias individuales entrecruzadas. Por un lado, está el incremento acumulativo de la capacidad de la humanidad para extraer medios de subsistencia de la naturaleza, la superación de las condiciones materiales primitivas que formaban parte del «comunismo primitivo». Por otro, el ascenso de sucesivas formas de organización de la sociedad que oprimen y explotan a la mayoría de las personas en favor de una pequeña minoría de privilegiados.

Si rastreamos estos conjuntos paralelos de cambios, al final podremos ver cómo surgió el mundo al que nos enfrentamos a comienzos del siglo XXI. Es un mundo en el que la riqueza puede producirse a una escala ni siquiera soñada por nuestros abuelos, pero también un mundo en el que las estructuras del gobierno, la opresión y la violencia clasistas pueden parecer tan firmemente consolidadas como siempre. Mil millones de personas son pobres de solemnidad, muchas más malviven en condiciones precarias, los conflictos bélicos y las guerras civiles son endémicos, y los cambios tecnológicos incontrolados han puesto en peligro las bases mismas de la vida humana. La pregunta crucial para todos debería ser si es posible emplear la riqueza para satisfacer las necesidades humanas básicas desembarazándonos de las estructuras opresivas, si es posible supeditarla a una sociedad cuyos valores sean los que caracterizaron las vidas de nuestros ancestros durante los cientos de generaciones de comunismo primitivo.

Pero primero tenemos que asistir al nacimiento del sistema de clases y del Estado.

I   La «revolución» neolítica

Los primeros grandes cambios en las vidas e ideas de las personas comenzaron a producirse hace sólo unos 10.000 años. En ciertas partes del mundo, especialmente en la región del «Creciente Fértil»[25], las personas adoptaron una nueva manera de procurarse el sustento. Aprendieron a cultivar los campos en lugar de confiar en que la naturaleza les proporcionaría los alimentos vegetales, y a domesticar animales en lugar de simplemente cazarlos. Fue una innovación que iba a transformar todo su modo de vida.

La transformación no llevó necesariamente a estos pueblos a tener una vida más fácil que sus antepasados. Pero a algunos de ellos los cambios climáticos les dieron unas posibilidades de elección muy limitadas[26]. Durante dos o tres milenios se habían acostumbrado a vivir en zonas en las que se encontraban abundantes cantidades de plantas silvestres y animales: en una zona del sudeste de Turquía, por ejemplo, un «grupo familiar» podía, en tres semanas y «sin trabajar mucho», recoger grano suficiente de cereales silvestres para vivir un año. No necesitaban estar en continuo movimiento, como otros pueblos[27].

---

[25] Palestina, Siria, el Líbano, el sur de Turquía e Iraq.

[26] Para estudios exhaustivos de lo que sucedió en línea con las tesis aquí mantenidas véase D. O. Henry, *From Foraging to Agriculture,* Filadelfia, 1989; J. S. V. Megaw (ed.), *Hunters, Gatherers and the First Farmers Beyond Europe,* Leicester, 1977; los ensayos de P. M. Dolukhanov y G. W. W. Barker en C. Renfrew (ed.), *Explaining Cultural Change,* Londres, 1973; C. K. Maisels, *The Emergence of Civilisation,* Londres, 1993, caps. 3 y 4.

[27] J. Harlan, «A Wild Wheat Harvest in Turkey», *Archaeology* 20 (1967), pp. 197-201, en C. K. Maisels, *op. cit.,* pp. 68-69.

Ellos habían conseguido vivir en los mismos lugares año tras año, transformar sus toscos campamentos anteriores en asentamientos rurales permanentes cuyos habitantes habían pasado de contarse por docenas a hacerlo por centenares, almacenar alimentos en depósitos de piedra o arcilla cocida y acumular un amplio espectro de sofisticadas herramientas de piedra. Durante un periodo de tiempo mayor que el transcurrido desde la fundación de la antigua Roma hasta nuestros días, habían podido combinar el escaso trabajo típico de las sociedades forrajeras con las ventajas de la vida rural asentada.

Pero entonces los cambios en el clima global impidieron a las personas la obtención de un adecuado sustento de este modo. Cuando las condiciones en el Creciente Fértil se volvieron más secas y frías, se produjo un descenso en la disponibilidad de grano silvestre y una caída en el tamaño de los rebaños de antílopes y ciervos. Las aldeas de cazadores-recolectores afrontaron una crisis. Ya no podían seguir viviendo como antes. Para no morir de hambre, tuvieron que dividirse en pequeños grupos y volver a un modo de vida nómada hacía mucho tiempo olvidado, o bien que encontrar alguna manera de compensar con su propio trabajo las deficiencias de la naturaleza.

Así es como nació la agricultura. Al cabo de cientos de generaciones cuya supervivencia había dependido de la generación silvestre, las personas habían acumulado inmensos conocimientos sobre la vida vegetal. Ahora algunos grupos comenzaron a utilizar estos conocimientos para asegurarse los víveres con la siembra de plantas silvestres. La observación les había enseñado que las semillas de ciertas plantas eran mucho más fructíferas que otras y, mediante la selección de tales semillas, comenzaron a producir nuevas variedades, domesticadas, que les eran mucho más útiles de lo que jamás pudieron ser las plantas silvestres. Las cosechas regulares que obtenían les posibilitaron domesticar y alimentar las variedades más mansas de ovejas, cabras, reses y asnos, así como criar animales aún más mansos.

La primera forma de agricultura (a menudo llamada «horticultura») comportaba la creación –mediante la tala con hachas, cuando no la quema de bosques y matorrales– de terrenos propicios para la siembra y la cosecha con azadas o palas. Al cabo de un par de años la tierra solía agotarse, así que había que deforestar una nueva zona para el cultivo.

Esta nueva manera de obtener el sustento comportó cambios radicales en las pautas por las que se regía el trabajo y la vida en común. Las personas echaron raíces más firmes que nunca antes en sus asentamientos rurales. Entre la siembra y la cosecha, los cultivos necesitaban de atenciones, de manera que se hizo imposible ausentarse durante meses. También tuvieron que idear formas de cooperación para roturar el terreno, para garantizar una atención regular de los cultivos (desbrozar, regar y cosas así), para almacenar cosechas y repartir las reservas, o para criar a los hijos. Modelos enteramente nuevos de vida social se desarrollaron y, con ellos, nuevas maneras de ver el mundo, expresadas en diversos mitos, ceremonias y rituales.

Esta transformación suele denominarse «revolución neolítica»[28] debido a las cada vez más sofisticadas herramientas «neolíticas» (que significa «Edad de Piedra Nueva») asociadas con ella. Esto comportó una completa reorganización de la forma de vivir y trabajar de las personas, aunque el proceso ocupó un prolongado periodo de tiempo.

Las pruebas arqueológicas procedentes del Creciente Fértil demuestran que las personas vivían en pequeñas aldeas de hogares diferenciados, aunque no nos dicen cuál era la base de estos hogares (si, por ejemplo, estaban constituidos por parejas independientes y sus hijos; por una madre, su hija y los cónyuges de ambas; o por un padre, sus hijos y sus esposas)[29].

Nada semejante a la autoridad clasista y estatal apareció hasta muchos miles de años después del surgimiento de la agricultura. En el «periodo de El Obeid tardío» (4000 a.C.), una «diferenciación significativa» en «riqueza aún estaba casi por entero ausente», e incluso en el «periodo protoliterario» (*ca.* 3000 a.C.) no había ningún indicio de que «los procesos de estratificación social hubieran llegado todavía muy lejos»[30]. Tampoco había pruebas de que hubiera una supremacía masculina. Algunos arqueólogos han visto, en la existencia de estatuillas de arcilla o piedra que representaban figuras femeninas fecundas, indicios de estatus elevado, de manera que a los hombres les parecería «natural» rezar a las mujeres[31]. Por otro lado, un desarrollo significativo fue la mayor presencia de armas para la guerra, así como para la caza.

El modelo parece haber sido muy similar al de las sociedades basadas en la horticultura que sobrevivieron hasta épocas más recientes –en unos cuan-

---

[28] Término acuñado por Gordon Childe.

[29] En C. K. Maisels, *op. cit.,* p. 125, se encontrarán diversas estimaciones y cálculos.

[30] R. M. Adams, *The Evolution of Urban Society,* Londres, 1966, p. 96.

[31] Aunque otros han sostenido que las estatuillas están conectadas con ritos de la fertilidad y que no implican un estatus elevado para las mujeres mayor al del culto católico de la Virgen María.

tos casos, hasta el siglo XX– en diversas partes del mundo. Estas sociedades variaban considerablemente, pero compartían ciertos rasgos generales[32].

Los hogares tendían a asociarse con el cultivo de parcelas concretas de terreno. Pero la propiedad privada de la tierra tal como nosotros la conocemos no existía, ni tampoco el afán de individuos o grupos familiares por acumular posesiones a expensas de otros. Por el contrario, los hogares individuales se integraban en agrupaciones sociales más amplias, en «linajes» que compartían (o al menos afirmaban compartir) los mismos ancestros y otorgaban a individuos y hogares ciertos derechos y obligaciones claramente definidos hacia otros con los que estaban directamente emparentados, vinculados a través del matrimonio o por asociaciones de «grupos de edad». De cada cual se esperaba que compartiera la comida con los demás, de forma que ningún hogar sufriera debido a la pérdida de una cosecha o porque tuviera más niños pequeños que criar que el resto. El prestigio no derivaba del consumo individual, sino de la capacidad para ayudar a paliar las deficiencias ajenas.

Muchos valores centrales seguían estando más próximos a los de las sociedades cazadoras-recolectoras que a los que damos por sentado en las sociedades de clases. Así, a comienzos del siglo XVIII un observador de los iroqueses señaló que «si un grupo de iroqueses hambrientos se encuentra con otro cuyas provisiones no están totalmente agotadas, estos comparten con los recién llegados lo poco que les queda sin esperar a que se les pida, aunque con ello se ponen ellos mismos en el mismo peligro de perecer que aquellos a los que ayudan»[33]. Un estudio clásico de los nuer señalaba que «en general puede decirse que en una aldea nuer nadie se muere de hambre a menos que todos se estén muriendo de hambre»[34].

Una vez más, la explicación de este «altruismo» residía en las exigencias planteadas por la obtención de sustento. Daba por seguro, por ejemplo, que los hogares con muchas personas en condiciones de trabajar y pocas bocas que alimentar ayudaban a los que tenían muchas bocas pero pocos miembros que trabajaran: especialmente a aquellos con muchos niños pequeños[35]. Los niños representaban la futura mano de obra de la aldea en su conjunto. Tales

---

[32] Esta es una cuestión en la que han hecho mucho hincapié los antropólogos occidentales que realizaron estudios pioneros sobre ellas en los años veinte y treinta. Véase, por ejemplo, R. Benedict, *Patterns of Culture,* Londres, 1935.

[33] J.-F. Lafitan, citado por R. Lee, *Reflections on Primitive Communism,* cit., p. 252.

[34] E. Evans-Pritchard, citado en *ibid.*

[35] Este constituye uno de los argumentos clave en M. Sahlins, *op. cit.*

mecanismos de «redistribución» en favor de las familias más numerosas eran necesarios si el grupo tenía que protegerse de la extinción.

En los tiempos de la caza y recolección, la necesidad de llevar consigo a los niños en la ronda diaria de recolección y en los desplazamientos periódicos de todo el campamento había redundado en tasas de natalidad muy bajas. Las mujeres no podían atender a más de un niño que requiriera ser transportado, de modo que los nacimientos se producían cada tres o cuatro años (si era necesario, recurriendo a la abstinencia sexual, el aborto o el infanticidio). Con una vida rural estable basada en la agricultura, al niño ya no había que transportarlo una vez hubiera cumplido unos meses de edad y, cuanto mayor el número de hijos, mayor la zona de terreno que podría roturarse y cultivarse en el futuro. Las más beneficiadas eran las familias más numerosas. El cambio en el método de producción tuvo, asimismo, un profundo impacto en la reproducción. Las poblaciones comenzaron a expandirse. Aunque la tasa de crecimiento era baja según los criterios actuales (0,1 por 100 al año)[36], en el plazo de dos milenios se cuadruplicó, lo cual supuso el inicio del crecimiento que llevó de unos diez millones de personas en la época de la revolución neolítica a los 200 millones a comienzos del capitalismo.

En las sociedades basadas en la horticultura, hubo grandes cambios en comparación con las de cazadores-recolectores. En una comunidad de cazadores-recolectores una disputa seria podía resolverse simplemente con la partición de la comunidad o la expulsión de algunos individuos. Esta opción era mucho más difícil para un grupo de agricultores una vez habían roturado y sembrado sus tierras. La aldea era más grande y dependía de una interacción entre las personas más compleja y organizada que en la comunidad de cazadores-recolectores. Al mismo tiempo, se enfrentaba a un problema ignorado por los cazadores-recolectores: tenía reservas de comida y artefactos que incentivaban el ataque de asaltantes armados desde el exterior. La guerra, virtualmente desconocida entre los cazadores-recolectores, era endémica entre muchos pueblos horticultores. Esto dio un impulso mayor a los mecanismos formales de toma de decisiones diseñados para ejercer el control social: mediante consejos constituidos por figuras de edad avanzada en representación de cada linaje, por ejemplo.

En los diez milenios transcurridos desde entonces, y de manera independiente, las personas han dado el paso que lleva de la caza y la recolección a

---

[36] R. M. Adams, *op. cit.,* p. 96.

la agricultura en varias partes del mundo: en Mesoamérica (hoy en día México y Guatemala), en la región andina, en al menos tres partes distintas de África, en Indochina y en China[37]. En cada caso, los cambios se han producido de manera parecida a como ocurrieron en Mesopotamia, si bien las diferentes plantas y animales disponibles para la domesticación han tenido un impacto importante sobre exactamente cómo y en qué grado. Las pruebas refutan todas las tesis en el sentido de que alguna «raza» o «cultura» tenía un «genio» especial que guio al resto de la humanidad hacia adelante. La verdad es más bien que, frente a cambios en el clima y en la ecología, diferentes grupos humanos en diferentes partes del mundo se dieron cuenta de que tenían que adoptar nuevas técnicas si querían mantener su viejo modo de vida; y con lo que se encontraron fue con que, de todas formas, sus modos de vida comenzaron a cambiar de una manera que difícilmente habrían podido prever. En cada caso, la comunidad laxa dio paso a la vida en aldeas organizadas a través de grupos de parentesco fuertemente estructurados, rígidas normas de conducta social y sofisticados rituales y mitos religiosos[38].

Un ejemplo típico del desarrollo independiente de la agricultura se encontró en las Tierras Altas de Papúa-Nueva Guinea. Aquí la gente comenzó a domesticar y cosechar una serie de cultivos –caña de azúcar, ciertas variedades de plátanos, frutos secos, el taro gigante de las marismas, así como hierbas, raíces y verduras comestibles– hacia el 7.000 a.C. Con el cultivo pasaron, como en otras partes, de la caza-recolección nómada o seminómada a la vida en aldeas. El centro de su organización social lo constituían grupos de parentesco igualitarios, y no había propiedad privada de la tierra. Las personas siguieron viviendo así, en valles remotos y virtualmente impenetrables desde la costa, sin ser molestadas por intromisiones externas, hasta que los occidentales los «descubrieron» a comienzos de los años treinta del siglo XX.

Muchas sociedades primitivas no se convirtieron a la agricultura. Algunas se resistieron a lo que consideraban un fastidio innecesario cuando podían llevar una vida cómoda basada en la caza y la recolección. Otras vivían en entornos –como California, Australia y el sur de África– en los que no había

---

[37] Véase J. V. S. Megaw (ed.), *op. cit.,* y los ensayos de P. M. Dolukhanov, G. W. W. Barker, C. M. Nelson, D. R. Harris y M. Tosi, incluidos en C. Renfrew (ed.), *Explaining Cultural Change,* cit.

[38] F. Katz, *Ancient American Civilisations,* Londres, 1989; W. M. Bray, F. H. Swanson e I. S. Farrington, *The Ancient Americas,* Oxford, 1989, p. 14.

ni plantas ni animales fáciles de domesticar[39]. Los grupos que habitaron estas regiones durante milenios no tuvieron muchas más opciones que subsistir mediante la caza y la recolección hasta que personas de fuera trajeron especies domesticadas de otras partes[40].

Sin embargo, una vez establecida en cualquier parte del mundo, la agricultura procedía a expandirse. A veces el éxito de un pueblo al adoptar la agricultura animaba a otros a imitarlo. Así, la llegada de especies cultivadas procedentes del Creciente Fértil parece haber desempeñado un papel en el aumento de la agricultura en el valle del Nilo, el valle del Indo y en Europa occidental. En ocasiones, la expansión de la agricultura fue el resultado inevitable de la expansión de pueblos que ya la practicaban cuando sus poblaciones crecieron y algunas se escindieron para formar nuevas aldeas en tierras anteriormente baldías. Fue de este modo como los pueblos bantuhablantes del oeste de África se expandieron por el centro hasta finalmente alcanzar el sur del continente, y como los polinesios del sudeste asiático se expandieron por los océanos hasta Madagascar (frente a la costa africana), la isla de Pascua (a unos 2.400 kilómetros de la costa sudamericana) y Nueva Zelanda.

La existencia de una sociedad agrícola cambió a menudo las vidas de los pueblos cazadores-recolectores que entraban en contacto con ella. Descubrían que podía mejorar radicalmente su existencia intercambiando productos –pescado, caza o pieles de animales a cambio de grano, telas o bebidas fermentadas– con los agricultores vecinos. Esto animó a algunos a adoptar una faceta de la agricultura, la cría y pastoreo de animales, sin practicar el cultivo de la tierra. En Eurasia, África y el sur de los Andes, no tardaron en aparecer tales «pueblos pastores», que recorrían la tierra entre los asentamientos agrícolas –a los que unas veces asaltaban, y otras comerciaban con ellos– y desarrollaron modelos de vida social propios y característicos.

En ocasiones, la expansión de la agricultura y el pastoreo llevó a un cambio trascendente en la vida social: la primera diferenciación entre estratos sociales. Aparecieron lo que los antropólogos llaman los «caciquismos», jefaturas o «grandes hombres», con algunos individuos o linajes que gozaban de

---

[39] Como el biólogo Jared Diamond ha señalado, propiamente hablando nadie ha conseguido todavía domesticar animales o plantas en estas regiones. Véase J. Diamond, *Guns, Germs and Steel,* Londres, 1997, pp. 163-175 [ed. cast.: *Armas, gérmenes y acero,* Madrid, Debate, 1998, pp. 188-202].

[40] Este punto está muy bien tratado en *ibid.,* p. 139 [ed. cast. cit.: p. 158].

mucho mayor prestigio que los demás, lo cual pudo culminar en el establecimiento de jefaturas hereditarias y linajes de caciques. Nada que ver, sin embargo, con las distinciones de clase que damos por sentadas, según las cuales una parte de la sociedad consume los excedentes que otras partes se han afanado en producir.

El igualitarismo y la propiedad compartida se generalizaron por doquier. Las personas de alto estatus tenían que servir al resto de la comunidad, no vivir de esta. Como Richard Lee señala, regían los mismos «conceptos de propiedad comunal» que en las sociedades cazadoras-recolectoras: «Gran parte de los tributos que reciben los caciques se redistribuyen entre los súbditos, y los poderes de los caciques están sometidos a frenos y controles por las fuerzas de la opinión popular y las instituciones»[41]. Así, entre los nambikwara de Sudamérica, «la generosidad es [...] un atributo esencial del poder», y «el cacique» debe estar preparado para emplear las «cantidades excedentes de comida, herramientas, armas y ornamentos» bajo su control para subvenir «a cualquier necesidad que un individuo, una familia o la comunidad en su conjunto le manifieste»[42]. El resultado de esto podía incluso ser que el líder llevara una vida más dura desde el punto de vista material que el resto. Así, entre los busama de Nueva Guinea el líder «trabaja más que nadie para mantener sus reservas de comida. [...] Es de público conocimiento que debe trabajar de sol a sol: "Sus manos siempre están manchadas de tierra, y el sudor mana continuamente de su frente"»[43].

El giro neolítico hacia la agricultura transformó las vidas de las personas y expandió la vida en aldeas y la guerra. Hasta tal punto que, de hecho, constituyó una especie de «revolución». Pero la sociedad seguía careciendo de la mayoría de los elementos que hoy en día damos por descontados: la división en clases, el establecimiento de aparatos estatales permanentes y servidos a jornada completa por burócratas, los ejércitos, la subordinación de las mujeres. Ninguna de estas cosas había aparecido todavía. Y no lo haría hasta que se produjo una segunda serie de cambios en las formas de procurarse el sustento; hasta que la «revolución urbana», como la denominó Gordon Childe, se superpuso a la «revolución neolítica».

---

[41] R. Lee, *Reflections on Primitive Communism,* cit., p. 262.
[42] C. Lévi-Strauss, citado en M. Sahlins, *op. cit.,* p. 132 [ed. cast. cit.: p. 150].
[43] H. I. Hogbin, citado en *ibid.,* p. 135 [ed. cast. cit.: p. 153].

II   Las primeras civilizaciones

La civilización, en el sentido estricto de personas que viven en ciudades, no tiene más allá de 5.000 años de antigüedad. Sus primeros indicios son los grandes edificios encontrados en partes muy diferentes del mundo: las pirámides en Egipto y América Central, los zigurats (templos en forma de torres escalonadas) de Iraq, el palacio de Knossos en Creta, la fortaleza de Micenas en la Grecia peninsular y, a orillas del Indo, las ciudades de Harappa y Mohenjo-Daro, planeadas en retícula hace 4.000 años. Por esta razón el arqueólogo Gordon Childe bautizó el cambio como «la revolución urbana»[44]. Los restos son, por sí mismos, bastante espectaculares. Incluso más admirable es el hecho de que los construyeran pueblos que, pocas generaciones atrás, no conocían sino una vida puramente rural, basada en una agricultura bastante rudimentaria. Ahora estaban en posesión de complicadas destrezas constructivas, eran capaces de arrancarle a la tierra, transportar, erigir y tallar enormes bloques de roca, y luego decorarlos con complicadas obras artísticas; incluso, en ciertos casos (Mesopotamia, Egipto, Etiopía, China y Mesoamérica), de desarrollar escrituras con las que describir su vida y sentimientos. En Eurasia y África también aprendieron durante esta época a obtener cobre

---

[44] Antes que él, en el siglo XIX un pionero de la antropología, Lewis H. Morgan, escribió acerca de una transición de la «barbarie» (que significaba un modo de vida puramente agrícola) a la «civilización» (centrada en torno a las ciudades). Los términos fueron empleados por Friedrich Engels, pero han caído en desuso a medida que se ha ido tomando conciencia de que las sociedades «civilizadas» en el sentido empleado por Morgan pueden ser mucho más bárbaras que las tempranas sociedades agrícolas.

y estaño de los óxidos de las rocas, y un tiempo después a fundirlos para conseguir una aleación más dura, el bronce, con que elaborar adornos y armas: de ahí los términos con frecuencia empleados para el periodo, las Edades del «Cobre» y del «Bronce».

Nada de esto podría haber ocurrido sin un cambio anterior en la manera en que estos pueblos se procuraban el sustento, un cambio inicialmente centrado en la agricultura. Durante generaciones, las primeras formas de agricultura, que empleaban técnicas bastante elementales y cultivaban variedades de plantas y animales descubiertas naturalmente, pudieron llevar a pequeños incrementos en la productividad agrícola, y posibilitaron a algunos pueblos unos niveles de sustento satisfactorios sin tener que renunciar a una considerable cantidad de tiempo dedicado al ocio[45]. Pero en modo alguno las condiciones fueron siempre tan idílicas como sugerían los relatos románticos de «el buen salvaje» atribuidos a los pueblos indígenas. Hubo muchos casos en los que el incremento en la producción de alimentos hizo poco más que mantenerse a la par del crecimiento de la población. Las personas estaban expuestas a repentinas hambrunas provocadas por acontecimientos naturales fuera de su control: «Sequías o inundaciones, tempestades o heladas, plagas o granizadas»[46]. La historia de los pueblos prehispánicos en Mesoamérica, por ejemplo, es la de años durante los que les resultó fácil alimentarse intercalados con inesperadas y devastadoras hambrunas[47].

Sólo había dos opciones si esos pueblos querían mantener su modo de vida sedentario. Uno era saquear la comida de otros agricultores, de manera que la guerra comenzó a menudear en tales sociedades. Las hachas de piedra y las dagas de sílex fueron haciéndose cada vez más habituales, por ejemplo, en las fases tardías de la revolución neolítica en Europa. La otra opción era el desarrollo de formas más intensas y productivas de agricultura. La innovación tecnológica se convirtió en un factor importante. Los grupos de agricultores que la emprendieron pudieron sobrevivir a la amenaza de la hambruna. Los que no lo hicieron acabaron extinguiéndose o desapareciendo.

La innovación podía significar simplemente la mejora de las variedades de cultivo existentes o el aprendizaje de modos más eficaces de engordar a

---

[45] Véase el ejemplo dado por M. Sahlins, *op. cit.*

[46] Véase V. G. Childe, *What Happened in History,* Harmondsworth, 1948, pp. 48-52 [ed. cast.: *Qué sucedió en la historia,* Buenos Aires, La Pléyade, 1973, pp. 79-81].

[47] Véase, por ejemplo, F. Katz, *op. cit.,* pp. 78-79, 81, 102, 113, 128.

los animales domesticados. Pero también podía significar cambios de mucho mayor alcance. Uno fue el descubrimiento, en Eurasia y África, de que los grandes mamíferos domesticados (inicialmente los bueyes, mucho más tarde los caballos), arrastrando un trozo de madera con la forma adecuada –un arado–, podían roturar el suelo de un modo mucho más eficaz que cualquier azadón. Otro fue la construcción de diques y zanjas para proteger las cosechas de las inundaciones y canalizar el agua hasta zonas que, sin ella, se agostaban y devenían infértiles. Luego estaba la utilización del estiércol animal como fertilizante que evitara tanto el agotamiento del suelo como la necesidad de roturar nuevas tierras cada pocos años. Otras técnicas descubiertas en una u otra parte del mundo fueron el drenaje de pantanos, la excavación de pozos, la construcción abancalada de terrazas en las laderas y el laborioso cultivo y luego transplante de semillas germinadas de arroz (en el sur de China).

Estas nuevas técnicas, como todo trabajo humano, tenían un doble aspecto. Por un lado, dotaban a las personas de medios adicionales de sustento. Grupos que previamente sólo habían podido producir lo bastante para la subsistencia pudieron comenzar a producir excedentes. Por otro lado, hubo cambios en las relaciones sociales.

Las nuevas técnicas dependían de diferentes formas de cooperación entre las personas. El empleo del arado, por ejemplo, propició una mayor división del trabajo entre los sexos, pues era un tipo de trabajo pesado que las mujeres encintas o con lactantes a su cargo no podían hacer fácilmente. La construcción y el mantenimiento de acequias y canales de irrigación requerían la cooperación de docenas o incluso centenares de familias. También se propició una división entre quienes supervisaban el trabajo y quienes lo llevaban a cabo. El almacenamiento de comida favoreció la aparición de grupos responsables del mantenimiento y la supervisión de las reservas de víveres. La existencia de excedentes por primera vez permitió que algunas personas quedaran liberadas de las actividades agrícolas para concentrarse en la artesanía, la preparación para la guerra o el intercambio de productos locales por los de otros pueblos.

Gordon Childe describió la transformación producida en Mesopotamia hace entre 5.000 y 6.000 años, cuando se iniciaron los asentamientos humanos en los valles fluviales del Tigris y el Éufrates. Aquellas personas se encontraron con una tierra sumamente fértil, pero que sólo podía cultivarse si se realizaban «trabajos de drenaje e irrigación» que dependían del «esfuerzo cooperativo»[48]. Más recientemente, Maisels ha sugerido que la gente descubrió que, abriendo pequeñas brechas en los terraplenes entre los canales fluviales, podían regar amplias zonas de tierra y aumentar considerablemente la producción. Pero no podían consumir toda la cosecha extra inmediatamente, sino que una parte debía reservarse para protegerse contra las malas cosechas[49].

El grano se almacenaba en edificios de proporciones considerables que, destacando del territorio circundante, llegaron a simbolizar la continuidad y la preservación de la vida social. Quienes supervisaban los graneros se convirtieron en el grupo más prestigioso de la sociedad, que al mismo tiempo supervisaba también la vida del resto de la población en la medida en que eran ellos los que recogían, almacenaban y distribuían los excedentes. Los almacenes y sus controladores pasaron a parecer poderes sobre y por encima de la sociedad, la clave del éxito de esta, que reclamaban de la masa popular obediencia y elogios. Adoptaron un aspecto casi sobrenatural. Los almacenes fueron los primeros templos, y sus superintendentes los primeros sacerdotes[50]. Alrededor de los templos se congregaban otros grupos sociales encargados de los trabajos de construcción, manualidades especializadas, cocinar y vestir a los especialistas de los templos, transportar la comida a los mismos y organizar el intercambio de productos a larga distancia. Durante siglos las aldeas agrícolas crecieron, hasta convertirse en pueblos, y los pueblos en las primeras ciudades, como Uruk, Lagash, Nippur, Kish y Ur (de donde, supuestamente, procedía el patriarca bíblico Abraham).

Un proceso hasta cierto punto similar se produjo unos dos milenios y medio más tarde en Mesoamérica. El riego no parece haber desempeñado un papel importante, al menos inicialmente, pues el maíz era un cultivo que se daba con la suficiente abundancia para proveer de excedente en los años buenos[51]. Pero la vulnerabilidad a las malas cosechas favoreció el almacenaje de los excedentes y alguna forma de coordinación entre localidades con diferentes climas. Para el conjunto de la población resultaba sumamente ventajoso que un grupo de personas especializadas coordinara la producción, llevara la cuenta de las estaciones y cuidara de los almacenes. También aquí, con el

---

[48] Véase V. G. Childe, *What Happened in History,* cit., pp. 80-81 [ed. cast. cit.: pp. 103-104].
[49] C. K. Maisels, *op. cit.,* p. 297.
[50] *Ibid.*
[51] Según F. Katz, *op. cit.,* p. 29.

paso del tiempo los almacenes se convirtieron en templos y los supervisores en sacerdotes, lo cual dio lugar a las sucesivas culturas de los olmecas, Teotihuacán, los zapotecas y los mayas, como atestiguan sus enormes esculturas, magníficas pirámides, templos, canchas ceremoniales para jugar a pelota hechas con ladrillos y ciudades minuciosamente planeadas (la población de Teotihuacán llegó quizás a alcanzar los 100.000 habitantes en los primeros siglos después de Cristo).

Tanto en Oriente Próximo como en Mesoamérica ocurrió otra cosa de importancia histórica. Los grupos de administradores sacerdotales que recaudaban y distribuían las reservas pertenecientes a los templos comenzaron a hacer marcas sobre piedra o arcilla a fin de llevar la cuenta de las entradas y salidas. Con el tiempo, de cosas concretas se normalizaron imágenes pictóricas que a veces expresaban el sonido de la palabra que designaba el objeto que representaban, hasta que se dio con una manera de otorgar expresión visual permanente a las frases y pensamientos de las personas. Así fue como se inventó la escritura. Los guardianes de los templos tenían también tiempo y ocio para hacer detalladas observaciones del cielo por la noche, y empezaron a correlacionar los movimientos de la Luna, los planetas y las estrellas con los del Sol. Su capacidad para predecir movimientos y acontecimientos futuros, como los eclipses, les reportó un estatus casi mágico. Pero también aprendieron a producir calendarios basados en la Luna y el Sol que permitían a las personas calcular las mejores épocas del año para la siembra. Tales esfuerzos llevaron a que las matemáticas y la astronomía echaran raíces en los templos, siquiera en la forma mágica de la astrología. Como dijo Gordon Childe, «la acumulación de un importante excedente social en los erarios –o más bien graneros– de los templos fue lo que en realidad dio pie al avance cultural que nosotros hemos adoptado como criterio de civilización»[52].

Una vez desarrollada por las primeras civilizaciones en Mesopotamia y Mesoamérica, la escritura fue adoptada por muchos de los pueblos que entraron en contacto con ellas, los cuales emplearon sus propias variantes para escribir en sus propios idiomas. Hace unos 5.000 años se expandió a gran velocidad por Oriente Próximo, y a partir de ahí por el centro, este y sur de Asia, el nordeste de África y la Europa mediterránea. La emplearon todas las civilizaciones mesoamericanas a partir de los olmecas. Hubo, sin embargo, civilizaciones

---

[52] Véase V. G. Childe, *Social Evolution,* Londres, 1963, pp. 155-156 [ed. cast.: *La evolución social,* Madrid, Alianza, 1984, p. 167].

que consiguieron altos grados de desarrollo sin escritura: las más importantes fueron las de Sudamérica, que emplearon marcas como recursos mnemotécnicos, sin dar el paso a la transcripción de la palabra hablada.

No hay aquí espacio más que para presentar unos pocos ejemplos de la transición a la agricultura intensiva y la vida urbana. Ocurrió en partes diferentes del mundo, cuando las gentes adoptaron nuevas formas de procurarse el sustento. Hubo también muchos casos de sociedades agrícolas que recorrieron al menos parte del camino en esta dirección y alcanzaron un nivel en el que cientos o incluso miles de personas podían movilizarse para la construcción de imponentes edificios pétreos, como sucedió con los templos en piedra del tercer y el cuarto milenios a.C. en Malta, los círculos de piedras de Europa occidental (de los cuales Stonehenge es el más conocido), las estatuas gigantes de la isla de Pascua y las plataformas escalonadas de Tahití[53]. En ocasiones, el paso a la «civilización» se vio influido hasta cierto punto por desarrollos en otras partes[54]. Pero esto no cambia el hecho de que los procesos que llevaron a la formación de pueblos y ciudades, y con frecuencia a la invención de la escritura, comenzaron independientemente en varios lugares diferentes como consecuencia de la dinámica interna de la sociedad una vez el avance de la agricultura superó un cierto punto. Esto convierte en absurda cualquier tesis que afirme que un grupo de personas es de alguna manera «superior» a los demás en el mundo por haber llegado a la «civilización» primero.

---

[53] Para un estudio de estas construcciones preurbanas en piedra, véase C. Renfrew, *Before Civilisation,* Harmondsworth, 1976.

[54] Así, es cierto que los desarrollos en el Egeo se vieron favorecidos por lo ocurrido en el continente asiático por el sudeste y, por el sur, en África. Es probable que algunos de los avances egipcios (las variedades de granos sembrados, algunos artefactos) se vieran influidos, en un grado limitado, por contactos con la civilización mesopotámica, que se había desarrollado antes, y puede que las civilizaciones latinoamericanas hubieran tenido algún contacto con las del este y el sudeste de Asia.

III

Las primeras divisiones en clases

El desarrollo de la civilización tuvo un coste. En «el mismo final del periodo protoliterario», hacia el 3000 a.C., se encuentran «tablillas con el signo que significa "muchacha esclava"», escribe Adams en su estudio sobre la aparición de la sociedad urbana. El signo para «hombre esclavo» aparece poco después. A esto sigue la aparición de diferentes términos que distinguen entre «ciudadano pleno y libre» y «estatus plebeyo o subordinado»[55]. «Las pruebas de diferenciaciones de clase son muy evidentes» ya en esta época. En «la antigua Eshnunna las casas más grandes junto a las principales calzadas [...] ocupaban a menudo 200 m² o más de terreno. La mayoría de las casas, sin embargo, eran considerablemente menores [...] con acceso a las calzadas arteriales sólo a través de callejones tortuosos y estrechos. [...] Muchas no sobrepasan los 50 m² en total»[56]. Adams continúa:

> En la base de la jerarquía social había esclavos, individuos que podían ser comprados y vendidos. [...] Una sola tablilla contiene una lista de 205 niños y niñas esclavos, probablemente empleados en un establecimiento textil centralizado. [...] Otras mujeres se sabe que se dedicaban a abatanar, hacer cerveza, cocinar. [...] Por lo general, a los esclavos se les llama los «ciegos», y al parecer se empleaban en trabajos de horticultura[57].

---

[55] R. M. Adams, *op. cit.*, pp. 95-96.
[56] *Ibid.*, p. 98.
[57] *Ibid.*, p. 103.

Se suele pensar en el surgimiento de la civilización como un gran paso adelante en la historia de la humanidad; de hecho, como el que separa la historia de la prehistoria. Pero allí donde se dio fue acompañado de otros cambios, esta vez negativos: el desarrollo por primera vez de divisiones de clase, con una minoría de privilegiados que vivían del trabajo de todos los demás, y la creación de grupos de hombres armados, de soldados y policía secreta –en otras palabras, de una maquinaria estatal– a fin de reforzar el gobierno de esta minoría sobre el resto de la sociedad. La existencia de la esclavitud, la propiedad física de unas personas por parte de otras, es una prueba palpable de este desarrollo, no sólo en Mesopotamia, sino en muchas otras civilizaciones tempranas. Muestra lo lejos que había llegado la diferenciación social desde los días de las sociedades basadas en el parentesco y la vida en aldeas. Pero en la antigua Mesopotamia la esclavitud era de una importancia relativamente menor para el mantenimiento de la clase dirigente. Mucho más decisiva fue la explotación de los campesinos y braceros obligados a trabajar en los templos y para las clases superiores. Había grupos como los *shub-lugals*, «un grupo con un estatus y un grado de libertad restringidos, del que consta que trabajaba en cuadrillas las tierras patrimoniales del templo de la diosa Bau, arrastraba barcos, cavaba canales de riego y formaba el núcleo de la milicia urbana». A cambio de su trabajo, durante cuatro meses al año recibían raciones de subsistencia, y se les «asignaban pequeñas parcelas de [...] tierra perteneciente al templo o a su patrimonio»[58]. Tales grupos habían sido otrora campesinos independientes, pero se habían visto obligados a depender de instituciones más poderosas, especialmente el templo.

Gordon Childe resume un edicto procedente de la ciudad de Lagash que data de alrededor del 2500 a.C. y que describe cómo «los sacerdotes favorecidos practicaban diversas formas de extorsión (recargando el precio de los entierros, por ejemplo) y consideraban la tierra, el ganado y a los servidores del dios (esto es, la comunidad) como su propiedad privada y sus esclavos personales. "El sumo sacerdote entraba en el jardín del pobre y se llevaba leña de allí. [...] Si la casa de un gran hombre lindaba con la de un ciudadano corriente", podía anexionarse la humilde morada sin pagar una compensación adecuada a su dueño». Y concluye: «Este texto arcaico nos permite vislumbrar de manera inequívoca un auténtico conflicto de clase [...] Los exce-

---

[58] R. M. Adams, *op. cit.,* p. 104.

dentes producidos por la nueva economía se concentraban, de hecho, en manos de una clase relativamente pequeña»[59].

La escala de la explotación aumentó enormemente. T. B. Jones cuenta cómo en la ciudad-Estado de Lagash, hacia el 2100 a.C., «una docena o más de templos eran responsables del cultivo de la mayor parte de la tierra arable. [...] Más o menos la mitad [de la cosecha] la consumían los costes de producción [los salarios de los trabajadores, el forraje para los animales de tiro, etcétera] y un cuarto se lo llevaba el rey en concepto de impuesto. El 25 por 100 restante se repartía entre los sacerdotes»[60].

C. J. Gadd señala que en la famosa epopeya sumeria de Gilgamesh «el héroe es representado [...] observando la muralla de Uruk, que acaba de construir, y contemplando los cadáveres que flotaban en el río; bien pudo ser tal el final de los ciudadanos más pobres»[61].

En Mesoamérica el modelo fue esencialmente similar. Incluso en la primera civilización, la de los olmecas, Katz observa «acusados grados de estratificación social», con «pretenciosos cementerios adornados con ricos presentes» y «una representación [...] de un hombre postrándose ante otro ricamente ataviado [...] un noble y su subordinado»[62]. Entre los mayas, «edificios con numerosas estancias o palacios» demuestran que se trata de una sociedad «con grandes diferencias entre la elite y los estratos comunes»[63].

¿Por qué personas que previamente no habían explotado y oprimido a otras comenzaron de repente a hacerlo y por qué el resto de la sociedad toleró estas novedosas formas de explotación y opresión? Los datos registrados de cientos de miles de años de sociedad cazadora-recolectora y miles de años de sociedad agrícola primitiva muestran que la «naturaleza humana» no lleva automáticamente a tal conducta[64].

---

[59] Véase V. G. Childe, *What Happened in History,* cit., p. 88 [ed. cast. cit.: p. 113].

[60] T. B. Jones, citado por C. K. Maisels, *op. cit.,* p. 184.

[61] C. J. Gadd, «Cities in Babylon», en I. S. Edwards, C. J. Gadd y N. G. L. Hammond (eds.), *Cambridge Ancient History,* vol. I, 2.ª parte, Cambridge, 1971.

[62] F. Katz, *Ancient American Civilisations,* cit., p. 38.

[63] G. R. Willey y D. B. Shimkin, «The Maya Collapse: A Summary View», en T. P. Culbert (ed.), *The Classic Maya Collapse,* Albuquerque, 1973, p. 459.

[64] Como Michael Mann dice en su propia jerga sociológica, no querían «aumentar sus poderes colectivos debido a los poderes distributivos implicados», M. Mann, *The Sources of Social Power,* vol. I, Cambridge, 1986, p. 39 [ed. cast.: *Las fuentes del poder social, I,* Madrid, Alianza, 1991, p. 66].

La única explicación de la sociedad humana que concuerda con el cambio es la ofrecida por Karl Marx en las décadas de 1840 y 1850 y más tarde desarrollada por Friedrich Engels. Marx hizo hincapié en la interacción entre el desarrollo de las «relaciones de producción» y las «fuerzas productivas». Los seres humanos encuentran nuevas formas de subvenir a las necesidades de la vida, formas que parece que paliarán los problemas materiales. Pero estas nuevas formas de producción comienzan a crear nuevas relaciones entre los miembros del grupo. En un cierto momento tienen que o bien aceptar las nuevas formas de relacionarse entre sí, o bien rechazar las nuevas formas de procurarse el sustento.

Las clases comenzaron a aparecer como consecuencia de algunos de estos cambios en la procura del sustento. Al grupo se le abrió la posibilidad de adoptar métodos de producción que les permitirían producir y almacenar un excedente superior al necesario para subsistir. Pero los nuevos métodos requerían que algunas personas quedaran liberadas de la carga inmediata del trabajo en los campos para coordinar las actividades del grupo y garantizar que parte del excedente no se consumía inmediatamente, sino que se almacenaba de cara al futuro.

Las condiciones de producción seguían siendo precarias. Una sequía, un violento temporal o una plaga de langosta podían destruir las cosechas y convertir el excedente en déficit, lo cual amenazaba con una muerte masiva por inanición y producía en las personas el deseo de consumir las provisiones guardadas para la producción futura. En tales circunstancias, los liberados del trabajo manual para supervisar la producción pudieron percatarse de que la única manera de cumplir esta tarea consistía en intimidar a todos los demás: mantenerlos trabajando cuando estaban cansados y hambrientos, y obligarlos a hacer reservas de víveres aun cuando se estuvieran muriendo de hambre. Los «líderes» pudieron comenzar a convertirse en «gobernantes», en personas que llegaron a ver su control de los recursos como un interés de la sociedad en su conjunto. Llegaron a defender ese control incluso cuando significaba hacer sufrir a los demás; llegaron a ver los avances sociales como dependientes de que ellos mismos se mantuvieran en buenas condiciones, protegidos de las hambrunas y del empobrecimiento que periódicamente afligía al conjunto de la población. En una palabra, pasaron de actuar de alguna manera en interés de la sociedad en sentido amplio a hacerlo como si sus propios intereses de grupo fuesen invariablemente los de la sociedad en su conjunto. O, para decirlo de otro modo, por primera vez el desarrollo social favoreció el desarrollo de los motivos para explotar y oprimir a otros.

Las divisiones en clases fueron la otra cara de la moneda de la introducción de métodos de producción que creaban un excedente. Las primeras comunidades agrícolas se habían establecido sin divisiones de clases en lugares con un suelo excepcionalmente fértil. Pero, cuando se expandieron, la supervivencia pasó a depender de la capacidad de afrontar condiciones mucho más difíciles... y que requerían una reorganización de las relaciones sociales[65].

Los grupos con alto prestigio en las precedentes sociedades sin clases asumieron la organización del trabajo necesario para expandir la producción agrícola haciendo obras de riego o de acondicionamiento en vastas zonas de tierras nuevas. Llegarían a ver su propio control de los excedentes –y el empleo de parte de estos para protegerse a sí mismos contra las vicisitudes naturales– como el interés de todos. Serían, asimismo, los primeros grupos en emplear el comercio a gran escala para incrementar la variedad global de bienes disponibles para el consumo y los más preparados para arrebatarles los excedentes a otras sociedades mediante la guerra.

Las catástrofes naturales, el agotamiento de la tierra y las guerras pudieron crear una situación de crisis aguda en una sociedad agrícola no clasista y hacer difícil la continuación del viejo orden. Esto favoreció la dependencia de nuevas técnicas productivas. Pero estas sólo podían adoptarse a gran escala si se eximía por completo de sus antiguas obligaciones a algunas casas o linajes ricos. Lo que había sido una riqueza con la que subvenir a las necesidades de los demás a cambio de prestigio se convirtió en riqueza que consumir mientras otros sufrían: «En las formas avanzadas de caciquismo [...] lo que comienza con el aspirante a jefe poniendo su producción al servicio de los demás termina, hasta cierto punto, con los demás poniendo su producción al servicio del cacique»[66].

Al mismo tiempo, la guerra permitió que algunos individuos y linajes ganaran mucho prestigio al concentrar en sus manos los botines y tributos obtenidos de otras sociedades. La jerarquía se hizo más pronunciada, si bien siguió siendo una jerarquía asociada con la capacidad de dar cosas a los demás[67].

---

[65] Para un estudio de tales cambios, véase D. R. Harris, «The Prehistory of Tropical Agriculture», en C. Renfrew (ed.), *Explaining Cultural Change,* cit., pp. 398-399.

[66] M. Sahlins, *op. cit.,* p. 140 [ed. cast. cit.: p. 158].

[67] Véase el estudio de Christine Ward Gailey de los intentos realizados entre 1110 y 1400 d.C. por los grupos caudillistas de rango superior en Tonga por desembarazarse de sus obligaciones hacia las personas de rango inferior a fin de constituirse en una clase gobernante, en C. W. Gailey, *Kinship to Kingship,* Texas, 1987.

En este proceso no hubo nada automático. En muchas partes del mundo hubo sociedades capaces de prosperar hasta los tiempos modernos sin recurrir a métodos intensivos de trabajo como el empleo de arados pesados o la construcción de enormes obras hidráulicas. Esto explica la supervivencia hasta tiempos relativamente recientes de sociedades erróneamente llamadas «primitivas» en Papúa-Nueva Guinea, las islas del Pacífico y partes de África, las Américas y el sudeste de Asia. Pero, en otras condiciones, la supervivencia pasó a depender de la adopción de nuevas técnicas. Las clases dirigentes surgieron de la organización de tales actividades y, de su mano, los pueblos, los estados y lo que solemos llamar la civilización. A partir de este punto la historia de la sociedad fue, desde luego, la historia de la lucha de clases. La humanidad aumentó su control sobre la naturaleza, pero a costa de someter a la mayoría de las personas al control y la explotación ejercidos por minoritarios grupos de privilegiados.

En las épocas en que toda la sociedad pasaba por grandes penurias, tales grupos sólo podían mantener en sus manos los excedentes si encontraban maneras de imponer su voluntad al resto de la sociedad mediante el establecimiento de estructuras coercitivas: los estados. El control sobre los excedentes les proporcionó el medio para ello a través de la contratación de hombres armados y la inversión en técnicas caras, como el trabajo de los metales, del que obtuvieron un monopolio de medios más eficaces de matar.

La fuerza armada resulta de la máxima eficacia cuando es respaldada por códigos legales e ideologías que santifican el poder de la clase dirigente, haciéndolo parecer la fuente para la subsistencia de las personas. En Mesopotamia, por ejemplo, «los reyes primitivos alardean de sus actividades económicas, de la excavación de canales, de la construcción de templos, de la importación de madera de Siria y de cobre y granito de Omán. A veces, en los monumentos se los representa vestidos de albañiles u obreros, o bien de arquitectos que reciben de los dioses el plano del templo»[68].

No sólo los gobernantes pudieron pensar en sí mismos como la encarnación de los valores supremos de la sociedad: lo mismo pudieron hacer, en ciertas circunstancias, las personas por ellos explotadas. Por el acto mismo de absorber los excedentes de la sociedad, de controlar los medios de reproducirse a sí misma, los gobernantes pudieron llegar a simbolizar el poder de la sociedad ante los sometidos: a ser vistos como dioses o, al menos, como los

---

[68] Véase V. G. Childe, *Man Makes Himself,* Londres, 1956, p. 155.

intermediarios necesarios entre la masa de la sociedad y sus dioses. De ahí los atributos divinos de los faraones de Egipto o los atributos sacerdotales de las primeras clases dirigentes de Mesopotamia y Mesoamérica.

Antes de las sociedades de clases habían existido, por así decir, nociones religiosas. Las personas habían atribuido a seres mágicos el control de los procesos aparentemente misteriosos que llevaban a algunas plantas a florecer y a otras no, a los años de caza abundante y a los años de hambre, a muertes inesperadas y repentinas. Con la aparición de las clases y los estados, las personas llegaron también a aceptar la existencia de poderes sociales más allá de su control. Fue entonces cuando aparecieron las instituciones religiosas organizadas. Adorar a los dioses se convirtió en una manera de que la sociedad adorara su propio poder, de que las personas reconocieran como ajenos sus propios logros. Esto, a su vez, potenció el control de quienes se decían responsables de estos logros: quienes daban las órdenes a la masa de productores, monopolizaban los excedentes en sus propias manos y empleaban la fuerza armada contra cualquiera que se opusiera a sus dictámenes.

Una vez en vigor, tales ideologías y estructuras estatales perpetuaron el control de los excedentes por un grupo, aun cuando este hubiera dejado de servir al propósito de fomentar la producción. Una clase surgida como acicate para la producción persistiría incluso cuando había dejado de constituir tal acicate.

El carácter de las primeras sociedades de clases

Las sociedades de clases solemos concebirlas como basadas en la propiedad privada. Pero la propiedad privada no se da en todas las sociedades divididas en clases. Karl Marx se refirió a una forma «asiática» de sociedad de clases en la que la propiedad privada no existía en absoluto. En lugar de eso, sostenía Marx, mediante un control colectivo de la maquinaria estatal los gobernantes eran capaces de explotar comunidades enteras de campesinos que cultivaban las tierras en común, sin propiedad privada. Él creía que esta descripción se aplicaba a la sociedad india en la época de la conquista británica en el siglo XVIII. Abundantes investigaciones modernas sugieren que, al menos en parte, estaba equivocado[69]. Pero la historia de las antiguas civiliza-

---

[69] Véase, por ejemplo, R. Tharper, *Ancient Indian Social History,* Hyderabad, 1984.

ciones mesopotámica, egipcia, china, india, mesoamericana y sudamericana sí parece ajustarse a su modelo.

Los excedentes sociales estaban en manos de los sacerdotes a cargo de los templos o de los administradores de los palacios regios. Eran ellos los que los controlaban a través de su dirección de ciertos aspectos de la producción: las obras de riego y de control de las inundaciones, el trabajo de los campesinos de ellos dependientes en las tierras adscritas al templo o al palacio, y el control del comercio. Pero ni los sacerdotes ni los administradores palaciegos ejercían un control o una propiedad privados. Se beneficiaban de la explotación clasista sólo en la medida en que formaban parte de un grupo que gobernaba colectivamente.

En la base de la sociedad, tampoco la producción agrícola parece haberse basado en la propiedad privada de la tierra. Las formas comunales de organización de la vida económica por las que se caracterizan las sociedades agrícolas preclasistas parece que sobrevivieron, aunque ahora de una forma distorsionada, en la cual la mayoría había perdido el control de los excedentes. Las personas seguían realizando su trabajo sobre la base de un sistema de obligaciones recíprocas, organizado a través de los restos de los antiguos linajes parentales. Así, en Mesopotamia los clanes patriarcales (grupos de linaje gobernados al parecer por el varón de mayor edad) controlaban las tierras no dependientes de los templos, mientras que en México, al menos hasta el periodo azteca (siglo XV), la masa de productores agrícolas estaba organizada mediante los *calpulli* –grupos de linaje «internamente muy estratificados»[70], en los que quienes se encuentran en la cima imponen al resto las demandas de la clase dirigente–, y entre los incas mediante los similares *aylulli*[71]. Los arqueólogos y antropólogos han empleado con frecuencia el término «clanes cónicos» para describir estos grupos. Conservaban la apariencia formal de los linajes de la sociedad preclasista, que vinculaban grupos de familias nucleares a un mítico ancestro común[72], pero ahora organizaban el trabajo de la clase explotada en interés de la clase explotadora, actuando a la vez como unidades de producción y de control social.

---

[70] R. M. Adams, *op. cit.,* p. 114.

[71] Véase el estudio de los incas en A. J. Pla, *Modo de producción asiático y las formaciones económico-sociales inca y azteca,* México, 1982, p. 151.

[72] R. M. Adams, *op. cit.,* p. 90.

En gran parte de Eurasia y África la propiedad privada iba a desarrollarse tanto entre la clase dirigente como entre el campesinado, pero sólo a lo largo de muchos siglos, con profundas escisiones en el seno de las clases dirigentes, sangrientas guerras y agudos conflictos entre las clases explotadas y explotadoras.

IV La opresión de las mujeres

En todas partes las mujeres salieron perdiendo con la polarización de la sociedad en clases y el ascenso del Estado. En su estatus se produjo un cambio descrito hace más de un siglo por Friedrich Engels como «la derrota del sexo femenino en la historia universal». De participar en la toma de decisiones en plano de igualdad con los hombres pasaron a ocupar una posición de dependencia y subordinación. La naturaleza exacta de la subordinación varió enormemente de una sociedad clasista a otra, y de una clase a otra en cada sociedad. Pero existió sin excepción allí donde existieron las clases. Tan universal se hizo, que aún hoy es considerado usualmente como el resultado inmutable de la naturaleza humana.

El cambio tenía sus raíces en las nuevas relaciones que con la producción de excedentes se desarrollaron entre las personas. Las nuevas técnicas de producción intensiva tendían a priorizar por primera vez el trabajo de los hombres por encima del de las mujeres. La recolección, principal fuente de nutrición para las sociedades de cazadores-recolectores, había sido plenamente compatible con la gestación y la lactancia. Y también las formas primitivas de agricultura basadas en la azada. Pero los arados pesados y el pastoreo de reses y caballos no lo eran. Las sociedades en las que las mujeres hacían estas cosas tenían tasas de natalidad bajas y poblaciones estancadas, y cedieron el paso a las sociedades que excluían a la mayoría de las mujeres de estas tareas. Gordon Childe señaló hace mucho tiempo que entre los «bárbaros», los pueblos puramente agrícolas, «mientras que las mujeres son las que normalmente azadonan, los hombres aran las tierras. E incluso en los documentos sumerios y egipcios más antiguos los labradores son varones»[73]. En su opinión, «el arado […] libró a las mujeres de los trabajos más pesados, pero las privó del monopolio sobre las cosechas de cereales y del estatus social que este les confería»[74]. Las decisiones clave sobre el futuro de la unidad familiar o el linaje se convirtieron en competencia exclusiva de los varones, pues eran ellos quienes las aplicaban. Otros cambios que acompañaron el crecimiento de los excedentes tuvieron un impacto similar. Las mujeres podían ocuparse del comercio local, y hubo casos de algunas que tomaron parte en la guerra. Pero el comercio a larga distancia y la milicia propiamente dicha se convirtieron en monopolios masculinos. En su inmensa mayoría, los guerreros y los comerciantes eran varones; y, a medida que estos fueron aumentando su control sobre los excedentes, la propiedad y el poder fueron convirtiéndose en prerrogativas masculinas. La ruptura de los antiguos linajes clánicos acentuó la tendencia. Las mujeres adultas dejaron de formar parte de una red más amplia de relaciones que les daba voz sobre el uso de los medios de producción y alguna protección contra el trato arbitrario. A cambio, la mujer se convirtió en una simple «esposa», una subordinada en una casa extraña[75]. Las mujeres de la clase dominante fueron tratadas progresivamente como una posesión más de un varón que controlaba los excedentes, valoradas como un ornamento, una fuente de placer sexual y como criadoras de los herederos. Se las protegía de las penurias y los peligros externos, pero también se les impedía toda interacción con el mundo social más amplio. La vida era muy diferente para las mujeres en los hogares de agricultores o artesanos. Allí todavía desempeñaban un papel productivo y no se les ahorraban tareas extenuantes. No obstante, eran sus maridos quienes controlaban las relaciones entre la unidad familiar y el resto de la sociedad, e imponían sobre las mujeres y los hijos las medidas necesarias para asegurar la supervivencia de la familia (incluidos los sucesivos embarazos de la mujer)[76]. Entre las clases explotadoras, lo mismo que entre las explotadas, regía literalmente el «patriarcado»: el mando del padre sobre los demás miembros de la unidad familiar. Su huella no tardó en imprimirse en todas

---

[73] V. G. Childe, *What Happened in History*, cit., p. 72 [ed. cast. cit.: p. 95].

[74] *Ibid.*

[75] Este es el argumento de K. Sachs, *Sisters and Wives*, Londres, 1979, pp. 117, 121.

[76] Para un desarrollo mucho más completo de mi argumento sobre el origen de la opresión de las mujeres, véase mi «Engels and the Origins of Human Society», cit., pp. 129-142.

las ideologías y todas las religiones. Las diosas y las sacerdotisas pasaron a desempeñar un papel cada vez más secundario, y sobrevivieron como figuras maternas o símbolos de la belleza más que como participantes activas en la creación y organización del mundo.

Los papeles desempeñados por las mujeres no fueron invariables ni uniformes en todas las clases y sociedades. La opresión de las mujeres entre los campesinos adoptó una forma diferente de la que adoptó entre los aristócratas; y una forma diferente también entre los esclavos, a los cuales, varones o hembras, no se les permitía vivir en casas de su propiedad. Las viudas eran numerosas en todas partes debido a las tasas de mortalidad relativamente altas que se daban entre los adultos jóvenes, y a menudo acababan al frente de una casa de campesinos o artesanos, o incluso de un reino, con resultados muy similares a los obtenidos por los hombres. En algunas sociedades a las mujeres se les negaron todos los derechos; en otras, se les permitía poseer y heredar propiedades, e iniciar procedimientos de divorcio. El hecho de que las mujeres estuvieran oprimidas en todas partes no significa que su opresión fuera idéntica, como insinúan las teorías sobre el «patriarcado» que tan corrientes fueron entre las académicas feministas de los años ochenta del siglo XX. Sí significa, en cambio, que su posición era inferior a la que habían tenido en el comunismo primitivo.

El crecimiento de las primeras clases explotadoras influyó de otro modo en el desarrollo global de la sociedad. Los métodos usados por los explotadores para reforzar su poder comenzaron a consumir una parte importante de los recursos de la sociedad. Los gastos en servidores, en policía profesional o fuerzas militares, en la construcción de enormes templos, palacios o tumbas para celebrar su poder, requerían un incremento en la explotación y opresión como la única manera de mantener el funcionamiento de la sociedad. Había, además, un incentivo adicional para la guerra exterior como un medio de apoderarse de los recursos de otras sociedades. Sin embargo, la guerra endémica suponía un sufrimiento añadido para las masas populares. También favoreció la aparición de clases dirigentes y estados entre pueblos vecinos que acabaron por aceptar que sólo la centralización de los excedentes en unas pocas manos podía proveerles los medios de defensa[77]. En general, por muy «funcional» que para la sociedad en su conjunto pueda haber

---

[77] I. M. Diakhanov, «The Structure Of Near Eastern Society Before the Middle of the 2nd Milennium BC», *Oikumene* 3, 1 (1982, Budapest).

sido el ascenso de un grupo dirigente, a partir de determinado momento se convirtió en un lastre para la sociedad. Esto lo pusieron meridianamente de manifiesto acontecimientos ocurridos en Oriente Próximo, el valle del Indo y el Mediterráneo oriental entre 1.000 y 1.500 años después del surgimiento de las primeras civilizaciones.

V

La primera
«edad oscura»

Nadie que vea las pirámides, los templos, los palacios o las enormes estatuas de las primeras civilizaciones dejará de quedar impresionado. Estos no fueron los únicos edificios monumentales. Igual de impresionantes son las casas en piedra que protegían del viento y la lluvia; en algunos casos, incluso con suministros de agua y sistemas de alcantarillado. Es más, las personas que las construyeron lo hicieron sin conocer los metales endurecidos, empleando herramientas elaboradas con piedra o madera y a veces cobre o bronce.

El impacto sobre las personas que vivían en estas ciudades o en los alrededores debió de ser aún mayor. Las pirámides de Gizeh o Teotihuacán, los zigurats de Ur o Uruk, más destacados sobre el horizonte que el Empire State o la Torre Eiffel, eran símbolos siempre presentes del poder, la permanencia y la estabilidad del Estado. Permitían a la clase dirigente creer que su poder era tan eterno e incuestionable como el movimiento del Sol y las estrellas, a la vez que reforzaban los sentimientos de impotencia e insignificancia entre la masa popular.

Ahora bien, si las pirámides, las estatuas y a veces los edificios perduraron, antes o después las sociedades que los produjeron entraron en una profunda crisis. Las ciudades-Estado de Mesopotamia se vieron envueltas en constantes guerras las unas con las otras antes de, hacia el 2300 a.C., sucumbir a un conquistador procedente del norte, Sargón, que unificó todo el Creciente Fértil en un gran imperio que a su muerte fue, a su vez, presa de otros conquistadores. El Egipto del «Imperio antiguo», el de las pirámides de Gizeh y

Saqqara[78], se desmoronó tras siglo y medio de guerra civil y enormes trastornos sociales (el llamado «Primer Periodo Intermedio», del 2181 al 2040 a.C.). Al cabo de más de un milenio, las ciudades de Harappa y Mohenjo-Daro, a orillas del Indo, fueron abandonadas. Unos cien años más tarde, fue el turno de la civilización de Creta, ejemplificada por el magnífico palacio de Knossos, seguida poco después por la civilización micénica, dominante en la Grecia continental. Y en Mesoamérica la civilización conoció réplicas tanto de su aparición como de su repentino desmoronamiento. Uno tras otro, fueron siendo abandonados Teotihuacán, Monte Albán y los centros mayas en el sur, ciudades enteras que quedaron como monumentos vacíos para asombro sucesivo de los aztecas, los conquistadores españoles y nosotros mismos.

Los historiadores han especulado mucho sobre las causas de cada una de estas crisis de la civilización primitiva. Pero, por debajo de los diferentes intentos de explicación, destacan ciertos factores.

En primer lugar, tenemos constancia de una dedicación cada vez mayor de recursos por parte de la clase dirigente a ella misma y sus monumentos. Los templos, los palacios y las tumbas fueron aumentando de tamaño a lo largo de los siglos, lo mismo que la opulencia de los estilos de vida de la clase superior, y tampoco dejaron de crecer ni la intensidad del esfuerzo hecho por los cultivadores en la obtención de excedentes ni las distancias, cada vez mayores, cubiertas por las redes comerciales de productos exóticos.

En Egipto, los textos conservados demuestran que la administración estatal tenía como «principal finalidad la facilitación del transporte de los productos» a los diversos centros que constituían la «corte», así como la supervisión de las construcciones, más que el mantenimiento del sistema agrícola, con lo cual «la presión sobre los excedentes agrícolas se hizo muy fuerte»[79]. En Mesopotamia parece haber sucedido algo muy similar, con la presión añadida de la guerra entre las diferentes ciudades-Estado, así como con los pueblos de pastores que habitaban en la periferia de su civilización.

El incremento del poder y la riqueza de la clase dirigente redujo los niveles de vida de la masa del pueblo al mínimo necesario para la supervivencia... y a veces hasta por debajo. De manera que, aunque los artesanos que trabaja-

---

[78] Unas y otra en las afueras del actual El Cairo.

[79] B. J. Kemp, «Old Kingdom, Middle Kingdom and Second Intermediate Period», en B. G. Trigger, B. J. Kemp, D. O'Connor y A. B. Lloyd, *Ancient Egypt: A Social History,* Cambridge, 1983, p. 176 [ed. cast.: *Historia del Egipto antiguo,* Barcelona, Crítica, 1985, pp. 111-112].

ban para los templos o palacios desarrollaron nuevas técnicas, en particular en el empleo del cobre y el bronce, «las masas campesinas que producían […] los excedentes […] difícilmente podían permitirse los nuevos equipamientos. En la práctica, los labradores y canteros de Egipto tuvieron que contentarse con herramientas neolíticas. En Sumeria la lana aún se arrancaba, no se esquilaba. Incluso en las ciudades del Indo los cuchillos de sílex son lo bastante corrientes para pensar en una escasez de herramientas de metal»[80].

La creciente absorción de recursos por la clase dirigente se acompañó de una ralentización en el crecimiento de la capacidad de la humanidad para controlar y comprender el mundo natural. Gordon Childe comparó los enormes avances realizados por comunidades relativamente pobres e iletradas en el periodo que llevó a la «revolución urbana» con lo que siguió a la instauración de los grandes estados:

> En los dos milenios inmediatamente precedentes a 3000 a.C. se produjeron descubrimientos en ciencia aplicada que, directa o indirectamente, afectaron a la prosperidad de millones de personas y aumentaron considerablemente el bienestar de nuestra especie […] el riego artificial mediante canales y diques; el arado; los arneses de los animales de tiro; la navegación en barco; la rueda; la horticultura; la fermentación; la producción y el uso del cobre; los ladrillos; el arco; el vidrio; los sellos; y –en la primera fase de la revolución– un calendario solar, la escritura, la notación numérica y el bronce. […] Los 2.000 años posteriores a esta revolución produjeron pocas contribuciones de pareja importancia al progreso humano[81].

Los avances que sí se produjeron («el hierro, la noria, la escritura alfabética, las matemáticas puras») no lo hicieron en el seno de las «grandes civilizacioncs», sino entre los «pueblos bárbaros» de su periferia[82].

---

[80] V. G. Childe, *What Happened in History,* cit., p. 117 [ed. cast. cit.: p. 147].

[81] V. G. Childe, *Man Makes Himself,* cit., p. 227.

[82] Véase V. G. Childe, *The Pre-History of European Society,* Londres, 1958, p. 7 [ed. cast.: *La prehistoria de la sociedad europea,* Barcelona, Icaria, 1978, p. 12]. El tema central de esta obra es que los «bárbaros» fueron más innovadores porque no los frenaba ninguna despótica estructura estatal omnipotente. Pero Childe propende a ver a los innovadores «bárbaros» como casi siempre europeos, sin tener en cuenta que en otros continentes –en Asia, África y las Américas– también se llevaron a cabo enormes avances al margen de los imperios establecidos (por ejemplo, toda la serie de innovaciones en Asia central durante el primer milenio de

Bruce Trigger compara el periodo protodinástico en Egipto (3000-2800 a.C.), «al parecer un tiempo de gran creatividad e inventiva», con el periodo posterior, cuando «el control ejercido por los escribas y burócratas» dificultó los cambios en los métodos de producción, de modo que «el desarrollo se detuvo»[83].

La mera escala a la que se producía la explotación de la masa de la población –una explotación que creció en proporción directa al crecimiento en la magnificencia de los templos, palacios, tumbas y estilos de vida de la clase dominante– aseguraba el estancamiento de los medios para procurar sustento a la sociedad en su conjunto.

Aquella parte de la sociedad a la que se había liberado del duro trabajo diario en los campos ya no tenía interés alguno en aumentar el control de la humanidad sobre la naturaleza. «Muchos de los progresos revolucionarios –los arneses de los animales de tiro, la navegación, las herramientas de metal– fueron en origen "instrumentos que ahorraban trabajo". Pero los nuevos dirigentes, con recursos laborales casi ilimitados a su disposición [...] no veían ninguna necesidad de molestarse con inventos que ahorraran trabajo[84].» Dirigentes que reforzaban su poder sobre las masas promoviendo la superstición –los reyes sumerios y los faraones egipcios afirmaban poseer poderes divinos– no tenían ningún interés en alentar el empeño científico entre la pequeña minoría letrada de la sociedad que formaban los sacerdotes y administradores a tiempo completo. Estos se aferraban a los conocimientos desarrollados en la primera hora de la revolución urbana, a los que trataban con reverencia casi religiosa, copiando textos y transmitiendo ideas establecidas, pero sin abrir ya nuevas líneas de investigación. No fue la última vez en la historia en que la ciencia degeneró en escolasticismo y el escolasticismo en magia con el paso de los siglos[85]. La elite letrada acabó por retrasar, más que hacer avanzar, el control de la humanidad sobre la naturaleza.

Una clase dirigente nacida de los avances en la capacidad productiva humana impedía ahora ulteriores avances. Pero sin tales avances su propia rapacidad estaba condenada a agotar los recursos de la sociedad, hasta que los

---

nuestra era, como luego veremos adoptadas en China antes de extenderse por Europa, o el desarrollo independiente de la tecnología del hierro en partes de África).

[83] B. G. Trigger, «The Rise of Egyptian Civilisation», en B. G. Trigger *et al., op. cit.,* p. 67 [ed. cast. cit.: pp. 92-94].

[84] V. G. Childe, *Man Makes Himself,* cit., p. 230-231.

[85] V. G. Childe, *What Happened in History*, cit., pp. 119-120 [ed. cast. cit.: p. 154].

medios de sustento se hicieron insuficientes para abastecer a la masa de la población. En ese punto sólo se requería un pequeño cambio en el clima para que las personas se murieran de inanición y la sociedad se viera sacudida hasta en su núcleo más profundo. Esto ocurrió en Egipto a finales del «Imperio antiguo», cuando una caída en el nivel de las inundaciones del Nilo causó dificultades con el riego. Willey y Shimkin sugieren que fue una parecida «sobreexplotación» por parte de la clase dirigente la que en Mesoamérica produjo el desmoronamiento de la civilización maya «clásica» hace unos 1.200 años:

> Una clase superior creciente, junto con sus diversos sirvientes y otros miembros de la incipiente «clase media», aumentó la presión económica sobre el conjunto de la sociedad. [...] La malnutrición y las enfermedades aumentaron entre las capas inferiores de la población y disminuyeron aún más su capacidad laboral. [...] A pesar de estas tensiones internas, los mayas del periodo clásico tardío no parece que llevaran a cabo innovaciones tecnológicas o de adaptación social. [...] De hecho, la elite maya persistió en su dirección tradicional hasta provocar el colapso[86].

Las luchas de clases en las primeras civilizaciones

El empobrecimiento de las clases explotadas encargadas de alimentar al resto de la sociedad trajo necesariamente un choque de intereses entre las diferentes clases.

La línea básica de división entre las clases fue la que separaba la minoría gobernante y la masa de campesinos dependientes. Las crecientes exacciones de los gobernantes debieron de causar choques entre ambas. Pero, para ser sincero, sabemos poco al respecto. Cuando aparece en las pinturas funerarias y en las inscripciones de los templos, la masa del pueblo lo hace como personas que se inclinan ante sus «superiores» y los atienden. Esto no es ninguna sorpresa: a lo largo de la historia ha sido la manera favorita que las clases dirigentes han tenido de representar a las masas.

Sin embargo, no son pocos los arqueólogos e historiadores para los que el desmoronamiento del Imperio antiguo en Egipto constituyó una «revolución

---

[86] G. R. Willey y D. B. Shimkin, art. cit.

social», y citan un texto posterior, conocido como las «Admoniciones de Ipuur», que imagina una situación en la que «las sirvientas puedan usurpar los puestos de sus señoras y los hijos de los príncipes sean estrellados contra la pared»[87]. De una manera hasta cierto punto parecida, el desmoronamiento de las civilizaciones mesoamericanas de Teotihuacán, Monte Albán y de los mayas del sur suele adscribirse a revueltas campesinas[88].

Pero las tensiones que surgieron no se dieron sólo entre los gobernantes y los campesinos explotados. En todas las civilizaciones primitivas se encuentran pruebas de fisuras en el seno de la clase dirigente.

En Mesopotamia y Mesoamérica las primeras clases dirigentes parecen haber sido los sacerdotes de los templos. Pero, en Mesopotamia, los reyes comenzaron a aparecer junto a los sacerdotes cuando la administración secular y la guerra cobraron importancia y surgió una aristocracia no sacerdotal con sus propios dominios (y campesinos dependientes) junto a los de los templos y el palacio real. De manera similar, en Mesoamérica la elite guerrera parece haber gozado de un poder creciente[89].

En Egipto los reyes dependían de los sacerdotes y gobernadores regionales para administrar los 800 kilómetros del valle del Nilo y asegurar el flujo continuo de comida, bienes y mano de obra a la capital del reino. Las donaciones de tierras que compraban la lealtad de esos grupos les permitieron desviar durante siglos una parte de los excedentes totales para sí mismos y ejercer un cierto poder independiente del monarca central. Un signo de esto fue la manera en que los sacerdotes y los administradores civiles comenzaron a construir espléndidas tumbas que imitaban las de los faraones, si bien a escala considerablemente menor.

La aparición de nuevos grupos explotadores que venían a sumarse a los antiguos tuvo un doble efecto. Por un lado, hizo que el estrato de personas que vivían de los excedentes fuera cada vez más grande y que aumentara la presión sobre los campesinos. Por otro, significó que el poder monolítico de los gobernantes originales podía ser desafiado, bien por personas que controlaran recursos de manera independiente, bien por el poder armado, bien por

---

[87] Citado en M. Rich, *Egypt's Making,* Londres, 1991, p. 226. Para una crítica de la visión que este texto da de los acontecimientos reales, véase B. J. Kemp, en B. G. Trigger *et al., op. cit.,* pp. 74-75, 115 [ed. cast. cit.: pp. 103, 151].

[88] Véase, por ejemplo, F. Katz, *op. cit.,* pp. 78-79, y la introducción a T. P. Culbert (ed.), *op. cit.,* p. 19.

[89] Véase, por ejemplo, F. Katz, *op. cit.,* p. 78.

la diseminación de ideas. De manera que parece que la crisis que llevó al desmoronamiento del Imperio antiguo en Egipto fue, en parte al menos, resultado de que los gobernadores provinciales y los principales sacerdotes antepusieron sus propios intereses a los de la monarquía central; lo cual condujo, según Kemp, a «la guerra civil [...] entre hombres cuyas aspiraciones eran de una naturaleza absolutamente tradicional»[90].

Las escisiones en el seno de la clase dirigente fueron acompañadas por el crecimiento de nuevas clases subordinadas. Los grupos de artesanos especializados –carpinteros, picapedreros, curtidores, tejedores, metalúrgicos– habían comenzado a aparecer conforme la mayor productividad agrícola permitió liberar a algunas personas del trabajo en los campos. La concentración de unos excedentes crecientes en manos de las clases dirigentes dio al proceso un ímpetu añadido. Los sacerdotes y los reyes demandaban cada vez más bienes de lujo para sí mismos y sus auxiliares, además de templos, tumbas y palacios cada vez más sofisticados. Pero esto significaba concentrar en torno a los palacios, las tumbas y los templos la mano de obra cualificada que podía llevar a cabo estas cosas. Toda una nueva clase de artesanos surgió como parte nuclear de la población de las nuevas ciudades.

En Egipto, los constructores de las pirámides de Gizeh y quienes excavaron las tumbas en el valle de los Reyes fueron un ejemplo característico de ello. «Contrariamente a la creencia popular, no las construyeron ni esclavos ni [...] hombres a los que luego se mataba a fin de proteger los tesoros reales ocultos[91].» Es posible que para mover los enormes bloques de piedra se empleara el trabajo forzado de grandes cantidades de campesinos. Pero escritos procedentes de mediados del segundo milenio a.C. en Tebas (hoy en día Luxor) demuestran que la cantería, la talla y la carpintería fueron cosa de artesanos cualificados. Vivían en una aldea especial de casas de piedra y recibían honorarios suficientes en especie –cereales, aceite, pescado– como para mantener a una familia de diez miembros: unos ingresos que triplicaban los de un labrador medio. Su jornada de ocho horas dejaba a muchos con tiempo suficiente para mejorar sus niveles de vida con la realización de trabajos privados adicionales, y algunos estaban lo bastante cualificados para contarse entre las pocas personas que sabían leer y escribir. No eran completamente libres. Es-

---

[90] Véase B. J. Kemp, en B. G. Trigger *et al.* (eds.), *op. cit.,* p. 115 [ed. cast. cit.: p. 150].

[91] B. S. Lesko, «Rank, Roles and Rights», en L. H. Lesko (ed.), *Pharoah's Workers,* Ithaca, 1994, p. 15.

taban sujetos a actos arbitrarios de opresión por parte de escribas y capataces y, al menos en una ocasión, a aquellos considerados «excedentes» para cubrir las necesidades del visir del faraón se les impusieron trabajos forzados[92]. Pero en el 1170 a.C., apoyados por sus esposas, participaron en las primeras huelgas de las que se conserva registro histórico, cuando sus raciones se retrasaron y sus familias pasaron hambre[93].

Estos no eran trabajadores asalariados en el sentido moderno, pues no eran libres de escoger para quién trabajar, se les pagaba en especie y para su subsistencia dependían de la distribución centralizada de bienes por el Estado. Esto limitaba su capacidad para actuar independientemente del Estado o para desarrollar opiniones peligrosas para este. Significativamente, adoraban a los dioses de la clase regia y a reyes deificados además de a sus dioses predilectos. No obstante, la concentración geográfica y la escritura habían conferido, a una clase oprimida y explotada, conciencia para desafiar a los dirigentes de una monarquía con un milenio y medio de antigüedad. Fue un presagio del futuro, cuando tal choque se produjo con una virulencia multiplicada casi al infinito.

En la mayoría de las civilizaciones primitivas, junto con la clase de artesanos comenzó a desarrollarse una clase de comerciantes. El comercio ya se había dado en las sociedades preclasistas: pedernales extraídos en un lugar se utilizaban a cientos de kilómetros de distancia, por ejemplo. Ahora creció en importancia a medida que la incipiente clase dirigente buscaba objetos lujosos y materias primas para la construcción de templos y palacios. Muchas de estas cosas sólo podían obtenerlas individuos o grupos preparados para realizar largos, arduos y a menudo peligrosos viajes. Procedían de la clase de cultivadores explotados o de fuera de las ciudades, especialmente de los grupos de pastores que vagaban por las tierras entre los centros urbanos. A medida que cobraba importancia el comercio, los comerciantes prosperaron y comenzaron a acumular la suficiente riqueza para poder ejercer presión sobre la clase dirigente. Llegó un momento en que comenzaron a desarrollarse pueblos y ciudades –como la ciudad de Sippar, en el Creciente Fértil– gobernados por clases comerciantes.

Pero esta clase existió sobre todo al margen de la sociedad en sentido más amplio, aun cuando dicho margen creciera con el tiempo. Lo mismo que su-

[92] B. S. Lesko, art. cit., p. 39.
[93] *Ibid.*, p. 38.

cede con los artesanos, son pocos los indicios de que hubiera mercaderes que desarrollaran una visión propia de cómo debía gobernarse la sociedad.

El resultado del subdesarrollo de las clases artesanal y mercantil fue que cuando la sociedad entraba en grandes crisis no había ningún grupo social con poder o un programa para emprender su reorganización. La clase dirigente en ejercicio ya no era capaz de desarrollar el control humano sobre la naturaleza en un grado suficiente para evitar el pauperismo y las muertes por inanición. Pero tampoco había otros grupos capaces de hacerlo. La masa de los labradores no podía levantarse contra sus explotadores. Pero su respuesta a las hambrunas era consumir toda la cosecha, sin dejar nada para el mantenimiento de las estructuras de la civilización: los pueblos, los estratos alfabetizados, los grupos que se ocupaban de los canales y las presas.

Donde más claramente pueden verse los resultados es en el caso de las civilizaciones que se desmoronaron: Creta y Micenas, Harsappa y Mohenjo-Daro, Teotihuacán, Monte Albán y los mayas. Las ciudades fueron abandonadas, las florecientes culturas olvidadas, y la masa de la población regresó a la vida puramente agrícola que habían llevado sus ancestros medio milenio o más antes.

En su famoso prefacio a la *Contribución a la crítica de la economía política,* en una época en la que poco se sabía acerca de ninguna de las civilizaciones que hemos mencionado, Karl Marx escribió:

> En la producción social de su vida, los hombres entran en determinadas relaciones que son indispensables e independientes de su voluntad, relaciones de producción que corresponden a una determinada fase de desarrollo de sus fuerzas productivas materiales. La suma total de estas relaciones de producción constituye la estructura económica de la sociedad, los auténticos cimientos sobre los que se erige una superestructura legal y política y a la que corresponden determinadas formas de consciencia social… En una cierta fase de su desarrollo, las fuerzas productivas materiales de la sociedad entran en conflicto con las relaciones existentes de producción o –lo cual no es sino una expresión jurídica de lo mismo– con las relaciones de propiedad en vigor hasta la fecha. De formas de desarrollo de las fuerzas productivas, estas relaciones se convierten en sus cadenas. Entonces se inicia una época de revolución social[94].

---

[94] K. Marx, Prefacio a la *Contribution to the Critique of Political Economy,* en K. Marx y F. Engels, *Selected Works,* vol. I, Londres, 1962, pp. 362-63 [ed. cast.: *Contribución a la crítica de la economía política,* Madrid, Alberto Corazón, 1976, p. 37].

Pero una época así puede tener más de una consecuencia. Como Marx señaló en el *Manifiesto Comunista,* históricamente las luchas de clases podían terminar o bien «con la transformación revolucionaria de toda la sociedad, o con el hundimiento de las clases beligerantes»[95].

Estos casos confirman su explicación. Una clase dirigente que antaño desempeñó un papel en el desarrollo de las «fuerzas de producción» se convirtió de hecho en una cadena para el subsiguiente crecimiento de estas y llevó a la sociedad en su conjunto a un periodo de agitación social. Pero como no surgió una clase asociada con nuevos, más avanzados modos de llevar a cabo la producción y capaz de imponer su voluntad al conjunto de la sociedad mediante el derrocamiento de la vieja clase dirigente, la crisis no condujo a un mayor crecimiento de las fuerzas productivas. En lugar de eso, se produjo «la mutua destrucción de las clases beligerantes» y una vuelta bastante literal a la «barbarie», a sociedades sin pueblos, escritura ni técnicas avanzadas.

Conquista y cambio

Las historias de Egipto y Mesopotamia no se ajustan tan nítidamente al modelo de Marx. En estos casos lo que siguió a un periodo de un siglo o más de desórdenes, guerras intestinas y hambrunas fue el restablecimiento del orden y de los antiguos ritmos de la vida social. Los cambios de poder en el seno de la clase dirigente (de los sacerdotes a los guerreros en Mesopotamia, de Menfis a Tebas en el caso de Egipto), combinados con la llegada de riqueza procedente de la conquista exterior en el caso de Mesopotamia y de una mejora en los niveles del Nilo en Egipto, fueron suficientes para superar la inmediata crisis económica y conseguir que la sociedad discurriera básicamente por las mismas vías durante varios siglos más. Las sociedades carecían ya del empuje innovador de los primeros años de la revolución urbana, no podían desarrollar nuevas formas de procurarse el sustento salvo a un paso muy lento, y seguían siendo propensas a nuevas crisis catastróficas. En Mesopotamia aparecieron conquistadores (bien de las ciudades existentes o entre los pastores de la periferia de la región) que instauraron grandes imperios, centralizados, que mantuvieron unidos llevando sus ejércitos de un centro urbano a otro, a

---

[95] K. Marx y F. Engels, *The Communist Manifesto,* Londres, 1996, p. 3 [ed. cast.: *Manifiesto Comunista,* Madrid, Akal, 2004, p. 22].

fin de aplastar cualquier resistencia que pudiera producirse. Pero esto agotaba aún más los recursos de la sociedad y vaciaba los cofres imperiales, hasta que el poder central optó por permitir que las aristocracias locales fueran las que mantuvieran el «orden» en sus territorios y absorbieran gran parte de los excedentes. El resultado fue el debilitamiento de las defensas de todo el imperio, que quedó expuesto a los ataques bien de un líder militar rebelde desde el interior, o bien de un conquistador desde el exterior.

De ahí la sucesión de conquistadores cuyo paso por la historia del Creciente Fértil se detalla en el Antiguo Testamento: los amoritas, casitas, asirios, hititas, medos y persas.

Durante varios cientos de años, los desiertos mantuvieron a Egipto protegido de las incursiones militares desde el exterior. Pero esto no evitó otra gran crisis, el «Segundo Periodo Intermedio» hacia 1700-1600 a.C. Ahora las influencias foráneas se ejercieron acompañadas de una venganza. En el norte, los «hicsos» –casi con toda seguridad procedentes de Palestina– se establecieron a sí mismos como faraones, mientras que en el sur pasó a ejercer la hegemonía el reino nubio de Kush. Tanto en Palestina como en Nubia se daban sociedades en rápido desarrollo en una época en que Egipto estaba estancado. Significativamente, los hicsos hacían uso de innovaciones técnicas previamente no adoptadas en Egipto, especialmente la rueda. Los dirigentes egipcios que expulsaron a los hicsos e instauraron el «Imperio nuevo» en 1582 a.C. sólo pudieron conseguirlo adoptando estas innovaciones y, al parecer, permitiendo una mayor libertad para el desarrollo de los grupos artesanales y mercantiles.

Childe afirmó que «las rejuvenecidas civilizaciones de Mesopotamia y Egipto diferían profundamente de sus precursores por la mayor preponderancia de su clase media de comerciantes, soldados profesionales, funcionarios, sacerdotes y artesanos cualificados, ya no recluidos en las "grandes casas", sino subsistiendo independientemente de estas»[96].

Desde luego, es acusado el contraste entre el estancamiento por el que se caracterizan el Imperio antiguo tardío y el Imperio medio por un lado, y el dinamismo de los primeros siglos del Imperio nuevo, por otro. Este fue un periodo de conquistas exteriores promovidas por los faraones en Palestina y Siria, y hacia el sur en África. Las conquistas comportaron un flujo de nuevas materias primas y objetos de lujo. Al mismo tiempo, los excedentes domésti-

---

[96] V. G. Childe, *What Happened in History,* cit., p. 137 [ed. cast. cit.: p. 171].

cos ahora eran lo bastante importantes para permitir la construcción de las tumbas más elaboradas y los palacios más lujosos no sólo para los faraones, sino también para los sumos sacerdotes y los funcionarios regionales. En la base de esto parece haber un acelerón en el desarrollo de la producción. El bronce –con su filo más duro y difícil de enromar– reemplazó progresivamente al cobre. Los carros con ruedas tirados por caballos se utilizaban principalmente para la guerra, pero también aceleraron las comunicaciones internas. Para los campesinos, el riego se facilitó con la introducción del *shaduf,* una polea con un cubo que podía elevar a un metro de altura el agua extraída de una acequia o caudal[97].

Las invasiones extranjeras habían sacudido las estructuras sociales egipcias justo lo suficiente como para permitir la aparición de medios mejorados de proveer sustento tras poco menos de mil años de estancamiento. Lo cual sugiere que en ciertas circunstancias, incluso cuando una clase social emergente basada en nuevas relaciones de producción no es fuerte, la fuerza exterior puede superar, al menos temporalmente, el asfixiamiento de la vida social por una superestructura antigua.

---

[97] K. W. Butzer, *Early Hydraulic Civilisation in Egypt,* Chicago, 1976, p. 46.

Cronología

1000-500 a.C.

Expansión de la fabricación de armas y herramientas de hierro por Asia, Europa y el oeste y centro de África. Escrituras de base fonética en Oriente Próximo, el subcontinente indio y la zona mediterránea.

En la India, roturación y cultivo del valle del Ganges, nueva civilización, surgimiento del sistema de cuatro castas, religión védica.

Ciudades-Estado fenicias, griegas e italianas. Unificación de Oriente Próximo en imperios rivales basados en Mesopotamia o el Nilo. Aparición de unos cuantos «estados guerreros» en China.

600-300 a.C.

Florecimiento de las civilizaciones «clásicas». Confucio y Mencio en China. Buda en la India. Esquilo, Platón, Aristóteles, Demócrito en Grecia. Luchas de clases en Grecia.

Conquista de Próximo y Medio Oriente por los ejércitos macedonios de Alejandro Magno, y de la mayor parte del subcontinente indio por el Imperio maurya de Ashoka.

Luchas entre plebeyos y patricios en Roma. Esta ciudad conquista la mayor parte de Italia.

300-1 a.C.

Desintegración del Imperio maurya en la India, pero crecimiento continuo del comercio y la industria artesanal. Los brahmanes hindúes prohíben el sacrificio de vacas.

El primer emperador Qin unifica el norte de China. Enorme crecimiento de los trabajos con hierro, las industrias artesanales y el comercio. Construcción de la Gran Muralla y de los sistemas de canales y calzadas. Una revuelta campesina lleva a la dinastía Han al poder.

Roma conquista toda la región mediterránea y la Europa al sur del Rin. Expansión de la esclavitud y empobrecimiento de los campesinos en Italia. Los campesinos apoyan a los hermanos Graco, asesinados en el 133 y el 121. Revueltas de esclavos en Sicilia (años 130) y en Italia lideradas por Espartaco (años 70). Guerras civiles. Julio César toma el poder en el 45. Augusto se convierte en emperador en el 27.

1-200 d.C.

Cima del Imperio romano. Se aplasta la revuelta en Palestina en el 70 d.C. Pablo de Tarso escinde del judaísmo la nueva secta de los «cristianos».

Invención de la fabricación del acero en China. Extensión del Imperio Han a Corea, Asia central, el sur de China e Indochina. El confucianismo se convierte en religión de Estado.

Expansión de la agricultura y el hinduismo en el sur de la India y luego en la Malasia peninsular y Camboya. Comerciantes indios financian grandes monasterios budistas, religión que llega al Tíbet y Ceilán.

200-500 d.C.

El Imperio Han chino se desintegra. Desmoronamiento de la economía urbana, fragmentación del mundo rural en estados aristocráticos, pérdida de interés por la literatura «clásica». El budismo se extiende entre ciertos grupos.

El Imperio gupta unifica gran parte de la India en el siglo V, florecimiento del arte y la ciencia.

Crisis creciente en el Imperio romano. Estancamiento tecnológico y económico. Decadencia del comercio. La esclavitud da paso a los impuestos y las rentas sobre campesinos vinculados a la tierra. Revueltas campesinas en la Galia e Hispania. Problemas crecientes en la defensa de las fronteras del imperio. Auge de los cultos de Osiris, el mitraísmo y el cristianismo.

Constantino traslada la capital a la ciudad griega de Bizancio (330) y hace del cristianismo la religión oficial del imperio. Persecución de las religiones paganas, de otras creencias cristianas y de los judíos. Ascenso del monaquismo. División del imperio. Pérdida de Britania para el imperio (407). Los godos de Alarico saquean Roma (410).

500 d.C. y después

«Edad Oscura» en Europa occidental. La población desciende a la mitad. Desmoronamiento del comercio, la vida urbana y el alfabetismo.

El Imperio romano de Oriente sobrevive hasta alcanzar su cima en tiempos de Justiniano (años 530-550), con la construcción de la catedral de Santa Sofía, luego entra en decadencia.

Desmoronamiento del Imperio gupta en la India. Decadencia del comercio, de las ciudades, del empleo del dinero y de la religión budista. La agricultura y el comercio artesanal se llevan a cabo en aldeas virtualmente autosuficientes en beneficio de los dirigentes feudales. Dominación ideológica de los sacerdotes brahmanes. Instauración plena de una complicada jerarquía de muchas castas. Decadencia de la literatura, el arte y la ciencia.

Fragmentación continua de China hasta que el ascenso de la dinastía Sui (581) y luego de la dinastía Tang (618) producen la revitalización de la economía y el comercio.

I   El hierro y los imperios

La segunda gran fase en la historia de la civilización comenzó entre los campesinos y pastores que vivían en las tierras en torno a los grandes imperios, no en los estados dominados por sacerdotes y faraones. Dependía de los esfuerzos de pueblos capaces de aprender de los logros de la revolución urbana –el uso del cobre y el bronce, el empleo de la rueda, incluso la adaptación de alfabetos extranjeros a la escritura de sus propios idiomas– sin ser exprimidos por exacciones ni ver sus cerebros lavados por la tradición.

En amplias franjas de Eurasia y África hubo sociedades que comenzaron a hacer uso de los avances tecnológicos de la «revolución urbana». Algunas se desarrollaron hasta convertirse en imitaciones a pequeña escala de los grandes imperios: tal parece haber sido el caso del Imperio salomónico en Palestina, descrito en el Antiguo Testamento. Otras estuvieron mucho menos cargadas, al principio, con superestructuras complicadas, caras y atrofiantes. Las personas tenían más libertad para innovar; y también mayores incentivos para hacerlo.

La adopción de estas técnicas se vio acompañada por la concentración de los excedentes en manos de las clases dirigentes, en gran parte como había ocurrido en las revoluciones urbanas originales. Pero estas eran clases dirigentes nuevas, de territorios con fertilidad natural más baja que la de las civilizaciones primitivas. Sólo si favorecían nuevas técnicas podían obtener un nivel de excedentes comparable con el de aquellas civilizaciones.

Pudieron entonces sacar ventaja de las crisis de las civilizaciones antiguas, a las cuales desgarraron desde el exterior justo en el momento en que las tensiones clasistas las debilitaban desde el interior. «Arios» procedentes de la región del Caspio cayeron sobre la decadente civilización del Indo; pueblos del sudeste europeo, que hablaban un idioma «indoeuropeo» emparentado, irrumpieron en la Grecia micénica; un grupo poco conocido, los «Pueblos del Mar», atacó Egipto; los hititas capturaron Mesopotamia; y una nueva dinastía Chou desbancó a la Shang en China.

En Mesopotamia, Egipto y China, la continuidad esencial de la civilización no se vio afectada, y los imperios no tardaron en resurgir, revitalizados por nuevas técnicas. La conquista de las civilizaciones del Indo y micénica llevó a la completa desaparición de la vida urbana y de la escritura. Pero las incursiones desde el exterior no fueron totalmente negativas ni siquiera en esos casos. Desempeñaron un papel contradictorio. Por un lado, los conquistadores destruyeron parte del viejo aparato productivo: por ejemplo, las obras de regadío que permitieron autoabastecerse a las ciudades del Indo. Por otro, trajeron consigo nuevas tecnologías, como el arado tirado por bueyes, que hizo posible el cultivo del duro suelo de las llanuras del norte de la India. Hubo una expansión de la producción agrícola, y finalmente unos excedentes mayores que los precedentes en la región.

La más importante de las nuevas técnicas apareció hacia el 2000 a.C. en los montes armenios; y varios cientos de años después en el oeste de África[1]. Hablamos de la fundición del hierro. Su lenta difusión transformó la producción y la guerra.

El cobre y su aleación, el bronce, se utilizaban desde las primeras fases de la revolución urbana. Pero su producción era cara y dependía de la obtención de minerales raros en lugares distantes. Además, sus filos se enromaban con rapidez. En consecuencia, eran ideales como armas u ornamentos para la minoría que controlaba la riqueza, pero mucho menos útiles como herramientas con las que la masa de las personas pudiera trabajar. Así que incluso los trabajadores de las pirámides, las tumbas y los templos empleaban muchas veces herramientas de piedra un milenio y medio después de la revolución urbana, y los instrumentos de cobre y bronce parecen haber ser sido poco utilizados por los agricultores.

---

[1] Algunos historiadores suponen que el conocimiento de la fabricación del hierro debió de transmitirse a África. Véase, por ejemplo, R. Mauny, «Trans-Saharian Contacts in the Iron Age», en J. D. Fage (ed.), *Cambridge History of Africa,* vol. 2, 1978, p. 318. Pero Jared Diamond sostiene que las técnicas empleadas en el África subsahariana eran bastante diferentes de las empleadas en otras partes, lo cual apuntaría a un descubrimiento independiente. Véase J. Diamond, *Guns, Germs and Steel,* cit., p. 394 [ed. cast. cit.: pp. 452-453].

El mineral de hierro era mucho más abundante que el cobre. Su conversión en metal requería procesos más complicados. Pero una vez los herreros supieron cómo hacerlo, pudieron producir cuchillos, hachas, puntas de flecha, rejas de arado y clavos para las masas. El efecto sobre la agricultura fue extraordinario. El hacha de hierro permitió a los agricultores talar los bosques más espesos; el arado con reja de hierro, roturar el suelo más duro. Y el precio relativamente barato de la lanza y la espada de hierro debilitó la posición de las aristocracias militares y permitió a la infantería campesina derribar a caballeros con armadura de bronce.

Hacia el siglo VII a.C., nuevas civilizaciones basadas en las nuevas técnicas estaban en alza. El Imperio asirio se extendió desde el Nilo hasta el este de Mesopotamia, unificando a una cantidad inaudita de pueblos en una única civilización, con una única escritura para los diferentes idiomas. Una nueva civilización comenzó a desarrollarse en el norte de la India, con la recuperación del comercio y la construcción de ciudades tras un lapso de casi mil años. En el norte de China comenzaron a surgir un puñado de reinos a partir del caos bélico generado por la rivalidad de 170 miniestados. Y en el Mediterráneo —en Palestina, Líbano, Asia Menor, Grecia, Italia y el norte de África— las ciudades-Estado crecieron libres de la centralización política e ideológica extremas de los viejos imperios mesopotámico y egipcio.

Los avances científicos y la fermentación ideológica no se quedaron a la zaga de las nuevas técnicas productivas. En la Mesopotamia y el Egipto de la Edad de Bronce había habido un crecimiento en ciertas áreas del saber científico, especialmente las matemáticas y la astronomía. Pero estos avances se basaban en la persistencia de unos cleros que, en el curso de dos milenios, se habían ido apartando progresivamente de la vida material y cuyos hallazgos se incardinaban en complejos y abstrusos sistemas religiosos. La reanudación de los avances dependía de la ruptura con estos. Se produjo no en los centros de las viejas civilizaciones —las ciudades mesopotámicas de Asur y Babilonia o las egipcias de Menfis o Tebas—, sino en las nuevas ciudades del norte de la India, el norte de China y la costa mediterránea.

Las nuevas y revigorizadas civilizaciones compartían ciertos rasgos comunes, así como el empleo del hierro. Conocieron una proliferación de nuevos oficios; un crecimiento del comercio a larga distancia; un aumento en la importancia de los comerciantes como clase social; el empleo de monedas para facilitar incluso a los labriegos y artesanos de condición humilde el comercio entre ellos; la adopción (excepto en China) de nuevos alfabetos más o menos

71

fonéticos, que hicieron posible la alfabetización de cantidades mucho mayores de personas; y un ascenso de las religiones «universalistas» basadas en la adhesión a un dios, principio vital o código de conducta dominantes. Finalmente, todas las nuevas civilizaciones estaban basadas, como las antiguas, en las divisiones de clases. No había otro modo de sacarles excedentes a labradores a menudo hambrientos. Pero entre las civilizaciones había diferencias considerables. Ciertos factores materiales –el entorno, el clima, la cabaña de especies ya domesticadas, la ubicación geográfica– afectaban al modo en que las personas se procuraban el sustento y a cómo los gobernantes ejercían el control de los excedentes. Lo cual, a su vez, influía en todo lo que ocurría.

II

La antigua India

Los invasores «arios» que destruyeron la civilización del Indo hacia el 1500 a.C. eran en origen pastores nómadas que vivían de la leche y la carne y bajo el liderazgo de caudillos guerreros. Las ciudades antiguas que saqueaban y abandonaban no tenían ninguna utilidad para ellos. Tampoco la palabra escrita, de modo que la escritura utilizada por la antigua civilización se extinguió.

En esta fase practicaban una religión «védica» que reflejaba su modo de vida. Sus rituales se centraban en el sacrificio de animales, incluidas las reses, y su mitología, transmitida en largas sagas memorizadas por sacerdotes «brahmanes», hablaba de las hazañas de dioses guerreros. La mitología también pasó a incorporar una doctrina que justificaba que el grueso de los excedentes fuera a parar a los gobernantes guerreros y a los sacerdotes en razón de que estos eran grupos «nacidos dos veces», innatamente superiores a las demás personas. Pero el sistema plenamente desarrollado del hinduismo clásico, con sus cuatro castas hereditarias, sólo cristalizó cuando se produjo un cambio en la forma en que las personas se procuraban el sustento y, con él, una transformación de la religión védica en un conjunto de prácticas y creencias bastante diferente.

La lenta expansión de la tecnología del hierro desde más o menos el 1000 a.C. inició el cambio en el modo de vida. El hacha de hierro hizo posible comenzar a roturar y cultivar la región del Ganges, hasta entonces una jungla, y suministrar a los gobernantes guerreros y a sus auxiliares sacerdotales unos excedentes mucho más cuantiosos. Estos grupos favorecieron la expansión de la agricultura, pero también insistieron en que los labriegos les entregaran a ellos una porción, tal vez un tercio o incluso la mitad, de la cosecha de cada aldea como tributo. El sometimiento a sus demandas se logró por la fuerza y respaldó la designación religiosa de los «arios» corrientes como una casta inferior de *vaisyas* (agricultores) y a los pueblos conquistados como la casta más baja de todas, los *sudras* (encargados de los trabajos más duros). Las castas derivaban de una organización de la producción por *clases* en las aldeas (aunque no basada en la propiedad privada), y su persistencia milenaria hunde aquí sus raíces.

Pero aunque en el campo las clases estaban dado lugar a la noción de una simple división de la humanidad en cuatro castas, otros cambios en los modos en que las personas se procuraban el sustento estaban complicando el asunto. El propio éxito de los nuevos métodos agrícolas en la creación de unos excedentes crecientes para los gobernantes llevó también al crecimiento de grupos sociales no basados en la aldea. Los gobernantes querían nuevos bienes de lujo y mejores armamentos, y favorecieron oficios como la carpintería, la fundición de metal, el hilado, la tejeduría y el tinte. Por el subcontinente indio y más allá se produjo una expansión del comercio. Lo mismo que había sucedido con las anteriores revoluciones urbanas, grupos de artesanos o comerciantes comenzaron a establecerse en torno a los templos y campamentos militares y junto a las rutas comerciales, hasta que algunas aldeas se convirtieron en pueblos y algunos pueblos en ciudades. Algunos de los líderes guerreros fueron capaces de crear su propio reino. Hacia el siglo VI a.C., el norte de la India estaba dominado por 16 estados; para el 321 a.C. uno de ellos, Magadha[2], había engullido a los demás para formar un imperio que ocupaba la mayor parte del norte de la India al este del río Indo (frontera con el Imperio griego instaurado por Alejandro Magno, que gobernaba las tierras al oeste del río).

El ascenso de este Imperio indio «maurya» constituyó un nuevo estímulo para el desarrollo urbano. Aseguró las rutas comerciales terrestres a Irán y Mesopotamia en una dirección y a los reinos del norte de China en la otra. Rutas marítimas lo comunicaban con Arabia, Egipto, el este de África y el sudeste de Asia. Constituyó un eslabón clave en un emergente sistema comercial mundial (o al menos del mundo antiguo). Un emisario griego proclamó a la capital magadha, Pataliputra, como la ciudad más impresionante del mundo conocido. Calculó que el ejército magadha estaba compuesto por 6.000

---

[2] Con su centro en lo que hoy en día es Bihar.

elefantes, 80.000 efectivos de caballería y 200.000 de infantería[3]. Las cifras son, sin duda, una exageración. Pero el hecho de que él las creyera da idea de la escala y esplendor del imperio.

La monarquía maurya obtenía los enormes excedentes requeridos para su mantenimiento de «una expansión sin precedentes de la actividad económica del Estado», con «control estatal de la agricultura, la industria y el comercio» y monopolios en la minería y en los comercios de sal, licores y minerales. Estaba en posición de equipar a los soldados con armas de metal y de suministrar herramientas e instrumentos para la agricultura y la industria. Sus impuestos financiaban un enorme ejército permanente y «una vasta, numerosa burocracia» que descendía hasta el nivel de las aldeas, con grupos de estas dotados de «un contable que velaba por el mantenimiento de los lindes, la tierra registrada [...] y llevaba un censo de la población y un registro del ganado», así como de un «recaudador de impuestos que se ocupaba de toda clase de ingresos [...]. En apoyo de toda la estructura existía además un complicado sistema de espías»[4].

En sus primeros años, el Estado maurya no fue puramente parasitario, y tomó algunas medidas positivas para la sociedad en su conjunto. Parte de los enormes excedentes los empleó para «el desarrollo de la economía rural», fundando nuevos asentamientos, animando a los *sudras* a establecerse como agricultores en tierras cedidas por el Estado[5], organizando proyectos de irrigación y controlando la distribución del agua. Se desalentó la aparición de la propiedad privada de la tierra y se prohibió su venta, en un esfuerzo por evitar que los notables locales acapararan los excedentes producidos en estos nuevos asentamientos.

La expansión de la agricultura estable, el aumento del comercio y de las ciudades y la aparición de poderosos estados comportaron enormes cambios en las vidas de las personas y, necesariamente, en sus mentalidades. Los antiguos dioses habían proclamado, en términos espirituales, los méritos de la ganadería y el combate. Ahora comenzaron a aparecer otros nuevos que hacían hincapié en las virtudes del cultivo. Se produjo también un cambio de

---

[3] Citado en D. D. Kosambi, *An Introduction to the Study of Indian History,* Bombay, 1996, p. 190.

[4] R. Thapar, *History of India,* vol. I, Harmondsworth, p. 84 [ed. cast.: *Historia de la India,* México, Fondo de Cultura Económica, 1969, pp. 101-102].

[5] R. S. Sharma, *Light on Early Indian Society and Economy,* Bombay, 1966, p. 66.

actitud hacia un recurso de capital importancia para ambos modos, el antiguo y el nuevo, de procurarse el sustento: el ganado bovino.

Hasta entonces las personas habían valorado las reses como fuente de carne. Ahora constituían la única fuerza motriz para la roturación de terrenos duros y había que protegerlas. Incluso cuando una familia de campesinos estaba al borde de la muerte por inanición, había que evitar matar el único medio de cultivar la cosecha del año siguiente y de suministrar a los guerreros y sacerdotes los ingresos adecuados. Esta necesidad fue la que, tras un periodo de agitación religiosa, originó la veneración aparentemente irracional por la vaca y la prohibición de matar reses que caracteriza al hinduismo moderno.

El desarrollo de la vida moderna contribuyó a los cambios religiosos. Los nuevos grupos profesionales de artesanos y comerciantes eran con mucha frecuencia hereditarios, cuanto menos por el hecho de que el modo más fácil de aprender técnicas complicadas es estudiarlas desde una edad temprana en el hogar familiar. El conocimiento de cada oficio o comercio formaba parte del paquete de costumbres a él vinculado, con sus propios rituales y presidido por sus propios dioses. La religión de los brahmanes sólo podía dominar el modo de pensar de todos los grupos de artesanos y comerciantes si encontraba un acomodo para estos dioses y, análogamente, encajaba a los practicantes de las nuevas destrezas en el cada vez más rígido sistema de cuatro castas hereditarias de guerreros, sacerdotes, agricultores y braceros.

Una revolución en la conducta social necesitaba de una revolución en la doctrina y las prácticas religiosas. Cuando personas de diferentes grupos sociales intentaron resolver las contradicciones entre las nuevas realidades y las viejas creencias, lo hicieron de diferentes modos. En el siglo VI, en el norte de la India surgieron montones de sectas, cada una con su reorganización particular de elementos de las creencias tradicionales, sectas que a menudo chocaban frontalmente entre sí y con los sacerdotes brahmanes oficiales. Ellas fueron el origen de religiones que perduran hasta nuestros días.

Las que iban a ser las más conocidas entre estas sectas fueron los seguidores jainistas de Mahavirá y los seguidores budistas de Gautama. Tienen ciertos puntos en común. Se oponían a los sacrificios sangrientos y a la matanza de animales. Contraponían la *ahimsa* (no violencia) a la guerra. Rechazaban las distinciones de casta: sus fundadores no eran brahmanes. Tendían a hacer hincapié en la necesidad de una comprensión racional de los acontecimientos y los procesos, en algunos casos prescindiendo de los viejos relatos de aventuras y hazañas divinas, hasta el punto de rayar en el materialismo y el ateísmo.

Tales doctrinas se ajustaban a la sociedad emergente. Protegían su suministro de animales de tiro y expresaban la aversión de los agricultores, artesanos y comerciantes a la destrucción gratuita de la guerra. Apelaban al resentimiento que albergaban los miembros económicamente prósperos de estos grupos sociales a raíz de la discriminación a que los sometían las reglas, cada vez más severas, impuestas por los brahmanes en relación con las castas. También atrajeron a algunos de los gobernantes: el emperador Ashoka (264-227 a.C.) llegó a convertirse al budismo, supuestamente debido a los remordimientos que le causaba la carnicería con que se saldó su mayor victoria militar. El repudio de las distinciones de casta pudo ayudar a los monarcas en su pugna contra las castas superiores que, en cada localidad, desviaban parte de los excedentes hacia sus propios bolsillos. Consiguió para el imperio el respaldo de los nuevos grupos sociales urbanos. Incluso la doctrina de la no violencia podía ayudar a un conquistador ya victorioso a mantener la paz interna contra posibles rivales. A una monarquía «universal» le venía bien un sistema «universalista» de creencias.

El imperio no duró mucho, sino que se desmoronó poco después de la muerte de Ashoka. Los enormes ejército y aparato burocrático resultaron excesivos para los recursos del imperio. Las comunicaciones eran todavía demasiado primitivas para que un emperador pusiera coto al poder de los notables locales de manera indefinida. Pero este periodo de desintegración del imperio no comportó el desmoronamiento de la civilización. La agricultura y el comercio continuaron expandiéndose. En el sur de la India circulaban monedas romanas, y había barcos que transportaban bienes a y desde el mundo romano, Etiopía, Malasia y el sudeste asiático. Los comerciantes indios eran «los empresarios que proveían los alimentos de lujo del mundo grecorromano»[6]. Los oficios artesanales florecieron. «La confección textil, la tejeduría de la seda y la fabricación de armas y objetos de lujo parece haber progresado», y «quizá no haya habido otro periodo en que una economía monetaria haya penetrado tan profundamente en la vida de las personas corrientes de los pueblos y suburbios»[7]. Tal expansión económica hizo posible

---

[6] R. Thapar, «Asoka India and the Gupta Age», en A. L. Basham, *A Cultural History of India,* Oxford, 1975, p. 44.

[7] R. S. Sharma, *op. cit.,* p. 78. Romila Thapar es crítica con D. D. Kosambi por ver el periodo maurya tardío como de decadencia económica: «Si algo está claro es que se trataba de una economía en expansión», R. Thapar, *Asoka and the Decline of the Mauryas,* Oxford, 1961, pp. 204-205.

la formación de otro imperio menos centralizado, el de los guptas, medio milenio después del desmoronamiento del primero.

El patrocinio del saber y las artes fueron ahora cosa de los comerciantes y sus gremios además de la monarquía. Sus donaciones financiaron magníficos monumentos religiosos, tallas rupestres impecables y monasterios budistas. Se intercambiaban no meramente bienes, sino también ideas con el mundo grecorromano. Los filósofos del Ganges tenían conocimiento de los debates de Atenas y Alejandría, y viceversa. Son muchos los comentaristas que han visto la influencia de los conceptos religiosos budistas en el cristianismo primitivo, mientras que en los primeros siglos de nuestra era una versión del cristianismo halló una audiencia minoritaria en ciertas localidades costeras de la India.

La investigación científica floreció junto al misticismo religioso. «Los logros intelectuales más importantes del subcontinente» se produjeron en el terreno de las matemáticas[8]. En el 200 a.C., una «detallada geometría» hacía posible los cálculos de arcos y segmentos de cuerdas. La ciencia grecorromana dejó sentir su influencia en el sur de la India, pero los matemáticos fueron más allá del «método ptolemaico de cálculo en términos de cuerdas de círculos», hasta conseguir el «cálculo en senos, con lo cual iniciaron el estudio de la trigonometría»[9]. A esto siguieron el perfeccionamiento del sistema decimal, la solución de ciertas ecuaciones indeterminadas, un cálculo preciso del valor de π por Aryabhata y, en el siglo VII d.C. como muy tarde, el uso del cero, algo desconocido por griegos y romanos.

Lo mismo que el comienzo de un sistema mundial en el comercio, aquel fue también el comienzo de un sistema mundial en las ideas. La religión hindú se expandió con las talas de bosques en el sur de la India, y luego hasta la península de Malaca y Camboya. Los comerciantes llevaron consigo su budismo a la isla de Ceilán, a través del Himalaya hasta el Tíbet, por las rutas comerciales hasta China y finalmente hasta Corea y Japón. Al mismo tiempo, los avances en matemáticas producidos en la India pasaron a formar parte de los fundamentos del saber árabe, a su vez esencial para el «Renacimiento» europeo de mil años después.

Sin embargo, a partir del siglo VI en la propia India hubo una pérdida de empuje cultural. El subcontinente se fragmentó en estados enfrentados,

---

[8] H. J. J. Winer, «Science», en A. L. Basham, *op. cit.*, p. 154.
[9] *Ibid.*

mientras sucesivos invasores asolaban el noroeste. La base material de la sociedad, los medios con los que las personas podían proveerse un sustento, sencillamente no había avanzado lo suficiente como para sostener semejantes superestructuras imperiales. A los sucesivos monarcas les fue resultando cada vez más difícil conservar sus reinos, mantener la paz interior y garantizar la seguridad de los comerciantes. Los intercambios comerciales, la riqueza de los comerciantes y la influencia budista entraron en declive. Algunos de los grandes monasterios sobrevivieron, pero cada vez más apartados de la sociedad que los había producido, hasta que su impacto en la distante China fue mayor que en los diversos reinos indios.

Ocurrió lo que se ha venido llamando una «feudalización» de la sociedad –una creciente fragmentación de las casi independientes economías de aldea–. Esto sucedió cuando los reyes no encontraron la manera de pagar a los funcionarios si no era con una parte del excedente procedente de los agricultores locales, e hicieron concesiones de tierras a aquellos que, por lo general brahmanes, supervisaban la limpieza y el cultivo de las zonas forestales. La mayoría de los artesanos descubrieron que sólo podían sobrevivir poniendo en práctica sus habilidades en las aldeas para tomar parte directa en la producción local. La producción para uso local sustituyó cada vez más la producción destinada al mercado.

La expansión de la agricultura a nuevas zonas comportó todavía cierto crecimiento en la producción, e incluso lentos pero significativos avances en los métodos agrícolas. Pero esto sucedió en el marco de una creciente influencia de los brahmanes, los únicos que disponían de una red de personas radicadas en cada aldea. La cultura era cada vez más su cultura, y esto, como Romila Thapar ha señalado, «llevó a un estrechamiento intelectual» a medida que la «educación formal» se fue volviendo «enteramente escolástica»[10].

Los brahmanes habían adoptado elementos del budismo; en particular, habían abrazado el vegetarianismo como signo de su propia santidad y proscrito por completo el consumo de carne de ternera. Pero su antiguo hincapié en las distinciones de casta se hizo más fuerte, al punto de encorsetar a cada grupo profesional y tribal en su propio lugar dentro de una complicada y supuestamente inalterable jerarquía. Los marginados tribales de las comunidades de agricultores se convirtieron en «parias»: grupos obligados a vivir en condiciones degradantes en las afueras de las aldeas, limitados a las ocupacio-

---

[10] R. Thapar, art. cit., p. 49.

nes más bajas y sucias, cuyo mero contacto físico constituía una fuente de contaminación para las castas superiores.

Lo que durante siglos había sido una región de rápidos cambios y fermentación intelectual pasó a caracterizarse, durante casi mil años, por aldeas que no veían más allá de sí mismas, la superstición religiosa y reinos fragmentados, belicosos, parasitarios. Uno de los resultados fue el sistema de múltiples castas que los conquistadores musulmanes y europeos encontraron completamente consolidado en el siguiente milenio.

III   Los primeros imperios chinos

Tradicionalmente, para los historiadores europeos la historia universal comienza en Oriente Próximo y luego pasa a través de Grecia y Roma hasta Europa occidental. En el norte de China apareció una civilización que superó a todas las europeas, sobrevivió de una forma u otra durante más de 2.000 años y fue responsable de algunos de los más importantes avances técnicos de la humanidad.

Los romanos nunca superaron el número de súbditos del Imperio Ch'in, fundado en 221 a.C. Tenía 6.800 kilómetros de calzadas (comparables a los 5.984 kilómetros del Imperio romano), construidas según un diseño común adecuado para carros y carretas de un ancho normal de eje. Se calcula que en los 3.000 kilómetros de la primera Gran Muralla consiguió poner a trabajar a unas 300.000 personas[11], y hasta 700.000 en la construcción de la tumba del primer emperador, con su «ejército» de soldados de terracota a tamaño natural. Los grandes ríos se unieron mediante canales que crearon un sistema fluvial interior único en el mundo.

El imperio era la culminación de siglos de cambio económico y social. Aproximadamente en la misma época que en Mesopotamia, algunos pueblos se habían pasado a la agricultura, concretamente al cultivo del mijo, además de a la domesticación de cerdos y perros en el norte, y en el valle del río

---

[11] La muralla no se construyó a partir de cero, como a veces se ha dicho, sino que conectó una serie de murallas preexistentes. La actual Gran Muralla fue restaurada y ampliada por la dinastía Ming en el siglo XVII d.C.

Yangtsé, más al sur, aprendieron las técnicas, muy diferentes, requeridas para el cultivo del arroz y la domesticación del búfalo.

Después del 2000 a.C. surgieron ciudades y estados construidos por pueblos que empleaban técnicas neolíticas. A finales del siglo XVII a.C., los trabajadores del metal habían aprendido a fundir el estaño y el plomo con el cobre para producir bronce, y los guerreros aristocráticos empleaban armas hechas con este metal para erigir un reino para la dinastía Shang a orillas del río Amarillo, en el norte de la China. Este parece haber estado dominado por una aristocracia que combinaba las funciones militar, sacerdotal y administrativa. Era una sociedad clasista, que practicaba el sacrificio de siervos en los funerales regios, pero en esta fase no parece que se desarrollara la propiedad privada[12]. Bajo la dinastía Chou, a partir del siglo XI a.C., los reyes delegaron su poder en un centenar de gobernantes locales en el marco de un sistema a menudo descrito como «feudalismo» (estableciendo un paralelismo con la Europa medieval)[13], aunque algunos historiadores afirman que lo que existió fue una versión de la «sociedad asiática» de Marx y no feudalismo, pues los textos informan de que la organización de la agricultura no se basaba en parcelas agrícolas individuales. Por el contrario, la dirección administrativa regulaba «la vida diaria de los campesinos corrientes»: no sólo su trabajo, sino también sus «matrimonios, fiestas y reuniones»[14]. Al campesino se le decía cada año qué tenía que plantar, cuándo sembrar y cuándo cosechar. Se le podía ordenar que abandonara su vivienda invernal y marchara a los campos, o que dejara los campos y se encerrara en su casa[15]. En cualquier caso, la historia de la dinastía Chou fue de guerra casi incesante entre los señores rivales.

Al cabo de los siglos, los numerosos miniestados se agruparon en un puñado de estados mayores cuando el cambio tecnológico hizo posible hacer la guerra de manera más eficaz. El número de carros de guerra aumentó, se idearon nuevas técnicas de asedio, y la espada y la ballesta permitieron que por pri-

---

[12] Según textos parafraseados en H. Maspero, *China in Antiquity* (primera edición en francés en los años veinte), Folkestone, 1978, p. 26.

[13] Véase, por ejemplo, D. Bodde, «The State and Empire of Ch'in», en D. Twitchett y M. Loewe (eds.), *Cambridge History of China,* vol. 1, Cambridge, 1986, p. 21.

[14] H. Maspero, *op. cit.,* p. 45. Entre los estudios de especialistas modernos sobre la cuestión del carácter de la sociedad antigua china destacan las contribuciones de Wu Daken, Ke Changyi y Zhao Lusheng, en T. Brook (ed.), *The Asiatic Mode of Production in China,* Nueva York, 1989.

[15] H. Maspero, *op. cit.,* p. 70.

mera vez una infantería formada por levas de campesinos aguantara a pie firme los asaltos de los carros. Esa clase de guerra, a su vez, produjo gobernantes interesados en los avances técnicos. Durante los siglos IV y III a.C. (conocidos como «la era de los estados guerreros»), estos gobernantes iniciaron la tala de la llanura y los valles fluviales del norte, la desecación de las regiones pantanosas y la extensión del riego, a menudo a gran escala. También se desarrolló una industria del hierro, organizada a una escala inédita para la época, con la producción masiva de moldes de herramientas y armas de hierro fundido: no sólo espadas y cuchillos, sino «picas, azadas, hoces, arados, hachas y escoplos»[16].

Los nuevos métodos agrícolas aumentaron la producción: la agricultura intensiva basada en la roturación profunda empleando bueyes; la utilización de estiércol animal y excrementos humanos como fertilizantes; el cultivo del trigo y la soja, así como del mijo; la plantación de legumbres para restaurar la fertilidad de la tierra; y una mejor comprensión de las épocas idóneas para la siembra[17]. Los excedentes crecían sin parar.

Jacques Gernet señala: «La era de los estados guerreros es una de las más ricas de la historia en cuanto a innovaciones tecnológicas», con el «desarrollo de un importante comercio de bienes de consumo corrientes (tejidos, cereales, sal) y en metales, madera, cuero y pieles. Los comerciantes más ricos combinaban ese tráfico con grandes empresas industriales (minas y fundiciones del hierro en particular), empleaban a más trabajadores y agentes comerciales, y controlaban flotas enteras de naves fluviales y enormes cantidades de carretas […]. Los grandes empresarios comerciales fueron el grupo social cuyas actividades más contribuyeron al enriquecimiento del Estado […]. La mayoría de las capitales de los reinos […] se convirtieron en grandes centros comerciales y fabriles […]. El objeto de las guerras del siglo III fue a menudo la conquista de estos grandes centros comerciales»[18].

Pero los gobernantes sólo podían adoptar con éxito los nuevos métodos si acababan con el poder de la antigua aristocracia. «En paralelo con el cambio tecnológico en la agricultura […] en varios estados se produjeron cambios socioeconómicos» y «reformas políticas»[19].

---

[16] Cho-yun Hsu, *Han Agriculture,* Washington, 1980, p. 4. Véase también J. Gernet, *A History of Chinese Civilisation,* Cambridge, 1982, pp. 67-69 [ed. cast.: *El mundo chino,* Barcelona, Crítica, 1991, pp. 71-73], y D. Bodde, art. cit., pp. 22-23.

[17] Cho-yun Hsu, *op. cit.,* p. 7.

[18] J. Gernet, *op. cit.,* p. 72 [ed. cast. cit.: pp. 74-75].

[19] Cho-yun Hsu, *op. cit.,* p. 12.

El Estado Ch'in consiguió por fin conquistar a los demás porque fue el más sistemático en la aplicación de estos cambios. Confió en una nueva clase administrativa central de guerreros y funcionarios que aplastaron a la antigua aristocracia. En la agricultura, estos supieron otorgar el papel clave a la familia nuclear campesina, a la que permitieron poseer tierra, además de obligarla a pagar impuestos y entregar su trabajo directamente al Estado en lugar de al señor local. «Fue la nueva fuerza productiva de los pequeños agricultores la que sustentó al nuevo régimen[20].»

Esta fue una revolución social, la sustitución de una clase explotadora por otra, desde arriba. Fue una revolución llevada a cabo por ejércitos a un precio enorme. Una estimación clásica calculaba, de manera probablemente exagerada, que durante 150 años de guerra entre el 364 y el 234 a.C. hubo 1.489.000 muertos[21]. Los últimos años de la China preimperial fueron «un monótono relato de campañas y victorias militares», con una victoria de la que se dice que ocasionó la decapitación de 100.000 hombres[22]. La instauración del imperio fue acompañada de la deportación de no menos de 120.000 integrantes de las antiguas familias «ricas y poderosas»[23].

La transformación no fue solamente resultado de la iniciativa de unos cuantos gobernantes al frente de poderosos ejércitos. Los cambios en la tecnología y la agricultura habían puesto en movimiento fuerzas que los gobernantes no podían –ni con frecuencia querían– controlar.

A medida que aumentaban los excedentes producidos por los campesinos crecía entre los gobernantes, antiguos y nuevos, la demanda de bienes de lujo, y de armas de metal, caballos, carros, arcos y armaduras para sus ejércitos. Los campesinos necesitaban un suministro constante de herramientas. Todos estos bienes sólo podían producirlos una cantidad incesantemente creciente de artesanos que aplicaran nuevas técnicas propias y de comerciantes que operaran entre los estados individuales, así como en el interior de estos. La estandarización de las pesas de metal y luego de las monedas corrientes constituyó un estímulo adicional para el comercio.

La influencia de los comerciantes quedó demostrada cuando en 250 a.C. el más rico de ellos se convirtió en canciller del futuro emperador, obtuvo

---

[20] Cho-yun Hsu, *op. cit.,* p. 13.
[21] Shih-chi, citado en D. Bodde, art. cit., p. 40.
[22] Detalles aportados en *ibid.,* p. 45.
[23] J. Gernet, *op. cit.,* p. 109 [ed. cast. cit.: p. 104], y D. Bodde, art. cit., p. 109.

tierras que comprendían 100.000 hogares y se rodeó de un séquito de 3.000 eruditos[24].

Cho-yun Hsu llega a sugerir que «en los años de agitación entre los siglos V y III a.C. hubo grandes posibilidades de desarrollar una vida social predominantemente centrada en las ciudades en lugar de una economía agraria de base rural. Florecieron grandes y prósperos centros comerciales, y el ánimo de lucro asociado a una mentalidad urbana [...] predominó»[25].

El sinólogo germano-estadounidense Karl Wittfogel sostuvo, cuando todavía era marxista en los años treinta, que había similitudes entre la China de este periodo y la Europa, casi 2.000 años posterior, de las fases tardías del feudalismo[26]. La «burguesía» comercial podía haber transformado China en una nueva sociedad, basada casi por entero en la producción suministrada por trabajadores asalariados para el mercado. En cambio, cayó bajo el dominio de la burocracia del Estado, que consiguió canalizar los excedentes de manera que, en lugar de en los comerciantes y la antigua aristocracia, se concentraran en sus propias manos. Los comerciantes apoyaron al Estado en su lucha contra la aristocracia sólo para ver cómo la burocracia estatal les robaba los frutos de la victoria.

Por supuesto, el Estado atacó repetidamente a los comerciantes tanto bajo la dinastía Ch'in como bajo su sucesora, la Han (del 206 a.C. al 220 d.C.). El primer emperador Han, por ejemplo, «prohibió a los comerciantes tejer seda y montar en carruaje. [...] Ni a los comerciantes ni a sus hijos y nietos se les permitía trabajar para el Estado»[27]. El Estado asumió el control de dos industrias clave, la sal y el hierro, para, como dice un documento de la época, asegurar que «los diversos beneficios de la sal y el hierro sean monopolizados [por el imperio] a fin de acabar con los ricos comerciantes y operadores»[28]. Los beneficios mercantiles se gravaban con impuestos mayores que la agricultura, y los intentos de evadir impuestos por parte de los comerciantes se castigaban con la confiscación de sus bienes. Durante los 54 años de gobierno del emperador Wu (141-87 a.C.), «el poder imperial se incautó por la fuerza de las propiedades de los comerciantes. Para sobrevivir, con frecuencia los

---

[24] Según J. Gernet, *op. cit.,* p. 109 [ed. cast. cit.: p. 104].

[25] Cho-yun Hsu, *op. cit.,* p. 3.

[26] K. Wittfogel, «The Fundamental Stages of Chinese Economic History», *Zeitschrift for Sozialforschung* (1935).

[27] Cho-yun Hsu, *op. cit.,* p. 27.

[28] «Discursos sobre el hierro y la sal» (81 a.C.), extractos traducidos en *ibid.,* p. 91.

comerciantes tuvieron que establecer vínculos con los burócratas e incluso con la corte»[29].

La excusa hipócrita para tales ataques fue muchas veces la protección de los campesinos. Documento tras documento del periodo se lamentan de que el comercio y la industria están arruinando al campesinado, causando repetidas hambrunas y disturbios en el campo, a la vez que dotando a los comerciantes de medios peligrosos para el Estado. Según el emperador Wang Mang en el 9 d.C., «los ricos, altaneros, actuaron malvadamente; los pobres, acuciados por la pobreza, actuaron perversamente»[30].

Los siglos en que estas diferentes clases explotadoras se disputaron la influencia fueron necesariamente también siglos de fermento intelectual. Los miembros de las diferentes clases tendían a ver el mundo de distinto modo. Los intentos de diferentes grupos sociales de explicarse los cambios producidos provocaron la aparición de escuelas filosóficas y religiosas rivales.

Confucio (nacido en el siglo VI a.C.) y su seguidor del siglo IV a.C. Mencio defendían el respeto a la tradición y el ritual combinado con la honradez y el autocontrol. En siglos posteriores esto se convertiría en la ideología conservadora de unos administradores supuestamente ilustrados, que mantenían a la sociedad sometida a la tradición mientras ellos vivían vidas muy confortables. En tiempos de Mencio, sin embargo, sí implicó un repudio de los métodos de los príncipes codiciosos. El repudio llegó aún más lejos en el caso de Motzu, cuya secta, unos 60 años después de Confucio, trató de instaurar por medios autoritarios un igualitarismo basado en la frugalidad común y opuesto al egoísmo, el lujo y la guerra. Por contra, la corriente luego conocida como taoísmo predicaba que la salvación individual estribaba no en la acción colectiva, sino en el aprendizaje de técnicas que ayudaran al individuo a apartarse del mundo y dominarlo. Versiones del confucianismo y el taoísmo compitieron con el budismo por la conquista de las mentes de las personas a lo largo de gran parte de la historia china posterior, mientras que una y otra vez aparecieron sectas igualitarias como expresión de la amargura de los pobres.

Pero la vencedora inmediata en las batallas ideológicas de los últimos siglos antes de Cristo fue una corriente diferente, normalmente llamada «legalismo». Hacía sobre todo hincapié en la fuerza y el funcionamiento burocrático del Estado mismo. Insistía en que los funcionarios del Estado sólo debían

---

[29] Cho-yun Hsu, *op. cit.*, p. 53.
[30] Traducido en *ibid.*, p. 165.

ocuparse del cumplimiento de las leyes de este, sin dejarse desviar por las preocupaciones sobre la virtud personal predicadas por los seguidores de Confucio y Mencio.

El legalismo justificaba el papel de los administradores como la encarnación del bien general. También concordaba con el acento que los comerciantes ponían en el cálculo racional y el temor a las decisiones políticas arbitrarias que perturbaban su enriquecimiento. Sus máximas se popularizaron, por ejemplo, en himnos para las masas que presentaban al administrador y los edictos del Estado como la salvaguarda esencial para la sociedad en su conjunto.

Los gobernantes no dependían simplemente de la persuasión intelectual para obtener la aceptación de su totalitaria visión del mundo. También hicieron cuanto pudieron por asegurarse de que no se presentaran alternativas a esta. El primer emperador decretó la quema de todos los libros que se refirieran a las antiguas tradiciones. «Hay hombres de letras que no se modelan a sí mismos según el presente, sino que estudian el pasado a fin de criticar los tiempos actuales. Confunden y excitan a las personas [...]. Conviene que sean prohibidos.» Las personas que osen hablar de los libros prohibidos «deben ser ejecutadas, con exposición pública de sus cadáveres; las que utilicen el pasado para criticar el presente deben ser condenadas a muerte junto con sus parientes»[31].

Al principio, el mayor poder del Estado no impidió los avances continuos en el comercio y la producción artesanal; es más, estos se beneficiaron de medidas gubernamentales como la construcción de calzadas y canales y la extensión del imperio hasta el sur de China, Asia central, Indochina y la península de Corea. Se produjeron más avances tecnológicos de importancia: en el siglo II d.C. (un milenio y medio antes de que apareciera en Europa) ya se producía acero, y las primeras norias del mundo ya funcionaban; y en el siglo III d.C. (mil años antes de que llegara a Europa occidental) ya se empleaba la carretilla, que permitía que una persona moviera más del doble de su propio peso.

Pero la independencia de los empresarios-comerciantes como clase se vio recortada. No se les permitió estabilizarse como una fuerza con sus propios centros de poder, como sí sucedió en las ciudades europeas de finales de la Edad Media. En lugar de eso, fueron cada vez más dependientes de la burocracia estatal.

---

[31] Edicto contenido en D. Bodde, art. cit., p. 69.

La suerte de los campesinos apenas mejoró como consecuencia de las medidas tomadas contra la clase de los comerciantes. Los impuestos estatales les obligaban a vivir apenas por encima del nivel de subsistencia cuando las cosechas eran buenas y por debajo de él cuando no lo eran. En todas las épocas la vida consistía en un trabajo ominoso y casi infinito. Los suelos de la llanura del norte de China demandaban atenciones continuas entre la siembra y la cosecha a fin de que no se secaran o se infestaran de maleza o insectos[32]. Sin embargo, de un tercio a la mitad de la producción iba a parar a otras manos.

Nunca debería olvidarse que todas las «maravillas» del imperio –la Gran Muralla, los canales, las tumbas de los emperadores, los palacios– requerían millones de horas de trabajo y disminuían los beneficios para la sociedad en su conjunto. Cuando un mago le dijo al primer emperador que podía alcanzar la inmortalidad, el emperador se apartó de los demás hombres: «Ordenó que 270 palacios fueran provistos de estandartes, campanas, tambores y mujeres hermosas, y que se unieran por medio de calzadas amuralladas o techadas. [...] Quienquiera que revelara su presencia sería castigado con la muerte»[33]. En cierta ocasión, cuando creyó que en su entorno había un informador, decretó la muerte de 460 hombres[34].

El precio de tales derroches había de pagarse con el mantenimiento de la presión sobre el campesinado. Hubo repetidas rebeliones campesinas. Mientras que en los anales de Mesopotamia, Egipto, la India o Roma rara vez se mencionan levantamientos de las clases inferiores contra sus gobernantes, en el caso de China se dan una y otra vez.

Uno de aquellos levantamientos había precipitado el desmoronamiento de la dinastía Ch'in. La rebelión la inició un antiguo jornalero, Cheng Sh'Reng, que conducía a 90 condenados a un establecimiento penitenciario. Temeroso de ser castigado por el retraso en que había incurrido, razonó: «La huida significa la muerte y la conjura también significa la muerte. [...] Es preferible morir por intentar establecer un Estado». La rebelión «produjo una enorme cantidad de muertes»[35], una ola de pánico en la corte imperial, la ejecución del antiguo consejero principal del emperador y, finalmente, el asesinato del propio emperador. Al cabo de cuatro años de disturbios, uno de los líderes

---

32 Cho-yun Hsu, *op. cit.,* pp. 6-7.
33 D. Bodde, art. cit., pp. 71-72.
34 *Ibid.*
35 Citado en *ibid.,* p. 83.

rebeldes marchó sobre la capital, se apoderó del trono e instauró una nueva dinastía, la Han.

Las masas habían desempeñado un papel clave en el levantamiento. Pero no se beneficiaron de su resultado. El nuevo imperio no fue muy diferente del antiguo y no tardó en afrontar alzamientos. En el 17 d.C., campesinos afectados por las inundaciones en el valle inferior del río Amarillo se levantaron en seguimiento de líderes como una mujer experta en brujería llamada «Madre Lu». Se les conoció como los «cejas rojas», pues se pintaban los rostros, y en dos regiones establecieron reinos independientes gobernados por sus propios líderes.

Tales rebeliones fijaron un modelo que se iba a repetir muchas veces. Las exacciones efectuadas por el fisco imperial y por los terratenientes llevaban a los campesinos a rebelarse. Las revueltas conquistaban provincias enteras, capitales provinciales incluidas, y aun amenazaban la capital imperial, hasta que se les unían generales del ejército imperial, funcionarios estatales expulsados de la corte y algunos terratenientes. Sin embargo, las revueltas exitosas trajeron nuevos emperadores o nuevas dinastías que trataron a las masas de campesinos tan mal como aquellos a los que habían sustituido.

No fue sólo cosa de la corruptibilidad de los líderes individuales. Los campesinos no pudieron establecer una organización permanente y centralizada, capaz de imponer sus propios objetivos a la sociedad. Vivían del cultivo de sus parcelas individuales, que no podían abandonar más que por un corto periodo de tiempo. Los que lo hacían se convertían en no campesinos, dependientes del pillaje o de los sobornos para su supervivencia, expuestos a la influencia de quienquiera que les pagara. Los que se quedaban en su tierra podían soñar con un mundo mejor, sin trabajo, penurias o hambrunas. Pero dependían de los administradores estatales en lo que se refería al riego y el control alimentario, la provisión de utensilios de hierro y el acceso a bienes que no podían procurarse ellos mismos. Podían concebir un mundo en el que los administradores se comportaran mejor y los terratenientes no los exprimieran. Pero no podían concebir una sociedad completamente diferente, gobernada por ellos mismos.

Sin embargo, las rebeliones sí tuvieron el efecto acumulativo de debilitar el Imperio Han. Este duró tanto como toda la Edad Moderna en Europa occidental. Pero cada vez le resultó más difícil controlar a los grandes terratenientes de cada región. La administración imperial no tenía otra manera de producir los recursos necesarios para su mantenimiento y el de su imperio que exprimir a los campesinos. No podía evitar que periódicamente se produjeran revueltas. En el 184 d.C. un movimiento mesiánico, los Turbantes Amarillos, encabezado por el líder de una secta taoísta, organizó a unos 360.000 partidarios armados. Los generales enviados a sofocar las rebeliones no tardaron en enzarzarse en conflictos entre sí, lo cual aumentó el caos y la devastación.

Además de la reducción a cenizas de la capital, del pillaje extendido por zonas enteras del país y de la interrupción de las rutas comerciales, en los centros urbanos se produjo un agudo deterioro de la situación, lo cual aumentó aún más los problemas en el campo. Terratenientes rivales no tardaron en adueñarse de los diferentes territorios y en asumir mayores cotas de poder político y económico a medida que controlaban las tierras, organizaban el trabajo campesino para el mantenimiento de canales, presas y obras de riego, y comenzaban a recaudar los impuestos previamente tributados, al menos en teoría, al Estado[36]. Los labradores siguieron produciendo cosechas bajo el nuevo orden económico, y muchos de los oficios y las industrias perduraron, por más que, dirigidos a satisfacer demandas puramente locales, su florecimiento fue muy limitado. Un largo periodo de avances tecnológicos llegó a su fin, y lo mismo cabe decir, para los tres siglos siguientes, del Imperio chino, sustituido por una proliferación de reinos rivales.

En ciertos aspectos, el periodo guarda semejanzas con lo ocurrido en la India en el siglo V d.C. y con el desmoronamiento del Imperio romano de Occidente aproximadamente en la misma época. Pero había una diferencia importante. La continuidad esencial de la civilización china no se rompió y se pusieron los cimientos de una revitalización de la economía y de la vida urbana mucho más rápida que las producidas en la India o Roma.

No obstante, las estructuras políticas mismas, que antaño habían contribuido tanto a la promoción de los avances tecnológicos y la expansión económica, dejaron de desempeñar tal papel, lo cual resultó en un descalabro parcial de la antigua sociedad. La antigua clase de dirigentes burocráticos no consiguió mantener el funcionamiento de la sociedad. La aristocracia rural no pudo sino supervisar su fragmentación. Los comerciantes no querían romper con las demás clases privilegiadas y apoyar un programa de transformaciones sociales que atrajera a los campesinos rebeldes; en cambio, adoptaron la quietista religión budista procedente de la India. Las clases en conflicto no se destruyeron, pero desde luego se paralizaron mutuamente.

---

[36] Cho-yun Hsu, *op. cit.,* p. 153.

IV   Las ciudades-Estado griegas

La tercera gran civilización que floreció hace 2.500 años fue la de la antigua Grecia. Alejandro Magno forjó un imperio que en muy breve lapso de tiempo se extendió desde los Balcanes y el Nilo hasta el Indo a finales del siglo IV a.C., en la misma época en que los gobernantes de Magadha comenzaban a dominar el subcontinente indio y la dinastía Ch'in a construir un nuevo imperio en China. Algunos conceptos surgidos en Atenas y desarrollados en la Alejandría griega iban a ejercer durante los dos milenios siguientes la misma clase de influencia sobre el pensamiento mediterráneo y europeo que en la India algunas ideas desarrolladas en Magadha, y en China otras de Confucio y Mencio.

Sin embargo, había pocas cosas que distinguieran a los pueblos que vivían en las islas y en las aldeas costeras de Grecia en el siglo IX a.C., de los agricultores de cualquier otra parte de Eurasia o África. El pasado micénico había sido totalmente olvidado, salvo quizá por algunos mitos, y se había dejado que sus palacios fortaleza se derrumbasen. Las ciudades estaban separadas entre sí y de las civilizaciones del Asia continental y Egipto. Las personas eran analfabetas, la especialización artesanal rudimentaria, el arte figurativo virtualmente inexistente, dura la vida y frecuentes las hambrunas[37].

Las fuerzas que llevaron a la fusión de estas personas en una nueva civilización fueron similares a las que se dieron en el norte de la India y de China:

---

[37] Para un estudio general de la situación, véase R. Osborne, *Greece in the Making,* Londres, 1996, pp. 17-37 [ed. cast.: *La formación de Grecia, 1200-479 a.C.,* Barcelona, Crítica, 1998, pp. 32-54].

la lenta pero constante expansión de conocimientos sobre el trabajo con el hierro, el descubrimiento de nuevas técnicas en la agricultura, el crecimiento del comercio, el redescubrimiento de antiguas habilidades artesanales y el aprendizaje de nuevas, así como la elaboración de alfabetos. A partir del siglo VII a.C., se produjeron un crecimiento económico y «un notable incremento en el nivel de vida de prácticamente todos los sectores de la población»[38]. En el siglo VI estos cambios habían dado lugar a la creación de ciudades-Estado capaces de crear magníficos edificios como la Acrópolis en Atenas, y, con su esfuerzo conjunto, rechazar intentos de invasión del enorme ejército persa. Pero en dos aspectos importantes las circunstancias en las que los cambios económicos y sociales tuvieron lugar fueron diferentes de las de China y, en menor medida, de la India.

Los asentamientos costeros griegos no tardaron en tener un contacto más directo con otras civilizaciones de lo que fue el caso en China e India. Hacía siglos que los marineros fenicios comerciaban en las costas mediterráneas, llevando consigo conocimientos de los avances técnicos logrados en los imperios mesopotámico y egipcio. Luego, a partir del siglo VI a.C., las relaciones entre las ciudades griegas y los sucesivos imperios de Oriente Próximo fueron directas y continuas, a través del comercio, el empleo de mercenarios griegos en los ejércitos imperiales y la estancia de exiliados griegos en las ciudades imperiales. Tales contactos dieron un importante impulso al desarrollo de la civilización griega. Por ejemplo, mediante el alfabeto griego, desarrollado directamente a partir de la escritura semítica utilizada por los fenicios.

Las civilizaciones china e india florecieron en fértiles valles fluviales y en vastas llanuras, donde la agricultura pudo ser altamente productiva una vez talados los bosques. Por contra, la expansión de la agricultura griega se vio limitada por el terreno montañoso. El empleo de nuevas técnicas desde comienzos del siglo VIII a.C. produjo excedentes. Pero, superado determinado punto, estos habrían comenzado a agotarse de no haberse adoptado respuestas diferentes de las adoptadas en la India y China.

La escasez de tierra animó a los agricultores a lanzarse a los mares y colonizar otras fértiles zonas costeras del Mediterráneo: en las islas egeas y jonias, en torno al mar Negro y Asia Menor, en el sur de Italia y en Sicilia, incluso en

---

[38] G. E. M. de Ste. Croix, *Class Struggle in the Ancient Greek World,* Londres, 1983, p. 293 [ed. cast.: *La lucha de clases en el mundo griego antiguo,* Barcelona, Crítica, 1988, p. 345].

las costas de España y el sur de Francia. La expansión del comercio que acompañó a esta colonización favoreció, a su vez, el desarrollo de las artesanías en las metrópolis: la alfarería griega, por ejemplo, no tardó en invadir toda la región mediterránea. Lo que había comenzado como un puñado de comunidades aisladas de labradores y pescadores, en el siglo VI a.C. se había convertido en una red de ciudades-Estado que luchaban entre sí pero que también estaban unidas por el comercio y, con él, por un alfabeto compartido, dialectos mutuamente inteligibles, similares prácticas religiosas y fiestas comunes, de las cuales los Juegos Olímpicos son las más conocidas.

La relativa improductividad de la tierra tuvo otro efecto colateral muy importante. Los excedentes que quedaban tras la alimentación de una familia campesina y su prole eran bastante pequeños. Pero podían aumentarse considerablemente si la tierra –y más tarde las minas y los grandes establecimientos artesanales– se trabajaba con una fuerza laboral de adultos sin hijos. La esclavización de los cautivos de guerra suministraba precisamente tal fuerza laboral[39]. Esta era una manera barata de explotar a otros seres humanos dominados: el coste de un esclavo en la Atenas de finales del siglo V a.C. era menos de la mitad de los honorarios pagados a un artesano libre por un año de trabajo[40].

La esclavitud existía desde hacía mucho tiempo en las civilizaciones antiguas. Pero era marginal a la producción de excedentes, con los esclavos concentrados en la prestación de servicios personales a los gobernantes, mientras que la agricultura y las artesanías quedaban para los ciudadanos semilibres. Ahora, en Grecia –y pronto, a una escala mucho mayor, en Roma– la esclavitud se convirtió en una fuente muy importante de excedentes.

Significativamente, la única ciudad-Estado griega importante que sí se basó en la explotación de un campesinado servil, Esparta, estaba en el centro

---

[39] Aunque no utiliza el término «excedentes», R. Osborne, *op. cit.,* p. 67 [ed. cast. cit.: pp. 89-90], explica en gran parte el crecimiento de la esclavitud en estos términos. De Ste. Croix sostiene que, en la situación griega, para la clase gobernante la esclavitud era mucho más «provechosa» de lo que nunca podría ser el trabajo servil, no digamos libre. Véase G. E. M. de Ste. Croix, *op. cit.,* pp. 226-231 [ed. cast. cit.: pp. 267-273]. Por contra, en E. M. Wood, *Peasant, Citizen and Slave,* Londres, 1988, Ellen Meiksins Wood ni siquiera se ocupa de las circunstancias materiales de la agricultura ni, por consiguiente, de las circunstancias en las que la esclavitud arraigó. Esto es típico de la falta de materialismo característica del «marxismo político» de esta autora, de Robert Brenner y de otros.

[40] G. E. M. de Ste. Croix, *op. cit.,* p. 227 [ed. cast. cit.: pp. 268-269].

de una zona continental relativamente fértil[41]. Aquí una clase dirigente de ciudadanos de pleno derecho que no participaba de la agricultura ni del trabajo artesanal vivía de los tributos que le entregaban los labradores «ilotas». Pero aquí había también una clase dirigente que alardeaba de su austero modo de vida, indicio de una cierta conciencia de las limitaciones de su modo de obtener los excedentes[42]. La excepción parece confirmar lo que constituyó la regla en los demás estados griegos.

Se arguye a veces que la esclavitud no debió de desempeñar un papel capital en estos estados porque los esclavos distaban de constituir la mayoría de la población[43]. Pero, como G. E. M. de Ste. Croix ha señalado en su maravilloso estudio *La lucha de clases en el mundo griego antiguo,* la cuestión no es su proporción en la población, ni aun la contribución de su trabajo al producto social global. Lo que interesa es su importancia en la producción de los excedentes, pues sin estos no podía haber vida de ocio para la clase dirigente, ni escritores y poetas dispensados del trabajo físico, ni recursos para maravillas como la Acrópolis. La clase dirigente debía su posición al control de la tierra cultivada principalmente por esclavos, hasta el punto de que hubo escritores y filósofos griegos para los que la posesión de esclavos constituía una parte esencial de la vida civilizada. Así, Aristóteles pudo considerar al amo y al esclavo como elementos esenciales de la casa junto con los esposos y el padre y los hijos, mientras que Polibio habla de los esclavos y las reses como los requisitos esenciales de la vida[44].

En la historia de Grecia las revueltas de esclavos no son tan frecuentes como en la historia de China. Esto se debe a que el carácter de la esclavitud griega, y luego la romana, hacía muy difícil para los esclavos organizarse contra sus explotadores. En su inmensa mayoría eran cautivos de guerras libradas en

---

[41] Según De Ste. Croix, en Tesalia los penestas eran también siervos, más que esclavos. La servidumbre probablemente también existió en Creta. Véase *ibid.,* p. 150 [ed. cast. cit.: p. 185].

[42] El capítulo sobre Licurgo en las *Vidas* de Plutarco (por ejemplo, en E. C. Lindeman [ed.], *Life Studies of Men Who Shaped History. Plutarch's Lives,* Nueva York, 1950) explica lo que los espartanos afirmaban que era su modo de vida. De hecho, la austeridad puede haber sido en gran medida un mito ideológico más que una realidad, desde luego en la Esparta tardía. Véase A. H. M. Jones, *Sparta,* Oxford, 1967.

[43] Este es el argumento presentado en A. H. M. Jones, *The Athenium Democracy,* Oxford, 1957.

[44] Citado en De Ste. Croix, *op. cit.,* pp. 140-141 [ed. cast. cit.: p. 169].

el Mediterráneo, los Balcanes, Asia Menor e incluso el sur de Rusia[45]. En los mercados de esclavos se les mezclaba a propósito con el fin de que los que vivían y trabajaban juntos, por proceder de culturas diferentes y hablar idiomas distintos, sólo pudieran comunicarse con dificultad a través del dialecto griego de sus amos. Y el amo normalmente podía contar con otros griegos para que le ayudasen a castigar a los esclavos rebeldes y capturar a los fugados. De manera que mientras que los siervos ilotas de los espartanos en Mesenia podían organizarse para acabar levantándose y liberándose, los esclavos propiamente dichos no podían hacerlo. En la mayoría de las ocasiones, la oposición a su explotación sólo podía adoptar la forma del resentimiento pasivo. Este mismo resentimiento constituyó un factor importante en la historia griega y, más tarde, romana. Significaba que los productores directos tenían muy poco interés en la mejora de sus técnicas o en la calidad de su producción, y ello dificultó los progresos en la productividad laboral. Es más, la necesidad de mantener a los esclavos a raya constituyó el trasfondo de cualesquiera otras decisiones tomadas por los políticos o gobernantes. Pero sólo en muy raras ocasiones estuvieron los esclavos en posición de intervenir en el proceso histórico en beneficio propio.

Sin embargo, una lucha de clases diferente sí desempeñó un papel capital en la historia de la Grecia clásica. Fue la lucha entre los terratenientes ricos, que cultivaban su tierra con cantidades relativamente grandes de esclavos al tiempo que ellos mismos se mantenían a prudente distancia de cualquier trabajo manual, y la masa de pequeños agricultores y artesanos. Estos a veces podían poseer uno o dos esclavos, pero trabajaban con ellos en el campo o en los talleres.

Las primeras ciudades-Estado griegas llevaban también la huella del pasado. Los reyes procedían de estirpes de jefes tribales, y los linajes regios desempeñaron un papel importante en la determinación de las obligaciones y la conducta recíprocas de las personas. La cohesión dc la sociedad seguía basándose en conceptos consuetudinarios sobre los derechos y las obligaciones, más que en códigos legislativos formales. Aquellos terratenientes enriquecidos con la expansión del comercio y el crecimiento de la esclavitud se opusieron cada vez más a tales modelos de conducta. Les molestaban por un lado los privilegios de las antiguas familias gobernantes y por otro sus tradicionales obligaciones para con los pobres. Fue aquel «un mundo de encarnizados

---

[45] De Ste. Croix aporta como prueba el dato de que, según inscripciones de los años 201-153 a.C., sólo el 13 por 100 de los esclavos eran «criados en casa».

conflictos entre los miembros de la elite [...], conflictos desencadenados a cada oportunidad que se presentaba de disputas fronterizas, por una herencia, o debido a la ostentación y la rivalidad exhibidas en los funerales»[46].

En muchos estados la consecuencia fue el derrocamiento de los reyes y la instauración de «oligarquías»: repúblicas gobernadas por los pudientes. Entre estos, los nuevos ricos utilizaban su posición no sólo para desplazar a los antiguos gobernantes, sino también para exprimir tantos excedentes como fuera posible de los que estaban por debajo de ellos.

A los pequeños propietarios les hacían pagar impuestos estos oligarcas por gastos estatales –por ejemplo, en barcos de guerra– que favorecían sus propios intereses. Las malas cosechas, relativamente frecuentes, suponían que muchos campesinos sólo pudieran pagar estos impuestos y mantenerse a sí mismos si contraían deudas con los ricos, quienes acabarían por aprovecharse de ello para confiscar sus tierras e incluso para convertirlos en «esclavos por deudas». Tribunales manejados por los oligarcas eran sumamente propensos a emitir sentencias contrarias a los pobres.

Las repúblicas oligárquicas no tardaron en padecer convulsiones como consecuencia del rencor despertado entre amplios sectores de sus ciudadanos. En muchas de ellas, hombres ambiciosos, normalmente surgidos de la clase alta, consiguieron explotarlo para tomar el poder político en sus propias manos en calidad de «tiranos». Causarían luego problemas a los ricos mediante la promulgación de diversas reformas que ayudaban a la masa del pueblo. Pero ni acabaron ni podían acabar con la división en clases.

En algunos estados, sobre todo en Atenas, la presión desde abajo resultó en cambios aún más radicales: la sustitución de la oligarquía y la tiranía por la «democracia». Literalmente, la palabra significa «gobierno del pueblo». En realidad, nunca se refirió a todo el pueblo, pues excluía a los esclavos, las mujeres y los no ciudadanos residentes: los metecos, que con frecuencia representaban una vasta proporción de los comerciantes y artesanos. Tampoco puso en cuestión la concentración de la propiedad –y de los esclavos– en manos de los ricos. Esto no tenía mucho de sorprendente, pues el liderazgo de las fuerzas «democráticas» solían desempeñarlo acaudalados terratenientes disidentes que favorecían sus propias posiciones políticas asumiendo algunas de las demandas de las masas. Pero sí dio a los ciudadanos más pobres el poder para protegerse de las extorsiones de los ricos.

---

[46] R. Osborne, *op. cit.,* p. 233 [ed. cast. cit.: p. 265].

Así, en Atenas la esclavitud por deudas quedó prohibida desde los tiempos de Solón (594 a.C.), el poder legislativo estaba depositado en una asamblea abierta a todos los ciudadanos, y los jueces y los funcionarios de los estratos más bajos del escalafón eran elegidos por sorteo.

Tales restricciones a su poder produjeron un inmenso resentimiento entre la clase superior: un resentimiento reflejado en algunos círculos literarios y filosóficos. Se afirmó que la democracia era el gobierno de la turba, que los miembros de la clase pudiente que concedían derechos a las clases inferiores eran arribistas sin escrúpulos (de ahí la palabra «demagogo»), y que la única esperanza para el futuro residía en romper los grilletes del control popular. Ese es el tono de las obras de Aristófanes y de los escritos políticos de Platón, y fue probablemente la norma entre Sócrates y sus seguidores[47].

Las clases superiores no expresaron simplemente un resentimiento verbal. En cuanto pudieron, tomaron el poder por la fuerza en una auténtica contrarrevolución, en caso de necesidad asesinando a cuantos se interpusieron en su camino. Fueron capaces de intentar tales cosas porque su riqueza les proporcionaba medios militares fuera del alcance de los ciudadanos corrientes. Las unidades militares clave fueron los «hoplitas» de la infantería, que incluían sólo a aquellos ciudadanos poseedores de una cantidad suficiente de tierras como para costearse las armas y la armadura estipuladas. De manera que en muchas ciudades griegas la historia consistió en continuas luchas, muchas veces coronadas por el éxito, de los terratenientes más ricos contra la democracia. La excepción parcial fue Atenas, donde la democracia sobrevivió durante unos 200 años. Esto se debió a que la dependencia que la ciudad tenía del comercio otorgaba un papel vital a su armada, en manos de los ciudadanos más pobres. Incluso los ricos, quejosos de la democracia, se sentían normalmente obligados a aplacar a los ciudadanos más pobres. Dos intentos de imponer el gobierno oligárquico, secuelas de la derrota en la Guerra del Peloponeso contra Esparta, tuvieron corta vida.

En muchas ciudades-Estado, esta guerra de 30 años a finales del siglo V a.C. se había solapado con la batalla entre las clases a propósito de la democracia. Se originó en la lucha entre Esparta y Atenas por la influencia sobre otras ciudades-Estado. Esparta había forjado una alianza de estados en torno a la

---

[47] Véanse los comentarios en De Ste. Croix, *op. cit.*, y *The Origins of the Peloponnesian War*, Londres, 1972. Para una condena exhaustiva de la posición de Sócrates véase I. F. Stone, *The Trial of Socrates*, Londres, 1997 [ed. cast.: *El juicio de Sócrates*, Madrid, Mondadori, 1988].

península del Peloponeso –al sur de la Grecia peninsular– a fin de proteger sus fronteras y garantizar el sometimiento de los ilotas. El comercio de Atenas dependía de sus rutas marítimas, y tenía una alianza con ciudades costeras e islas por la que recibía de sus aliados tributos regulares que contribuían a financiar los gastos del Estado, especialmente de la armada. Pero en la guerra estaba en juego algo más que simplemente cuál de la alianzas dominaría. Llegó también a afectar a concepciones rivales sobre cómo debía organizarse la sociedad. En Atenas y sus aliados había muchos entre las clases superiores que no veían con tan malos ojos los éxitos espartanos en la guerra, pues podían servirles de excusa para derribar la democracia. Para algunos Esparta se convirtió en el centro de sus aspiraciones contrarrevolucionarias, un modelo de la forma en que una minoría privilegiada debía privar de derechos al resto[48], de un modo muy parecido a lo sucedido en la Italia fascista y luego en la Alemania nazi entre sectores de la clase dirigente europea durante los años treinta.

Los levantamientos sociales y las tensiones de clase que caracterizaron el ascenso de la civilización griega durante estos dos o tres siglos constituyen el trasfondo de los grandes logros de la literatura, la ciencia y la filosofía griegas. Fue un periodo en el que las personas se vieron forzadas a poner en cuestión viejas certezas. El poder de los poemas atribuidos a Homero (en realidad, sagas orales puestas por primera vez por escrito hacia el 700 a.C.) derivaba de la descripción de personas que luchaban por aceptar su destino en un periodo de cambio social. La tensión trágica en las obras de Esquilo derivaba de la forma en que los personajes fracasaban a la hora de solventar el choque entre unos códigos morales rivales que reflejaban los antiguos y nuevos modos de ordenar la sociedad. Las escuelas rivales de la filosofía griega clásica surgieron como consecuencia del intento de los pensadores de encontrar una nueva base objetiva para alcanzar la verdad, definir las metas de la vida humana y establecer las reglas de la conducta humana. Los «sofistas» y los «escépticos» llegaron a la conclusión de que lo único posible era echar abajo todos los argumentos uno tras otro. Platón arguyó que la destrucción sucesiva de cada argumento por otro (un proceso conocido como «dialéctica») llevaba a la conclusión de que la verdad debe depender de un ámbito externo a la experiencia humana directa, sólo accesible a una elite filosófica que debería gobernar la sociedad de un modo totalitario. Aristóteles, que

---

[48] Este argumento es formulado por extenso en G. E. M. de Ste. Croix, *The Origins of the Peloponnesian War,* cit.

había sido alumno de Platón, reaccionó contra esto poniendo el acento en el conocimiento empírico positivo del mundo físico y social existente, que él veía como constituido por cuatro «elementos» básicos (el agua, el fuego, el aire y la tierra). Demócrito en el siglo V a.C. y a finales del siglo IV a.C. Epicuro desarrollaron una visión materialista del mundo como constituido por átomos indivisibles.

Las ciudades-Estado griegas, exentas del agobio que constituían las grandes burocracias de los imperios mesopotámicos, asirios y persas, supieron mostrar un dinamismo mayor y contar con la lealtad activa de una proporción mucho más elevada de sus poblaciones en caso de guerra. Esto explica la capacidad de los estados griegos coaligados para mantener a raya a los ejércitos invasores en el siglo V a.C. Y 150 años más tarde iba a permitir que el ejército de un reino bajo influencia griega en el norte, Macedonia, instaurara brevemente su poder no sólo sobre las ciudades-Estado griegas, sino también, con Alejando Magno al frente, sobre los dos imperios históricos de Egipto y Oriente Próximo. El imperio de Alejandro se desmoronó a su muerte, pero dinastías de habla griega siguieron prevaleciendo sobre los imperios rivales en Oriente Próximo y Egipto. Los avances griegos en ciencia y filosofía, hijos de los logros de las civilizaciones antiguas en estas regiones, ahora se adentraban en ellas. Fue en la ciudad grecoegipcia de Alejandría donde la escuela griega de ciencia, matemáticas y filosofía alcanzó su siguiente cima. Hacia el 300 a.C., Euclides formuló los teoremas básicos de la geometría. Poco después, Eratóstenes calculó que el diámetro de la tierra medía 38.000 kilómetros. Hacia el 150 a.C., Hiparco comenzó a elaborar métodos trigonométricos de calcular distancias y llegó a un resultado relativamente exacto para la distancia de la Luna con respecto a la Tierra. Trescientos años más tarde, Claudio Ptolomeo, a partir de las ideas de Hiparco, desarrolló un modelo del movimiento dc los planetas y las estrellas. Aunque estos se movían alrededor de la Tierra, permitió calcular sus trayectorias con razonable precisión. En conjunto, la ciencia y las matemáticas alejandrinas hicieron contribuciones importantes a ulteriores avances en la India, China y, desde el siglo VII al XII d.C., en el mundo árabe. Sin embargo, sus hallazgos fueron virtualmente desconocidos en Europa durante más de mil años.

Mientras tanto, los restos del imperio de Alejandro en torno al Mediterráneo no tardaron en ser absorbidos por un nuevo imperio, el construido por los gobernantes de Roma.

V   Ascenso y caída
de Roma

«La gloria que fue Roma» es un refrán que encuentra su eco en la mayoría de historias universales occidentales. El ascenso de Roma se presenta como el culmen de las civilizaciones antiguas; su decadencia final, como una tragedia histórica. Así, una de las grandes obras de la Ilustración europea, *Historia de la decadencia y caída del Imperio romano,* de Edward Gibbon, comienza con estas palabras: «En el siglo II de la era cristiana, el Imperio de Roma comprendía la parte más hermosa de la tierra [...]. La suave aunque poderosa influencia de las leyes y costumbres había cimentado gradualmente la unión de las provincias. Sus pacíficos habitantes disfrutaban y abusaban de las ventajas de la riqueza y el lujo»[49].

Vista desde cierto ángulo, la civilización romana fue impresionante. Un pequeño pueblo de Italia llegó a gobernar toda la zona mediterránea: Egipto al norte de Asuán, toda Europa al sur del Danubio y el Rin, Asia Menor y Siria, y África al norte del Sahara. La parte occidental de su imperio perduró unos 600 años; la parte oriental, 1.600. En todas partes los gobernantes del imperio supervisaban la construcción de edificios públicos y templos, estadios y acueductos, baños públicos y calzadas pavimentadas, dejando un legado que había de marcar a las generaciones subsiguientes.

Sin embargo, la civilización del imperio como tal añadió muy poco a la capacidad del género humano para procurarse el sustento, o a nuestro acervo

---

[49] E. Gibbon, *The Decline and Fall of the Roman Empire,* Londres, 1920, p. 1 [ed. cast.: *Historia de la decadencia y caída del Imperio romano,* Madrid, Turner, 2006, vol. I, p. 41].

acumulado de conocimientos científicos y logros culturales. No se caracterizó por la innovación de la misma manera que la Mesopotamia y el Egipto primitivos, la Grecia clásica o el último medio milenio antes de Cristo en la India y China. De Ste. Croix llega al extremo de insistir en que, aparte de «dos o tres contribuciones en el ámbito de la tecnología», los romanos sólo sobrepasaron a sus predecesores griegos en dos campos: primero, en la práctica del gobierno, de la creación de estructuras capaces de mantener unido un gran imperio; segundo, en la teoría de la «ley civil», preocupada por la regulación de la propiedad y la herencia (en contraste con la ley criminal romana, que siguió siendo arbitraria y opresiva)[50]. Esto es una exageración. Desde luego, la ingeniería y la arquitectura romanas, con sus viaductos, anfiteatros, templos y calzadas, impresionan. Pero en muchos campos el principal impacto del Imperio romano fue la expansión, por Europa central y occidental, de los avances anteriores realizados en Egipto, Mesopotamia y Grecia. A estos añadió muy poco. Es más, la misma base sobre la que se construyó el imperio garantizaba su desmoronamiento final, sin dejar en el oeste nada más que el recuerdo de los logros traídos de otras partes.

El periodo más antiguo de Roma se parece en muchos sentidos al de las ciudades-Estado griegas, cuyo alfabeto adoptó y adaptó. Al principio, probablemente fue una sociedad de agricultores organizados por linajes, más que un Estado: incluso en los tiempos históricos, su población se agrupaba en *gens* (supuestos linajes) y «tribus» a partir de las cuales se desarrolló una clase dirigente (el «orden patricio») hereditaria. Desde el punto de vista estratégico, se hallaba situada en el último vado del río Tíber antes de la desembocadura, que atravesaban las rutas comerciales norte-sur y este-oeste. Los ingresos comerciales (probablemente generados por los aranceles impuestos a los comerciantes en tránsito) contribuían lo bastante a los excedentes producidos por la agricultura como para permitir que, a finales del siglo VI a.C., una aldea de cabañas de madera y adobe se hubiera desarrollado hasta convertirse en una próspera ciudad, «con casas de madera y ladrillo, templos monumentales, un sistema de alcantarillado bien diseñado e importaciones de los más refinados jarrones áticos»[51]. Durante un periodo, Roma estuvo

---

[50] G. E. M. de Ste. Croix, *Class Struggle in the Ancient Greek World*, cit., p. 238 [ed. cast. cit.: p. 383].

[51] P. A. Brunt, *Social Conflicts in the Roman Republic*, Londres, 1971, p. 28 [ed. cast.: *Conflictos sociales en la República romana*, Buenos Aires, Eudeba, 1973, p. 51].

bajo el dominio del Estado etrusco, situado en su frontera norte: una sociedad alfabetizada, con un idioma indoeuropeo posiblemente originado en alguna parte al norte del mar Negro. Los romanos expulsaron a los etruscos a finales del siglo VI (en 509 a.C., según la tradición romana), instauraron una república y se embarcaron en un largo proceso de expansión militar. Esta pasó por varias fases durante más de 400 años: una liga con varias otras ciudades de habla latina; la incorporación de estas a la república romana; la conquista del resto de la Italia central; una serie de guerras con Cartago por el control del sur de Italia y la antigua colonia fenicia en el norte de África; la conquista del norte de Italia y Grecia; y, finalmente, la ocupación de toda Europa del norte hasta el Rin y el Danubio, y la anexión de los antiguos imperios griegos en Asia Menor, Siria y Egipto.

Cada etapa de esta expansión tuvo su punta de lanza en la infantería reclutada entre el campesinado rural independiente: al principio, entre los que cultivaban la tierra dentro de las fronteras de la ciudad de Roma, y luego también entre aquellos con tierras en otras ciudades italianas a los que se había concedido la ciudadanía romana. Pero si bien soportó el peso más importante del conflicto, el campesinado no controlaba el ejército ni se beneficiaba de las victorias. Pues, a diferencia de Atenas, Roma no fue una democracia en ningún sentido de la palabra.

La república y las guerras de clase

La constitución de la primitiva república otorgó el monopolio del poder a una elite hereditaria de familias «patricias». El senado, los cónsules anualmente elegidos para aplicar las políticas, los jueces, los administradores *cuestores* y los *pretores* responsables de la ley y el orden eran todos patricios. Había una asamblea que ostentaba el derecho nominal a elegir a los magistrados y decidir sobre cuestiones de guerra y paz. Pero 98 de sus 193 votos pertenecían a la clase más alta, con lo que los delegados de los pequeños campesinos «plebeyos» no tenían nada que hacer si aquellos eran unánimes en su opinión, mientras que los romanos sin propiedades, conocidos como los *proletarii,* sólo contaban con un voto.

Las familias principales utilizaban su control político para incrementar sus ya sustanciales posesiones territoriales a expensas de los campesinos, a los que empujaron a endeudarse para arrebatarles las tierras, confiando en que los jueces fallarían a favor de los patricios. Además, en cuanto jefes de las fuerzas armadas, se garantizaban a sí mismos la parte del león de las tierras conquistadas tras cada victoria militar. El resentimiento producido por tal conducta se desbordó en dos grandes olas de lucha de clases.

La primera comenzó sólo quince años después de la fundación de la república.

El historiador romano Salustio explicó gráficamente cómo la división en clases llevó a la rebelión de los estratos inferiores de la sociedad:

> Los patricios trataban al pueblo como esclavos, tomaban decisiones que afectaban a su ejecución y flagelación, les expulsaban de sus tierras. Aplastados por estas crueles prácticas y sobre todo por el peso de las deudas ocasionadas por la necesidad de contribuir tanto económicamente como a través del servicio militar a las continuas guerras, el pueblo común se armó, tomó posiciones en el monte Sacer y en el Aventino, e instituyó en su beneficio los tribunos de la plebe y algunos derechos legales[52].

Salustio escribía más de 400 años después de los acontecimientos, y algunos historiadores modernos dudan de la exactitud de su explicación. Pero, sin duda, durante más de un siglo se produjeron conflictos por el arbitrario tratamiento dispensado por los funcionarios patricios. La «secesión» –las sentadas *en masse* y la negativa a servir en el ejército– parece que fue la táctica favorita, que otorgó a los plebeyos sus propios representantes electos, los «tribunos», para que les protegieran contra la opresión de los magistrados[53]. Los tribunos procuraban tal protección interponiéndose literalmente entre los magistrados y sus futuras víctimas[54], sabedores de que los plebeyos habían hecho el juramento colectivo de linchar a cualquiera que tocara a un tribuno[55]. Según De Ste. Croix, «su situación frente a los magistrados estatales fue casi comparable a la de los representantes sindicales frente a los directivos de las empresas»[56], y con el tiempo se convirtieron en una parte integral de la constitución, con el poder de arrestar y encarcelar a funciona-

---

[52] Salustio, *The Histories,* vol. 1, Oxford, 1992, p. 24 [ed. cast.: *Conjuración de Catilina, Guerra de Jugurta. Fragmentos de las «Historias»,* etc. Madrid, Gredos, 1997, p. 267].

[53] P. A. Brunt, *op. cit.,* p. 51 [ed. cast. cit.: p. 82].

[54] *Ibid.*

[55] G. E. M. de Ste. Croix, *op. cit.,* p. 334 [ed. cast. cit.: p. 392].

[56] *Ibid.,* p. 335 [ed. cast. cit.: p. 392].

rios estatales. Un último gran conflicto en 287 a.C., como consecuencia de las deudas que afligían a la mitad de la población, acabó con los poderes formales de los patricios y abrió todos los cargos a los plebeyos[57].

Escritores romanos posteriores, como Dioniso de Halicarnaso, encomiaron la «moderación mostrada en el conflicto de los órdenes, en contraste con las sangrientas revoluciones habituales en las ciudades griegas»[58]. Pero los plebeyos distaron de conseguir tantos beneficios de la victoria como a veces las clases inferiores en Grecia, y Roma no se convirtió en una democracia de tipo ateniense. Como Brunt señala, sólo un delgado estrato de plebeyos acomodados obtuvo algo sustancial del levantamiento de la espada de Damocles que, en forma de deuda, pendía sobre ellos[59]. El «incremento de control democrático» supuestamente concedido a la masa de plebeyos «resultó ser una ilusión»:

> Los plebeyos habían sido admitidos en los cargos públicos. Pero, al renunciar a su monopolio, los patricios se aseguraron la continuidad de su participación en el poder. Surgió una nueva nobleza en la que sólo unos pocos plebeyos fueron admitidos y que iba a ser tan dominante como habían sido los patricios. [...] Los viejos conflictos sociales reaparecieron, pero para los pobres resultó más difícil encontrar campeones una vez satisfechas las aspiraciones políticas de los plebeyos ricos[60].

Esta no sería la primera vez en la historia en la que los intereses de los líderes acomodados de una lucha iban a demostrar ser muy diferentes de los de sus seguidores.

Un factor que convenció a los pobres de aceptar este orden de cosas fue la conquista de nuevas tierras por la república. Algunos de los campesinos más pobres se asentaron en el nuevo territorio, con lo cual sus dificultades económicas se aliviaron durante un tiempo. Pero las guerras de conquista no tardaron en deteriorar aún más la situación de la mayoría de los campesinos. Los ricos se apoderaron de la mayor parte del botín obtenido con las conquistas: «Grandes sumas de dinero llegadas del exterior fueron a parar a manos pri-

---

[57] Según P. A. Brunt, *Social Conflicts in the Roman Republic*, cit., p. 57 [ed. cast. cit.: p. 90].
[58] *Ibid.*, p. 58 [ed. cast. cit.: p. 91].
[59] *Ibid.*
[60] *Ibid.* [ed. cast. cit.: pp. 91-92].

vadas en Italia. [...] La mayor parte, a las de los hombres de las clases alta y media»[61]. Mucho se dedicó al consumo de lujo, pero una parte a la expansión de las fincas de los ricos, de manera que el precio de la tierra aumentó y se fomentó la expropiación de los campesinos endeudados por los prestamistas. Al mismo tiempo, cada vez eran más los campesinos que contraían deudas, pues los largos periodos de reclutamiento en las legiones les impedían el cultivo de sus tierras y por tanto el pago de rentas e impuestos.

Acerca de los primeros años del siglo I a.C., Salustio escribió:

> Unos pocos hombres controlaban todo en la paz y en la guerra; disponían del erario, las provincias, las magistraturas, los honores y los triunfos; el pueblo era oprimido por el servicio militar y por la miseria; el botín de guerra iba a parar a manos de los generales y de pocos más; mientras tanto, los padres o los hijos pequeños de los soldados eran arrojados de sus casas por vecinos poderosos[62].

Pero esto no era todo. Las guerras también produjeron la explotación por los ricos de una enorme nueva fuerza laboral, pues a los cautivos se los esclavizaba. Tras la Tercera Guerra Macedónica, por ejemplo, fueron 150.000 los prisioneros vendidos como esclavos[63]. Los grandes terratenientes pudieron comprar esclavos a «buen precio» y utilizarlos para cultivar sus latifundios a bajo coste; así, «los esclavos de Catón recibían una túnica y una manta al año, y no comían carne»[64]. Emplear a un jornalero romano con una familia que alimentar era mucho más caro, de manera que a quienes perdían su tierra les resultaba difícil conseguir otra cosa que trabajos pasajeros, estacionales.

La población esclava creció enormemente hasta alcanzar, hacia el siglo I a.C., los dos millones de personas... sobre una población de 3,25 millones. Las frías cifras minimizan la importancia de la esclavitud para la economía, pues la mayor parte de los esclavos eran adultos, mientras que la población libre incluía a muchos niños. Lo que es más, en un periodo u otro, uno de cada ocho ciudadanos varones adultos formaría parte de las fuerzas armadas[65].

---

[61] A. H. M. Jones, *The Roman Republic,* Londres, 1974, p. 116.
[62] Citado en P. A. Brunt, *op. cit.,* p. 15 [ed. cast. cit.: p. 33; y Salustio, *op. cit.,* p. 182].
[63] A. H. M. Jones, *The Roman Economy,* Oxford, 1974, p. 116.
[64] P. A. Brunt, *Social Conflicts in the Roman Republic,* cit., p. 33 [ed. cast.: p. 57].
[65] P. A. Brunt, *Italian Manpower, 225 BC-AD 14,* Oxford, 1971.

Si los esclavos se convirtieron en una fuerza laboral importante, posiblemente la más importante, en la república, esto no significaba que la masa de los ciudadanos se beneficiara de su presencia. El trabajo esclavo llevó al empobrecimiento del trabajo libre, como muestra el estancamiento o incluso caída de la cantidad de población libre a medida que se fortalecía el Estado romano. Brunt relata cómo «los pobres no podían casarse ni, si se casaban, criar a sus hijos. Las familias se limitaban mediante el aborto y el infanticidio, cuando no la contracepción»[66]. Muchos niños abandonados acababan en los mercados de esclavos: «El empobrecimiento de tantos italianos fue él mismo una consecuencia de las enormes importaciones de esclavos»[67]. A. H. M. Jones llegó a la misma conclusión: «La vasta importación de esclavos aumentó la indigencia del campesinado italiano»[68]. Tal polarización de las clases produjo una nueva ola de conflictos: una ola mucho más sangrienta que los choques anteriores entre plebeyos y patricios.

Tiberio Graco accedió al tribunado en el 133 a.C. Era un aristócrata preocupado por la creciente pobreza de la masa de campesinos, y una de sus motivaciones la constituía la preocupación por la seguridad militar de la república. Podía ver que la columna vertebral del ejército romano que formaba el campesinado estaba siendo lentamente destruida por la afluencia de esclavos, mientras que una formidable revuelta de esclavos en Sicilia había puesto de relieve los peligros de este modo de organizar la agricultura: «Aunque él hablaba con gran emoción y probablemente con sinceridad sobre las penurias de los pobres que habían luchado por su país, lo que probablemente le preocupaba por encima de todo era el interés del Estado; fue a este al que subordinaba los intereses de su propia clase»[69].

No obstante, su programa alborotó a los campesinos más pobres y enfureció a la mayor parte de la rica clase senatorial. Implicaba la distribución entre los pobres de vastas extensiones de terrenos públicos explotados por grandes terratenientes. Los pobres rurales llegaron a Roma en tropel para respaldar su propuesta, llenaron de carteles los muros de la ciudad y consiguieron que la asamblea de la república la aprobara. Los senadores estaban horrorizados. Para pasar a la acción esperaron a que los campesinos abandonaran Roma a

---

[66] P. A. Brunt, *Italian Manpower*, cit., p. 9.

[67] *Ibid.*

[68] A. H. M. Jones, *The Roman Economy*, cit., p. 123.

[69] P. A. Brunt, *Social Conflicts…*, cit., p. 78 [ed. cast. cit.: pp. 118-19].

causa de la cosecha. Un grupo de senadores insistió en que Tiberio estaba «traicionando la constitución» y lo mataron a garrotazos. Sus seguidores fueron ejecutados[70].

La represión no acabó con el descontento de los campesinos pobres, y la historia se repitió diez años más tarde. Cayo, hermano de Tiberio, fue elegido tribuno y dominó la política romana durante los siguientes tres años, con el apoyo del campesinado y cierto respaldo de un estrato de los nuevos ricos, los *equites*. El cónsul (magistrado supremo) Óptimo distribuyó armas entre los partidarios del Senado y empleó a 3.000 mercenarios traídos de Creta para asesinar a Cayo y ejecutar hasta a 3.000 de sus partidarios[71]. Tales fueron las gloriosas, «civilizadas» tradiciones del Senado romano.

Los romanos pobres reverenciaron a los hermanos Graco como mártires en cuyas tumbas depositaban diariamente ofrendas, y tanto Tiberio como Cayo parecen haber estado de veras motivados por genuinos sentimientos provocados por los sufrimientos de las masas[72]. Pero esencialmente su programa había sido diseñado con vistas al fortalecimiento del Estado romano y el aumento de su capacidad para explotar al resto del imperio. Parece que intuyeron que la esclavitud por un lado enriquecía a los grandes terratenientes, mientras por otro debilitaba la base de la economía. Sin embargo, su respuesta desde luego no fue llamar a los esclavos a su liberación, y el papel de los campesinos pobres lo limitaron al de un grupo de presión dentro del marco constitucional vigente. Ni siquiera tenían mucho que ofrecer a los pobres urbanos de Roma. Como resultado, el Senado no tuvo más que aguardar la oportunidad de deshacerse de los hermanos de la manera más sangrienta.

El asesinato de Cayo Graco sometió a los pobres. Pero no acabó con su resentimiento de clase, que desempeñó un papel decisivo en la configuración de la historia del siglo I a.C. y en la transformación de la república romana en el Imperio romano. Este fue un periodo en el que diferentes facciones en el seno de la clase dirigente se embarcaron en sangrientas maniobras a fin de obtener el control del poder político y de la riqueza aportada por los territorios conquistados. El rencor de los pobres por un lado y los excesos clasistas

---

[70] Pueden verse detalles en P. A. Brunt, *Social Conflicts...*, cit., y A. Lintott, «Political History», en K. A. Cook, A. Lintott y G. Rawson (eds.), *Cambridge Ancient History*, vol. IX, Cambridge, 1986, p. 69.

[71] Una vez más, para la explicación de lo que sucedió véase P. A. Brunt, *Social Conflicts...*, cit., pp. 83-92 [ed. cast. cit.: pp. 124-38], y A. Lintott, art. cit., pp. 77-84.

[72] Según P. A. Brunt, *Social Conflicts...*, cit., p. 92 [ed. cast. cit.: p. 138].

de la elite senatorial por el otro les proveyeron las armas para su lucha intestina. Salustio, que vivió este periodo, lo describió como una época de «frecuentes alborotos, conflictos partidistas y finalmente guerra civil […] durante el cual unos pocos hombres poderosos […] intentaban gobernar fingiéndose héroes del Senado o del pueblo»[73].

En 108 a.C., Mario fue nombrado cónsul con el apoyo de los *equites*. Según Salustio, era «el favorito de todos los artesanos y rústicos, cuya única riqueza radicaba en sus manos»[74]. Un intento de hacer aprobar una moción para la distribución de las tierras llevó a enconadas luchas: «La violencia alcanzó un nuevo nivel. […] Todos los elementos respetables de la sociedad aparecieron armados junto a sus criados»[75], y lincharon a Saturnino, un aliado abandonado por Mario. Dos décadas más tarde fue el turno de Sulpicio, otro aliado de Mario, de controlar Roma por breve tiempo y acabar asesinado después de que un ejército capitaneado por Sila ocupara la ciudad en auxilio de las grandes familias senatoriales. Cuando el ejército se retiró, otro aliado de Mario, Cinna, regresó y controló Italia durante dos años. «El foro se anegó de sangre» cuando trató de someter al Senado a su voluntad. Pero, a pesar de todas sus promesas, «prestó poca atención a los derechos populares»[76] y no hizo nada con respecto a la creciente pobreza de las masas. Sila consiguió regresar con el apoyo de la nobleza, a Cinna lo mataron sus propios soldados, y un reino de terror se impuso sobre todos aquellos que habían ofrecido resistencia. Incluso los disidentes entre los ricos sufrieron cuando Sila divulgó listas de «proscritos» –individuos cuya muerte merecía una recompensa financiera– que incluían a 40 senadores y 1.600 *equites*[77]. Finalmente, en el 64 a.C. Catilina, un antiguo esbirro de Sila que estaba en bancarrota, intentó restaurar su fortuna levantando la bandera de la revuelta popular. Organizó un desfile público con una variopinta muchedumbre formada por veteranos de Sila y campesinos. Esta vez fue el cónsul (y escritor) Cicerón quien emprendió acciones decisivas y sangrientas para mantener el orden existente organizando a un selecto grupo de jóvenes acaudalados para que arrestaran y ejecutaran a los principales partidarios de Catilina.

---

[73] Salustio, *The Stories*, vol. 1, p. 25 [ed. cast. cit.: p. 270].

[74] Citado en P. A. Brunt, *Social Conflicts…*, cit., p. 96 [ed. cast. cit.: p. 143; Salustio, *op. cit.*, p. 214].

[75] P. A. Brunt, *Social Conflicts…*, cit., p. 98 [ed. cast. cit.: p. 146].

[76] *Ibid.*, p. 104 [ed. cast. cit.: pp. 155-56].

[77] Apiano, según *ibid.*, p. 197.

La rebelión de Catilina fue la última basada en una llamada a los campesinos pobres para que tomaran las armas. Pero el rencor contra los ricos persistió. De hecho, comenzó a infectar a los pobres de la ciudad. Sus condiciones de vida eran atroces, e inseguros sus medios de subsistencia. Vivían en casas de vecinos de 15 a 17 metros de altura, apretujados con una densidad seis o siete veces mayor que la de una ciudad occidental moderna, y sin agua ni acceso a las cloacas. Para muchos, todas sus esperanzas se centraban en el agotador trabajo estacional en los muelles durante el verano, mientras que en el invierno casi se morían de hambre[78]. En el pasado, la misma miseria de su estado les había impedido unirse a los campesinos desafectos. Con frecuencia dependían de los sobornos de los senadores ricos, y en los disturbios habían tomado partido por el Senado. Ahora, sin embargo, comenzaron a apoyar a políticos o generales ambiciosos que les prometían grano subsidiado. En el 52 a.C., tras el asesinato de un político, Clodio, que había entregado grano gratis a los pobres, las turbas incendiaron el edificio del Senado y mataron a los ricos en las calles.

Estas eran las circunstancias contra las que Julio César atravesó con su ejército la frontera italiana y tomó el poder en el 49 a.C. Los ricos prohombres senatoriales perdieron la capacidad de gobernar el imperio, no en favor de los pobres, sino en el de un general de familia aristocrática que había matado o esclavizado a un millón de personas en su conquista de las Galias.

Los años de los grandes conflictos sociales entre ciudadanos romanos fueron también los de la mayor revuelta de esclavos en todo el mundo antiguo, el levantamiento liderado por Espartaco.

Roma ya había conocido más revueltas de esclavos que Grecia, probablemente porque los esclavos se concentraban en una escala mucho mayor. En 138-132, por ejemplo, Sicilia fue barrida por una revuelta de esclavos. La llevaron a cabo decenas de miles de esclavos –pastores unos, agricultores otros–, que «recibieron algún apoyo de la población libre local, encantada de ver sufrir a los ricos»[79]. Es más, mientras que los esclavos trataban de mantener el orden en las parcelas que ellos esperaban cultivar para sí, la población libre se entregaba al saqueo. El modelo se repitió en 104-101 a.C.

---

[78] Véase la explicación de sus condiciones en P. A. Brunt, *Social Conflicts...*, cit., p. 128 [ed. cast. cit.: p. 187].

[79] A. Lintott, «The Roman Empire», en J. A. Cook, A. Lintott y G. Rawson (eds.), *Cambridge Ancient History,* cit., vol. IX, pp. 25-26.

La revuelta de Espartaco fue de una escala mayor que estas y amenazó al mismo centro del Imperio romano. Comenzó en el 73 a.C. con la fuga de 74 gladiadores. Con el tiempo se les unieron hasta 70.000 esclavos que derrotaron a sucesivos ejércitos romanos y ocuparon la península itálica de un extremo al otro. Llegó un momento en que amenazaron a Roma y vencieron a un ejército liderado por los cónsules. Pero, en lugar de tratar de tomar la ciudad, Espartaco marchó sobre el extremo sur de Italia con la esperanza de cruzar a Sicilia. Sus fuerzas fueron traicionadas por unos piratas que les habían prometido naves, y luego se vieron cercadas por un ejército romano que trató de impedirles que volvieran a desplazarse hacia el norte. Parte del ejército de esclavos consiguió evadirse de la trampa, pero sufrieron una aplastante derrota. Espartaco murió, aunque su cuerpo nunca se encontró[80], y 6.000 de sus seguidores fueron crucificados[81]. Según escritores romanos, en el aplastamiento de la revuelta murieron 100.000 esclavos[82].

Las revueltas de la antigua Roma inspiraron a los líderes de los oprimidos durante dos milenios. En la Revolución francesa de 1789-1794, la extrema izquierda saludó a los hermanos Graco como un ejemplo. Karl Marx describió a Espartaco como su figura histórica favorita, y los revolucionarios alemanes liderados por Rosa Luxemburgo en 1919 se llamaron a sí mismos Liga Espartaquista, *Spartakusbund*.

Pero ni las revueltas campesinas ni las rebeliones de esclavos consiguieron acabar con el control del Imperio romano por parte de los grandes terratenientes, y la razón radicaba en la naturaleza de esas mismas clases rebeldes.

Los campesinos podían protestar, e incluso levantarse, contra las extorsiones de los ricos. Podían seguir a líderes ricos que parecieran tener algún programa para la reforma del Estado. Pero no podían elaborar un programa político propio que fuera más allá de la llamada a la redistribución de la tierra y la condonación de las deudas, para reivindicar una reorganización de la sociedad en su totalidad. Pues los excedentes que producían eran demasiado escasos para mantener una civilización de la escala de Roma. Esos excedentes tenían que proceder bien del sistema esclavista, bien del pillaje del

---

[80] La maravillosa película *Espartaco,* con Kirk Douglas, parece haberse tomado una licencia poética al colgarlo de una cruz.

[81] Detalles extraídos de A. Lintott, «Political History», cit., pp. 221-223.

[82] Tito Livio, figura citada en G. E. M. de Ste. Croix, *Class Struggles…,* cit., p. 230 [ed. cast. cit.: p. 478].

imperio. El sueño de un regreso a un pasado de base campesina era natural, pero irrealizable.

Las masas urbanas eran igualmente incapaces de asumir el liderazgo de una reorganización revolucionaria de la sociedad. Eran incluso menos importantes para la producción que los pequeños campesinos. Los más empobrecidos dependían del trabajo ocasional. Otros eran artesanos de lujo, cuyo sustento dependía de la satisfacción de las necesidades de los ricos. En Roma había muchos esclavos. Pero su situación era en muchas ocasiones más favorable que la que se daba en la agricultura, y muchos podían tener la esperanza de unirse a la elevada proporción de la población de la capital que resultaba manumitida si se mostraba lo bastante atenta con sus amos.

Finalmente, aunque los esclavos rurales eran de capital importancia para la producción, les resultaba absolutamente imposible ir más allá de la rebelión heroica, para formular ideas de un tipo diferente de sociedad. Procedían de todas partes del Mediterráneo y hablaban una gran cantidad de idiomas diferentes. Impedidos de tener familia, también tenían pocas oportunidades de transmitir de una generación a otra tradiciones de resistencia. La manera en que se unieron –encadenados bajo el látigo de un amo– no constituía ningún modelo sobre cómo reorganizar la sociedad sobre una base diferente. Por el contrario, sus sueños estribaban en la instauración de nuevos reinos o, como en el caso de Espartaco, en la huida del Imperio romano en busca de la libertad. Por qué Espartaco desaprovechó la oportunidad de apoderarse de Roma es uno de los grandes misterios de la historia. Parte de la explicación quizá resida en su incapacidad para concebir una reorganización de la sociedad romana y en que no quería acabar meramente gobernando el antiguo orden.

El imperio: estancamiento y derrumbe

Los disturbios, las revueltas, las rebeliones y las guerras civiles no llevaron a una reorganización revolucionaria de la sociedad, pero sí cambiaron radicalmente la superestructura política mediante la cual los ricos terratenientes dominaban al resto de la sociedad. El Senado pasó a depender de los generales y sus ejércitos para mantener a raya a los pobres. Pero entonces el general más fuerte podía dominar al Senado. Las guerras civiles por cuestiones sociales acabaron por ser reemplazadas por guerras civiles entre generales: Mario y Cinna contra Sila; Pompeyo contra Julio César; tras la muerte de César,

Bruto y Casio contra Marco Antonio y Octavio (sobrino de César); y, finalmente, Octavio contra Marco Antonio.

Al final, los ricos –tanto antiguos como nuevos– sintieron que permitir a Octavio (ahora llamado Augusto) la instauración de una monarquía *de facto* era la única manera de restaurar la estabilidad política. Augusto consiguió utilizar el recuerdo de las décadas de conflicto social para sus propios fines. Ofreció seguridad a los ricos mientras fingía ser el amigo de los pobres urbanos de Roma suministrándoles grano barato e incluso gratis… pagado con una pequeña fracción de los enormes tributos que afluían de los territorios conquistados.

Los emperadores, preocupados por no provocar una rebelión en las provincias, tomaron medidas drásticas contra las peores formas de especulación personal por parte de la elite senatorial. En ocasiones también recurrieron a actos de terror contra miembros de mentalidad independiente entre las antiguas familias terratenientes, mientras prodigaban riqueza y prestigio a los miembros de su propio entorno.

Las familias senatoriales más antiguas consideraron esto como un bárbaro asalto a los valores tradicionales. Los nombres de Nerón y Calígula se asocian desde entonces con el terror aleatorio y la violencia irracional, y hay una larga tradición de opositores al gobierno arbitrario, dictatorial, que ve a los senadores que se opusieron a César y Augusto como grandes defensores de la libertad humana contra la tiranía. Los primeros líderes de la Revolución francesa se envolvían en togas y se veían a sí mismos como herederos de Bruto. Pero el poder imperial no hizo sino desencadenar contra unos cuantos miembros de la aristocracia la barbarie de la que esta había hecho tradicionalmente alarde contra los pueblos conquistados, los esclavos y los miembros rebeldes de las clases bajas romanas. La palabrería aristocrática sobre la *libertas,* como Syme señala, equivalía a una «defensa del orden existente por parte de individuos […] que gozaban de poder y riqueza»[83].

Los pobres, desde luego, no veían a los senadores como defensores de la libertad. Flavio Josefo, a mediados del siglo I d.C., escribió que mientras que los ricos consideraban a los emperadores «tiranos» y a su gobierno una «sujeción», los pobres opinaban que ponían coto a la «rapacidad» del Senado[84]. A los pobres quizá los confundieron la demagogia y el grano barato de César y sus sucesores. Pero tenían buenas razones para odiar a la clase senatorial. Después de

---

[83] Citado en G. E. M. de Ste. Croix, *Class Struggles…,* cit., p. 368 [ed. cast. cit.: p. 430].
[84] Citado en *ibid.* [ed. cast. cit.: p. 424].

todo, esta clase había masacrado a cualquiera que, siquiera vacilantemente, se hubiera atrevido a reivindicar sus derechos. Cicerón, a menudo considerado como un ejemplo de las virtudes civiles de la clase senatorial, había organizado tales asesinatos y se había referido a los pobres de Roma como «sucios y escoria», «la chusma deleznable y muerta de hambre», «la sentina de la ciudad» y, cuando mostraban cualesquiera tendencias radicales, «los malvados»[85].

Pese a toda su retórica sobre la «libertad», los ricos no pudieron arreglárselas sin un emperador que mantuviera el imperio intacto y a las clases inferiores a raya. Después de Augusto, a veces los ricos conspiraron para derrocar a un emperador individual. Pero su alternativa no era una nueva república, sino solamente un nuevo emperador[86]. Es más, durante los dos primeros siglos de gobierno de los emperadores, los ricos prosperaron aún más que en el pasado. Este fue un periodo (a veces llamado el «principado» por los historiadores, para distinguirlo del «Imperio romano tardío») de gran afluencia de bienes de lujo como la seda, las especias y las gemas del este, de expansión de grandes fincas por toda Italia y en algunas provincias, y de enormes flujos de renta para la clase senatorial[87].

La riqueza no estaba limitada a los ricos romanos. Los ricos provinciales consiguieron participar de ella al integrarse cada vez más en una única clase dirigente imperial: «Las comunidades provinciales eran mucho más prósperas que bajo la república»[88], aunque «es dudoso que el campesinado de las provincias participara de la creciente riqueza del imperio», pues pagaba la misma tasa de impuestos que los terratenientes ricos[89]. A partir de la seguridad recientemente encontrada y la mayor prosperidad de los ricos de provincias se desarrolló una cultura de alcance imperial, basada en cultos religiosos compartidos (incluida la veneración de los emperadores), juegos ceremoniales, idiomas (el latín en el oeste, el griego en el este) y literatura. Este fue el periodo en el que de un extremo al otro del imperio se reconstruyeron ciudades de proporciones colosales, con «templos para la veneración de los dioses, teatros, estadios y anfiteatros, gimnasios y baños, mercados, acueductos y fuentes, además de basílicas para la administración de justicia y salas de jun-

---

[85] Citado en G. E. M. de Ste. Croix, *Class Struggles...,* cit., p. 355 [ed. cast. cit.: p. 415].

[86] No tardaron más de dos horas en abandonar su propio intento de restaurar la república antes de la subida de Claudio al trono.

[87] Según A. H. M. Jones, *The Roman Economy,* cit., p. 124.

[88] *Ibid.,* p. 127.

[89] *Ibid.*

tas y oficinas para los magistrados. Las ciudades se sentían muy orgullosas de sus edificios y competían entre sí en medio del esplendor arquitectónico de magníficas calles pavimentadas flanqueadas por columnatas y adornadas con arcos triunfales[90].

En siglos posteriores ha habido quien ha visto esta etapa como la «edad de oro» del imperio. Gibbon escribe:

> Si se le pidiera a un hombre que señalara el periodo de la historia universal durante el cual la condición de la raza humana fue más feliz y próspera, sin duda se decantaría por el que transcurrió entre la muerte de Domiciano y la subida de Cómodo al trono [de 98-180 d.C.][91].

Pero la estabilidad impuesta desde arriba estribaba, como había sucedido con la república, en el pillaje ejercido sobre los campesinos y la sujeción de los esclavos. Quizá regularizó tales prácticas, pero no las eliminó. La imagen de la vida en el imperio que se encuentra en la novela satírica del siglo II *El asno de oro,* de Apuleyo, es muy diferente de la de Gibbon. Describe las condiciones de unos esclavos que trabajan para un molinero:

> Toda su piel, amoratada de lívidos cardenales producidos por los azotes; la espalda, toda cicatrizada, más bien medio tapada que protegida por unos harapos andrajosos; algunos, solamente cubiertos con un exiguo taparrabos; todos, vestidos de manera que dejaban ver, a través de los andrajos, todo su cuerpo; todos con letras grabadas en la frente, la cabeza a medio rapar y con argollas en los pies, deformes a puro de pálidos, con los párpados quemados por el fuego hasta el punto de que apenas si podían ver[92].

Apuleyo cuenta que a un «rico y poderoso […] patrón […] nunca le pidió explicaciones» la justicia por cómo hostigó a un vecino pobre matando sus reses, quitándole sus bueyes, arrasando sus cultivos y empleando una banda de matones para echarlo de sus tierras[93].

---

[90] A. H. M. Jones, *The Roman Economy,* cit., p. 24.

[91] E. Gibbon, *op. cit.,* vol. I, p. 89 [ed. cast. cit.: pp. 91-92].

[92] Apuleyo, *The Golden Ass,* trad. ingl. de Jack Lindsay, Londres, 1960, p. 192 [ed. cast.: *El asno de oro,* Madrid, Akal, 1988, p. 325].

[93] *Ibid.,* pp. 206-208 [ed. cast. cit.: pp. 345-347].

El objeto de la sátira de Apuleyo no era un mundo de prosperidad y alegría, sino de inseguridad, injusticia, tortura, robos y asesinatos. Pese a todo su barniz de civilización, el poder del emperador lo simbolizaban los «juegos» en el Coliseo, donde los gladiadores se descuartizaban entre sí y los prisioneros eran despedazados por animales.

El imperio quizá fuera estable, pero los principales problemas en la base de la sociedad permanecían sin resolver. La economía era en su inmensa mayoría rural, aunque la clase dirigente y su civilización se centraban en las ciudades: «El comercio y las manufacturas desempeñaban un papel muy limitado en la economía. La industria básica era la agricultura, la gran mayoría de los habitantes del imperio eran campesinos y la riqueza de las clases superiores procedía, principalmente, de las rentas». Los rendimientos agrícolas producían 20 veces tantos ingresos como el comercio y la industria[94].

Eran pocas las ciudades en las que el comercio o las manufacturas desempeñaran un papel predominante. Esto sucedía en Alejandría, a través de la cual pasaba el grano egipcio camino de Italia y los bienes de lujo procedentes de Arabia y la India por mar. Allí algunas industrias experimentaron un espectacular crecimiento –la fabricación de vidrio, la tejeduría y la fabricación de papiro– y algunos comerciantes se hicieron sumamente ricos[95]. Pero la mayoría de las ciudades eran centros administrativos y del consumo de la clase dirigente, no del comercio y la industria. Las calzadas construidas con propósitos militares eran inadecuadas para las cargas pesadas –a diferencia de los canales y calzadas construidos en China durante esa época–, de manera que el transporte de los productos por tierra era extremadamente lento y costoso. Un viaje de unos 500 kilómetros doblaba el precio del trigo, por ejemplo. El comercio a larga distancia se limitaba a los bienes de lujo más caros, y para la mayoría de sus provisiones las ciudades del interior dependían de las tierras a su alrededor y de sus propios artesanos, organizados en pequeños talleres.

Las ciudades eran parasitarias de la economía rural, más que una fuente de innovación que aumentara la productividad. Los grandes terratenientes que vivían en ellas trataban de aumentar sus ingresos apretándoles las tuercas a los agricultores, en lugar de invirtiendo en nuevas herramientas y mejoras de los cultivos. Los equipos de esclavos que trabajaban la mayor parte de la tie-

---

[94] A. H. M. Jones, *The Roman Economy*, cit., p. 36.
[95] *Ibid.*, p. 39.

rra en algunas regiones, especialmente en Italia, no tenían ningún incentivo y sí pocas oportunidades de aplicar métodos más productivos, aunque de vez en cuando pudieran llevar el conocimiento de las técnicas más avanzadas empleadas en una parte del imperio, a otra. Para los propietarios rurales que trabajaban la tierra, los incentivos no eran mucho mayores, pues cualquier incremento en la producción probablemente les sería sustraído por el terrateniente en forma de rentas o por el Estado en concepto de impuestos. De manera que, aunque sí hubo algunos, los avances en los métodos de producción fueron muy limitados. Las innovaciones que suponían un ahorro en trabajo se aplicaron muy lentamente. La noria, mencionada por primera vez en el 25 a.C., apenas se utilizó durante dos siglos, porque los molinos movidos por burros, o incluso por personas, se adecuaban más fácilmente al empleo de trabajo esclavo[96]: un contraste considerable con la proliferación de molinos hidráulicos en China durante el mismo periodo.

La fortaleza económica del imperio se vio minada todo el tiempo por el mismo factor que tan importante había sido inicialmente: el empleo masivo de esclavos. El flujo de nuevos esclavos comenzó a agotarse cuando las guerras de conquista que habían alumbrado el imperio llegaron a su fin y los esclavos se volvieron «caros». Los terratenientes tuvieron que preocuparse más de las vidas de sus «propiedades». Algunos se pasaron a la crianza de una nueva generación de esclavos. Pero eso suponía tener que preocuparse del mantenimiento de madres e hijos «improductivos», lo cual recortaba las enormes ventajas que en cuanto a costes habían tenido antaño los esclavos sobre el trabajo libre. A otros les pareció más barato y fácil dividir sus tierras en minifundios y, a cambio de elevadas rentas, poner estos en manos de arrendatarios que no requirieran de supervisión y corrieran con los costes de mantenimiento de sus familias. Fue así como la esclavitud comenzó a perder importancia.

El resultado fue que, mientras que el consumo de lujo de los ricos y los costes de mantenimiento del imperio seguían siendo tan elevados como siempre, ya no se disponía de los excedentes extra que la esclavitud había aportado bajo la república. La clase dirigente sólo podía continuar como en el pasado si la presión sobre el campesinado no dejaba de crecer, con lo cual se repitió en todo el imperio la explotación excesiva que ya había arruinado a

---

[96] Para un estudio completo de estos asuntos, véase L. A. Moritz, *Grain Mills and Flour in Classical Antiquity,* Oxford, 1958, especialmente pp. 131, 136, 138 y 143.

los campesinos italianos. Los impuestos, que bajo la república sólo habían supuesto el 10 por 100, en el siglo VI se habían elevado a un tercio de la producción de una familia campesina[97]; y, además, los campesinos tenían que pagar una renta al terrateniente.

De Ste. Croix señala que desde finales del siglo II d.C. hay documentos romanos que se refieren a «disturbios» en diversas provincias del imperio: a veces equivalentes a levantamientos campesinos en toda regla, a veces limitados a un aumento del bandolerismo de desertores del ejército, campesinos empobrecidos y esclavos fugados. Desde 284 d.C. hasta mediados del siglo V, en la Galia e Hispania se registran periódicamente *bacaudae* de rebeldes campesinos.

No tenemos forma de calibrar la importancia de esas rebeliones. Lo cierto es que constituían un síntoma del empobrecimiento, el descontento y la inseguridad crecientes, especialmente en las zonas fronterizas del imperio. En estas regiones fueron cada vez más numerosos los casos de campesinos que abandonaban unas tierras que ya no les permitían subsistir tras el pago de rentas e impuestos. El Estado fue aprobando cada vez más leyes que vinculaban a los campesinos a la tierra, o a terratenientes particulares, en calidad de *coloni:* en realidad, siervos. Pero tal sujeción legal les daba menos razones aún para defender el imperio contra las incursiones «bárbaras».

Estas incursiones se hicieron cada vez más frecuentes y costosas de afrontar. Los emperadores no dejaron de aumentar su confianza en enormes y caros ejércitos de mercenarios: de 650.000 efectivos en el siglo IV d.C.[98]. Pero el coste de esto no hizo sino incrementar aún más los gravámenes sobre los agricultores, lo cual comportó una mayor desafección y abandono de la tierra. Al mismo tiempo, los jefes militares victoriosos se sentían fuertemente tentados a utilizar sus legiones para hacerse coronar. Cuando las guerras civiles debilitaron el imperio, los legionarios amotinados llegaron a saquear la misma Roma.

En el oeste el imperio entró en un ciclo de decadencia. Las tomas militares del poder se hicieron cada vez más frecuentes, las invasiones bárbaras cada vez más osadas. En el 330 d.C. el centro del imperio se trasladó de Italia a una ciudad de habla griega, Bizancio, desde donde a los gobernantes les resultó difícil controlar el oeste, de modo que no tardó en haber empera-

---

[97] Cálculos de A. H. M. Jones, *The Roman Economy,* cit., p. 83.
[98] *Ibid.,* p. 129.

dores rivales al frente de cada mitad. Mientras tanto, la periferia del imperio, Gran Bretaña por ejemplo, dejó de estar bajo control romano. Los emperadores trataron de conservar el resto sobornando a los pueblos «bárbaros» (normalmente germánicos) que se asentaron en el interior de las fronteras. Pero cuando los líderes bárbaros se romanizaban aspiraban al poder de los gobernantes romanos y recurrían al medio romano tradicional de conseguirlo: la conquista. El godo Alarico saqueó Roma al frente de sus fuerzas. El franco Clodoveo asumió el control de la Galia. El ostrogodo Teodorico se nombró emperador de Roma, y los visigodos instauraron un reino romanizado en Hispania.

El círculo vicioso de decadencia repercutió en los medios mismos de obtener el sustento. Las guerras y los enfrentamientos intestinos causaron enormes estragos en la agricultura. El comercio decayó, pues los comerciantes temían aventurarse lejos de las ciudades. Los impuestos y las rentas se cobraban cada vez más en especie que en dinero, con el Estado satisfaciendo sus propias necesidades y las de sus numerosos empleados mediante recaudaciones directas sobre los productores. El resultado fue un decaimiento mayor del comercio y de la posición de las clases de los comerciantes y los artesanos. Las ciudades comenzaron a encontrar problemas de abastecimiento, mientras los pueblos y las aldeas tuvieron que volver a explotar exclusivamente sus propios recursos. Los productores campesinos carecían de protección contra los terratenientes poderosos, que empezaron a ejercer sobre ellos un poder político y militar directo. El pago de un tributo a cambio de «protección» frente a un matón local fue con frecuencia la única manera de no llamar la atención de forasteros rapaces. Este fue un modelo copiado por los pueblos tribales del norte y el este que se asentaron en el interior del imperio.

En resumen, la equilibrada economía del imperio, basada en la esclavitud, dio paso en el oeste a una nueva economía de unidades rurales localizadas, casi autosuficientes, basadas en la servidumbre. La esclavitud no desapareció por completo. El empleo de trabajo esclavo persistió hasta más o menos el año 1000 d.C. en algunos de los latifundios más grandes[99], donde los terratenientes, obligados por la decadencia de las ciudades a vivir en sus fincas, encontraron una manera eficaz de sacarles tantos excedentes como era posible a los agricultores. Pero esto ya no aportaba la base para mantener

---

[99] Véase G. Bois, *The Transformation of the Year 1000,* Mánchester, 1992 [ed. cast.: *La revolución del año mil,* Barcelona, Grijalbo Mondadori, 1997].

una civilización o un imperio. Los intentos en ese sentido, con la breve reunificación de los imperios oriental y occidental bajo Justiniano a mediados del siglo VI y la instauración del Sacro Imperio Romano Germánico por Carlomagno casi 250 años más tarde, no tardaron en venirse abajo. La base material simplemente ya no era lo bastante fuerte para sostener semejante superestructura.

VI

El ascenso
del cristianismo

De la crisis del Imperio romano de Occidente después del 400 d.C. hubo un gran superviviente, la religión que había pasado de sus muy humildes orígenes en los siglos anteriores a convertirse en la ideología oficial del imperio: el cristianismo. En la época de las invasiones «bárbaras», cada pueblo del imperio tenía su iglesia y sus sacerdotes, y cada provincia su obispo, todo organizado en jerarquías centralizadas en Roma y Bizancio, donde el poder eclesiástico e imperial interactuaban, con emperadores que desempeñaron un papel decisivo en el establecimiento de los puntos más delicados de la doctrina de la Iglesia.

El cristianismo no comenzó como ideología de un imperio. Virtualmente no se sabe nada de su supuesto fundador, Jesús de Nazaret. No existe siquiera una prueba definitiva de que fuera una figura histórica y no mítica. Desde luego, la prueba no se encontrará en el Nuevo Testamento cristiano. Según este, nació en Belén, en la provincia romana de Judea, adonde su familia se había desplazado con motivo de un censo en tiempos de Augusto. Pero en la época que se menciona no hubo ningún censo, ni Judea era provincia romana. Cuando sí se hizo un censo, en el 7 d.C., no hizo falta que nadie abandonara su lugar de residencia. Igualmente, el Nuevo Testamento sitúa el nacimiento de Jesús en tiempos del rey Herodes, fallecido en el 4 a.C. Los escritores romanos y griegos de la época no mencionan a ningún Jesús, y una supuesta referencia del escritor judío-romano Flavio Josefo es casi con toda certeza resultado de la imaginación de los monjes medievales[100]. Ni siquiera

---

[100] En las primeras versiones conservadas de este texto no hay ninguna referencia. Para una traducción inglesa, véase Flavio Josefo, *The Jewish War,* Londres, 1981 [ed. cast.: *La*

la primera referencia autentificada a los cristianos, en un escrito de Tácito de en torno al 100 d.C., menciona a Jesús por su nombre, sino que emplea la palabra griega *christos,* empleada para referirse a cualquier supuesto mesías.

Sobre las creencias de los primeros cristianos sabemos tan poco como sobre la vida de su supuesto fundador. Los Evangelios del Nuevo Testamento abundan en afirmaciones contradictorias. En algunos lugares, especialmente en Lucas, hay impactantes expresiones de odio de clase. Por ejemplo, el rico va derecho al Infierno, mientras que el pobre, Lázaro, va al seno de Abraham[101]. Jesús predica: «Es más fácil para un camello pasar por el ojo de una aguja que para un rico entrar en el Reino de Dios»[102]. Y en la versión que da Lucas del Sermón de la Montaña se lee: «Bienaventurados los pobres, porque suyo es el Reino de Dios. Bienaventurados los hambrientos, porque serán saciados. Mas, ¡ay de vosotros, ricos!, porque ya recibisteis vuestro consuelo. ¡Ay de vosotros, saciados!, porque padeceréis hambre»[103]. Por contra, en otros lugares el mensaje es de reconciliación entre ricos y pobres. Así, en Mateo, Jesús predica: «Bienaventurados los pobres de espíritu, porque suyo es el Reino de los Cielos. […] Bienaventurados los que tienen hambre y sed de justicia, porque serán saciados»[104]. La parábola de los «talentos» (monedas) encomia a un rico por recompensar a un siervo al que entrega tres talentos y este los invierte provechosamente, mientras que castiga al que sólo tiene un talento y no consigue sacarle rendimiento prestándoselo a un banquero. Advierte: «Al que no tiene, incluso lo que tiene le será quitado»[105].

Análogamente, hay pasajes que parecen predicar la resistencia contra los gobernantes existentes y pasajes que animan a someterse a ellos; como cuando Jesús dice a la gente que pague sus impuestos a los romanos con las pala-

---

guerra de los judíos, 3 vols., Madrid, Gredos, 1997, 1999]. Una traducción eslava de un texto medieval perdido sí contiene una referencia, pero hay pocas razones para dudar de que se trata de una «interpolación» añadida por monjes angustiados por la ausencia de cualquier referencia a Jesús en un manuscrito que estaban copiando. Desde luego, no justifica la manera en que ciertos escritores cristianos utilizan los escritos de Flavio Josefo para respaldar sus propias versiones de la historia.

[101] Lc 18, 19-26.
[102] Mt 16-24.
[103] Lc 6, 20-25.
[104] Mt 5, 1; 5, 6.
[105] Mt 25, 14-30.

bras: «Dad al César lo que es del César, y a Dios lo que es de Dios»[106]. Finalmente, hay contradicciones entre pasajes que llaman a la obediencia a las normas de la ley judía («la Ley») y pasajes que instan a su infracción.

La obra marxista clásica de Karl Kautsky *Los fundamentos del cristianismo* sugería hace un siglo que la contradicción era consecuencia de los intentos de escritores cristianos posteriores de minimizar lo que él llamó las ideas «comunistas» de un grupo «proletario». Algunos de los argumentos de Kautsky en este sentido están abiertos a la duda[107]. No obstante, el tono de muchos pasajes de los Evangelios más antiguos, los de Marcos y Lucas, es de rebelión contra el imperio que luego adoptó esa religión.

Para comprender cómo fue esto posible, es necesario tener en cuenta las condiciones en que el cristianismo apareció y se expandió.

En la primera mitad del siglo I, Jerusalén era una de las ciudades más grandes del Imperio romano: Plinio el Viejo la describió como «de lejos, la ciudad más insigne de Oriente». Pero era también una de las más tumultuosas. La ciudad debía su esplendor a la posición que ocupaba junto a importantes rutas comerciales y, más tarde, como centro religioso que atraía riquezas de todo el imperio. Pero los territorios en torno a ella –Judea, Samaria y Galilea– distaban de ser ricos. Padecían, como todas las provincias romanas, unos desorbitados niveles fiscales requeridos para pagar tributo a Roma y para procurar a los gobernadores romanos las fortunas que estos esperaban. «La pobreza era grande […] y evidente[108].»

Esto tuvo como consecuencia una considerable hostilidad hacia los romanos y la clase alta judía que colaboraba con ellos. Después de todo, fueron

---

[106] Mt 21, 20.

[107] Su empleo de la palabra «proletariado» para describir a las masas de la Judea del siglo I es en sí mismo confuso. A pesar de ser pobres, eran muy diferentes de una clase obrera moderna. Muchos eran artesanos y tenderos, otros mendigos y trabajadores muy mal pagados. Lo que es más, los Evangelios presentan a Jesús predicando y asociándose con los «publicanos» (recaudadores de impuestos): un grupo despreciado, pero, no necesariamente pobre. Kautsky cita en su favor un pasaje de la *Primera Epístola de San Pablo a los Corintios* en el que Pablo dice: «no son muchos los poderosos, no son muchos los nobles llamados». Kautsky dice que esto significa que la «propiedad» no estaba «representada» en la Iglesia primitiva. En realidad, lo que el pasaje dice es que había unos cuantos «poderosos» y unos cuantos «nobles», pero que la inmensa mayoría no pertenecía a esos grupos. Esto sugiere que la religión hacía un llamamiento interclasista y que, desde luego, no era puramente «proletaria» ni siquiera en esa etapa primitiva.

[108] M. Goodman, «Judea», en J. A. Cook *et al.* (eds.), *Cambridge Ancient History,* cit., vol. IX, p. 768.

reyes judíos los primeros en invitar a los romanos a invadirlos (en el 139 a.C.), y desde entonces habían confiado en la ayuda romana para sus guerras intestinas[109].

En Jerusalén las algaradas eran frecuentes, y en las zonas rurales, especialmente en Galilea, se producían repetidos brotes de «bandolerismo». A veces adoptaban un tinte religioso. Así, hubo casi un levantamiento contra el rey Herodes cuando este estaba agonizando, y se dice que cuando su hijo Arquelao aplastó una sublevación murieron 3.000 judíos y otros 2.000 fueron crucificados. En los campos de Galilea hubo guerra de guerrillas liderada por un tal Judas que se llamaba a sí mismo «Rey de los Judíos», y, según Josefo, en la época del censo romano del 7 d.C. dos hombres «llevaron al pueblo a la rebelión [...] y como consecuencia se produjo un derramamiento general de sangre»[110]. De nuevo, 40 años más tarde, el profeta Theudas se proclamó a sí mismo Mesías (*christos* en griego) y fue decapitado. Los gobernantes romanos trataron de manera similar a «un grupo de hombres malos que tenían pensamientos impíos y sembraron la ciudad de intranquilidad e inseguridad» al «incitar al pueblo a la insurrección [...] so pretexto de una revelación divina». Poco después, «un falso profeta de Egipto [...] consiguió que lo aceptaran como profeta debido a su brujería. Marchó [...] con 30.000 personas [...] al desierto a fin de penetrar en Jerusalén, e intentó expulsar a la guarnición romana»[111]. «Apenas sofocada esta rebelión [...] unos cuantos hechiceros y asesinos unieron fuerzas y lograron muchos secuaces. [...] Atravesaron todo el territorio judío, saquearon las casas de los ricos, dieron muerte a sus moradores, incendiaron las aldeas y arrasaron la tierra»[112]. En todos estos enfrentamientos, el odio de clase de los judíos pobres hacia los judíos de las clases superiores se mezcló con el odio hacia las fuerzas romanas de ocupación.

Las diferencias de clases encontraron expresión en distintas interpretaciones de la religión judía. Los ricos, que hablaban griego y colaboraban con los romanos, tendían a favorecer la escuela saducea asociada con los sacerdotes hereditarios, de los que Josefo dice que «negaban que las almas sean

---

[109] Para un estudio detallado de estas, véanse los primeros capítulos de Josefo, *op. cit.*

[110] Josefo, *Antiquities,* citado en K. Kautsky, *Foundations of Christianity,* Nueva York, s.f., p. 300 [ed. cast.: *Orígenes y fundamentos del cristianismo,* Salamanca, Sígueme, 1974, p. 290].

[111] Josefo, *The Jewish War,* cit. [ed. cast. cit.: vol. 1, p. 311]. La traducción que aquí se presenta es la que se encuentra en K. Kautsky, *op. cit.,* pero difiere muy poco de la edición de *The Jewish War* en Penguin (Londres, 1981), pp. 126, 147.

[112] Josefo, *The Jewish War,* cit., pp. 148 [ed. cast. cit.: vol. 1, p. 312].

inmortales y que haya alguna recompensa o castigo después de la muerte», así como que eran «crueles y severos con sus compatriotas tanto como con los extranjeros». Por contra, los eruditos religiosos no hereditarios, con una diversidad de preocupaciones sociales[113], tendían a favorecer la escuela farisea. Esta insistía en la adhesión estricta a la «Ley» judía (los rituales y las normas alimentarias del Viejo Testamento), reprochaba a la clase alta su colaboración con los romanos y sostenía que «el alma […] es inmortal […] las almas de los buenos entrarán en nuevos cuerpos, mientras que las de los malvados serán atormentadas por sufrimientos eternos»[114]. Una tercera escuela, la de los esenios, trataba de escapar a lo que consideraban como los demonios de la sociedad fundando comunidades de tipo monástico en el campo, donde vivían sin propiedad privada. También rechazaban la esclavitud por injusta: una posición más radical que la que sostendrían los cristianos. Finalmente, los zelotes combinaban la fe religiosa con la agitación política contra la presencia romana.

Jerusalén, pues, era un crisol en el que conceptos religiosos opuestos dieron expresión a diferentes sentimientos de clase y actitudes frente al gobierno romano durante el periodo en el que se dice que Jesús predicó. Pero eso no era todo. Su religión contaba con adeptos en toda ciudad grande del imperio, de modo que las discusiones doctrinales tenían repercusiones en otras partes. Pues los judíos hacía mucho tiempo que habían dejado de ser un pueblo que simplemente vivía en un pequeño territorio. Medio milenio antes, los conquistadores asirios y babilonios habían deportado, a las clases dirigentes de los estados judíos de Israel y Judea, a Mesopotamia. Muchos no habían regresado cuando el emperador persa Jerjes les devolvió Jerusalén, sino que habían prosperado felizmente en nuevos hogares. Otros muchos judíos habían abandonado Palestina para instalarse en otras partes de la región mediterránea, por la misma razón por la que tantos griegos se habían asentado en ultramar: querían una vida mejor que la que podía ofrecerles el suelo no muy fértil de la que antaño había sido su patria. Aún otros fueron colonos involuntarios, convertidos en esclavos durante las guerras que asolaron la región. Acabaron por instalarse allí donde sus amos les llevaron.

A comienzos del siglo I d.C., había grandes poblaciones judías en virtualmente todas las ciudades romanas, «donde suponían entre el 10 y el 15 por

---

[113] Según M. Goodman, art. cit., p. 771.
[114] Según Josefo, *The Jewish War,* cit. [ed. cast. cit.: vol. 1, p. 289].

100 de la población total de una ciudad»[115]. Constituían una elevada proporción de la población de Alejandría, de modo que la ciudad griega de Egipto era asimismo en buena medida una ciudad judía. También en Roma tenían una presencia lo bastante notable como para que Julio César buscara su favor.

Su creencia religiosa en un único dios invisible, sus normas dietéticas y su observancia de un día de descanso mantenían la identidad de los judíos de esta diáspora como comunidad separada. Estas costumbres les impedían simplemente mezclarse con las poblaciones que les rodeaban. También se esperaba de ellos que pagaran cantidades regulares para el mantenimiento de Jerusalén –lo cual equivalía a gran parte de su riqueza– y que, cuando pudieran, visitaran la ciudad durante la fiesta de Pascua. Las normas sobre la dieta y el *sabbat* eran ligeramente onerosas, en el sentido de que hacían más difícil la socialización y el trabajo con la población no judía, mayoritaria. Pero sus comunidades sobrevivieron, centradas en sus reuniones en la sinagoga; probablemente por las mismas razones por las que las comunidades inmigrantes se congregan en las iglesias o mezquitas. Los lazos religiosos que mantienen unido un grupo no sólo en el rezo, sino también en la dieta y en la conducta, beneficiaban a personas que trataban de mantenerse a flote en el atomizado mundo de la ciudad, donde incluso para el comerciante o artesano próspero la vida era precaria y, para los grupos por debajo de ellos, desesperada.

Sin embargo, las comunidades judías no se limitaron a sobrevivir. Atrajeron a otros. Los «prosélitos» –conversos al judaísmo– fueron muy corrientes en este periodo. El judío Filón de Alejandría contaba: «Todos los hombres están siendo conquistados por el judaísmo […] bárbaros, helenos […] las naciones de Oriente y de Occidente, europeos, asiáticos»[116]. Tan atractivo era el judaísmo en las ciudades griegas y romanas, que surgió una categoría especial de creyentes, los «temerosos de Dios»: no judíos que asistían a la sinagoga, pero que no estaban dispuestos a someterse a la circuncisión y acatar todas las normas bíblicas.

Lo que les atraía no era simplemente la sensación de comunidad. La idea religiosa central del judaísmo, el monoteísmo –la creencia en un dios invisible–, se adecuaba a la situación de los habitantes de las ciudades. Las religiones paganas en las que había tantos dioses, cada uno asociado con un lugar o

---

[115] W. A. Meeks, *The First Urban Christians,* New Haven, 1983, p. 34.

[116] Citado en K. Kautsky, *op. cit.,* p. 261 [ed. cast. cit.: p. 259]; sobre el grado de proselitismo, véase también M. Goodman, art. cit., p. 779.

una fuerza natural particular, tenían sentido para quienes vivían en el campo y tenían el centro de la existencia social en la aldea local o el clan. Pero los comerciantes, artesanos y mendigos urbanos estaban en constante contacto con una cantidad muy grande de personas de diferentes lugares y con diferentes ocupaciones. Una deidad anónima y omnicomprensiva podía parecer que prestaba apoyo y protección en encuentros y experiencias tan variadas. Por eso es por lo que en todas las grandes civilizaciones de la Antigüedad –el ascenso del budismo en India y China, y la veneración de un único «buen» dios (envuelto en una eterna batalla contra el mal) en Persia– se dieron tendencias hacia el monoteísmo[117]. Incluso el paganismo romano tendía a la veneración de un dios-sol más poderoso que los demás. Es más, en su rama farisea el judaísmo combinaba el monoteísmo con la promesa a sus adeptos de que, por penosos que fueran sus sufrimientos en esta vida, tenían algo que aguardar con esperanza en la siguiente.

Tanta fue la popularidad del judaísmo que sumó millones de creyentes en todos los centros comerciales del Imperio romano y estableció una red de contactos y comunicación que cubría miles de kilómetros de distancia[118]. Todas las disputas religiosas y especulaciones mesiánicas ocasionadas por la situación en Jerusalén se transmitían a través de esta red. A las personas que se encontraban en cada ciudad romana no les parecían discusiones distantes sobre la situación en Palestina, pues el sufrimiento de Palestina no constituía sino un ejemplo del sufrimiento de las clases inferiores y las provincias conquistadas en todo el imperio.

El judaísmo estaba, por consiguiente, en camino de convertirse en la religión universal de las masas urbanas del imperio. Pero se enfrentaba a dos obstáculos. El primero lo constituían sus reglas sobre la dieta y la circuncisión. El fenómeno de los «temerosos de Dios» muestra que muchos de aquellos que se sentían atraídos por esa religión no estaban dispuestos a llegar hasta el final en la adopción de sus reglas. El segundo era la promesa del ju-

---

[117] Estrictamente hablando, el budismo no es «monoteísta», porque en sus formas más primitivas no implica la creencia en un dios personal de ninguna clase. Pero sí hace hincapié en un único principio subyacente a toda la realidad, y por tanto entra en la misma categoría que las demás religiones.

[118] W. A. Meeks sugiere para el siglo I la cifra de «unos 5 a 6 millones de judíos [...] en la diáspora» (véase W. A. Meeks, *op. cit.,* p. 34). Esta cifra parece excesiva, dado que la población total del imperio en aquella época apenas era de unos 50 millones de personas, y sólo una pequeña proporción vivía en pueblos o ciudades.

daísmo a sus fieles de que eran «el pueblo elegido». Esto chocaba claramente con la realidad de la dominación romana. Los judíos de Palestina podían planear un gran levantamiento que acabara con el gobierno romano. Pero los judíos en la diáspora, en todas partes una minoría, no estaban en condiciones de rebelarse, e hicieron poco o nada cuando los judíos de Palestina sí se sublevaron en el 70 d.C. La derrota de ese levantamiento hizo aún más difícil tomarse al pie de la letra la promesa del judaísmo de que sus adeptos dominarían el mundo. La religión únicamente podía prosperar en la medida en que sustituyera las promesas acerca de lo que ocurriría en este mundo por promesas acerca de lo que ocurriría en el siguiente.

El cristianismo surgió como una versión del judaísmo. Muchos pasajes de los Evangelios sugieren que, al principio, apenas diferían de algunas de las demás sectas proféticas de la época. En algunos lugares los Evangelios se hacen eco del llamamiento de los fariseos a la obediencia de «la Ley», del de los zelotes a «tomar la espada» y del de los esenios a abandonar la familia a cambio de una forma superior de vida. En un pasaje pocas veces citado por los actuales defensores cristianos de la familia, Lucas hace decir a Jesús: «Si alguno viene a mí y no odia a su padre, a su madre, a su mujer, a sus hijos, a sus hermanos y a sus hermanas, y aun también a su propia vida, no puede ser discípulo mío»[119]. Las descripciones de Jesús entrando en Jerusalén a lomos de una caballería, entre aclamaciones como «rey de los judíos» o echando a los prestamistas del templo guardan una notable semejanza con la descripción que hace Josefo de las acciones de otros profetas[120].

Pero no había ninguna razón en especial para que el cristianismo prosperara como una secta judía entre otras muchas. Fue Saulo de Tarso, un converso del fariseísmo que hablaba griego, vivía fuera de Palestina y trabajaba como ambulante hacedor artesano de tiendas, quien comprendió que en las

---

[119] Lc 14, 26.

[120] De hecho, cabe más que sospechar que los Evangelios sean rumores puestos por escrito años después y que mezclan acontecimientos bastante diferentes, incluidos algunos de los mencionados por Josefo. De ser así, una figura llamada Jesús (la forma griega de Joshua [Josué], un nombre judío muy corriente en aquella época) quizá se viera envuelto en tales incidentes como un participante más, cuyo papel pudo haberse exagerado mucho con posterioridad. Cualquiera que haya oído alguna vez a los participantes recordar acontecimientos de apenas una década antes, como los disturbios provocados en Gran Bretaña por el impuesto comunitario de capitación en marzo de 1990 o la huelga de mineros de seis años antes, sabrá hasta qué punto pueden ser divergentes las versiones de quién hizo qué.

ciudades del imperio había un enorme público para nuevas ideas religiosas. Conscientemente se dirigió a simpatizantes del judaísmo a quienes lo estricto de sus normas impedía la conversión plena. Cuando él se convirtió al cristianismo, cambió su nombre del hebreo «Saulo» al romano «Pablo». Contra la opinión de los «cristianos judaicos» de Jerusalén, insistió en que la nueva religión no tenía necesidad de las antiguas normas alimentarias ni de la circuncisión, mientras que un acento mayor en la resurrección de los muertos significaba que la salvación dejaba de depender de la victoria de los judíos derrotados de Jerusalén.

Finalmente, el cristianismo incorporó elementos emotivos de otros cultos religiosos que florecieron en aquella época. La noción de la redención del mundo mediante la muerte y resurrección de un dios ya se halla en muchas religiones populares, como las de Adonis, Osiris y otros cultos de la fertilidad (la resurrección de un dios muerto y enterrado significaba el arranque de la primavera que la Pascua llegó a simbolizar para los cristianos). La historia del nacimiento de una virgen, que se encuentra en los Evangelios de Lucas y Mateo (en contradicción con el propio Mateo, que remonta los ancestros de Jesús, a través de su padre José, hasta el rey judío David), aportó al cristianismo un elemento del popular culto mistérico egipcio de Osiris, supuestamente nacido de una vaca virgen. La imagen de la «Santa María» guarda notables similitudes con el papel desempeñado por la diosa Isis en la religión egipcia, donde se la representa como «sumamente santa y eterna redentora de la raza humana […] madre de nuestras tribulaciones»[121]. No hace falta mucha reescritura para convertir esto en una oración cristiana a «la madre de Dios».

Los primeros cristianos, pues, tomaron los elementos que ya estaban llevando al judaísmo a cosechar conversos, se deshicieron de las estrictas normas que disuadían de la conversión y añadieron motivos populares de las religiones mistéricas. Era una combinación ganadora. Esto no significa en absoluto que los primeros cristianos fueran manipuladores fríos y calculadores de símbolos emotivos en los que no creían. Muy por el contrario, lo que les impulsaba a la vida religiosa era una sensibilidad mayor de lo normal a las inseguridades y la opresión de la vida en las ciudades del imperio. Precisamente por esta razón pudieron percibir los elementos de otras religiones que se sintetizarían con su judaísmo residual para dar algún sentido a la angustia de quienes les rodeaban. El Nuevo Testamento atribuye a los apóstoles el

---

[121] Esta versión de la oración se encuentra en Apuleyo, *op. cit.* [ed. cast. cit.: p. 389].

«hablar en lenguas»: en parlamentos extáticos que daban expresión a sus sentimientos íntimos. Fue precisamente en ese estado como más probablemente sintetizaron una nueva visión religiosa a partir de elementos de otras más antiguas.

¿Cuál era el público para la nueva religión? Principalmente no lo formaban las personas más pobres del imperio, la masa de esclavos agrícolas, pues el cristianismo primitivo (a diferencia de los esenios) en principio no se oponía a la esclavitud. San Pablo pudo escribir que un esclavo debía permanecer junto a su amo, aunque fueran «hermanos en Cristo». Tampoco lo formaba el campesinado, pues la religión se extendió fuera de Palestina a través de las ciudades: desde luego, esto es lo que los Hechos de los Apóstoles nos cuentan.

El público parece haber sido la masa de habitantes de ciudades medias. Este era un estrato bastante por debajo de las familias de las clases dirigentes, que aproximadamente constituían sólo un 0,2 por 100 de la población[122]. La ciudad antigua, como muchas ciudades actuales del Tercer Mundo, contenía una enorme masa de pequeños comerciantes, artesanos, empleaduchos y funcionarios de poca monta: un amplio estrato que se confundía con el *Lumpenproletariat* de mendigos, prostitutas y ladrones profesionales por abajo y con los escasos comerciantes ricos y altos funcionarios por arriba. Todo este estrato se sentía oprimido en mayor o menor grado por el imperio, pero normalmente se tenía por demasiado débil para oponerse abiertamente a él. El cristianismo ofrecía un mensaje de redención, de un nuevo mundo que advendría desde lo alto sin implicar ese desafío abierto. Al mismo tiempo, predicaba que incluso si su mensaje supusiera el sufrimiento individual –el martirio–, esto aceleraría la salvación.

Tal mensaje podía atraer, desde luego, a los artesanos y comerciantes más pobres: especialmente porque, como la sinagoga judía, les introducía en un medio social que podía ayudarles a enfrentarse a las incertidumbres materiales de este mundo sin tener necesariamente que esperar al siguiente. También fueron atraídas algunas personas de mejor posición. Un estudio identifica a «40 personas» que financiaron las «actividades de Pablo», «todas personas influyentes, miembros de una elite cultivada»[123]. Esas personas podían financiar las prédicas del apóstol y procurar a los primeros grupos cristianos luga-

---

[122] El cálculo es de A. J. Malherbe, *Social Aspects of Early Christianity,* Baton Rouge, 1977, p. 86.

[123] El estudio es de Judge, pero aquí se cita de A. J. Malherbe, *op. cit.,* p. 46.

res de reunión en sus casas[124]. Pablo se apartó de su camino para buscar su apoyo: «Es significativo que Pablo, aunque sabía que la mayoría de sus conversos procedían de las capas más pobres de la población, personalmente no bautizó más que a personas de los estratos superiores»[125]. El cristianismo fue tal vez una religión que apelaba sobre todo a los pobres, pero desde sus mismos inicios trató de combinar esto con un llamamiento a los más ricos. Con el tiempo, atrajo incluso a algunos auténticamente poderosos y ricos que se sentían discriminados por la elite senatorial: comerciantes adinerados, mujeres independientes de fortuna, libertos (antiguos esclavos e hijos de esclavos) que habían prosperado y funcionarios de la propia casa del emperador, de orígenes humildes[126].

El Nuevo Testamento se compiló en los siglos II y III a partir de escritos anteriores que expresaban las cambiantes creencias del cristianismo a medida que la secta se expandía. Esto explica las contradicciones que se encuentran en virtualmente cada página. Sin embargo, estas contradicciones contribuyeron a que su llamamiento atravesara las fronteras de clase. Había la sensación de urgencia revolucionaria, de transformación inminente, que derivaba de la experiencia de los rebeldes judíos en Palestina antes de la destrucción de Jerusalén. Los más enconados resentimientos podían encontrar una vía de escape en la visión del Apocalipsis, que traería la destrucción de la «ramera de Babilonia» (fácilmente identificada con Roma) y el reino de los «santos», con los altos y poderosos derribados y los pobres y humildes gobernando en su lugar. Sin embargo, al proyectar la transformación en el futuro y en un ámbito diferente, eterno, el mensaje revolucionario quedaba lo bastante diluido para atraer a aquellos cuyo rencor se combinaba con un fuerte temor a la auténtica revolución. El comerciante o el dueño de un taller con un par de esclavos no tenían nada que temer de un mensaje que predicaba la libertad en la hermandad de Cristo y no en términos matcriales. El comerciante rico podía estar seguro de que el «ojo de la aguja» era una puerta de Jerusalén que a un camello podía resultarle posible atravesar[127]. La viuda acomodada o la esposa independiente de un romano podían sentirse atraídas por aquellos

---

[124] Véase A. J. Malherbe, *op. cit.*, p. 61.

[125] *Ibid.*, p. 77.

[126] Este es el argumento que defiende W. A. Meeks, *op. cit.*, pp. 70-71, 191, aunque utiliza la jerga sociológica de «inconsistencia de estatus».

[127] ¡Esta fue, por cierto, la interpretación que a mí me dieron en la escuela dominical!

pasajes bíblicos en los que Pablo insiste en que mujeres y hombres son «uno» a los ojos de Dios, mientras que el marido cristiano podía estar seguro de que en este mundo su esposa tenía que servirle, «que la cabeza de toda mujer es el varón»[128].

El mensaje cristiano procuraba consuelo a los pobres. Daba un sentido de su propio valor a aquellos entre los acomodados que eran despreciados por sus humildes orígenes. Y abría una vía para que la minoría de ricos a los que el mundo circundante les sublevaba pudiera descargar su culpa sin renunciar a su riqueza.

El mismo crecimiento de lo que inicialmente era una pequeña secta trajo más crecimientos. Como el judaísmo, el cristianismo procuró una red de contactos a todo artesano o comerciante que visitara una ciudad. Sus reuniones semanales daban a los pobres una sensación de prestigio al mezclarse con personas más ricas que ellos, y a los más ricos una oportunidad de intercambiar noticias del mundo de los negocios. Creciendo en el marco de las rutas comerciales y los centros administrativos que mantenían unido el Imperio romano, con el tiempo se convirtió en la sombra de ese imperio… excepto por el hecho de que por las rutas comerciales podía extenderse a regiones a las que el imperio llegaba rara vez o nunca (Armenia, la Mesopotamia persa, Etiopía, el sur de Arabia, incluso el sur de la India).

El crecimiento de la religión se vio acompañado de su burocratización. Los primeros apóstoles predicaban sin que nadie ejerciera control sobre lo que decían, y confiaban en que la buena voluntad de los partidarios locales les proveería de comida y alojamiento cuando iban de una ciudad a otra. Pero cuando el número de predicadores y adeptos creció, la recaudación de fondos y la administración del grupo en cada ciudad se convirtieron en una de las principales preocupaciones. Una de estas fue también el peligro de los «falsos profetas» que abusaban de la hospitalidad de la gente.

La solución para los grupos locales fue centralizar la recaudación de fondos y la administración en manos de «diáconos» bajo la supervisión de «presbíteros» y obispos. «Al cabo de dos generaciones», escribe Chadwick en su historia de la Iglesia, se había desarrollado toda una organización jerárquica, con «obispos, presbíteros y diáconos en la cima» en lugar de apóstoles y profetas[129]. Al principio, la elección de los obispos estaba en manos de

---

[128] I Co 11, 3.
[129] H. Chadwick, *The Early Church,* Londres, 1993, p. 46.

cristianos corrientes. Al mismo tiempo, las reuniones de los obispos comenzaron a determinar cuál era la doctrina correcta y quién estaba autorizado a predicarla.

Este proceso fue acelerado por una gran controversia sobre la doctrina cristiana: la cuestión del «gnosticismo». La desencadenó un tema de interpretación que debe parecer oscuro a cualquiera sin fe religiosa: de dónde procedía el mal. Pero tuvo profundas consecuencias prácticas. La teología cristiana sostenía que había un solo dios, el cual lo había creado todo. Esto significaba que debió de haber creado el mal tanto como el bien: una conclusión perturbadora para los creyentes que siempre habían metido a «Dios» y el «bien» en el mismo cesto. Por lo general, la respuesta del cristianismo ortodoxo ha sido el intento de diluir el problema poniendo montones de intermediarios entre Dios y la maldad (ángeles caídos, demonios, la desobediente humanidad). Cuando esto no convence, declara que el mismo hecho de que Dios conozca la respuesta a este problema y nosotros no demuestra cuánto mayor es su entendimiento que el nuestro.

Había, sin embargo, una respuesta más lógica. Consistía en decir que en el universo se libraba una batalla continua entre dos principios, el bien y el mal. Esta fue la respuesta postulada, al menos parcialmente, por los gnósticos. El espíritu, decían, era bueno; el mundo material y el cuerpo humano, malos. Los cristianos sólo podían ser puros si liberaban sus almas de preocupaciones corporales. Esta no era una conclusión del todo original: se deduce de muchos pasajes del Nuevo Testamento. Pero tenía implicaciones que inevitablemente habían de preocupar a las autoridades eclesiásticas. Si sólo la mente era pura, entonces los únicos buenos cristianos eran los que daban la espalda al mundo material: ascetas que se mataban de hambre y vestían harapos. Esta distaba de ser la receta para ganar a toda la humanidad para el Evangelio o para recabar fondos de personas ricas para la iglesia local. Lo peor, sin embargo, fue que algunos gnósticos llegaron a una conclusión aún más radical. Si la mente era pura, entonces no importaba lo que el cuerpo hiciera, pues todo lo que hacía era impuro. Su consigna era: «para los buenos todo es bueno». Esto les permitía vivir tan lujosamente como quisieran, despojar de sus bienes a los demás (especialmente a los ricos) y, lo más horripilante de todo para los presbíteros, ejercer el amor libre.

El conflicto a propósito de este tema hizo estragos en las congregaciones cristianas durante décadas, y los obispos sólo lo resolvieron afirmando que únicamente ellos, en cuanto sucesores de los apóstoles, podían pronunciarse sobre cuestiones de doctrina[130]. La discusión volvió a estallar en el siglo III cuando un sirio, Mani, comenzó a forjar una religión (el «maniqueísmo») a partir de elementos del cristianismo gnóstico, el budismo y el zoroastrismo persa. Durante un tiempo, entre sus seguidores llegó a contar con Agustín de Hipona, más tarde la figura principal en la corriente dominante del pensamiento cristiano.

En la lucha contra tales «herejías» la burocracia eclesiástica pasó del control de la administración al control de la doctrina que las iglesias establecidas tenían permitido seguir. Con ello hizo más difícil que las contradicciones en la Biblia produjeran sentimientos de rebeldía que pudieran molestar a elementos acaudalados favorables al cristianismo.

Si el cristianismo fue la sombra ligeramente disidente del Imperio romano, la jerarquía eclesiástica se estaba convirtiendo en una burocracia en la sombra: una segunda estructura administrativa extendida por todo el imperio en paralelo a la primera. Pero era una burocracia en la sombra que a la población de las ciudades podía prestarle servicios de los que el imperio no era capaz. Su «intenso sentido de comunidad religiosa» le permitió echar raíces en todos los núcleos urbanos durante la crisis de finales del siglo III[131]. «Durante las emergencias públicas, como una epidemia o los alborotos, el clero cristiano demostró ser el único grupo unido en la ciudad capaz de ocuparse del sepelio de los muertos y organizar el suministro de víveres. [...] En el 250 ser cristiano garantizaba más protección de parte de sus correligionarios que ser ciudadano romano»[132].

En esta época solamente había dos cosas que podían perturbar el crecimiento de la Iglesia en seguidores e influencia: la represión por parte del Estado o la disidencia desde dentro.

Los defensores del cristianismo siempre hacen mucho hincapié en su supervivencia frente a la persecución y la represión. Los mártires que murieron por su fe son santos tanto como los que supuestamente hicieron milagros. Pero la represión de la Iglesia en sus primeros años fue intermitente. Los pocos supuestos cristianos romanos de la época sufrieron bajo Nerón

---

[130] Las epístolas de Pablo a los corintios y a los colosenses tratan cuestiones planteadas por los gnósticos.

[131] P. Brown, *The World of Late Antiquity,* Londres, 1971, p. 66 [ed. cast.: *El mundo en la antigüedad tardía,* Madrid, Taurus, 1989, p. 83].

[132] *Ibid.,* p. 67 [ed. cast. cit.: pp. 84-85].

como chivos expiatorios del incendio de Roma. Pero esa ola de represión no perduró a la muerte de Nerón. De vez en cuando, otros cristianos fueron encarcelados, o incluso condenados a la pena capital, por gobernadores provinciales hostiles, normalmente a raíz de negarse a tomar parte en los cultos imperiales. Pero durante mucho tiempo las autoridades imperiales toleraron la organización paralela que estaba creciendo por debajo de ellos, con emperadores del siglo II como Alejandro Severo y Filipo el Árabe incluso favorables a la Iglesia.

Sin embargo, a finales del siglo III la Iglesia había alcanzado un grado de influencia que impedía seguir ignorándola. Los emperadores se vieron ante el dilema de destruir la organización paralela o cooperar con ella. Máximo sintió que había llegado el momento de tomar medidas drásticas con una red de influencia que envolvía a la burocracia imperial. Diocleciano, emperador desde el 284, fue más lejos. Convencido de que el cristianismo amenazaba la unidad de las fuerzas armadas, respondió derruyendo la catedral que se hallaba enfrente de su palacio imperial en Nicodemia, firmando un edicto para la destrucción de todas las iglesias, ordenando el arresto de todo el clero y amenazando con la pena de muerte a todo aquel que no ofreciera sacrificios a los dioses. En el Imperio de Oriente se produjo una ola de persecuciones.

Empero, era demasiado tarde para que tales medidas resultaran eficaces. El gobernante en el oeste, Constancio I, no tomó sino medidas simbólicas para promulgar los decretos de Diocleciano, y en el 312 su hijo Constantino optó por ganarse a la Iglesia para su causa en su batalla por la supremacía en el Imperio de Occidente. Comenzó a considerarse a sí mismo cristiano –él, que había sido un adorador del sol– y los cristianos, desde luego, comenzaron a considerarlo como uno de los suyos. La propia conducta de Constantino no les preocupaba, a pesar de que había hecho ahogar a un hijo en la bañera, ejecutado a su esposa y aplazado su bautismo hasta caer en su lecho de muerte a fin de poder «pecar» libremente. Acabadas las persecuciones, los cristianos estaban ahora en posición de perseguir a los no creyentes y a los grupos disidentes dentro de su propia fe.

Los años de la conquista final del imperio fueron también años en los que algunos sectores de la Iglesia se vieron afectados por nuevas herejías. Pero una vez la administración imperial se había unido a la burocracia eclesiástica, cualquier amenaza a esa burocracia constituía una amenaza para ella misma. Una vez abrazado el cristianismo, Constantino fue deponiendo y desterrando a obispos contrarios a sus decisiones de gobierno[133]. Sus seguidores adoptaron la misma línea de crear confusión apoyando a un bando u otro, de manera que el obispo egipcio Atanasio fue depuesto y repuesto hasta en cinco ocasiones. Sólo el emperador Juliano se abstuvo de la controversia. Toleró todas las formas de adoración cristiana, con la esperanza de que los grupos rivales se destruyeran mutuamente mientras él se disponía a revitalizar el paganismo.

Esta fase final de la conquista del imperio por parte del cristianismo fue también la del nacimiento del importante fenómeno del monaquismo. El mismo éxito de la Iglesia llevó a una disidencia continua de personas para las que había abandonado su mensaje original de pureza y pobreza. Ahora los obispos eran figuras poderosas que vivían en palacios y alternaban mucho más con quienes dirigían el imperio que con las personas de origen humilde que llenaban las iglesias. Se inició un movimiento, inicialmente en Egipto, de personas que sentían que la redención sólo podían lograrla apartándose del éxito terrenal del obispo. Cambiaron la vida urbana por el desierto, donde vivían del pan y el agua que les llevaban simpatizantes, vestían harapos y rechazaban cualquier actividad sexual. Conocidos como anacoretas, estos ermitaños creían que abrazando deliberadamente una vida de sufrimiento se estaban salvando del pecado, en gran medida de la misma manera que Jesús había salvado al mundo. Su conducta se ganó el respeto de otros creyentes, que sentían que estaban más próximos al mensaje de los Evangelios que los obispos en sus residencias.

El movimiento era potencialmente subversivo. Amenazaba con producir herejías en las que los profetas podían utilizar las palabras de los Evangelios para dar rienda suelta al odio contra el imperio y los ricos. Sin embargo, no tardó en incorporarse al sistema existente. Algunos de los ermitaños pronto se congregaron en terrenos próximos entre sí por razones de conveniencia, y sólo faltaba un pequeño paso para aceptar que su sacrificio debería incluir el trabajo comunitario bajo una disciplina estricta. Basilio de Cesarea convirtió esto en una disciplina de ideas tanto como de trabajo y subordinó el autosacrificio individual a una autoridad superior. Sus sucesores no tardaron en concentrar su fervor en ejercer la violencia contra aquellos con ideas cristianas diferentes[134].

---

[133] Para más detalles, véase H. Chadwick, *op. cit.*, pp. 135-136. En *Decadencia y caída del Imperio romano,* Gibbon da escabrosos detalles sobre las intervenciones imperiales y la escala de la represión durante todo el periodo.

[134] Véase H. Chadwick, *op. cit.*, p. 179.

Sin embargo, el monaquismo tuvo otra consecuencia a más largo plazo. Con sus enormes fuerzas laborales religiosamente fervientes, los monasterios gozaron de un alto grado de protección frente a los desórdenes que acompañaron la decadencia del imperio en Occidente. Se convirtieron en refugios en los que los eruditos podían encontrar seguridad mientras el imperio se derrumbaba a su alrededor. Frente a la quema de las bibliotecas seculares, sobrevivieron algunas bibliotecas monásticas, cuyos conservadores consideraban un deber religioso la copia a mano, página por página, de textos sacros… y a veces profanos. Al mismo tiempo, los monasterios también se convirtieron en lugares en los que aquellos carentes de entusiasmo religioso podían pasar una temporada protegidos del caos del mundo, con campesinos corrientes encargándose cada vez más del trabajo y dejando a los monjes libres para llevar una vida de oración y erudición, o de pura inactividad. En cualquier caso, en el plazo de dos siglos lo que había comenzado como islas de devoción religiosa con la intención de rechazar una sociedad corrupta se convirtió en una poderosa fuerza en el oeste postimperial. La red de establecimientos religiosos sostenidos por los excedentes de la explotación de sus propias fuerzas laborales y coordinados por la jerarquía de los obispos, con el papa a la cabeza, resultó decisiva en la rebatiña por la riqueza y los privilegios producida en Europa occidental durante los siguientes mil años.

Tercera parte
La «Edad Media»

Cronología

600-900 d.C.

La «Edad Oscura» en Europa. Desplome del comercio. Fracasan los intentos de los francos de restaurar un imperio de tipo romano (Carlomagno en 800-814). Invasiones de los escandinavos (800-900).

Feudalismo en la India. Desplome del comercio. Dominio de los brahmanes y sistema de castas en las aldeas.

Crisis del Imperio bizantino, pérdida de Egipto, Siria, Mesopotamia y los Balcanes. Estancamiento técnico y económico.

Mahoma toma La Meca (630). Ejércitos árabes islámicos conquistan la mayor parte de Oriente Próximo (mediados de los años 640), llegan a Kabul (664) y España (711). En el 750, la Revolución abasí da cierta influencia política a los comerciantes. Crecimiento del comercio y de la industria artesanal. Cénit de la cultura islámica, traducción de textos griegos, avances en ciencia, matemáticas, grandes filósofos islámicos.

El centro de la civilización china se desplaza hacia las zonas de cultivo arrocero en el Yangtsé. Revitalización de la industria y el comercio, florecimiento del budismo, avances en tecnología.

Crecimiento de civilizaciones en el oeste y costas orientales de África.

Siglos X y XI

Recuperación de la agricultura y el comercio en Europa. Empleo de técnicas más avanzadas. La servidumbre sustituye a la esclavitud.

En el islam el Imperio abasí pierde impulso económico y se escinde. Ascenso de formas islámicas místicas y mágicas. Dinastía fatimí en Egipto.

Bizancio conquista parte de los Balcanes, pero continúa el estancamiento técnico.

Civilizaciones del oeste de África adoptan el islam y la escritura árabe.

Cénit de la civilización china bajo la dinastía Sung (960-1279). Invención del papel, la impresión, la pólvora, los relojes mecánicos, la brújula; crecimiento de la influencia de los comerciantes.

Siglos XII y XIII

Crisis de la Mesopotamia islámica.

El Imperio chino se divide en dos (Sung y Qin).

Pastores mongoles asolan Eurasia desde Polonia hasta Corea. Saquean Bagdad (1258) y conquistan China (1279).

Los «cruzados» europeos occidentales atacan el Imperio islámico desde el oeste. Capturan Jerusalén (1099-1187), saquean Bizancio (1204).

Conquista del núcleo septentrional de la India por pueblos islámicos de Asia central. Nuevo crecimiento del comercio, uso del dinero.

Crecimiento de la producción agrícola, de la población, del comercio y de las industrias artesanales en Europa. Extensión de las norias, construcción de catedrales, redescubrimiento de textos griegos y latinos a través del contacto con la España islámica, primeras universidades europeas. Empleo de técnicas descubiertas en China. Ascenso de las ciudades-Estado italianas. Dante (nacido en 1265) escribe en italiano.

Soldados esclavos (mamelucos) toman el poder en Egipto.

Ascenso del reino de Mali en África occidental. Tombuctú, centro de la erudición islámica.

Siglo XIV

Gran crisis del feudalismo europeo. Hambrunas, Peste Negra, revueltas en Flandes, Francia, Inglaterra, Gales, el norte de Italia. Papas rivales. Guerra de los Cien Años entre Inglaterra y Francia.

Hambre y plagas en China. Revuelta de los Turbantes Rojos contra los mongoles en China, fundación de la dinastía Ming (china). Revitalización de la agricultura.

Los turcos otomanos comienzan a conquistar Asia Menor.

Construcción de la Gran Zimbabue.

Los aztecas fundan Tenochtitlán.

Siglo XV

Renovado crecimiento económico en China, la flota navega miles de kilómetros hasta llegar a la costa oriental de África.

Imperio azteca en México. Los incas conquistan toda la región andina después de 1438.

Ascenso de Benín en África occidental.

Lenta recuperación económica y demográfica en Europa occidental. Decadencia de la servidumbre. Extensión de las relaciones mercantiles. Invención de la imprenta. El Renacimiento en el norte de Italia. Mejora de la construcción naval y de las técnicas de navegación. Los portugueses navegan bordeando la costa africana occidental, y llegan al cabo de Buena Esperanza. Los monarcas españoles conquistan Granada (1492). Colón cruza el Atlántico (1492).

I   Los siglos del caos

El siglo V fue un periodo de desintegración y confusión para los tres imperios que habían dominado el sur de Eurasia. En cada uno de ellos se produjo una sensación similar de crisis, un similar desconcierto ante lo que parecía el hundimiento de civilizaciones con mil años de antigüedad cuando los bárbaros barrieron las fronteras y hubo señores de la guerra que forjaron nuevos reinos, las hambrunas y las epidemias se extendieron, el comercio entró en decadencia y las ciudades se despoblaron. En los tres imperios, sin excepción, hubo también intentos de afirmar algunas certezas ideológicas a fin de contrarrestar la nueva inseguridad. En el norte del África romana, Agustín de Hipona escribió una de las obras más influyentes de la doctrina cristiana, la *Ciudad de Dios,* en un intento de explicar el saqueo de la ciudad terrenal de Roma. En China las doctrinas budistas desarrolladas en la India casi un milenio antes comenzaron a contar con multitud de adeptos, especialmente entre las clases mercantiles, que pasaban por una situación muy problemática. En la India florecieron nuevos cultos mientras el hinduismo se consolidaba.

La semejanza entre las crisis de las civilizaciones ha llevado a algunos historiadores a sugerir que derivaban de un cambio climático global. Pero responsabilizar únicamente al clima es ignorar el gran problema que acuciaba a cada una de las civilizaciones desde hacía siglos. Este estribaba en los modos sumamente básicos en que los que trabajaban la tierra se procuraban el sustento propio y de todos los demás. Los avances en la productividad agrícola fueron en todas partes muy superiores a los que había comportado la extensión del trabajo del hierro un milenio antes. Sin embargo, el consumo de los ricos era mayor y la superestructura del Estado más vasta que nunca. Necesariamente había de llegarse a un punto en el que las cosas no pudieran seguir como antes, tal como había sucedido con las primeras civilizaciones de la Edad del Bronce.

Donde de manera más grave se dejó sentir la crisis fue en el mundo romano. El florecimiento de su civilización había dependido de un suministro aparentemente infinito de esclavos. El resultado fue que las autoridades imperiales y los grandes terratenientes se preocuparon mucho menos que sus homólogos en la India o China por la forma de mejorar los rendimientos agrícolas. La quiebra fue proporcionalmente mayor.

El siguiente periodo en Europa es con toda justicia conocido como la «Edad Oscura». En él se produjo el progresivo desmoronamiento de la civilización... en lo que respecta la vida urbana, la alfabetización, la literatura y las artes. Pero eso no fue todo. La gente corriente, que había pagado un precio tan alto por las glorias de Roma, pagó uno aún mayor por su desplome. Las hambrunas y las epidemias devastaron los territorios del antiguo imperio y se calcula que, entre finales del siglo VI y del VII, la población se redujo a la mitad[1]. Las primeras oleadas de guerreros germánicos que echaron abajo las antiguas fronteras –los godos y los francos, los visigodos y los ostrogodos, los anglos, los sajones y los jutos– comenzaron a asentarse en los territorios romanos y no tardaron en adoptar muchas costumbres romanas, abrazar la religión cristiana y, en muchos casos, hablar dialectos latinos. Pero tras ellos vinieron sucesivas oleadas de conquistadores sin contacto previo con Roma y con la intención de practicar el saqueo y el pillaje, no de asentarse y dedicarse al cultivo de la tierra. Los hunos y los pueblos nórdicos arremetieron contra los reinos instaurados por los francos, los godos y los anglosajones, de modo que en los siglos IX y X la inseguridad y el miedo eran tan generalizados como lo habían sido en el V y el VI.

Finalmente, todos los conquistadores se asentaron. De hecho, en sus territorios de origen la mayoría habían sido agricultores que ya comenzaban a utilizar el hierro en la construcción de herramientas y de unas armas que les habían permitido derrotar a los ejércitos «civilizados». Sus sociedades ya habían iniciado la transición del comunismo primitivo a la división en clases, con

---

[1] Según J. C. Russell, «Population in Europe 500-1500», en C. M. Cipolla (ed.), *Fontana Economic History of Europe: The Middle Ages,* p. 25 [ed. cast.: *Historia económica de Europa (1): La Edad Media,* Barcelona, Ariel, 1979, p. 26].

caudillos que aspiraban a ser reyes y aristócratas que gobernaran a los campesinos y ganaderos que todavía conservaban algunas tradiciones residuales del cultivo comunitario. Si la agricultura romana hubiera estado más avanzada y se hubiera basado en algo distinto de una mezcla de enormes latifundios cultivados por esclavos y los minifundios de campesinos empobrecidos, los conquistadores habrían adoptado sus métodos y modelos de vida esencialmente romanos. Veremos que esto fue lo que sucedió con sucesivas olas de «bárbaros» que erigieron imperios en China y sus territorios fronterizos. Pero la sociedad romana ya se estaba desintegrando cuando sus conquistadores entraron arrasando, y estos simplemente aceleraron la desintegración. Algunos de los conquistadores sí trataron de adoptar la agricultura romana y cultivaron enormes fincas con prisioneros de guerra. Otros también intentaron restaurar las estructuras centralizadas del antiguo imperio. A finales del siglo V, el ostrogodo Teodorico se proclamó emperador de Occidente. A finales del siglo VIII, Carlomagno estableció un nuevo imperio en la mayor parte de lo que ahora son Francia, Cataluña, Italia y Alemania. Pero cuando ellos murieron, sus imperios se vinieron abajo por la misma razón que se había venido abajo el Imperio romano original. En la producción no existía la base material para sostener empresas de semejante envergadura.

Pronto las ciudades no sólo se despoblaron, sino que con frecuencia se las abandonó y se dejó que se derruyeran. La decadencia del comercio fue tan grande, que el dinero dejó de circular[2]. La escritura quedó reservada en exclusiva para el clero, y empleaba un idioma –el latín literario– ya en desuso en la vida cotidiana. El saber clásico se olvidó salvo en un puñado de monasterios, en un determinado momento concentrado principalmente en el extremo irlandés de Europa. Monjes eruditos itinerantes se convirtieron en el único vínculo entre las pequeñas islas de cultura escrita[3]. Los libros que contenían gran parte del saber del mundo grecorromano fueron destruidos con los incendios de las bibliotecas monásticas provocados por los sucesivos invasores.

Tal fue la situación de gran parte de la Europa occidental durante casi 600 años. Sin embargo, del caos acabó por surgir una nueva clase de orden. En toda Europa la agricultura comenzó a organizarse de un modo que debía algo

---

[2] Según P. Anderson, *Passages from Antiquity to Feudalism,* Londres, 1978, p. 126 [ed. cast.: *Transiciones de la Antigüedad al feudalismo,* Madrid, Siglo XXI, 1979, p. 125, reed. 2012].

[3] Véase el excelente estudio escrito por H. Waddell sobre la cultura escrita del periodo *The Wandering Scholars,* Harmondsworth, 1954.

a las fincas autosuficientes de finales del Imperio romano y a las comunidades aldeanas de los pueblos conquistadores. Con el tiempo, las personas comenzaron a adoptar formas más productivas de cultivar alimentos que las del antiguo imperio. El éxito de invasores como los vikingos da prueba del avance de sus técnicas agrícolas (y marítimas), a pesar de su falta de civilización y de artesanías urbanas. Asociadas con el cambio en los métodos agrícolas, fueron surgiendo nuevas formas de organización social. Por todas partes, señores armados, residentes en castillos burdamente fortificados, comenzaron simultáneamente a explotar y proteger las aldeas de campesinos dependientes, y a cobrarles tributos a estos en forma de trabajo no remunerado o pagos en especie. Pero pasó mucho tiempo antes de que esto constituyera la base de una nueva civilización.

II

China: el renacimiento del imperio

El Imperio chino, como el Imperio romano, se desmoronó como consecuencia de la quiebra económica y las hambrunas en el interior, además de las incursiones de los «bárbaros» desde el exterior. El siglo IV estuvo marcado por las sequías, las plagas de langosta, las hambrunas y las guerras civiles, una escisión en imperios rivales y el caos político, económico y administrativo. Aproximadamente un millón de personas abandonaron sus hogares y plantaciones y huyeron en dirección sur desde el norte de China hasta el Yangtsé y más allá. Dejaron una región asolada y despoblada, donde gran parte de la tierra había dejado de cultivarse y la vida productiva había vuelto al cultivo de autoabastecimiento, con poco comercio y pronunciado descenso en el empleo del dinero[4].

Sin embargo, el término «Edad Oscura» no es apropiado para lo que vino a continuación. La vida era sumamente dura para la gran masa de campesinos, y una cantidad incontable de ellos murieron como consecuencia del hambre y las enfermedades. Pero la civilización no se derrumbó. La devastación agrícola del norte no tardó en ser compensada por la vigorosa y sostenida expansión del cultivo de arroz en la región del Yangtsé. Esto completaba los excedentes necesarios para mantener las florecientes ciudades y, con ellas, a una elite ilustrada. Mientras que Europa occidental se replegaba sobre sí

---

[4] Véanse los resúmenes de los cambios en J. Gernet, *A History of Chinese Civilisation,* cit., p. 180 [ed. cast. cit.: pp. 155-57], y D. Twitchett, «Introduction», en D. Twitchett (ed.), *Cambridge History of China,* vol. 3, Cambridge, 1979, p. 5.

misma, el sur de China estaba abriendo rutas comerciales con el sudeste de Asia, el subcontinente indio e Irán. En el norte, dinastías «bárbaras» rivales luchaban por el control. Pero estas eran dinastías que reconocían los beneficios de la civilización china y la asimilaron.

Lo que es más, los «bárbaros» no simplemente aprendieron de China. También tenían algunas cosas que enseñar a la vieja civilización. Sus artesanos y pastores habían conseguido desarrollar ciertas técnicas precisamente porque sus sociedades se habían visto lastradas por los costes y las tradiciones del imperio. Ahora estas técnicas –«formas de enganche, empleo de la silla de montar y el estribo, maneras de construir puentes y caminos de montaña, ciencia de las plantas medicinales y los venenos, navegación marítima, etc.»[5]– entraron en China. Tales innovaciones permitieron un incremento en riqueza y en excedentes. Por ejemplo, hasta entonces el caballo se usaba en la guerra y para las comunicaciones rápidas. Pero las antiguas formas de enganche casi lo estrangulaban y lo hacían virtualmente inútil para llevar cargas pesadas o tirar del arado, tareas para las que se empleaban los bueyes, que eran mucho más lentos. Las nuevas técnicas procedentes de las estepas del norte comenzaron a cambiar esto.

El desmoronamiento del Imperio del Centro tampoco fue del todo negativo en términos de desarrollo intelectual. Las guerras destruyeron bibliotecas y manuscritos irremplazables. Pero el debilitamiento de las antiguas tradiciones intelectuales abrió espacio para otras nuevas. El budismo comenzó a ganar influencia, importado a China por los mercaderes que abrieron las largas rutas comerciales a través del Tíbet y Samarkanda hasta Irán, o que navegaban desde el sur de China hasta el sur de la India. Influencias indias, iraníes y griegas comenzaron a aparecer en el arte chino, de manera que algunas estatuas budistas muestran el impacto de los estilos helénicos. Gernet llega a hablar de una «edad de oro de la civilización medieval», «un mundo aristocrático animado por un intenso fervor religioso y permeado por las grandes corrientes comerciales que fluían por las sendas de Asia central y las rutas marítimas hasta el océano Índico»[6]. Desde luego, esto era algo totalmente diferente de la Edad Oscura europea.

A finales del siglo VI el imperio se reunificó, primero bajo la dinastía Sui y luego bajo la T'ang. La victoria militar sobre sus enemigos permitió a los nue-

---

[5] J. Gernet, *op. cit.,* p. 197 [ed. cast. cit.: p. 172].
[6] *Ibid.,* p. 236 [ed. cast. cit.: p. 204].

vos emperadores extraer de la masa de la población excedentes suficientes para emprender enormes obras públicas. Se construyeron dos nuevas capitales, Loyang y Ch'ang-an. Los muros de Loyang medían 9 kilómetros de este a oeste, 8 de norte a sur, y circundaban una ciudad rectangular con 25 avenidas transversales, cada una de más de 70 metros de ancho. Canales de 40 metros de anchura y varios cientos de kilómetros de longitud unían los ríos Amarillo, Wei y Yangtsé, lo cual permitía alimentar a los habitantes de las ciudades del norte con arroz del sur. A lo largo de la frontera noroccidental se construyeron varios cientos de kilómetros de la Gran Muralla, y las campañas militares extendieron la influencia del imperio hasta llegar por el este a Corea, por el oeste hasta las fronteras de la India y Persia, y por el sur hasta Indochina.

Había una estructura administrativa gestionada por funcionarios de carrera, algunos reclutados mediante un sistema de exámenes, que comenzó a actuar como un contrapeso de la clase aristócrata terrateniente, e intentó dividir el territorio en pequeñas parcelas agrícolas a fin de asegurarse de que los excedentes acababan en las arcas del Estado como impuestos, no en las de los aristócratas como rentas[7]. Sus ingresos se completaban con los monopolios estatales de la sal, el alcohol y el té.

El Estado era poderoso, vigilaba de cerca la vida en las ciudades, y el confucianismo –con su hincapié en la conformidad y la obediencia– era dominante en la burocracia estatal. Pero el crecimiento del comercio trajo influencias ideológicas de toda Asia. El budismo aumentó enormemente en importancia. El cristianismo «nestoriano» (condenado en Roma y Bizancio como herejía) tuvo cierto impacto, y el maniqueísmo y el zoroastrismo encontraron adeptos. En las ciudades comerciales de la costa meridional vivían muchos comerciantes extranjeros: malayos, indios, iraníes, vietnamitas, jemeres y sumatrenses. Cantón incluso contaba con mezquitas chiíes y suníes para sus mercaderes musulmanes. La influencia china también irradiaba en todas direcciones, con el budismo y el idioma y la literatura chinos extendiéndose hasta Corea y Japón, y el conocimiento de la fabricación del papel pasando a

---

[7] Entre los historiadores hay cierta polémica sobre la extensión y eficacia de este sistema. N. E. McKnight sostiene que había amplias exenciones del sistema por las que sólo el 17 por 100 de la población pagaba impuestos, mientras que la nobleza y los funcionarios recibían muchas más tierras que los campesinos corrientes. El sistema, pues, habría trasvasado tierras de la vieja aristocracia al estrato emergente de los funcionarios, no a la masa del pueblo. Véase N. E. McKnight, «Fiscal Privileges and Social Order», en J. W. Haeger (ed.), *Crisis and Prosperity in Sung China,* Tucson, 1975.

través de Samarkanda hasta Irán, el mundo árabe y, finalmente, al cabo de muchos siglos, hasta Europa.

La dinastía T'ang duró tres siglos, pero luego entró en crisis. En su cúspide se produjeron frecuentes peleas entre los burócratas y círculos cortesanos. Algunos gobernantes eran favorables al budismo, mientras otros trataban de suprimirlo. Los costes de mantenimiento de los lujosos estilos de vida de la clase dirigente, las obras públicas y un enorme imperio se dispararon. Los ingresos del Estado se resintieron cuando la clase de los pequeños campesinos entró en aguda decadencia con el aumento de grandes fincas labradas por arrendatarios y jornaleros.

Mientras tanto, las dificultades de la masa de los campesinos iban de mal en peor. En una región se tiene noticia de que el 90 por 100 de los campesinos «vivían al día»[8]. Hubo un aumento del bandolerismo y «frecuentes disturbios rurales con participación campesina». En la década del 870 estalló una ola de rebeliones que amenazó a todo el imperio[9]. Un ejército insurgente emprendió una gran marcha de norte a sur y otra vez de vuelta para capturar la capital imperial Ch'ang-an, en el 880[10].

Sin embargo, aquella no fue una victoria para los necesitados campesinos. La mayoría de las tropas no lo eran –los campesinos se resistían a abandonar sus parcelas mucho tiempo–, sino personas que se habían apartado de la tierra, mientras que sus líderes procedían «en parte de la pequeña nobleza rural y en parte de las clases empobrecidas». Su líder, Hung Ch'ao, «había sido incluso seleccionado como candidato local para el [...] examen [de funcionario]». En cuestión de días, el ejército y sus líderes iban por senderos diferentes. Las tropas unieron fuerzas con los pobres locales, y se entregaron al saqueo de la ciudad más próspera del mundo. «Se prendió fuego a los mercados y se masacró a incontables personas. [...] Los funcionarios más odiados fueron arrastrados y asesinados.» Por contra, la ambición de Hung era instaurar un régimen estable con él mismo como emperador. Revitalizó el sistema imperial eliminando de la administración estatal sólo a los cargos más altos, dejando a antiguos aristócratas en puestos clave y adoptando atroces medidas

---

[8] R. M. Somers, «The End of the T'ang», en D. Twitchett (ed.), *op. cit.*, vol. 3, p. 723.

[9] *Ibid.*

[10] Para explicaciones de la rebelión, véase R. M. Somers, art. cit., pp. 737-747, y J. Gernet, *op. cit.*, p. 267 [ed. cast. cit.: p. 231]. La explicación que se da en los siguientes dos párrafos está tomada de Somers.

contra cualquiera de sus seguidores que se quejara. Cuando alguien escribió en las puertas de un edificio ministerial un poema que ridiculizaba el régimen, el segundo de Hung «mató a los funcionarios del departamento, les sacó los ojos y colgó sus cuerpos; ejecutó a los soldados que estaban de guardia en la puerta, mató a todas las personas capaces de escribir un poema y puso a todas las demás personas que sabían leer y escribir en cargos de mínima importancia. En total, murieron más de 3.000 personas».

Tras volverse contra sus propios seguidores, Hung fue incapaz de conservar el trono. Un año después, un general imperial recuperó la ciudad derrotando a las desmoralizadas fuerzas rebeldes. Pero la rebelión señaló el auténtico final de la dinastía T'ang, que perdió todo poder real cuando generales rivales comenzaron a disputarse el imperio. Este se dividió en cinco estados rivales («las cinco dinastías») durante medio siglo, hasta que se reunificó bajo una nueva dinastía, los Sung.

La rebelión fue en muchos sentidos semejante a las que en el 206 a.C. habían derribado la dinastía Ch'in y habían contribuido a la desintegración del Imperio Han después del 184 d.C. En el curso de la historia china habría otras rebeliones, muchas veces siguiendo un modelo parecido. Una dinastía se establecía y se embarcaba en ambiciosos planes de edificación de palacios y construcción de canales y calzadas; intentaba conjurar las amenazas de los pastores en sus fronteras septentrional y occidental con caras fortificaciones y guerras fronterizas; extendía su poder, pero empujaba a la masa de la población rural a tales niveles de pobreza que se producían rebeliones que acababan con el poder imperial; luego, algún líder rebelde o general imperial instauraba una nueva dinastía que volvía a iniciar todo el ciclo.

Los pobres rurales nunca obtenían beneficios de la victoria. Dispersos a lo largo y ancho del campo, atados a sus parcelas individuales de tierra, analfabetos, con muy pocos conocimientos del mundo exterior, podían rebelarse contra actos de opresión infligidos por el Estado existente, pero no podían contraponerle colectivamente un nuevo Estado gobernado por ellos en cuanto clase. Por el contrario, aspiraban a crear un Estado a imagen del existente, pero bajo un «buen» emperador en lugar de uno «malo». Lo cual significaba que, incluso en la victoria, entronizaban a nuevos gobernantes que los trataban en gran medida de la misma manera que los antiguos.

Este proceso llegó incluso a incorporarse a la ideología gobernante, para la que la legitimidad de una dinastía dependía del «mandato del cielo», que periódicamente pasaba de una dinastía a otra.

Sin embargo, el recurrente modelo no significa que la sociedad china fuera «inalterable», como muchos escritores occidentales han sostenido. Los cambios de dinastías comportaban cambios acumulativos que implicaban la introducción gradual de nuevas técnicas en las actividades productivas y, como consecuencia, importantes cambios en las relaciones entre los diferentes grupos de la sociedad.

A la cabeza del mundo

La profunda transformación económica de China no se detuvo. Los propietarios de grandes haciendas, labradas por arrendatarios o por jornaleros, intentaron aumentar sus ingresos invirtiendo en nuevos instrumentos de labranza y maquinaria para la molienda, así como con métodos que les permitieran obtener de sus tierras más de una cosecha al año[11]. Las migraciones del norte a las zonas arroceras del valle del Yangtsé y el sur eran continuas. Hubo un rápido aumento de la productividad agrícola y un correspondiente crecimiento de los excedentes que los ricos podían aprovechar para regalarse diversos lujos.

Redes comerciales comenzaron a conectar a los agricultores con los mercados locales y a los mercados locales con las ciudades provinciales, que crecieron en tamaño e importancia. Más embarcaciones de las que el mundo había visto nunca navegaban por la red de 80.000 kilómetros de ríos y canales por la que circulaban no solamente productos de lujo. El dinero desempeñaba una función cada vez más importante en las transacciones de todos los sectores de la sociedad, y los billetes comenzaron a emplearse tanto como las monedas. El número de comerciantes aumentó, y algunos se hicieron muy ricos. Las ciudades crecieron hasta el punto de que la capital de la dinastía Sung, K'ai-feng, que ocupaba 12 veces la superficie de la París medieval, probablemente alcanzó un millón de habitantes, y la ciudad de Hang-chow[12], en el valle del Yangtsé, entre un millón y medio y cinco millones[13].

---

[11] Entre los estudiosos hay cierta polémica a propósito del carácter de las haciendas. Algunos las ven similares a los feudos occidentales, otras como esencialmente capitalistas. Para una breve explicación del estado de la cuestión, véase D. Twitchett, «Introduction», cit., p. 27.

[12] E. A. Kracke, «Sung K'ai-feng», en J. W. Haeger (ed.), *op. cit.,* pp. 65-66.

[13] Y. Shiba, «Urbanisation and Development of Markets», en J. W. Haeger (ed.), *op. cit.,* p. 22.

También las industrias crecieron. En K'ai-feng había «arsenales que servían a todo el país [...] en una época en la que la tecnología militar se estaba desarrollando rápidamente»; se desarrolló una industria textil, basada en trabajadores reasentados procedentes de «Sechuán y el delta del Tangtsé»; y había «empresas con un alto grado de organización que dependían de técnicas más sofisticadas, fuertes inversiones en equipamiento y grandes cantidades de trabajadores», bajo control tanto del gobierno como de «propietarios de hierro privados». Existían talleres que «producían artículos de lujo para la familia imperial, los altos funcionarios y los hombres de negocios ricos», pero también «materiales de construcción, productos químicos, libros y ropa»[14].

Las innovaciones tecnológicas fueron considerables. En la metalurgia el carbón vegetal fue sustituido por el carbón mineral, para los fuelles se utilizaba maquinaria hidráulica, y en las minas se empleaban explosivos. La cantidad de hierro producida en el 1078 superó las 114.000 toneladas: en Inglaterra sólo se llegó a 68.000 toneladas en 1788[15]. Hubo una expansión sin precedentes de la cerámica y de la fabricación de porcelana, una técnica no descubierta en Europa hasta 700 años más tarde. La pólvora se usaba en el 1044, 240 años antes de la primera mención europea de ella. En 1132 propulsaba cohetes lanzados con tubos de bambú, y, en 1280, proyectiles desde morteros de bronce y hierro[16]. Nuevas tecnologías navales –«áncoras, timones, cabrestantes, velas de lona y velas de estera rígida [...] compartimentos estancos, brújulas marítimas»– permitieron a los barcos chinos llegar al golfo de Arabia e incluso a la costa oriental de África[17]. Algunos de ellos podían transportar a 1.000 personas, y en confección de mapas China iba por delante no sólo de Europa, sino del Oriente Próximo árabe.

Finalmente, los avances en la producción de libros permitieron, por primera vez en la historia, la creación de una literatura dirigida a un considerable público de clase media. La impresión de planchas grabadas se daba ya en el siglo IX. Aparecieron obras sobre lo oculto, almanaques, textos budistas, léxicos, enciclopedias populares, manuales de educación elemental y libros de historia, así como obras clásicas, los escritos budistas completos, pagarés

---

[14] E. A. Kracke, art. cit., pp. 51-52.
[15] J. Gernet, *op. cit.*, p. 320 [ed. cast. cit.: p. 280].
[16] *Ibid.*, pp. 310-311 [ed. cast. cit.: p. 272].
[17] *Ibid.*, pp. 334-335 [ed. cast. cit.: p. 286].

impresos y manuales prácticos de medicina y farmacia[18]. En el siglo XI existían los tipos móviles, basados en el encaje de caracteres individuales, si bien –probablemente debido a que el enorme número de caracteres chinos no lo hacía ni más rápido ni más económico que la impresión de planchas– sólo a partir del siglo XV se emplearon para la impresión a gran escala. En cualquier caso, China poseía libros impresos medio milenio antes que Europa, y la palabra escrita dejó de ser la prerrogativa de una elite alfabetizada o de quienes vivían en los grandes monasterios. Las escuelas, estatales y privadas, se multiplicaron, especialmente en el nuevo corazón económico del país, la región del bajo Yangtsé. Como aseveró un escritor chino que vivió en esa región en aquella época: «Todo campesino, artesano y comerciante enseña a su hijo a leer libros. Incluso los pastores y las esposas que llevan la comida a sus maridos que están trabajando en los campos pueden recitar los poemas de los hombres de los tiempos antiguos»[19].

Al crecimiento del comercio y la industria lo acompañó un crecimiento de la prosperidad, el tamaño y la influencia de la clase de los comerciantes, de manera que algunos historiadores incluso se refieren a ella como una «burguesía». Twitchett escribe que a finales del periodo Sung había «una clase media urbana, rica y consciente de sí, con un fuerte sentido de su propia identidad y de su propia cultura especial»[20]. Lo que es más, se produjo un importante cambio en la actitud del Estado hacia los comerciantes. Las dinastías anteriores habían visto a los comerciantes «como un elemento potencialmente perturbador» y los mantuvieron «bajo constante supervisión»[21]. Los toques de queda habían impedido que nadie anduviera por las calles de las ciudades tras la caída de la noche, los mercados habían estado confinados a las zonas urbanas amuralladas bajo estricta supervisión estatal, y las familias de los comerciantes habían sido excluidas de la burocracia estatal. Ahora, muchas de estas restricciones cayeron en desuso. A comienzos del siglo XI, un alto funcionario pudo quejarse de la falta de «control sobre los comerciantes. Llevan un lujoso tren de vida, comen exquisitos platos de delicioso arroz y carne, poseen hermosas casas y muchos carruajes, adornan a sus esposas e

---

[18] Según J. Gernet, *op. cit.,* p. 333 [ed. cast. cit.: p. 284].

[19] Fang Ts-tsung, citado en Y. Shiba, art. cit.

[20] D. Twitchett (ed.), *op. cit.,* vol. 3, p. 30.

[21] L. C. J. Mo, *Commercial Development and Urban Change in Sung China,* Ann Arbor, 1971, pp. 124-125.

hijos con perlas y jade, y visten a sus esclavos con seda blanca. Por la mañana piensan en cómo amasar una fortuna, y por la tarde conciben maneras de desplumar a los pobres»[22].

Los nuevos ricos urbanos comenzaron a utilizar su poder económico para ejercer influencia sobre la burocracia imperial:

> El sistema de exámenes se convirtió ahora en una vía por la que una cantidad creciente de hombres de fuera del círculo de las grandes familias podían entrar en los niveles superiores del gobierno imperial. [...] Los nuevos burócratas procedían cada vez más de las familias que más se habían beneficiado de la revolución comercial [...] los comerciantes ricos y los terratenientes acaudalados[23].

Los exámenes nacionales sólo los superaban unos cuantos centenares de hombres[24], pero eran el vértice de un sistema enorme. En el siglo XIII había unos 200.000 alumnos en las escuelas estatales y miles más en escuelas privadas y budistas, todos soñando con llegar a lo más alto. Muchos de ellos procedían de familias de comerciantes.

Los siglos perdidos

Los comerciantes aún estaban lejos de gobernar el Estado, aunque constituían un grupo de presión cada vez más importante. La mayor parte de la producción a gran escala seguía bajo control estatal, si bien las actividades lucrativas –como la explotación de los barcos propiedad del Estado– se subcontrataban a los comerciantes. El Estado mismo lo administraban burócratas formados como funcionarios de carrera cuyo ideal de vida lo representaba el hacendado[25]. Este era también el ideal del hijo de comerciantes que obtenía un puesto de funcionario. El resultado fue que, justamente cuando el Imperio Sung estaba alcanzando su cima, nuevos signos de crisis comenzaron a aparecer.

---

[22] Hsia Sung, citado en Y. Shiba, art. cit., p. 42.

[23] N. E. McKnight, art. cit., p. 98. Para un estudio completo del desarrollo y el contenido del sistema de exámenes, véase J. E. Chaffee, *The Thorny Gates of Learning in Sung China*, Cambridge, 1985.

[24] J. E. Chaffee, *op. cit.*, p. 3.

[25] N. E. McKnight, art. cit., p. 98, nota al pie.

La ideología dominante del Estado era lo que los historiadores llaman el «neoconfucianismo». Hacía hincapié en la necesidad de que los gobernantes y administradores siguieran una rutina ordenada, basada en el respeto mutuo, el cual intentaba evitar las acciones violentas de las clases aristocráticas guerreras y el incansable afán de lucro de los comerciantes. Marcó el tono de los estudios que tenía que cursar todo aquel que aspirara a un puesto en la burocracia estatal, y se adaptaba a un estrato social cuyo ideal era una vida de ocio erudito, más que el bullicio de la competición despiadada y la agitación militar.

También concordaba con el talante de los primeros emperadores Sung. Estos responsabilizaban del desmoronamiento de la anterior dinastía T'ang a las gravosas políticas de expansionismo militar, así que redujeron el tamaño del ejército y confiaron en el soborno como medio de comprar la paz con los estados fronterizos. Este talante se expresaba a través de conceptos semirreligiosos acerca de la armonía de la naturaleza y la sociedad. Pero contenía un núcleo racional, pragmático. Era una manera de salir de los largos años de crisis precedentes.

Muchos escritores occidentales han concluido que el dominio del neoconfucianismo cortó el paso al avance del capitalismo en China. Creen que fue su hostilidad al «espíritu del capitalismo» lo que mantuvo estancada durante milenios a la sociedad china. Otros han puesto el acento en el «totalitarismo» como el factor que presumiblemente impidió el desarrollo económico chino[26]. Pero, como hemos visto, en la era Sung la sociedad china distaba de estar estancada. Ideas no confucianas (budistas, taoístas y nestorianas) no sólo existían, sino que se difundían impresas. Y funcionarios en teoría adeptos de la devoción confuciana se comportaban de manera muy

---

[26] Este es el tono de la obra más famosa de las últimas escritas por Karl Wittfogel, *Oriental Despotism* [ed. cast.: *Despotismo oriental,* Barcelona, Guadarrama, 1966], escrita tras su abandono del marxismo. El tema se halla también presente en algunos pasajes de los escritos de Etienne Balazs –por ejemplo, cuando dice que «fue el Estado el que mató el progreso tecnológico en China», en *Chinese Civilisation and Bureaucracy,* Yale, 1964, p. 11 [ed. cast.: *Civilización china y burocracia,* Buenos Aires, Sur, 1966, p. 32]–, aunque en otros puntos reconoce la diversidad de las perspectivas intelectuales y la realidad del cambio tecnológico. Finalmente, el argumento aparece en un libro bastante reciente de David Landes: *The Wealth and Poverty of Nations,* Londres, 1998 [ed. cast.: *La riqueza y la pobreza de las naciones,* Barcelona, Crítica, 2003]. Pero mantenerlo supone minimizar el enorme dinamismo realmente demostrado por el periodo Sung.

diferente en la práctica. Patricia Ebrey, por ejemplo, ha mostrado hasta qué punto un manual de consejos de la época Sung ampliamente difundido entre la clase de los caballeros, *Preceptos para la vida social,* de Yuan Ts'ai, contradecía muchos de los principios confucianos. El escritor «suponía que la meta de los negocios era el beneficio», y expresaba «actitudes de negociante», de manera que «los completamente comprometidos con […] el neoconfucianismo tendrían que abstenerse de la mayoría de las actividades [por él] […] descritas»[27].

Entre la ideología neoconfuciana predominante y las actividades de la clase de los comerciantes se abría una brecha. Pero era una brecha que la clase podía tolerar siempre y cuando la economía creciera y ella misma se fuera haciendo más rica e influyente… del mismo modo que, siglos más tarde, los primeros capitalistas europeos estuvieron dispuestos a colaborar con estados monárquicos y a aceptar las ideologías oficiales de estos siempre y cuando no les impidieran ganar dinero.

La peculiaridad de China que debilitó la capacidad de los mercaderes y los comerciantes ricos de transformarse en una auténtica clase capitalista fue material, no ideológica. Su dependencia respecto de los funcionarios de la maquinaria estatal era mayor que en la Europa de los siglos XVII y XVIII. Pues los funcionarios del Estado eran indispensables para el funcionamiento de uno de los más importantes medios de producción: las enormes redes de canales y las obras de irrigación[28]. Esto dejaba a los comerciantes chinos pocas opciones aparte de la colaboración con la maquinaria estatal[29], a pesar de que el Estado estaba absorbiendo una enorme proporción de los excedentes y desviándolos del uso productivo al gastárselos en el consumo lujoso de la corte y de los altos funcionarios, y en el soborno de los pueblos fronterizos.

Este fue un periodo de gran prosperidad para los funcionarios de la pequeña nobleza y los comerciantes ricos por igual[30]. Fue también un periodo de pobreza absoluta para los campesinos. En el siglo XI, Su Hsiin escribió:

---

[27] P. B. Ebrey, «Introduction», en P. B. Ebrey, *Family and Property in Sung China: Yuan Ys'ai Precepts for Social Life,* Princeton, 1984, p. 129.

[28] Este es un asunto muy bien tratado por É. Balazs, *op. cit.,* pp. 8-9 [ed. cast. cit.: p. 29].

[29] Como decía Étienne Balazs, que admitía la influencia tanto de Marx como de Weber sobre su enfoque, «los funcionarios de carrera y los comerciantes formaban dos clases hostiles pero interdependientes», É. Balazs, *op. cit.,* p. 32 [ed. cast. cit.: p. 58].

[30] L. C. J. Mo, *op. cit.,* pp. 140-141.

Las familias ricas poseen grandes cantidades de tierras. [...] Sus campos son labrados por vagabundos contratados a los que se dirige a punta de látigo y se vigila como a esclavos. De lo que la tierra produce la mitad es para el amo y la mitad para los labradores. Por cada propietario hay diez labradores. [...] Evidentemente, el dueño puede acumular su mitad y hacerse rico y poderoso, mientras que los labradores tienen que consumir diariamente su mitad y caer en la pobreza y la inanición[31].

La ética «confuciana» de los funcionarios de la pequeña nobleza no se extendía, desde luego, a los que trabajaban para ellos. Los *Preceptos para la vida social* de Yuan Ts'ai llama a los campesinos y artesanos «personas inferiores», habla de «la perversidad de los criados, su tendencia al suicidio», sugiere cómo había que golpearlos, y aconseja tratarlos como a animales domésticos[32].

El historiador John Haeger escribe: «Al final del periodo Sung, gran parte del campo había sido empobrecido por las mismas fuerzas que primero habían prendido la mecha de la revolución agrícola y comercial»[33].

Pero antes de que pudieran madurar los síntomas de crisis interna –y de que el choque de intereses entre los comerciantes y los funcionarios pasara a primer plano–, una crisis externa hizo pedazos el Estado. En 1127 una invasión procedente del norte partió a China por la mitad, dejando a los Sung el control solamente del sur. En 1271 todo el país sucumbió a una segunda invasión.

La primera invasión no alteró fundamentalmente la situación en el norte. Los conquistadores, los jürchen, eran un pueblo ya organizado como un Estado según el modelo chino y gobernaron una mitad de China, el Imperio Chin, con funcionarios de habla china. Durante casi 150 años hubo, efectivamente, dos imperios chinos.

La segunda invasión fue mucho más grave. La llevaron a cabo ejércitos mongoles que en el siglo anterior se habían extendido desde las estepas de Asia central para avanzar arrasando hasta llegar por el oeste a Europa central y por el sur hasta Arabia y la India, así como por el este hasta China y Corea. La sociedad mongol estaba dominada por aristócratas militares que poseían

---

31 Citado en L. C. J. Mo, *op. cit.*, p. 20.
32 Pasaje traducido por P. B. Ebrey, *op. cit.*, p. 293.
33 J. W. Haeger, «Introduction», en J. W. Haeger (ed.), *op. cit.*, p. 8.

enormes rebaños nómadas. Eran formidables jinetes y disponían de la riqueza para adquirir armas y armaduras de última generación. El resultado fue una combinación militar a la que pocos ejércitos podían hacer frente[34]. Pero tenían una pobre estructura administrativa propia. Para esto dependían de los servicios de los pueblos conquistados.

En China los gobernantes mongoles se llamaron a sí mismos la dinastía Yuan, y para dirigir el Estado buscaron el auxilio de algunos sectores del antiguo funcionariado. Pero, como no se fiaban de ellos, mantuvieron en sus propias manos puestos clave, y el provechoso negocio de la recaudación de impuestos se lo subcontrataron a comerciantes musulmanes de Asia central apoyados por destacamentos militares. Esto hizo añicos el ordenamiento social resultante –y promotor– de un nivel de avance tecnológico y económico nunca antes conocido en el mundo.

Los problemas económicos que habían ido lentamente creciendo en los años de los Sung, en especial el empobrecimiento del campo, ahora pasaron a ocupar el primer plano. Los precios comenzaron a crecer a partir de la década de 1270. La pobreza del campesinado en el norte empeoró con la expansión de grandes estados.

La sociedad china seguía siendo lo bastante avanzada como para maravillar a los extranjeros. La que en 1275 tan honda impresión causó en el viajero italiano Marco Polo fue la corte mongol. La enorme extensión de la presencia mongol de un extremo al otro de Eurasia también desempeñó un importante papel en la expansión del conocimiento de los avances técnicos chinos entre las no tan avanzadas sociedades de Occidente. Pero China misma había perdido dinamismo económico, y la pobreza del campesinado producía frecuentes revueltas, a menudo lideradas por sectas religiosas o sociedades secretas: el «Loto Blanco», la «Nube Blanca», los «Turbantes Rojos»… Finalmente, en 1368 el hijo de un jornalero itinerante que era un líder de los Turbantes Rojos, Chu Yuan-chang, tomó la capital de los mongoles, Pekín, y se proclamó emperador.

Bajo el nuevo imperio, conocido como Ming, hubo una sostenida recuperación de la devastación de los últimos años mongoles. Pero el dinamismo económico no se recuperó. Los primeros emperadores Ming pusieron conscientemente trabas a la industria y el comercio exterior, en un esfuerzo por

---

[34] Para un intento de análisis marxista de los mongoles, véase R. Fox, *Gengis Khan*, Castle Hedingham, 1962.

concentrar recursos en la agricultura, de manera que, a comienzos del siglo XVI, estaban menos desarrollados que en el XII. Entretanto, otras partes de Eurasia habían aprendido las técnicas en las que los chinos habían sido pioneros, y comenzaron a erigir por su cuenta florecientes civilizaciones urbanas... con los correspondientes ejércitos y armadas.

III

Bizancio: el fósil viviente

El desmoronamiento del Imperio romano en Europa occidental no fue el final del imperio como tal. Emperadores que se describían a sí mismos como romanos aún reinaban en la ciudad de Constantinopla (hoy Estambul) mil años después de que los godos saquearan Roma. Actualmente a este imperio se le suele llamar bizantino, pero los emperadores y sus súbditos se consideraban a sí mismos romanos, a pesar de que hablaban griego. Durante gran parte de esos mil años, el esplendor de Constantinopla –con sus lujosos palacios reales, sus bibliotecas y baños públicos, sus sabios conocedores de los escritos de la Antigüedad griega y romana, sus 300 iglesias y su magnífica catedral de Santa Sofía– sobresalió como el único reducto de cultura contra la pobreza, el analfabetismo, la superstición y las infinitas guerras por que se caracterizaban los territorios cristianos del resto de Europa.

Incluso en el siglo XII, en plena revitalización de Europa occidental, la población de Constantinopla era mayor que la de Londres, París y Roma juntas. La ciudad fascinaba a las elites de los imperios musulmanes vecinos, aunque «Bagdad, El Cairo y Cordova [Córdoba] eran más grandes y más populosas que Constantinopla»[35].

Sin embargo, en esos mil años la civilización bizantina aportó muy poco a la capacidad del género humano para procurarse sustento o al saber. En cada

[35] S. Runciman, «The Place of Byzantium in the Medieval World», en J. M. Hussey (ed.), *Cambridge Medieval History,* vol. IV, II parte, p. 358.

esfera confió en los avances ya conocidos durante el antiguo Imperio romano… y ya conocidos por los griegos en el siglo V a.C.

La catedral de Santa Sofía[36], acabada a mediados del siglo VI, era el edificio más magnífico de Europa en aquel tiempo. Pero también marcó el final de cualquier avance por parte de los arquitectos bizantinos[37]. Las innovadoras técnicas empleadas no se volvieron a usar, y los arquitectos no sabían cómo mantenerla en perfectas condiciones. La literatura bizantina se caracterizó por un deliberado rechazo de la originalidad, con «un afán por emular el estilo de los modelos clásicos y por observar escrupulosamente un conjunto de pedantes reglas. […] A la originalidad del contenido, inventiva o a la libertad en la elección del tema no se les concedía ningún valor literario»[38]. La obsesión por imitar el pasado significaba que el idioma de la sociedad oficial era el griego «clásico» de mil años atrás, no la versión muy diferente empleada en la vida de la ciudad: «Cuando se pronunciaba un discurso formal, el orador se abstenía de referirse a cualquier objeto de uso cotidiano por su nombre habitual»[39]. El arte bizantino se caracterizaba por «un proceso de limitación continua», hasta que se convirtió en nada más que propaganda, bien del poder imperial, bien de la Iglesia[40].

En tecnología hubo unos cuantos avances. Los alquimistas dieron con nuevos métodos para el tratamiento de los metales, aunque «la mineralogía científica quedó absolutamente destruida por la superposición de prácticas ocultas»[41]. En la fabricación y la manipulación del vidrio se produjeron mejoras, y un microtornillo permitió medidas precisas. Hubo avances en los materiales de escritura, especialmente cuando de China llegó el conocimiento de la fabricación de papel. «Los bizantinos conocieron varias máquinas simples (palancas, rodillos, ruedas dentadas, cuñas, planos inclinados, tornillos y poleas) que se utilizaron principalmente como partes […] de cabrestantes, ruedas de molino, excavadoras, grúas y catapultas»[42]. Sin embargo, estos avances parecen no haberse empleado más que en dos campos limitados:

---

[36] El nombre griego significa literalmente «santa sabiduría».

[37] A. Grabor, «Byzantine Architecture and Art», en J. M. Hussey (ed.), *op. cit.,* vol. IV, II parte, p. 330.

[38] O. Dölger, «Byzantine Literature», en J. M. Hussey (ed.), *op. cit.,* vol. IV, II parte, p. 208.

[39] *Ibid.*

[40] A. Grabor, art. cit., p. 306.

[41] K. Vogel, «Byzantine Science», en J. M. Hussey (ed.), *op. cit.,* vol. IV, II parte, p. 287.

[42] K. Vogel, art. cit., p. 305.

para los lujos de la clase dirigente (como un pájaro mecánico capaz de cantar, fabricado por León el Matemático para la corte real) y con fines militares. Incluso en el ámbito militar, los avances bizantinos llevaron muy poco más allá los conocimientos adquiridos en Alejandría un milenio antes.

No hubo ni siquiera un avance limitado en ciencias. Sobrevivieron unos cuantos manuscritos que detallaban los descubrimientos en matemáticas y astronomía de la Alejandría griega, pero que nunca fueron tomados en serio más que por un puñado de eruditos. Para su comprensión del mundo físico, los pensadores de la línea dominante se basaban en interpretaciones del libro bíblico del Génesis, y veían el mundo como plano, no redondo[43].

Sobre todo, no parece que hubiera virtualmente ningún avance en las técnicas empleadas para procurarse el sustento por la mayoría de la población que trabajaba en el campo. «Los métodos e instrumentos» de cultivo «avanzaron poco o nada en los tiempos antiguos»[44]. La roturación se llevaba a cabo todavía con un arado ligero tirado por bueyes, los campos no se abonaban sistemáticamente y los arneses empleados en el siglo XII estrangulaban a los animales, de modo que dos caballos sólo podían tirar de una carga de aproximadamente media tonelada: varias veces menos de lo que es posible con los arneses modernos. El resultado fue que, por más hambre que los campesinos pasaban, los excedentes disponibles para mantener el Estado y los lujos de la clase dirigente no crecieron. Ese simple hecho se encontraba en la base del estancamiento de buena parte de la sociedad bizantina. Había sobrevivido a la crisis que destruyó el antiguo Imperio romano en Occidente. Pero no habían surgido nuevas formas de producción ni una nueva clase que las encarnara. De manera que no pudo escapar a las mismas presiones que habían llevado a la gran crisis de Occidente en el siglo V.

El imperio había sobrevivido en Oriente básicamente porque esta era la región de agricultura más abundante. Una vez convertida Constantinopla en capital imperial en el 330, los sucesivos emperadores fueron capaces de controlar Asia Menor, Siria, los Balcanes y la muy importante producción de trigo en el valle del Nilo, que ahora subvenía a las necesidades de Constantinopla como antes a las de Roma. Las economías de las provincias del imperio

<hr />

[43] Véase el capítulo 8, «The Physical Universe», en C. Mango, *Byzantium,* Londres, 1994, pp. 166-176. Para una explicación un poco más caritativa, véase K. Vogel, art. cit., p. 269.

[44] R. J. H. Jenkins, «Social Life in the Byzantine Empire», en J. M. Hussey (ed.), *op. cit.,* vol. IV, II parte, p. 93.

estaban en manos de grandes terratenientes locales al mando de fincas virtualmente autosuficientes que, en Egipto, «llegaron a parecerse a reinos en miniatura, dotados de policía, tribunales de justicia, ejércitos privados y sofisticados servicios de correos y transportes»[45]. Pero el ejército imperial era lo bastante poderoso y estaba lo bastante bien organizado para conseguir que no dejaran de proveer los fondos que el imperio necesitaba.

Esta estructura virtualmente se desplomó apenas 50 años después del intento final de Justiniano de reconquistar Occidente y de la finalización de Santa Sofía en el siglo VI. Los ejércitos, el aluvión de edificaciones públicas y los lujos de la corte y la Iglesia dependían de que se ordeñase hasta la última gota toda la riqueza del imperio. El continuo empobrecimiento de los campesinos y el descontento entre los habitantes menos acaudalados de las ciudades de provincias llevaron a «violentos choques entre facciones rivales en todas las ciudades del imperio»[46]. El imperio y la Iglesia hicieron que muchas personas se alejaran de ellos con sus intentos de imponer el conformismo religioso. Los obispos, «apoyados por la violencia de los monjes», se encargaron de la «demolición brutal del paganismo» mediante ataques a los templos[47]. Hubo frecuentes ataques a los judíos y una sangrienta persecución de los adeptos de las interpretaciones «monofisita», «arriana» y nestoriana del cristianismo (las cuales, en conjunto, resultaban casi mayoritarias). El imperio encontró pocos apoyos cuando a comienzos del siglo VII fue atacado por ejércitos persas y luego araboislámicos en Siria y Egipto, y por pueblos eslavos en los Balcanes. Quedó reducido a un residuo consistente en la propia Constantinopla y una parte de Asia Menor, con unos pocos pueblos, una población muy reducida en la capital y una decadencia general en los niveles de alfabetización y conocimiento.

El truncado imperio sólo fue capaz de sobrevivir debido a que sus gobernantes reorganizaron la economía a fin de que asegurara la defensa. Intentaron desmantelar las enormes fincas y establecer ejércitos enteros de campesinos minifundistas en las zonas fronterizas. Este sistema, creían ellos, les aseguraría milicias que defendieran el imperio y una base fiscal segura.

---

[45] H. St. L. B. Moss, «Formation of the Eastern Roman Empire», en J. M. Hussey (ed.), *op. cit.,* vol. IV, I parte, p. 38.

[46] P. Brown, *The World of Late Antiquity,* Londres, 1971, p. 157 [ed. cast.: *El mundo en la Antigüedad tardía,* Madrid, Taurus, 1989, p. 187].

[47] *Ibid.,* p. 104 [ed. cast. cit.: pp. 124-125].

De este modo consiguieron mantener intacto el núcleo del imperio e incluso, en el siglo X, recuperar parte de los territorios balcánicos habitados por eslavos. Pero no pudieron superar la debilidad básica del sistema, y a mediados del siglo XI Constantinopla estaba de nuevo en decadencia. El imperio se sustentaba sobre una contradicción inherente. El objetivo era formar un campesinado independiente al que se le pudieran cobrar impuestos. Pero los impuestos llevaban continuamente a los campesinos a abandonar las tierras en manos de los más ricos y poderosos.

Los campesinos minifundistas se enfrentaban a «la invasión anual de un cruel y rapaz grupo de recaudadores de impuestos, acompañados por un cuerpo de ejército [...]. Los morosos eran sumariamente azotados y sus bienes embargados»[48]. A veces se los encarcelaba y torturaba... y en la Chipre del siglo XII se les atacaba con perros hambrientos. Aun en las mejores épocas vivían estos campesinos al borde de la insolvencia. Bastaba una mala cosecha para que la mayoría de industriosos campesinos se viera obligada a vender sus tierras y marcharse. De manera que podían acabar por aceptar la subordinación a algún terrateniente poderoso como una forma de «protección». Significativamente, en el 932 se produjo una insurrección campesina liderada por un impostor que afirmaba ser hijo de una gran familia aristocrática[49].

La burocracia imperial sí consiguió impedir que las masas urbanas se organizaran de manera independiente. Los comerciantes y los artesanos estaban organizados en gremios bajo control del Estado, que limitaba rigurosamente sus beneficios. Esto «retrasó el crecimiento de una fuerte burguesía nativa»[50], de modo que, cuando se produjeron aperturas comerciales, estas fueron aprovechadas por comerciantes extranjeros, cuyas actividades aumentaron las debilidades del imperio.

Una clase de asalariados libres tampoco se pudo desarrollar, debido a la persistencia de la esclavitud en las ciudades. Del siglo IX al XI, «las grandes victorias [...] inundaron los mercados de mercancía humana barata. No fue hasta que las derrotas militares, el cierre de los mercados y la decadencia de la riqueza cegaron las fuentes de esclavos en el siglo XII que estos comenzaron a escasear, otorgando al trabajador libre [...] poder económico»[51].

---

[48] R. J. H. Jenkins, art. cit., p. 97.
[49] *Ibid.,* p. 98.
[50] *Ibid.,* p. 84.
[51] *Ibid.,* p. 89.

La otra cara del esplendor de Constantinopla y la riqueza de sus gobernantes era la pobreza de cantidades ingentes de sus pobladores. Muchos de ellos vivían en miserables casas de vecinos o chozas, y no pocos dormían a la intemperie incluso en los más crudos inviernos. Pero, a falta de una base económica independiente, los pobres no podían actuar como una fuerza autónoma. Podían causar un breve caos mediante las algaradas. Pero incluso su resentimiento era demasiado fácilmente manipulable en beneficio propio por grupos con muy diferentes intereses. Así, la enorme revuelta de «Niká» a comienzos del reinado de Justiniano, que duró dos semanas y acabó con media ciudad pasto de las llamas, fue utilizada por fuerzas aristocráticas opuestas a los impuestos con que Justiniano las gravaba. A partir de entonces, los emperadores llevaron buen cuidado de proveer de grano barato a las masas urbanas, y los alborotos fueron normalmente a favor del emperador y en contra de los enemigos de este.

Había incluso una forma institucionalizada de disturbios que disuadía a las masas urbanas de elevar demandas de clase propias. Se trataba de la organización de «facciones» rivales, verdes y azules, de grupos de espectadores en los diversos juegos que se celebraban en el Hipódromo. Varios cientos de jóvenes de cada bando, ataviados con sus propios colores, ocupaban asientos especiales desde los que vitoreaban o abucheaban según se terciaba y llegaban a las manos, lo cual en ocasiones llevaba a derramamientos de sangre y a disturbios de grandes proporciones. Para restaurar el orden a veces había que recurrir a los soldados, pero la financiación de las facciones por diversos dignatarios, incluido el emperador y la emperatriz, garantizaba que, lejos de poner en peligro el imperio, el sistema meramente servía para desahogarse[52].

No fue hasta que en el siglo XII se puso en marcha el sistema de distribución de grano barato cuando comenzaron a producirse disturbios que reflejaban los intereses de clase de los habitantes de las ciudades. Curiosamente, fue

---

[52] Según algunos historiadores, las diferentes facciones representaban diferentes intereses, políticos y religiosos. Pero Alan Cameron ha aportado muchas pruebas de que atravesaban las divisiones de clases y religiosas, y desviaban la atención de temas que podrían haber supuesto una amenaza para el imperio. La excepción parcial fue la revuelta de Niká, cuando las facciones azul y verde, disgustadas por la decisión de Justiniano de ejecutar a un alborotador de cada bando, emitieron una declaración conjunta contra él. Pero incluso en este caso, como hemos visto, la revuelta no fue de pobres contra ricos. Véase A. Cameron, *Blues and Greens: Circus Factions at Rome and Byzantium,* Londres, 1976.

entonces cuando diversos «gremios» y asociaciones de artesanos y comerciantes desempeñaron un papel significativo[53].

Bizancio sobrevivió como último bastión de la cultura grecorromana porque la burocracia imperial estaba en manos de personas ilustradas de habla griega. Pero este era un grupo que vivía de la producción de los demás, no tanto de contribuir a ella u organizarla. De hecho, se enorgullecía de su alejamiento del mundo material y temía la aparición de cualquier clase cuya cercanía a la producción pudiera llevarla a desviar hacia sus propios bolsillos parte de los excedentes. Esto es lo que explica el carácter estéril, pedante, de la cultura bizantina. También explica la fuerza de creencias supersticiosas y mágicas entre todos los grupos sociales. Los sacerdotes solían ser, cuando menos, semianalfabetos, y su mensaje se basaba en historias simplificadas de los santos, relatos de milagros y fe en la magia de las reliquias sacras. Si el paganismo había dado a la gente dioses locales, el cristianismo ahora les daba santos patrones locales. El culto de la diosa madre se convirtió en el culto de la Virgen María. Los ritos de la fertilidad se convirtieron en las fiestas de carnaval y las ceremonias pascuales.

La superstición se acompañaba de las más bárbaras prácticas. En el siglo VIII «encontramos mutilaciones de la lengua, la mano o la nariz como parte del sistema penal. [...] La Iglesia aprobaba esto porque el pecador sin lengua todavía tenía tiempo de arrepentirse»[54]. En las ciudades, el austero moralismo de la Iglesia significaba la «rigurosa exclusión de las mujeres. Ninguna mujer respetable aparecía jamás en las calles sin velo»[55]. Pero también había muchísima prostitución.

La principal debilidad de la civilización bizantina se hizo manifiesta a comienzos del siglo XIII, cuando Constantinopla fue tomada por un grupo de matones y aventureros europeos. A los participantes en la Cuarta Cruzada la ciudad les pareció más asequible que Jerusalén, el objetivo en principio propuesto. Tras saquearla, la gobernaron como un reino feudal. Fueron expulsados en 1261, pero el renovado Estado bizantino era un pálido reflejo de lo que había sido, y en 1453 acabó por sucumbir ante los turcos otomanos.

Durante un milenio había subsistido una cierta clase de civilización. Pero el único contacto de la presuntamente culta clase dirigente con las masas de

---

[53] Véase A. Cameron, *op. cit.* y R. J. H. Jenkins, art. cit., p. 86.

[54] J. B. Bury, «Introduction», en J. M. Hussey (ed.), *op. cit.,* vol. IV, p. xix.

[55] R. J. H. Jenkins, art. cit., p. 88.

trabajadores se producía a través del recaudador de impuestos, por un lado, y los sacerdotes rurales apenas alfabetizados, por otra. Tal civilización no podía ser más que un fósil viviente, que transmitió los logros de una época a otra, pero sin añadir nada de cosecha propia.

En la sociedad grecorromana no hubo ninguna clase capaz de revolucionar la sociedad y liberar las fuerzas de producción. El resultado en Europa occidental fue la Edad Oscura; en los Balcanes y Asia Menor, mil años de esterilidad.

IV

Las revoluciones islámicas

El estancamiento de Bizancio tras la época de Justiniano no llevó solamente a la esterilidad de lo que quedaba del Imperio romano. También comportó una serie de violentas insurrecciones en Oriente Próximo que sí aumentaron el bagaje de conocimientos y técnicas de la humanidad... además de producir una de las grandes religiones del mundo.

Todo comenzó en un lugar difícil de prever, La Meca, una ciudad comercial en las tierras por lo general yermas de la península Arábiga. La zona estaba dominada por pastores nómadas que utilizaban el camello (domesticado hacia el 1000 a.C.) para viajar de oasis en oasis con sus rebaños, y ejercer parcialmente el comercio y el pillaje. Estaban organizados en clanes, más o menos unidos en tribus gobernadas por asambleas de los ancianos de los clanes, tribus que luchaban entre sí y periódicamente lanzaban ataques contra pueblos asentados más allá del límite del desierto.

Pero también había asentamientos agrícolas alrededor de los oasis y en algunas de las regiones costeras; especialmente en el sur[56], donde había una civilización de al menos mil años de antigüedad que mantenía contactos con la igualmente antigua civilización etíope, al otro lado del mar Rojo. Cuando comenzaron a adquirir riquezas, también comenzaron a asentarse en los centros comerciales algunas familias que utilizaban caravanas de camellos para transportar bienes de lujo entre el Imperio romano y las civilizaciones orien-

---

[56] Conocido por los romanos como *Arabia Felix* (la Arabia Feliz) y hoy llamada Yemen.

tales. Uno de esos asentamientos era La Meca, que a comienzos del siglo VII se había convertido en una próspera ciudad.

Los valores tradicionales de los clanes nómadas se centraban en el coraje y el honor del hombre individual y su clan. No había Estado, y las obligaciones eran contraídas con el propio grupo de parentesco, no con la sociedad en sentido amplio. Los asaltos, asesinatos y robos se consideraban como infracciones contra la familia o el clan, que habían de resolverse mediante la venganza y las contiendas sangrientas. La religión era una cuestión de identificación con una deidad individual que viajaba con el grupo tribal... a la manera en que, en el Antiguo Testamento, el Arca de la Alianza viajaba con los «Hijos de Israel» en sus peregrinajes por el desierto.

Esos valores no propiciaban una manera fácil de resolver las tensiones y conflictos provocados cuando algunos de los nómadas adoptaron una vida sedentaria. Los campesinos establecidos de antiguo y las gentes que vivían en las ciudades hacía tiempo que habían roto con aquellos códigos de conducta. El cristianismo floreció en el sur de Arabia, y muchos cultivadores de los oasis se habían convertido al judaísmo o a una de las variedades del cristianismo. En una ciudad como La Meca, la mezcla de nómadas, mercaderes, artesanos y campesinos vino acompañada de discusiones entre los diferentes puntos de vista religiosos. Estos tenían implicaciones prácticas, pues los antiguos valores y dioses excluían la instauración de un único código legal o de conducta que invalidara la lealtad al clan y la tribu.

La crisis se agudizó por lo que estaba pasando en los grandes imperios fronterizos con Arabia: Bizancio y Persia. A finales del siglo VI, Persia le había arrebatado Egipto y Siria a Bizancio durante un breve lapso de tiempo que puso fin a 900 años de dominio grecorromano. Pero la sociedad persa misma estaba sumida en una profunda crisis, provocada por el descuido en que sus aristócratas rurales tenían los sistemas de irrigación de Mesopotamia que habían permitido el florecimiento de las ciudades. Los estragos de la guerra empeoraron las cosas. En los dos imperios se produjeron empobrecimientos de las masas y malestar social[57]. El mundo entero parecía hallarse en estado de caos.

---

[57] Para un estudio exhaustivo de la expansión y el descuido de los sistemas de irrigación en Mesopotamia, que señala que la culpa no era solamente de la guerra, sino también de los «impuestos onerosos» y de «la devolución de la autoridad a la nobleza rural», véase R. M. Adams, *Land Behind Baghdad,* Chicago, 1965, pp. 69, 80-82.

Este era el mundo en el que Mahoma, un huérfano de una de las familias de comerciantes menos importantes de La Meca, creció e intentó, sin mucho éxito, ganarse la vida como comerciante. El caos a su alrededor lo experimentó como un desconcierto mental en el que ninguna de las visiones del mundo y los valores en conflicto parecían tener sentido. Mahoma se sintió impulsado a tratar de instaurar cierta coherencia en su propia vida y en la sociedad en que vivía. Una serie de visiones en las que creyó que Dios (Alá en árabe) le hablaba moldearon las diversas concepciones religiosas por las que había pasado, hasta forjar un nuevo modelo. Recitó estas palabras a otros, que las escribieron en lo que se llamó el Corán, y gradualmente formó un grupo de seguidores, principalmente miembros jóvenes de las diferentes familias de comerciantes de La Meca.

El mensaje que Mahoma predicó tenía mucho en común con el cristianismo y el judaísmo de los agricultores y los habitantes de las ciudades árabes. Oponía un único dios a los múltiples dioses en competencia de los pastores nómadas. Los viejos códigos de los clanes y las tribus los sustituyó por la creencia en obligaciones «universales» para todos los creyentes. Atrajo a los pobres al elogiar la protección contra la opresión arbitraria, pero no rechazó a los ricos siempre que estos mostraran caridad. Lo mismo que el cristianismo primitivo, también tuvo cierto atractivo para las mujeres de las ciudades (en el grupo de Mahoma había mujeres cuyos maridos le eran sumamente hostiles). Aunque tenía a las mujeres por inferiores a los hombres (aceptando, por ejemplo, la obligación de que llevaran velo, como en el Imperio bizantino), predicó que los hombres, en cuanto «superiores», respetaran a las mujeres en lugar de maltratarlas, y concedió a estas ciertos derechos de propiedad.

Su aspecto puramente religioso implicaba la incorporación de una serie de mitos bíblicos y prácticas religiosas de los judíos y los cristianos. Pero en una cuestión importante el mensaje difería de las versiones del cristianismo de la época. No se trataba simplemente de un conjunto de creencias o normas de conducta moral. Era también un programa político para la reforma de la sociedad, para la sustitución de la «barbarie» de la rivalidad, a menudo armada, entre las tribus y familias gobernantes por una comunidad o *umma* ordenada en función de un único código legal.

Este aspecto político de la doctrina de Mahoma llevó a choques con las familias gobernantes de La Meca, al exilio de su grupo en la ciudad de Medina, y a su regreso con un ejército a La Meca en el año 630 a.C. para comenzar a instaurar un nuevo Estado. Tuvo éxito porque consiguió formar un núcleo de jóvenes comprometidos con una única concepción del mundo, al tiempo que establecía alianzas tácticas con grupos guiados por propósitos muy diferentes: con personas de las ciudades y agricultores que meramente querían paz, con familias de comerciantes deseosas de los beneficios que un Estado árabe fuerte les reportaría y con líderes tribales que esperaban sustanciosos botines de las luchas.

El nuevo Estado estaba en buena posición para sacar ventaja de las crisis gemelas de los grandes imperios. Mahoma murió en el 632, pero sus primeros dos sucesores o «califas», Abú Bakr y Omar –discípulos de primera hora procedentes de familias de comerciantes–, también supieron cómo combinar los principios religiosos y el pragmatismo político. Las energías de tribus y clanes enemistados las encauzaron en ataques a las opulentas ciudades de los dos grandes imperios, y sobre la marcha descubrieron lo débiles que eran esos imperios. Una tras otra, sus ciudades fueron rindiéndose a los ejércitos árabes: Damasco en el 636, la capital persa de Ctesifón en el 637, la ciudad egipcia llamada Babilonia (hoy integrada en El Cairo) en el 639, y Alejandría en el 642. En el plazo de diez años, los seguidores de Mahoma habían creado un enorme imperio en los territorios de las civilizaciones históricas de Oriente Próximo.

Los éxitos fueron, en parte, resultado de un empleo muy inteligente del potencial bélico de las tribus de pastores. Los jefes islámicos vieron que, atravesando a toda velocidad desiertos aparentemente impenetrables a lomos de camellos, se podía caer por sorpresa y con gran fuerza sobre las ciudades de los imperios fronterizos. En gran parte supieron utilizar los vastos espacios del desierto como las cañoneras del Imperio británico utilizaron los océanos para golpear a voluntad a ejércitos a la defensiva que sólo se podían mover a una fracción de la velocidad de aquellas[58], o como las fuerzas armadas modernas utilizan a los paracaidistas para alcanzar objetivos distantes a voluntad[59].

Pero los éxitos fueron también prueba de cuánto odiaban a los gobernantes de los antiguos imperios sus propios pueblos. Los judíos y los cristianos «no ortodoxos», que con frecuencia constituían la mayoría de la población urbana, dieron la bienvenida a los ejércitos árabes, especialmente porque al

---

[58] La analogía es de Bernard Lewis, en B. Lewis, *The Arabs in History,* Londres, 1966, p. 55 [ed. cast.: *Los árabes en la historia,* Barcelona, Edhasa, 1996, p. 67].

[59] La analogía es de Peter Brown, en P. Brown, *op. cit.,* pp. 192-193 [ed. cast. cit.: p. 231].

principio los conquistadores musulmanes no intentaron crear nuevas estructuras estatales o convertir a las poblaciones a su religión. Por el contrario, dejaron intacta la mayor parte de las antiguas administraciones y respetaron las creencias de cristianos, judíos y seguidores persas de Zoroastro por igual. Todo lo que exigieron fue el pago de impuestos regulares como tributo y la confiscación de las tierras pertenecientes al Estado y a aquellos aristócratas que seguían oponiéndose a su gobierno. A la masa de la población esas condiciones les parecieron menos onerosas que las de los antiguos imperios.

Un escritor judío contaba cómo «el Creador ha traído el Reino de Ismael [es decir, a los árabes] para salvaros de la maldad», mientras que un historiador cristiano de Siria dijo: «Dios [...] nos libró de los romanos por mediación de los árabes [...] para que nos salvaran de la crueldad de los romanos y de su implacable odio hacia nosotros»[60].

Los beneficiarios inmediatos de la conquista fueron los líderes de los ejércitos tribales árabes y las familias principales de La Meca. El botín de la conquista se lo repartieron, y al cabo de pocos años conformaban una aristocracia árabe: una casta superior sumamente acaudalada pero muy poco numerosa, que vivía en ciudades de barracones recientemente construidas al borde del desierto y que cobraba a la población tributos en forma de impuestos, pero dejaba que las tierras de los antiguos imperios las siguieran gobernando los terratenientes y funcionarios locales.

Sin embargo, en el seno de los ejércitos victoriosos las fricciones eran continuas, pues algunas de las tribus árabes creían que habían salido perdiendo en la distribución de los frutos de la victoria. Las frustraciones fueron en aumento en la década del 640, hasta que estalló una guerra civil que dejó su huella en toda la historia del islam. Tras el asesinato en el 644 del segundo califa, Omar, a manos de un esclavo, el poder había pasado a Ozmán, un mahometano de primera hora pero también miembro de la familia de comerciantes más poderosa de La Meca, que no hizo sino aumentar el encono. Fue asesinado en el 656. La elección de Alí, primo y yerno de Mahoma, como califa provocó la guerra abierta entre ejércitos musulmanes rivales, hasta que lo mataron algunos de sus propios seguidores, conocidos como los jariyíes, que se oponían a sus intentos de reconciliarse con sus oponentes. El poder pasó a un primo de Ozmán que instauró una dinastía hereditaria conocida como los omeyas, el nombre de su familia.

---

[60] Ambos citados en B. Lewis, *op. cit.*, p. 58 [ed. cast. cit.: p. 71].

A los ojos de muchos, la familia victoriosa estaba asociada con los vicios contra los que Mahoma había predicado. Alí y su hijo Huseín (asesinado por un ejército omeya en el 680) se convirtieron en mártires para todos aquellos que recordaban los tiempos de Mahoma, que consideraban como un modelo de pureza que se había corrompido. Una y otra vez en la historia posterior del islam, la llamada a un regreso a los tiempos de Alí o de los dos primeros califas ha sido un llamamiento a la insurrección contra el orden vigente por parte de un grupo social u otro. Sigue motivando a muchas organizaciones «fundamentalistas islámicas» de hoy en día.

De momento, sin embargo, los omeyas supervisaron la consolidación del imperio, cuya capital establecieron en Siria. Los ejércitos árabes reanudaron sus avances hasta que tomaron Kabul y Bujara en el este, y llegaron al Atlántico por el oeste. Esto reportó aún más riquezas para la aristocracia árabe de los antiguos líderes tribales y comerciantes, quienes vivían con gran lujo en las ciudades fortificadas y gastaban enormes sumas en la construcción de palacios para sí mismos. Por debajo de ellos, otros miembros de los ejércitos árabes estaban exentos de pagar impuestos y recibían pensiones procedentes de los botines y tributos de conquista.

Las clases urbanas y la revuelta religiosa

La unificación de una enorme área en un único imperio estimuló extraordinariamente el comercio de bienes de lujo. Los comerciantes, tenderos, empleados y artesanos acudieron en masa a las ciudades fortificadas para instalarse en suburbios cada vez más populosos en torno a las murallas y subvenir a las necesidades de los gobernantes árabes, sus palacios, sus ejércitos y sus administradores. En su mayoría no eran árabes, pero se sintieron atraídos por la religión de sus gobernantes, que después de todo no era tan diferente de las religiones monoteístas que habían dominado en los antiguos imperios. Pero los musulmanes árabes no tenían mucho interés en extender a los recién llegados su derecho religioso a la exención de impuestos y a una parte de los tributos. Así que los neófitos fueron llamados *mawali* y excluidos de los privilegios de los árabes, que se consideraban a sí mismos como los únicos musulmanes genuinos.

Para cuando el Imperio árabe cumplió un siglo, los musulmanes no árabes eran mayoría en las ciudades del imperio e imprescindibles para sus industrias y comercio, que los comerciantes árabes habían abandonado para convertirse en una nueva aristocracia. Su importancia como administradores era también creciente. Pero seguían siendo objeto de discriminaciones.

Grupos musulmanes disidentes que se llamaban a sí mismos *Shi'atu Ali,* el partido de Alí (o chiíes para abreviar), no tardaron en encontrar su público, lo mismo que los jariyíes, que creían que también Alí había sucumbido al compromiso y la corrupción. Y así como antaño un sector de las clases urbanas de La Meca había visto en la doctrina de Mahoma una concepción del mundo que le permitía luchar contra un orden social ingrato, así ahora a las clases urbanas esa doctrina les pareció igualmente útil para luchar contra el Estado instaurado por sus lugartenientes. Era una llamada a la creación de un nuevo orden que acabara con la opresión que entorpecía el desarrollo de esas clases.

Algunos historiadores consideran que los conflictos que se produjeron pusieron a los persas en contra de los árabes[61]. Pero en realidad la clase alta persa apoyaba a los omeyas, mientras que entre los descontentos se incluían muchos árabes:

> La aristocracia persa superviviente cooperó con el Estado árabe siempre y cuando el Estado reconociera sus privilegios. La conversión había cambiado su ortodoxia zoroastriana por una musulmana. Los habitantes de las ciudades y los campesinos persas islamizados cambiaron sus herejías zoroastrianas por islámicas dirigidas contra la aristocracia, tanto árabe como persa[62].

A medida que las tensiones crecían, hubo una serie de revueltas lideradas por diversos *mahdis* («guiados»), que predicaban el nacimiento de un nuevo orden religioso y social. Fueron derrotados. Pero luego, a mediados del siglo VIII, se reanudaron las discordias entre los líderes de los ejércitos árabes.

Un descendiente de la familia de Mahoma por la línea «hachemí», Abú-l-Abbas, explotó la situación en beneficio propio. Le dio el visto bueno a uno de los esclavos liberados de su familia, Abú Muslim, para que provocara una agitación religiosa y social en el sudoeste de Persia. Abú Muslim recabó apo-

---

[61] Véase, por ejemplo, P. Brown, *op. cit.,* p. 200 [ed. cast. cit.: pp. 240-241].

[62] B. Lewis, *op. cit.,* p. 72 [ed. cast. cit.: p. 88]. Para un estudio en detalle de las disputas entre los ejércitos árabes, véase el capítulo «The Islamic Opposition», en M. G. S. Hodgson, *The Venture of Islam, vol. 1, Classical Age of Islam,* Chicago, 1974.

yos en secreto hasta que las condiciones estuvieron maduras para un levantamiento popular. Una tras otra, las ciudades del oeste de Persia declararon su
apoyo levantando el estandarte abasí, que era negro, un color asociado con
los grupos milenaristas. Abú Muslim marchó sobre el Éufrates, donde derrotó a un importante ejército omeya. Esa «extensa y exitosa propaganda revolucionaria» allanó el camino para que Abú-I-Abbas derrotara a los omeyas,
condenara a muerte a toda la familia e instaurara una nueva dinastía, los abasíes[63]. Los pobres que esperaban una liberación no tardaron en verse defraudados. Los gobernantes abasíes se volvieron rápidamente contra sus propios
partidarios «extremistas», y ejecutaron a Abú Muslim y a varios de sus compañeros. Sin embargo, esto fue algo más que un mero cambio de dinastía.

Bernard Lewis llega al punto de afirmar que «en la historia del islam fue
una revolución tan importante [...] como las revoluciones francesa o rusa en
la historia de Europa»[64]. Algunos historiadores se refieren incluso a ella como
una «revolución burguesa»[64a]. Desde luego, los abasíes utilizaron la movilización de las masas descontentas para llevar adelante una completa reorganización del poder imperial. Hasta entonces el imperio había sido dirigido por
una aristocracia militar exclusivamente árabe, cuyos orígenes se hallaban en
la guerra y en la conquista en pos de tributos. Bajo los abasíes, el islam se
convirtió en una religión genuinamente universal en la que creyentes árabes y
no árabes eran tratados cada vez más de la misma manera y en la que los orígenes étnicos no eran decisivos... por más que siguiera habiendo ricos y pobres. Surgió «un nuevo orden social basado en una pacífica economía agrícola y comercial y con una cosmopolita clase dirigente formada por funcionarios,
comerciantes, banqueros y los *ulemas,* la clase de los eruditos, juristas, maestros y dignatarios religiosos»[65]. Un símbolo del cambio fue el desplazamiento
de la corte a una grandiosa capital nueva, Bagdad, situada en la más fértil
zona irrigada de Mesopotamia y en una importante ruta comercial hacia la
India, sólo a unos kilómetros de la antigua capital persa, Ctesifón.

La revolución abasí abrió paso a un siglo o más de avance económico.
Los grandes valles fluviales de Mesopotamia y el Nilo florecieron con la

---

[63] B. Lewis, *op. cit.,* p. 80 [ed. cast. cit.: p. 97].

[64] *Ibid.*

[64a] Según B. Lewis, «Government, Society and Economic Life Under the Abbasids and
Fatimids», en J. M. Hussey (ed.), *op. cit.,* vol. IV, I parte, p. 643. Véase también S. Gotein,
Studies in Islamic History and Institutions, Londres, 1966, pp. 221-240.

[65] B. Lewis, *The Arabs in History,* cit., p. 81 [ed. cast. cit.: p. 100].

producción de trigo, cebada, arroz, dátiles y aceitunas. Los gobernantes imperiales repararon los canales de irrigación de Mesopotamia, y los rendimientos agrícolas parecen haber sido altos[66]. El cultivo del algodón, traído de la India, se extendió desde el este de Persia hasta España. El comercio del imperio era vasto. Los comerciantes viajaban a la India, Sri Lanka, las Indias Orientales y China, lo cual propició el asentamiento de comerciantes árabes en las ciudades del sur de China. El comercio también se extendió desde el mar Negro hasta Rusia remontando el Volga –con alijos de monedas árabes encontrados incluso en Suecia–, hasta África a través de Etiopía y el valle del Nilo y, por mediación de los comerciantes judíos, hasta Europa occidental.

Junto con la expansión del comercio se produjo la aparición de algo semejante a un sistema bancario. Bancos con oficinas principales en Bagdad tenían sucursales en otras ciudades del imperio, y había un complicado sistema de cheques y letras de crédito[67], lo cual acabó con la necesidad para los comerciantes de acarrear grandes cantidades de oro o plata de un extremo al otro del imperio. Era posible firmar un cheque en Bagdad y cobrarlo en Marruecos. Los mandamientos coránicos contra el préstamo de dinero con intereses hacían que muchos banqueros fueran cristianos o judíos… si bien, como Maxime Rodinson ha señalado, los hombres de negocios islámicos no tardaron en hallar maneras de saltarse la norma[68].

También florecieron las industrias de base artesanal: principalmente textiles, pero asimismo la alfarería, la metalistería, el jabón, los perfumes y la fabricación de papel (aprendido de China). El florecimiento de la vida comercial y de las ciudades se reflejó en la literatura y el pensamiento, donde el «recto mercader» se consideró «como el tipo ético ideal»[69]. Los famosos cuentos de *Las mil y una noches* presentan «la vida de una burguesía de comerciantes y artesanos con su estrato superior de acaudalados hombres de negocios, comerciantes de grano, arrendatarios de impuestos, importadores y nobles rurales absentistas»[70].

---

[66] B. Lewis, *op. cit.,* p. 86 [ed. cast. cit.: p. 104].

[67] *Ibid.,* p. 91 [ed. cast. cit.: p. 111].

[68] Véase su argumento en M. Rodinson, *Islam and Capitalism,* Londres, 1974 [ed. cast.: *Islam y capitalismo,* Buenos Aires, Siglo XXI, 1973].

[69] B. Lewis, *op. cit.,* p. 91 [ed. cast. cit.: p. 111].

[70] G. E. von Grunebaum, «Muslim Civilisation in the Abbasid Period», en J. M. Hussey (ed.), *op. cit.,* vol. IV, I parte, p. 679.

Fue en este periodo cuando los eruditos religiosos comenzaron a compilar recuerdos autorizados de los dichos de Mahoma (los «hadices») y códigos formales de la ley islámica (la *Sharia*). Hoy en día estos códigos se presentan muchas veces en Occidente como expresiones de la pura barbarie en cuanto opuesta a los valores supuestamente «humanos» y «civilizados» de cierta «tradición judeocristiana». Pero en los siglos IX y X tales códigos representaban, en parte, los valores de comerciantes y artesanos que trataban de liberarse del arbitrario gobierno de los funcionarios imperiales y los aristócratas rurales; y lo hacían de un modo que contrastaba acusadamente con lo que prevaleció en el Bizancio «cristiano», no digamos en el sistema feudal que se estaba desarrollando en Europa occidental. Como dice una erudita historia del islam, la ley de la *Sharia* se erigió sobre «expectativas igualitarias de movilidad relativa [...] que mantenía su autonomía frente a los imperios agrarios». Los comerciantes y los artesanos podían esperar «la reconstitución de toda la sociedad sobre bases más abiertamente estructuradas, más igualitarias y contractuales, y buscar la legitimación en el islam»[71].

En general, este fue uno de esos periodos de la historia en los que los choques de valores producidos por cambios rápidos en la sociedad han llevado a un florecimiento de la inquietud intelectual. Todavía no había una única interpretación ortodoxa del islam, y escuelas rivales batallaban por las mentes de las personas. Las clases inferiores de las ciudades se vieron atraídas por las diversas herejías chiíes: concepciones que con frecuencia llevaban al intento de revueltas contra el imperio.

Mientras tanto, los poetas, los eruditos y los filósofos acudían en masa a Bagdad desde todas partes del imperio, con la esperanza de merecer el patrocinio de algún acaudalado cortesano, terrateniente o comerciante. Tradujeron al árabe las obras de la filosofía, la medicina y las matemáticas griegas, persas o siriacas (el idioma de la antigua Siria). Filósofos como al-Kindi, al-Farabi e Ibn Sina (normalmente conocido en Occidente como Avicena) trataron de dar una explicación racional del mundo a partir de las ideas de Platón y Aristóteles. Matemáticos como al-Juarazmi, al-Buzjani y al-Biruni combinaron y desarrollaron las herencias de Grecia y la India. Los astrónomos construyeron astrolabios y sextantes, y midieron la circunferencia de la Tierra.

---

[71] M. G. S. Hodgson, *op. cit.,* vol. II, p. 65.

Parásitos y parálisis

El Imperio musulmán, desde luego, contrastaba agudamente no sólo con la Europa de la Edad Oscura, sino también con la estancada Bizancio. Sin embargo, adolecía de graves defectos que le impidieron alcanzar los grados de dinamismo, innovación y avance técnico de China.

En primer lugar, el florecimiento de la vida y la cultura urbanas no se vio acompañado por un correspondiente avance en las técnicas de producción. La revolución abasí creó un espacio para la expansión del comercio y permitió la influencia de las clases medias urbanas en el funcionamiento del Estado. Pero el poder real seguía en manos de grupos todavía esencialmente parásitos de la producción de otros. La corte real adoptó cada vez más las formas de una monarquía oriental, con enormes gastos destinados a alimentar los egos de sus gobernantes y a impresionar a sus súbditos. Los funcionarios del Estado confiaban en hacer enormes fortunas mediante los sobornos y el desvío de ingresos del Estado a sus propios bolsillos. Incluso los mercaderes enriquecidos con el comercio consideraban la especulación con la propiedad rural o el arriendo de impuestos como más fructíferos que las inversiones en mejorar la producción.

En su inmensa mayoría, las industrias urbanas se basaban en la producción a pequeña escala por artesanos individuales. El desarrollo de talleres más grandes que utilizaran trabajo asalariado fue escaso, excepto en unas cuantas industrias bajo dirección estatal en lugar de gestionadas por empresarios privados. Los funcionarios del Estado no tardaron en cercenar también los beneficios del comercio. Sus intentos de controlar la especulación en alimentos básicos se expandieron hasta su conversión en esfuerzos por monopolizar ellos mismos el comercio de ciertas mercaderías.

Los avances en el campo durante las primeras décadas abasíes desaparecieron pronto. Una vez los sistemas de riego volvieron a alcanzar sus antiguos niveles, hubo una tendencia a que los fondos estatales necesarios para mantenerlos se desviaran hacia otros fines y otros bolsillos. La tierra pasó progresivamente a manos de grandes terratenientes a los que sólo interesaban los beneficios a corto plazo necesarios para mantener un estilo ostentoso de vida en Bagdad. Ejercían una presión cada vez mayor sobre los cultivadores e introdujeron el trabajo esclavista en las grandes fincas. Como en la antigua Roma, los campesinos no sólo perdieron sus tierras, sino que también asistieron a la contracción del mercado de trabajo asalariado. Y los esclavos no compartían el interés del propietario campesino por la fertilidad a largo plazo del suelo.

La «superestructura» cada vez más sofisticada de la clase dirigente resultaba progresivamente más onerosa para un campo en el que la producción dejó de crecer. Como señala un importante estudio sobre la agricultura en las sucesivas civilizaciones mesopotámicas, las clases urbanas dominantes «se mostraban poco interesadas por los avances agrícolas. Por el contrario, su preocupación por las intrigas cortesanas y la corrupción, así como su implicación en guerras civiles, minaron aún más los recursos de los campesinos. Intentos miopes de mantener o aumentar los ingresos fiscales mediante prácticas corruptas y predatorias del arriendo de impuestos agravaron más la situación»[72].

Las condiciones naturales –en especial los posibles perjuicios de la salinización (los depósitos de sal) de los suelos– implicaban que incluso con los más esmerados cuidados habría sido difícil elevar los rendimientos de la tierra muy por encima de los niveles alcanzados siglos antes. Ahora bien, la negligencia llevó a un desmoronamiento devastador. Hubo «un cese del cultivo y de asentamientos en lo que antaño habían sido las zonas más prósperas bajo control del califato»[73]. A comienzos del siglo XIII, un observador pudo informar:

> Ahora todo son ruinas, y todas las ciudades y aldeas son montículos… Ninguno de los sultanes estaba interesado por la construcción y la edificación. Su único objetivo era recaudar impuestos y consumirlos[74].

La decadencia económica de su centro provocó una fragmentación política del Imperio islámico, lo cual aceleró la decadencia económica. Cuando los ingresos de la tierra cayeron, la corte imperial intentó cada vez más financiarse a expensas de los comerciantes y puso la responsabilidad de las finanzas de las provincias en manos de los gobernadores, los cuales se recompensaron a sí mismos con lo recaudado. Los gobernadores no tardaron en ser virtualmente independientes en sus propias regiones.

Al mismo tiempo, los intentos de los califas por reducir su dependencia de tropas árabes potencialmente rebeldes fracasaron. Los pueblos turcos del

---

[72] R. M. Adams, *Land Behind Baghdad,* cit.

[73] *Ibid.,* p. 87.

[74] Yaqut, citado en *ibid.,* p. 87. Véase también la explicación que da Adams de lo ocurrido en toda la zona irrigada, pp. 99-106.

Asia central actuaban cada vez más como mercenarios y como *mamelucos:* grupos de esclavos que desempeñaban funciones militares para la casa imperial. Con el tiempo, los líderes de esas tropas se volvieron lo bastante poderosos para poner y deponer a los califas mismos, hasta que los califas pasaron a no ser más que una presencia nominal que formalizaba decisiones tomadas por otros.

En el siglo XI el imperio se había desintegrado. España, Marruecos y Túnez eran reinos separados desde hacía mucho tiempo. La Persia oriental era gobernada por dinastías que no debían más que un respeto nominal a los califas de Bagdad. Insurgentes pertenecientes al sector ismailí del chiismo habían instaurado un califato rival en Egipto, Siria, el oeste de Arabia y la región Sind de la India. En el siglo XI, su capital recientemente construida, El Cairo, con su magnífica mezquita al-Azhar, rivalizaba con Bagdad como centro del islam, y su gobierno concitó las aspiraciones revolucionarias de los musulmanes disidentes desde Egipto a Samarkanda, aunque lo que con el tiempo afrontó fue una revuelta de sus propios ismailíes disidentes que dio lugar a la secta drusa que todavía sobrevive en el Líbano.

La fragmentación del mundo islámico no llevó, en sí misma, al inmediato desmoronamiento económico o a la pérdida cultural generalizada. Bagdad entró en decadencia y acabó por ser saqueada por un ejército mongol en 1258, pero Egipto siguió prosperando durante dos siglos, y la cultura islámica floreció, pues desde Córdoba, al oeste, hasta Samarkanda y Bujara, al este, cortes rivales competían por patrocinar la labor de eruditos e intelectuales.

Muchos de los problemas que habían acuciado al imperio no tardaron en afligir a sus estados sucesores. Estos florecieron porque, durante un cierto periodo, fueron capaces de volver a poner en funcionamiento un mecanismo productivo existente y de dedicarse al comercio a larga distancia. Ello no era lo mismo que aplicar nuevos métodos de producción que pudieran elevar a la sociedad en su conjunto a un nivel superior. En Egipto, las economías de las prósperas ciudades administrativas y comerciales de Alejandría y El Cairo seguían siendo parasitarias de las aldeas del valle del Nilo y su delta. Alimentos y otras materias primas llegaban del campo como impuestos para los gobernantes y como rentas para los terratenientes. Pero era poco lo que en forma de herramientas más avanzadas o ayudas para la mejora de la producción devolvían las ciudades a las aldeas, donde se llevaba una vida apenas diferente a la de mil años atrás. Este parasitismo estaba condenado a acabar minando las economías de las ciudades mismas. En el siglo XII, había partes del dominio egipcio lo bastante débiles como para ser presa de los cruzados, un montón de ladrones reunidos bajo la dirección de fanáticos religiosos y procedentes de una Europa occidental con un nivel de civilización inferior al de los imperios islámicos. Los éxitos de los cruzados constituyen los primeros avances de Europa occidental que la sacaban de su atraso en una época en que la Edad Media estaba estancada. En el siglo siguiente, sólo una toma del poder por los líderes de los mamelucos, los esclavos militares turcos, impidió que Egipto cayera, como Persia, en manos de los mongoles.

Para entonces el gran periodo de la cultura y la ciencia islámicas había terminado. A medida que el islam penetró en el campo –durante siglos había sido un credo sobre todo urbano–, se hizo dependiente de la popularidad de los movimientos «sufíes» de ascéticos y místicos, algunos de los cuales eran venerados como «santos» tras su muerte. En efecto, una jerarquía de dioses menores mágicos y milagrosos se reintrodujo en lo que se suponía que era una religión monoteísta. El debate racional se convirtió en cosa del pasado cuando un sistema de escuelas religiosas, las *madrasas,* se pusieron a enseñar una ortodoxia única –especialmente dirigida contra las herejías chiíes– y los dirigentes religiosos trataron de imponerla a la sociedad en su conjunto. Aprender pasó a significar conocer el Corán y los hadices, más que desarrollar una comprensión del mundo. Esto fue sofocando cada vez más el pensamiento independiente y los avances científicos. A comienzos del siglo XII, el poeta y matemático Omar Jayam lamentaba «la desaparición de los hombres sabios, de los cuales sólo queda un puñado pequeño en número pero grande en tribulaciones»[75], a pesar de que las ciudades árabes de España seguían siendo un faro del saber para los eruditos de la Europa del siglo XIII, y fue allí donde Ibn Jaldún desarrolló en el siglo XIV ideas que anticipaban los hallazgos de los pensadores ilustrados franceses y escoceses del siglo XVIII[76].

El ascenso de la civilización islámica en los siglos VII y VIII fue debido a la manera en que los ejércitos árabes y luego la revolución abasí reunieron una zona que abarcaba del Atlántico al Indo bajo una doctrina que consideraba al comerciante y al artesano tan importantes como el terrateniente y el general. Fue esto lo que permitió que los productos, las innovaciones técnicas, las

---

[75] Citado en G. E. von Grunebaum, art. cit., p. 693.

[76] Lo hizo precisamente analizando la dinámica de ascenso, revolución y decadencia en los 700 años anteriores de civilización islámica. Véase Ibn Jaldún, *The Muqaddimah,* Londres, 1987 [ed. cast.: *Introducción a la historia universal,* Córdoba, Almuzara, 2008].

técnicas artísticas y los conocimientos científicos viajaran de un extremo al otro de Eurasia y se realizaran genuinas aportaciones a la herencia de los antiguos imperios de Mesopotamia, Egipto, Grecia y Roma, de la India clásica y de la China coetánea. Pero, por lo mismo, la decadencia de la civilización islámica a partir del siglo X se debió a las limitaciones de la revolución abasí. En realidad, fue sólo una semirrevolución, pues permitió que los comerciantes y los artesanos influyeran en el Estado, pero no les concedió el control sobre este.

Manteniendo el equilibrio entre las clases urbanas y las grandes clases terratenientes, la maquinaria estatal se volvió omnipotente. Cobraba impuestos a todas las clases, recompensaba a sus generales y burócratas con enormes fincas, absorbía los excedentes que podrían haberse empleado para el desarrollo de la base productiva de la sociedad, y acabó por llevar a un enorme número de productores agrícolas por debajo del nivel de subsistencia necesario para que continuaran trabajando y los rendimientos totales no se hundieran. Esto, a su vez, restringió el mercado para los comerciantes y fabricantes, a los cuales incentivó poco para que pasaran de la producción artesanal a algún rudimentario sistema de fábricas. Los avances tecnológicos se detuvieron –ni siquiera la imprenta se introdujo en el mundo musulmán, a pesar de que los comerciantes que habían viajado a China la conocían– y la masa del pueblo siguió hundida en la pobreza y la superstición. La civilización quedó restringida a un estrato relativamente pequeño de la población, y comenzó a marchitarse conforme se fueron deteriorando las condiciones económicas que lo sostenían.

Los imperios islámicos se vieron frecuentemente sacudidos por revueltas: rebeliones de los que se identificaban con el líder revolucionario asesinado Abú Muslim, rebeliones de los que consideraban a uno u otro descendiente de Alí como representante de un islam puro que los califas habían corrompido, rebeliones de los habitantes de las ciudades, rebeliones de los campesinos, la mayor la rebelión Zanj de esclavos negros en las salinas del sur de Mesopotamia, que duró dieciséis años en el siglo IX[77], y la rebelión ismailí que llevó al poder al califato rival en Egipto.

Sin embargo, ninguna de estas rebeliones logró encontrar una salida al punto muerto en que encallaron las revueltas de la antigua Roma o las revoluciones campesinas en China. Dieron expresión a un enorme descontento,

---

[77] Véase, por ejemplo, G. E. von Grunebaum, art. cit., p. 682.

normalmente de forma religiosa. Pero ni presentaron ni podían comenzar a presentar un proyecto para la reorganización de la sociedad sobre nuevas bases. Los medios por los que la masa de las personas se procuraba el sustento no habían avanzado lo bastante para que ello fuera posible.

La civilización islámica, como la de los periodos T'ang y Sung en China, fue importante por cuanto puso las semillas del desarrollo posterior. Pero el aplastante peso de las antiguas superestructuras impidió que esas semillas echaran raíces... hasta que se las transplantó a una primitiva región de Eurasia en la que esa superestructura apenas existía.

V   Las civilizaciones africanas

Los colonizadores europeos del siglo XIX y comienzos del XX describieron África como «el Continente Oscuro». Según ellos, carecía de civilización y de historia, su vida era «vacía, carente de interés, una barbarie brutal», según un tal profesor Egerton de la Universidad de Oxford[78]. Sus prejuicios eran tan fuertes que el geólogo Carl Mauch, uno de los primeros europeos en visitar los restos de la ciudad del siglo XII Gran Zimbabue, estaba convencido de que no podía ser de origen local, sino que debía de haber sido construida por personas no negras del norte como una copia del templo de Salomón en Jerusalén[79]. El historiador *tory* Hugh Trevor-Roper escribió en 1965: «En África no existe otra historia que la europea. El resto es sobre todo oscuridad»[80].

Sin embargo, todos los procesos que llevaron al surgimiento de la civilización en Eurasia y en las Américas se dieron también en África, y no solamente una vez, sino varias. Egipto es el ejemplo más evidente. Aunque ciertos aspectos de su civilización estuvieron probablemente influidos por los contactos con Mesopotamia, sus raíces se encuentran en desarrollos independientes producidos en el sur de Egipto, entre pueblos del oeste y del sur que se asentaron en el valle del Nilo[81]. El historiador griego Heródoto se refirió a

---

[78] Citado en B. Davidson, *Africa in History,* Londres, 1992, p. 61.

[79] Citado en G. Connah, *African Civilisations,* Cambridge, 1987, p. 183.

[80] H. Trevor-Roper (lord Drace), citado en A. Callinicos, *Theories and Narratives,* Cambridge, 1995, p. 167.

[81] Véase, por ejemplo, K. W. Butzer, *Early Hydraulic Civilisation in Egypt,* Chicago, 1976, pp. 9-12; M. Stone, *Egypt Making,* Londres, 1991, pp. 27-29; y para un reportaje sobre los

la civilización kusita de Nubia (Nilo arriba más allá de Asuán), que brevemente conquistó Egipto a comienzos del primer milenio antes de Cristo y que desarrolló su propia escritura fonética. Los romanos sabían de la civilización de Axum en Etiopía, que abrazó el cristianismo pronto, estaba en contacto con el sur de Arabia (algunos de los primeros seguidores de Mahoma huyeron allí para evitar la persecución en La Meca) y también desarrolló su propio alfabeto. Comerciantes de la India, los imperios musulmanes e incluso de China estuvieron en contacto con ciudades establecidas a lo largo de toda la costa africana oriental hasta Mozambique al sur. En 1331, uno de ellos, Ibn Battuta, describió Kilwa, en la Tanzania de nuestros días, como «una de las ciudades más bellas y mejor construidas del mundo»[82]. Hasán al-Wazzán (más conocido por su sobrenombre romano, León el Africano), un moro exiliado de Granada, describió la travesía del Sahara desde Marruecos para visitar unas dos docenas de reinos a lo largo del río Níger a comienzos del siglo XV. Escribió que Tambó (Tombuctú) era una ciudad de muchos miles de personas, con «muchos magistrados, doctores eruditos y hombres de religión», donde «hay un gran mercado de libros manuscritos de los países bereberes, y se obtienen más beneficios de la venta de libros que de cualquier otra mercadería»[83]. Otras civilizaciones surgieron en las selvas de la costa occidental de África, donde la ciudad de Benín causó enorme impresión a los primeros portugueses que la visitaron, así como a lo largo de una ancha franja de África central desde el reino del Congo, en el norte de Angola, hasta Buganda, en la Uganda de nuestros días.

La secuencia seguida por el surgimiento de cada una de estas civilizaciones es esencialmente la misma que la que se dio en el caso de las civilizaciones euroasiáticas y amerindias. En regiones particulares, las personas desarrollaron formas de cultivo que les proporcionaban excedentes suficientes para que, en el seno de antiguas estructuras comunitarias, se produjeran los inicios de una polarización entre linajes dirigentes y otros. Luego, algunos de estos linajes dirigentes cristalizaron en clases dirigentes que explotaban al resto de

---

monumentos megalíticos en el sur de Egipto hacia 4500 a.C., véase «Tribe In Sahara Were The First To Aim For The Stars», en *The Guardian,* 2 de abril de 1998.

[82] Citado en G. Connah, *op. cit.,* p. 150.

[83] Leo Africanus [León el Africano], *History and Development of Africa,* vol. 1, Londres, 1896 [ed. cast.: *Descripción general del África y de las cosas peregrinas que allí hay,* Granada, El Legado Andalusí, 2004]. Para una excelente recreación de ficción de sus viajes, véase A. Maalouf, *Leo the African,* Londres, 1994 [ed. cast.: *León el Africano,* Madrid, Alianza, 2001].

la sociedad, mientras que en la masa de la población aparecían grupos de artesanos y comerciantes junto a la masa de campesinos y pastores.

En ocasiones, estos desarrollos recibieron un impulso del impacto de otras civilizaciones. Egipto, evidentemente, influyó sobre Nubia; el sur de Arabia (donde ya existían núcleos urbanos en el 1000 a.C.) influyó probablemente sobre Etiopía, justo al otro lado del mar Rojo; los comerciantes indios y árabes ejercieron un impacto en la costa africana oriental. Pero esto sólo pudo ocurrir porque independientemente ya habían surgido tendencias capaces de aprovecharse de esas influencias. Los comerciantes sólo visitaban lugares como la costa oriental porque ya había sociedades complejas con algo con lo que comerciar.

Los cambios más importantes en las formas en que los diversos pueblos de África se procuraban el sustento se dieron de manera completamente independiente de las influencias externas. Esto tuvo que aplicarse a la domesticación de las plantas, si no por otras razones, porque los cultivos que se daban en las antiguas civilizaciones de Eurasia y el valle del Nilo no habrían prosperado en los climas tropicales y subtropicales de la mayor parte del África subsahariana. Los pueblos africanos desarrollaron formas propias de agricultura. Mucho tiempo después, eso se aplicó también a la producción de hierro. Los herreros del África occidental aprendieron a fundir las menas de hierro aproximadamente en la misma época en que el conocimiento del modo de hacerlo se extendía por Eurasia hacia el 1000 a.C. Pero las técnicas que emplearon fueron bastante diferentes, lo cual indica un desarrollo independiente[84].

La agricultura y el hierro combinados transformaron la faz del África subsahariana. El número de pueblos de habla bantú en el África occidental que adoptaban estos métodos creció a lo largo de los siglos, lo cual les llevó, entre el 2000 a.C. y el 500 d.C., a desplazar a muchos de los cazadores-recolectores

---

[84] Véase D. W. Phillipson, *African Archaeology,* Cambridge, 1985, p. 170; Jared Diamond llega al extremo de sostener que «los herreros africanos descubrieron cómo producir altas temperaturas en los hornos de sus aldeas y fabricar acero con 2.000 años de antelación a los hornos Bessemer europeos y estadounidenses del siglo XIX» (J. Diamond, *Guns, Germs and Steel,* cit., p. 394 [ed. cast. cit.: p. 452]). M. J. van der Merwe y T. A. Wertime creen que el conocimiento de la fabricación del hierro se difundió originalmente a través del Sahara desde las regiones costeras mediterráneas, pero reconocen que los herreros africanos desarrollaron técnicas que llevaban a la fabricación directa de acero, más que de hierro forjado. Véanse sus ensayos en T. A. Wertime y J. D. Munly (eds.), *The Coming of the Age of Iron,* New Haven, 1980.

en origen predominantes en el centro y el sur de África. Normalmente, a partir del 500 d.C. estos pueblos con importantes excedentes agrícolas o bien situados para el comercio comenzaron a experimentar la transición a las divisiones en clases y la vida urbana. El comercio puso a las ciudades de la costa oriental en contacto con las demás civilizaciones del océano Índico. Los núcleos urbanos del África occidental se convirtieron en parte de una red comercial que se extendía hasta el Nilo y Egipto por un lado y, a través del Sahara, hasta Marruecos, por otro. Esos contactos les permitieron atajar en el largo proceso de desarrollo de una escritura propia al adoptar la de los árabes... y con ella la religión islámica, más adecuada a la atmósfera de la vida urbana que las antiguas creencias «paganas».

Los desarrollos indígenas habían producido, por este orden, las civilizaciones egipcia, nubia y etíope. En el siglo XV ya existían otras civilizaciones en todo el continente, de costa a costa, por más que en ocasiones intercaladas con los pueblos llamados «primitivos» que vivían en sociedades preclasistas. A través del islam, se conectaron con el sistema mundial de comercio mucho antes de que los europeos desembarcaran en sus costas (es más, una explicación de la decadencia de la antigua Zimbabue estriba en una caída internacional del precio del oro que exportaba en el siglo XV)[85].

Los pueblos de África sí acabaron siendo víctimas del emergente sistema mundial; tanto, que sus civilizaciones quedaron absolutamente borradas de los anales de la historia por una ideología racista que las trató como «subhumanas». Pero las razones se encuentran en un accidente geográfico.

Eurasia se extiende de oeste a este. Hay vastos cinturones de tierra que comparten esencialmente el mismo clima y, por consiguiente, son adecuados para la misma clase de plantas: el trigo, la cebada y el centeno se cultivan desde Irlanda hasta Pekín, y el arroz se cultiva desde Corea y Japón hasta el océano Índico. Hay también algunas barreras naturales que impiden la expansión de especies animales domesticadas. Los caballos, las vacas, las ovejas y las cabras pueden prosperar virtualmente en todas partes, con exclusión de las regiones desérticas que se dan aquí y allá. De manera que los avances agropecuarios pudieron extenderse con relativa rapidez, pues dependían de que las personas aprendieran de vecinos que trabajaban bajo similares condiciones. Sucesivas hordas de humanos eran también capaces de barrer la masa continental de un extremo a otro, a veces trayendo destrucción, como suce-

---

[85] G. Connah, *op. cit.,* p. 213.

dió con los hunos y los mongoles, pero también trayendo conocimientos de nuevas técnicas.

Por contra, África discurre de norte a sur y tiene varios cinturones climáticos diferentes. Las plantas que florecen en el Magreb o en Egipto no crecen fácilmente en la región de las sabanas, mientras que cultivos que prosperan allí son inútiles en las regiones tropicales que flanquean el ecuador[86]. Por consiguiente, las mejoras locales en las técnicas agropecuarias rara vez fueron de importancia más que regional hasta que nuevos métodos revolucionarios de transporte les permitieron saltarse las barreras climáticas. Había también una enorme barrera natural para la expansión hacia el sur de la cría de reses: la mosca tse-tse en la región africana central. Los granjeros con vacas domesticadas tenían grandes dificultades para llegar a las tierras del sur de África, ideales para las reses. Hasta el siglo XV la navegación por alta mar desde la costa occidental fue imposible, porque en ninguna parte del mundo se disponía de la tecnología naval necesaria para hacer frente a los vientos dominantes. La costa oriental era fácilmente accesible, pero para las personas no era fácil hacer el viaje hasta las tierras altas del interior. Y el Sahara, que parte el continente en dos desde el Atlántico hasta el Nilo, fue un obstáculo para los más osados viajeros incluso tras la domesticación del camello hacia el 500 d.C.

Incluso en la Edad Oscura, los pueblos atrasados de Europa –como los británicos, los alemanes y los escandinavos– podían acabar recibiendo los conocimientos de las innovaciones técnicas y las mejoras agrícolas procedentes de China, la India u Oriente Próximo. Podían beneficiarse de avances realizados al otro lado de la mayor masa terrestre del mundo. Las civilizaciones del África subsahariana tuvieron que depender mucho más de sus propios recursos. Estaban relativamente aisladas, en un continente de la mitad de tamaño y con aproximadamente un sexto de la población de Eurasia. Ello no constituyó una barrera insuperable para el desarrollo de la sociedad, como la secuencia de sucesivas civilizaciones demuestra. Pero las puso en fatal desventaja cuando acabaron por enfrentarse con los rapaces visitantes de la región antes atrasada de Europa occidental, para la que había sido mucho más fácil adoptar y desarrollar técnicas procedentes del otro extremo de Asia.

---

[86] J. Diamond, *op. cit.,* pp. 177-191 [ed. cast. cit.: pp. 205-222].

VI El feudalismo europeo

Los comerciantes de las grandes ciudades islámicas como El Cairo y Córdoba viajaban mucho hace mil años[87]. Cualquiera de ellos que entrara en las cortes reales del norte de Europa debía de quedar fuertemente impresionado por la situación que se encontraba.

El territorio estaba dividido entre baronías guerreras, a menudo separadas entre sí por densos bosques o pantanos. Cada una era una economía virtualmente autosuficiente, con sus habitantes dependiendo casi por entero de lo producido en sus tierras. Para los campesinos esto significaba una dieta dominada por el pan y las gachas, y ropa hilada y tejida en sus propias casas con áspera lana o lino. También significaba el regalo de al menos dos quintos de sus energías laborales al señor, bien en forma de trabajo no remunerado o pagado en especie. En cuanto siervos, los campesinos no tenían libertad para abandonar ni la tierra ni al señor.

El nivel de vida de la familia del señor era mucho más alto, aunque también se limitaba a lo que los campesinos podían producir. Los castillos de los señores eran rudimentarios, hechos de madera y rodeados por empalizadas de madera y adobe. Protegían contra los elementos. Sus ropajes, mucho más abundantes que los de los campesinos, tenían un tacto sólo un poco más suave, y los señores pocas veces eran más cultos. Necesitaban pericia como jine-

---

[87] Véanse los datos que a partir de la investigación sobre los documentos de la sinagoga de El Cairo se ofrecen en S. D. Goitein, *Studies in Islamic History and Institutions,* Leiden, 1966, p. 297.

tes y en el empleo de armas para defender sus territorios frente a otros señores y para castigar a los campesinos recalcitrantes; no necesitaban saber leer y
escribir, y la mayoría no se molestaba en aprender esas destrezas. Cuando los
señores con haciendas más grandes querían llevar registros escritos, recurrían
al pequeño grupo social que había conservado el conocimiento de la escritura
y la lectura: el pequeño estrato de los monjes y clérigos alfabetizados.

Había unos cuantos productos –la sal, el hierro para las rejas de arado, los
cuchillos y las armas de los señores– que se adquirían a comerciantes. Pero
estos eran muy diferentes de las acaudaladas clases de mercaderes de las civilizaciones orientales, y más bien parecían cobradores de extorsiones o quin-
calleros, pues andaban por los senderos de los bosques y por caminos apenas
reconocibles de fangosos.

Había también pocas ciudades, y «países enteros, como Inglaterra y casi
todos los territorios germanos, carecían por entero de ciudades»[88]. Las ciudades que existían eran poco más que centros administrativos para los nobles o
las instituciones religiosas, y constaban de unas cuantas casas arracimadas en
torno a un castillo, un monasterio o una iglesia grande.

Sin embargo, este apéndice sumamente atrasado del gran continente eura-
siático acabó por convertirse en la cuna de una nueva civilización que arrolla-
ría a todas las demás.

De esta transformación se han dado toda clase de explicaciones, desde lo
maravilloso a lo obsceno, pasando por lo absurdo. Algunos la atribuyen a la
tradición «judeocristiana», a pesar de que su lado cristiano no demostró, desde luego, mérito alguno durante los últimos años del Imperio romano, la
Edad Oscura en Europa o el estancamiento de Bizancio. Otros la atribuyen a
un clima supuestamente favorecedor del «trabajo» y la «empresa»[89], lo cual
lleva a cuestionar cómo consiguieron florecer las primeras grandes civilizaciones. El obsceno intento de explicarla en términos de la supuesta superioridad
«racial» de los europeos cae en el primer asalto, dado el mucho tiempo que
estos permanecieron atrasados. Otra línea de pensamiento atribuye el ascenso de Europa a factores «contingentes»; en otras palabras, que fue un acci-

---

[88] G. Duby, *Rural Economy and Country Life in the Medieval West,* Londres, 1968, p. 5
[ed. cast.: *Economía rural y vida campesina en el Occidente medieval,* Barcelona, Península,
1968, p. 15].

[89] Esta, por ejemplo, es parte de la explicación de David Landes en su muy celebrado libro *The Wealth and Poverty of Nations,* cit. [ed. cast.: *La riqueza y la pobreza de las naciones,*
Barcelona, Crítica, 2003].

dente. Según la historia tradicional dominante, fue la aparición fortuita de una serie de grandes hombres; según los seguidores del sociólogo alemán Max Weber, fue el feliz ascenso del calvinismo y la «ética protestante»; según algunos académicos norteamericanos[90], fue el casual resultado de los enfrentamientos entre campesinos y señores en la Inglaterra del siglo XV, sin vencedores ni vencidos.

Los rezagados toman la delantera

Todas estas explicaciones pasan por alto una cuestión evidente. Fue el mismo atraso de Europa el que animó a las personas a adoptar, de otras partes, nuevas formas de procurarse el sustento. Lentamente, a lo largo de muchos siglos, comenzaron a aplicar técnicas ya conocidas en China, la India, Egipto, Mesopotamia y al-Ándalus. Lo mismo que había sucedido en la China de los Sung o en el califato abasí, hubo el correspondiente cambio, lento pero acumulativo, en las relaciones sociales de la sociedad en su conjunto. Pero esta vez se produjo sin que el enorme peso muerto de una vieja superestructura imperial asfixiara el avance continuo. Fue el mismo atraso de Europa el que le permitió adelantar a los grandes imperios.

Los avances económicos y técnicos ni fueron automáticos ni dejaron de encontrar trabas en el camino. Una y otra vez, las viejas estructuras dificultaban, obstruían y a veces cerraban los nuevos caminos. Como en otras partes, hubo grandes revueltas que fueron aplastadas, y movimientos que prometían una nueva sociedad y acabaron reproduciendo la antigua. Fértiles zonas fueron convertidas en desiertos yermos, y prósperas ciudades acabaron como ruinas desoladas. Hubo guerras espantosas y sin objeto, bárbaras torturas y esclavizaciones masivas. Pero al final surgió una nueva organización de la producción y de la sociedad, muy diferente de todo lo antes conocido en la historia.

Los primeros cambios se dieron en la agricultura. Quienes vivían de la tierra durante la Edad Oscura quizá fueran analfabetos, supersticiosos e ignorantes de lo que pasaba en el resto del mundo. Pero sabían de dónde provenía su sustento y se prepararon, lentamente, para adoptar nuevos métodos

---

[90] Como los llamados «marxistas políticos» Robert Brenner y Ellen Meiksins Wood. Véase, por ejemplo, el propio ensayo de Robert Brenner en T. Ashton (ed.), *The Brenner Debate,* Cambridge, 1993.

de cultivo que les permitieran llenarse más fácilmente la barriga si se les daba la oportunidad. En el siglo VI, un arado de nuevo diseño, «el arado pesado con ruedas», capaz de labrar los suelos pesados aunque fértiles, apareció entre los eslavos del este de Europa y se extendió hacia el oeste durante los siguientes 300 años[91]. Con él llegaron nuevos métodos de pastoreo, que utilizaban la bosta del ganado para fertilizar la tierra. Todo lo cual permitió a una familia campesina incrementar su rendimiento agrícola en un 50 por 100, con «un modelo agrario que producía más carne, productos lácteos, cuero y lana que nunca antes, pero al mismo tiempo mejoraba las cosechas de cereales»[92]. Según un historiador económico, «demostró ser el método agrario más productivo, en relación con la mano de obra empleada, que el mundo había visto hasta entonces»[93].

En los siglos siguientes aún se introdujeron más técnicas nuevas, como la adopción del método empleado en Asia central para enganchar los caballos –el cual permitía sustituir a los bueyes, mucho más lentos al arar– y el empleo de habas y otras legumbres para reponer el suelo. Según el renombrado historiador francés del campesinado medieval Georges Duby, el efecto acumulativo de estas innovaciones fue la duplicación de las cosechas de grano en el siglo XII[94].

Tales cambios se produjeron lentamente. Sylvia Thrupp ha sugerido que «las mejores tasas medievales de crecimiento económico general […] llegaron quizás al 0,5 por 100»[95]. No obstante, tras 300 o 400 años esto equivaldría a una transformación de la vida económica.

Tales avances dependían en gran medida de la ingenuidad de los productores campesinos. Pero también requerían de algo más: que los señores feudales permitieran que una porción de los excedentes se dedicaran a la mejora agrícola en lugar de apoderarse de todo. Los nobles eran hombres burdos y

---

[91] L. White, «The Expansion of Technology 500-1500», en C. Cipolla (ed.), *Fontana Economic History of Europe,* vol. 1, *The Middle Ages,* cit., p. 147 [ed. cast. cit.: p. 156]. Véase también G. Duby, *op. cit.,* pp. 18-19 [ed. cast. cit.: pp. 31-32].

[92] L. White, art. cit., p. 149 [ed. cast. cit.: p. 159].

[93] *Ibid.,* p. 146 [ed. cast. cit.: p. 156].

[94] G. Duby, «Medieval Agriculture», en C. Cipolla (ed.), *op. cit.,* pp. 196-197 [ed. cast. cit.: p. 209]. De hecho, los avances de la productividad en la China Ch'en y T'ang quizá fueran tan grandes como los que se produjeron en Europa, pero esto no resta importancia a lo que ocurrió.

[95] S. Thrupp, «Medieval Industry», en C. Cipolla (ed.), *op. cit.,* p. 225 [ed. cast. cit.: p. 240].

rapaces. Habían adquirido y conservaban sus tierras por la fuerza. Su riqueza dependía de la coacción directa, no de la compraventa, y buena parte de ella la gastaban en lujos y en guerrear. Pero seguían viviendo en sus haciendas; no eran una clase de propietarios absentistas, como los de la Roma republicana tardía o los años finales del poder abasí. Incluso los más estúpidos comprendieron que no tendrían nada más de lo que vivir o con lo que luchar si, a fuerza de robar a los campesinos, la cosecha del año siguiente no se sembraba. Como ha señalado el historiador alemán de la economía Kriedte, «los señores tenían que proteger la economía del campesino a toda costa», y «por tanto [...] socorrer a los campesinos en las emergencias que se produjeran por las malas cosechas u otras causas»[96]. Dotar a los campesinos de arados mejorados significaba mayores excedentes que dedicar al consumo de lujo y a la guerra, y algunos señores «pusieron bajo su protección las herramientas de hierro, especialmente los arados»[97]. A lo largo de todo el periodo feudal, señores feudales individuales organizaron y financiaron la roturación de nuevas tierras. Fueron la fuerza impulsora en la expansión de la primera y, durante mucho tiempo, más importante forma de mecanización, el molino hidráulico.

Como a otras clases dirigentes, a los señores feudales les preocupaba sobre todo la explotación. Empleaban mano de obra campesina no remunerada para construir un molino, obligaban a los campesinos a moler en él su grano... y les cobraban por ello. Pero, durante un cierto periodo de la historia, su preocupación por aumentar el nivel de explotación también llevó a algunos de ellos a promover avances en los medios de producción.

La clase dirigente feudal no la componían solamente nobles guerreros. Muchos de los latifundios se hallaban en manos de instituciones religiosas: abadías y monasterios. «Abades, obispos, arzobispos, por su fortuna, por el poder, por la vocación de mando, [...] se equiparaban con los más altos barones. [...] Inmensas fortunas se constituyeron [...] en manos de comunidades monásticas o de prelados»[98]. En ocasiones, la cultura de los monjes servía para acceder a los escritos sobre tecnología de Grecia y Roma, así como de los imperios bizantino y árabe: «Si uno busca los primeros molinos, molinos hi-

---

[96] P. Kriedte (ed.), *Industrialisation before Industrialisation,* Cambridge, 1981, p. 19 [ed. cast.: *Industrialización antes de la industrialización,* Barcelona, Crítica, 1991, p. 37].

[97] J. Le Goff, *Medieval Civilisation,* Oxford, 1988, p. 59 [ed. cast.: *La civilización occidental medieval,* Barcelona, Paidós, 1999, p. 57].

[98] M. Bloch, *Feudal Society,* Londres, 1965, p. 346 [ed. cast.: *La sociedad feudal,* Madrid, Akal, 1988, pp. 367-368; reimp. 2002].

dráulicos o molinos de viento, o progresos en técnicas de labranza, uno muchas veces ve a las órdenes religiosas en la vanguardia»[99].

La plena adopción de nuevas técnicas implicaba un cambio en las relaciones entre los señores (fueran estos guerreros o religiosos) y los cultivadores. Los grandes terratenientes acabaron por abandonar la derrochadora práctica romana del trabajo esclavo: una práctica que perduró hasta tan tarde como el siglo X. Entonces comenzaron a descubrirle ventajas a la «servidumbre», a la parcelación de la tierra entre las familias de campesinos a cambio de una participación en la producción. Los siervos tenían un incentivo para trabajar tanto como pudieran y para emplear nuevas técnicas en sus parcelas. Con el crecimiento de los rendimientos totales crecieron también los ingresos de los señores, especialmente cuando se valieron de su poder militar para someter a servidumbre a campesinos previamente libres. Lo que Bois llama «la revolución del año mil» puso punto final a la esclavitud agrícola… y supuso la definitiva instauración de la servidumbre feudal como un modo más dinámico de producción que el antiguo sistema romano[100].

La importancia de lo que sucedió en el campo entre los años 1000 y 1300 es demasiado fácilmente subestimada por aquellos de nosotros para los que la comida es algo que compramos en los supermercados. La duplicación de la cantidad de comida producida por cada familia de campesinos transformó las posibilidades para la vida humana en toda Europa. Quien controlara la comida extra podría intercambiarla por los bienes que traían los comerciantes viajeros o eran producidos por los artesanos.

Dicho groseramente, el grano podía cambiarse por seda para la familia del señor, hierro para sus armas, mobiliario para su castillo, vino y especias para complementar sus comidas. También podía convertirse en medios que aumentaran la productividad de los cultivadores campesinos: arados de madera con rejas de hierro, cuchillos, hoces y, en algunos casos, caballos con bridas, con bocados y herraduras.

Con el suministro de esos productos en mercados regulares el humilde quincallero pudo transformarse en un respetable mercader y el respetable

---

[99] J. Le Goff, *Medieval Civilisation,* p. 198 [ed. cast. cit.: p. 173].

[100] Véase G. Bois, *The Transformation of the Year 1000,* Mánchester, 1992 [ed. cast.: *La revolución del año mil,* Barcelona, Grijalbo Mondadori, 1997]. Para un análisis crítico de sus opiniones véase mi reseña de la obra, «Change at the First Millennium», en *International Socialism* 62 (primavera de 1994).

mercader en un acaudalado comerciante. Los pueblos comenzaron a revivir cuando los artesanos y comerciantes se asentaron en ellos y abrieron tiendas y talleres en torno a castillos e iglesias. Se desarrollaron redes comerciales que vincularon alrededor de ciudades en expansión a las aldeas antes aisladas e influyeron en el modo de vida de amplias zonas[101]. A fin de obtener dinero con el que comprarse objetos lujosos y armas, los señores animaban a los siervos a producir cultivos destinados al comercio y a sustituir los servicios laborales o los bienes en especie por rentas dinerarias. Algunos encontraron una fuente extra de ingresos en los derechos que podían cobrar a los comerciantes por permitir los mercados en sus territorios.

La vida en las ciudades era muy diferente de la vida en el campo. Los comerciantes y los artesanos eran individuos libres no sujetos directamente al poder de un señor. Había un dicho alemán: «El aire de la ciudad te hace libre». A las clases urbanas les costaba cada vez más aceptar las prerrogativas de la clase señorial. Los comerciantes y artesanos que necesitaban trabajo extra recurrían a siervos que habían escapado a la situación de sometimiento en que se hallaban en haciendas vecinas. Y cuando las ciudades crecieron en tamaño y riqueza, adquirieron los medios de defender su independencia y libertad, y construyeron murallas y organizaron milicias urbanas.

La civilización del siglo XIII

Con el tiempo, todos los aspectos de la sociedad cambiaron. La explicación clásica del feudalismo europeo del historiador francés Marc Bloch llega al punto de hablar de una «segunda edad feudal», en la cual las relaciones entre los señores feudales mismos se transformaron. Los reyes se volvieron más influyentes. Fueron capaces de formalizar su poder en el ápice de la jerarquía feudal. Mediante la concesión a diversas ciudades de cierto grado de autogobierno, pudieron utilizarlas como contrapeso de los nobles. E intentaron establecer redes nacionales de tribunales en los que fueran sus funcionarios, en lugar de los nobles, quienes administraran «justicia»... si bien los

---

[101] J. Le Goff, «The Town as an Agent of Civilisation», en C. M. Cipolla (ed.), *op. cit.,* p. 79 [ed. cast. cit.: p. 85]. Para el papel de esos pequeños pueblos recientemente establecidos en las haciendas de los señores en Inglaterra, véase R. Hilton, «Lords, Burgesses and Hucksters», en *Past and Present* (noviembre de 1982).

nobles por lo general se las arreglaron para seguir siendo omnipotentes en los asuntos que afectaran a sus propias haciendas.

La vida intelectual también se transformó. Los comerciantes necesitaban llevar cuentas y registros por escrito de los contratos de una manera que los señores feudales del periodo anterior desconocían. También preferían leyes formales y escritas a los juicios *ad hoc* celebrados en las aldeas por los señores. Algunos hicieron el esfuerzo de aprender a leer y escribir, y lo hicieron en las lenguas vernáculas que hablaban. La lectura y la escritura ya no estuvieron confinadas en los monasterios, y el latín dejó de ser la única lengua escrita. El saber pasó de los monasterios a las nuevas universidades establecidas en ciudades como París, Oxford y Praga, y los eruditos pudieron ahora ganarse la vida lejos del control directo de las autoridades eclesiásticas mediante la enseñanza remunerada. Mostraron un nuevo interés por el estudio serio de obras no religiosas del mundo griego y romano, y viajaban a Sicilia, al-Ándalus o incluso a Siria a fin de acceder a ellas a través de traducciones árabes[102]. Comenzaron a discutir entre sí sobre los méritos de Platón y Aristóteles, o sobre los del aristotélico andalusí Averroes.

Muchas veces al pensamiento medieval se lo asocia con la «escolástica»: discutir por discutir en base a referencias excesivamente minuciosas a textos. Pero la primera fase del nuevo pensamiento distaba de ser escolástica en este sentido. Implicaba el empleo de textos desde hacía mucho tiempo olvidados, a fin de intentar generar ideas nuevas. Así, Abelardo, que dominó la vida intelectual de la Universidad de París a comienzos del siglo XII, insistía: «El hombre de entendimiento es aquel que tiene la capacidad de comprender y ponderar las causas ocultas de las cosas. Con causas ocultas nos referimos a aquellas a partir de las cuales las cosas se originan, y estas han de investigarse mediante la razón, más que mediante la experiencia sensible»[103]. El místico san Bernardo de Claraval lo atacó por considerarse «a sí mismo capaz de, sólo mediante la razón humana, comprender al mismo Dios»[104].

La confianza en la razón no significaba que la nueva sabiduría hubiera de ser ajena a la actividad práctica. Fue el erudito Roger Bacon quien, por pri-

---

[102] Véase, por ejemplo, la lista de traducciones de textos científicos del árabe al latín en J. Gimpel, *The Medieval Machine,* Londres, 1992, pp. 176-177.

[103] Citado en J. Gimpel, *op. cit.,* p. 174.

[104] Citado en *ibid.*

mera vez en Occidente, puso por escrito la fórmula de la pólvora y quien exploró la manera de utilizar los espejos y las lentes para aumentar tamaños. Y fue otro sabio, Pedro de Maricourt, quien investigó las propiedades magnéticas y diseñó máquinas basadas en ellas[105].

A través de las traducciones de los eruditos se obtuvo información sobre las técnicas descubiertas más de mil años antes en Grecia, Roma o Alejandría, y sobre las técnicas que desde China habían llegado a las sociedades islámicas del Mediterráneo oriental y el Asia central. Estas se sumaron a las mejoras que los molineros, herreros y albañiles locales ya estaban llevando a cabo en las herramientas y el equipamiento, y el resultado fue «una pasión por la mecanización de la industria como ninguna cultura había conocido»[106].

Los molinos de agua comenzaron a mover los fuelles de los herreros y los batanes. El cigüeñal y el cigüeñal compuesto convertían el movimiento vertical en movimiento rotatorio (y viceversa), y el volante mantenía la rotación a una velocidad constante. La rueca y la brújula llegaron del Lejano Oriente en el siglo XII, y el timón sustituyó al remo de dirección en el siglo XIII, con lo cual se aumentó enormemente la fiabilidad del transporte marítimo. El descubrimiento de las lentes para los ojos significó que la disminución de la vista ya no terminaba con las carreras de empleados y estudiosos. El estribo en los caballos, los avances en la fabricación de armaduras, la ballesta, la catapulta y luego la pólvora y el cañón (utilizados por primera vez en 1320) transformaron la guerra. Y la humilde carretilla, casi inadvertidamente, alteró el carácter de muchas faenas agotadoras en los campos.

Tales avances técnicos subyacen al florecimiento pleno de la sociedad y la cultura medievales a finales del siglo XIII y comienzos del XIV. Por entonces, las «comunas», ciudades-Estado con gobierno propio, dominaban el paisaje político del norte de Italia y Flandes[107]. Escritores como Boccaccio, Chaucer y, sobre todo, Dante ganaron renombre mediante la producción de una literatura secular escrita en su lengua vernácula, a la que, de paso, le otorgaron el prestigio para iniciar su conversión en idioma «nacional». Y coronando las ciudades medievales estaban esos monumentos a su cultura, las grandes catedrales. Estas eran obras de construcción y arte inconcebibles sin los cambios agrícolas, técnicos e ideológicos de los siglos precedentes.

---

[105] Véase J. Gimpel, *op. cit.,* pp. 192-193.
[106] L. White, art. cit., p. 156 [ed. cast. cit.: p. 167].
[107] El sur de Bélgica y la parte más septentrional de Francia.

La crisis del siglo XIV

El periodo de crecimiento económico y avances técnicos no iba a durar. Pues se produjo en una sociedad dominada por una clase de señores feudales cuyo modo de vida todavía se centraba en el consumo de lujo, la preparación para la guerra y la idea del honor militar, algo que con el tiempo se convirtió en una rémora, en lugar de un acicate para el avance. Como es típico, la leyenda medieval celebró como «buenos reyes» a aquellos que, como Ricardo Corazón de León o «san» Luis IX, gastaron enormes sumas en liderar bandas de forajidos que saquearon por toda Europa y Asia Menor en su intento de desplazar a los musulmanes de Palestina en las «Cruzadas». Igual de despilfarradoras, y ruinosas para los territorios por los que pasaron, fueron las guerras con que los reyes normandos trataron de someter Escocia, Gales y buena parte de Francia e Irlanda además de Inglaterra, o las guerras que en la Italia del siglo XIII se entablaron entre los emperadores del Sacro Imperio Romano Germánico y los reyes franceses aliados con el papa[108]. En el mejor de los casos, a nuevas inversiones se dedicó el 1 o 2 por 100 de los ingresos[109].

Los señores se hallaban cada vez más lejos de los aspectos prácticos de la producción del trigo que consumían. Los descendientes de aquellos guerreros moradores de rudimentarias fortalezas ahora vivían en intrincados castillos, vestían sedas y se dedicaban a caros rituales cortesanos y caballerescos que afirmaban su superioridad sobre otros grupos sociales. Se consideraban a sí mismos una casta aparte de todos los demás, con derechos legales hereditarios sancionados por ceremonias religiosas sacras. En el seno de esta casta había una complicada gradación de categorías que separaba a los grandes aristócratas de los caballeros corrientes legalmente dependientes de ellos. Pero todos sus estratos despreciaban cada vez más a cualquiera implicado en la creación real de riqueza: fueran comerciantes pudientes, humildes artesanos o campesinos empobrecidos.

Papas, abades y obispos formaban parte de esta clase dirigente y compartían sus actitudes, pero tenían distintos intereses propios. A finales del siglo XI, una serie de papas «reformistas» habían aspirado a centralizar la red de aba-

---

[108] Para un estudio cabal, véase S. Runciman, *The Sicilian Vespers* [ed. cast.: *Las vísperas sicilianas,* Madrid, Alianza, 1979; reed. 2009 en Reino de Redonda].

[109] R. Roehl, «Pattern and Structure od Demand 1000-1500», en C. Cipolla (ed.), *op. cit.,* p. 133 [ed. cast. cit.: p. 142].

días y obispados a fin de imponer una estructura casi teocrática en toda Europa. Una de las consecuencias fue que la Iglesia trató de instaurar la paz entre los señores rivales y de convertirse en la influencia dominante en la sociedad. Otra fueron los disparatados despilfarro y devastación de las Cruzadas. Los papas utilizaron el llamamiento a «liberar» Jerusalén de los musulmanes «infieles» (que nunca habían impedido las peregrinaciones cristianas) y la perspectiva de botín para convencer a reyes, señores y caballeros de que reunieran enormes ejércitos bajo jurisdicción papal. No les preocupó que las hazañas de estos ejércitos incluyeran saqueos gratuitos de ciudades, masacres de mujeres y niños, violaciones, pillajes, pogromos contra los judíos, los musulmanes y los cristianos no católicos, además de la conquista y saqueo de Constantinopla en 1204[110]. Las guerras entre papas (aliados con el rey francés) y emperadores, que asolaron Italia en el siglo XIII, fueron otro producto de la ambición papal.

Los papas, obispos y abades también se dedicaron a la exaltación de los valores más amplios que compartían con los señores. Las catedrales, las grandes creaciones artísticas del periodo, fueron también el gran símbolo del poder de la clase dirigente, que hacía hincapié en el carácter ordenado por Dios de la sociedad, con jerarquías celestiales de ángeles, santos y humanos correspondientes con las jerarquías terrenales de reyes, señores, abades, obispos, caballeros y plebeyos.

El control por parte de la Iglesia de las mentes de la masa dependía de las supersticiones y creencias mágicas en las reliquias sacras y los milagros que florecieron en una sociedad en la que la vida era con frecuencia breve y casi siempre insegura. Esto llevó a los líderes eclesiásticos a temer las nuevas ideas que se propagaban por las ciudades. La fe en la razón de personas como Abelardo y Bacon podía minar el arraigo de la superstición, mientras que los monjes itinerantes que predicaban un evangelio de pobreza y humildad podían favorecer la «herética» creencia en que los «santos pobres» estaban autorizados a hacer la guerra a los «corruptos ricos». La Iglesia tomó medidas

---

[110] La historia clásica de las Cruzadas es la obra en tres volúmenes de Stephen Runciman *A History of the Crusades,* Harmondsworth, 1990 [ed. cast.: *Historia de las Cruzadas,* Madrid, Alianza, 1985]. El libro de bolsillo *The Crusades,* Londres, 1996, escrito por Terry Jones y Alan Ereira para la BBC, constituye una panorámica asequible. El hecho de que los cruzados consiguieran conquistar los territorios de una civilización que estaba mucho más avanzada que Europa fue resultado de las nuevas técnicas empleadas en la agricultura europea: un signo de los avances materiales. Pero esto no alteró el carácter destructivo y despilfarrador que las Cruzadas tuvieron para todos los que se vieron envueltos en ellas.

cada vez más drásticas contra las nuevas ideas. Otorgó reconocimiento oficial a los franciscanos moderados, pero persiguió a los *fratelli* «extremistas». Luego, en 1277, trató de proscribir 219 «execrables errores» (algunos de ellos sostenidos por el gran apologista de la cristiandad medieval tardía, Tomás de Aquino) de las enseñanzas de los eruditos. Roger Bacon parece haber estado bajo arresto domiciliario, y a los seguidores de Averroes se los obligó a abandonar París y refugiarse en Padua. Finalmente, en el transcurso del siglo XIV, nació la Inquisición y, con ella, la quema de personas por herejía. En la nueva atmósfera, los eruditos comenzaron a evitar los temas «peligrosos». Después de que Tomás de Aquino refundara la teología cristiana sobre la base de las ideas de Aristóteles –justificando de paso la jerarquía de aristócratas, caballeros, comerciantes, artesanos y campesinos–, el pensamiento medieval entró en una fase estéril verdaderamente escolástica, en la que no había ningún cuestionamiento de las bases de los dogmas de la Iglesia ni de las nociones sobre el mundo físico que los acompañaban.

Hacia el año 1300, en el corazón de la sociedad europea anidaba una enorme contradicción. La vida cultural y material había alcanzado una cima comparable con la de la civilización romana. Parecía que la sociedad avanzaba, por más que lentamente, en su huida de la pobreza, la inseguridad y la superstición. Sin embargo, la cúspide de la sociedad estaba cada vez más anquilosada, pues los señores hacían cada vez más rígidas las barreras que los separaban de las demás clases, la Iglesia se oponía a todo pensamiento discrepante y racional, y los excedentes que se gastaban en lujos, guerras y rituales no hacían sino crecer.

La contradicción alcanzó un punto crítico cuando las hambrunas se extendieron por gran parte de Europa, seguidas por una peste cuya virulencia se vio incrementada por la malnutrición general. En la gran crisis del siglo XIV murió la mitad de la población, se abandonó una cantidad enorme de aldeas y millones de hectáreas de tierras cultivadas se echaron a perder. Como dice Guy Bois, «durante más de un siglo [...] la mayor parte del continente [...] sufrió un enorme descenso de población y una regresión en capacidad productiva. En alcance y duración, el fenómeno carecía de precedentes históricos. Se produjo en una atmósfera de catástrofe: continuas epidemias, una guerra endémica y su estela de destrucción, confusión espiritual y alteraciones sociales y políticas»[111].

---

[111] G. Bois, *The Crisis of Feudalism,* Cambridge, 1984, p. 1. En realidad, probablemente sí había precedentes históricos igual de graves: por ejemplo, las crisis de las primeras civilizaciones antiguas o de la Mesopotamia medieval.

Lo mismo que con las crisis que sumergieron a civilizaciones anteriores en «edades oscuras», ha habido intentos de explicar lo que ocurrió en términos de causas naturales. Algunos historiadores culpan a un supuesto enfriamiento del clima en Europa. Pero esto no explica por qué las personas, con el paso de las décadas, no pudieron adaptarse y plantar cultivos nuevos y más resistentes: por ejemplo, cebada donde antaño habían cultivado trigo, y trigo donde antaño habían cultivado vid. Otros afirman que el crecimiento demográfico agotó todo el territorio cultivable. Pero parece improbable que se hubieran realmente puesto en uso todos los páramos y, en cualquier caso, eso no explica por qué los crecientes rendimientos agrícolas de los siglos precedentes dieron paso al estancamiento.

La auténtica causa de la crisis estribó en la carga creciente que, para la sociedad, suponía el sostenimiento del estilo de vida de la clase dirigente feudal. Por un lado, como Georges Duby señala, «en los países más avanzados [...] el sistema agrícola basado en los cereales comenzó a desestabilizarse debido a la exigencia del gradual crecimiento en los niveles de vida aristocrático y urbano» y a la creciente demanda de productos de lujo[112]. Por otro, había pocas inversiones nuevas en mejoras técnicas. Como Rodney Hilton apunta, «la estructura social y los hábitos de la nobleza rural no permitían la acumulación para la inversión favorecedora de la producción»[113].

Luchas de clases y movimientos milenaristas

La misma escala de la crisis produjo convulsiones en toda la sociedad. Incluso la clase dirigente pasó por dificultades. Hubo una «crisis de los ingresos señoriales»[114] producida en primer lugar por los problemas que planteaba la extracción de excedentes a un campesinado famélico, y luego por la acuciante escasez de mano de obra agrícola como consecuencia de las mortandades causadas por las hambrunas y la peste. Los señores se hicieron aún más propensos que en el pasado a guerrear entre sí, como en la aparentemente infini-

---

[112] G. Duby, «Medieval Agriculture», en C. Cipolla (ed.), *op. cit.,* p. 192 [ed. cast. cit.: p. 205].

[113] R. Hilton, *Class Conflict and the Crisis of Feudalism,* Londres, 1990, p. 171 [ed. cast.: *Conflicto de clases y crisis del feudalismo,* Barcelona, Crítica, 1988, p. 162]. Véase también G. Bois, *The Crisis of Feudalism,* cit., pp. 1-5.

[114] En palabras de Bois y Hilton.

ta «Guerra de los Cien Años» entre los monarcas ingleses y franceses. También trataron de completar sus ingresos exprimiendo más a las clases por debajo de ellos, los campesinos y los burgueses. La crisis económica propició enconadas luchas de clases.

Las batallas entre señores y campesinos no eran ninguna novedad. Por ejemplo, en el siglo X la resistencia a la servidumbre había llevado a un gran levantamiento en el norte de Francia. Como cuenta un poema posterior:

> Los villanos y los labriegos…
> convocaron varios parlamentos.
> Difundieron esta consigna:
> El que está más arriba, ese es el enemigo…
> Y varios de ellos juraron
> que nunca admitirían
> tener señor ni amo[115].

Una vez plenamente instaurado el feudalismo, a los campesinos les resultó más difícil desafiar al señor directamente. Este estaba armado de una manera en que aquellos no, ellos confiaban en que él les proporcionara ciertas herramientas y los alimentara en los años de malas cosechas, y el poder del señor contaba con el respaldo de las doctrinas de la Iglesia. Pero los campesinos aún podían oponer resistencia si las demandas del señor excedían los niveles acostumbrados. El hecho de que en cada finca individual sobrepasaban en número al señor y sus criados, así como los vínculos establecidos tras generaciones de convivencia y matrimonios mutuos en las mismas aldeas, les daban cierta fuerza.

En muchas zonas el rencor se recrudeció como nunca antes. En 1325 los campesinos libres del oeste de Flandes se alzaron en armas contra el pago de diezmos a la Iglesia o de derechos a los señores feudales. No fueron derrotados hasta que en 1328 intervino el rey de Francia. En 1358 una gran *jacquerie* –insurrección rural– en el valle del Sena, al norte de Francia, llevó a ataques a nobles y a la quema de castillos. En junio de 1381 la «revuelta de los campesinos» inglesa puso a Londres brevemente bajo el control de insurgentes rurales liderados por Wat Tyler (quien fue colgado tras cometer el error de fiarse del

---

[115] Citado en J.-P. Poly y E. Bournazel, *The Feudal Transformation,* Nueva York, 1991, p. 119 [ed. cast.: *El cambio feudal,* Barcelona, Labor, 1993, p. 127].

rey). Esa rebelión supuso el comienzo de la unión de todos los campesinos en demanda de su liberación de los señores feudales: «La abolición de la esclavitud y la servidumbre constituía el primero de los artículos del programa campesino»[116]. John Ball, el popular exsacerdote que contribuyó a inspirar la revuelta, predicaba un ataque sin contemplaciones a los privilegios de la nobleza: «Cuando Adán cavaba y Eva hilaba, ¿quién era entonces el caballero?».

Los campesinos flamencos en 1320 y la revuelta inglesa de 1381 contaron con el apoyo de ciertos sectores de la población urbana. Fueron habitantes de la ciudad los que abrieron las puertas de Londres a los campesinos, y los pobres de Londres se unieron a la multitud insurgente. Pero durante el siglo XIV también se produjeron grandes revueltas urbanas contra el viejo orden.

Algunas de ellas representaban una continuación de las luchas anteriores de la población urbana por conseguir su independencia de los señores locales. En Flandes hubo muchos conflictos de este jaez. En París, a finales de la década de 1350, algunos de los burgueses más ricos se aprovecharon de la oportunidad que les brindaba el encarcelamiento del rey por los ingleses para tomar el control de la ciudad. Étienne Marcel, miembro de una acaudalada familia de comerciantes, encabezó la entrada de 3.000 artesanos en el palacio real y obligó al heredero del rey, el Delfín, a fingirse brevemente partidario de la revuelta. En Florencia, al norte de Italia, las revueltas llegaron un peldaño más arriba en 1378, cuando la masa de artesanos corrientes del ramo de la lana, los *ciompi,* se volvió contra los jefes de sus gremios mercantiles y durante dos meses tomó en sus manos el control efectivo de la ciudad[117].

Esas muestras directas de beligerancia de clase no fueron la única manera en que la gente respondió a la devastación de sus vidas. En la Europa medieval había una larga historia de movimientos milenaristas, que combinaban el rencor popular contra los ricos con la expectativa religiosa de la Segunda Venida de Cristo y, a menudo, el odio a los extranjeros. Las Cruzadas oficiales de los papas propiciaron las Cruzadas no oficiales de las masas: las Cruzadas del «Pueblo», de los «Niños» y de los «Pastores». Hubo predicadores heréticos que recibieron un enorme apoyo cuando se proclamaron a sí mismos sucesores de Jesús. Como era típico, masas de gentes marcharon de ciudad en ciudad saqueando y recabando apoyo popular. Su encono lo dirigieron no

---

[116] R. Hilton, *Class Conflict...,* cit., p. 65 [ed. cast. cit.: p. 72].

[117] Para una explicación resumida de los acontecimientos, véase S. A. Epstein, *Wage Labor and Guilds in Medieval Europe,* North Carolina, 1991, pp. 252-253.

contra la clase dirigente feudal como tal, sino contra los sacerdotes corruptos y, especialmente, contra los judíos. Estos constituían una presa fácil. Eran el único grupo no cristiano en una sociedad en la que el cristianismo era la religión oficial; excluidos de la agricultura por la actitud de la Iglesia, se vieron obligados a dedicarse al comercio y la usura en los márgenes de la sociedad medieval; para defenderse, carecían del poder de las clases realmente acaudaladas. A los judíos se les ofrecía elegir entre la conversión inmediata al cristianismo o una ejecución sin dilaciones. Pero las turbas también arrastraron a sacerdotes por las calles y saquearon sus iglesias.

La crisis desencadenó una sucesión de tales confusos movimientos cuasirreligiosos. En 1309, en Flandes y el norte de Francia

> aparecieron columnas armadas, formadas por pobres artesanos y trabajadores junto con algunos nobles que habían despilfarrado sus riquezas. Estas personas mendigaron y saquearon por todas partes, mataron a judíos, pero también asaltaron […] castillos. […] Por fin atacaron el castillo del duque de Brabante […] que sólo tres años antes había derrotado a un ejército de obreros textiles y, según se decía, había enterrado vivos a sus líderes[118].

En 1320, columnas de pobres y desposeídos estaban de nuevo en marcha, liderados por un cura que había colgado los hábitos, un monje apóstata y profetas que proclamaban que un gran derramamiento de sangre anunciaría el alba de una nueva era. Asaltaron la cárcel de París e irrumpieron en el Palacio del Châtelet antes de marchar sobre Toulouse y Burdeos. En su camino iban matando a judíos[119]. Pero también denunciaron a los sacerdotes como «falsos pastores que roban a sus rebaños, y comenzaron a hablar de expropiar las propiedades de los monasterios». El papa, que residía en Aviñón, mandó una fuerza armada contra ellos y colgó a los participantes en grupos de 20 o 30[120].

El pánico desatado durante la Peste Negra de finales de la década de 1340 llevó a otro estallido de histeria religiosa: los flagelantes. Alentados por un pronunciamiento papal, bandas de hasta 500 hombres vestidos de idén-

---

[118] N. Cohn, *The Pursuit of the Millennium,* Londres, 1970, p. 102 [ed. cast.: *En pos del milenio,* Madrid, Alianza, 1993, p. 101; reed. 2013 en Pepitas de Calabaza].

[119] *Ibid.,* p. 103 [ed. cast. cit.: pp. 102-103].

[120] *Ibid.*

tica forma y cantando himnos marcharon a una ciudad en la que formaron un círculo y se pusieron a golpearse las espaldas rítmicamente con pinchos de hierro envueltos en cinturones de cuero, hasta que estuvieron cubiertos de heridas sangrantes. Creían que imitando los sufrimientos de Jesús en la Cruz se purgaban de los pecados que habían llevado al mundo a su estado presente y se garantizaban la entrada en el Paraíso. Su éxtasis religioso se combinaba con lo que hoy en día se llamaría un «pánico moral»: su creencia en que alguna conspiración debía de haber detrás de la repentina aparición de la Peste Negra. Masacraron a los judíos, a los que se acusó de propagar la epidemia mediante el envenenamiento de pozos… a pesar de que, por supuesto, los judíos se veían tan gravemente afectados por la epidemia como los cristianos. Pero también atacaron a los sacerdotes y hablaron de apoderarse de las riquezas de la Iglesia, lo cual provocó que el papa los denunciara en una «bula» y que diversas autoridades seculares ahorcaran y decapitaran a quienes no la obedecieron[121].

A comienzos de siglo XV surgió en Bohemia[122] una clase diferente de movimiento religioso, con algunas de las características de las anteriores revueltas urbanas producidas en Flandes, Francia e Italia, pero que también fue un ensayo de la gran Reforma protestante cien años posterior. La región había experimentado un rápido desarrollo económico. En ella se hallaba la más rica mina de plata de Europa y la sede del saber más importante del Sacro Imperio Romano (Germánico). Pero la mayor parte de la riqueza estaba en manos de la Iglesia, que poseía la mitad de las tierras. Esto era causa de un enorme malestar, no sólo entre las clases pobres urbanas y rurales, sino incluso entre muchos de los caballeros que hablaban checo en lugar de alemán.

El malestar halló expresión en el enorme apoyo prestado a las ideas de Jan Hus, un predicador y profesor universitario que hizo una vehemente campaña contra la corrupción de la Iglesia y la tesis de que el papa era el único intérprete de la voluntad divina. Hus contó incluso con cierto respaldo del rey de Bohemia, Wenceslao. Cuando en 1415 el emperador, a instancias del papa, quemó a Hus en la hoguera, virtualmente toda la población checa de Bohemia se rebeló y puso el control de la Iglesia y sus propiedades en manos locales.

El rey se volvió contra este movimiento, y los nobles y los comerciantes ricos se sentían cada vez más preocupados por la tendencia de los campesinos

---

[121] N. Cohn, *op. cit.,* pp. 139-141 [ed. cast. cit.: pp. 139-140].

[122] Actualmente la parte noroeste de la República Checa.

a rechazar la explotación de quien fuera, no sólo de la Iglesia. Los artesanos pertenecientes a la radical ala «taborita» del movimiento controlaron Praga durante cuatro meses antes de ser desplazados por los comerciantes, que esperaban reconciliarse con el papa y el emperador. Cuando estos decidieron aplastar la revuelta bohemia, la guerra duró una década. Las continuas vacilaciones de la nobleza checa y de los burgueses de Praga llevaron a las bases de los taboritas a adoptar ideas radicales, con eslóganes igualitarios como «Todos viviremos juntos como hermanos; nadie estará sometido a otro», «El Señor reinará y el Reino será entregado al pueblo de la tierra» y «Todos los señores, nobles y caballeros serán muertos y exterminados en las forestas como forajidos»[123]. No fue hasta mayo de 1434 cuando un ejército noble de 25.000 efectivos derrotó a los taboritas... con la ayuda de la deserción de uno de los generales de estos. No menos de 13.000 taboritas perdieron la vida.

Flandes, el norte de Italia, el norte de Francia, Gran Bretaña, Bohemia: la crisis del feudalismo provocó un ciclo de grandes rebeliones. Pero el poder de los señores feudales permaneció intacto. No surgió ninguna clase capaz de liderar al resto de la sociedad en un asalto al sistema.

Durante siglos los burgueses de las ciudades se habían resistido al poder de los señores. Pero los concejos que dirigían las ciudades tendían a ser oligarquías dominadas por grandes comerciantes que rara vez se oponían más que tímidamente a los señores feudales. Siendo parte del sistema feudal, tendían a aceptar gran parte de su ideología. Su ambición no era ni mucho menos siempre la de derrotar a los señores feudales, sino la de unirse a ellos: convertir la riqueza que habían obtenido a través del comercio en la riqueza, aparentemente más duradera, de poseer tierras, así como siervos que las labraran. En todos los momentos verdaderamente críticos, en el mejor de los casos vacilaban y trataban de reconciliarse con los señores, en el peor se unían a ellos para atacar a las masas. Lo ocurrido en el norte de Italia fue típico. A comienzos del siglo XIV esta era probablemente la parte económicamente más avanzada de Europa y la región menos afectada por la crisis. Una familia de mercaderes, los Médici, llegó a dominar su ciudad más importante, Florencia, con su enorme comercio textil. Pero en el siglo XV utilizaron su poder no

---

[123] Las citas proceden de N. Cohn, *op. cit.*, p. 215 [ed. cast. cit.: p. 215]. Para un estudio mucho más amplio del movimiento taborita, al que no ve como una simple cuestión de anhelos irracionales, véase K. Kautsky, *Communism in Central Europe in the Time of the Reformation*, trad. ingl. de J. L. y E. G. Mulliken, Londres, 1897, reimpreso en Nueva York, 1966.

para acabar con el feudalismo, sino para situarse a sí mismos como piezas clave en las maniobras de las familias de señores y príncipes, con lo cual provocaron la continua fragmentación de la zona en pequeños estados en guerra y, finalmente, la decadencia económica[124].

Los artesanos de las ciudades podían ser más radicales. Muchos de ellos habrían sido siervos de haber nacido una o dos generaciones antes y, lo mismo que los campesinos con los que convivían, pasaban hambre cuando las cosechas eran malas. Con frecuencia se enfrentaron a las oligarquías urbanas, y en ocasiones se sumaron a las insurrecciones rurales. Pero no eran un grupo homogéneo. Algunos de ellos eran relativamente prósperos al frente de sus propios talleres, en los que trabajaban su familia y quizás un par de empleados remunerados (los «oficiales») y aprendices. Otros eran mucho más pobres, y les aterraba la idea de verse obligados a incorporarse a las masas de indigentes que venían del campo a la busca desesperada de cualquier trabajo ocasional que se presentara. Por eso hubo tanto movimientos artesanales que aliaron a las ciudades con las revueltas en el campo como otros que se unieron a los comerciantes ricos. Por eso también es por lo que algunos sectores de las masas urbanas apoyaron el frenesí religioso de las «Cruzadas del Pueblo» y los flagelantes.

Finalmente, estaban los campesinos. Los levantamientos campesinos podían sacudir a la sociedad, pero los campesinos mismos –analfabetos, dispersos por el campo, cada uno preocupado por su propia aldea y por sus propias tierras– no podían concebir ningún programa realista para la reconstitución de la sociedad. Ese programa habría tenido que combinar un ataque revolucionario al poder de los señores con planes para la aplicación del desarrollo técnico en las ciudades a fin de potenciar los rendimientos agrícolas en el campo. El desarrollo económico no había ido todavía lo bastante lejos como para configurar una clase, ni en la ciudad ni en el campo, capaz de presentar un programa así, siquiera de una manera confusa.

Los embriones de lo que algún día se convertiría en una clase ya existían. En algunas ciudades había comerciantes y artesanos interesados en las innovaciones técnicas y las inversiones productivas. En algunas regiones rurales había campesinos en mejor posición económica, con ideas de prosperar más desembarazándose de la carga que suponía la explotación de los señores y

---

[124] Véase, por ejemplo, C. Hibbert, *The Rise and Fall of the Medicis,* Londres, 1979 [ed. cast.: *Florencia: esplendor y declive de la casa de Médici,* Granada, Almed, 2008].

cultivando la tierra de manera más productiva. Pero un prometedor embrión no era lo mismo que una clase capaz de acabar con una crisis que estaba asolando a toda la sociedad.

El nacimiento del feudalismo mercantil

En un aspecto importante, sin embargo, la crisis del feudalismo europeo fue diferente de las que habían padecido la antigua Roma, la China Sung o los imperios árabes en Oriente Próximo. La recuperación fue mucho más rápida.

A mediados del siglo XV la economía se había recuperado y el crecimiento demográfico reanudado[125]. Hubo también una mejora en los niveles de vida entre los supervivientes de las hambrunas y las epidemias, pues aunque menos población sólo podía cultivar menor cantidad de tierras, estas solían ser las más fértiles. La producción de alimentos cayó en mucho menor medida que la cantidad de personas que los consumían. Lo que es más, la importancia de algunas ciudades aumentó realmente. Parte de la población rural, especialmente los señores, se había hecho demasiado dependiente de los bienes producidos en la sociedad como para que esta regresara a un sistema de producción en haciendas virtualmente autosuficientes. Sus demandas de bienes crecieron en la misma proporción que su deseo de un dinero que sólo podían conseguir vendiendo una proporción cada vez más grande de la producción rural. Las redes mercantiles continuaban penetrando en el campo y vinculando a cada aldea y familia con los comerciantes de las ciudades.

Lento pero seguro, el crecimiento de las redes mercantiles cambió la sociedad feudal. Unos cuantos comerciantes se enriquecieron con el comercio internacional de lujo que traía a Europa productos de la India, el sudeste asiático y China[126]. Su riqueza podía ser suficiente para que actuaran como banqueros con los reyes y emperadores, financiaran guerras y cosecharan recompensas políticas tanto como económicas. Incluso quienes no podían aspirar a tales alturas podían dominar la vida política de sus propias ciuda-

---

[125] Véase G. Duby, «Medieval Agriculture», cit., p. 182 [ed. cast. cit.: p. 194].

[126] Fernand Braudel da una explicación completa de las diversas redes internacionales en el capítulo 2, «Markets and the Economy», de F. Braudel, *The Wheels of Commerce, Civilisation and Capitalism in the 15th-16th Century,* vol. 2, Londres, 1979 [ed. cast.: *Civilización material, economía y capitalismo: siglos XV-XVIII,* Madrid, Alianza, 1984].

des, lo cual los convertía en aliados vitales para los reyes que intentaran expandir su poder.

Los reyes, a su vez, comenzaron a ver su futuro no simplemente en la ganancia de territorios a través de la lucha de unos contra otros o de los matrimonios entre las respectivas familias, sino también en la obtención de parte de los beneficios del comercio. Los monarcas portugueses animaron a los comerciantes a emplear barcos construidos con las más modernas técnicas para encontrar una vía que, rodeando África, llevara a las riquezas de Asia, y en España los Reyes Católicos financiaron el viaje de Colón a través del Atlántico.

La masa de comerciantes menores seguía estando formada por poco más que tenderos. Pero con suerte podían expandir su influencia y su riqueza si dentro de la sociedad feudal eran capaces de encontrar nichos que ellos pudieran ampliar lentamente. El carnicero podía ser un tipo humilde, pero estaba en condiciones de incentivar con dinero a los campesinos locales para que se especializaran en ciertas clases de ganado; es decir, de comenzar a ejercer cierto grado de control sobre la economía pecuaria. En el siglo XV, «toda ciudad tenía sus carniceros, todos ellos prósperos, los nuevos hombres de la economía ganadera y sus dueños»[127].

En muchos casos, los comerciantes urbanos influían en la vida en el campo de otro modo, animando a campesinos menos prósperos a que ejercieran oficios industriales en el campo, lejos de los controles de los gremios urbanos. Se desarrolló un sistema de «contratación externa». El comerciante suministraba las materias primas a los trabajadores rurales, que las transformaban en productos acabados en sus propias casas, con pocas opciones más que aceptar el precio que el comerciante les pagaba.

La importancia de ese cambio podría probarla el caso de la industria textil. A mediados del siglo XIV, el 96 por 100 de la exportación más importante de Inglaterra, la lana, se convertía en ropa en el extranjero, principalmente en las ciudades de Flandes. Un siglo más tarde, el 50 por 100 se exportaba ya tejido. Los comerciantes habían aumentado sus beneficios reduciendo la participación de los artesanos flamencos. Pero también habían hecho algo más. Habían incorporado mano de obra rural, antes sujeta al señor feudal. El efecto a largo plazo fue la sustitución de una forma de explotación por otra. El robo

---

[127] G. Duby, «Medieval Agriculture», cit., p. 193 [ed. cast. cit.: p. 205]. Para ejemplos de comerciantes urbanos que fueron más lejos y comenzaron a convertirse en importantes terratenientes, véase G. Bois, *The Crisis of Feudalism,* cit., p. 153.

directo de los productos del trabajo del campesino fue sustituido por un sistema en el que trabajadores individuales aceptaban voluntariamente menos del valor total de sus productos a cambio del suministro de las materias primas o las herramientas.

Esto no era producción plenamente capitalista como nosotros la conocemos. La producción en grandes lugares de trabajo directamente bajo el control de un empresario quedó limitada a unas cuantas industrias, principalmente la minería. El sistema de contratación externa se basaba en personas que podían seguir considerándose sus propios jefes. Pero era un paso hacia el capitalismo plenamente desarrollado. El comerciante había evolucionado de simplemente comprar y vender bienes a preocuparse de su producción, y los productores directos ya no podían conseguir su sustento a menos que una porción de su rendimiento se la quedara el comerciante en concepto de beneficio.

Lo que es más, tanto el comerciante como el productor estaban cada vez más sujetos a los dictados de mercados sobre los que no tenían ningún control. Los dispersos productores rurales carecían del poder de los gremios urbanos para limitar la producción y controlar los precios. No tenían otra opción que mantenerse al día de las nuevas técnicas para el abaratamiento de costes introducidas por otros productores. La organización feudal de la producción estaba dando paso a una organización bastante diferente, en la que la competencia llevaba a la inversión y la inversión llevaba a la competencia. Por el momento, esto sólo ocurría en algunos intersticios del antiguo sistema. Pero fue como un ácido, que devora y transforma el mundo en derredor.

Los cambios también influyeron en el modo de comportamiento de los señores. Ansiaban aumentar sus fuentes de dinero, y para ello había dos caminos. Uno era emplear sus antiguos poderes feudales y ejercer una violencia organizada para reforzar la servidumbre y hacer que los campesinos aportaran un suplemento de trabajo forzado en las grandes haciendas. Los siervos proveerían a su subsistencia sin costes para el señor, al cual permitirían vender los excedentes a un precio interesante para los comerciantes.

El otro enfoque era que los señores arrendaran partes de su propiedad por rentas fijas y durante largos periodos de tiempo al sector más eficiente y emprendedor del campesinado, que luego haría que otros campesinos con poca tierra o sin tierra trabajaran para ellos. En realidad, esto suponía la aceptación, por parte del señor, de todo lo que implicaba el sistema mercantil que se estaba desarrollando y que optara por obtener sus ingresos como renta de unas tierras cultivadas a la manera capitalista.

Las regiones con redes urbanas más densas dieron pasos hacia la agricultura capitalista, mientras que, en otras partes, el cambio iba a reforzar la servidumbre. Durante 300 años, Inglaterra, los Países Bajos, partes de Francia y del oeste de Alemania y Bohemia fueron en una dirección, mientras que Europa oriental y el sur de Italia siguieron la opuesta. Pero la transformación no se produjo ni en un instante ni sin complicaciones. Señores diferentes se movieron a velocidades diferentes, y todo el proceso se entrelazó con otros cambios. Algunos reyes trataron de ampliar sus poderes con la ayuda de los ricos de las ciudades y se encontraron con resistencias entre los grandes señores. Los reyes entraron en conflictos entre ellos. Las nuevas concepciones del mundo alentadas por la urbanización chocaban con las antiguas, asociadas con el orden feudal y plasmadas en las doctrinas de la Iglesia. Los campesinos se levantaron contra los señores; en las ciudades estallaron luchas de clases entre ricos y pobres.

La cuestión no se resolvió en ninguna parte sino tras más de un siglo de guerras, revoluciones y confusión ideológica… y tras otro gran periodo de crisis económica causante de hambrunas y epidemias.

CUARTA PARTE
La gran transformación

Cronología

Siglo XV

Los otomanos conquistan Constantinopla (1453).

Cima del Renacimiento italiano: Leonardo da Vinci, Miguel Ángel, Maquiavelo (1450-1520).

Fortalecimiento de las monarquías en Francia, España, Gran Bretaña (década de 1490).

Los monarcas españoles conquistan Granada (1492).

Colón desembarca en el Caribe (1492).

Siglo XVI

Los portugueses toman Goa (1510).

Los otomanos conquistan El Cairo (1517) y Argel (1529), y sitian Viena (1529).

La influencia del Renacimiento se extiende por Europa occidental. Erasmo en Holanda, Durero en Alemania, Rabelais en Francia.

La Reforma luterana barre el sur de Alemania (1518-1525).

Cortés conquista el Imperio azteca (1519-1521).

Guerra de los Campesinos en Alemania (1525).

Los mogoles conquistan el norte de la India (1529).

Pizarro conquista el Imperio inca (1532).

Reforma desde arriba y cierre de monasterios en Inglaterra (1534-1539).

Primeros cercados agrícolas en Inglaterra.

Copérnico publica una teoría del universo 30 años después de haberla escrito (1540).

Iván el Terrible centraliza el poder en Rusia y comienza la conquista de Siberia (1544-1584).

Guerras de religión en Francia (décadas de 1550 y 1560).

El Concilio de Trento inaugura la Contrarreforma (década de 1560).

Oleada de quema de brujas (1560-1630).

Pieter Brueghel pinta la vida en Flandes (1540-1570).

Primeras revueltas de los Países Bajos contra el gobierno español (décadas de 1560 y 1570).

Shakespeare escribe sus primeras obras (década de 1590).

Siglo XVII

Giordano Bruno es quemado en la hoguera por la Inquisición (1600).

En Praga, Kepler calcula las órbitas de los planetas con precisión (1609).

Galileo utiliza el telescopio para observar la Luna (1609).

Se inicia en Bohemia la Guerra de los Treinta Años (1618).

Establecimiento de las primeras colonias inglesas en Norteamérica (décadas de 1620 y 1630).

Difusión de cultivos americanos (patata, maíz, boniato, tabaco) por Eurasia y África.

Harvey describe la circulación de la sangre (1628).

Galileo refuta la física aristotélica (1632), siendo condenado por la Inquisición (1637).

El *Discurso del método* de Descartes funda la escuela «racionalista» de filosofía (1637).

Holanda se apodera de gran parte del antiguo Imperio portugués (década de 1630).

Rembrandt pinta en Ámsterdam (1630-1660).

Comienza la Guerra Civil inglesa (1641-1642).

Reinado del sah Jahan en la India, inicio de la construcción del Taj Mahal (1643).

Desmoronamiento de la dinastía Ming en China, conquista manchú (1644).

Exportación en cantidades cada vez mayores de productos de algodón procedentes de la India.

Final de la Guerra de los Treinta Años (1648).

El rey de Inglaterra es decapitado (1649).

La «segunda servidumbre», dominante en Europa oriental.

Leviatán de Hobbes: defensa materialista de la política conservadora (1651).

Inicios de la esclavitud de plantación en las Américas, 20.000 esclavos negros en las Barbados (1653).

Creciente mercado para la seda y la porcelana chinas en Europa y Latinoamérica.

Inglaterra gana guerras contra Holanda, toma Jamaica (1655).

Aurungzeb asume el poder mogol en la India (1658), guerra con los marathas (1662).

Boyle descubre la ley de los gases, defiende la teoría de los átomos (1662).

Newton completa la revolución en física (1687).

La «Gloriosa Revolución» confirma el dominio en Inglaterra de la alta burguesía de orientación mercantil.

Locke inaugura la escuela «empírica» de filosofía (1690).

En Virginia, blancos y negros se unen en la rebelión de Bacon (1687), la legislación prohíbe los matrimonios entre blancos y negros (1691).

I
La conquista de la Nueva España

Y desque vimos tantas ciudades y villas pobladas en el agua, y en tierra firme otras grandes poblazones, y aquella calzada tan derecha y por nivel […] nos quedamos admirados y decíamos que parescía a las cosas de encantamiento que cuentan en el libro de Amadís, por las grandes torres y pirámides y edificios que tenían dentro del agua, y todos de calicanto, y aun algunos de nuestros soldados decían que si aquello que vían, si era entre sueños[1].

El templo mismo es más alto que la catedral de Sevilla […]. La plaza principal en medio de la ciudad, dos veces el tamaño de la de Salamanca, está rodeada de columnas. Día tras día, 60.000 personas se congregan allí para comprar y vender. Pueden adquirirse todas clases de mercaderías venidas de todas partes del imperio, alimentos y ropa, y, además, objetos hechos de oro, plata, cobre […] piedras preciosas, cuero, huesos, moluscos, coral, algodón, plumas […][2].

Es tan hermosa y de tan buenos edificios, que en España sería muy de ver […]. En muchas de las casas de los incas hay salones enormes, de 200 metros

---

[1] Descripción de Bernal Díaz de la visión que tuvieron las tropas de Cortés cuando llegaron a Iztapalapa, a orillas del lago de México, citado en F. Katz, *Ancient American Civilisations,* Londres, 1989, p. 179 [ed. cast.: Bernal Díaz del Castillo: *Historia verdadera de la conquista de la Nueva España,* Madrid, Espasa-Calpe, 1968, p. 178].

[2] Descripción hecha por Cortés de Tenochtitlán y su mercado en Tlatelolco, citado en F. Katz, *op. cit.,* p. 180 [cfr.: Hernán Cortés, *Cartas de relación,* México, Porrúa, pp. 62-63].

de largo por 50 o 60 de ancho. [...] La más grande era capaz de acoger a 4.000 personas[3].

Los primeros europeos que entraron en contacto con las civilizaciones de los aztecas en México y de los incas en el Perú en las décadas de 1520 y 1530 quedaron asombrados por el esplendor y la riqueza de los edificios que se encontraron. La ciudad azteca de Tenochtitlán era tan grande como cualquiera de Europa. La capital inca de Cuzco era de menor escala, pero estaba comunicada por calzadas como no se conocían en ninguna parte de Europa. Conectaban un imperio de casi 5.000 kilómetros de longitud: más que toda Europa o incluso que la China Ming.

Estas civilizaciones se basaban en formas avanzadas para la provisión de medios de subsistencia a sus habitantes y usaban sofisticados sistemas de irrigación. Habían desarrollado medios para recoger productos y transportarlos a cientos o incluso miles de kilómetros de sus capitales. Los avances en agricultura se habían visto acompañados por avances en las artes y las ciencias: arquitectura, artes visuales, matemáticas, diseño de calendarios que correlacionaban el movimiento de la Luna (la base de los meses) con el movimiento aparente del Sol (la base del año).

Sin embargo, en el plazo de unos cuantos meses, pequeñas fuerzas militares comandadas por los españoles Hernán Cortés y Francisco Pizarro –poco más que rufianes y aventureros (Pizarro era analfabeto)– habían conquistado ambos imperios.

Seguían los pasos del también aventurero Cristóbal Colón. Este capitán de la marina nacido en Génova había persuadido a los cogobernantes de España, Fernando de Aragón e Isabel de Castilla, de que financiaran una expedición en busca de una vía de acceso a la legendaria civilización de China (Catay) y a la riqueza de las «islas de las especias» (las Indias Orientales) navegando por el Atlántico en dirección oeste.

Está muy extendido el mito de que los argumentos de Colón se basaban en una nueva comprensión científica a la que se oponían aquellos con supersticiosas creencias sobre una «tierra plana». En realidad, en el siglo XV la opinión de que el mundo era redondo estaba bastante extendida. Colón mismo

---

[3] Descripción de la capital inca, Cuzco, por uno de los conquistadores españoles, citada en J. Hemmings, *The Conquest of Peru,* Londres, 1970, pp. 120-121 [cfr.: *La conquista de los incas,* México, Fondo de Cultura Económica, 1982, pp. 137-138].

mezclaba mala ciencia, citas de autores griegos y romanos clásicos y misticismo religioso[4]. Llegó a creerse a sí mismo el instrumento dispuesto por Dios para rescatar a la cristiandad antes del Apocalipsis[5]. La circunferencia de la Tierra la subestimaba en un 25 por 100 debido a una mala comprensión de los (correctos) cálculos del geógrafo árabe del siglo X Al-Farghani. El 3 de agosto de 1492 zarpó con tres pequeños barcos esperando alcanzar China o Japón en unas cuantas semanas y encontrar súbditos del «gran khan» que había gobernado China en tiempos de Marco Polo (200 años antes). En lugar de eso, en la segunda semana de octubre llegó a una pequeña isla del Caribe, desde donde siguió navegando hasta las islas que ahora son Cuba y Haití.

Las islas estaban habitadas por gentes que no tenían ni estados ni propiedad privada, y que dispensaron una acogida sumamente afable a los misteriosos recién llegados. «Eran gente mansa, tranquila y de gran sencillez», escribieron los españoles de los habitantes, a los que llamaron «taínos». «Cuando se envió el bote a la orilla en busca de agua, los indios les mostraron muy contentos dónde encontrarla y llevaron los toneles llenos hasta el [...] bote»[6].

Pero el objetivo de Colón no era trabar amistad con los habitantes locales. Lo que le fascinaba era el oro de los pendientes que les colgaban de la nariz. Quería enriquecerse y justificar ante los monarcas españoles los gastos ocasionados por su viaje. Una y otra vez trató de enterarse por los habitantes de dónde se encontraba el oro, a pesar de que no entendía ni una palabra de su idioma ni ellos del suyo.

Más tarde escribió: «El oro es de gran calidad [...] quien lo tenga podrá hacer lo que quiera en este mundo, y quizá consiga llevar almas al Paraíso»[7].

Colón escribió a sus mecenas regios que los habitantes eran «tanto gente de amor y sin codicia, y convenibles para toda cosa, que [...] en el mundo creo que no hay mejor gente, ni mejor tierra. Ellos aman a sus prójimos como

---

[4] Los argumentos de Colón se exponen en *The Life of Admiral Christopher Columbus by his son Ferdinand,* trad. ingl. Benjamin Keen, New Brunswick, 1992, pp. 15-28 [ed. cast.: *Vida del almirante don Cristóbal Colón escrita por su hijo Hernando Colón,* México, Fondo de Cultura Económica, 1947, pp. 42-56].

[5] Sobre el misticismo de Colón véase K. Sale, *The Conquest of Paradise,* Nueva York, 1991, p. 189.

[6] Descripción de los primeros pueblos indígenas encontrados en el Caribe por los marinos de Cristóbal Colón en *The Life of Admiral Christopher Columbus...,* cit., p. 69 [ed. cast. cit.: p. 91].

[7] Citado en K. Sale, *op. cit.,* p. 181.

a sí mismos, y tienen un habla la más dulce del mundo, y mansa, y siempre con una sonrisa»[8]. Pero su propósito era capturar y esclavizar a estas personas. Su hijo dice: «Mandó que se tomase a algún habitante de aquella isla [...] Y así se cogieron 12 personas entre mujeres, niños y hombres»[9]. Planeó construir una fortaleza desde la que «con 50 hombres [los habitantes] pudieran ser sometidos e hizo que se hiciera todo lo que uno pudiera desear»[10].

No todos los habitantes de las islas eran lo bastante tontos como para tolerar semejante conducta. Colón no tardó en afirmar que, junto con los pacíficos taínos, había «caribes» belicosos que era necesario someter porque eran «caníbales». No hubo entonces ni ha habido hasta ahora pruebas de que aquellas personas comieran carne humana. Colón mismo nunca puso un pie en ninguna isla habitada por caribes, y los únicos que pudo conocer fueron mujeres y niños capturados por su tripulación. Pero hablar de canibalismo justificaba el empleo por parte de los españoles de sus armas de fuego para aterrar a los indígenas, y de sus espadas y ballestas de hierro para reducirlos. Bien entrado el siglo XX, el mito del «canibalismo» general entre los «salvajes» seguía siendo una potente justificación del colonialismo[11].

Pese a sus brutales métodos, Colón encontró muy poco oro. No tuvo más éxito en el siguiente viaje que hizo en 1493, con una inversión mucho más cuantiosa de los monarcas, una flota mucho mayor y 1.500 aspirantes a colonos —«artesanos de todos los oficios, hombres de trabajo y labriegos que cultivasen la tierra. Sin contar con que, a la fama del oro y de otras cosas nuevas de aquellos países, habían concurrido ya tantos caballeros e hidalgos y otra gente honrada»[12]–, así como muchos soldados y tres sacerdotes. Tras establecer siete asentamientos, cada uno con un fortín y varias horcas en la isla de La Española (Haití), decretó que todo «indio» de más de catorce años de edad

---

[8] Texto de la carta en *The Life of Admiral Christopher Columbus,* p. 82 [ed. cast. cit.: p. 113].

[9] *The Life of Admiral Christopher Columbus...,* cit., p. 71 [ed. cast. cit.: p. 102].

[10] Citado en K. Sale, *op. cit.,* p. 110.

[11] Sobre Colón y los «caribes», véase K. Sale, *op. cit.,* p. 130. Entre los antropólogos ha habido muchas dudas acerca de hasta qué punto estaba vigente el canibalismo. Lo firmemente probado parece ser que el canibalismo como forma *general* de obtener alimento nunca ha existido, excepto en épocas de hambrunas enormes (cuando incluso ha ocurrido en sociedades «avanzadas» del siglo XX). La ingestión «ritual» de ciertas partes de las personas muertas ha sido un rasgo que se ha encontrado ocasionalmente entre unas cuantas sociedades primitivas basadas en la horticultura.

[12] *The Life of Admiral Christopher Columbus...,* cit., p. 109 [ed. cast. cit.: p. 142].

tenía que entregar una cierta cantidad de oro cada tres meses. A quienes no lo hicieran se les castigaría cortándoles las manos y dejándolos morir desangrados[13]. Sin embargo, a pesar de esta barbaridad, no pudo satisfacer la demanda de oro, por la sencilla razón de que nadie había descubierto más que muy pequeñas cantidades en la isla.

Colón trató de cumplir sus deseos de riqueza explotando otra fuente: la esclavitud. En febrero de 1495 capturó a 1.600 taínos –aquella gente «mansa», tranquila y solícita de dos años y medio antes– y envió a 550 de ellos encadenados en un barco a Sevilla con el propósito de venderlos como esclavos. Doscientos murieron en la travesía del Atlántico. Tras esto estableció un sistema de encomiendas que permitía a colonos designados para ello el empleo del trabajo forzoso de los indios.

El impacto de las medidas de Colón sobre las personas a las que él seguía insistiendo en llamar «indios» fue desastroso. La población de La Española superaba con mucho el millón, y posiblemente más que eso, en la época del primer desembarco de Colón[14]: veinte años más tarde, era de aproximadamente 28.000 y, en 1542, de 200. El colonizador convertido en sacerdote Las Casas culpó a los métodos de los colonizadores, «los mayores ultrajes y matanzas de personas»[15]. Más recientemente se ha aducido otra causa como más importante: las enfermedades llevadas por los europeos, para las que los «indios» carecían de inmunidad. El sarampión, la gripe, el tifus, la neumonía, la tuberculosis, la difteria y, sobre todo, la viruela habrían producido enormes estragos en personas que nunca antes las habían padecido. Sin embargo, cuesta creer en las enfermedades como única explicación del virtual exterminio de los habitantes originales de las islas. En la mayor parte de las Américas continentales, al menos algunos de los «indios» sobrevivieron. La proporción de las muertes en las colonias españolas más antiguas debió de deberse en parte a los bárbaros métodos de Colón y sus colonos.

Sin embargo, la barbarie no proporcionó por sí misma a Colón, los colonizadores y sus mecenas regios la riqueza que deseaban. Las primeras colonias tuvieron que hacer frente a muchos problemas. A los colonizadores nobles la

---

[13] Según Las Casas, que vivió en la isla varios años antes de hacerse cura, citado en K. Sale, *op. cit.*, p. 155.

[14] Una estimación, de Sherburne Cook y Woodrow Borah, sugiere ocho millones. Véase K. Sale, *op. cit.*, p. 161.

[15] Citado en K. Sale, *op. cit.*, p. 159.

vida les pareció mucho más dura de lo que esperaban. Sus trabajadores indios morían y les dejaban sin una fuerza laboral con la que sacar adelante las enormes fincas que se habían adjudicado. Los colonizadores de las clases inferiores no tardaron en cansarse de las presiones para trabajar que recibían de arriba. El periodo de Colón como gobernador de La Española se caracteriza por las repetidas rebeliones contra su gobierno. Él respondió con la misma barbarie que había mostrado con los indígenas. Al final de su tercer viaje fue enviado a España encadenado –para mofa de los colonos de La Española– cuando su sustituto como gobernador quedó horrorizado al encontrarse a siete españoles colgando de las horcas instaladas en la plaza mayor de Santo Domingo[16]. Tras una condena de cárcel en España, fue indultado. Pero su cuarto viaje fue un desastre. La Corona le prohibió la entrada en las colonias de La Española y acabó naufragando antes de volver a España desilusionado y virtualmente olvidado. La monarquía española que lo había financiado seguía estando más interesada en sus batallas contra los franceses por el dominio de Italia que en unas islas tan remotas. Su actitud sólo cambió cuando otros aventureros descubrieron enormes riquezas[17].

La conquista del Imperio azteca

En 1517, Moctezuma, el gobernante azteca de México, recibió los primeros informes de los extraños hombres pálidos que llegaban a las costas de su reino en «muchas montañas que se mueven por el agua»[18]. Los barcos formaban parte de una expedición de reconocimiento. Dos años más tarde, una fuerza de 500 hombres procedentes del asentamiento español en Cuba desembarcó al mando del soldado Hernán Cortés, que había oído rumores de un gran imperio y estaba decidido a conquistarlo. Sus hombres consideraron esta ambición como una locura y Cortés tuvo que incendiar sus propios barcos a fin de impedir la retirada a Cuba. Sin embargo, en el plazo de dos años había derrotado a un ejército cientos de veces mayor que el suyo.

Su éxito se basó en una serie de factores. Moctezuma no destruyó las fuerzas de Cortés en su cabeza de playa mientras tuvo la oportunidad, sino que les

---

[16] K. Sale, *op. cit.,* p. 182.

[17] Véase *ibid.,* p. 180.

[18] Citado en F. Katz, *op. cit.,* p. 324.

dio todas las facilidades para viajar de la costa al valle de México. La doblez de Cortés no conocía límites y, a su llegada a la capital azteca de Tenochtitlán, fingió hacerse amigo de Moctezuma antes de capturarlo. Los gérmenes de viruela que sin saberlo traían los españoles hicieron estragos en Tenochtitlán, donde afectaron a una enorme cantidad de personas en un momento decisivo del asedio de la ciudad. Finalmente, los españoles impusieron su superioridad militar. Esta no fue una cuestión que tuviera que ver principalmente con sus armas de fuego, que eran imprecisas y llevaba mucho tiempo cargar. Más importante fue el acero de las armaduras y espadas de los españoles, que podían atravesar sin dificultad las gruesas telas que los aztecas vestían por toda armadura. En la batalla final por Tenochtitlán, la superior tecnología naval española les permitió dominar los lagos alrededor de la ciudad, ahuyentando las canoas con que los aztecas confiaban mantener los suministros de víveres.

Algunos elementos de la victoria española fueron accidentales. Si en lugar de Moctezuma hubiese sido su hermano Cuitlahuac quien hubiera ocupado el poder, a Cortés nunca se le habría ofrecido una visita guiada por la ciudad y la oportunidad de secuestrar al emperador. Las tropas de Cortés, desde luego, no eran invencibles. En un determinado momento, Cortés se vio obligado a huir de Tenochtitlán y perdió la mayor parte de su ejército. Si los españoles hubiesen encontrado mayor oposición, las divisiones en sus propias filas podrían haber resultado decisivas, pues en México había desembarcado una nueva fuerza española con órdenes de tratar a Cortés como un traidor.

Por debajo de los factores accidentales, en la victoria de Cortés hubo, sin embargo, algo más fundamental. Se estaba enfrentando a un imperio que, como el Imperio español, era explotador y opresivo, pero que disponía de una tecnología menos avanzada.

En origen, los aztecas habían sido un pueblo de cazadores-recolectores con un conocimiento limitado de la agricultura, que habían llegado al valle de México a mediados del siglo XIII. La zona ya estaba ocupada, por varias ciudades-Estado, herederas de las civilizaciones de Teotihuacán y maya (descritas en la segunda parte), que sometieron a los aztecas y sólo les dejaron cultivar las tierras menos fértiles. Sin embargo, el sometimiento de los aztecas no duró mucho. Un gran avance tecnológico –el cultivo en islas artificiales (chinampas) construidas en los lagos– les permitió aumentar enormemente sus rendimientos agrícolas, y el cambio a la agricultura intensiva se acompañó del ascenso de una clase aristocrática que obligó a trabajar al resto de la sociedad. La aristocracia no se contentó con simplemente explotar a las clases inferiores aztecas. No tardó en entrar en conflicto con las otras ciudades-Estado por la hegemonía en el valle de México, y luego se embarcó en la creación de un imperio que por el sur se extendió cientos de kilómetros hasta lo que ahora es Guatemala. El ascenso de la nueva clase dirigente militarista se acompañó de la potenciación de una ideología militarista. Se centraba en la veneración del antiguo dios tribal de los aztecas, Huitzilopochtli, el colibrí, que concedía la vida eterna a quienes morían violentamente, pero requería continuas infusiones de sangre humana que lo sostuvieran en su viaje diario. Una de las ceremonias más importantes de esta religión era el sacrificio humano de prisioneros de guerra; y los pueblos sometidos, además de pagar tributos materiales a los aztecas, tenían que entregar una cantidad de mujeres y niños para ser sacrificados. Esta religión confirió a la clase guerrera azteca la determinación para luchar por la construcción de un imperio. También contribuyó a que las clases inferiores aztecas se conformaran con su suerte, de una manera muy parecida al efecto de los circos y «triunfos» (en los que los príncipes capturados eran estrangulados) en Roma. Pero cuando el imperio creció, en la sociedad azteca se produjeron tensiones, pues algunos individuos de la clase dirigente elevaron los sacrificios a unos niveles sin precedentes, hasta que en una ocasión se dice que, en un plazo de noventa y seis horas, 80.000 víctimas fueron masacradas en la explanada del templo de Tenochtitlán[19]. También se incrementó la sensación de opresión entre quienes habían sido conquistados, aunque el clima de terror creado les impedía rebelarse. Fueron atraídos a cultos de un carácter más pacífico. Incluso entre la aristocracia azteca existía la creencia de que un día regresaría el pacífico dios Quetzalcóatl, la serpiente emplumada.

Los conquistadores españoles llegaron justo cuando estas tensiones llegaban a su punto álgido. En 1505, una gran hambruna había hecho estragos entre las clases inferiores aztecas, muchos de cuyos miembros se vieron obligados a venderse a sí mismos como esclavos. El nivel de los botines producidos por las conquistas estaba bajando, y Moctezuma había aumentado su propio poder en el seno de la clase dirigente empleando el culto de sacrificios sangrientos. Sin embargo, el desafío al culto fue lo bastante grande para que él temiera que Cortés fuera Quetzalcóatl de regreso, y lo recibió de manera proporcional. Tal vez más importante que eso fue el hecho de que los pueblos

---

[19] R. C. Padden, *The Hummingbird and the Hawk: Conquest and Sovereignty in the Valley of Mexico 1503-1541,* Nueva York, 1970, p. 74. Véase también la explicación de las divisiones en clases, la expansión imperial y la religión en K. Sale, *op. cit.,* pp. 134-234.

que habían sido subyugados por los aztecas se precipitaron en apoyo de los invasores. Al final de la Batalla de Tenochtitlán, había más tropas indígenas luchando en el bando español que en el azteca.

Tanto el Imperio azteca como el español se basaban en los tributos y los castigos atroces contra quienes intentaban rebelarse. Los dos observaban las más inhumanas de las religiones, con los españoles tan dispuestos a quemar herejes en la hoguera como los aztecas a sacrificar personas para aplacar a los dioses. Tras la conquista, los españoles instauraron un auto de fe (lugar para la quema de herejes) permanente en el mercado de Tenochtitlán. Pero España disponía de las tecnologías basadas en el hierro desarrolladas en Eurasia y el norte de África en los dos milenios anteriores, mientras que los aztecas dependían de tecnologías basadas en la piedra y la madera, si bien en estas habían avanzado más que nadie en el mundo. Los únicos metales que conocían eran el oro y el cobre, y este era raro y se utilizaba sólo para decoración. Sus armas estaban hechas de obsidiana, una piedra que se puede afilar como una cuchilla, pero, que se rompe con facilidad.

La carencia de metal provocaba otros atrasos en la tecnología azteca. Por ejemplo, no tenían vehículos rodantes. Gordon Childe sugiere que la causa era que a las ruedas se les ha de dar forma con una sierra, algo que no es fácil de fabricar sin un metal más duro que el cobre[20].

¿Por qué los aztecas carecían de metalurgia? Jared Diamond apunta ciertas desventajas geográficas similares a las que se daban en África. Los pueblos de México no podían desarrollar innovaciones hechas a miles de kilómetros de distancia. El cinturón tropical de América Central separaba a México de la otra gran civilización latinoamericana en los Andes, más avanzada en el camino hacia la metalurgia, pero que todavía no conocía el hierro[21]. Pero los mexicanos tampoco tenían ningún gran incentivo para adoptar la metalurgia. Sin esta, habían conseguido desarrollar sofisticados métodos de producción de víveres y construir impresionantes ciudades. Si bien es cierto que periódicamente sufrían hambrunas, también las sufrían las civilizaciones basadas en el hierro de Europa y Asia. Sólo cuando se vieron de repente enfrentados con los armamentos de hierro de los europeos, su carencia de metalurgia se convirtió en una desventaja fatal como consecuencia de la cual fueron derrotados por gentes que, en otros aspectos, no estaban más «avanzadas».

---

[20] Véase G. Childe, «The Bronze Age», en *Past and Present* (1956).
[21] J. Diamond, *Guns, Germs and Steel,* cit.

El sometimiento de Perú

La historia nunca se repite de manera muy parecida. Pero lo hizo cuando a comienzos de la década de 1530, una década después de la conquista de México, un familiar de Cortés, Francisco Pizarro, navegó bordeando hacia el sur la costa del Pacífico, desde Panamá hasta Sudamérica.

Previamente había hecho dos viajes de reconocimiento y sabía que en alguna parte tierra adentro había un gran imperio. Esta vez desembarcó en la ciudad costera de Tumbez con 106 soldados de infantería y 62 de caballería. Allí recibió noticias de que el gran Imperio inca estaba sumido en una guerra civil entre dos hermanastros, Atahualpa en el norte y Huáscar en el sur, que batallaban por la herencia de su padre, el gran inca Huana-Cupac. Pizarro se apresuró a establecer contacto con representantes de Atahualpa, a quien convenció de su amistad, y recibió una invitación para reunirse con él en la ciudad andina de Cajamarca. El contingente español no habría podido recorrer el empinado trayecto tierra adentro si guías incas no los hubiesen orientado por unos caminos dotados de bien aprovisionados lugares de descanso al final de cada jornada de viaje.

En Cajamarca los españoles se instalaron en el interior de las murallas, la mayoría escondidos con sus armas de fuego y caballos. Atahualpa dejó tras de sí la mayoría de un enorme ejército inca y entró en la ciudad de manera ceremonial con 5.000 o 6.000 hombres en absoluto preparados para combatir. Hernando, hermano de Pizarro, contó más tarde:

> Llegó en una litera, precedido por 300 o 400 indios uniformados, los cuales barrían el polvo a su paso y cantaban. Luego se presentó Atahualpa, rodeado por sus líderes y caciques, el más importante de ellos llevado a hombros por sus subordinados[22].

Un monje dominico que acompañaba a los españoles comenzó a hablar a Atahualpa, tratando de persuadirlo de que se convirtiera a la religión cristiana y pagara tributos al rey español… en razón de que el papa había asignado a España esta parte de Latinoamérica. Se dice que el inca replicó:

> No seré el tributario de ningún hombre… En cuanto al papa del que hablas, debe de estar loco para entregar países que no le pertenecen. Por lo que

---

[22] Citado en F. Katz, *op. cit.,* p. 334.

respecta a mi fe, no la cambiaré. A tu dios, según dices, lo mataron los mismos hombres por él creados. Pero mi dios sigue vivo en el cielo y cuida de sus hijos[23].

Y arrojó al suelo la biblia que le habían dado. El monje le dijo a Pizarro: «¿No ves que mientras estamos aquí, malgastando nuestro aliento hablando con este perro, el campo se está llenando de indios? Saltemos sobre ellos enseguida. Yo te absuelvo»[24]. Pizarro ondeó un pañuelo blanco, las tropas españolas escondidas abrieron fuego y, cuando el ruido y el humo provocaron el pánico entre los incas reunidos, la caballería cargó contra ellos. Los incas no tenían dónde huir. Según cálculos españoles, murieron 2.000 incas; según cálculos incas, 10.000[25].

Atahualpa, ahora prisionero de los españoles, fue obligado a marchar delante de ellos en su viaje al centro de su imperio. Él supuso que podría comprarlos, dada su extraña obsesión por el oro, del cual reunió una enorme cantidad. Craso error. Pizarro tomó el oro y ejecutó al inca tras una farsa de juicio en el que, entre otras cosas, se le acusó de «adulterio y poligamia», «idolatría» e «incitación a la insurrección contra los españoles». Con la intención de quemarlo en la hoguera se le llevó a la plaza, donde él dijo que quería convertirse al cristianismo, creyendo que los españoles no quemarían a un cristiano bautizado. En eso no se equivocó. Tras el bautismo, Pizarro ordenó que fuera estrangulado[26].

La masacre y el asesinato de Atahualpa constituyen el modelo seguido en la conquista del resto del Imperio inca. Cuando cientos de soldados españoles se le unieron atraídos por el señuelo del oro, Pizarro colocó a uno de los hermanos de Atahualpa como emperador marioneta e inició la marcha a la capital inca, Cuzco. A Calicuchima, otro líder inca que trató de hacerle frente, lo quemó vivo. Tras la toma de la ciudad, los españoles robaron el oro de las casas y los templos y se apoderaron de las princesas incas. Pizarro, entonces de cincuenta y seis años de edad, estaba orgulloso de haber tenido un hijo con una quinceañera a la que casó con uno de su séquito. El trato dispensado a los

---

[23] Citado en W. H. Prescott, *The Conquest of Peru,* Nueva York, 1961, p. 251 [ed. cast.: *Historia de la conquista de Perú,* Madrid, Antonio Machado, 2006, pp. 190-191].

[24] Según W. H. Prescott, *op. cit.,* p. 251 [ed. cast. cit.: p. 191]. Véase también F. Katz, *op. cit.,* p. 334.

[25] Descripción y cifras dadas en W. H. Prescott, *op. cit.,* p. 253 [ed. cast. cit.: p. 193].

[26] Según lo contó Pedro Pizarro, citado por F. Katz, *op. cit.,* p. 335.

incas corrientes fue luego descrito por un sacerdote, Cristóbal de Molina, que acompañó a una columna española que se adentró hacia el sur, a Chile:

> Los que de su voluntad no querían ir con ellos [los llevaban] en cadenas y sogas atados, y todas las noches los metían en prisiones muy agrias y ásperas, y de día los llevaban cargados y muertos de hambre... Español hubo en este viaje que metió doce indios en una cadena, y se alababa de que todos doce murieron en ella[27].

A los conquistadores españoles los guiaba el afán de enriquecerse, y para ello recurrieron a la esclavitud, así como al robo de oro. Dividieron el país en encomiendas (distritos) sobre las que colonizadores escogidos tenían el poder de utilizar trabajo forzado, en base a las Leyes de Burgos de 1512-1513, que obligaban a los indios varones a trabajar para los españoles durante nueve meses al año. El decreto se les leía a los indios, a quienes se les decía que sus mujeres e hijos serían esclavizados y sus posesiones confiscadas si no obedecían[28]. También se habían de pagar tributos a los sacerdotes, que en algunos casos «disponían de almacenes privados, cárceles, cadenas y barcos para castigar a quienes incumplieran los preceptos religiosos»[29].

No todo fue fácil para los españoles. Tuvieron que enfrentarse a una sucesión de revueltas. Uno de los hermanos de Pizarro fue sitiado en Cuzco durante meses. La resistencia inca no fue aplastada hasta la ejecución del último emperador, Túpac Amaru, en 1572. Pero los incas estaban condenados por razones parecidas a las de los aztecas en México. Tenían cobre, pero no hierro, y llamas en lugar de los mucho más fuertes caballos y mulas. Una civilización de la Edad del Bronce, por más refinada que fuera, no podía hacer frente a una de la Edad del Hierro, por rudimentaria que fuera. Los caballos fueron, como dice Hemmings, «los tanques de la conquista»[30]. Sólo cuando los indios de más al sur, en Chile, accedieron al empleo de caballos, sufrió el avance de los conquistadores serios reveses.

Unos cuantos miembros de la familia imperial sí se las arreglaron para sobrevivir a la nueva situación y se integraron en la clase alta española. Como Hemmings relata, «tenían tanto afán de títulos, de escudos de armas, de la

---

[27] Citado en J. Hemmings, *op. cit.*, p. 178 [ed. cast. cit.: pp. 205-206].
[28] Decreto citado en *ibid.*, p. 129 [ed. cast. cit.: pp. 148-149].
[29] *Ibid.*, p. 365 [ed. cast. cit.: p. 440].
[30] *Ibid.*, p. 113 [ed. cast. cit.: p. 129].

refinada ropa española y de los ingresos sin trabajar como cualquier hidalgo español»[31]. Pero para las masas que habían vivido el Imperio inca, la vida fue incomparablemente peor que antes. En 1535, un noble español le escribió al rey: «Vine atravesando por mucha parte desta tierra y vi tanta perdición en ella [...]»[32]. Otro comparaba la situación bajo los incas con la que se vivía tras la conquista: «Toda la tierra [estaba] llana y todos proveídos, e agora no vemos más que infinitas poblaciones desiertas por todos los caminos del reino»[33].

Los estragos causados por la conquista los agravó la obsesión de todos los nuevos gobernantes por acumular tanta riqueza como fuera posible. Esto llevó a cruentas guerras civiles entre jefes españoles rivales y a insurrecciones de los colonizadores recién enriquecidos contra los representantes de la Corona española. Como los ejércitos rivales quemaban y saqueaban, los canales de irrigación y las terrazas en las laderas de las montañas, que habían sido esenciales para la agricultura, se echaron a perder, los rebaños de llamas fueron masacrados, las reservas de comida en previsión de malas cosechas se agotaron. Al hambre se sumaron las mismas enfermedades europeas que tantos estragos habían causado en el Caribe. El efecto fue aún mayor que el de la Peste Negra en la Europa del siglo XIV. En la década de 1540, en el valle de Lima, de una población de 25.000 personas sólo sobrevivieron 2.000. La población indígena del imperio se redujo a entre la mitad y un cuarto.

Tal fue la devastación, que incluso la monarquía española comenzó a preocuparse. Quería un imperio que produjera riqueza, no despojado de su fuerza laboral. A mediados del siglo XVI se debatieron una y otra vez medidas para limitar la destructividad de los colonizadores y controlar la explotación de los indios. Fue entonces cuando curas como Las Casas, que denunció a los colonizadores, cobraron relevancia. Pero sus esfuerzos no produjeron muchos cambios en el antiguo Imperio inca, pues a estas alturas el trabajo forzado era esencial para los beneficios que la Corona estaba obteniendo de sus minas de plata y mercurio en Potosí, cuyos 150.000 habitantes hacían de ella una de las ciudades más grandes del mundo. En 1570, una comisión encabezada por el arzobispo Loyza acordó que, puesto que las minas eran de interés público, el trabajo forzado había que tolerarlo[34].

---

[31] J. Hemmings, *op. cit.,* p. 376 [ed. cast. cit.: p. 462].

[32] *Ibid.,* p. 347 [ed. cast. cit.: p. 421].

[33] F. de Almellones, citado en *ibid.,* p. 348 [ed. cast. cit.: p. 422].

[34] Detalles en J. Hemmings, *op. cit.,* p. 407 [ed. cast. cit.: p. 497].

II

Del Renacimiento
a la Reforma

América no la «descubrió» Colón. Los «indios» ya lo habían hecho por lo menos 14.000 años antes, cuando cruzaron el estrecho de Bering de Siberia a Alaska. Él ni siquiera fue el primer europeo en llegar; los vikingos habían tenido una breve presencia en la costa nordeste de Norteamérica medio milenio antes. Pero 1492 sí marcó un punto de inflexión en la historia. Por primera vez, las sociedades previamente atrasadas de la costa atlántica de Eurasia mostraban capacidad para ejercer una influencia dominante sobre otras partes del mundo. Así que, aunque los españoles fueron tan bárbaros en las Américas como los cruzados lo habían sido en Oriente Próximo tres o cuatro siglos antes, el resultado fue diferente. Los cruzados llegaron, vieron, conquistaron y destruyeron... y luego fueron expulsados, dejando atrás poco más que fortalezas abandonadas. Los españoles llegaron, vieron, conquistaron, destruyeron... y se quedaron para crear un dominio nuevo y permanente.

Mientras esto ocurría al otro lado del Atlántico, en Europa estaban teniendo lugar cambios de igual importancia y que en definitiva transformaron el mundo: cambios en política, en la vida intelectual y en la ideología, y, por debajo de estos, cambios en la manera de ganarse la vida para millones de personas.

Gran parte de la historia oficial está obsesionada por el modo en que un monarca relevaba a otro. Consiste poco más que en listas de reyes, reinas y ministros, acompañadas por historias de maniobras de cortesanos, magnicidios y batallas dinásticas. Nada tienen que ver con esas banalidades los

229

cambios políticos iniciados a finales del siglo XV. Estos llevaron al surgimiento de una nueva clase de Estado que, en una versión u otra, llegó a dominar el mundo.

Las palabras «país» y «nación» suelen emplearse cuando se habla de los mundos antiguo o medieval. Pero los estados entonces vigentes eran muy diferentes del Estado «nacional» moderno.

Hoy en día damos por supuesto que un país consiste en un territorio geográficamente continuo dentro de fronteras fijas. Suponemos que tiene una única estructura administrativa, con un conjunto único de impuestos (a veces con variaciones locales) y sin barreras aduaneras entre sus diferentes zonas. Damos por descontado que, a cambio del reconocimiento de ciertos derechos, por limitados que estos sean, exige la lealtad de sus «ciudadanos». Ser «apátrida» es un destino que la gente hace todo lo que puede por evitar. También suponemos que existe un idioma nacional (o a veces unos cuantos idiomas) hablado por gobernados y gobernantes.

Las monarquías de la Europa medieval tenían pocos de estos rasgos. Constituían un batiburrillo de territorios que no se correspondían ni con las divisiones lingüísticas entre los pueblos ni con los obstáculos geográficos. El «Sacro Imperio Romano de la Nación Alemana» normalmente gobernaba Bohemia como reino y ejercía la soberanía sobre diversos territorios en las tierras de habla alemana y partes de Italia. Los reyes de Inglaterra entablaron una serie de guerras para intentar hacer valer sus derechos sobre buena parte del territorio de habla francesa. Los reyes de Francia trataban de conservar territorios situados al otro lado de los Alpes, en lo que hoy en día es Italia, pero tenían poco control sobre el este de Francia (parte del ducado rival de Borgoña), el sudoeste de Francia y Normandía (gobernado por los reyes ingleses) o Bretaña. Todas las fronteras estatales podían moverse, pues a través de matrimonios y herencias los reyes obtenían soberanía sobre tierras distantes, o bien la guerra les arrebataba territorios locales. Rara vez había una estructura administrativa única y uniforme dentro de un Estado. Este solía componerse de principados, ducados, baronías y municipios independientes, con sus propios gobernantes, sus propios tribunales, sus propias leyes locales, su propia estructura fiscal, sus propios puestos aduaneros y sus propias fuerzas armadas, de manera que la lealtad que cada una de aquellas entidades debía al monarca no era en muchas ocasiones más que nominal y podía olvidarse si un monarca rival mejoraba la oferta. Con frecuencia los monarcas no hablaban las lenguas de las personas sobre las que gobernaban, y los documentos oficiales y los estatutos legales rara vez estaban redactados en la lengua de los sometidos a sus leyes.

Esto comenzó a cambiar en partes importantes de Europa hacia finales del siglo XV, justo cuando España iniciaba la conquista de América. Carlos VII y Luis XI en Francia, Enrique VII y Enrique VIII en Inglaterra, y los monarcas corregentes Isabel y Fernando en España, todos ellos consiguieron aumentar su propio poder a expensas de los grandes señores feudales e imponer alguna clase u otra de orden de alcance estatal dentro de lo que son las fronteras nacionales de hoy en día.

Los cambios fueron importantes porque constituían los primeros movimientos del orden feudal hacia el orden moderno. Esa transición aún distaba de ser completa. La más poderosa de las «nuevas» monarquías, la de España, todavía tenía estructuras separadas para sus componentes catalán, valenciano, aragonés y castellano, mientras que durante un siglo y medio sus reyes se empeñaron en guerras con el objetivo de mantener la posesión de sus territorios en Italia y los Países Bajos. Los reyes franceses tuvieron que soportar una serie de guerras y guerras civiles antes de obligar a los señores territoriales a someterse al gobierno «absolutista»… y aun entonces siguió habiendo puestos aduaneros internos y sistemas legales locales. Incluso en Inglaterra, donde la conquista normanda en 1066 había creado un Estado feudal más unificado que en otras partes, los condes del norte conservaron considerable poder y los monarcas aún no habían abandonado sus reivindicaciones sobre «Francia».

No obstante, las «nuevas monarquías» y los «absolutismos» que a partir de ellas se desarrollaron en Francia y España representaban algo diferente del antiguo orden feudal. Eran estados que se quedaron en el feudalismo, pero en los que los monarcas habían aprendido a emplear nuevas fuerzas conectadas con el sistema de mercado y el crecimiento de las ciudades como contrapeso al poder de los señores feudales[36]. Sus políticas seguían persiguiendo en

---

[36] Marx y Engels lo describieron de maneras diversas: como una «balanza entre la nobleza y el estado llano» (F. Engels, *The Origins of the Family,* Londres, 1998, p. 211 [ed. cast.: *El origen de la familia, de la propiedad privada y del Estado,* en K. Marx y F. Engels, *Obras Escogidas (OE),* vol. 2, Madrid, Akal, 2016, p. 339]); como «un equilibrio entre la aristocracia terrateniente y la burguesía» (F. Engels, *The Housing Question,* en K. Marx y F. Engels, *Collected Works,* vol. 23, Londres, 1988, p. 363 [ed. cast.: *Contribución al problema de la vivienda,* en K. Marx y F. Engels, *OE,* vol. 1, p. 636]); como «sirviendo a la naciente sociedad de clase media en cuanto un arma poderosa en su lucha contra el feudalismo» (K. Marx,

parte el objetivo feudal clásico de obtener territorios por medio de la fuerza o de alianzas matrimoniales. Pero había otro objetivo de importancia creciente: la construcción de una producción comercial y de base local. Así que Isabel y Fernando conquistaron el reino morisco de Granada y libraron guerras por el territorio en Italia, pero también financiaron a Colón y a los sucesores de este con la esperanza de extender el comercio. Enrique VIII utilizó el matrimonio para establecer vínculos dinásticos con otros monarcas, pero también favoreció el crecimiento de la industria inglesa de la lana y de la marina de guerra.

Esto, desde luego, no significa en absoluto que estas monarquías fueran menos brutales que las precedentes. Estaban dispuestas a emplear los medios que fueran para cimentar su poder frente a las demás monarquías y a sus súbditos. Sus medios fueron las intrigas, los asesinatos, los raptos y la tortura. Donde mejor se expresó su filosofía fue en los escritos de Maquiavelo, el funcionario florentino cuya ambición en la vida era ver a Italia unificada en un Estado único y que trazó las pautas por las que un «príncipe» había de lograr este objetivo. Sus esperanzas se vieron frustradas. Pero sus escritos especifican una lista de técnicas que podrían haber sido directamente extraídas del repertorio de los monarcas españoles o de Enrique VIII.

Tras la toma de Granada, Isabel y Fernando hicieron algo que los reinos islámicos nunca habían hecho a los cristianos: utilizar la Inquisición para matar a quienes se negaran a convertirse al cristianismo o a abandonar el país. A comienzos del siglo XVII, la población morisca, que llevaba 900 años en el país, fue expulsada. Los judíos, tolerados durante casi ocho siglos de dominio islámico, fueron obligados a emigrar y comenzar nuevas vidas en el norte de África, los Balcanes bajo dominio turco (donde en Salónica hubo una comunidad judía de habla española hasta que los ejércitos de Hitler tomaron la

---

The Civil War in France, Londres, 1996, p. 75 [ed. cast.: *La guerra civil en Francia,* en K. Marx y F. Engels, *OE,* vol. 1, p. 539]); como «un producto del desarrollo burgués» (K. Marx, *The Capital,* vol. 1, Moscú, 1986, p. 672 [ed. cast.: *El capital,* Madrid, Akal, 2000, Libro I, Tomo III, p. 203]). Por contra, Perry Anderson lo describe como «un aparato reorganizado y recargado de la dominación feudal [...] el caparazón político de una nobleza amenazada» (P. Anderson, *Lineages of the Absolutist State,* Londres, 1974, p. 18 [ed. cast.: *El Estado absolutista,* Madrid, Siglo XXI, 1979, p. 122, reimp. 2016]). Pero si fue un feudalismo «reorganizado» o «recargado», lo fue debido a la confianza de la monarquía en el mercado y su apoyo en la clase alta urbana; es decir, por basarse en elementos del capitalismo, así como en elementos del feudalismo.

ciudad en la Segunda Guerra Mundial) y en Europa oriental. Incluso los convertidos al cristianismo, los conversos, no estaban seguros. En la década de 1570 hubo una ola de persecuciones contra ellos.

Los duros métodos de Enrique VII, Enrique VIII y sus sucesores en Inglaterra no se aplicaron solamente contra el poder de los antiguos señores feudales. Se dirigieron también contra enormes contingentes de los más pobres: aquellos a los que se dejó vagando por el país sin un medio de subsistencia cuando los nobles desmantelaron sus antiguos ejércitos de criados y terratenientes, «cercaron» antiguas tierras comunes y despojaron de sus parcelas a los campesinos minifundistas. Sucesivos monarcas los trataron como «delincuentes voluntarios»[37]. Una ley de 1530 decretó:

> El látigo y la cárcel para los vagabundos robustos. Serán atados a carretas y azotados hasta que les corra la sangre por el cuerpo, y luego se les tomará juramento de regresar a su lugar de nacimiento o donde hayan vivido durante los últimos tres años, y «se pondrán a trabajar».

Más tarde la ley se enmendó:

> En caso de un segundo arresto por vagabundaje, se repetirán los azotes y se le cortará una oreja; mas, en caso de un tercer arresto, el infractor será ejecutado como un delincuente empedernido[38].

Las nuevas ideas

El periodo del «descubrimiento» de América y las «nuevas monarquías» fue también el periodo del Renacimiento: el «renacimiento» de la vida intelectual y el arte que se inició en las ciudades italianas y se expandió, a lo largo de un siglo, por el resto de Europa occidental. En todo el continente se produjo un redescubrimiento del saber de la Antigüedad clásica y, con él, una ruptura con la estrecha visión del mundo, las embrutecedoras convenciones artísticas y la superstición religiosa por que se caracterizó la Edad Media eu-

---

[37] El término es de Marx, en K. Marx, *The Capital,* cit., vol. I, p. 686 [ed. cast. cit.: p. 223].
[38] Estatutos mencionados y citados en K. Marx, *The Capital,* cit., vol. I, pp. 686-687 [ed. cast. cit.: pp. 223-224].

ropea. El resultado fue un florecimiento del arte y la literatura, y avances científicos como el mundo europeo no había conocido desde los tiempos de Platón, Aristóteles y Euclides.

Este no fue el primer intento de llevar a cabo tal ruptura, a pesar de lo que dicen algunos libros de historia. Dos siglos antes había habido un brote, con la traducción de obras del latín, el griego y el árabe en Toledo, los esfuerzos de pensadores como Abelardo y Roger Bacon y los escritos de Boccaccio, Chaucer y Dante. Pero esto se detuvo con la gran crisis del siglo XIV, cuando Iglesia y Estado colaboraron para extirpar las ideas que pudieran conectar la lucha de clases en la ciudad y en el campo. Las universidades, en principio centros de exploración intelectual, se fueron caracterizando cada vez más por disputas escolásticas que no parecían tener ninguna relevancia práctica.

El Renacimiento representó un retorno a los afanes intelectuales, culturales y científicos del siglo XIII, pero en un nivel mucho más elevado y sobre una base mucho más amplia. En su lugar de nacimiento en las ciudades-Estado italianas, su desafío no puso de inmediato en cuestión la esterilidad de la concepción tardomedieval del mundo. Aquellos estados estaban dominados por oligarcas mercantiles que hacían ostentación de la riqueza que habían conseguido por medios no feudales y habían desplazado a la antigua nobleza feudal, pero empleaban su riqueza y su poder para asegurar su posición dentro del marco establecido por el feudalismo. La familia dominante en Florencia, por ejemplo, eran los Médici. Comenzaron como comerciantes y banqueros, pero dos de ellos acabaron siendo papas y otra, reina de Francia. La cultura que promovían reflejaba su contradictoria posición. Encargaron cuadros y esculturas a artesanos de origen plebeyo que dieron brillante expresión visual a la nueva sociedad que estaba naciendo en el seno de la antigua. *Dios dando la vida a Adán,* de Miguel Ángel, o su *Juicio Final* en la Capilla Sixtina son obras religiosas que celebran la humanidad. Entre sus grandes obras se cuenta la serie de estatuas gigantes de esclavos o prisioneros que muestran a hombres luchando por liberarse de la piedra en la que están atrapados. La literatura alentada por los oligarcas, por otro lado, suponía un paso atrás con respecto a la tradición del siglo XIII y comienzos del XIV. Como el revolucionario italiano Antonio Gramsci señaló hace casi un siglo, mientras que Dante escribía en el dialecto italiano de los florentinos, el idioma del «humanismo» renacentista era el de una pequeña elite intelectual, el latín. Esto proporcionó un canal de comunicación a los eruditos de toda Europa, pero no a la masa del pueblo de Florencia, Milán o Venecia. Lo que es más, seguía profesándose una reverencia casi supersticiosa a los textos antiguos, de manera que una cita de un autor griego o romano seguía pareciendo el punto ganador en una discusión.

Cuando el Renacimiento se expandió por Europa, su contenido comenzó a cambiar. La cantidad de traducciones del griego o el latín a las lenguas vernáculas creció. Y también el deseo de no simplemente leer a los antiguos, sino de desafiar sus hallazgos: algo de lo que sobre todo constituyen ejemplos los avances científicos de Copérnico, Kepler y Galileo. El siglo XVI tal vez comenzó con la regurgitación de ideas con 2.000 años de antigüedad, pero en el plazo de poco más de otro siglo se produjo una explosión de escritos en las lenguas de las masas: Rabelais en francés; Shakespeare, Marlowe y Ben Jonson en inglés; Cervantes en español. No se trataba simplemente de poner en papel historias, obras teatrales o muchas de las nuevas ideas. Era también cuestión de dar forma al habla cotidiana empleada por millones de personas. La era de las «nuevas monarquías» fue también la del primer ascenso de las lenguas nacionales.

Las nuevas religiones

Veinticinco años después de que tropas españolas tomaran Granada y Colón desembarcara en las Indias Occidentales, un fraile y profesor de Teología de treinta y cuatro años, Martín Lutero, clavó una hoja de papel en la puerta de una iglesia de Wittenberg, en el sur de Alemania. Contenía 95 puntos («tesis») que atacaban la venta de «indulgencias», documentos que absolvían a las personas de sus pecados y prometían un pasaporte para el Cielo. Su acción precipitó la mayor escisión en la Iglesia occidental desde la conversión de Constantino al cristianismo 12 siglos antes. Parecía que nada que la Iglesia o el Sacro Imperio Romano Germánico hicieran podía detener el crecimiento de los apoyos a Lutero. Las ciudades del sur de Alemania y Suiza –Basilea, Zúrich, Estrasburgo, Maguncia– se pusieron de su lado. Lo mismo hicieron algunos de los príncipes alemanes más poderosos, como los de Sajonia, Hesse y Brandeburgo. No tardó en haber conversos en Holanda y Francia... a pesar de contramedidas de las autoridades como la de quemar vivos a 14 artesanos luteranos en la plaza mayor de Meaux en 1546[39]. Enri-

---

[39] Para más detalles, véase H. Heller, *The Conquest of Poverty: the Calvinist Revolt in 16th Century France,* Londres, 1986, p. 27.

que VIII de Inglaterra rompió asimismo con la Iglesia católica cuando el papa (aliado de la Corona española) no aceptó su divorcio de la princesa española Catalina de Aragón.

En principio, las cuestiones planteadas por Lutero eran teológicas: las indulgencias, las ceremonias eclesiásticas, el papel de los sacerdotes como intermediarios entre los creyentes y Dios, el derecho del papa a imponer su disciplina al clero. Pero la Iglesia católica había sido una parte tan importante de la sociedad medieval, que las connotaciones sociales y políticas de esos temas resultaban inevitables. En efecto, lo que Lutero hizo fue desafiar a la institución que había ejercido el control ideológico en representación de todo el orden feudal. De los beneficiarios de ese control ideológico no cabía esperar sino una reacción violenta. Las disputas sobre esos asuntos abocaron a la mayor parte de Europa a un siglo y cuarto de guerras sucesivas, civiles o no: la Guerra de Esmalcalda en Alemania, las guerras de religión en Francia, la larga guerra de la independencia neerlandesa de España, la Guerra de los Treinta Años que asoló Alemania, y la Guerra Civil inglesa.

Lutero era un polemista brillante, que expuso sus argumentos en folletos y más folletos, además de realizar una traducción de la Biblia que influyó de manera decisiva en el desarrollo de la lengua alemana. Pero por sí mismo esto no explica el impacto de sus acciones. La tradición de oposición a la Iglesia católica romana a partir de ideas muy similares a las de Lutero era larga. Desde hacía 200 años, existía una Iglesia «valdense» clandestina que contaba con comunidades en importantes ciudades europeas. Un siglo antes, los husitas habían luchado por ideas similares en Bohemia, y en Inglaterra todavía había muchos seguidores «lolardos» del reformista de finales del siglo XIV Wycliffe. Pero estos movimientos nunca habían conseguido desgarrar ni a la Iglesia ni a la sociedad en cuyo seno se dieron. Eso fue exactamente lo que hizo Lutero, como también otros reformistas que diferían de él en algunos puntos doctrinales: Zuinglio en Zúrich y Calvino en Ginebra.

Para comprender por qué sucedió esto, es necesario tener en cuenta los cambios económicos y sociales más amplios ocurridos desde la crisis del siglo XIV: cambios que pusieron los cimientos tanto de las nuevas religiones como de las nuevas monarquías, las conquistas en el Nuevo Mundo y el nuevo saber del Renacimiento. La economía y sociedad feudales estaban alumbrando algo nuevo, y el protestantismo era uno de sus vagidos.

La economía de la transición

La sociedad europea occidental llevaba cientos de años experimentando cambios lentos pero acumulativos, cambios a menudo apenas perceptibles para quienes los vivieron. En primer lugar, estaba el lento, intermitente pero continuo avance en las técnicas de producción conforme los artesanos, constructores navales e ingenieros militares asimilaban las innovaciones llegadas de otras partes de Eurasia y el norte de África, y les añadían sus propias mejoras. Así que, a comienzos del siglo XVI, había montones de artefactos desconocidos en el siglo XII y en muchos casos incluso en el XIV: relojes mecánicos en toda ciudad importante, molinos de viento así como hidráulicos, altos hornos capaces de producir hierro fundido, nuevos modos de construir y aparejar barcos y nuevos aparatos para establecer sus posiciones, el cañón y el mosquete para la guerra, o la imprenta, que ponía a disposición de todo el mundo manuscritos antes conservados como oro en paño en selectas bibliotecas.

Estas innovaciones técnicas fueron la precondición absoluta para todos los cambios de más amplio alcance. Sin el astrolabio de los árabes y la brújula de los chinos puede que Colón hubiera igualmente llegado a las Américas –es más que posible que otros lo hubieran hecho antes que él–, pero no habría sido capaz de registrar gráficamente la ruta marítima regular que posibilitó las siguientes visitas y las conquistas españolas. Los ejércitos de los reyes habrían conseguido ganar alguna batalla sin sus ballestas mejoradas y armas de fuego, pero no habrían podido derrotar a los caballeros armados, arrasar los castillos de los señores o vencer a los piqueros campesinos. Los pensadores renacentistas habrían podido reactivar cierto interés por los escritos griegos y romanos sin la imprenta, pero la influencia de tales escritos no se habría difundido por la mayor parte de Europa sin su reproducción en miles de copias. De la misma manera, el desafío de Lutero al papado no habría podido alcanzar tan enorme resonancia. De hecho, la imprenta preparó y allanó el terreno a sus ideas. En Inglaterra, por ejemplo, la imprenta confirió «una fuerza retardada pero máxima» a los argumentos anticlericales que se encuentran en Wycliffe, en el *Pedro el Labrador* de Langland y, en menor medida, en Chaucer, de modo que «el siglo XIV invadió el XVI»[40].

---

[40] A. G. Dickens, «The Shape of Anti-Clericalism and the English Reformation», en E. I. Kouri y T. Scott (eds.), *Politics and Society in Reformation Europe,* Londres, 1987, p. 381.

Pero las técnicas por sí solas nada podían conseguir. Había que ponerlas en funcionamiento, a veces con considerables costes. Las armas tenían que fabricarse, los minerales extraerse, las imprentas financiarse, los barcos construirse, los ejércitos aprovisionarse. Esas cosas sólo se consiguieron hacer a la escala requerida porque en la organización social, así como técnica, de la producción se habían consolidado enormes cambios.

A comienzos del periodo feudal, la producción había sido para el uso inmediato: para mantener viva a la familia campesina y para permitir la vida lujosa del señor. Lo que importaba era lo que Adam Smith y Karl Marx llamaron más tarde los «valores de uso»: las necesidades vitales para la familia campesina y los lujos que satisficieran los caros gustos del señor feudal. Las presiones para la expansión de la producción, bien haciendo trabajar más al campesino o mediante el empleo de nuevas técnicas, sólo podían proceder del deseo del campesino de vivir un poco mejor o del deseo del señor de un consumo aún más derrochador. Como también dijo Marx, el límite del nivel de explotación de los campesinos era «el tamaño del estómago del señor feudal». En una sociedad así, el cambio y el dinero desempeñaban un papel marginal. Si alguien quería hacerse rico, más le valía apoderarse de tierra que acaparar oro.

A comienzos del siglo XV las cosas ya eran muy diferentes. La producción de cosas para vender –para intercambiar por oro o plata que a su vez podían cambiarse por otras cosas– era cada vez más predominante. Lo que Smith y Marx llamaron el «valor de cambio» era cada vez más importante. La familia campesina quizá seguía produciendo la mayor parte de sus propios víveres y ropa, pero necesitaba dinero para pagar la renta, comprar aperos de labranza y asegurarse la subsistencia en caso de malas cosechas. El comercio a larga distancia se reservaba en exclusiva para lujos exóticos obtenidos en el otro extremo del mundo, a precios enormes. Y si alguien podía conseguir bastante dinero, él (o a veces ella) podía o bien formar un ejército capaz de vencer a otros (los ejércitos estaban constituidos cada vez más por mercenarios), o bien adquirir los barcos y contratar a los marinos necesarios para emprender viajes de descubrimiento, comerciales o de piratería. En general, el dinero comenzó a ser lo que es hoy en día.

Con el tiempo, esto transformaría por entero el mundo del trabajo, en la medida en que dejó de intentar satisfacer las necesidades humanas y se convirtió en un medio por el que aquellos con dinero podían ganar más dinero. Este proceso distaba de haberse completado a comienzos del siglo XVI.

La mayoría de los artesanos seguían esperando recibir el precio acostumbrado por cualquier trabajo y tener la libertad para celebrar los días festivos y de los santos, y la mayoría de los campesinos seguían viendo su trabajo como vinculado a la rutina de las estaciones, no a las veleidades de los mercados de materias primas. Pero, no obstante, el proceso estaba en marcha, y lo estaba desde hacía un par de siglos. La lenta expansión de las redes mercantiles en la ciudad y el campo alteraba las vidas de cada vez más personas. Junto a ciudades importantes, puertos o ríos navegables, zonas enteras del campo se estaban pasando a la producción de «cultivos industriales» –el lino para la ropa, la uva para obtener vino, las aceitunas para el aceite, el glasto o el azafrán para teñir– o a un pastoreo que satisficiera la creciente demanda de carne en las ciudades y entre las clases altas. Los comerciantes empleaban cada vez más la «contratación externa» como sistema de presión sobre los trabajadores manuales para que aceptaran honorarios más bajos basados en la oferta y la demanda, en lugar de los precios habituales; y alentaron el crecimiento de una nueva industria, de base rural, cuando, como con frecuencia ocurrió, los artesanos urbanos se negaron a sacrificar su modo de vida al dios de la especulación mercantil. En zonas como las tierras altas del sur de Alemania, Bohemia y Transilvania, grandes financieros como la familia Fugger –que financiaron las guerras de los monarcas españoles y el Sacro Imperio Romano Germánico– abrían minas para cuya explotación contrataban trabajo remunerado.

Fue el papel que ya desempeñaba la producción para el mercado lo que hizo que el resultado de la crisis del siglo XIV fuera muy diferente del de las crisis que habían acuciado al Imperio romano en el siglo V y a China en los siglos III y XIII. En esas ocasiones, las hambrunas, la guerra civil y las invasiones de otros pueblos habían producido la fragmentación en grandes estados económicamente ajenos entre sí y a la sociedad en general. La crisis del siglo XIV, por contra, tuvo como consecuencia una extensión de las relaciones mercantiles por toda Europa. Incluso allí donde la servidumbre revivió, se utilizó para producir cultivos que el señor pudiera vender a los grandes comerciantes a buen precio.

La crisis no destruyó las ciudades. Aunque fueron muchas las aldeas que quedaron desiertas como consecuencia de las hambrunas y las pestes, la mayoría de las ciudades permanecieron intactas. Y a mediados del siglo XV se hallaban a la vanguardia de una expansión económica que promovía el empleo de las nuevas tecnologías, como las de la imprenta y la naval. No todas las ciudades prosperaron en este periodo. La enorme expansión del mercado, de la producción para el comercio en lugar de para el uso inmediato, puso a algunas ciudades en peligro. Para aquellas a las que les había ido muy bien en el periodo precedente, las tornas cambiaron como consecuencia de los imprevisibles cambios producidos por el mercado en la producción, o de acontecimientos políticos en territorios remotos. Otras que se habían quedado rezagadas dieron ahora un salto adelante. Barcelona, Florencia y las grandes ciudades comerciales hanseáticas del norte de Europa y el Báltico entraron en diferentes grados de decadencia en el siglo XVI, mientras que otras ciudades del norte de los Países Bajos (la actual Holanda), el sur de España, el sudeste de Alemania e Inglaterra comenzaron a florecer.

El mercado tuvo otro efecto. Transformó las condiciones de vida de millones de personas. A partir de mediados del siglo XV, los precios comenzaron a subir y los niveles de vida de la masa popular a caer. Los salarios, en muchos casos duplicados durante el siglo posterior a la Peste Negra, desde mediados del siglo XV hasta finales del XVI se redujeron entre la mitad y los dos tercios[41], mientras que el campesinado se vio sometido a presiones cada vez más fuertes para que pagara diversas clases de derechos a los señores.

Entre los ricos tanto del campo como de la ciudad se desató un frenesí por ganar dinero. Las ansias de oro de Colón, Cortés y Pizarro fueron una expresión de esto. Otra fue el comercio de indulgencias instaurado por la Iglesia, que provocó la primera arremetida de Lutero. Y también lo fue la adopción de una servidumbre renovada en Europa oriental y de las primeras formas de agricultura capitalista en algunas partes de Europa occidental. El dinero se estaba convirtiendo en la medida de todas las cosas. Sin embargo, los valores oficiales de la sociedad seguían siendo los encarnados en la jerarquía del antiguo feudalismo.

La Iglesia había tenido una importancia crucial en relación con los valores medievales. Sus ceremonias escenificaban la conducta que se esperaba de las diferentes clases, a menudo visualmente representadas en sus tallas y vidrieras. Sin embargo, la Iglesia misma estaba aquejada del ansia de oro. Miembros de grandes familias de comerciantes como los Médici o los Borgia se hicieron papas a fin de aumentar su propia riqueza, y esperaban que esta pasara a sus hijos ilegítimos. Había adolescentes ocupando la titularidad de lu-

---

[41] Véase, por ejemplo, R. S. Duplessis, *Transitions to Capitalism in Early Modern Europe,* Cambridge, 1997, p. 93 [ed. cast.: *Transiciones al capitalismo en Europa durante la Edad Moderna,* Zaragoza, Prensas Universitarias de Zaragoza, 2001, p. 127].

crativos obispados. Había clérigos que se llevaban los ingresos de diversas iglesias y por ninguna de ellas se esperaba que hicieran acto de presencia. Había nobles la mitad de cuyos ingresos procedía de los diezmos pagados a la Iglesia. Los curas y los monjes exprimían a los campesinos empobrecidos prestándoles dinero con elevadas tasas de interés, a pesar de que la usura se suponía que era pecado.

Los historiadores han perdido muchísimo tiempo discutiendo sobre la exacta interrelación entre el capitalismo y el protestantismo. Toda una escuela bajo la influencia del sociólogo (y nacionalista alemán) Max Weber ha sostenido que fueron los valores protestantes los que produjeron el capitalismo, sin explicar de dónde procedía el supuesto «espíritu» protestante[42]. Otras escuelas han mantenido que no hay conexión alguna en absoluto, pues muchos protestantes de primera hora no eran capitalistas y las regiones más recalcitrantemente protestantes de Alemania incluían a las de la «segunda servidumbre»[43].

Sin embargo, la conexión es muy fácil de ver. El impacto del cambio técnico y de las nuevas relaciones mercantiles entre las personas en el seno del feudalismo llevó a una «sociedad mixta» –el «feudalismo mercantil»–, en la que se produjo un entretejimiento, pero también un choque, entre las maneras capitalista y feudal de actuar y pensar.

La superposición de las estructuras del mercado a las estructuras del feudalismo llevó a la masa de la población a padecer los defectos de unas y otras. Las subidas y bajadas del mercado ponían una y otra vez en peligro los medios de subsistencia de muchas personas; los métodos agrícolas feudales que seguían extendiéndose por enormes zonas de Europa oriental y meridional no podían producir los rendimientos necesarios para alimentar a los campesinos y para pagar a la vez los lujos de los señores y los ejércitos de los monarcas[44]. La expansión de la superestructura de consumo de la clase dirigente

---

[42] En sus numerosos escritos hay pasajes en los que Weber intenta dar esa explicación apelando a la interacción de múltiples factores, pero nunca llegó a una conclusión coherente. Sus escritos se parecen más a notas al pie de la historia que a una explicación del auténtico proceso histórico.

[43] Este es un argumento aceptado incluso por Perry Anderson en *El Estado absolutista,* ya citado.

[44] Witold Kula expone brillantemente la dinámica y las contradicciones de la economía que surgieron en Polonia y, por implicación, en muchas otras partes de Europa durante este periodo, en W. Kula, *Economics of the Feudal System,* Londres, 1987 [ed. cast.: *Teoría econó-*

estaba desestabilizando la base de la producción campesina y conforme avanzaba el siglo XVI la sociedad se vio empujada cada vez con más fuerza a un nuevo periodo de crisis en el que se vio desgarrada entre las tendencias a avanzar y las tendencias a retroceder.

Como resultado, todas las clases de la sociedad se sentían confusas, y todas ellas acudieron a sus antiguas creencias religiosas en busca de seguridad, pero se encontraron con que la Iglesia misma estaba acuciada por la confusión. Las personas sólo podían afrontar esta situación si encontraban maneras de remozar las ideas heredadas del antiguo feudalismo. Lutero, Zuinglio, Calvino, John Knox y el resto –incluido Ignacio de Loyola, que fundó la Compañía de Jesús y se puso a la vanguardia de la Contrarreforma católica– se las proporcionaron.

La Reforma alemana

Lutero y Calvino no tenían ninguna intención de iniciar movimientos revolucionarios, ni siquiera movimientos para la reforma social. Estaban dispuestos a desafiar radicalmente el orden religioso establecido y, para ellos, las discusiones eran teológicas: sobre cómo la Iglesia católica había distorsionado y corrompido la doctrina religiosa de Jesús y los Apóstoles tal como aparece en la Biblia. Lo que importaba, insistían ellos, era la «fe» del individuo, no la mediación de los curas o las «buenas obras»… especialmente las que consistían en pagos a la Iglesia. La panoplia de santos católicos, adorados en estatuas y relicarios, no estaba muy lejos de una adulteración idólatra del mensaje bíblico. Calvino llegó aún más lejos y sostuvo que la creencia en que los feligreses estaban de alguna manera consumiendo la carne de Jesús durante el rito de la Sagrada Comunión era blasfema: un asunto que le impidió reconciliarse con los seguidores de Lutero, y menos aún con la Iglesia de Roma.

---

mica del sistema feudal, Buenos Aires, Siglo XXI, 1974]. A pesar de su título, este libro trata de lo que llamamos el «feudalismo mercantil», no del feudalismo clásico de comienzos de la Edad Media. Muestra hasta qué punto el empeño de los señores en comprar los nuevos bienes creados en las industrias avanzadas de Gran Bretaña, Holanda y otras partes pudo llevar al estancamiento e incluso el debilitamiento de la agricultura. Sospecho que estas conclusiones se aplican también, al menos en parte, a otras sociedades con unos sectores interesados por el «valor de uso» y por el «valor de cambio», como la China Sung, la Mesopotamia abasí y la India mogol.

Era por cuestiones como esas por las que los primeros protestantes iban a correr grandes riesgos personales y a instar a sus seguidores a que se mantuvieran firmes aunque el castigo por herejía, ejecutado en público en ciudades de toda Europa, fuera ser quemado vivo.

Sin embargo, Lutero y Calvino eran conservadores en asuntos sociales. En 1521, cuando las autoridades imperiales estaban pidiendo su cabeza, Lutero insistía en que estas autoridades habían de ser obedecidas en temas no religiosos:

> Los motines no tienen justificación, por justificadas que puedan estar sus causas. [...] La autoridad secular y la espada están para castigar a los malvados y proteger a los piadosos. [...] Pero cuando [...] se rebela, el hombre ordinario, que es incapaz de distinguir entre el bien y el mal, arremete indiscriminadamente, lo cual no puede ocurrir sin una grande y cruel injusticia. Tened, pues, cuidado y obedeced a las autoridades[45].

Las opiniones de Calvino han sido igualmente descritas como «una doctrina de la obediencia popular». Porque era «voluntad de Dios» que hubiera un orden social con gobernantes y gobernados, y «puesto que la humanidad se hallaba bajo el pecado original, este orden es necesariamente represivo»[46].

Sin embargo, esto no impidió que sus doctrinas desencadenaran conflictos sociales... conflictos en los que ellos tuvieron que tomar partido.

Lutero, un fraile convertido en profesor que formaba parte del Renacimiento «humanista» europeo, pudo convencer a individuos de ese medio. También consiguió la protección de figuras poderosas, como el elector[47] de Sajonia, Federico, que tenía sus propias disputas con la Iglesia. Pero la auténtica razón de que sus doctrinas se difundieran rápidamente por el sur de Alemania en la década de 1520 fue su atractivo entre las clases sociales descontentas, de las que Lutero desconfiaba. En gran parte lo mismo vale para la difusión de la doctrina calvinista en Francia un cuarto de siglo más tarde.

Hoy en día los historiadores de la Reforma alemana distinguen entre diferentes etapas: una «Reforma urbana (o de los burgueses)», una «Reforma de

---

[45] Citado en G. Mülder, «Martin Luther and the Political World of his Time», en E. I. Kouri y T. Scott (eds.), *op. cit.,* p. 37.

[46] H. Heller, *The Conquest of Poverty,* cit., p. 131.

[47] Es decir, «príncipe».

los campesinos» y una «Reforma de los príncipes»[48]. La Reforma urbana barrió las ciudades del sur de Alemania y Suiza una vez que Lutero se convirtió en una figura pública al desafiar al emperador en una famosa asamblea –la Dieta– de las partes constituyentes del imperio celebrada en Worms el año 1521. Las ciudades eran gobernadas por antiguas oligarquías establecidas, formadas por familias de comerciantes ricos y aristócratas menores. Estas llevaban dominando concejos y senados desde hacía generaciones, incluso allí donde había alguna estructura formal democrática. Muchas de las oligarquías tenían sus propios agravios contra la Iglesia –por ejemplo, la inmunidad fiscal del clero, lo cual obligaba al resto a pagar más– y temían el poder de los príncipes locales. Pero también tenían numerosos vínculos con el orden social y religioso vigente. Vivían de las rentas feudales producidas por tierras en el exterior de las ciudades, buscaban para sus hijos puestos lucrativos en la Iglesia, y encontraron maneras de sacar tajada de los diezmos eclesiásticos. De manera que la llamada a una «reforma» de la Iglesia les atraía y repelía simultáneamente. Como era típico de ellos, pusieron sus esperanzas en un cambio no muy profundo, que les permitiera aumentar su control sobre la vida religiosa de la ciudad y emplear fondos de la Iglesia sin llevar a una gran insurrección.

Pero por debajo de este estrato social había una masa de comerciantes menores y artesanos –y a veces curas, monjas y monjes procedentes de familias artesanas– harta de pagar a un clero con el que, con demasiada frecuencia, no se podía contar para proveer siquiera los consuelos religiosos prometidos por la Iglesia. Fue su agitación la que, ciudad tras ciudad, llevó a la Reforma a la victoria. En Erfurt «estudiantes y artesanos» tomaron parte en los «asaltos al clero» y «la destrucción de la casa del canónigo» tras el paso de Lutero por la ciudad en 1521[49]. En Basilea los tejedores reclamaron la comprensión del Evangelio «no sólo con el espíritu, sino también con las manos», insistieron en que «debemos cuidar de nuestros prójimos con amor y verdadera fe» y repartieron parte del dinero dedicado a adornar las iglesias entre «los pobres que en invierno carecen de leña, velas y otras cosas necesarias»[50]. En Braunschweig, Hamburgo, Hanover, Lemgpo, Lübeck, Magdeburgo, Mülhau-

---

[48] Véase especialmente T. A. Brady, *The Politics of the Reformation in Germany,* New Jersey, 1997; P. Blickle, *Communal Reformation,* Londres, 1992; J. Abray, *The People's Reformation,* Oxford, 1985.

[49] P. Blickle, *op. cit.,* p. 63.

[50] *Ibíd.,* p. 73.

sen y Wismar, comités de artesanos y comerciantes obligaron a las autoridades municipales a llevar a cabo cambios religiosos[51]. Wittenberg «quedó dividida por el conflicto e invadida por los iconoclastas» hasta que las autoridades recurrieron al propio Lutero a fin de realizar un cambio ordenado[52]. En Estrasburgo «los magistrados, presionados desde abajo por la comuna, estaban comenzando a realizar en la práctica religiosa cambios claramente ilegales al mismo tiempo que esperaban que alguien –el emperador, la dieta imperial o un concilio general de la Iglesia– los liberara de la creciente presión que sobre ellos se ejercía para que llevaran a cabo cambios cada uno de ellos mayor que el anterior»[53]. De este modo, «normalmente por iniciativa popular, no del gobierno municipal, sino de los gremios profesionales»[54], dos tercios de las ciudades imperiales de Alemania se pasaron a la nueva religión. Lutero atribuyó el éxito de su doctrina a la voluntad divina. «La Palabra lo hizo todo», escribió. «Mientras yo estaba sentado bebiendo cerveza con Philip y Amsdorf, Dios le dio un fuerte golpe al papado»[55]. En realidad, fue la consciencia de clase en una época de crisis económica endémica lo que espoleó la respuesta a su doctrina.

No obstante, los concejos y los senados pudieron normalmente llevar a cabo cambios suficientes para aplacar la agitación que venía desde abajo: «Una vez decretada la enseñanza evangélica por el concejo, abolida la masa y asimilado el clero en el cuerpo ciudadano, nada parecía más natural que llevar de las calles a la sala de plenos la toma de decisiones sobre la vida eclesiástica en la ciudad»[56].

La Guerra de los Campesinos

A finales de 1524 hizo erupción un segundo movimiento, más violento. Conocido como la «Guerra de los Campesinos» (y entre algunos historiadores actuales como la «revolución del hombre común»), ha sido descrito como

---

[51] P. Blickle, *op. cit.*, p. 84.

[52] G. R. Elton, *Reformation Europe,* Glasgow, 1963, pp. 53-54 [ed. cast.: *La Europa de la Reforma 1517-1559,* Madrid, Siglo XXI, 1987, p. 52, reed. 2016].

[53] T. A. Brady, *op. cit.*, p. 80.

[54] G. R. Elton, *op. cit.*, p. 64 [ed. cast. cit.: p. 64].

[55] Citado en A. G. Dickens, *The Age of Humanism and Reformation,* Londres, 1977, p. 152.

[56] P. Blickle, *op. cit.*, p. 88.

«la insurrección de masas más importante de la Europa premoderna»[57]. En el medio siglo previo, todo el sur de Alemania había padecido una sucesión de revueltas rurales. Ahora las noticias de la agitación religiosa en las ciudades, con frecuencia extendida por los artesanos de las industrias rurales que estaban floreciendo, catalizaron el resentimiento en unos años de creciente inseguridad y estimularon una revuelta a la vez religiosa y social.

Ejércitos espontáneos de miles, incluso de decenas de miles, llevaron el movimiento de una zona a otra de las regiones meridionales y centrales del imperio, donde se saquearon monasterios, se asaltaron castillos y se intentó conquistar ciudades[58]. Los señores feudales y los obispos fueron cogidos por sorpresa e intentaron aplacar a los rebeldes mediante negociaciones locales mientras suplicaban a los grandes príncipes que acudieran en su ayuda. Las oligarquías urbanas no sabían qué hacer. Por una parte, tenían sus propios agravios contra los señores feudales, los obispos y los monasterios, y se hallaban bajo la presión de los ciudadanos más pobres de las ciudades para que se sumaran a la revuelta. Por otra, sus integrantes solían poseer tierras ahora amenazadas por la revuelta. Aterrados, por lo general se mantuvieron al margen de la revuelta con la esperanza de que, como fuera, se negociara una paz[59].

Sin embargo, los rebeldes sí consiguieron tomar algunas ciudades, y poner a otras de su lado. En Salzburgo «los mineros, los empresarios mineros y los campesinos se sumaron a la revuelta»[60]. «En Heilbronn los magistrados de la ciudad, presionados por los burgueses y "especialmente por las mujeres", tuvieron que abrir las puertas a los rebeldes», que ocuparon todos los conventos y establecimientos clericales[61]. Así fue como los rebeldes pusieron

---

[57] P. Blickle, *op. cit.,* p. 12.

[58] *Ibid.,* p. 13. Para una explicación completa, junto con traducciones de documentos, véase T. S. Scott y B. Scribner (eds.), *The German Peasants' War,* Londres, 1991.

[59] Para una explicación completa de la respuesta típica de un oligarca urbano, Jacob Sturm de Estrasburgo, véase T. A. Brady, *op. cit.,* pp. 82-86.

[60] P. Blickle, *op. cit.,* p. 13.

[61] T. A. Brady, *op. cit.,* pp. 83. La explicación dada en 1850 por Friedrich Engels, contiene una descripción detallada del movimiento en diferentes regiones: *The Peasant War in Germany,* en K. Marx y F. Engels, *Collected Works,* cit., vol. 10, Londres, 1978, pp. 399-477 [ed. cast.: *Las guerras campesinas en Alemania,* México, Grijalbo, 1971]. Para una historia marxista que presta poca atención a los detalles de las batallas, véase E. Belfort Bax, *The Peasants' War in Germany,* Londres, 1899.

bajo su control ciudades como Memmingen, Kaufbeuren, Weinberg, Bermatingen, Neustadt, Stuttgart y Mühlhausen.

En todas partes los rebeldes redactaron listas de agravios que a menudo se incluyeron en los programas locales y regionales. Una de las listas, de 12 puntos redactados por los campesinos de Memmingen con la ayuda de un artesano simpatizante y un sacerdote rebelde, se convirtió en algo parecido a un manifiesto nacional de la revuelta cuando se reimprimió una y otra vez[62].

Comenzaba con las demandas religiosas más importantes para la masa del pueblo: el derecho de las comunidades locales a nombrar a sus propios párrocos y a decidir cómo usar los diezmos. Pero seguía planteando otras demandas vitales para la subsistencia de los campesinos: la abolición de la servidumbre, la abolición del pago de diversas sumas a los señores, poner fin a la usurpación de las tierras comunes así como a las prohibiciones señoriales de la caza, la pesca y la recolección de leña por los campesinos, y a la justicia arbitraria.

Este no era un programa *revolucionario*. Suponía que a la nobleza y los príncipes se los podía convencer de que aceptaran las propuestas de los campesinos. Desde luego, al comienzo del movimiento muchos de los participantes parecían creer que ya se conformarían con que se obligara a los señores a reformar sus métodos. «En conjunto, los campesinos se inclinaban por aceptar la nobleza, siempre y cuando esta estuviese dispuesta a reconocer sus asociaciones comunales, las bandas o las Uniones Cristianas (de los rebeldes)»[63]. Según el historiador conservador G. R. Elton, «en conjunto el campesinado [...] se comportó con extraordinaria moderación»[64]. Desde la perspectiva opuesta, Friedrich Engels señalaba: «Mostraron una notable falta de determinación en cuestiones relacionadas con la actitud [...] hacia la nobleza y los gobiernos. Esa determinación sólo apareció en el curso de la guerra, una vez los campesinos experimentaron la conducta de sus enemigos»[65]. La «moderación» de los campesinos les llevó una y otra vez a creer a quienes afirmaban que era posible un arreglo amistoso de sus diferencias con los señores.

Sin embargo, las demandas más elementales de los campesinos representaban un desafío a toda la base sobre la que los príncipes y la nobleza habían

---

[62] Los 12 puntos se incluyen en T. Scott y B. Scribner (eds.), *op. cit.*, pp. 252-257.
[63] P. Blickle, *op. cit.*, p. 50.
[64] G. R. Elton, *op. cit.*, p. 59 [ed. cast. cit.: p. 58].
[65] F. Engels, *The Peasant War in Germany*, cit., p. 449 [ed. cast. cit.: p. 108].

gobernado en el pasado. En su lenguaje religioso, los campesinos estaban diciendo que ahora había una ley por encima de la que aplicaban los tribunales. Como dijo una asamblea aldeana, «nadie salvo Dios, nuestro Creador […] tendrá siervos»[66]. La «ley divina» que representaba los intereses campesinos había de reemplazar a la «venerable ley» que los sometía a los señores y a la Iglesia.

La clase señorial fue incapaz de hacer concesiones que socavaran su propia posición de clase. A la vez que fingían ofrecer concesiones, los señores comenzaron a movilizar ejércitos de mercenarios. Estos comenzaron a entrar en acción en abril de 1525. Como Elton admite:

> Las clases dirigentes se sintieron atacadas en lo más profundo y su reacción fue bastante más brutal que la amenaza que estaban combatiendo. […] Se mató a miles de campesinos –algunos cálculos elevan la cifra a 100.000–, la mayoría después de las llamadas batallas, las cuales no fueron más que desbandadas en las que los hombres de armas de los príncipes se divirtieron de lo lindo cazando fugitivos[67].

La rebelión horrorizó a Lutero. Al principio, como las oligarquías urbanas, fue crítico con los señores por provocar descontento. Pero una vez los ejércitos campesinos comenzaron a obtener triunfos importantes, se puso del lado de los señores. Escribió un folleto, «Contra las hordas de campesinos asesinos y ladrones», que instaba a los señores a adoptar las formas más extremas de venganza contra los rebeldes: «Todo aquel que pueda debe abatirlos, degollarlos y apuñalarlos, lo mismo que se debe matar a un perro rabioso»[68]. Escribió que los príncipes «no debían tener ningún miramiento. […] Exterminad, aniquilad, que quien tenga poder para ello actúe»[69]. En una carta insistía: «Más vale la muerte de todos los campesinos que la de príncipes y magistrados»[70].

No estaba solo:

> Lo mismo que los señores interpretaron la resistencia como una traición al Estado, los reformistas la interpretaron como una traición a los Evangelios.

---

[66] Aldeanos de Shaffhausen, citado en P. Blickle, *op. cit.,* p. 48.

[67] G. R. Elton, *op. cit.,* p. 59 [ed. cast. cit.: pp. 58-59].

[68] Citado en F. Engels, *The Peasant War in Germany,* cit., p. 419 [ed. cast. cit.: p. 62].

[69] Citado en L. Febvre, *Martin Luther,* Londres, 1930, p. 258 [ed. cast.: *Martín Lutero,* México, Fondo de Cultura Económica, 1966, p. 230].

[70] Citado en *ibid.,* p. 258 [ed. cast. cit.: p. 229].

Ninguno dejó de oponerse al hombre común en 1515: Martín Lutero, Philipp Melanchthon, Johannes Brenz, Urbanus Regius, Zuinglio[71].

En realidad, hubo predicadores protestantes que se apresuraron a apoyar la insurrección. El más famoso fue Thomas Müntzer. Clérigo con una importante formación universitaria, se puso del lado de Lutero en los primeros conflictos de este con el papa y el emperador. Pero al cabo de tres o cuatro años estaba criticando a Lutero por hacer concesiones. Cada vez más, sus propios escritos y prédicas comenzaron a ir más allá de los asuntos religiosos, para desafiar la opresión de la masa del pueblo. Para él el cumplimiento del cristianismo llegó a significar la transformación revolucionaria del mundo.

> Es la abominación más grande de la tierra que nadie subvenga a las necesidades de los pobres. [...] Detrás de toda usura, robo y abuso están nuestros soberanos y gobernantes. [...] Oprimen a los campesinos y artesanos. [...] Si uno de estos pobres infringe en lo más mínimo la ley, debe pagar por ello. A todo esto el doctor Mentiras [Lutero] dice «Amén»[72].

Esas palabras le granjearon a Müntzer la cólera de las autoridades, y gran parte de 1524 se lo pasó ocultándose, viajando por el país para organizar pequeños grupos secretos de partidarios. Lutero instó a los príncipes a tomar medidas contra él. Aun hoy, muchos historiadores oficiales lo tratan poco menos que como a un lunático. Para Elton, era «el genio demoniaco de comienzos de la Reforma», «un fanático desbocado» y «un lunático peligroso»[73]. Pero lo único que Müntzer tenía de «lunático» era que empleaba el lenguaje bíblico, común a casi todos los pensadores de su época, no para apoyar a la clase dirigente, sino para luchar contra ella.

Cuando la revuelta se vino abajo, Müntzer se fue a Mülhausen, en la región minera de Turingia. Allí se dedicó a trabajar con los sectores radicales de los burgueses, liderados por el exmonje Pfeiffer, para defender la ciudad como bastión de la revolución. Fue capturado, torturado en el potro y decapitado a la edad de veintiocho años, tras la derrota infligida al ejército insur-

---

71 P. Blickle, *op. cit.,* p. 199.
72 Citado en K. Kautsky, *Communism in Central Europe in the Time of the Reformation,* cit., p. 136.
73 G. R. Elton, *op. cit.,* pp. 58, 94 [ed. cast. cit.: pp. 58, 101].

gente en Frankenhausen por el luterano príncipe de Hesse y el católico duque de Sajonia.

Las consecuencias del aplastamiento de la revuelta para toda la sociedad alemana fueron inmensas. Fortaleció enormemente la posición de los grandes príncipes. Los caballeros de menor rango, que habían llevado mal el poder creciente de los príncipes y soñado con subordinarlos a una Alemania imperial unida, a veces habían tomado las armas a propósito de la cuestión religiosa e incluso mostrado simpatías por la revuelta en las primeras etapas de esta[74]. Ahora se pusieron del lado de los príncipes, en los que vieron la garantía de que la explotación de los campesinos no se interrumpiría. De manera similar, las oligarquías urbanas, tras algunas vacilaciones iniciales, consideraron a los príncipes su última salvaguarda contra la rebelión. Incluso los pequeños burgueses tuvieron pocas dificultades para reconciliarse con los vencedores de una revuelta que ellos habían sido demasiado cobardes para apoyar.

Pero, al aceptar el nuevo poder reforzado de los príncipes, las clases urbanas altas y medias estaban también aceptando que no serían sus intereses los que dictarían el modelo por el que en el futuro se regiría Alemania. La crisis producida por el desarrollo de elementos del capitalismo en el seno del feudalismo había llevado a una insurrección revolucionaria. Pero la revuelta fue sofocada, lo mismo que en toda Europa las revueltas del anterior periodo de crisis, en el siglo XIV. Las clases medias urbanas, aunque adoptaron la nueva ideología del protestantismo, no estaban dispuestas a emplearla para unir a las clases más explotadas en un asalto al viejo orden. Así fue como los campesinos fueron aplastados y las clases medias urbanas se debilitaron frente al creciente poder de los príncipes.

El protestantismo alemán fue una de las víctimas de esta cobardía. El luteranismo, al espolear a los príncipes, se convirtió en prisionero histórico de estos. Las doctrinas originales de Lutero habían minado el control de la Iglesia sobre sus feligreses, al sostener que todos eran iguales ante Dios. Pero el miedo que en los luteranos produjo la revuelta les llevó a reintroducir la antigua disciplina. Como uno de los colaboradores más íntimos de Lutero, Melanchthon, escribió poco después de 1525, «es necesario que un pueblo tan insensato y zafio como el alemán tenga menos libertad de la que tiene ahora»[75]. Fueron los príncipes quienes administraron esa disciplina. El luteranismo se

---

[74] El caso más famoso es el de Goetz von Berlichingen.
[75] Citado en P. Blickle, *op. cit.,* p. 200.

convirtió para ellos en un arma doble tras la derrota de la rebelión. Por un lado, pudieron esgrimirla contra el emperador católico que intentaba cercenar su poder, y por otro usarla para mantener un control ideológico sobre las clases a las que explotaban. De este modo, una religión que había surgido como reacción a la crisis del feudalismo alemán se convirtió en la fe oficial en zonas del norte y el este de Alemania en las que los campesinos se vieron obligados a regresar a la servidumbre... de la misma manera que el cristianismo se había desarrollado como reacción a la crisis del Imperio romano sólo para convertirse en la ideología de dicho imperio. Mientras tanto, los campesinos del sur y del centro de Alemania ya no vieron ninguna razón para abrazar un protestantismo que, en 1525, se había alineado con los opresores.

Esto dejó a las ciudades del sur de Alemania a merced de la mayor presión que ahora ejercían el emperador y los príncipes católicos de la región para que abandonaran la nueva religión. Las oligarquías urbanas esperaban que los príncipes protestantes les protegieran. Pero esto no hizo sino arrastrarlas a las guerras esencialmente feudales y dinásticas de esos príncipes. Cuando en 1546 la alianza se puso a prueba con ocasión de la guerra «de Esmalcalda» desencadenada contra el emperador, los príncipes protestantes ni siquiera se prepararon en serio para combatir y dejaron que las ciudades protestantes afrontaran la ira de los victoriosos ejércitos católicos. A partir de entonces, el protestantismo sólo sobrevivió en las ciudades meridionales a duras penas, en una decadencia que reflejaba la pérdida de independencia por parte de las clases medias urbanas.

Las guerras de religión francesas

La historia de la Reforma en Francia es en muy gran medida una repetición, 30 años más tarde, de los acontecimientos de Alemania. La crisis económica llevó al empobrecimiento de los campesinos, artesanos y jornaleros, a frecuentes hambrunas, brotes de peste y, en 1557, a la bancarrota del Estado. Individuos de todas las clases sociales se volvieron contra la Iglesia, el mayor propietario, y contra un puñado de familias aristocráticas[76]. El protestantismo resultaba atractivo para todas las clases. Pero, como Henry Heller ha demostrado, «en la medida en que era un movimiento de masas, sus bases las

---

[76] H. Heller, *The Conquest of Poverty,* cit., p. 137.

constituían los fabricantes a pequeña escala, los pequeños comerciantes y los artesanos»[77]. A la misma conclusión llegó el gran novelista francés Honoré de Balzac hace más de siglo y medio, cuando señaló:

> La reforma religiosa […] encontró partidarios principalmente entre aquellos de las clases inferiores que habían comenzado a pensar. Los grandes nobles no apoyaron ese movimiento sino para servir intereses bastante ajenos a la cuestión religiosa. […] Pero, entre los artesanos y los empleados de comercio, la fe fue genuina y basada en intereses inteligentes[78].

Calvino procedía de una familia francesa de clase media, aunque la persecución lo obligó a vivir en Ginebra, y se forjó una concepción del mundo aún más apropiada para esta clase que la de Lutero. Al principio Lutero había predicado contra la disciplina de la Iglesia y luego había sucumbido a la disciplina de los príncipes. Calvino, por contra, hizo hincapié en la disciplina de una nueva clase de iglesia que gobernarían las clases medias urbanas. Hizo que sus seguidores sintieran que eran los elegidos de Dios y ellos intentaron demostrar esto siendo más sobrios, autocontrolados y abstemios que nadie. Esas actitudes atrajeron a la respetable familia de artesanos o tenderos, separada del mundo del lujo aristocrático, pero temerosa y desdeñosa de los «disolutos» pobres por debajo de ella.

Como Heller ha dicho:

> Algunos habitantes de las ciudades […] podían ver que la masa de la humanidad estaba volviendo a caer en la pobreza, que los avances materiales, es más, los avances culturales de un siglo, estaban de nuevo en peligro. Juzgaron correctamente que la culpa la tenía un orden eclesiástico y feudal que derrochaba la riqueza de la sociedad en guerras, lujos y esplendores. Su revuelta se convirtió en un intento de defenderse a sí mismos contra aquellos que controlaban el sistema y los que más se oponían a él. Una manera de hacerlo era mediante una ideología del trabajo, el ascetismo y la disciplina[79].

---

[77] H. Heller, *The Conquest of Poverty,* cit., p. 70.

[78] Honoré de Balzac, *About Catherine de Medici,* Londres, 1910, p. 59 [ed. cast.: *Sobre Catalina de Médicis,* en *La comedia humana,* vol. XXVIII, Valencia, Selecciones Editoriales, 1968, p. 70].

[79] H. Heller, *The Conquest of Poverty,* cit., p. 175.

En lo social, Calvino era un conservador que consideraba que la situación vigente obedecía a la voluntad de Dios. Pero su llamada a la reforma religiosa tenía necesariamente implicaciones sociales. «Implicaba un importante avance para la burguesía urbana que incluía no simplemente un cierto grado de liberación económica, sino también que se le transfiriera a ella la hegemonía en el ámbito religioso[80]». Aquella no fue una llamada a la reconstitución revolucionaria del Estado: las clases medias urbanas eran todavía demasiado débiles para eso. Pero sí implicaba reformas fundamentales y habría protegido sus intereses en medio de una crisis social.

La moderación social de Calvino no consiguió lograr siquiera estas reformas cuando la crisis de la sociedad alcanzó su máximo grado de intensidad a finales de la década de 1550. Un sector de la nobleza comenzó a atacar los privilegios de la jerarquía religiosa y dos de las grandes familias aristocráticas, los Borbones y los Montmorency, entablaron una enconada lucha a propósito de la sucesión al trono con una tercera gran familia, fanáticamente católica, la casa de Guisa.

Las clases medias tuvieron la posibilidad de sacar ventaja de las divisiones en la nobleza para unir a los campesinos y a los pobres urbanos en apoyo de su lucha por la Reforma. Los campesinos, desde luego, estaban lo bastante descontentos y tenían sus propias tradiciones de disensión y anticlericalismo. Pero por consejo de Calvino el sector radical de la clase media ligó su destino al sector disidente de la aristocracia. Cuando los campesinos reaccionaron a la pobreza intensa de mediados de la década de 1550 con procesiones religiosas que incluían «el canto de la liturgia de los santos» y alguna autoflagelación, las clases medias urbanas hicieron todo lo que pudieron por expulsarlos de las ciudades. «A los calvinistas les horrorizaba la ignorancia, la superstición y la sensualidad de la gente del campo», mientras que a los campesinos les repelía el «ascetismo calvinista» y «siguieron apegados a sus santos, milagros y misas, a sus bailes, fiestas y alcohol»[81].

La crisis culminó en la década de 1560 con una serie de sangrientas guerras religiosas, incluida la famosa masacre de señalados protestantes el Día de san Bartolomé, en París, en agosto de 1572[82]. La estrategia calvinista de con-

---

[80] H. Heller, *The Conquest of Poverty,* cit., p. 139.

[81] *Ibid.,* p. 172.

[82] El eje en torno al cual gira una película bastante reciente y muy aplaudida, *La reina Margot.*

fiar en los nobles significaba que esencialmente a estos los combatieron, a la manera feudal, «ejércitos liderados y compuestos en gran parte por nobles»[83], mientras que los temas sociales cayeron en el olvido. Esto hizo el juego a los defensores del antiguo orden, pues había el doble de nobles católicos que protestantes.

Los temas básicos no debieron de tardar en resultar oscuros para muchos de los que participaron en las guerras civiles, lo mismo que para muchos historiadores que no ven en ellos ningún elemento del conflicto de clases[84]. La conducta de los príncipes calvinistas –que podían ser tan codiciosos, disolutos e «inmorales» como sus rivales católicos– no pudo sino descorazonar a muchos miembros de la clase media calvinista[85], mientras que la actitud desdeñosa de los calvinistas hacia los pobres permitió que los católicos organizaran alborotos en París. Como tantas veces en la historia, los líderes de una corriente de oposición creyeron que era «política práctica» poner su fe en un sector de los antiguos gobernantes y, como resultado, sufrieron una amarga derrota.

El campeón escogido por los calvinistas, Enrique de Navarra, acabó por acceder al trono volviendo la espalda al protestantismo, y los protestantes se vieron confinados en ciertas ciudades fortificadas antes de ser expulsados del país un siglo más tarde. La derrota de la clase media no fue tan total ni tan catastrófica como en Alemania. Hubo todavía algunos avances en la industria y el comercio, y hubo hombres de negocios que prosperaron. Algunos consiguieron comprar el acceso a una nueva aristocracia (la *noblesse de robe*). Pero durante otros dos siglos y medio tuvieron que vivir en una sociedad que aceptaba la represión, los derroches y las poses de la aristocracia. Como tantas veces en la historia, el precio de la «moderación», la «respetabilidad» y el «realismo» fue la derrota.

---

[83] H. Heller, *The Conquest of Poverty,* cit., pp. 246-247.

[84] G. R. Elton, en su obra clásica *Reformation Europe,* llega a afirmar: «En ninguna parte debió [el calvinismo] su inicial buena acogida ni sus mayores éxitos […] a ninguna supuesta ventaja para las ambiciones económicas de las clases medias», p. 234 [ed. cast. cit.: p. 280].

[85] Esto, ciertamente, les ocurrió a sus aliados «extranjeros». En Estrasburgo –entonces todavía parte del imperio– hubo una fuerte oposición a una alianza con unos nobles calvinistas que querían comprar el obispado de la ciudad para un joven pariente suyo. Véase J. Abray, *op. cit.*

III

Los dolores de parto
de un nuevo orden

El calvinismo no fue derrotado en todas partes. Calvino mismo fue bien acogido por los *burghers* de la ciudad-Estado de Ginebra. Allí se convirtió en la fuerza intelectual y política dominante, e impuso una nueva ortodoxia religiosa exactamente tan intolerante como la antigua. En 1547, un tal Jacques Gruet fue ejecutado por «blasfemia» y «ateísmo»; en 1533, a un refugiado español, Miguel Servet, lo quemaron vivo por «hereje». Calvino también impuso su propia disciplina de trabajo duro mediante denuncias, destierros y flagelaciones. Las leyes prohibían el adulterio y la blasfemia, e hicieron obligatoria la asistencia a la escuela. Era un régimen que muchos *burghers* respetables encontraban fastidioso. Pero sí creaba condiciones ideales para el enriquecimiento.

El ejemplo de Ginebra inspiró a otros en Europa. Incluso en un lugar como Escocia, con una economía atrasada y una clase media urbana relativamente débil, el calvinismo consiguió tener un atractivo intelectual para quienes querían hacer avanzar la sociedad como fuera. El predicador John Knox consiguió la unión entre un grupo dispar de aristócratas y una débil clase burguesa en la oposición a la reina católica María Estuardo. Y lo más importante fue que, en los Países Bajos, se convirtió en el estandarte que los *burghers* de las ciudades prósperas levantaron junto con los príncipes locales en la revolución contra la dominación española.

La revuelta holandesa

La zona que hoy constituye Bélgica y Holanda había pasado a manos de la Corona española en el siglo XV. Al principio esto no produjo un particular antagonismo entre la población local, pues fue antes de la era del nacionalismo moderno. Los señores feudales salieron ganando al ponerse al servicio de un gran emperador: hasta 1555 Carlos V, nacido en Flandes. Las clases medias urbanas también se beneficiaron del empleo de lana española en sus industrias textiles y de la exportación de bienes manufacturados al Imperio español en América. La plata y el oro salían de las colonias, pasaban por los cofres de la Corona española y acababan en los bolsillos de los comerciantes neerlandeses. El corazón de España, Castilla, que en el siglo XV había sido rica y poderosa, entró en una era de estancamiento económico que iba a durar siglos, mientras que los Países Bajos se convirtieron en la parte económicamente más dinámica de Europa.

Desde la década de 1490, la Corona española había utilizado su control sobre la jerarquía católica del país, y especialmente la Inquisición, para sofocar cualquier oposición a su gobierno. Felipe II, que subió al trono a mediados de la década de 1550, dio un paso más allá en este proceso al ver como su misión combatir la herejía y el protestantismo en toda Europa, e imponer en todas partes una ideología cristiana acorde con el creciente atraso de la economía de Castilla. En España esto conllevó el ataque a la autonomía de Cataluña y la represión de la minoría morisca. En los Países Bajos significó una embestida contra la aristocracia local y las crecientes minorías protestantes que nutrían las capas urbanas. Ello se acompañó de un aumento de los impuestos para la masa del pueblo en una época de crisis económica y penurias crecientes.

La primera ola de revueltas se produjo a finales de 1560, justo cuando en Francia se estaban librando las guerras de religión. El calvinismo se extendió desde las ciudades del sur a las del norte, acompañado por una ola de «iconoclastia»: la destrucción de las imágenes religiosas y el saqueo de las iglesias. El duque de Alba aplastó la revuelta, tomó Bruselas con un ejército de 10.000 soldados y ejecutó a miles de personas… incluido el católico conde de Egmont, quien, como el resto de la aristocracia local, no aprobaba la resistencia armada. Una década más tarde hubo una segunda revuelta que tuvo éxito en el norte, donde contó con el apoyo de algunos nobles –el más importante de ellos fue el príncipe de Orange– e instauró un Estado independiente, las Provincias Unidas (más tarde conocidas como la República Holandesa). Sus ciudades y su comercio comenzaron a prosperar enormemente. Durante más de un siglo, fue la parte económicamente más dinámica de Europa, que llegó a reemplazar a Portugal en las colonias de las Indias Orientales e incluso amenazó el control portugués de Brasil. Por contra, los nobles del sur abandonaron la lucha y permitieron que los españoles reconquistaran las ciudades. Lugares como Gante, Brujas y Amberes, que llevaban 300 años en la vanguardia del desarrollo económico, entraron ahora en un largo periodo de estancamiento.

La Guerra de los Treinta Años

En 1609, una tregua de 12 años detuvo las hostilidades entre los Países Bajos y España. Pero antes de que la tregua expirara, otra gran guerra de religión había estallado varios cientos de kilómetros al este. Durante treinta años iba a devastar gran parte del área comprendida entre el Rin y el Báltico y a segar la vida de una enorme cantidad de personas. A su término, la población de Alemania era un tercio menor que en su inicio.

Su carácter caleidoscópico confundirá inevitablemente a cualquiera que hoy en día lea sobre esta guerra. Las alianzas se formaban y se desintegraban. Un día la lucha se desarrollaba en un confín de Europa; al siguiente, a cientos de kilómetros de distancia. Tan pronto parecía un tema resuelto, surgía otro. Ejércitos enteros cambiaban de bando. Muchos miles de combatientes consideraban como causa de la guerra principios religiosos por los que estaban dispuestos a morir, pero en una etapa de la contienda hubo príncipes protestantes apoyando a un emperador católico, mientras que, en otra, el papa y la católica Francia daban respaldo al rey protestante de Suecia. El estratega más brillante de la guerra fue asesinado por sus propios generales a instancias de su propio soberano. Los únicos rasgos constantes parecen ser el pillaje de los ejércitos mercenarios, las aldeas saqueadas, el hambre de los campesinos y las ciudades en llamas: un mundo brillantemente descrito en la pieza teatral antibelicista de Bertolt Brecht *Madre Coraje*. No sorprende que esta guerra haya causado entre los historiadores más controversias que ninguna otra en la historia[86]. No es, sin embargo, imposible encontrar un modelo a través de la maraña de acontecimientos.

---

[86] Para una buena selección de las diversas interpretaciones, véase T. K. Rabb (ed.), *The Thirty Years War,* Boston, 1965.

En la Europa de la década de 1610, España seguía siendo el mayor poder de Europa. Sus gobernantes, una rama de la familia Habsburgo, seguían confiando en una imposición implacable de la doctrina católica como método para cimentar su poder en todos los territorios de la Corona: no sólo Castilla, sino también los otros reinos ibéricos de Aragón (especialmente Cataluña) y Portugal (de la que habían conseguido apoderarse), las Américas (donde, durante un breve lapso de tiempo, una potente rebelión «india» los había puesto a la defensiva en Chile), partes importantes de Italia (incluidos el ducado de Milán y el reino de Nápoles) y el sur de los Países Bajos. También se estaban preparando para una guerra de reconquista del norte de los Países Bajos.

Aliada fiel de la Corona española era la otra rama de la familia Habsburgo, los emperadores del «Sacro Imperio Romano de la Nación Alemana». Soñaban con convertir su imperio en una enorme monarquía centralizada que abarcara toda Europa, desde el Atlántico hasta la frontera con los turcos otomanos. Pero, por el momento, la mayor parte del imperio lo gobernaban poderosos príncipes independientes. Los emperadores únicamente ejercían un auténtico poder en sus propios territorios austriacos, e incluso aquí fuertemente limitados por los estamentos o «estados»: los representantes de los señores, los caballeros y las oligarquías urbanas. Estos insistían en su derecho a decidir sobre cuestiones políticas fundamentales, y en el mayor de los dominios austriacos –el reino de Bohemia– reivindicaban el poder de escoger un rey que quizá no fuese un Habsburgo. Dentro de la corte imperial, una creciente facción llegó a ver una imposición de la conformidad religiosa al estilo español como la manera de sofocar la resistencia al poder imperial.

Con la «Contrarreforma» de la década de 1560, la doctrina y la organización católicas se habían endurecido. El Concilio de Trento había acabado por acordar una doctrina común que todos los clérigos católicos habían de inculcar. Una nueva orden religiosa, los jesuitas, basada en un sentido de la disciplina, un celo religioso y un rigor intelectual muy diferentes de la corrupción y la laxitud por las que se habían caracterizado tantas cosas de la Iglesia en el pasado, se convirtió en la vanguardia de la lucha contra el protestantismo, especialmente entre las filas de la clase alta europea, y formó redes de aristócratas adeptos en todas las ciudades en las que consiguió operar.

Al catolicismo de la Contrarreforma los gobernantes españoles le sacaron un enorme partido. La colonización de la clase dirigente europea por los jesuitas fue también una manera de complementar el poder militar español con el poder ideológico. Este proceso, una vez iniciado, siguió su propia lógica. La laxitud papal de comienzos del siglo XVI había sido la de una jerarquía eclesiástica a veces tan culta como corrupta, que permitió el florecimiento del pensamiento y el arte renacentistas. La primera generación de jesuitas heredó parte de la tradición renacentista y ganó prestigio por su papel educativo y su preocupación por la caridad[87]. Sin embargo, la Contrarreforma no tardó en caracterizarse no sólo por la represión de la «herejía» abierta, sino de todo pensamiento crítico. El papado prohibió todos los escritos del gran erudito religioso Erasmo y todas las traducciones de la Biblia a lenguas vivas. La Inquisición pronto persiguió por «herejía» incluso al arzobispo de Toledo, que había desempeñado un importante papel en el Concilio de Trento[88]. Los jesuitas se granjearon mala fama por su disposición a justificar cualquier política de sus seguidores aristócratas con el argumento de que el «fin» de la salvación de las personas justificaba cualquier «medio». «En la Sociedad de Jesús triunfó un culto de la autoridad irracional y monolítico, con la subordinación de la personalidad al servicio de un organismo monstruoso»[89].

El catolicismo de la Contrarreforma y las dos alas de la dinastía Habsburgo compartían un gran enemigo: el liberado, anti-Habsburgo y protestante norte de los Países Bajos. Como ha dicho el historiador checo Polišenský, «Europa se partió en dos [...] los Países Bajos liberados por un lado, los españoles por el otro, se habían convertido en los dos polos de una concentración de fuerzas que afectó a todo el continente»[90].

Pero la guerra no estalló en la frontera de los Países Bajos, sino a 650 kilómetros de distancia, en Bohemia. El reino de Bohemia, que comprendía a la actual República Checa y Silesia, era de importancia capital para el Sacro Imperio Romano Germánico. Durante gran parte de la segunda mitad del siglo XVI fue el mayor Estado del imperio y la sede de la corte imperial. Pero constituía una anomalía en un imperio cada vez más influido por la ideología contrarreformista procedente de España, con su glorificación del poder monárquico y su miedo a cualquier clase de disidencia. Bohemia se caracterizaba por el poder de los estados no monárquicos y por la tolerancia de los múlti-

---

[87] Su participación fue también importante en el progreso de la ciencia y la tecnología, al llevar a China ciertos conocimientos europeos posrenacentistas. Véase C. A. Ronan y J. Needham, *The Shorter Science and Civilisation of China,* vol. 4, Cambridge, 1994, p. 220.

[88] A. G. Dickens, *The Age of Humanism and Reformation,* cit., p. 202.

[89] H. V. Polišenský, *The Thirty Years War,* Londres, 1974, p. 78.

[90] *Ibid.,* p. 31.

ples grupos religiosos diferentes que existían desde el final de las guerras de los husitas 170 años antes. Además de católicos, había «ultraquistas»[91], luteranos y calvinistas. Esta era una afrenta para toda la ideología de la Contrarreforma, del mismo modo que el poder de los estamentos o estados era una afrenta al sueño imperial de instaurar una monarquía alemana centralizada según el modelo español.

La causa inmediata de la guerra fue el intento de acabar con la libertad religiosa en el reino. Las autoridades imperiales comenzaron a derribar iglesias protestantes, arrestar a algunos protestantes famosos, censurar material impreso y prohibir a los no católicos (el 90 por 100 de la población) el acceso a la función pública. Cuando los representantes de los estamentos protestantes se quejaron, el emperador rechazó las protestas e ilegalizó sus asambleas. Estos contraatacaron con furia, con la famosa «Defenestración de Praga» de 1618 –cuando lanzaron a unos funcionarios imperiales por una ventana situada a 18 metros de altura (sólo un montón de estiércol los salvó de lastimarse gravemente)– y como rey de Bohemia sustituyeron a Fernando de Habsburgo por un príncipe protestante de origen alemán, Federico del Palatinado.

Los Habsburgo consideraron el encontronazo con los estados bohemios como el primer asalto de una batalla mayor con el norte de los Países Bajos y sus aliados. Pero, tras esta, subyacía una lucha más profunda: entre dos maneras diferentes de responder a los cambios experimentados por toda Europa con la transformación del antiguo feudalismo por el mercado.

Esto no significa que los estados bohemios representaran de una manera grosera al «capitalismo» o a la «burguesía» contra el feudalismo. Los estados representaban a tres estratos de la sociedad: no sólo a los *burghers,* sino también (y con más influencia que estos) a los dos grupos feudales de los grandes señores y los caballeros. Ni siquiera los representantes de los *burghers* eran totalmente burgueses, pues con frecuencia poseían tierras que administraban según métodos feudales. Pero, como Polišenský ha mostrado, en ciertas zonas de Bohemia se estaban produciendo cambios que socavaron el carácter feudal de la vida rural. Muchos terratenientes, nobles y *burghers* estaban sustituyendo en sus tierras el trabajo servil o la renta en especie por rentas dinerarias fijas, cultivos industriales e incentivos al crecimiento de pequeñas ciudades y de formas de producción artesanal. Se promovió la mejora de los métodos de

---

[91] Adeptos a la creencia husita de que los curas no tenían ningún papel especial que desempeñar en los ritos de la comunión.

producción en la agricultura y la industria, así como la expansión del trabajo asalariado «libre». El trabajo no libre que un campesino tenía que realizar podía no ser mayor de una jornada al año. En el conjunto de Bohemia, el feudalismo distaba de haber llegado a su fin. Pero había un compromiso entre este y nuevas formas de producción embrionariamente capitalistas. Como Polišenský dice, «todo el gran edificio de la obligación feudal, tanto personal como ocupacional, se estaba viendo socavado por una serie de presiones que en sus diferentes sentidos tendían a liberar de sus cadenas a la producción»[92]. Como resultado, al menos hasta la década de 1590, Bohemia fue económicamente dinámica y no sufrió el estancamiento económico y empobrecimiento de los campesinos que sí afectó a los territorios alemanes colindantes.

El sistema estamental de gobierno, con su meticuloso equilibrio de los diferentes intereses y la tolerancia religiosa, constituía un marco en el que ese cambio económico podía producirse lenta y pacíficamente. Los miembros de los tres estados podían encontrar razones para defender una estructura que les permitía coexistir pacífica y provechosamente. Incluso algunos de los grandes magnates feudales se encontraron resistiéndose a fuerzas cuyo objetivo era llevar a Europa de vuelta al feudalismo.

Sin embargo, ese no fue el final de la historia, como el curso de la guerra demostró. Algunos de los magnates se pasaron al bando del imperio y la Contrarreforma en el periodo previo a la guerra, lo cual produjo conversos para los jesuitas. Incluso aquellos nobles que se mantuvieron firmes en su lealtad a la causa bohemia concebían la guerra en coherencia con la clase a la que pertenecían, lo cual provocó entre los *burghers* un descontento que debilitó el esfuerzo bélico. Los observadores en la corte del rey protestante «quedaron asombrados ante la indiferencia o la crueldad mostradas por Federico y su entorno hacia los "desgraciados campesinos"»[93]. Sólo uno de los líderes, el austriaco Tschernembi, opinó que si «los siervos son liberados y la servidumbre abolida […], estarán las personas corrientes dispuestas a combatir por su país»[94]. Fue desautorizado.

Aunque los ejércitos bohemios avanzaron por dos veces sobre la capital imperial de Viena, en ambas se vieron obligados a retirarse, pues los ejércitos

---

[92] H. V. Polišenský, *op. cit.,* p. 47.

[93] G. Parker, *Europe in Crisis, 1598-1648,* Londres, 1984, p. 168 [ed. cast.: *Europa en crisis, 1598-1648,* Madrid, Siglo XXI, 1981, p. 205, reed. 2017].

[94] Citado en *ibid.*

enemigos encontraban pocos obstáculos en su propio avance por territorio bohemio. Finalmente, tras la importante derrota sufrida en 1620 por el ejército bohemio en la Batalla de la Montaña Blanca, el rey protestante y los generales nobles abandonaron el país en lugar de replegarse a Praga para desde allí seguir resistiendo. La guerra se perdió no porque los estados bohemios carecieran de los medios para derrotar al imperio, sino porque los intereses de clase de sus líderes les impidieron utilizar esos medios.

Los líderes de Bohemia habían confiado en que los gobernantes protestantes de otros lugares de Europa acudirían en su defensa, pero quedaron profundamente decepcionados. La Unión Protestante de príncipes alemanes se retiró de la guerra antes de la Batalla de la Montaña Blanca. Los gobiernos holandés e inglés (el rey Federico de Bohemia estaba casado con una hija de Jacobo I de Inglaterra) se negaron a emprender una ampliación de las hostilidades contra España. En cuanto potencias comerciales con éxito creciente, pusieron sus batallas por el comercio por encima de sus supuestos compromisos religiosos. Sin embargo, ni a los príncipes protestantes alemanes ni a los holandeses su no intervención en la guerra de Bohemia les libró de las consecuencias de esta. La Corona española, exultante tras la victoria, emprendió la conquista de territorios del Palatinado y su próximo objetivo, los Países Bajos. Esto obligó a holandeses e ingleses a tomar medidas en forma de financiamiento y envío de tropas a luchar en el Palatinado. También amenazó con alterar el equilibrio de poder en Europa, en detrimento de los príncipes alemanes y de las monarquías de Francia y Suecia. De ahí que, a finales de la década de 1630, la católica Francia y la luterana Suecia fueran aliadas de la calvinista Holanda y contaran con el respaldo del papa, quien veía en la creciente influencia española en Italia una amenaza a sus propios estados pontificios.

En un determinado momento, el imperio pareció al borde de la victoria, con sus ejércitos comandados por un potentado bohemio, Wallenstein, que se había convertido al catolicismo. Pero Wallenstein no era solamente odiado por los protestantes bohemios a los que había traicionado. Aterraba también a los príncipes católicos de Alemania, pues parecía a punto de instaurar un imperio que anularía su poder independiente, y se ganó la enemistad de los protagonistas de la catolización completa del imperio, pues se resistía a sus demandas de volver a la situación social de 200 años atrás. Su experiencia en la administración de las enormes haciendas que había acumulado en Bohemia y otros lugares –en parte con la ayuda de un importante banquero de nacionalidad holandesa, De Witte[95]– le había hecho consciente de la importancia de las nuevas formas de organización económica y, con ellas, de un cierto grado de tolerancia religiosa[96]. Él opuso resistencia, aunque tibia, a las demandas de los ultras, fue por dos veces destituido como jefe del ejército y acabó siendo víctima de asesinos a las órdenes del emperador[97]. Como Polišenský ha señalado: «En última instancia, fueron algo más que odios personales [...] lo que subyacía en la caída de Wallenstein, el motivo fundamental fue su sistema económico, frente a los abogados extremos del absolutismo feudal»[98].

Pero los métodos de los ultras no podían llevar a la victoria en la guerra. Esta se alargó durante otros 14 años tras la muerte de Wallenstein, con permutaciones constantes de unas alianzas cada vez más centradas en torno a las monarquías absolutas rivales de España y Francia. Hacia el final de la guerra, pocos de los participantes activos eran capaces de recordar su inicio, y aun ellos apenas podrían reconocer rastro alguno de los motivos originales. Todo lo visible era la devastación de Alemania y los costes económicos en otras partes. La paz se acordó finalmente en 1648 mediante el Tratado de Westfalia, sobre un fondo de malestar social y político en virtualmente todos los contendientes: una revuelta de Cataluña y Portugal dentro del Imperio español, un choque entre el príncipe de Orange y los comerciantes del norte de los Países Bajos, el inicio en Francia de revueltas políticas conocidas como la «Fronda».

La guerra hizo estragos en los dos contendientes iniciales. Bohemia quedó supeditada a un absolutismo feudal devastador y anestesiante. La tierra pasó ahora a manos de señores que sólo se ocupaban de apoderarse del mayor porcentaje de la producción como fuera posible, sin tener en cuenta la productividad. El interés por las nuevas técnicas que había caracterizado al siglo XVI se extinguió cuando los campesinos se vieron obligados a dedicar hasta la mitad de su tiempo laboral al trabajo no remunerado[99]. Las ciudades, despobladas

---

[95] Para detalles sobre esta conexión, véase Polišenský, *op. cit.,* pp. 141, 186-187.

[96] Véanse los comentarios del marxista alemán Franz Mehring, escritos hace un siglo, en F. Mehring, *Absolutism and Revolution in Germany, 1525-1848,* Londres, 1975, p. 28.

[97] El asesinato –y la manera en que las propias vacilaciones de Wallenstein permitieron que sucediera– constituyen la base de dos obras teatrales del escritor ilustrado alemán Friedrich Schiller, *The Piccolomini* y *The Death of Wallenstein,* en F. Schiller, *Historical and Dramatic Works,* vol. 2, Londres, 1980 [ed. cast.: *Los Piccolomini* y *La muerte de Wallenstein,* en *Teatro completo,* Madrid, Aguilar, 1973].

[98] H. V. Polišenský, *op. cit.,* p. 197.

[99] Véase *ibid.,* p. 245.

por las guerras, se estancaron bajo el impacto de la deuda y la destrucción física. Lo que había sido uno de los centros de la cultura europea se convirtió en un páramo provinciano. Un símbolo del cambio fue la condena del idioma checo a 200 años de oscuridad, a su cultivo sólo en el campo, mientras el alemán se hacía predominante en las ciudades[100]. En Bohemia el choque entre los nuevos modos de procurarse el sustento y los antiguos conjuntos de relaciones sociales lo había resuelto la destrucción por la fuerza y sumamente sangrienta de lo nuevo por lo antiguo. El fracaso de la iniciativa revolucionaria durante los primeros años de la guerra se pagó a un precio terrible.

La Corona española también perdió mucho. Ya antes de la guerra había habido en Castilla signos de deterioro económico. Pero el poder militar pareció disimularlos. En 1648 ya no era posible. La Corona había perdido Portugal. Cataluña y el imperio en Latinoamérica, las Filipinas, partes de Italia y el sur de los Países Bajos seguían sujetos a ellas. Pero los beneficios del imperio iban a parar cada vez más a otras partes, mientras la Península se convertía en una de las partes atrasadas de Europa.

Los príncipes alemanes se contaban entre los vencedores de la guerra porque al final podían ejercer el poder con menos sujeciones que al comienzo. Pero la masa de los alemanes pagó un precio por ello. El mosaico de reinos fragmentados, separados entre sí por puestos aduaneros y continuamente involucrados en conspiraciones dinásticas de los unos contra los otros no constituía base alguna para la superación de la extrema dislocación económica y social causada por la guerra. A comienzos del siglo XVI, el sur de Alemania había sido una de las zonas más urbanizadas y económicamente avanzadas de Europa: desde luego, no lo era a finales del XVII[101].

Francia salió de la Guerra de los Treinta Años como había salido de las guerras de religión del siglo anterior: con su monarquía fortalecida (a pesar de la breve agitación de la Fronda), con un crecimiento muy lento de la centralización económica y una adopción, a paso de caracol, de las formas de organización económica que rompían con los antiguos métodos feudales. Sus gobernantes ganaron poco con la guerra, la masa de sus súbditos nada.

---

[100] Véase H. V. Polišenský, *op. cit.,* pp. 245-247 para un estudio completo del deterioro de la vida económica y social de Bohemia.

[101] Para discusiones sobre el nivel de los estragos causados por la guerra, véanse los trabajos de G. Pages, S. H. Steinberg, H. V. Polišenský y T. K. Rabb, en T. K. Rabb (ed.), *The Thirty Years War,* cit.

La única auténtica «ganancia» que la guerra reportó fue la supervivencia de una república holandesa independiente y la prosperidad de su nueva clase dirigente, basada en métodos capitalistas. A través de todo el humo de un siglo y cuarto de Reforma y la devastación de las guerras religiosas y civiles, en una pequeña parte de Europa se había instaurado un Estado basado en una nueva forma de organizar la vida económica. Cuando se firmó la Paz de Westfalia, al otro lado del Mar del Norte estaba llegando a su término una transformación similar por métodos violentos, pero a un coste mucho menor.

La Revolución inglesa

En enero de 1649, el hacha del verdugo segó la cabeza del rey de Inglaterra y Escocia, Carlos I. El acontecimiento conmocionó a toda Europa[102]. Gobernantes de todo el continente –católicos, luteranos y calvinistas– cortaron las relaciones diplomáticas con el gobierno inglés[103]. Se había cometido sacrilegio contra un principio que ellos compartían: el derecho de algunos a gobernar sobre otros debido a un accidente de nacimiento.

Los hombres que ordenaron la ejecución distaban de ser republicanos extremos. Sólo 20 meses antes su líder, Oliver Cromwell, había defendido el principio de la monarquía diciendo que «ningún hombre podría disfrutar de su vida y hacienda en paz si el rey no mantenía sus derechos»[104]. Ahora declaró sin ambages: «Le cortaremos la cabeza con corona y todo». Estaba, a su pesar, abriendo la puerta a una nueva era, que pondría en cuestión el presupuesto de que el orden divino confería a algunos seres humanos superioridad sobre otros.

Están de moda las explicaciones de la Revolución inglesa que la ven como resultado de una disputa entre rivales dentro de una misma elite homogénea de la *gentry*. Tales explicaciones se centran en las conexiones clientelares y familiares, que vinculan a una figura de la clase superior con otra, e interpretan las batallas y decapitaciones como el resultado de un proceso de conspiraciones y contraconspiraciones que se les fue de las manos.

---

[102] Aunque buena parte de la conmoción entre las clases gobernantes era hipócrita, pues, como Voltaire señaló más tarde en sus *Lettres philosophiques,* con anterioridad se había ejecutado a varios monarcas europeos.

[103] Según C. Hill, «The English Revolution and the Brotherhood of Man», en C. Hill, *Puritanism and Revolution,* Londres, 1968, p. 126.

[104] Citado por C. Hill, *God's Englishman,* Harmondsworth, 1973, p. 87.

Esas lecturas no explican que 1649 no constituyó un capricho histórico. Fue producto del choque entre las mismas fuerzas sociales que llevaban siglo y medio desgarrando buena parte de Europa: las fuerzas desencadenadas cuando las relaciones de mercado surgieron del antiguo orden feudal y lo transformaron. Implicó no solamente a cortesanos y políticos rivales de la clase superior, sino intereses mercantiles similares a los que desempeñaron un destacado papel en la revuelta holandesa; implicó a artesanos y pequeños comerciantes como los que en el sur de Alemania habían producido el triunfo de la Reforma o en Francia habían sido quemados en la hoguera; e implicó protestas campesinas, mucho menores en escala pero no de diferente índole a la Guerra Campesina de 1525 en Alemania. En la Guerra Civil inglesa los partidos se unieron en torno a los conceptos religiosos rivales nacidos de la Reforma europea.

Preludio pacífico

Lo mismo que las «reformas principescas» en partes de Alemania, en Inglaterra la Reforma se implantó por real decreto. Enrique VIII había roto con la Iglesia católica romana por razones diplomáticas y recabado el apoyo de la mayoría de la clase dirigente inglesa a su política mediante la venta de las antiguas tierras de los monasterios a precios de ganga.

Pero hubo otros motivos para llevar a cabo la Reforma en Inglaterra además de intereses personales regios y de la codicia de la clase alta. Echó raíces en todo aquello que se había abierto a una nueva visión del mundo que parecía dar sentido a una sociedad en transformación, especialmente entre las clases comerciantes y artesanas, pero también entre algunos terratenientes.

La brecha que en Inglaterra separaba la Reforma desde arriba y la Reforma desde abajo se difuminó a lo largo de la segunda mitad del siglo XVI. La amarga experiencia del intento de María Tudor (casada con Felipe II de España) de reimponer por la fuerza el antiguo catolicismo hizo que los señores que habían adquirido las tierras de la Iglesia se pusieran acérrimamente del lado de los *burghers* puritanos en el apoyo a su sucesora, la protestante Isabel I.

Esto fue alentado por el lento pero continuo cambio económico, a pesar de que Inglaterra seguía siendo uno de los países económicamente más atrasados de Europa. Entre 1500 y 1650, la población aumentó en más de la mitad[105]. A finales de este periodo, más de una persona de cada 12 vivían en ciudades. La producción de las industrias artesanales –especialmente las textiles– se disparó, como también la minería y la producción de hierro. Muchos miles de personas pasaron a ser empleadas en las industrias rurales, así como en las ciudades; en el Bosque de Arden hasta un 60 por 100 de los hogares participaba en la producción textil, y había hasta 100.000 personas del campo trabajando en la industria calcetera[106]. La proporción de tierra en manos de los agricultores acomodados, los *yeomen* que completaban el trabajo familiar empleando trabajo asalariado, creció sustancialmente. Y una minoría de la *gentry* comenzó a descubrir que los arriendos largos a los *yeomen* –los cuales podían emplear trabajo asalariado y mejorar la tierra– acababan por producir mejores y más seguros ingresos que empujar a los pequeños campesinos por debajo del nivel de subsistencia.

La sociedad seguía presentando numerosos rasgos feudales. Muchos miembros de la *gentry* y de la aristocracia exprimían a los campesinos al máximo. Aunque la servidumbre había desaparecido en la época de la Peste Negra, ellos podían seguir recaudando numerosos pagos feudales. El grueso del territorio continuaban cultivándolo campesinos pequeños y medianos, no agricultores capitalistas que emplearan trabajo asalariado. En la mayoría de las industrias eran los artesanos, no los trabajadores asalariados, los que seguían dominando. La *gentry* continuaba esperando completar sus ingresos con las dádivas de la corte regia –que a su vez procedían de los impuestos– tanto como con la mejora de sus haciendas. Y los comerciantes más poderosos confiaban en los monopolios otorgados por el monarca, los cuales elevaban los precios para todos los demás y disuadían a otras industrias. Sin embargo, desde mediados de la década de 1550 hasta la de 1610, situaciones como la que se dio en Bohemia antes de la Guerra de los Treinta Años permitieron lentos avances económicos y, con ello, la paulatina germinación de los nuevos métodos capitalistas.

Durante este periodo no faltaron los altercados con resonancias políticas. En la última parte del reinado de Isabel, algunos calvinistas «puritanos» fueron perseguidos y exiliados, y la subida de Jacobo VI de Escocia al trono inglés como Jacobo I produjo un complot abortado (la «Conspiración de la

---

[105] R. S. Duplessis, *op. cit.*, p. 68 [ed. cast. cit.: p. 94]; véase también G. Parker, *op. cit.*, tabla 1, p. 23 [ed. cast. cit.: p. 15].

[106] Véase R. S. Duplessis, *op. cit.*, pp. 113-115 [ed. cast. cit.: pp. 155-157].

Pólvora»), en el que se vieron implicados algunos de los grandes terratenientes católicos que quedaban. Pero, en general, el periodo se caracterizó por un elevado grado de consenso entre la monarquía, los grandes terratenientes, la *gentry,* la jerarquía de la Iglesia nacional y los comerciantes. Esto halló expresión en un tinglado constitucional en el que el rey nombraba a los ministros que decidían las políticas, pero para su aplicación y financiación dependían del apoyo de las dos «cámaras» del Parlamento: la Cámara de los Lores, compuesta por los grandes aristócratas y los obispos, y la Cámara de los Comunes, compuesta por los representantes de la *gentry* terrateniente de cada condado y los *burghers* de los distritos urbanos.

La máquina estatal era mucho más débil que en Francia o Castilla. No había ejército permanente, ni ninguna estructura policial nacional, sino solamente una rudimentaria administración pública. En cada localidad el poder auténtico lo ejercía la *gentry,* que administraba gran parte de la ley, imponía castigos a las clases trabajadoras, garantizaba la recaudación de la mayoría de los impuestos y reclutaba tropas cuando la ocasión lo requería. El poder regio dependía de su capacidad para persuadir o engatusar a la *gentry* para que hiciera lo que deseaba el monarca. Pero esto no resultaba difícil de conseguir siempre y cuando fuera amplio el acuerdo sobre las políticas que se debían seguir.

El camino a la guerra

Las cosas comenzaron a ir mal a finales de la década de 1610, con Jacobo I en el trono, y se agravaron a finales de la de 1620, ya durante el reinado de su hijo Carlos I. Entre las peticiones de dinero formuladas por la monarquía y la disposición de la *gentry* parlamentaria y las clases comerciantes a satisfacerlas a través de los impuestos se produjo una brecha. La monarquía aún aumentó el descontento del Parlamento al buscar fuentes de ingresos fuera del control de este: nuevos impuestos y aranceles, o la venta de títulos nobiliarios y los monopolios sobre ciertos tipos de comercio. El Parlamento amenazó con negarse a toda financiación regular hasta que se garantizara el control sobre tales medidas, y la Corona intentó gobernar al margen de él y crear tribunales especiales, como la «Cámara Estrellada», para castigar a los que se resistieran. Esto, a su vez, aumentó la desconfianza en la monarquía... o, al menos, en «consejeros» como Buckingham en las décadas de 1610 y 1620, y Strafford en la de 1630.

La disputa fue cobrando tintes religiosos. Como consecuencia de una mezcla de convicciones religiosas profundamente sentidas y fríos cálculos económicos, por lo general en la Guerra de los Treinta Años la *gentry* y los comerciantes se identificaron con las fuerzas protestantes. Los comerciantes consideraban que cualquier debilitamiento de la influencia española se traduciría en un acceso más fácil a los mercados americano y de las Indias Orientales. Jacobo y Carlos se vieron empujados en la otra dirección, hacia alianzas con las grandes monarquías católicas con el matrimonio de Carlos con la hija del rey francés, que en la ciudad de La Rochelle estaba atacando a protestantes. Laud, el arzobispo de Canterbury partidario de Carlos, purgó a ministros calvinistas, empleó los tribunales eclesiásticos con los disidentes religiosos y ordenó al clero proclamar que no pagar los impuestos del rey era antirreligioso. En efecto, la jerarquía eclesiástica comenzó a actuar como si formara parte de la administración pública, una fuerza de policía «moral» que actuaba en apoyo del rey.

Algunos sectores de la *gentry* y los comerciantes comenzaron a temer que correrían la misma suerte de muchos protestantes europeos y que serían arrollados por la ola de Contrarreforma monárquica que barría el continente. El temor creció tras un choque que a comienzos de la década de 1620 se produjo entre los comunes y el rey cuando este, prescindiendo del Parlamento, encarceló a cinco caballeros por negarse a pagar impuestos. En el juicio salió a la luz un poderoso grupo católico que giraba en torno a la esposa francesa del rey y su consejero jesuita, y el favorito del rey, Strafford, instauró un ejército irlandés permanente formado por católicos.

La línea dura del rey parecía funcionar. Luego, en 1637, se pasó de la raya. Intentó imponer en Escocia –a la que gobernaba como un país separado, con sus instituciones políticas, estructura jurídica e Iglesia propias– un nuevo libro de oraciones no calvinista. Una «convención» escocesa de nobles, abogados, pastores calvinistas y *burghers* puso en pie un ejército subversivo. El rey se dispuso a aplastarlo muy confiado, pero no encontró la financiación necesaria. Cuando las fuerzas escocesas se adentraron en el norte de Inglaterra, se vio obligado a convocar su primer Parlamento desde hacía 11 años.

La *gentry,* los representantes de los distritos e incluso muchos de los señores que se reunieron en Westminster no estaban en absoluto dispuestos a satisfacer las demandas del rey sin a cambio sacar una buena tajada. Por lo general, eran conservadores en sus actitudes políticas. Pero para ellos el conservadurismo significaba el mantenimiento de su propia posición como gobernantes locales, una posición que el rey llevaba amenazando desde hacía 11 años. Entre los líderes de la mayoría se encontraban figuras como John Pym, secretario de una empresa que aspiraba a romper el monopolio español del comercio con Latinoamérica y el Caribe. Exigían la reparación de sus perjuicios: la abolición de los nuevos impuestos y el perdón de los impagos; la disolución de los tribunales especiales; la renuncia del rey al poder de disolver el Parlamento sin su consentimiento; el enjuiciamiento y la ejecución de Strafford, el principal consejero áulico; la expulsión de los obispos de la Cámara de los Lores; y una paz amistosa con los calvinistas escoceses.

El rey hizo algunas concesiones, por ejemplo el procesamiento de Strafford. Pero no podía aceptar las demandas en su totalidad. Esto habría significado la renuncia de la monarquía a la mayoría de los poderes que ostentaba desde hacía cientos de años. Sin ellos, el rey sería poco más que una figura decorativa en una época en que en toda Europa los demás monarcas estaban aumentando, no reduciendo, sus poderes.

Con el paso del tiempo, el rey mejoró su posición. Muchos de los comunes y la mayoría de los lores eran reacios a adoptar una postura radical frente a él, no fuera que con ello se animara a otros a desafiar su poder. Entre un sector de la *gentry* y de la aristocracia, especialmente en zonas del norte y del oeste, donde la lejanía de la influencia del mercado de Londres había dejado intactas muchas de las costumbres feudales, creció un «partido del rey». Incluso en zonas económicamente más avanzadas, el rey contó con el respaldo de aquella parte de la *gentry* que obtenía ganancias financieras de los favores reales, de los grandes comerciantes que se beneficiaban de los monopolios reales (por ejemplo, la Compañía de las Indias Orientales) y de las personas de todas las clases sociales a las que se habían inculcado los hábitos de deferencia establecidos a lo largo de muchas generaciones.

En enero de 1642 el rey se sentía lo bastante poderoso para tratar de conseguir el poder total con un golpe maestro. Acompañado por 400 de sus partidarios armados, se lanzó sobre el Parlamento con la intención de arrestar a cinco de sus miembros más prominentes. Pero estos ya se hallaban a una milla de distancia bajo la protección de los mercaderes, comerciantes y aprendices de la *City* de Londres.

Cuando al día siguiente el rey entró en el centro de la ciudad en persecución de los fugitivos, un testigo presencial contó: «El rey tuvo el peor de sus días en Londres, con miles de personas gritando "inmunidad parlamentaria" [...] todas las tiendas estaban cerradas y la gente se hallaba ante sus puertas con espadas y alabardas»[107]. Los rumores de que el rey iba a volver al centro de la ciudad con sus «caballeros» armados «sacaron a las calles a enormes multitudes con todas las armas que tuvieran a mano: las mujeres aportaban agua caliente para lanzarla sobre los invasores; en las calles se amontonaban herramientas, bancos y cubas vacías con las que "interceptar a los caballos"»[108].

Los acontecimientos resultaron ser proféticos. El rey no había conseguido instaurar el poder absoluto mediante una simple acción policial. Una semana más tarde había abandonado Londres con la intención de formar un ejército con el que volver sobre ella. La desavenencia política desembocaba en una guerra civil.

La Primera Guerra Civil

El rey juntó en torno a sí a los hijos y criados de los señores del norte y a la *gentry* cortesana, aventureros militares, mercenarios en paro, la dorada juventud de la aristocracia monárquica y un núcleo de «caballeros» bravucones y extravagantes que se iban a ganar una muy mala reputación por la arrogante forma con que arrasaron todas las zonas del país por las que pasaron. A ellos se sumaron todos los que creían que las monarquías absolutas de España y Francia eran el modelo al que debía ajustarse el funcionamiento de la sociedad, incluida una importante minoría de los apóstoles católicos de la Contrarreforma. Ahora el sector parlamentario de la clase dirigente no podía protegerse a sí mismo y sus propiedades más que mediante la creación de ejércitos propios. Pero los acontecimientos habían arrastrado también al conflicto a masas de personas ajenas a la clase dirigente.

Los comerciantes contrarios a los que ostentaban los monopolios reales habían conseguido el control de la *City* londinense mediante el apoyo de una ola de manifestaciones de comerciantes corrientes y aprendices. Pero ellos no podían simplemente activar y desactivar el movimiento popular, especialmente cuando los oficiales *cavaliers* atacaron a los participantes. Los aprendices se manifestaban por cientos e incluso miles. «A los predicadores mecánicos» se los acusó de animar a la gente a «abandonar sus puestos de trabajo y

---

[107] John Dillingham a Lord Montagu, citado en A. Fletcher, *The Outbreak of the English Civil War,* Londres, 1981, p. 182.

[108] A. Fletcher, *op. cit.,* p. 182.

comercios dos o tres días a la semana»[109]. Esto ocurrió cuando la penuria económica estaba provocando motines más o menos espontáneos en muchas partes del país a causa de los cercados y el drenaje de pantanos (lo cual privaba a los campesinos de parte de sus medios de subsistencia en East Anglia).

La erupción de ira popular fue un arma de doble filo para el ala parlamentaria de la clase dirigente. Les permitió conservar sus vidas ante el intento de golpe monárquico, pero también les amenazaba con un movimiento que, si se les escapaba de las manos, podía resultar perjudicial para su propio gobierno clasista. Apenas la agitación urbana hubo acabado con el control del gobierno de la *City* por los partidarios del rey, los parlamentarios trataron de detenerla. Muchos se convencieron de que sólo una nueva forma de disciplina religiosa, aplicada por ellos mismos, podría sofocar la revuelta entre las clases inferiores y mantener el control. Lo que querían era obligar al rey a aceptar sus demandas, pero que las hostilidades acabaran tan pronto como fuera posible.

Este grupo no tardó en formar una facción parlamentaria moderada. Se les llamó «presbiterianos» porque se les asociaba con el concepto de que había de haber un sistema uniforme de doctrina religiosa que los ancianos de la Iglesia (los «presbíteros») de su propia clase impondrían a todos los demás.

Por el momento no hubo forma de evitar la guerra. Incluso la moderada *gentry* presbiteriana temía las consecuencias de un poder monárquico ilimitado y tuvo que organizar la resistencia. Pero durante los dos primeros años de guerra esa resistencia se vio lastrada, como la de los estados bohemios a los Habsburgo en 1619, por el desdén hacia las medidas genuinamente revolucionarias.

No hubo un único ejército parlamentario, capaz de seguir una estrategia nacional coherente, sino una colección de ejércitos locales, cada uno de ellos con un señor como general y la *gentry* local como oficiales. La tropa estaba formada por reclutas a menudo obligados a combatir contra su voluntad, no por entusiastas revolucionarios. La renuencia de la *gentry* a correr con los gastos de mantenimiento de los ejércitos llevó a las tropas parlamentarias, lo mismo que a los *cavaliers* monárquicos, a vivir del saqueo de las tierras, con lo cual se granjearon la enemistad de los campesinos y de los artesanos de las ciudades.

Los parlamentarios lograron un par de éxitos. A finales de 1642 las bandas de comerciantes y artesanos de Londres impidieron en Turnham Green que el ejército monárquico entrara en la capital, y en el verano de 1644 los ejérci-

---

[109] John Tailor en su folleto *New Preacher News,* citado en A. Fletcher, *op. cit.,* p. 175.

tos unidos del Parlamento y Escocia derrotaron a las fuerzas monárquicas en Marston Moor. Pero muy pocas de las batallas de 1642-1644 fueron concluyentes. Peor aún, a comienzos de 1645 la situación parecía potencialmente catastrófica. El rey seguía atrincherado en Oxford, a sólo 80 kilómetros de Londres. Los ejércitos parlamentarios estaban cansados, sin cobrar, desmoralizados y con frecuencia al borde del motín. Había deserciones masivas, y se corría el peligro de que un ejército escocés llegara a un acuerdo por separado con el rey. A menos de que se hiciera algo, y pronto, todo se perdería en un remedo inglés de la Batalla de la Montaña Blanca.

En el cuadro sólo había una mancha brillante. La caballería de uno de los ejércitos parlamentarios, los *Ironsides* de la «Asociación del Este», había resultado decisiva en la derrota de los monárquicos en Marston Moor. La caballería había sido reclutada de una manera diferente al resto del ejército. Su líder, el terrateniente de Cambridgeshire y parlamentario Oliver Cromwell, había optado deliberadamente por no poner a su frente como oficiales a aristócratas ni formarla con reclutas mal dispuestos y empobrecidos. Por el contrario, confió en voluntarios de «las clases medias»: la mayoría de ellos procedían del estrato *yeoman* de agricultores acomodados, lo bastante ricos para poseer caballos propios, pero lo bastante pobres para comprometerse –muchas veces de manera puritana, religiosa– a fondo con la causa. Eran, escribió más tarde un observador, «en su mayor parte propietarios privados e hijos de propietarios privados que, por cuestiones de conciencia, se implicaron en este conflicto»[110]. Tales tropas, a juicio de Cromwell, podían ser tan diestras como los «hijos de los gentilhombres» y los mercenarios al servicio del rey, pero en la batalla eran más disciplinadas porque eran menos propensas a dispersarse en busca del botín al primer éxito. Él dijo: «Prefiero a un sencillo capitán con casaca rojiza que al que llamáis "gentilhombre" y no es más que eso»[111].

Cromwell también veía que a esas personas no podía atraerlas y controlarlas a no ser que les permitiera expresar valores y puntos de vista muy diferentes de los de la *gentry*. No permitió que los parlamentarios presbiterianos purgaran su fuerza de seguidores de las diversas sectas religiosas portadoras de un militante mensaje de salvación para las clases medias bajas. Con las tropas

[110] Citado en C. Hill, *God's Englishman,* cit., p. 62.
[111] Citado en C. Hill, *The Century of Revolution, 1603-1714,* Londres, 1966, p. 116 [ed. cast.: *El siglo de la Revolución, 1603-1704,* Madrid, Ayuso, 1972, p. 143].

viajaban predicadores con un mensaje radical: el más famoso, Hugh Peter, hablaba de un «orden social justo, caracterizado por una atención decente a los enfermos y pobres y por un sistema legal mejorado [...] que aboliera el encarcelamiento por deudas»[112]. Cromwell llegó a defender al radical no religioso John Lilburne contra su oficial al mando, el conde de Mánchester. El conde repetía la comidilla de que Cromwell esperaba «vivir lo suficiente para no ver nunca a un noble en Inglaterra», y que prefería a las personas «que detestaban a los señores»[113]. Puede o no que en aquella época Cromwell mantuviera esas opiniones. Pero en el pasado había conseguido apoyos en Cambridgeshire hablando en defensa de los agricultores que se oponían al drenaje de los pantanos, y desde luego estaba dispuesto a jugar con los sentimientos de las clases medias si ello era necesario para derrotar al rey. Esto significaba que estaba dispuesto a mostrar una determinación de la que habían carecido tantos líderes protestantes en la lucha librada en la Europa continental.

El Nuevo Ejército Modelo

En la primavera de 1645, Cromwell era la figura central de un grupo de parlamentarios y oficiales para el que sólo había una forma de evitar la derrota: reconstruir todo el ejército como una fuerza centralizada que ya no estuviera al mando de aristócratas que evitaban la guerra abierta o con oficiales no profesionales procedentes de la *gentry*. La fuerte resistencia de la Cámara de los Comunes y la oposición de la Cámara de los Lores sólo la vencieron merced a su confianza en un estrato de artesanos y comerciantes antimonopolio cada vez más radicales de la *City* londinense. El instrumento de la victoria revolucionaria, el «Nuevo Ejército Modelo», se formó en el momento de mayor crisis.

Gran parte de su infantería se reclutó a la antigua usanza, de manera que era tropa mal dispuesta que hasta entonces no había mostrado interés alguno por las cuestiones ventiladas en la guerra. Pero la caballería se creó, lo mismo que los *Ironsides* de Cromwell, con voluntarios motivados por el entusiasmo político y religioso. E incluso entre los soldados de infantería había una mi-

---

[112] Este resumen de una de sus alocuciones se encuentra en I. Gentles, *The New Model Army,* Oxford, 1992, p. 84.

[113] C. Hill, *God's Englishman,* cit., pp. 68-69.

noría de entusiastas capaces de motivar al resto en momentos clave de la batalla. El ejército tenía, en efecto, una espina dorsal revolucionaria cuyos esfuerzos se veían reforzados por las inspiradas prédicas de personas como Hugh Peter, la circulación de panfletos y boletines de noticias, lecturas informales de la Biblia y numerosos debates religiosos y políticos.

El impacto del enfoque revolucionario se hizo notar de manera espectacular en la Batalla de Naseby, librada en junio de 1645. El ejército parlamentario consiguió mantenerse junto tras una carga en principio exitosa de la caballería monárquica, para luego lanzarse al ataque y poner en fuga al enemigo. Pocos días después, el cuartel general del rey en Oxford se hallaba en manos de los parlamentarios y el rey había huido para rendirse al ejército escocés en Newark.

Esta fue la batalla decisiva de la Guerra Civil. Sin embargo, no fue el final de la revolución.

Una vez acabado el temor al rey, el temor a las masas se convirtió en emoción dominante entre la inmensa mayoría de la *gentry*. Inmediatamente presionaron para que se desmantelara el Nuevo Ejército Modelo, se recortara la libertad religiosa y se aplastara a los grupos religiosos disidentes y a los revolucionarios seculares.

Pero había otra fuerza emergente con la que, para la *gentry* parlamentaria, no era tan fácil tratar. Los soldados no estaba en absoluto contentos con la perspectiva de ser disueltos sin recibir una remuneración o, peor aún, la de ser enviados a una guerra nada atractiva en Irlanda. Los «hombres medios» de la caballería, que habían luchado por sus principios, se sintieron indignados y alentados a adoptar una actitud más radical que hasta entonces. A los reclutas les angustiaba un futuro sin perspectivas y, aunque a veces podían manifestar sentimientos monárquicos, no tardaron en ser atraídos por los discursos de la minoría de entusiastas comprometidos que había entre ellos.

Ocho regimientos de caballería eligieron cada uno a dos representantes –conocidos como los «agitadores»– para que expresaran sus puntos de vista. Los soldados de los demás regimientos siguieron su ejemplo. Los agitadores comenzaron a plantear, en nombre de la tropa, demandas que desafiaban no sólo el poder del rey, sino también el poder de la *gentry*. Una de las peticiones denunció a la *gentry* de la Cámara de los Comunes afirmando que «algunos que habían gustado de la soberanía se habían convertido en tiranos»[114]. Las reuniones de los regimientos adoptaron un carácter casi insurreccional, con

---

[114] Citado en I. Gentles, *op. cit.,* p. 160.

ataques a la manera en que se elegía a los comunes (mediante un reducidísimo sufragio), demandas de parlamentos anuales, llamadas a la venganza contra los ministros presbiterianos y ataques al arcano lenguaje de los tribunales de justicia[115]. Las reuniones de los agitadores comenzaron a convertirse en un sistema de autoorganización para que la tropa presionara en favor de sus demandas: montaron un equipo de redactores para que preparara panfletos, insistieron para que los oficiales les consiguieran una imprenta, enviaron delegados para que aguijonearan a los regimientos que no pertenecían al Nuevo Ejército Modelo, y comenzaron a establecer contacto con «amigos afectos» (otros elementos radicales) de todo el país.

Niveladores y revolucionarios

Un grupo democrático radical, los niveladores, liderado por personas como Richard Overton, John Widman, William Walwyn y John Lilburne, gozaba de influencia creciente. En 1647, el apoyo a los niveladores se hizo tan grande que Cromwell y otros líderes del ejército se vieron obligados a presidir en Putney un debate con soldados bajo la influencia de aquellos. Fue allí donde Rainborowe, el más radical de los oficiales, expuso unas opiniones que desafiaban toda la base del gobierno de la *gentry* y las clases comerciantes: «Yo creo que la persona más pobre de Inglaterra tiene una vida que vivir como la más grande [...] en sentido estricto, el hombre más pobre de Inglaterra no está en absoluto atado a ese gobierno en cuya aceptación él no tiene voz»[116]. En su réplica, Ireton, aliado fiel de Cromwell, expresó el punto de vista clasista que seguía motivando a los independientes: «En las decisiones sobre los asuntos del reino no tiene derecho a [...] participar [...] nadie [...] sin un interés permanente por el reino [...] esto es, la persona de la que todo el territorio depende, y aquellas de las corporaciones de las que todo el comercio depende»[117].

La posición de los niveladores, como muchas veces se ha señalado, no era favorable al sufragio masculino universal. Cuando se les empujaba a ello, se mostraban dispuestos a aceptar que los «siervos» –los empleados por otros–

---

[115] Véase I. Gentles, *op. cit.,* pp. 161-163.
[116] Citado en *ibid.,* p. 209.
[117] *Ibid.*

debían ser excluidos de su plan para aumentar el número de las personas con derecho a voto. Esto se debía en parte a que temían que los señores monárquicos y la *gentry* presionaran a sus siervos, trabajadores y criados para que les votaran. Y también a que el núcleo de la influencia radical en el ejército no consistía en pobres reclutas, sino en pequeños propietarios voluntarios que se veían a sí mismos como un peldaño por encima de los braceros o jornaleros que trabajaban para ellos.

El principal nivelador, Lilburne, dijo que la exigencia de derechos políticos para los pequeños propietarios no suponía un ataque a la propiedad privada. Ellos eran, escribió, «los más sinceros y constantes defensores de la libertad y la propiedad», y en sus escritos o declaraciones no había nada

> que atentara en lo más mínimo contra la libertad o la propiedad, o que abogara por la nivelación de la comunidad universal ni por nada que se pareciera a eso en ningún sentido… Esta idea de nivelar la propiedad y la magistratura es tan ridícula y estúpida que no es concebible que alguien en su sano juicio imagine el mantenimiento de ese principio[118].

No obstante, la elección de los agitadores y la exigencia de que los pequeños propietarios tuvieran los mismos derechos que los grandes bastaron para aterrar a los ya asustados «moderados» del partido presbiteriano. El poder del cuerpo de representantes de la *gentry* y las clases comerciantes se estaba viendo desafiado por un nuevo cuerpo de representantes de aquellos miembros de las clases medias y bajas enroladas en el ejército. Y estas personas eran las que constituían, con mucho, la organización más poderosa de las fuerzas armadas en el país. Un choque entre un sector de la clase dirigente y el rey corría el riesgo de convertirse en un conflicto revolucionario.

Los moderados parlamentarios llamaron a su presencia a tres de los agitadores, a los que amenazaron con castigar. El líder presbiteriano Denzil Holles dijo más tarde que deberían haber tenido el coraje para colgarlos como aviso a los demás. Pero los dejaron marchar. No podían hacer más en tanto no tuvieran sus propias fuerzas armadas de confianza. Eso es lo que entonces intentaron formar, para lo cual pidieron a la oligarquía de la *City* de Londres que purgaran de radicales su milicia, estableciendo un «comité de seguridad» para que en cada condado organizara fuerzas bajo control de la *gentry*, inten-

---

[118] Citado en B. Manning, *The Crisis of the English Revolution*, Londres, 1992, p. 108.

tara asegurarse el control de los arsenales militares y negociara con los presbiterianos que controlaban el ejército escocés para que introdujeran este en Inglaterra. Llegaron a creer que deberían unirse con la *gentry* monárquica para restaurar una versión ligeramente reformada de la antigua monarquía.

Los independientes del entorno de Cromwell eran demasiado débiles en términos parlamentarios. Pero vieron que podían utilizar el movimiento de los agitadores para defenderse a sí mismos sin que se les fuera de las manos. Montaron un «consejo del ejército» formado a partes iguales por representantes de la tropa y de los oficiales. Muchos de los soldados rasos seguían acatando las opiniones de sus «superiores», y los oficiales consiguieron encauzar gran parte del descontento de los soldados por canales favorables a ellos mismos.

Al principio, el objetivo de los independientes era obligar al rey a negociar con ellos. A tal fin permitieron que un contingente militar arrancara al rey de manos del partido presbiteriano. Cromwell y los suyos querían que quedara claro que eran ellos los que habían ganado la guerra civil y que el rey tenía que aceptar sus términos, incluidas muchas de las reformas a las que se había resistido. Pero sus términos seguían previendo una monarquía, la continuación de una Cámara de los Lores no elegida y la limitación a la clase superior del derecho al voto parlamentario.

La Segunda Guerra Civil y la gran ejecución

Sin embargo, Carlos no tenía ninguna intención de acceder a demandas que consideraba contrarias a los mismos principios de la monarquía. Se decidió por un nuevo recurso a la guerra civil, y en noviembre de 1647 se fugó. Esta vez Cromwell reconoció que sus intentos de negociar con el rey habían constituido un error y empleó tropas del Nuevo Ejército Modelo para forzar el voto del Parlamento en favor de las medidas del partido de la guerra. En el verano de 1648 estalló lo que se suele llamar «la Segunda Guerra Civil». Antiguos partidarios del Parlamento lucharon en las filas de los caballeros, hubo levantamientos monárquicos en el sur de Gales, Kent y Essex, y una invasión desde Escocia.

Esta vez, a la victoria del ejército antimonárquico no le siguió una política de lenidad o negociación con el rey. Cromwell declaró: «Los que sean inflexibles y no dejen de molestar al país pueden ser rápidamente destruidos», y los oficiales del Nuevo Ejército Modelo exigieron la condena a muerte para Carlos y sus principales consejeros. Sabedor de que esto nunca contaría con el voto favorable de la mayoría presbiteriana entre los parlamentarios, el ejército ocupó Londres. Un destacamento de tropas a las órdenes del coronel Pride prohibió la entrada de los principales presbiterianos en la Cámara de los Comunes, y otras tropas arrebataron a los principales oligarcas su control sobre la *City* de Londres. A finales de enero, el verdugo decapitó al rey ante una multitud en Whitehall.

Los acontecimientos que llevaron a la ejecución fueron en paralelo con la agitación en el seno del Nuevo Ejército Modelo y entre sus partidarios civiles. Cromwell y los independientes no habrían podido tomar el control de Londres y enfrentarse con éxito a los presbiterianos y al rey sin el movimiento revolucionario dentro del ejército. Frente a la amenaza de contrarrevolución, Cromwell estaba desde hacía tiempo dispuesto a defender a los niveladores contra la represión presbiteriana. Incluso llegó al punto de visitar a Lilburne en su celda de la Torre de Londres, en un intento de llegar a un acuerdo. Pero también recurrió a la fuerza cuando la Segunda Guerra Civil se hizo inminente. Aisló a los radicales usando la guerra como pretexto para reorganizar sus regimientos, sofocó un intento de motín –ejecutando a uno de los supuestos líderes, Richard Arnold– y encarceló a los niveladores de Londres. Al mismo tiempo, continuó contando con la tropa bajo influencia de los niveladores en los periodos inmediatamente anterior y posterior a la ejecución del rey. Sólo entonces se sintió lo bastante seguro para aplastar a quienes articulaban los sentimientos de clase. Cromwell reprendió a sus compañeros en el Consejo de Estado: «Yo os digo, señor, que no tenéis otra manera de tratar con estos hombres que destruyéndolos, o ellos os destruirán a vos»[119]. En la primavera de 1649, los líderes niveladores de Londres fueron encerrados en la Torre y, en mayo, un motín de 1.000 soldados fue abortado y cuatro de sus líderes ejecutados en el camposanto de Burford, en Oxfordshire.

En Inglaterra ya no se necesitaba al grueso del Nuevo Ejército Modelo para derrotar al rey y a los presbiterianos. Fue enviado, sin sus agitadores, a Irlanda, mientras que un panfleto nivelador preguntaba a los soldados:

> ¿Seguiréis matando, exterminando y asesinando a hombres para convertirlos [a vuestros oficiales] en amos y señores absolutos de Irlanda, como los habéis hecho de Inglaterra? ¿O es vuestra ambición sumir a los irlandeses en

---

[119] Citado en C. Hill, *God's Englishman,* cit., p. 105.

la felicidad de los diezmos [...] los peajes y los monopolios comerciales? ¿O bien llenar sus cárceles con pobres prisioneros inválidos, llenar su tierra de enjambres de mendigos?[120].

Esta fue una advertencia profética de lo que la clase dirigente inglesa iba a hacer con Irlanda. Pero difícilmente habría podido impedir que hombres empobrecidos aceptaran la disciplina militar y el único modo de subsistencia que les quedaba una vez eliminados sus líderes.

El de los niveladores no fue un movimiento basado en la masa empobrecida de la sociedad, sino en el «tipo medio»: los artesanos, los comerciantes menores, los agricultores acomodados y los soldados reclutados de estos grupos. Constituyó el partido más radical y valiente para, a partir de estos grupos, apoyar un programa que, de haber triunfado, habría provocado un cambio mucho más revolucionario que el que realmente se produjo. Lo hicieron desde el punto de vista de grupos sociales que esperaban prosperar con el crecimiento de las formas capitalistas de producción: los grupos que durante el siglo siguiente iban a cristalizar en una «clase media» cada vez más autoconsciente. Pero al hacerlo comenzaron a desafiar la tradición de que un sector de la sociedad estaba destinado por la divinidad a gobernar al resto. Como Müntzer y sus seguidores en la Guerra Campesina alemana, contribuyeron a instaurar una tradición rival de resistencia al gobierno clasista.

La derrota de los niveladores no significaba que la agitación y la lucha de los años precedentes no hubieran conseguido nada. El grupo de Cromwell sólo había conseguido vencer adoptando medidas revolucionarias, si bien de alcance limitado. A partir de 1649, el gobierno de Inglaterra –y pronto de Escocia también– quedó en manos de oficiales militares, muchos de los cuales procedían del «tipo medio».

Christopher Hill ha señalado que, tras la Segunda Guerra Civil,

los hombres que ahora asumieron el control de los acontecimientos, aunque no niveladores, eran [...] de una clase social significativamente más baja [que antes.] [...] El coronel Ewer, un antiguo criado, el coronel Thomas Harrison [...] hijo de un pastor o carnicero [...] Pride [...] había sido carretero o empleado de una cervecería [...] el coronel Okey proveedor de sebo, Hewson zapatero, Goffe salinero, Barkstead orfebre o fabricante de dedales, Berry em-

---

[120] Citado en I. Gentles, *op. cit.*, p. 330.

pleado de una fundición, Kelesy fabricante de botones [...]. Los hombres que llegaron al poder en diciembre de 1648 y que fueron responsables de la ejecución de Carlos I eran de rango bastante inferior al de los gobernantes tradicionales de Inglaterra[121].

Esos hombres impulsaron una serie de medidas que acabaron de una vez por todas con el control de quienes habían dado de nuevo a la sociedad inglesa una orientación feudal. Así fue como la Revolución inglesa desbrozó el camino para el desarrollo de una sociedad basada en las relaciones mercantiles y las formas capitalistas de explotación.

Cromwell mismo no procedía de una nueva clase explotadora «burguesa», aunque tenía conexiones familiares con algunos de los comerciantes. Pero no habría podido tener éxito si no se hubiera apoyado en aquellos con los que se estaba formando una clase así. Su genio estribó en su capacidad para comprender el hecho de que la crisis de la sociedad inglesa no se podría resolver sin recurrir a nuevos métodos y nuevos hombres. Esto fue lo único que consiguió impedir que la Revolución inglesa corriera la misma suerte que los calvinistas franceses o los estados bohemios. Fue el miembro de una familia de la *gentry* quien tuvo que llevar a cabo una revolución cuya consecuencia fue el gobierno de la sociedad según directrices esencialmente burguesas.

Durante una década gobernó Inglaterra virtualmente como un dictador. Su régimen se basaba en la fuerza militar. No podía sobrevivir indefinidamente sin un respaldo social más amplio. Cromwell reconoció esto e intentó establecer parlamentos que pudieran apoyarle, pero lo que descubrió fue que continuamente reaparecían las disensiones que a mediados de la década de 1640 habían vuelto a los presbiterianos contra los independientes. La *gentry* de cada localidad quería que acabara la incertidumbre asociada con la insurrección revolucionaria y obstaculizó ulteriores reformas. Sectores del «tipo medio» querían reformas más radicales, y estuvieron bien representados entre los oficiales del ejército. Pero no estaban dispuestos a imponer tales reformas si estas implicaban más descontento social, y a medida que pasaba la década se fueron aliando cada vez más con los mismos sectores de la *gentry* contra los que habían combatido durante la guerra civil: personas que todavía consideraban la monarquía una condición previa para el mantenimiento del orden social. La culminación de este proceso se produjo en 1660, tras la

---

[121] C. Hill, *God's Englishman,* cit., p. 97.

muerte de Cromwell. Un sector del ejército acordó con los restos del Parlamento invitar al hijo del rey ejecutado a que regresara como monarca.

Aunque la revolución había acabado, muchos de los cambios sobrevivieron. Ahora la existencia de la monarquía dependía de la voluntad de las clases acomodadas expresada a través del Parlamento: así se demostró en 1688, cuando derrocaron a Jacobo II en una revolución «incruenta». La riqueza de las clases acomodadas dependía como nunca antes de su éxito frente a las fuerzas del mercado. Los grandes terratenientes adoptaban cada vez más los métodos capitalistas de agricultura. Progresivamente, la creciente porción de la población que vivía en las ciudades empleaba a otros o era empleada por otros. Los gremios ya no eran capaces de impedir la innovación en las técnicas productivas: en 1689, en tres de cada cuatro ciudades inglesas no había ningún gremio[122]. Las políticas del gobierno las dictaba el deseo de expandir el comercio, no las intrigas dinásticas del monarca.

Todos juntos, estos cambios representaron algo radicalmente nuevo en la historia universal. Ahora las personas se ganaban la vida en unidades cuya supervivencia dependía de la capacidad de los que las dirigían para mantener los costes por debajo de los de otras unidades. El gran agricultor, el dueño de una herrería de tamaño medio, incluso el tejedor manual individual sólo podían asegurarse la subsistencia si eran capaces de mantenerse en el negocio, y eso significaba estar al día de nuevos métodos de producción que recortaban costes.

La competencia por la competencia, más que las necesidades de consumo inmediato de los ricos o de los pobres, se convirtió cada vez más en la fuerza impulsora de la actividad económica. El crecimiento que siguió fue con frecuencia caótico, marcado por repentinos altibajos. Fue también poco provechoso para un sector creciente de la población cuya supervivencia dependía cada vez más de su capacidad para vender su fuerza de trabajo a otros. Pero cambió la situación de la economía inglesa y a los que la dominaban. La que había sido una de las partes más pobres de Europa se convirtió rápidamente en la más avanzada, lo cual dotó a sus gobernantes de los medios para construir un imperio mundial… y, de paso, contribuyó a que la nueva forma capitalista de producción comenzara a desplazar todas las formas anteriores.

---

[122] Según C. Hill, *The Century of Revolution,* cit., p. 181 [ed. cast. cit.: p. 230].

IV

La última floración
de imperios asiáticos

Volviendo ahora la vista atrás, podemos ver que lo ocurrido en Europa en los siglos XVI y XVII iba a transformar el mundo. Permitió que unas cuantas potencias europeas forjaran imperios que virtualmente englobaron la totalidad de Asia y de África, y arrastró a todo el mundo a una nueva forma de organización de la producción, el capitalismo industrial.

Pero para los cinco sextos de la humanidad que vivían en otras partes, la historia no se había detenido. Los imperios de México y Perú quizá cayeron casi de la noche a la mañana en manos de los colonizadores europeos. Pero esto no fue así ni siquiera en el resto de las Américas. En el norte, a finales del siglo XVII sólo se había colonizado una estrecha franja costera en el este. En la época de la Guerra de los Treinta Años las colonias españolas en estos continentes, lo mismo que las de África y Asia, eran poco más que factorías, y eso siguieron siendo durante mucho tiempo. Los colonizadores holandeses sí consiguieron conquistar a los pueblos de cazadores-recolectores joisanos (los llamados «hotentotes» y «bosquimanos») en el extremo más meridional de África. Pero eso fue casi 200 años antes de que los europeos pudieran comenzar a desplazarse hacia el norte, derrotando a agricultores cuyo conocimiento de la fabricación de acero les proporcionaba armamento eficaz. En el siglo XVI los portugueses se apoderaron de Goa, un enclave costero en el sudeste de la India, donde establecieron una ciudad[123] impresionante según los criterios europeos de la época, y gobernaban una ciudad

---

[123] Hoy en día conocida como «Vieja Goa».

comercial en la isla de Macao, frente a la costa del sur de China. Pero sus esfuerzos parecían raquíticos en comparación con los grandes reinos e imperios próximos. En 1522 los primeros europeos que visitaron la capital de uno de los cuatro reinos del sur de la India, Vijayanagar[124], escribieron que era tan grande como Roma, con 100.000 casas, y que era «la ciudad mejor aprovisionada del mundo» en lo que se refería a la organización de sus suministros de víveres[125]. Ciertamente, los restos de la ciudad cubren una zona mucho más amplia que casi cualquier ciudad europea de comienzos del siglo XVI. Más al norte, los emperadores mogoles que comenzaron a conquistar el subcontinente en 1525 construyeron o reconstruyeron una serie de ciudades –Lahore, Delhi, Agra– a una escala desconocida en Europa. Los gobernantes del Imperio chino podían no hacer virtualmente caso de los europeos de la costa meridional. La única amenaza para sus grandes ciudades procedía de los pueblos ganaderos del norte. Mientras tanto, la Turquía otomana era la gran potencia ascendente a las puertas de Europa occidental. Tras la conquista de Constantinopla en 1453, se apoderó de El Cairo en 1517, de Argel en 1528 y de Hungría en 1526, y puso sitio a Viena en 1529 y de nuevo en 1683. El Imperio otomano tuvo una presencia continua en los juegos diplomáticos y las coaliciones militares de la Europa de la Reforma, y su cultura fue muy admirada en la literatura de la época. Entre el Imperio otomano y el Imperio mogol de la India se hallaba el Imperio safávida iraní, centrado en la nueva capital de Isfahán, cuyo esplendor asombraba a los visitantes europeos. Y, ante la costa del este de Asia, las islas de Japón habían asimilado una porción enorme de la cultura y la técnica chinas para establecer una civilización relativamente desarrollada que compartía ciertos rasgos del feudalismo europeo, incluidas las guerras entre señores aristocráticos que intentaban imponer su hegemonía sobre los demás empleando el acero y la pólvora[126]. Incluso en Europa, una gran potencia apareció fuera de la zona barrida por el Renacimiento, la Reforma y las guerras religiosas. En el este, una sucesión de gobernantes comenzaron a transformar el antiguo ducado de Moscovia en un Estado ruso centralizado y luego en un imperio que se expandió por todo el norte de Asia e invadió Polonia por el oeste.

---

[124] Cerca de la actual ciudad de Hampi.
[125] Citado por V. A. Smith, *The Oxford History of India*, Oxford, 1985, p. 312.
[126] Estas son las batallas descritas en la película de Kurosawa *Ran*.

Estos imperios no se caracterizaban por el atraso económico por el que, en comparación con Europa, se distinguían a finales del siglo XIX. En todos ellos podían encontrarse algunos de los avances técnicos que propulsaron a Europa desde el antiguo feudalismo del siglo X hasta las muy diferentes sociedades del siglo XVI. Todos ellos utilizaban armas de fuego de alguna clase: en 1526 el primer emperador mogol, Babur, derrotó a ejércitos mucho mayores en el norte de la India, utilizando la artillería como complemento de su muy competente caballería. Estas sociedades se transmitían unas a otras técnicas de construcción y destrezas artesanales, de modo que, por ejemplo, artesanos de toda Asia y Europa trabajaron en la construcción de la tumba del Taj Mahal construida por el emperador mogol Shah Jahan. En todos ellos la agricultura y la dieta comenzaron a cambiar considerablemente con la expansión de nuevas plantas domesticadas procedentes de las Américas: el cultivo de chiles, pimientos dulces, tomates, tabaco y maíz en la India, y de boniatos, cacahuetes, maíz y tabaco en China.

El glorioso ocaso de China

A comienzos del siglo XV China ya se estaba recuperando de su crisis del siglo XIV. Una prueba de ello fue una serie de épicos viajes realizados por expediciones navales. Flotas de enormes barcos que transportaban a más de 20.000 personas navegaron por la costa oeste de la India, Adén y por el este de África, en una ocasión llevando a cabo una travesía de más de 9.500 kilómetros sin escalas. Esto ocurría tres cuartos de siglo antes de que flotas españolas o portuguesas intentaran travesías comparables.

Gernet llama al siglo XVI «el comienzo de una nueva era»[127]. En la agricultura, señala, hubo nuevas máquinas para trabajar el suelo, para el riego, la siembra y el tratamiento de los productos, junto con nuevos métodos para la mejora del suelo y la selección de otras variedades de cultivos. En la industria se introdujo el telar de seda con tres o cuatro devanadores de lanzadera, junto con mejoras en los telares de algodón, el desarrollo de las xilografías con tres o cuatro colores y la invención de una aleación de cobre y plomo

---

[127] J. Gernet, *A History of Chinese Civilisation,* Cambridge, 1996, p. 424. Véase también la «Introducción» a F. W. Mote y D. Twitchett (eds.), *Cambridge History of China,* vol. 7, Cambridge, 1988, pp. 508-509.

para la fundición de tipos móviles, además de nuevas maneras de fabricar azúcares blancos y glaseados[128]. En la primera parte del siglo XVII «se publicaron numerosas obras de carácter científico o técnico que se ocupaban de cuestiones tan diversas como las técnicas agrícolas, los tejidos, la cerámica, el hierro y el acero, el transporte fluvial, los armamentos, las tintas y los papeles, y los artefactos hidráulicos»[129]. Desde luego, este no fue un periodo de estancamiento tecnológico. Ni en el que los intelectuales simplemente repitieran como papagayos certezas del pasado. Gernet menciona a pensadores como el antiguo salinero y autodidacto Wang Ken, que puso en cuestión la visión establecida de las figuras históricas, desafió las hipocresías de la época y la moralidad tradicional, y defendió a «las clases inferiores, las mujeres, las minorías étnicas»[130]. Gernet continúa:

> El final del siglo XVI y la primera mitad del XVII estuvieron marcados por el notable desarrollo del teatro, el relato corto y la novela, y por el surgimiento de una cultura semierudita, semipopular […] de una clase media urbana interesada por la lectura y el entretenimiento. Nunca ha sido la industria editorial tan próspera ni sus productos de tan buena calidad[131].

Hubo un «rápido incremento en el número de publicaciones baratas», con literatura «escrita en un idioma mucho más próximo a los dialectos hablados que al chino clásico […] dirigida al público urbano […] no bien educado, pero libre de las restricciones intelectuales impuestas por una formación clásica»[132]. Si los puntos de vista de Gernet son correctos, entonces, más o menos en la misma época que Europa, China estaba experimentando un renacimiento técnico e intelectual[133].

---

[128] J. Gernet, *op. cit.,* p. 426.

[129] *Ibid.,* p. 442. Así como la Europa medieval había aprendido de China, intelectuales y técnicos chinos estaban ahora adquiriendo, en una misión jesuita instalada en Pekín, avances en el conocimiento realizados en la Europa posrenacentista. Véase C. A. Ronan y J. Needham, *The Shorter Science and Civilisation of China,* vol. 4, Cambridge, 1994, pp. 220-221.

[130] J. Gernet, *op. cit.,* p. 440.

[131] *Ibid.,* p. 437.

[132] *Ibid.,* p. 446.

[133] Aunque Ronan y Needham (véase C. A. Ronan y J. Needham, *op. cit.,* pp. 1, 34) sugieren que la influencia del Renacimiento europeo fue de vital importancia en la China del siglo XVII.

Hubo algunos cambios sociales similares. El Estado fue sustituyendo cada vez más las antiguas prestaciones laborales de los campesinos y los artesanos por impuestos en dinero. La comercialización de la agricultura llevó a la producción de cultivos industriales como el algodón, las tinturas y el tabaco. Los campesinos más pobres, expulsados de la tierra por los terratenientes, se buscaron el sustento por otras vías: emprendiendo comercios artesanales, emigrando a las zonas mineras, buscando trabajo en las ciudades. Las empresas comerciales y artesanales florecieron, especialmente en las regiones costeras del sur y el este. Como en Europa, la mayor parte de la producción seguía realizándose en talleres artesanales. Pero hubo ejemplos ocasionales de algo próximo a un capitalismo industrial a gran escala. Las empresas pequeñas crecieron hasta convertirse en grandes empresas, algunas de las cuales daban empleo a varios cientos de trabajadores. En Sungchiang, al sudoeste de Shanghái, las campesinas comenzaron a trabajar en los molinos de algodón[134]. A finales del siglo XVI, en Jiangxi había 50.000 trabajadores en 30 fábricas de papel[135]. Algunas industrias chinas comenzaron a producir para un mercado mundial en lugar de meramente local. La seda y la cerámica se exportaban en grandes cantidades a Japón[136]. No tardó en «verse sedas chinas en las calles de Kioto y Lima, venderse algodones chinos en los mercados filipinos y mexicanos, y usarse porcelana china en las casas modernas, de Sakai a Londres»[137].

Aquel fue un periodo de crecimiento económico a pesar de la ininterrumpida pobreza de las clases inferiores. Tras caer casi por la mitad hasta llegar a más o menos los 70 millones en el siglo XIV, se calcula que a finales del siglo XVI la población había aumentado hasta los 130 millones de personas y hasta los 170 en la década de 1650[138]. Entonces el imperio entró en una devastadora crisis, similar en muchos respectos a las de los siglos IV y XIV... así como a la que simultáneamente se daba en gran parte de la Europa del siglo XVII. Hubo una sucesión de epidemias, inundaciones, sequías y otros desastres. Regiones enteras se vieron devastadas por las hambrunas. La población dejó de aumentar y en algunas regiones incluso disminuyó[139]. Industrias antaño flore-

---

[134] J. Gernet, *op. cit.*, p. 425.

[135] *Ibid.*, p. 426.

[136] *Ibid.*

[137] F. W. Mote y D. Twitchett, *op. cit.*, vol. 7, p. 587.

[138] Cálculos ofrecidos en J. Gernet, *op. cit.*, p. 429, y F. W. Mote y D. Twitchett, *op. cit.*, vol. 7, p. 586.

[139] F. W. Mote y D. Twitchett, *op. cit.*, vol. 7, p. 586.

cientes cerraron. Documentos procedentes del norte de Chekiang (la zona de Shanghái hacia el interior) informan de «hambre masiva, hordas de mendigos, infanticidio y canibalismo» en la década de 1640[140].

> En 1642 la gran ciudad de Suchou [en el bajo Yangtsé] se hallaba en visible decadencia, con muchas casas vacías y en ruinas, mientras que el campo otrora rico se había convertido en una tierra de nadie en la que sólo hombres armados se atrevían a entrar[141].

Muchos historiadores explican esta crisis, lo mismo que las anteriores, en términos de sobrepoblación o malas cosechas debidas a cambios climáticos globales[142]. Pero «incluso durante las terribles "hambrunas" que asolaron el país a comienzos de la década de 1640, en el delta del Yangtsé se disponía de arroz. [...] La gente simplemente carecía de fondos para pagarlo»[143].

En realidad, las crisis hundían sus raíces en la organización de la sociedad china. El Estado y la clase burocrática que lo dotaba de personal habían propiciado la expansión económica tras la crisis del siglo XIV. Pero pronto comenzaron a temer algunos de los efectos colaterales, particularmente la creciente influencia de los comerciantes. En 1433 los grandes viajes a la India y a África se interrumpieron súbitamente (con lo cual fueron barcos de Europa los que «descubrieron» China, en lugar de ocurrir a la inversa)[144]. «La mayor preocupación del Imperio Ming consistía en evitar que el comercio costero perturbara la vida social de su sociedad agraria[145].» Sus gobernantes no pudieron impedir todo el comercio de ultramar. En las regiones costeras surgió lo que hoy en día llamaríamos una «economía sumergida», y hubo violentos choques armados con los «piratas» que controlaban esas zo-

---

[140] Citado en F. W. Mote y D. Twitchett, *op. cit.,* vol. 7, p. 631.

[141] F. W. Mote y D. Twitchett, *op. cit.,* vol. 7, p. 632.

[142] Este es el argumento de Geoffrey Parker en G. Parker, *op. cit.,* pp. 17-22 [ed. cast. cit.: pp. 7-14].

[143] F. W. Mote y D. Twitchett, *op. cit.,* vol. 7, p. 587.

[144] La razón para la interrupción de los viajes no fue solamente la resistencia al crecimiento de la influencia de los comerciantes. Los viajes eran costosos para el Estado y China tenía poca necesidad de los tipos de bienes que se encontraban en el océano Índico... ni tampoco en Europa. Hasta el ascenso del comercio del opio en el siglo XIX, el imperio exportaba mucho más de lo que importaba.

[145] F. W. Mote y D. Twitchett, *op. cit.,* vol. 7, p. 518.

nas. Pero las medidas estatales entorpecieron el desarrollo de las nuevas formas de producción.

Mientras tanto, los crecientes gastos improductivos del Estado suponían un enorme lastre para la economía. En tiempos del emperador Wanli, por ejemplo, había 45 príncipes de primer rango, cada uno de los cuales percibía ingresos equivalentes a 600 toneladas de grano al año, y 23.000 nobles de rango inferior. Más de la mitad de los ingresos fiscales de las provincias de Shansi y Henán se dedicaban al pago de estas prestaciones. Una guerra con Japón por el control de Corea «agotó por completo el erario»[146].

La extrema penuria llevó al descontento social. Casi todos los años entre 1596 y 1626, en las partes económicamente más desarrolladas del país hubo motines «laborales» urbanos[147]. En 1603 los mineros de las minas privadas marcharon sobre Pekín, en la década de 1620 hubo rebeliones de los pueblos no chinos en el sudoeste y, en la de 1630, importantes rebeliones campesinas en el norte del país. En la cima de la sociedad, entre los intelectuales y los antiguos mandarines surgió también una especie de oposición que fue aplastada por una red policial secreta[148].

El colapso político se produjo en 1644. El último emperador Ming se estranguló a sí mismo cuando un antiguo pastor líder de un ejército campesino proclamó una nueva dinastía. Un mes más tarde, invasores manchúes procedentes del norte ocuparon Pekín.

La crisis económica y política guardaba muchas similitudes con la de Europa en el mismo periodo. Pero había una diferencia. Las clases mercantil y artesanal no comenzaron a plantear una alternativa propia al antiguo orden. No hicieron ni siquiera lo que los comerciantes y burgueses calvinistas en Francia cuando ejercieron cierta influencia sobre el ala disidente de la aristocracia. Desde luego, no remodelaron toda la sociedad a su propia imagen, como hizo la burguesía mercantil del norte de los Países Bajos y las «clases medias» en Inglaterra. Como en las anteriores grandes crisis en la sociedad china, las clases mercantil y artesanal eran demasiado dependientes de la burocracia del Estado como para ofrecer una alternativa.

El inmediato caos duró sólo unos cuantos años. Hacía mucho que los manchúes habían absorbido muchos aspectos de la civilización china, y con

---

[146] J. Gernet, *op. cit.*, p. 431.
[147] Según J. Gernet, *op. cit.*, p. 432.
[148] Para detalles, véase *ibid.*, p. 432-433.

la devolución de la paz y la estabilidad internas a las finanzas imperiales proveyeron un arco para la recuperación económica durante un tiempo. Los avances en la agricultura aumentaron cuando los cultivos procedentes de las Américas produjeron su pleno impacto y los cultivos industriales se expandieron. El campesinado estaba «en general mucho mejor y más feliz que su equivalente en la Francia de Luis XV», con campesinos acomodados que eran capaces incluso de costearse una educación formal para sus hijos[149]. Hubo una reanudación de la producción comercial y artesanal que llegó a sobrepasar toda la anterior. En la región al sudoeste de Shanghái había 200.000 trabajadores textiles a jornada completa, y cientos de miles de artesanos producían porcelana para la corte y para ser exportada hasta la misma Europa. La producción de té creció rápidamente en talleres que empleaban a cientos de jornaleros en el procesamiento de unas hojas que se exportaban por mar. Se ha calculado que la mitad de la plata llevada desde Latinoamérica hasta Europa entre 1571 y 1821 acababa pagando bienes procedentes de China. En cuanto cundió la esperanza en el futuro, la población creció a pasos agigantados, y es posible que en 1812 se alcanzaran los 260 millones de personas[150]. El país era «el Estado más rico y más grande del mundo»[151].

La enorme fuerza del imperio alimentó la complacencia en sus círculos dirigentes, y la complacencia llevó al estancamiento intelectual. Durante los primeros años manchúes floreció la curiosidad intelectual, una ola de «pensamiento libre y una crítica y un cuestionamiento radicales de las instituciones y los fundamentos intelectuales del imperio autoritario»[152]. El arte, la literatura, la filosofía y la historia parecían sin excepción marcadas por un espíritu de vitalidad. Los estudios sobre el periodo le recuerdan a uno la «Ilustración» europea[153]. Pero el espíritu crítico decayó cuando las «clases educadas aceptaron el nuevo régimen»[154]. La literatura popular para las clases medias urbanas entró en decadencia[155], y se prohibió todo lo que pudiera interpre-

---

[149] J. Gernet, *op. cit.*, p. 483.

[150] Cifras dadas en *ibid.*, p. 489.

[151] *Ibid.*, p. 464.

[152] *Ibid.*, p. 497.

[153] Véase *ibid.*, pp. 497-505, aunque el mismo Gernet, por alguna razón, emplea el término «ilustrada» para describir la cultura del subsiguiente periodo de aceptación del gobierno manchú.

[154] *Ibid.*, p. 505.

[155] *Ibid.*, p. 507.

tarse como una suave crítica del régimen. En los años 1774-1789, más de 10.000 obras fueron prohibidas y 2.320 destruidas. Los autores disidentes y sus parientes se vieron condenados al exilio, a trabajos forzados, a la confiscación de sus propiedades e incluso a morir[156]. Los intelectuales podían prosperar, pero sólo si evitaban ocuparse de temas reales. La literatura que floreció estaba «escrita en un estilo clásico de acceso más difícil, lleno de reminiscencias literarias y alusiones. [...] La novela se volvió sutilmente irónica, psicológica [...] o erudita»[157].

Las causas básicas de la crisis del siglo XVII nunca fueron abordadas, y los antiguos síntomas no tardaron en reaparecer: inmensos gastos en la corte imperial, la expansión de la corrupción en la administración, costosas guerras en las fronteras, mayor opresión de los campesinos por parte de los administradores locales y los recaudadores de impuestos, el fracaso en el mantenimiento de los diques y la regulación de los cursos de agua, y repetidas y a veces catastróficas inundaciones[158]. Una nueva ola de rebeliones campesinas comenzó con la sublevación del «Loto Blanco» en 1795, y medio siglo después se produjo una de las revueltas más grandes de la historia china.

La India mogol

La India mogol era una sociedad muy diferente de la china. No tenía los grandes sistemas de canales y riego[159], una burocracia centralizada a la que se le hubieran inculcado tradiciones literarias con casi 2.000 años de antigüedad, una clase de grandes terratenientes ni un campesinado que comprara y vendiera artículos en mercados locales.

Desde el siglo XIII, había invadido la India una sucesión de gobernantes islámicos que impusieron estructuras centralizadas a las economías campesinas locales de la Edad Media india. Los emperadores mogoles desarrollaron

---

[156] Detalles extraídos de J. Gernet, *op. cit.*, p. 508.

[157] *Ibid.*, p. 509.

[158] Véase *ibid.*, para una explicación mucho más completa de los síntomas de la crisis.

[159] En sus escritos sobre la India, Marx sobreestima la importancia de estos sistemas. Irfan Habib, que por lo demás elogia esos escritos, insiste: «A pesar de Marx, no es posible creer que la construcción y el control de las obras de irrigación por el Estado fueran una característica relevante de la vida agraria en la India mogol». I. Habib, *The Agrarian System of Mughal India,* Londres, 1963, p. 256.

el sistema y gobernaron a través de una jerarquía de oficiales a los que se concedía el derecho de recaudar en zonas específicas impuestos catastrales con los que tenían que mantener la caballería, esencial para el funcionamiento militar del Estado. No eran terratenientes, aunque se enriquecieron con la explotación del campesinado. En cada localidad había otra clase terrateniente: los *zamindars*. Con frecuencia eran hindúes de la casta superior de las clases explotadoras premogoles, y ayudaban a recaudar los impuestos, de los cuales se quedaban con una parte[160].

La gran masa de la población rural seguía viviendo en aldeas virtualmente autosuficientes. Grupos hereditarios de campesinos producían comida para grupos hereditarios de herreros, carpinteros, tejedores y barberos aldeanos, en una división del trabajo autóctona que no implicaba pagos en efectivo. Todos los elementos del sistema medieval de castas permanecían intactos.

Pero los campesinos sí necesitaban dinero para pagar sus impuestos, y para conseguirlo tenían que vender entre un tercio y la mitad de sus cosechas. A los que no pagaban, como un observador documentó en la década de 1620, «se los llevaban, fuertemente encadenados, a diversos mercados y ferias», donde eran vendidos como esclavos, «con sus pobres y desdichadas esposas detrás de ellos con sus niños pequeños en brazos, todos llorando y lamentando su funesta suerte»[161].

El grueso de los excedentes que se les quitaban a los campesinos de este modo iban a parar a la corte imperial, la burocracia estatal y sus ejércitos. Como Irfan Habib explica, el Estado «servía no meramente como el brazo protector de la clase explotadora, sino que él mismo era el instrumento principal de la explotación»[162]. Pocos de estos ingresos volvían alguna vez a las aldeas. El Estado los empleaba en las ciudades del imperio.

El resultado fue un crecimiento del comercio y de la producción artesanal urbana, y un sistema que distaba de ser económicamente estático. Durante el periodo mogol «se alcanzó un nivel de prosperidad industrial y comercial sin precedentes, del cual fue reflejo un crecimiento general de las ciudades»[163].

---

[160] Para una explicación más detallada de la relación entre los funcionarios mogoles y los *zamindars,* véase I. Habib, *op. cit.,* pp. 66, 153-185.

[161] Manriques, citado en *ibid.,* pp. 322-323.

[162] I. Habib, *op. cit.,* p. 250. La parte de los excedentes que se llevaba el Estado era mucho mayor que la de los *zamindars.* Véase *ibid.,* p. 153.

[163] H. K. Naqvi, *Mughal Hindustan: Cities and Industries, 1556-1803,* Karachi, 1974.

Hubo una «intensificación, expansión y multiplicación de las artesanías», así como del comercio interior e internacional. «Llegó a haber hasta 120 grandes ciudades»[164], y «grandes concentraciones de población, producción y consumo [en] Lahore, Delhi, Agra y, en una menor medida, en Lucknow, Benarés y Allahabad»[165]. Observadores contemporáneos consideraron Lahore «como la ciudad más grande de Oriente»[166]. Un visitante europeo calculó la población de Agra en 650.000 personas[167], y de Delhi se dijo que era tan grande como la ciudad europea más grande, París[168].

En el siglo XVII, la mayor industria, la textil del algodón, exportaba productos a Europa: «Hasta 32 centros urbanos fabricaban algodón en grandes cantidades»[169]; «ninguna ciudad, pueblo o aldea parece haber carecido de estas industrias»[170]; y «en las aldeas casi todas las casas tenían su rueca»[171]. Al mismo tiempo, «la organización del crédito comercial, los seguros y una rudimentaria banca de depósitos nos recuerda la situación de la Europa renacentista»[172].

Pero para hacer duraderos estos avances económicos faltaba un factor: a las aldeas no llegaban los avances industriales que se producían en las ciudades. «A los campesinos se los exprime tanto», escribió un testigo contemporáneo, «que ni siquiera pan seco les queda apenas con que llenar sus estómagos»[173]. Simplemente, no podían permitirse la adquisición de herramientas mejores. «No hay ninguna prueba de que las aldeas dependieran en modo alguno de la industria urbana»[174], y por eso el crecimiento del comercio en las ciudades se vio acompañado por el estancamiento y el empobrecimiento de las aldeas. En general, la ciudad «no era una ciudad que produjera mercan-

---

[164] Según S. Maqvi, «Marx on Pre-British Indian Society», en Comité Conmemorativo de D. D. Kosambi (eds.), *Essays in Honour of D. D. Kosambi, Science and Human Progress,* Bombay, 1974.

[165] H. K. Naqvi, *op. cit.,* p. 2.

[166] Según *ibid.,* p. 18.

[167] *Ibid.,* p. 22; I. Habib, *op. cit.,* p. 75.

[168] I. Habib, *op. cit.,* p. 76.

[169] I. Habib, «Problems in Marxist Historical Analysis», en *Essays in Honour of D. D. Kosambi,* cit., p. 73.

[170] H. K. Naqvi, *op. cit.,* p. 155.

[171] *Ibid.,* p. 171.

[172] I. Habib, «Problems in Marxist Historical Analysis», cit., p. 46.

[173] Pelsaert, citado en I. Habib, *op. cit.,* p. 190.

[174] I. Habib, *op. cit.,* p. 77.

cías para su uso, sino más bien una que arrasaba el campo al engullir la producción local»[175].

El efecto a largo plazo fue la ruina de la base productiva campesina del imperio[176]. Al mismo tiempo que Shah Jahan estaba utilizando los ingresos fiscales para glorificar a Lahore, Delhi y Agra y para construir el Taj Mahal, un observador señalaba que «la tierra estaba siendo arrasada por los sobornos y los impuestos, como resultado de los cuales el campesinado estaba siendo robado y saqueado»[177]. Los campesinos comenzaron a abandonar la tierra. Habib cuenta cómo «las hambrunas iniciaron movimientos de población sistemáticos [...], pero era un sistema creado por el hombre el que, más que cualquier otro factor, se hallaba en la raíz de la movilidad campesina»[178].

Las ciudades crecieron en parte debido a que trabajadores sin tierras afluyeron a ellas en busca de empleo. Pero esto no pudo poner remedio al debilitador efecto de la excesiva fiscalidad en el campo. Precisamente en el momento en que el imperio parecía más magnífico que nunca, entró en una decadencia que iba a resultar terminal.

Los efectos se hicieron evidentes durante el reinado del hijo (y encarcelador) de Shah Jahan, Aurangzeb[179]. Son muchas las historias de los mogoles que contraponen el fanatismo islámico, las acciones antihindúes y las infinitas guerras de Aurangzeb con el gobierno aparentemente ilustrado de Akbar un siglo antes, que se basaba en la tolerancia religiosa y los controles de la rapacidad de los funcionarios locales. Sin duda, estas diferencias debían algo a las personalidades de los dos emperadores. Pero también corresponden a dos periodos: uno en el que el imperio podía seguir expandiéndose sin perjuicio de su base agraria, y otro en el que eso ya no era posible.

Al final, la industria urbana y las ciudades comenzaron a sufrir las consecuencias de la decadencia agrícola, excepto, tal vez, Bengala. En Agra, des-

---

[175] D. D. Kosambi, «Introduction», en *Essays in Honour of D. D. Kosambi,* cit., p. 387. Kosambi emplea el término «feudalismo» para describir la sociedad de este periodo. Irfan Habib niega su validez con posterioridad a 1200 d.C., dada la ausencia de servidumbre y de una auténtica clase de terratenientes, con el cambio por dinero de la inmensa mayor parte de los excedentes a fin de pagar los impuestos. Véase I. Habib, art. cit., p. 46.

[176] I. Habib, *op. cit.,* p. 320.

[177] Citado en *ibid,* p. 321.

[178] *Ibid,* p. 328.

[179] Aurangzeb depuso a su padre y lo encerró en una torre del fuerte de Agra desde la que podía contemplar su magnífico (y demencial) monumento, el Taj Mahal.

pués de 1712 «sólo se hablaba de la actual situación desierta de la ciudad y de la gloria anteriormente vivida en ella»[180].

Al principio, pocos campesinos se atrevieron a desafiar el poder mogol. «El pueblo aguantaba pacientemente y declaraba que no deseaba nada mejor», contó un viajero europeo en la década de 1620[181]. En esta época el descontento encontró expresión en el ascenso de nuevas sectas religiosas. Estas empleaban dialectos vernáculos en lugar del sánscrito, una lengua muerta, y sus profetas y predicadores procedían en su mayoría de las clases inferiores: incluidos un tejedor, un cardador de algodón, un esclavo y el comerciante en granos Guru Nanak, fundador del sijismo[182]. Las sectas desafiaban la tradicional ideología religiosa basada en los brahmanes y defendían «un monoteísmo a rajatabla, el abandono de las formas rituales de adoración, la negación de las barreras de casta y las diferencias comunales»[183]. Pero también rehuían el lenguaje de la rebelión declarada. Lo que enseñaban era «la humildad y la resignación», no «la militancia o la lucha física»[184].

Esto cambió cuando la situación de sus seguidores empeoró: «Las sectas no siempre pudieron mantenerse dentro de su antiguo caparazón místico. [...] Inspiraron dos de las más fuertes revueltas contra los mogoles, la de los *satnam* y la de los sijs»[185]. A finales del reinado de Aurangzeb, «los insurgentes sijs medio aplastados» eran ya un problema en las zonas rurales de Lahore[186]. Hubo una revuelta de la casta campesina *jat* en la región entre Agra y Delhi (un escritor se jactó de que la represión de una revuelta comportó la matanza «de 10.000 de aquellas bestias de aspecto humano»)[187], una gran rebelión *sij* en 1709[188] y una revuelta de los marathas, «que fue la mayor fuerza responsable de la caída del imperio»[189].

La violencia de las rebeliones se nutría del rencor de los campesinos. Pero el liderazgo correspondía normalmente a los *zamindars* o a otras clases explo-

---

[180] Según un testigo contemporáneo, citado en H. K. Naqvi, *op. cit.,* p. 23.
[181] Citado en I. Habib, *op. cit.,* p. 330.
[182] Pueden verse detalles en *ibid.,* p. 333.
[183] *Ibid.*
[184] *Ibid.*
[185] *Ibid.*
[186] H. K. Naqvi, *op. cit.,* p. 18.
[187] Citado en I. Habib, *op. cit.,* p. 339.
[188] *Ibid.,* p. 344-345.
[189] *Ibid.,* p. 346.

tadoras locales molestas por el hecho de que la parte del león de los excedentes se la llevara la clase dirigente mogol. «Los levantamientos de los oprimidos» se fundieron con «la guerra entre dos clases opresoras»[190].

Los comerciantes y los artesanos no desempeñaron un papel decisivo en las revueltas. Se basaban en los mercados de objetos de lujo para los gobernantes mogoles y carecían de la red de mercados locales que, en algunas partes de Europa, permitieron a las clases urbanas influir sobre el campesinado. La antigua sociedad estaba en crisis, pero la «burguesía» no estaba preparada para desempeñar un papel independiente en la lucha por transformarla[191]. Esto dejó a los líderes *zamindars* manos libres para explotar la revuelta para sus propios fines… los cuales no podían hacer avanzar a la sociedad.

Como Irfan Habib concluye:

> Así fue como se destruyó el Imperio mogol. Con las fuerzas que se alinearon contra él no se creó ni se podía crear un nuevo orden… Las puertas quedaron abiertas para la rapiña ilimitada, la anarquía y la conquista desde el exterior. Pero el Imperio mogol había cavado su propia tumba[192].

El camino estaba abierto para que ejércitos de Europa occidental comenzaran a construir imperios propios, para lo cual contaron con el apoyo de sectores de la burguesía mercantil india.

---

[190] I. Habib, *op. cit.,* p. 333.

[191] Entre los historiadores de la India hay importantes discusiones sobre por qué la burguesía no se hizo valer. Algunos sostienen que, sencillamente, era demasiado débil debido al estancamiento económico. Otros opinan que no luchó de manera independiente porque consideraba que la Compañía de las Indias Orientales era un instrumento para el logro de sus objetivos. Carezco de conocimientos suficientes para intervenir en esta controversia. De todos modos, no creo que altere la cuestión fundamental: que no consiguió actuar de manera independiente y que luego sufrió porque la Compañía de las Indias Orientales actuó según los objetivos marcados en Londres, no en la India.

[192] I. Habib, *op. cit.,* p. 351.

Cronología

Siglo XVIII

La agricultura y la industria chinas se recuperan durante medio siglo.

Las revueltas de los sijs y los marathas llevan al desmoronamiento del Imperio mogol en la India. Estancamiento económico en gran parte del este y el sur de Europa.

Pedro el Grande comienza la construcción de San Petersburgo (1703), intenta introducir en Rusia la ciencia y las técnicas europeas.

Unificación de Inglaterra y Escocia (1707).

Fracaso de los intentos de restauración de los Estuardo (1716). Revolución agrícola en Gran Bretaña, expansión de los cercados en casi todo el territorio.

La economía británica supera la de Francia y luego la de Holanda.

Voltaire publica su primera obra filosófica (1734), elogia el sistema inglés.

Bach desarrolla el contrapunto y la fuga en música.

Batalla de Culloden, derrota del último intento de restauración de los Estuardo en Gran Bretaña, sangrienta destrucción de los residuos de feudalismo en las Tierras Altas (1746).

Diderot comienza la publicación de la *Enciclopedia* para popularizar las ideas «ilustradas» (1751).

La Compañía Británica de las Indias Orientales asume el control de Bengala (1757).

Rousseau publica el *Discurso sobre el origen de la desigualdad* (1755) y *El contrato social* (1762).

Voltaire publica su novela satírica *Cándido* (1759), donde menosprecia el optimismo. Prohibición de la *Enciclopedia* (1759).

Ejecución de dos protestantes en Francia (1761 y 1766).

«Despotismo ilustrado»: los monarcas de Prusia, Rusia, Portugal y Austria tratan sin éxito de reformar el gobierno.

Crecimiento de Glasgow como una ciudad comercial e industrial importante.

«Ilustración escocesa» de David Hume, Adam Ferguson y Adam Smith.

Gran Bretaña derrota a Francia en la guerra por el control de los nuevos territorios coloniales (1763).

Apogeo del tráfico de esclavos, crecimiento de Bristol, Liverpool, Burdeos, Nantes.

En Norteamérica la población esclava llega a las 400.000 personas (sobre tres millones de habitantes) (1770). Arkwright funda la primera fábrica de hilado en Cromford, Derbyshire (1771).

Intentos de justificar «científicamente» el racismo: *Historia de Jamaica* de Long (1774).

Watt y Boulton construyen las primeras máquinas a vapor de aplicación general (1775).

La riqueza de las naciones, de Adam Smith, predica el orden basado en el «trabajo libre» y el «libre comercio» (1776).

Revuelta de las colonias norteamericanas contra el gobierno británico, *El sentido común* de Tom Paine populariza las ideas ilustradas entre las masas.

La Declaración de Independencia proclama que «todos los hombres son creados iguales» (pero guarda silencio sobre la cuestión de la esclavitud) (1776).

Henry Cart diseña una manera más avanzada de fundir el hierro utilizando carbón (1783). Inicios de la Revolución industrial en Gran Bretaña: el 40 por 100 de la población ya no vive de la tierra.

Mozart compone sinfonías y óperas, *Las bodas de Fígaro* (1786), *Don Giovanni* (1787).

I   Una época de paz social

En la mayor parte de Europa, el siglo y cuarto posterior a 1650 fue muy diferente del siglo y cuarto anterior. Las guerras religiosas, las insurrecciones campesinas, las guerras civiles y las revoluciones parecían cosa del pasado.

Hubo guerras encarnizadas entre potencias europeas, como la Guerra de Sucesión española a comienzos del siglo XVIII y la Guerra de los Siete Años a mediados. En países como Dinamarca, Suecia, Polonia y Portugal hubo también luchas en la cima de la sociedad a propósito de la división exacta del poder entre los reyes y los aristócratas. Incluso los partidarios de la dinastía de los Estuardo intentaron en 1690, 1715 y 1745 subvertir por medios militares el orden establecido en Gran Bretaña. Pero las pasiones que habían conmocionado tantas partes de Europa en el periodo anterior ahora sobrevivían sólo en sus márgenes. A cualquiera que contemplara el mundo a mediados de la década de 1750 le habría resultado fácil concluir que la era de la revolución pertenecía a un pasado muy remoto, a pesar de los absurdos y las barbaridades de la época, tan brillantemente descritos en la novela satírica de Voltaire *Cándido*.

Sin embargo, los principales rasgos del periodo eran producto de las sublevaciones revolucionarias anteriores. Aquel bastión de la contrarrevolución que había sido la dinastía de los Habsburgo era una sombra de sí mismo, que perdió la Corona de España en favor de una rama de los Borbones. Por contra, los dos estados en los que las fuerzas revolucionarias se habían impuesto, la República Holandesa e Inglaterra, eran cada vez más importantes: Holanda al quedarse con gran parte del antiguo imperio colonial portugués, e Inglaterra al desafiar esto luego.

A la segunda mitad del siglo XVII se le llama a veces la «Edad Dorada Holandesa». La agricultura floreció con la ganancia de tierras al mar y la adopción de nuevos tipos de plantas y métodos de cultivo[1]. La industria alcanzó una «cima de prosperidad» cuando «el Zaanstreek, un distrito de aguas mansas al norte de Ámsterdam», se convirtió en probablemente «la zona industrial más moderna [...] de toda Europa», con 128 molinos de viento industriales que permitían «la mecanización de muchas industrias, desde la fabricación de papel hasta el descascarillado del arroz»[2].

En los años que siguieron a la guerra civil, Inglaterra entró en una «revolución agrícola». La agricultura se comercializó cada vez más y nuevos cultivos se introdujeron ampliamente: de los nabos y las patatas al maíz. Hubo una expansión de la agricultura capitalista y una gran ola de *enclosures* o «cercamientos»: el vallado de los antiguos pastos comunes por los terratenientes y los agricultores capitalistas, lo cual obligó a los campesinos pobres a convertirse en trabajadores asalariados.

La producción industrial también creció: se calcula que en un 0,7 por 100 al año entre 1710 y 1760, un 1,3 por 100 entre 1760 y 1780, y un 2 por 100 entre 1780 y 1800. La proporción de los habitantes de las ciudades creció desde alrededor del 9 por 100 en 1650 hasta el 20 por 100 en 1800[3]. Al principio, en Escocia hubo una amplia oposición a la unificación de 1707 con Inglaterra, pero el resultado fue un crecimiento sustancial y sostenido de la industria y el comercio. Cuando 15 años después visitó Glasgow, Daniel Defoe pudo describirla como «una ciudad de negocios; esta es una ciudad con comercio exterior e interior [...] que crece y mejora en ambos»[4].

En el reino ahora unido, la innovación industrial comenzó a cobrar un impulso propio que sentó las bases para la Revolución industrial del último cuarto del siglo XVIII. En 1705 se desarrolló la primera máquina de vapor (aunque faltaban 60 años para que James Watt la hiciera lo bastante eficaz para funcionar en todas partes salvo en las minas). En las décadas que van

---

[1] Véase, por ejemplo, G. Rudé, *Europe in the Eighteenth Century,* Harvard, 1985, p. 23 [ed. cast.: *Europa en el siglo XVIII,* Madrid, Alianza, 1978, p. 43], y R. S. Duplessis, *Transitions to Capitalism in Early Modern Europe,* cit., p. 174 [ed. cast. cit.: p. 240].

[2] Véase, por ejemplo, G. Rudé, *op. cit.,* p. 23 [ed. cast. cit.: p. 43]; y R. S. Duplessis, *op. cit.,* p. 174 [ed. cast. cit.: p. 240].

[3] Cifras extraídas de R. S. Duplessis, *op. cit.,* pp. 242, 248 [ed. cast. cit.: pp. 329, 337].

[4] D. Defoe, *A Tour Through the Whole Island of Great Britain,* Londres, 1912, citado en G. Rudé, *op. cit.,* p. 58 [ed. cast. cit.: p. 82].

desde 1730 a 1770, sucesivos inventores consiguieron descomponer el trabajo de hilado en sus partes componentes y comenzar a mecanizarlas, con la hiladora multibobina de Hargreaves (1766), el torno hidráulico de Arkwright (1769) y la hiladora intermitente de Compton (1779)[5]. Además de esos grandes cambios, los hubo también menores y poco sistemáticos en muchas de las industrias más antiguas, sobre todo de base artesanal: la expansión de la máquina calcetera, el tejido de telas de la menos costosa «nueva pañería», la introducción de la lanzadera volante, que duplicó la productividad del telar, la utilización de un equipamiento más sofisticado en las minas de carbón más profundas (la producción de carbón pasó de las 500.000 toneladas en 1650 hasta los cinco millones de toneladas en 1750 y los 15 millones en 1800)[6].

En el nuevo clima de intensa competencia por el comercio exterior, la innovación técnica ya no era una ocurrencia azarosa, accidental, a la que costaba décadas o incluso siglos encontrar aceptación, sino un requisito del éxito.

Holanda y Gran Bretaña no eran sociedades industriales modernas. La mayoría de la población seguía viviendo en el campo, y la mala calidad de las calzadas seguía significando muchos días de viaje incómodo para desplazarse de las ciudades de provincias a las capitales. Tampoco había nada parecido a las democracias modernas. Los gobiernos británicos estaban dominados por los grandes aristócratas terratenientes, normalmente capaces de decidir el voto de la pequeña aristocracia y los burgueses en la Cámara de los Comunes, mientras que en Holanda los grandes comerciantes ejercían una influencia similar.

No obstante, ambos países eran cualitativamente diferentes de lo que habían sido un siglo, por no decir dos siglos, antes y cualitativamente diferentes de sus vecinos europeos. La sujeción legal del campesinado a los señores individuales había desaparecido por completo. Había auténticos mercados nacionales, sin el batiburrillo de estados de bolsillo por el que se caracterizaban Alemania e Italia, o la red de barreras aduaneras internas tendida sobre Francia. La cantidad de personas que tenían alguna experiencia de la vida urbana era enorme: a finales del siglo XVII, un sexto de la población inglesa había pasado al menos una temporada en Londres. Las industrias rurales absorbían el trabajo de muchas personas incluso en los distritos agrícolas, y los puertos

[5] Para una explicación resumida de estos inventos, véase D. Landes, *The Wealth and Poverty of Nations,* cit., pp. 187-191 [ed. cast. cit.: pp. 180-185].

[6] Cifras contenidas en R. S. Duplessis, *op. cit.,* pp. 88, 242 [ed. cast. cit.: pp. 121, 329].

marítimos y las flotas daban empleo a muchos miembros de las clases inferiores en ocupaciones dependientes del comercio, más que de la agricultura. Londres superó a París como la ciudad más grande de Europa, y aunque la mayor parte de la producción seguían realizándola artesanos individuales en sus propios hogares o talleres, su trabajo lo coordinaban cada vez más los comerciantes u otros artesanos más ricos. En el oeste de Inglaterra había empresarios «de la moda» que empleaban a 100, 400 o incluso a 1.000 tejedores y costureros, y con ingresos superiores a los de muchos miembros de la pequeña aristocracia[7].

Las grandes familias que dominaban los gobiernos trataban de adoptar políticas que mantuvieran contentos a los comerciantes, fabricantes y agricultores capitalistas «medios», así como a los grandes comerciantes. En la década de 1760 y comienzos de 1770, los burgueses de la *City* londinense hicieron una furiosa campaña contra los intereses de la gran aristocracia y de la pequeña aristocracia que controlaban el Parlamento y el gobierno, y su portavoz, John Wilkes, pasó una temporada en la cárcel; pero contaron con el respaldo de algunas de las grandes familias y acabaron por imponer su voluntad a los demás sin necesidad de medidas revolucionarias. Las batallas más importantes se suponía que ya las habían ganado con las grandes luchas ideológicas y políticas del siglo XVI y la primera mitad del XVII.

Las cosas eran diferentes en los países europeos en los que las insurrecciones revolucionarias se habían visto frustradas. Para la mayoría de ellos el siglo XVII constituyó un periodo de decadencia económica: de caída de la población, al ser mayor el número de fallecimientos que el de nacimientos, de contracción de las artesanías urbanas, de bajas inversiones en agricultura como consecuencia de que los señores y el Estado se repartían todos los excedentes y el campesinado vivía en una pobreza infinita (y en algunos lugares padeció la «segunda servidumbre»). En la Polonia, la Sicilia o la Castilla del siglo XVIII, el rendimiento agrícola total fue probablemente inferior al de dos siglos antes. En Bohemia una persona de cada diez murió como consecuencia de la hambruna de 1770-1772: ese fue el precio de la victoria contrarrevolucionaria.

Francia, el sudoeste de Alemania y el norte de Italia ocupaban posiciones «intermedias». No sufrieron la regresión económica que caracterizó a Castilla, el sur de Italia y el este de Europa. Pero su agricultura y su industria estaban por lo general más atrasadas que las de Inglaterra y Holanda. Las técni-

---

[7] J. de L. Mann, *The Cloth Industry in the West of England,* Oxford, 1971, pp. 23, 90-91.

cas agrícolas innovadoras y las relaciones capitalistas se expandieron por algunas regiones próximas a grandes ciudades. Sí se produjo algún incremento en la producción artesanal, e incluso, en unos pocos casos, se crearon empresas mineras e industriales mayores. Algunos puertos orientados al comercio atlántico crecieron considerablemente, en especial en la costa occidental de Francia. En la década de 1780, el 20 por 100 de la población francesa estaba empleado en la industria, sobre todo a pequeña escala, frente al 40 por 100 de Inglaterra. Partes importantes de Europa avanzaban en la misma dirección hacia el capitalismo industrial, pero a velocidades muy diferentes.

II

De la superstición a la ciencia

Las muy diversas suertes económicas que corrieron las diferentes partes de Europa iban en paralelo con las diferencias en cuanto a sus esfuerzos intelectuales.

El Renacimiento y la Reforma habían irrumpido en un mundo en todos los niveles penetrado por las creencias supersticiosas: creencias en reliquias religiosas y ensalmos sacerdotales, creencias en pociones mágicas y talismanes proporcionados por «pícaros», creencias en posesiones diabólicas y piadosos exorcismos, creencias en la capacidad de las «brujas» para proferir conjuros mortales y de los reyes para curar enfermedades mediante el tacto[8]. Tales creencias no se encontraban solamente entre las masas iletradas. Eran tan frecuentes entre los gobernantes como entre los campesinos. Los reyes coleccionaban reliquias sagradas. Hombres tan diferentes como Cristóbal Colón, Oliver Cromwell e Isaac Newton tomaron en serio profecías basadas en el Apocalipsis bíblico. Un Cortés o un Pizarro podían atribuir a la intervención divina la victoria en una batalla, y hubo un rey (Jacobo VI de Escocia, poco después Jacobo I de Inglaterra) que llegó a escribir un tratado sobre la brujería.

Tales creencias iban de la mano de la ignorancia sobre las causas reales de los males que afligían a las personas. Para la mayoría, la vida era corta. La muer-

---

[8] Keith Thomas da una explicación extensa pero muy accesible de todas estas creencias y de cómo encajaban con la experiencia que las personas tenían de la vida material. Véase K. Thomas, *Religion and the Decline of Magic,* Harmondsworth, 1978, y también C. Ginzburg, *Night Battles,* Baltimore, 1983.

te repentina era corriente y en demasiadas ocasiones inexplicable, dado el nivel de los conocimientos. La ignorancia de los médicos era tal, que tan probable era que sus remedios empeoraran la enfermedad como que la curaran. Una epidemia de peste o de viruela podía acabar con las vidas de un cuarto o más de la población de una ciudad. La mayoría de las personas podían tener por seguro que una o más veces a lo largo de una década la cosecha sería mala y se produciría una hambruna repentina. Un solo incendio podía reducir a cenizas toda una calle o, como en 1666 sucedió en Londres, una ciudad entera.

Para cualquiera de estos problemas, la única solución a largo plazo consistía en comenzar a comprender las causas naturales que se hallaban detrás de acontecimientos aparentemente antinaturales. Pero la ciencia no estaba todavía completamente separada de la superstición. El conocimiento de la forma de separar y fundir sustancias naturales (la química) se mezclaba con la creencia en la transmutación de los metales básicos en oro (la alquimia). El conocimiento de los movimientos de los planetas y las estrellas (la astronomía) –esencial para la elaboración de calendarios y la realización de viajes oceánicos– seguía vinculado a sistemas de creencias que pretendían predecir acontecimientos (la astrología). Un interés serio por las matemáticas podía seguir estando combinado con la fe en la magia de las secuencias numéricas. Y era posible rechazar la mayoría de estas confusiones, pero seguir creyendo que el conocimiento científico podía obtenerse simplemente a partir del estudio de los antiguos textos griegos, latinos y árabes.

Se produjo un círculo vicioso. Las creencias mágicas no podían disiparse sin el avance de la ciencia. Pero a la ciencia la frenaban los sistemas de creencias mágicas. Es más, la diferencia entre un conjunto de creencias científicas y un conjunto de creencias no científicas no era tan evidente como pudiera parecer hoy en día.

Tomemos la creencia en que los planetas, el Sol y las estrellas se movían alrededor de la Tierra. Esto se basaba en las opiniones de Aristóteles, corregidas tras su muerte por Ptolomeo[9]. Desde hacía tiempo existía una opinión diferente, según la cual la Tierra se movía alrededor del Sol. La habían desarrollado Heráclides de Ponto en el antiguo mundo grecorromano y Nicolás de Oresme y Nicolás de Cusa en el periodo medieval. Pero, por difícil que resul-

---

[9] Para una explicación muy accesible del desarrollo esbozado en este párrafo, véase I. B. Cohen, *The Birth of the New Physics,* Londres, 1961 [ed. cast.: *El nacimiento de la nueva física,* Madrid, Alianza, 1999].

te de creer hoy en día, durante un milenio y medio las mentes más instruidas y científicamente abiertas rechazaron la idea de que «la Tierra se mueve», pues contradecía otros indiscutibles principios aristotélicos sobre el movimiento de los objetos. La nueva explicación según la cual la Tierra y los planetas se mueven alrededor del Sol, presentada por el monje polaco Copérnico en 1543, no pudo salvar esta objeción. Distó de recibir una aceptación universal, ni siquiera entre quienes reconocían su utilidad para ciertos propósitos prácticos. Por ejemplo, Francis Bacon –cuyo hincapié en la necesidad de la observación empírica se reconoce como muy importante en el proceso de liberar a la ciencia de la superstición– rechazó el sistema copernicano porque «un maestro del moderno enfoque empírico no ve la necesidad de tan subversivas imaginaciones»[10]. El escepticismo se vio reforzado por las inexactitudes en que incurrió Copérnico al calcular los movimientos de los planetas. Este problema lo resolvió, medio siglo después, Kepler, que demostró que los cálculos funcionaban perfectamente si se pensaba a los planetas como moviéndose en órbitas elípticas en lugar de circulares. Pero, según nuestros criterios, las propias creencias de Kepler eran mágicas. Él creía que las distancias entre los planetas y entre estos y el Sol eran una expresión de las cualidades intrínsecas de las series numéricas, no de las fuerzas físicas. De la aristotélica había pasado a una concepción del mundo aún más antigua además de más mística, la platónica o incluso pitagórica, según la cual existían modelos universales que se aplicaban a diferentes sectores de la realidad. Tal creencia podía justificar tanto las predicciones astrológicas como los cálculos astronómicos, pues se creía que lo que ocurría en una parte de la realidad seguía el mismo modelo que lo que ocurría en otra parte. Kepler era muy propenso a hacer predicciones astrológicas. En 1618 predijo en Praga que «mayo no pasará sin grandes dificultades». La predicción resultó ser correcta, pues comenzó la Guerra de los Treinta Años… aunque difícilmente debido a los movimientos celestes.

Kepler no era en absoluto el único que creía en las influencias místicas de unos cuerpos sobre otros. Hasta bien entrada la segunda mitad del siglo XVII, el «neoplatonismo» siguió influyendo en la Universidad de Cambridge, donde había personas que creían que tratar a un cuchillo que había cortado a alguien podía ayudar a curar la herida, de la misma manera que un imán puede afectar a un trozo de hierro situado a cierta distancia[11].

---

[10] Citado en G. de Santillana, *The Age of Adventure,* Nueva York, 1956, p. 158.
[11] Véase K. Thomas, *op. cit.*

Galileo fue quien más contribuyó a la aceptación de la imagen copernicana del universo cuando en 1609, utilizando el recientemente inventado telescopio, descubrió cráteres y montañas en la Luna. Así demostró que esta no estaba hecha de una sustancia radicalmente diferente de la Tierra, como sostenía la explicación aristotélico-ptolemaica. También desarrolló los elementos de una nueva física que explicaba el movimiento de los cuerpos de una manera distinta a la de Aristóteles. Pero la suya no fue una ruptura completa[12]. Galileo aceptaba, por ejemplo, que el universo era finito, y rechazó que los planetas se movieran en elipses, como sostenía Kepler. Hasta tal punto era todavía prisionero de las viejas ideas. No tardó en ser también prisionero en otro sentido: procesado por la Inquisición, fue obligado a denunciar el sistema copernicano y se le mantuvo bajo arresto domiciliario hasta su muerte.

Las discusiones sobre física y astronomía se solaparon con las discusiones ideológicas generales del periodo. En 1543 Copérnico había sido capaz de publicar sus tesis sin temor a ser perseguido por la Iglesia católica, a la cual pertenecía. Es más, algunos de los ataques más duros de que fueron objeto sus opiniones los lanzó un discípulo de Lutero, Melanchthon, mientras que la reforma del calendario llevada a cabo por la Iglesia católica se apoyaba en cálculos basados en el modelo de Copérnico.

Pero las cosas cambiaron con la Contrarreforma. Sus partidarios se movilizaron en respaldo del modelo aristotélico tal como 250 años antes lo había aceptado el teólogo Tomás de Aquino para resolver las discusiones filosóficas del siglo XIII: un modelo entonces impuesto a los escépticos por la recién nacida Inquisición. Aristóteles (y Aquino) había enseñado que todo y toda persona tiene su «lugar natural» en el mundo. Los cuerpos celestes estaban ordenados según una jerarquía fija, y lo mismo sucedía en la Tierra. Esta concepción del mundo resultaba perfecta para los reyes y las clases que querían no sólo destruir la Reforma, sino obligar a las clases media y baja rebeldes a someterse al antiguo orden feudal. Desde tal perspectiva, la concepción copernicana del mundo era tan subversiva como las opiniones de Lutero o Calvino. En 1600 Giordano Bruno fue quemado en la hoguera por opinar que había un número infinito de mundos. En los estados católicos el clima ideológico era contrario a la investigación científica. Al enterarse del procesamiento de Galileo, el matemático y filósofo francés Descartes ocultó un descubrimiento que anticipaba

---

[12] Sobre las limitaciones de la explicación de Galileo –y sobre la problemática naturaleza de algunos de sus experimentos–, véase I. B. Cohen, *op. cit.,* pp. 91-129.

los descubrimientos posteriores de Newton[13]. No puede sorprender que el centro del avance científico se desplazara a la República Holandesa y a la Inglaterra posrevolucionaria... a Boyle, Hook, Huygens y, sobre todo, a Newton, cuyas nuevas leyes de la física resolvieron los problemas que habían acuciado las explicaciones del universo de Copérnico, Kepler y Galileo.

Esto no se debió a que los líderes protestantes fueran, en sí mismos, más ilustrados que sus homólogos católicos. Como señala Keith Thomas, la realidad de la brujería la defendían «teólogos de todas las confesiones»[14]. Pero la base popular del protestantismo la formaban grupos sociales –artesanos, pequeños comerciantes– que querían fomentar el conocimiento, siquiera fuera el conocimiento de la lectura y la escritura a fin de poder acceder a la Biblia. La expansión del protestantismo se acompañó de la expansión de los esfuerzos por hacer crecer los niveles de alfabetización y, una vez las personas sabían leer y escribir, ante ellas se abría todo un mundo de nuevas ideas. Es más, el mero hecho de que se desafiara la antigua ortodoxia abría las mentes de las personas a ulteriores desafíos. Donde con más claridad se puso esto de manifiesto fue durante la Revolución inglesa. Los presbiterianos que desafiaron a los obispos y al rey no pudieron hacerlo sin consentir en la supresión de la censura. Pero esto, asimismo, permitió que aquellos con otras opiniones religiosas se expresaran libremente. En medio de la cacofonía de las profecías religiosas y las interpretaciones bíblicas, por primera vez a las personas les resultaba posible expresar abiertamente dudas sobre todas ellas. Un soldado borracho del Nuevo Ejército Modelo pudo preguntar: «¿Por qué no habría de ser Dios esa olla de peltre que hay encima de la mesa?». El teórico político conservador Thomas Hobbes publicó una obra totalmente materialista, *Leviatán,* en la que se atacaba la idea de los milagros religiosos. En la liberal atmósfera que se respiraba en Oxford después de que el Nuevo Ejército Modelo se la arrebatara a los monárquicos, un grupo de científicos de ideas afines creó una sociedad para el avance científico.

En la época de la Restauración, Hobbes temió ser quemado en la hoguera por herejía. Pero lo que en realidad sucedió fue que recibió una pensión real

---

[13] I. B. Cohen, *op. cit.,* p. 158. Robert Muchenbled sostiene que la multiplicación de las persecuciones de brujas fue resultado de los intentos de imponer su control sobre la población rural por parte de los grupos que controlaban el Estado. Véase, por ejemplo, R. Muchenbled, *Sorcières, Justice et Société,* París, 1987, pp. 9-10.

[14] K. Thomas, *op. cit.,* p. 598.

y la sociedad se convirtió en la *Royal Society*. La ciencia comenzaba a identificarse con un aumento del control sobre el mundo natural que pagaba dividendos en forma de eficacia agrícola, industrial, comercial y militar.

Esto no significaba que la batalla contra la superstición estuviera ganada. En los países industriales avanzados eran muchísimas las personas que seguían teniendo fe en los astrólogos y los amuletos, tanto religiosos como «mágicos». Y esto es cierto no sólo de las personas supuestamente «incultas». «Líderes mundiales» como Ronald Reagan, Indira Gandhi y la ex primera ministra francesa Edith Cresson han consultado a astrólogos. En el siglo XVIII, la influencia de la magia fue incluso mayor.

Pero un cambio sí se produjo. El cazador de brujas Matthew Hopkins había sido capaz de promover 200 condenas por brujería en los tribunales de los condados orientales de Inglaterra a mediados de la década de 1640, en medio del caos de la inconclusa guerra civil[15]. Por contra, la ocupación de Escocia por el Nuevo Ejército Modelo puso temporalmente fin a los procesamientos por brujería[16], y en 1668 un observador pudo señalar: «La mayoría de la pequeña aristocracia más liberal y los más pequeños aspirantes a la filosofía y al ingenio se burlan por lo general de la creencia en las brujas»[17]. La última ejecución por brujería en Inglaterra tuvo lugar en 1685, aunque el delito permaneció en el código durante otros 50 años. Los cambios económicos, sociales y políticos del siglo anterior habían producido una modificación en la «mentalidad» general.

---

[15] Véase K. Thomas, *op. cit.*, pp. 533, 537.
[16] Según C. Hill, *The Century of Revolution*, cit., p. 250 [ed. cast. cit.: p. 277].
[17] Citado en K. Thomas, *op. cit.*, p. 692.

III   La Ilustración

El desafío intelectual más radical a las ideas recibidas desde el ascenso de la sociedad de clases se lanzó en los años siguientes a las revoluciones holandesa e inglesa. En las demás partes de Europa, los sectores intelectualmente más conscientes de las clases medias, e incluso altas, comenzaron a sentir que sus sociedades eran defectuosas y trataron de modificarlas mediante el cambio de ideas. Esto llevó a un ataque a los prejuicios y las supersticiones de mucho mayor alcance que los que se habían producido durante el Renacimiento y la Reforma. El resultado fue una corriente de ideas conocida como Ilustración.

Esta categoría comodín incluía a una serie de pensadores y escritores: científicos naturales, filósofos, escritores satíricos, economistas, historiadores, ensayistas, novelistas, teóricos políticos e incluso músicos como Mozart. No todos sostenían el mismo conjunto de ideas. Algunos tenían «opiniones diametralmente opuestas sobre temas de la máxima trascendencia»[18].

Lo que compartían era la creencia en el poder del entendimiento racional basado en el conocimiento empírico. Esto había de aplicarse al mundo, aunque implicara desafiar los mitos existentes y las creencias establecidas. Tal

---

[18] Esto puede llevar a diferentes explicaciones de lo que exactamente constituyó la Ilustración. Así, por ejemplo, Ernst Cassirer (en *The Philosophy of the Enlightenment,* Boston, 1955 [ed. cast.: *Filosofía de la Ilustración,* México, Fondo de Cultura Económica, 1984]) considera ilustrados a los filósofos racionalistas a partir de Descartes; por contra, George Rudé *(op. cit.)* ve la Ilustración como iniciada con la reacción, inspirada por Locke, contra estos filósofos.

enfoque representaba un desafío a muchas de las instituciones y a gran parte de la ideología de las sociedades europeas existentes.

Una influencia fue la de los filósofos Descartes en Francia, Spinoza en Holanda y Leibniz en el sudoeste de Alemania, los cuales estaban convencidos de que, a partir de unos cuantos principios irrefutables, podía deducirse una comprensión completa del mundo: una convicción que en el siglo XVIII se hizo más intensa cuando Newton consiguió establecer las leyes básicas de la física[19]. Estos filósofos «racionalistas» no eran necesariamente radicales políticos. De Leibniz se hizo sobre todo famosa la declaración de que el universo funcionaba según una armonía preestablecida, que «todo va de la mejor manera en el mejor de todos los mundos posibles»: una opinión brillantemente caricaturizada en el *Cándido* de Voltaire. Pero el enfoque racionalista llegó a convertirse en un arma casi revolucionaria en otras manos, pues implicaba que toda institución o práctica no deducible de los primeros principios debía ser rechazada.

Otra influencia fue la tradición bastante diferente iniciada por John Locke en Inglaterra. Este insistía en que el conocimiento procedía no de las «ideas innatas» de los racionalistas, sino de la observación empírica de lo que ya existía. En lo político, Locke era tan conservador como Leibniz. Reflejaba la actitud de los aristócratas terratenientes y comerciantes ingleses. Los objetivos de estos habían sido alcanzados una vez los reyes ingleses aceptaron gobernar con la mediación de un Parlamento de las clases superiores. Sin embargo, a medida que el siglo XVIII avanzaba, en Francia y Alemania se extraían conclusiones cada vez más radicales del enfoque empirista inglés. Así, en Francia Voltaire y Montesquieu eran grandes admiradores de Locke, de cuyos escritos extrajeron la conclusión de que los países de la Europa continental debían ser reformados según el modelo inglés. Una doctrina conservadora en Inglaterra podía ser subversiva al otro lado del Canal de la Mancha.

Los pensadores de la Ilustración no eran revolucionarios. Eran intelectuales disidentes que acudían a los miembros de las clases altas en busca de mecenazgo. Sus esperanzas las ponían no en el vuelco de la sociedad, sino en su reforma, la cual se lograría ganando la batalla de las ideas. Diderot no veía ninguna contradicción en visitar a la emperatriz rusa Catalina la Grande, ni Voltaire en colaborar con el rey prusiano Federico el Grande. Cuál era su

---

[19] Leibniz aceptaba las formulaciones matemáticas de Newton, pero rechazaba su modelo global del universo.

ambiente se comprueba considerando quiénes asistían regularmente a los «salones» que dos veces por semana organizaba la esposa de D'Holbach, donde pensadores como Diderot, Hume, Rousseau, el futuro líder estadounidense Benjamin Franklin y el químico radical Joseph Priestley se mezclaban con el embajador de Nápoles, Lord Shelbourne, el futuro ministro de la monarquía francesa Necker y el príncipe de Brunswick[20]. Voltaire insistía: «No es a los trabajadores a los que se debería educar, sino a los buenos burgueses, a los comerciantes». Incluso los enciclopedistas franceses, celosos propagandistas como eran del nuevo pensamiento, concentraban sus esfuerzos en libros fuera de las posibilidades financieras del grueso de la población (de las primeras ediciones de la *Enciclopedia* de Diderot y D'Alembert, en 17 volúmenes, sólo se vendieron 4.000 ejemplares), en los salones de aristócratas amigos o en la participación en sociedades masónicas cuyos secretos ritos semirreligiosos reunían a la elite «ilustrada» de las clases alta y media.

Hasta dónde estaban la mayoría de los pensadores de la Ilustración dispuestos a llevar, al menos en público, sus críticas de las instituciones e ideas vigentes también tenía sus límites. Así, Voltaire podía rugir contra la superstición de la religión (su consigna era *écrasez l'infâme* –«Aplastad a la infame»–) y someter a devastadoras críticas los relatos bíblicos de milagros, pero se disgustó mucho cuando D'Holbach publicó (bajo pseudónimo) una obra completamente atea, *El sistema de la naturaleza.* «Este libro ha hecho la filosofía execrable a los ojos del rey y de toda la corte», escribió[21]. En Inglaterra Gibbon pudo escribir una historia pionera, *Decadencia y caída del Imperio romano,* que era mordaz en sus ataques a la influencia de la Iglesia cristiana. Pero no pretendía debilitar la fe de las masas. El escocés David Hume no publicó en vida sus propios brutales ataques a la religión. Voltaire puso objeciones a lo que veía como actitud negativa de Rousseau en *El contrato social* hacia las instituciones sociales vigentes, mientras que Rousseau puso objeciones a la «negativa» actitud de Voltaire hacia la religión.

Pero, por reacios que fueran a adoptar una postura radical, los pensadores de la Ilustración desafiaron algunos de los puntales básicos de las sociedades en que vivían. Estas no estaban abiertas a una reforma fácil, y había poderosos intereses que consideraban cualquier cuestionamiento como profunda-

---

[20] Sobre los salones véase P. Naville, *D'Holbach et la Philosophie Scientifique au XVIIIe Siècle,* París, 1967, pp. 46-48.

[21] Citado en *ibid.,* pp. 118-119.

mente subversivo. Muchos de los pensadores sufrieron como consecuencia de ello. Voltaire fue apaleado por matones contratados por un aristócrata, cumplió una condena de cárcel en la Bastilla y luego se vio obligado a vivir lejos de París durante muchos años. Diderot estuvo encarcelado durante una temporada en la fortaleza de Vincennes, cerca de París. Rousseau pasó la última parte de su vida fuera del alcance de las autoridades francesas, al otro lado de la frontera suiza, y las obras de teatro de Beaumarchais (en cuyas *Bodas de Fígaro* se basó la ópera de Mozart) fueron prohibidas en varios países por sugerir que un criado podía frustrar las intenciones de su amo.

La Iglesia fue especialmente hostil ante cualquier cuestionamiento de las ideas establecidas. En el sur de Europa, la Contrarreforma aplastó brutalmente toda oposición hasta la segunda mitad del siglo XVIII. Entre 1700 y 1746, en España hubo 700 autos de fe (quemas de «herejes» vivos en la hoguera)[22]. En Francia los protestantes seguían pudiendo ser condenados a servir como esclavos en galeras, y en Toulouse en 1761 y en Abbéville en 1766 dos protestantes fueron quebrados en la rueda antes de ser ahorcados[23].

Al desafiar esas ideas, los pensadores planteaban cuestiones fundamentales sobre la forma en que estaba organizada la sociedad, aunque rehuían la formulación de respuestas completas. El *Cándido* de Voltaire sugería que ningún Estado de Europa podía satisfacer las necesidades de las personas. Rousseau iniciaba su *Contrato social* con la revolucionaria idea «El hombre nace libre, pero en todas partes está encadenado», aunque él mismo no parece haber tenido mucha fe en las masas. Los filósofos D'Holbach y Helvetius intentaron concienzudos análisis materialistas de la naturaleza y de la sociedad que rechazaban cualquier idea de Dios[24]. El naturalista Buffon propuso una teoría de las especies animales casi evolucionista (e insistió en la unidad de la especie humana, cuyas diferencias de «raza» atribuía a las condiciones climáticas)[25]. Los escoceses Adam Ferguson y Adam Smith consideraban que la sociedad humana progresaba a través de etapas de caza, pastoreo y agricultura, y con ello sentaron las bases para una comprensión materialista del desarrollo social. En conjunto, los intelectuales de la Ilustración fueron más lejos

---

[22] Según G. Rudé, *op. cit.,* p. 131 [ed. cast. cit.: p. 169].

[23] *Ibid.,* p. 132 [ed. cast. cit.: p. 170].

[24] P. Naville, *op. cit.,* p. 73.

[25] D. Outram, *The Enlightenment,* Cambridge, 1995, p. 75. Por contra, el naturalista sueco Lineo planteó una estricta división en cuatro razas basándose en el color.

que nadie hasta entonces en el intento de dar sentido a los seres humanos y sus instituciones.

Hay un sentido en el que sus ideas se hicieron «hegemónicas» por cuanto dominaron el debate intelectual en toda Europa y en todas partes pusieron a la defensiva a los defensores de otros puntos de vista. Les prestaron atención todos aquellos que, incluso estando en la misma cima, querían la clase de sociedad «moderna», económicamente boyante, que veían en Inglaterra, en cuanto opuesta a las sociedades «anticuadas», económicamente estancadas de la Europa continental.

En diversos momentos, los gobiernos de Austria, Rusia, Portugal y Polonia intentaron sacar adelante ciertas reformas asociadas con el pensamiento de la Ilustración (y por eso a veces los historiadores los llaman «déspotas ilustrados»). Entre 1759 y 1765, los gobernantes de Portugal, Francia, España, Nápoles y Parma expulsaron a los jesuitas y, bajo presión de los monarcas católicos, el papa disolvió la orden en Europa[26]. En Francia, Turgot, uno de los más destacados economistas «fisiócratas» de la Ilustración, se convirtió en ministro de Luis XVI en 1774. Pero en cada caso las reformas desde arriba acabaron por abandonarse. Incluso los monarcas «ilustrados» fueron incapaces de aplicarlas ante la resistencia de unas clases dirigentes cuya riqueza dependía de formas residuales de explotación feudal.

Diderot escribió en la *Enciclopedia* que el objetivo de esta pasaba por «cambiar la forma general de pensar»[27]. Los pensadores de la Ilustración sí desafiaron de manera sumamente exitosa las ideas de los intelectuales, incluidos los intelectuales de las clases dirigentes, y fue un desafío de mucho mayor alcance que el de la Reforma dos siglos antes. En la década de 1780, las obras de Voltaire y Rousseau «sí hablaban a un público enorme»[28], y versiones baratas (con frecuencia pirateadas) de la *Enciclopedia* vendieron muchos más ejemplares de lo que el propio Diderot nunca pensó. «Se extendió a través de la burguesía del *ancien régime*» y «una ideología progresista […] se infiltró en los segmentos más arcaicos y erosionados de la estructura social»[29]. Sin em-

---

[26] G. Rudé, *op. cit.,* pp. 135-136 [ed. cast. cit.: p. 174]. El motivo de las monarquías era asegurarse su propio control sobre las Iglesias nacionales. El efecto, sin embargo, fue el debilitamiento de una institución importante en la propagación de ideas reaccionarias.

[27] Citado en P. Gay, *The Enlightenment,* Nueva York, 1977, p. 71.

[28] R. Darnton, *The Business of the Enlightenment,* Harvard, 1979, p. 528 [ed. cast.: *El negocio de la Ilustración,* México, Fondo de Cultura Económica, 2006, p. 609].

[29] *Ibid.,* p. 526 [ed. cast. cit.: pp. 607-608].

bargo, los pensadores de la Ilustración fueron muy poco eficaces en el logro del objetivo de reformar la sociedad. Voltaire, al parecer, estaba desanimado cuando falleció en 1778[30]. Seis años más tarde, Kant señaló que, aunque «vivía en la época de la Ilustración […] la época misma no era ilustrada»[31].

Cambiar las ideas no era lo mismo que cambiar la sociedad. Conseguir eso requeriría de otro ciclo de revoluciones y guerras civiles.

---

[30] Según G. Rudé, *op. cit.*, p. 170 [ed. cast. cit.: p. 215].
[31] I. Kant, citado en *ibid.*, p. 171 [ed. cast. cit.: p. 215].

IV   La esclavitud y la esclavitud remunerada

Las ideas de la Ilustración no simplemente surgieron, de manera accidental, de las cabezas de ciertos pensadores. Al menos en parte, eran un reflejo de cambios que se estaban produciendo en las relaciones entre los seres humanos; cambios que donde más lejos habían ido era en Gran Bretaña y Holanda.

El principal cambio producido por la agitación de los siglos XVI y XVII fue que el intercambio a través del mercado desempeñaba un papel cada vez más dominante en la manera en que las personas obtenían su sustento. La Iglesia podía quemar a los herejes y los ejércitos de los Habsburgo saquear centros urbanos que se oponían a su gobierno. Pero los papas, emperadores, príncipes y señores necesitaban sin excepción dinero en efectivo para financiar sus esfuerzos; y esto significaba que, aunque lo que intentaban era preservar el antiguo orden, estaban contribuyendo a la expansión de las fuerzas mercantiles que acabarían por socavarlo.

Esto se demostró con toda claridad tras la conquista de las Américas. La plata procedente de las minas americanas fue clave para la financiación de los ejércitos que respaldaban la Contrarreforma. Pero la afluencia de esa plata formaba parte de una nueva red intercontinental de relaciones mercantiles. Gran parte de ella llegaba a través de intermediarios del noroeste de Europa y se gastaba en la compra de productos de lujo en China, las Indias Orientales y la India. Las nuevas rutas marítimas internacionales –de Manila a Acapulco, de Veracruz a Sevilla, de Ámsterdam a Batavia[32] y de Batavia a Can-

---

[32] Yakarta.

tón– estaban comenzando a anudar las vidas de personas que vivían en zonas muy distantes del globo.

Las relaciones mercantiles se basaban en el supuesto de que, por desigual que fuera la posición social de las personas, tenían un derecho igual a aceptar o rechazar una transacción particular. El comprador es tan libre para ofrecer cualquier precio como el vendedor para rechazar la oferta. El mandarín y el mercader, el barón y el burgués, el terrateniente y el enfiteuta tienen los mismos derechos a este respecto. A medida que el mercado se expande, los antiguos prejuicios basados en la dominación y la deferencia van cediendo el paso a los cálculos en términos de dinero en efectivo.

La Ilustración fue un reconocimiento en el reino de las ideas de este cambio que se estaba produciendo en la realidad. Su imagen de un mundo de hombres iguales (aunque unos cuantos pensadores de la Ilustración plantearon la cuestión de la extensión a las mujeres de la igualdad de derechos) era una abstracción de un mundo en el que las personas se suponía que eran igualmente capaces de acordar o no la compraventa de bienes de su propiedad. En el Estado «racional» esto podría tener lugar sin obstrucciones arbitrarias.

Sin embargo, en la imagen de la Ilustración tal como se aplicó en el siglo XVIII –y no sólo en las regiones «atrasadas» de Europa como Castilla, Sicilia o el este de Europa, sino en Gran Bretaña, el modelo para personas como Voltaire– había dos grandes agujeros. Uno era la esclavitud pura y dura en las Américas, y el otro la esclavitud remunerada de los desposeídos trabajadores a este lado del Atlántico.

V Esclavitud y racismo

Una cantidad creciente de la riqueza de la Europa del siglo XVIII procedía de una institución en los mismos antípodas de la igualdad de derechos entre compradores y vendedores: la esclavitud forzosa. En los cafés de Europa los filósofos podían hablar de la igualdad de derechos. Pero el café endulzado que tomaban lo producían personas que habían sido metidas a punta de pistola en barcos en el oeste de África, trasladadas a la otra orilla del Atlántico en condiciones atroces (más de una de cada diez moría en la travesía), vendidas en subastas y luego obligadas a latigazos a trabajar en jornadas de 15, 16 o 18 horas hasta el día de su muerte.

Unos 12 millones de personas sufrieron este destino[33]. Un millón y medio murieron en el camino. La tasa de mortalidad en las plantaciones era espantosa, pues para los plantadores era provechoso hacer trabajar a alguien hasta la muerte y luego comprar un sustituto. En el siglo XVIII se llevó 1,6 millones de esclavos a las Antillas británicas, en el Caribe, pero al final de ese siglo la población esclava era de 600.000 personas. En Norteamérica la situación (un clima más templado y un mayor acceso a comida fresca) permitió una expansión más rápida de la población esclava a través de los nacimientos, así como de las importaciones, de modo que creció de las 500.000 personas a comienzos del siglo a los tres millones a su término y a los seis millones en la década

---

[33] Este es el cálculo de Robin Blackburn en *The Making of New World Slavery,* Londres, 1997, p. 3. Hay otros cálculos un poco menores o mayores. Para un estudio por extenso de las cifras, véase P. Manning, *Slavery and African Life,* Cambridge, 1990, p. 104.

de 1860. Pero la tasa de mortalidad seguía siendo muy superior a la de los no esclavos. Como Patrick Manning señala, «en 1820, unos 10 millones de africanos habían emigrado al Nuevo Mundo, frente a dos millones de europeos. Los 12 millones de habitantes blancos del Nuevo Mundo constituían aproximadamente el doble de la población negra»[34].

Por supuesto, la esclavitud no se inventó en los siglos XVII y XVIII. A lo largo de la Edad Media, en diferentes partes de Europa y Oriente Próximo había persistido en pequeñas cantidades: como una vía de dotar las tripulaciones de las galeras de los estados mediterráneos, por ejemplo. Pero, en una época en que la principal forma de explotación era la servidumbre, constituía un fenómeno marginal, y la esclavitud que sí existía no se asociaba con los negros más que con cualquier otro grupo. Los blancos podían ser esclavos en las galeras, y la palabra «esclavo» deriva de «eslavo». Como Patrick Manning escribe, «en 1500 los africanos o las personas de ascendencia africana eran una clara minoría en la población esclava mundial; pero en 1700 eran mayoría»[35].

El cambio comenzó con la conquista española de las Américas. Cristóbal Colón envió a algunos arawaks para ser vendidos como esclavos en Sevilla, y en el Caribe hubo intentos de emplear a los indios americanos como esclavos. Pero esos esfuerzos no tuvieron mucho éxito. La población india se redujo hasta en un 90 por 100 como resultado del bárbaro tratamiento y las epidemias, de modo que a los conquistadores españoles les pareció más lucrativo la exacción de tributos y el trabajo forzoso que el recurso a la esclavitud propiamente dicha, y la Corona española –preocupada ante la tesitura de que la población india se extinguiera y la dejara sin mano de obra para trabajar la tierra– atendió las críticas a la esclavización de los indios formuladas por unos sacerdotes que consideraban prioritaria la conversión de los indios al cristianismo.

La Corona y los colonizadores recurrieron cada vez más a otra fuente de mano de obra: la compra de esclavos en la costa occidental de África. Cortés comenzó a explotar una plantación labrada por esclavos africanos, e incluso el padre Las Casas, el crítico más famoso del trato dado por los españoles a los indios, recomendó la esclavización de los africanos (aunque más tarde se arrepintió de haber dado tal consejo).

---

[34] P. Manning, *op. cit.*, p. 35.
[35] *Ibid.*, p. 30.

La esclavitud a gran escala se dio cuando Portugal, Holanda, Inglaterra y Francia iniciaron el cultivo comercial del tabaco y el azúcar en sus colonias. Estos cultivos requerían una enorme fuerza laboral, y los inmigrantes europeos no estaban dispuestos a suministrarla.

Al principio, los dueños de las plantaciones utilizaron una forma de trabajo no libre procedente de Europa. A cambio de la travesía del Atlántico, se contrataban «siervos por deudas» –es decir, personas que con su servidumbre pagaban una deuda– para que trabajaran gratis durante tres, cinco o siete años. A algunos los raptaban los «espíritus», que era como en Gran Bretaña se conocía a los agentes de los contratistas[36]. Otros eran presidiarios o prisioneros de las guerras civiles y religiosas europeas. En 1638, en las plantaciones de azúcar de las Barbados trabajaban 2.000 siervos temporales por deudas (*indentured servants*) y 200 esclavos africanos: a un coste de 12 libras esterlinas por cabeza los primeros, de 25 los segundos[37]. Puesto que ni el siervo ni el esclavo era probable que vivieran más de cuatro o cinco años, a los dueños de las plantaciones los siervos les parecían una «inversión mejor» que los esclavos.

Esto no les planteaba problemas morales ni a los comerciantes ni a los gobernantes. Después de todo, las tripulaciones de la Marina británica se formaban con «alistados forzosos»: pobres raptados en las calles, «confinados» en condiciones «no mucho mejores que las de los esclavos negros» antes de salir de puerto[38], y con unas tasas de mortalidad en el mar tan altas como las del «cargamento» humano de los barcos negreros a los que podían escoltar[39]. Una ley del Parlamento confirió a los capitanes la facultad de condenar a muerte por golpear a un oficial o incluso por dormirse en el puesto de guardia[40].

Pero los esclavos por deudas europeos no cubrían ni con mucho la mano de obra requerida por los dueños de las plantaciones cuando el mercado del tabaco y del azúcar creció, lo cual les llevó a recurrir cada vez más a África.

---

[36] Véase A. Calder, *Revolutionary Empire,* Nueva York, 1981, pp. 257-258; la novela de Robert Louis Stevenson, *Secuestrado,* comienza con un rapto de esa clase en la Escocia de mediados del siglo XVIII.

[37] R. Blackburn, *op. cit.,* p. 230.

[38] A. Calder, *op. cit.,* p. 38.

[39] La novela de Barry Unsworth *Sacred Hunger* (Londres, 1992 [ed. cast.: *Hambre sagrada,* Barcelona, Salamandra, 1995]) hace sentir muy bien lo que esclavos y marineros tenían en común.

[40] A. Calder, *op. cit.,* p. 289.

En 1653, en las Barbados había 20.000 esclavos frente a 8.000 siervos por deudas[41]. En las colonias del sur de Norteamérica, en 1700 había 22.400 negros; 409.500 en 1770.

Al principio, los dueños de las plantaciones trataban de manera muy parecida a los siervos por deudas blancos y a los esclavos africanos. En Virginia los siervos que huían tenían que servir el doble de tiempo y se les marcaba la mejilla con la letra R si eran reincidentes. En las Barbados se dieron casos de amos que mataron a siervos suyos por estar demasiado enfermos para trabajar[42]. Siervos y esclavos trabajaban juntos, y al menos hubo un caso de matrimonio entre ellos en Virginia (algo que sería inconcebible durante los siguientes 300 años).

Siervos y esclavos que trabajaban juntos y socializaban juntos podían también defenderse juntos. Los casos de siervos y esclavos que se ayudaban entre sí a fugarse comenzaron a preocupar a los dueños de las plantaciones. Su inquietud aumentó con la «Rebelión de Bacon» vivida en Virginia en 1676, cuando los opositores al gobernador y los hacendados acaudalados ofrecieron la libertad a los siervos por deudas y esclavos que estuvieran dispuestos a ayudarles a hacerse con el control de la colonia. Los motivos de los rebeldes eran diversos: una de sus demandas era una guerra para arrebatarles más tierras a los indios[43]. Pero sus acciones pusieron de manifiesto cómo los blancos pobres y los africanos podían unirse contra los terratenientes. La respuesta de los terratenientes coloniales fue la imposición de medidas que dividieron a los dos grupos.

Como Robin Blackburn recoge en su historia de la esclavitud colonial, la Cámara de Ciudadanos de Virginia intentó reforzar la barrera racial entre los siervos ingleses y los esclavos africanos. En 1680 prescribió 30 latigazos en la espalda desnuda «si algún negro u otro esclavo se atreve a levantar la mano contra un cristiano». Una ley virginiana de 1691 legalizó «matar y destruir a aquellos negros, mulatos y otros esclavos» que «se ausentaran ilícitamente del servicio de sus amos o amas». También decretaba el destierro de la colonia para cualquier hombre o mujer blancos que se casaran con «un negro, mulato o indio»[44]. En otras palabras, los dueños de las plantaciones se dieron

---

[41] R. Blackburn, *op. cit.*, p. 231.

[42] Para más detalles, véase *ibid.*, pp. 240-241.

[43] Así, la explicación que da Blackburn de la rebelión (en *ibid.*, pp. 256-258) hace hincapié en la participación de los esclavos africanos, mientras que Calder (A. Calder, *op. cit.*, pp. 311-312) sólo se refiere a la dimensión antiindia y no menciona la participación de los esclavos.

[44] R. Blackburn, *op. cit.*, p. 264.

cuenta de que el odio mutuo entre blancos y negros distaba de ser automático y que, por el contrario, era probable que algunos blancos establecieran estrechas relaciones con los esclavos: las autoridades coloniales trataron de acabar con esto concediendo a los dueños de esclavos poder sobre la vida y la muerte. Fue entonces cuando se inició el desarrollo del racismo como ideología.

La preponderancia del racismo hoy en día lleva a pensar que este ha existido siempre, fruto de una aversión innata de las personas de un origen étnico hacia las de otro. La esclavitud se considera entonces como un producto colateral del racismo, en lugar de a la inversa.

Sin embargo, en los mundos antiguo y medieval el color de la piel no se tenía por más importante que, digamos, la altura, el color del pelo o el de los ojos. En las pinturas funerarias del antiguo Egipto se ven mezclas bastante aleatorias de figuras claras, morenas y negras. Muchas figuras importantes en la historia de Roma procedían del norte de África, incluido al menos un emperador; ningún texto se preocupa de mencionar si eran de piel clara u oscura. En los cuadros holandeses de comienzos del siglo XVI aparecen personas negras y blancas mezcladas libremente: como, por ejemplo, en el cuadro de Jordaens *Moisés y Séfora,* donde se muestra a la esposa de Moisés como negra[45].

En la Europa medieval fue frecuente una intensa hostilidad hacia los judíos. Pero esta era una hostilidad basada en la religión, pues los judíos constituían el único grupo no católico en una sociedad totalmente cristiana, no basada en características físicas o mentales que se tuvieran por inherentes. Sus perseguidores los dejaban en paz si sacrificaban sus creencias religiosas. Se trataba de un irracional odio religioso, no de un irracional racismo biológico. Este sólo derivó de la trata de esclavos.

Los primeros traficantes y dueños de esclavos no se basaban en las diferencias raciales para excusar sus acciones. Por el contrario, recurrieron a textos griegos y romanos antiguos que justificaban la esclavización de aquellos capturados en la guerra, o al menos en «guerras justas». Dado que los dueños habían adquirido a sus esclavos por medios legítimos, los esclavos eran propiedad privada y se podía disponer de ellos como se quisiera. Así fue como John Locke, el filósofo escocés tan admirado por Voltaire, pudo justificar la esclavitud en la década de 1690 –y, a través de las acciones de la Royal Africa

---

[45] En R. Blackburn, *op. cit.,* p. 32, hay una reproducción en blanco y negro de dicho cuadro.

Company que poseía, beneficiarse de la trata de esclavos[46]–, pero rechazar la idea de que los africanos fueran intrínsecamente diferentes de los europeos[47].

Pero a mediados del siglo XVIII las antiguas discusiones no encajaban bien con la escala de la economía atlántica basada en los esclavos. Sostener que todos los esclavos eran prisioneros hechos en «guerras justas» resultaba difícil. Se sabía que habían sido comprados a comerciantes en África o que eran hijos de esclavos[48]. Y los tratantes y dueños de esclavos siempre andaban necesitados de argumentos para aquellos blancos, la inmensa mayoría, que no poseían esclavos. En las colonias los pequeños campesinos estaban en muchas ocasiones descontentos por la manera en que los dueños de esclavos se llevaban las mejores tierras y, utilizando esclavos a bajo coste, vendían sus productos a precios más bajos que ellos. En puertos como Londres, los esclavos fugados solían encontrar refugio en los barrios bajos. Los tratantes y dueños de esclavos necesitaban una manera de hacer que la gente despreciara a los esclavos, desconfiara de ellos y les tuviera miedo. La doctrina de los «prisioneros de guerra» no bastaba para esto. Por contra, la idea de que los descendientes de africanos eran innatamente inferiores a las personas de ascendencia europea se ajustaba perfectamente a las necesidades de los comerciantes y de los dueños de plantaciones.

Los partidarios cristianos de la esclavitud afirmaban haber encontrado una justificación en las referencias que en la Biblia se hacen al destino de los descendientes de uno de los hijos de Noé, Cam. Pero también se intentaron justificaciones supuestamente «científicas», que apelaban al «salvajismo infrahumano» de los africanos: por ejemplo, en la *Historia de Jamaica* de John Long, publicada en 1774. Fueron argumentos de esta clase los que permitieron a algunos pensadores influidos por la Ilustración continuar defendiendo la esclavitud[49]. Podían proclamar que «todos los hombres son creados iguales», y añadir que los no blancos no eran hombres.

---

[46] Véase R. Blackburn, *op. cit.,* pp. 254-255, pp. 264-265.

[47] J. Locke, *An Essay Concerning Human Understanding,* Oxford, 1975, pp. 606-607 [ed. cast.: *Ensayo sobre el entendimiento humano,* vol. II, Madrid, Editora Nacional, 1980, pp. 902-903], citado en R. Blackburn, *op. cit.,* p. 329.

[48] Este, por ejemplo, fue el argumento defendido por Francis Moore, un antiguo agente de la Royal Africa Company en Gambia, en una obra publicada en 1738. Véase A. Calder, *op. cit.,* p. 454.

[49] Muchas de las figuras más famosas de la Ilustración, como Adam Smith, Condorcet y Benjamin Franklin, se opusieron a la esclavitud, si bien algunos, como Hume, aceptaban la idea de una innata inferioridad mental de los africanos.

El racismo no surgió como una ideología completamente formada de una vez para siempre. Se desarrolló a lo largo de unos tres siglos. Así, por ejemplo, al principio la actitud hacia los habitantes nativos de Norteamérica tendía a ser que diferían de los europeos debido a las diferentes condiciones de vida que tenían que afrontar. Es más, un problema que los gobernadores de Jamestown (Virginia) tuvieron que afrontar fue el hecho de que la vida india resultaba muy atractiva para los colonos blancos, al punto de que «prescribieron la pena de muerte para quienes se marcharan a vivir con los indios»[50]. La preferencia de «miles de europeos» por «la manera india de vivir» se reflejó en la positiva visión del «estado de naturaleza» presentado por escritos tan influyentes como los de Rousseau[51]. Aún a mediados del siglo XVIII, «las exageraciones más tarde provocadas por el término "pieles rojas" no se encuentran. [...] El color de la piel no se consideraba un rasgo de particular importancia»[52]. A finales del siglo XVIII, las cosas cambiaron como consecuencia de los choques cada vez más frecuentes de los colonos europeos con la población india a propósito de la propiedad y el uso de la tierra. A los indios se los describía cada vez más como «monstruos sedientos de sangre», y «cada vez más se los llamaba paganos leonados, filisteos morenos, alimañas cobrizas y, a finales del siglo XVIII, pieles rojas»[53]. El racismo se desarrolló a partir de una defensa de la esclavización de africanos, hasta convertirse en un auténtico sistema de creencias en el que todos los pueblos de la tierra podían encajar como «blancos», «negros», «morenos», «rojos» y «amarillos»... a pesar de que muchos europeos tienen la piel roja o rosácea, muchos africanos son morenos, muchas personas del sur de Asia son tan rubias como muchas europeas, y los nativos americanos, desde luego, no tienen la piel tan roja, como tampoco la tienen amarilla ni los chinos ni los japoneses.

Hace más de sesenta años, el marxista C. L. R. James y el nacionalista caribeño Eric Williams llamaron la atención sobre la importancia de la esclavitud tanto para la creación del racismo como para el desarrollo de las economías de Europa occidental. Con ello se sumaban a un argumento formulado por Karl Marx sobre la vinculación entre la esclavitud pura y dura en el Nuevo Mundo y la esclavitud remunerada en el Viejo.

---

[50] W. E. Washburn y B. Trigger, «Native Peoples in Euro-American Historiography», en W. E. Washburn y B. Trigger (eds.), *Cambridge History of Native Peoples of the Americas,* vol. I, 1.ª parte, Cambridge, 1996, p. 74.

[51] W. E. Washburn y B. Trigger, art. cit., p. 75.

[52] *Ibid.,* p. 79.

[53] *Ibid.,* p. 80.

Desde entonces su argumento ha recibido numerosos ataques. Después de todo, dicen los críticos, muchos de los beneficios de la esclavitud no se invirtieron en la industria, sino que se gastaron en mansiones de lujo en las que los comerciantes y los propietarios absentistas de plantaciones podían remedar los estilos de vida de la antigua aristocracia; y todas las ganancias obtenidas por las economías del noroeste de Europa las engulleron las costosas guerras por el control del comercio colonial basado en los esclavos[54]. Como dice un manual de historia de la economía de los años sesenta:

> Los beneficios del comercio exterior no constituyen una contribución significativa al ahorro destinado a inversiones industriales. [...] Los intentos de medir los beneficios de la esclavitud han producido valores bastante insignificantes en relación con el comercio total y los flujos de inversión[55].

Pero esto es pasar por alto los auténticos efectos reales de la producción basada en la esclavitud sobre la vida económica de Europa occidental, y especialmente de Gran Bretaña, en el siglo XVIII. Lo que se suele llamar el «comercio triangular» dio salida a sus florecientes industrias artesanales y de contratación externa. En la costa africana había comerciantes que compraban esclavos pagados con objetos de hierro, armas de fuego y productos textiles procedentes de Europa; los esclavos se transportaban en condiciones atroces (financieramente resultaba más lucrativo permitir la muerte del 10 por 100 que crear condiciones en las que todos sobrevivieran a la travesía), para ser vendidos en las Américas; y el dinero obtenido se empleaba para pagar tabaco, azúcar –y más tarde algodón en bruto– para su venta en Europa[56].

Las plantaciones de azúcar requerían un equipamiento relativamente avanzado para la molienda de la caña y el refinamiento del jugo, maquinaria que se compraba a fabricantes europeos. El comercio fomentó las industrias de la navegación y de la construcción naval, que cada vez empleaban más mano de obra cualificada o sin cualificar. Algunos de los beneficios que afluían a través de los puertos comerciales de Liverpool, Bristol y Glasgow se invertían en

---

[54] P. Manning, *op. cit.,* p. 13. En E. Blackburn, *op. cit.,* cap. 12, se encuentra un útil resumen de los diferentes argumentos.

[55] P. Matthias, *The First Industrial Nation,* Londres, 1983, p. 168.

[56] El modelo de comercio era, por supuesto, más complicado. Pero estos son algunos de sus rasgos esenciales.

procesos industriales conectados con la producción colonial o financiaban nuevas vías de transporte (canales, calzadas de peaje) en el mercado interior británico.

La esclavitud no produjo el ascenso del capitalismo, sino que fue producida por este. La industria y la agricultura inglesas ya estaban demostrando un gran dinamismo a finales del siglo XVII, en una época en que la producción de las plantaciones en las Indias Orientales y Norteamérica sólo existía en embrión. La trata de esclavos fue consecuencia de este dinamismo. La demanda de productos coloniales existía precisamente debido a que el dinamismo de la economía británica llevó a la expansión del consumo de tabaco y azúcar, desde las clases superiores hasta las masas urbanas e incluso rurales. El saqueo de colonias y la esclavización de personas no podrían haber creado por sí solos semejante dinámica doméstica: las economías española y portuguesa se estancaron a pesar de sus imperios coloniales. La economía británica creció debido a que el progresivo empleo de trabajo libre en la metrópoli permitió una nueva forma de explotación de la mano de obra esclava en las Américas.

Fue también el dinamismo de una economía doméstica cada vez más basada en el trabajo asalariado lo que permitió a los esclavistas británicos (y, en menor medida, franceses) obtener sus cargamentos humanos en África. La mayoría de los esclavos eran comprados a las clases altas de los estados costeros africanos, pues los comerciantes de esclavos eran demasiado ignorantes del interior de África para simplemente raptar a millones de personas tierra adentro y transportarlas hasta la distante costa. Los que hacían esto eran mercaderes y gobernantes africanos, que a cambio recibían bienes de mejor calidad que los que podían obtener por otros medios. Pero los africanos no eran «salvajes ignorantes», a pesar de la mitología racista. Vivían en sociedades relativamente sofisticadas, con frecuencia alfabetizadas, de nivel comparable a la mayoría de las de la Europa tardomedieval. Solamente como consecuencia de los primeros avances del capitalismo había comenzado la economía británica a superar ese nivel. Así es como en el siglo XVIII fue posible una forma monstruosa de comercio que no podía haberse dado en tiempos de León el Africano (a comienzos del siglo XVI), cuando la mayoría de estados africanos y europeos occidentales estaban en un nivel similar de desarrollo económico.

La esclavitud de las plantaciones fue un producto del hecho de que Holanda e Inglaterra ya se habían embarcado en la expansión capitalista. Pero también retroalimentó al capitalismo, al que dio un poderoso impulso.

De manera que la esclavitud desempeñó un importante papel en la conformación del sistema mundial en que el capitalismo maduró. Contribuyó a dar a Inglaterra el ímpetu que necesitaba para absorber a Escocia (después de que el propio intento de la clase dirigente escocesa de establecer una colonia en Panamá, el proyecto Darién, fracasara) y comenzar, en la segunda mitad del siglo XVIII, a crear un nuevo imperio en Oriente a través de la conquista de Bengala por la Compañía de las Indias Orientales.

La otra causa del ascenso de la clase dirigente de Gran Bretaña fue el debilitamiento de gran parte de África. La trata de esclavos dio a los gobernantes y comerciantes de las regiones costeras acceso a bienes de consumo y armas relativamente avanzados sin tener que desarrollar sus propias industrias; es más, los bienes importados «debilitaron la industria africana»[57]. Un Estado exitoso era aquel que pudiera costearse la guerra contra otros y esclavizar a sus pueblos. Las clases dirigentes inclinadas hacia la paz sólo podían sobrevivir haciéndose militaristas. Cuando estados como Jólof, Benín y el Congo intentaron impedir que sus comerciantes suministraran esclavos se encontraron con que los gobernantes de otros estados estaban aumentando su riqueza y su poder permitiéndoselo[58], mientras que la perspectiva de las sociedades preclasistas era la destrucción, a menos que surgieran nuevas clases dirigentes. Los de la costa prosperaron saqueando a los del interior.

Algunos historiadores han sostenido que el crecimiento resultante de los «estados africanos centralizados» representaba una forma de «progreso». Pero este se acompañó de un debilitamiento subyacente de la base material de la sociedad. El crecimiento de la población se detuvo precisamente en la época en que en Europa y Norteamérica aumentaba[59]. En África occidental hubo incluso un descenso de población entre 1750 y 1850[60]. Esto, a su vez, dejó a los estados africanos mal equipados para resistirse a la invasión colonial europea de finales del siglo XIX. Mientras que Europa occidental avanzaba económicamente, África se rezagaba.

---

[57] P. Manning, *op. cit.*, p. 22.
[58] *Ibid.*, p. 34.
[59] *Ibid.*, p. 85.
[60] *Ibid.*, p. 23.

VI

La economía
del «trabajo libre»

En 1771, un antiguo barbero y peluquero, Richard Arkwright, abrió la primera hilandería hidráulica del mundo en Cromford, Derbyshire. Daba empleo a 600 trabajadores, la mayoría de ellos niños, que podían hacer el trabajo de 10 veces ese número de hilanderos manuales. En 1775, un fabricante escocés de instrumentos matemáticos, James Watt, aunó esfuerzos con el ingeniero de Birmingham Matthew Boulton para producir motores de vapor que pudieran mover máquinas, transportar enormes cargas y, finalmente, propulsar barcos y vehículos terrestres a velocidades hasta entonces impensadas. En 1783-1784, Henry Cot diseñó un método superior de «pudelación» para fundir hierro y un taller de laminado para procesarlo.

La integración de estos y otros inventos abrió el camino para el desarrollo de un modo totalmente nuevo de producción, basado en fábricas que empleaban el vapor como energía y a cientos o incluso miles de personas. A finales de siglo, sólo en la zona de Mánchester había 50 fábricas de esta clase. En el resto de Europa y al otro lado del Atlántico no tardó en haber empresarios intentando imitar los nuevos métodos. El mundo de los artesanos urbanos y del sistema de contratación externa en el campo estaba dando paso a la ciudad industrial.

Justo en el momento en que estos cambios estaban comenzando a desarrollarse, un profesor escocés formuló los que para él constituían los principios fundamentales del nuevo sistema económico. Hoy en día, a *La riqueza de las naciones,* de Adam Smith, se la suele considerar como la biblia del conservadurismo. Pero cuando apareció representó un desafío radical al orden dominante en Europa y a aquellos que seguían anhelando ese sistema en Gran Bretaña.

Smith pertenecía a la «Ilustración escocesa», un grupo de pensadores que incluía a Adam Ferguson y David Hume. Se habían horrorizado ante los intentos de los Estuardo de emplear las feudales Tierras Altas escocesas para reimponer la monarquía absolutista en Inglaterra, y estaban decididos a acabar con lo que ellos consideraban un antiguo orden basado en los prejuicios. Esto les llevó a una afinidad con la Ilustración europea más estrecha que la de la mayoría de pensadores ingleses de la época. Smith era un admirador de la *Enciclopedia* y simpatizante de Voltaire, D'Holbach, Helvetius y Rousseau[61]. *La riqueza de las naciones* formaba parte del intento ilustrado de limpiar el mundo de «irracionalidad» feudal.

Contraponía las formas modernas de crear bienes a fin de mejorar las vidas de las personas («la riqueza de las naciones») con las instituciones y métodos antiguos que impedían su aplicación: lo que caracterizaba a «los países opulentos de Europa» y lo que predominaba «antiguamente, durante la prevalencia del gobierno feudal»[62]. Comenzaba describiendo una moderna «manufactura» de alfileres en la que se producía un enorme incremento de la productividad laboral como consecuencia de una complicada división del trabajo por la que cada trabajador realizaba una sola pequeña tarea.

Smith puso patas arriba los puntos de vista tradicionales sobre el origen de la riqueza. A comienzos del periodo medieval, la riqueza se consideraba que estribaba en la tierra. A partir del siglo XVI las ideas «mercantilistas», que enfatizaban la acumulación de riqueza en forma de oro y plata, se hicieron cada vez más populares.

Smith desafió estas dos ideas e insistió en que el origen de la riqueza era el trabajo humano. «El trabajo anual de cada nación constituye el fondo que en principio la provee de todas las cosas necesarias y convenientes para la vida», escribió. «El trabajo es la auténtica medida del valor de cambio de todas las mercancías.[63]»

---

[61] Sobre las relaciones de Smith con la Ilustración europea, véase I. Simpson Ross, *The Life of Adam Smith,* Oxford, 1995.

[62] A. Smith, *The Wealth of Nations,* Harmondsworth, 1982, p. 433 [ed. cast.: *Investigación sobre la naturaleza y causas de la riqueza de las naciones,* México, Fondo de Cultura Económica, 1982, p. 302].

[63] *Ibid.,* pp. 104, 133 [ed. cast. cit.: pp. 3, 31].

El trabajo podía utilizarse de dos maneras: «productiva» o «improductivamente». El trabajo «productivo» contribuía a crear productos duraderos que se podían vender, bien para ser consumidos por los que se dedican a otro trabajo, bien como «capital» para ser empleado en la producción de más bienes. En uno y otro caso, su producción contribuía a aumentar la producción, con lo cual se hacía que «la riqueza» de «la nación» se expandiera.

El trabajo era «improductivo» cuando se consumía inmediatamente, sin contribuir a crear alguna nueva mercancía. Ese era el trabajo de los «criados» que atendían a las personas. Una vez realizado, su trabajo simplemente desaparecía. Un hombre se enriquecía empleando a muchos trabajadores productivos: «Se empobrece manteniendo a una multitud de criados». Igual de «improductivo», añadía Smith, era:

> [...] el trabajo de algunos de los órdenes más respetables de la sociedad. [...] El soberano, por ejemplo, con todos los ministros de Justicia y de Defensa bajo su mando, todo el ejército y la armada, son trabajadores improductivos. [...] Se les mantiene con la producción anual de las demás personas. [...] De la misma clase deben considerarse algunas de las profesiones más graves y más importantes, y algunas de las más frívolas: los clérigos, los abogados, los médicos, los hombres de letras, los actores, los bufones, los músicos[64].

En la Europa del siglo XVIII, los estados repartían una gran cantidad de sinecuras –puestos bien remunerados, que no implicaban auténticos deberes– que permitían a los parásitos de las cortes y los gobiernos vivir en un ocio lujoso. La doctrina de Smith arremetía contra estos. Constituía también un ataque contra los terratenientes que vivían de rentas sin invertir en la tierra. Demandaba que el incipiente sistema de mercado fuera liberado de las cargas que lo constreñían. Era un programa para la reforma en Gran Bretaña y que fácilmente podía interpretarse para la revolución en Europa.

Smith arguyó, además, contra cualesquiera intentos del Estado de controlar el comercio y conquistar otras tierras. Si se las dejara a su albedrío, las personas siempre intercambiarían los bienes producidos con su propio trabajo por una selección de los bienes mejores y más baratos producidos por el trabajo de otras personas, decía. Cada cual se concentraría en las tareas que

---

[64] A. Smith, *op. cit.*, pp. 430-431 [ed. cast. cit.: p. 300].

mejor se le dieran y trataría de realizarlas lo más eficazmente posible, y nadie tendría interés en producir cosas no deseadas por otros. El mercado coordinaría las actividades de las personas de la mejor manera posible.

Los intentos de los gobiernos de favorecer a sus propios productores sólo podían llevar a que las personas invirtieran más trabajo del necesario. Esos controles tal vez beneficiarían a ciertos grupos de intereses, pero Smith insistía en que reduciría la «riqueza nacional». El libre comercio era el único modo racional de proceder.

De modo análogo, defendía las virtudes del trabajo «libre». La esclavitud podía parecer una manera fácil de extraer beneficios. Pero, al impedir que los esclavos aplicaran su propia iniciativa a su trabajo, a la larga resultaba más costoso que el trabajo libre. «Un hombre que no pueda adquirir ninguna propiedad no puede tener otro interés que el de comer lo más que pueda y trabajar lo menos posible», sostenía Smith[65].

Lo que hacía era encomiar las virtudes de un sistema de mercado puro, contra las instituciones feudales y absolutistas de las que estaba emergiendo. Como Eric Roll explica, sus escritos «representaban los intereses de una sola clase. [...] Es indudable que su principal ataque se dirigía contra la posición privilegiada de quienes constituían los obstáculos más formidables para que el capitalismo industrial siguiera creciendo»[66].

La visión que del nuevo sistema tenía Smith era unilateral. El capitalismo británico no había dejado atrás al resto de Europa simplemente por la pacífica competencia mercantil. La esclavitud había provisto de algún capital. Las colonias habían abierto mercados. Los gastos del Estado habían sido elevados a lo largo de todo el siglo y habían propiciado un estímulo sin el cual no habrían surgido las nuevas, lucrativas y competitivas industrias. Las muletas de la colonización, de la esclavitud y del mercantilismo habían sido necesarias para el ascenso del capitalismo industrial, aunque este estaba comenzando a sentir que ya no necesitaba de ellas.

Los países sin un Estado capaz de proporcionar tales muletas sufrieron. Este fue, desde luego, el caso de Irlanda, cuyos capitalistas nativos fueron víctimas de las restricciones impuestas a su comercio por los parlamentos de Westminster. Así fue cada vez más en la India, pues los funcionarios de la

---

[65] A. Smith, *op. cit.,* p. 488 [ed. cast. cit.: p. 348].

[66] E. Roll, *History of Economic Thought,* Londres, 1962, p. 151 [ed. cast.: *Historia de las doctrinas económicas,* México, Fondo de Cultura Económica, 1974, p. 139].

Compañía de las Indias Orientales británica saquearon Bengala sin dar nada a cambio. Una vez el capitalismo británico hubo alcanzado una posición dominante, las clases capitalistas de otros lugares necesitaban del apoyo estatal para que sus nacientes industrias no se vieran estranguladas en el momento de su alumbramiento.

Adam Smith, que escribió cuando el capitalismo industrial se hallaba en su infancia, no pudo ver que los sistemas de puro mercado generan sus propias irracionalidades. El impulso de los productores a competir entre sí conduce, no a un ajuste automático de la oferta y la demanda, sino a enormes aumentos de la producción (los «periodos de prosperidad») seguidos por enormes caídas (las «depresiones») cuando los productores son presa del temor a no poder vender los productos de manera rentable. Tuvieron que pasar otros 45 años para que el sucesor más importante de Smith, David Ricardo, añadiera a sus *Principios de economía política* un capítulo en el que reconocía que la introducción de maquinaria podía empeorar las condiciones de los trabajadores. Para que Smith pudiera haber hecho esto habría tenido que adelantarse a su tiempo. Sin embargo, quienes quieren presentar los escritos de Smith como la última palabra sobre el capitalismo hoy en día no tienen la misma excusa.

Finalmente, en el razonamiento de Smith sobre el trabajo y el valor había una contradicción con implicaciones importantes. Como casi todos los pensadores de la Ilustración, Smith daba por supuesto que personas con cantidades desiguales de propiedad son iguales cuando se enfrentan en el mercado. Pero algunos de sus argumentos comenzaron a desmentir esto y a poner en cuestión el grado en que el trabajo «libre» es mucho más libre que el trabajo esclavo.

La afirmación de Smith según la cual el trabajo es la fuente de todo valor le llevó a la conclusión de que la renta y el beneficio son trabajo que el terrateniente o el dueño de la fábrica le quitan al productor inmediato.

> En cuanto la tierra se convierte en propiedad privada, el terrateniente exige una parte de casi todo el producto que el trabajador obtiene o colecta en ella. Su renta constituye la primera deducción que se hace del producto del trabajo empleado en la tierra… El producto de casi cualquier otro trabajo está sujeto a la misma deducción de un beneficio. En casi todas las artes y manufacturas, la mayor parte de los operarios necesitan de un patrón que les adelante los materiales de su trabajo, además de sus salarios y mantenimiento

hasta que esté completo. Él participa del producto del trabajo de ellos [...] y en esta participación consiste su beneficio[67].

No hay una armonía de intereses, sino un choque entre los intereses de los patronos y los intereses de los operarios:

> Los intereses de las dos partes no coinciden en absoluto. Los operarios desean sacar lo más posible, los patronos dar lo menos que puedan. Los primeros están dispuestos a concertarse para elevar los salarios, los segundos a fin de rebajarlos. No es difícil prever cuál de las dos partes, en circunstancias normales, tendrá sin excepción ventaja en la disputa y obligará a la otra a conformarse con sus términos. Los patronos, siendo menos en número, se pueden poner de acuerdo mucho más fácilmente; y las leyes, además, autorizan o al menos no prohíben sus asociaciones, mientras que prohíben las de los trabajadores. [...] En todas las disputas, el patrón puede aguantar mucho más tiempo. Normalmente, un terrateniente, un agricultor, un fabricante o un comerciante [...] podría vivir un año o dos de las reservas ya adquiridas. Muchos trabajadores no podrían subsistir una semana[68].

La lógica del argumento de Smith iba a llevar de una crítica de los parásitos improductivos del «feudalismo» hecha desde el punto de vista de los capitalistas industriales a una crítica de los capitalistas mismos, a los que veía como zánganos que vivían de unos beneficios generados por el trabajo de los operarios. Fue una lógica que, a través de los escritos de Ricardo (que atacó a los terratenientes desde el punto de vista del capitalismo industrial), se transmitió a los primeros economistas sociales de las décadas 1820 y 1830, y a Karl Marx. Las armas empleadas contra el antiguo orden por el mayor economista político de la Ilustración fueron las que luego se usaron contra el nuevo.

Smith estaba muy lejos de extraer semejantes conclusiones. Y no podía hacerlo debido a la combinación de su idea de que el valor provenía del trabajo con una idea opuesta, la de que el valor de una mercancía dependía de los «ingresos» que conjuntamente extraían de ella el terrateniente, el capitalista y el trabajador. Pese a la circularidad del argumento (los ingresos dependen del valor, pero el valor es la suma de los ingresos), esta fue la idea que,

---

[67] E. Roll, *op. cit.,* p. 151 [ed. cast. cit.: p. 139].

[68] A. Smith, *op. cit.,* p. 168 [ed. cast. cit.: p. 64].

adoptada por Malthus y el gran divulgador Jean-Baptiste Say, iba a convertirse en la ortodoxia de la economía oficial tras la muerte de Ricardo.

No obstante, Smith fue el primero en trazar las líneas maestras del nuevo sistema económico que estaba emergiendo. Fue una imagen que dio a los capitalistas británicos algunas ideas de adónde iban, y a los aspirantes a capitalistas de los demás países una cierta noción de lo que tenían que copiar. Se publicó justamente cuando un siglo y cuarto de relativa paz social estaba dando paso a una nueva era de insurrección revolucionaria. Sus ideas iban a dar forma a las actitudes de muchos de los actores clave en la nueva era.

Cronología

1773: «Motín del Té de Boston».

1775: Combates en Lexington y Bunker Hill.

1776: Declaración de Independencia de los Estados Unidos.

1781: Derrota británica en Yorktown.

Décadas de 1780-1830: Expansión del sistema de fábricas y de la minería en Gran Bretaña.

1789: Toma de la Bastilla, comienzo de la Revolución francesa.

1791: Revuelta de esclavos en Santo Domingo.

1792: Guerra revolucionaria en Francia, Batalla de Valmy, ejecución del rey.

1793-1794: Gobierno jacobino en Francia, fin de los derechos feudales, «Terror».

1794: Caída de los jacobinos, «Thermidor».

1793-1798: Los británicos se apoderan de Santo Domingo, siendo derrotados por un ejército de esclavos.

1797: Motines en la Marina británica.

1798: Levantamiento contra el gobierno británico en Irlanda, formación de la Orden de Orange para combatirlo.

1799: Las Leyes sobre Asociaciones prohíben los sindicatos en Gran Bretaña. Napoleón acapara todo el poder en Francia.

1801-1803: Napoleón trata de reimponer la esclavitud en Haití, encarcelamiento y muerte de Toussaint, Dessalines lleva al ejército de esclavos a la victoria.

1804: *Sinfonía «Heroica»* de Beethoven.

1805: Napoleón se convierte en emperador.

1807: *Fenomenología del espíritu* de Hegel.

1807: Gran Bretaña prohíbe la trata de esclavos.

1810: Primeros levantamientos contra el gobierno español en México y Venezuela.

1810-1816: Ataques de «luditas» contra máquinas en el norte de Inglaterra.

1814-1815: Napoleón, derrotado. Restauración de las antiguas monarquías. Waterloo.

1811-1818: Publicación de novelas de Jane Austen y Walter Scott.

1819: Masacre de «Peterloo» de manifestantes de la clase trabajadora.

1830: Una revolución en París sustituye a un monarca por otro.

Década de 1830: Novelas de Stendhal y Balzac.

1830: Primer tren de pasajeros del mundo.

1831: Faraday descubre la inducción eléctrica.

1832: La clase media inglesa conquista el derecho al voto.

1834: La Ley de Enmienda a las Leyes sobre los Pobres instaura los asilos en Gran Bretaña.

1838-1839: El movimiento cartista demanda el voto para los trabajadores.

1839-1842: Guerra del Opio contra China.

1842: Huelga general en Lancashire.

Décadas de 1840-1860: Novelas de Dickens, George Eliot, las Brontë.

Mediados de la década de 1840: Rebeldes de T'ai-p'ing se hacen con el control de casi la mitad de China.

1846-1849: Gran Hambruna en Irlanda.

1847: *Manifiesto Comunista.*

Primavera de 1848: Revoluciones en toda Europa, levantamiento fracasado en Irlanda, última gran manifestación cartista en Londres.

Junio de 1848: Aplastamiento del movimiento obrero por la burguesía francesa.

1848-1849: Restauración de antiguas monarquías en toda Europa.

Décadas de 1850 y 1860: Expansión de la industria en Alemania y Francia.

1843-1856: Los británicos completan la conquista del norte de la India.

1857: Amotinamiento indio.

1857-1860: Segunda Guerra del Opio, «concesiones» coloniales en ciudades chinas.

1859: *El origen de las especies* de Darwin.

1859-1871: Italia, unificada bajo la monarquía.

1861: Inicio de la Guerra Civil en los Estados Unidos. El zar pone fin a la servidumbre en Rusia.

1863: Lincoln declara el fin de la esclavitud.

1864: Los rebeldes de T'ai-p'ing, finalmente aplastados por tropas bajo mando británico.

1865: Derrota del Sur en los Estados Unidos.

1866: Nobel descubre la dinamita.

1867: La Revolución meiji pone fin desde arriba al gobierno feudal de los Tokugawa en Japón.

1867: Marx publica *El capital.*

1870: Guerra franco-prusiana. Caída de Luis Napoleón Bonaparte.

1871: Comuna de París, los trabajadores controlan la ciudad, luego el gobierno republicano ataca la ciudad, matando a miles de personas.

1871: Bismarck funda el Imperio alemán bajo la monarquía prusiana.

1873: Primera máquina eléctrica.

Mediados de la década de 1870: Las tropas se retiran de los estados sureños de los EEUU, instauración de leyes segregacionistas de «Jim Crow».

I Prólogo americano

La banda militar tocó la balada «El mundo vuelto patas arriba» cuando las fuerzas británicas partieron de Yorktown en 1781. Y así debió de parecerles a miles de *tories* leales al rey Jorge cuando salieron con las tropas. Todos los supuestos con los que habían crecido sobre el orden «natural» de la sociedad habían sido pisoteados por una rebelión victoriosa. Sin embargo, sólo ocho años antes el 99 por 100 de los rebeldes habían compartido esos supuestos.

Una de las figuras más famosas de la rebelión, el veterano publicista y político Benjamin Franklin, había escrito en la década de 1760: «Felices somos ahora bajo el mejor de los reyes»[1]. Los miles de americanos que leían sus artículos de prensa y almanaques estuvieron de acuerdo con él hasta 1774. En su colonia de origen, Pensilvania, «no había ninguna tradición revolucionaria consciente»[2]. A comienzos de 1776, el líder virginiano Thomas Jefferson seguía afirmando que los americanos no tenían ni «deseos [...] ni interés por separarse» de la monarquía[3].

¿Cómo pudo ser, pues, que en el verano de 1776 representantes de las 13 colonias reunidos en un «Congreso Continental» adoptaran la Declaración de Independencia redactada por el mismo Thomas Jefferson, con su afirmación de que «todos los hombres son creados iguales»? Aquella era una frase

---

[1] Véase E. Wright, *Benjamin Franklin and the American Revolution,* pp. 71, 90.

[2] R. A. Ryerson, *The Revolution Has Now Begun; the Radical Commitees in Philadelphia, 1765-76,* Pensilvania, 1978, pp. 3-4.

[3] E. Countryman, *The American Revolution,* Londres, 1986, p. 71.

abiertamente revolucionaria en una época en la que la deferencia hacia los reyes y aristócratas era casi universal en Europa.

Las colonias se habían fundado un siglo y medio antes, con el respaldo de la Corona británica. En cada una de ellas, la autoridad política última la ostentaba un gobernador nombrado en Londres. Pero el poder efectivo lo ejercían grupos diferentes en cada colonia: agricultores independientes en la Nueva Inglaterra rural y los comerciantes y artesanos en sus ciudades costeras; en el estado de Nueva York, grandes terratenientes rivales que trataban a sus enfiteutas de una manera casi feudal, y en la ciudad de Nueva York los comerciantes vinculados al comercio atlántico de Gran Bretaña; en Pensilvania, la familia Penn (que nombraba al gobernador) y un puñado de acaudaladas familias cuáqueras; y en Virginia y Carolina del Norte y del Sur, los dueños de plantaciones que poseían esclavos y que no reconocían ni voz ni voto a los blancos pobres. En el interior de las colonias hubo también fuertes choques sociales: entre los terratenientes y los enfiteutas que se levantaron en el valle del Hudson, en Nueva York, el año 1766; entre la elite de Filadelfia y los colonos del oeste en Pensilvania; entre los pequeños agricultores «reguladores» y los grandes hacendados en las Carolinas. Además, estaba el miedo continuo a las revueltas de esclavos contra los dueños de plantaciones en el sur, como la que en 1739 se produjo en Carolina del Sur. Tales conflictos de intereses habían echado por tierra un intento de instaurar la unidad entre las colonias a comienzos de la década de 1750.

En todas las colonias las personas pensaban en sí mismas como «británicos», no como «americanos». Después de todo, las colonias habían crecido y prosperado en la órbita de la economía «atlántica» de Gran Bretaña. Su población había aumentado constantemente hasta que, con tres millones de habitantes, constituía un tercio de la de Gran Bretaña. Sus comerciantes y terratenientes gozaban de considerables fortunas, y sus agricultores y artesanos se tenían por más acomodados que sus antepasados al otro lado del Atlántico. No parecía que nadie tuviera interés en cambiar la situación.

De una grieta a una sima

Sin embargo, el mismo hecho de la expansión económica estaba empujando a los comerciantes, terratenientes y fabricantes de cada lado del Atlántico a desarrollar diferentes conjuntos de intereses y, con estos, actitudes divergentes[4]. En Londres había un temor creciente a que las colonias pudieran adoptar políticas perjudiciales para los intereses comerciales británicos. Cada vez era mayor la sospecha en las colonias de que el gobierno británico estaba desatendiendo sus necesidades. Hasta mediados de la década de 1770, personas como Franklin, que actuaba como representante de varias de las colonias en Londres, consideraban estos temores y sospechas como malentendidos. Pero en ninguno de los dos lados carecían por completo de fundamento. Era inevitable que en algún momento se produjera un choque entre las colonias y Gran Bretaña.

El sistema mundial de mercado que estaba naciendo sí tenía, en contra de lo que Adam Smith y sus seguidores creían (y siguen creyendo hoy en día), un papel económico reservado para el Estado. Las redes comerciales se expandieron por todo el sistema, pero se concentraron en torno a ciertas ciudades donde los comerciantes, los financieros y los fabricantes no sólo compraban y vendían, sino que también se mezclaban socialmente y ejercían presión sobre las autoridades políticas. Sus intereses se veían favorecidos por el crecimiento de estados nacionales rivales, cada uno con una estructura política mucho más ceñida que la que había caracterizado al feudalismo, y con un idioma nacional propio. Era inconcebible que los capitalistas de Gran Bretaña no ejercieran presión sobre la *gentry* que gobernaba su Parlamento a fin de favorecer sus intereses; y era igualmente inconcebible que los capitalistas de las colonias americanas no respondieran con contramedidas políticas propias.

En economía tanto como en política, los acontecimientos particulares ponen en primer plano tendencias a mucho más largo plazo. Así ocurrió en las décadas de 1760 y 1770. La Guerra de los Siete Años (1756-1763) entre Gran Bretaña y Francia se había centrado sobre el control de las colonias, especialmente en Norteamérica, y del comercio que estas comportaban. Gran Bretaña derrotó a Francia en las Indias Occidentales, se hizo con el control de Bengala y conquistó Canadá, con lo cual sentó las bases de un imperio mundial. Pero la factura que tuvo que pagar fue enorme.

Para los ministros británicos era del todo lógico que los colonos americanos pagaran parte de los costes de la guerra. Después de todo, razonaron, las colonias se habían beneficiado enormemente de que se hubiera frustrado el

---

[4] Theodore Draper ha documentado esto por extenso en su *A Struggle for Power,* Londres, 1996.

plan francés para controlar el valle del Mississippi e impedir la expansión de las colonias hacia el oeste.

De manera que Gran Bretaña impuso una serie de impuestos a los colonos: en 1764 un impuesto sobre la melaza (azúcar sin refinar que se utilizaba para hacer ron), en 1765 un «timbrado fiscal» sobre una serie de transacciones, en 1767 una Ley de Acantonamiento que hacía que los colonos pagaran los costes de mantenimiento de las tropas británicas en América y un impuesto sobre las importaciones.

En cada caso se provocó un enorme descontento. Las personas andaban cortas de dinero en una época de depresión económica, y los impuestos amenazaban con perjudicar ciertas industrias. Francia ya no era una amenaza militar, y el gobierno británico quería que los ingresos extra sirvieran para bajarles los impuestos a los grandes terratenientes en Gran Bretaña. Sobre todo, los colonos estaban teniendo que pagar impuestos por políticas sobre las que no tenían voz ni voto.

En Gran Bretaña, argüían los colonos, la Cámara de los Comunes podía vetar cualquier propuesta gubernamental sobre las finanzas. Desde luego, las asambleas de las diferentes colonias deberían tener el mismo poder en las Américas. De lo contrario, se estaban pisoteando sus «libertades» fundamentales. El lenguaje de la protesta no era todavía revolucionario. La gente consideraba que estaba defendiendo sus «libertades» como «británicos». Pero aquello les llevó a unirse y movilizarse por primera vez contra Gran Bretaña.

La movilización se produjo en diferentes niveles de la sociedad. En la cima, delegados de las colonias se reunieron en un Congreso Continental y llamaron a un boicot del comercio con Gran Bretaña hasta que los impuestos se retiraran. Este enfoque hizo que cualquier acción dependiera del pequeño grupo de comerciantes que manejaban el comercio.

Pero hubo otras fuerzas que también se movilizaron. En 1765 y 1766, en todas las colonias surgieron grupos que se llamaban a sí mismos los «Hijos de la Libertad»[5]. No estaban formados por plantadores ricos, grandes terratenientes, ni siquiera comerciantes prósperos, sino por hombres que «ocupaban un lugar entre la elite y los auténticos plebeyos»: «Intelectuales disidentes, pequeños comerciantes intercoloniales y artesanos»[6]. Eran muy parecidos al «tipo medio» que había desempeñado un papel clave en el Nuevo Ejército

---

[5] E. Countryman, *The American Revolution,* cit., p. 97.
[6] *Ibid.,* pp. 98, 100.

Modelo de la Revolución inglesa. En las ciudades coloniales había una tradición de protesta popular y algaradas. Los Hijos de la Libertad, que actuaban casi como un partido político, orientaron esa «tradicional acción de la masa hacia la cuestión británica» y sirvieron «para generar una nueva conciencia política entre muchos americanos corrientes»[7].

Las acciones de la masa fueron más allá de un boicot comercial pasivo. En Boston la gente demolió un edificio destinado a oficina para la venta de timbres y atacaron la casa de un distribuidor de timbres[8]. En Nueva York echó abajo las casas de los considerados traidores y chocó con los soldados británicos acantonados en la ciudad[9]. La rabia contra los británicos se entremezclaba con el resentimiento contra la elite que hacía ostentación de su riqueza en una época de penuria general. Las masas atacaron un teatro frecuentado por esas personas. «El periódico más radical de Nueva York, el *New York Journal,* dramatizó la cuestión británica, pero también incluía artículo tras artículo que atacaban los males de las rentas elevadas, la subida de precios y la escasez de empleo[10].»

En todo movimiento de protesta la acción cambia las ideas de las personas, y el cambio en las ideas lleva a más acción. Esto fue lo que, desde luego, sucedió en Boston y Nueva York en la década de 1760. En Nueva York se erigieron «postes de la libertad» como protesta contra las acciones británicas. Cada vez que los soldados los destruían, se levantaban nuevos postes. Los intentos del gobierno británico de establecer una nueva estructura de recaudadores de impuestos simplemente reforzaron el sentimiento de las gentes de que eran víctimas de una imposición desde el exterior. En Boston los sentimientos se inflamaron en marzo de 1770, cuando las tropas dispararon sobre una muchedumbre que les había lanzado bolas de nieve, y mataron a cinco personas: la «Masacre de Boston».

El gobierno británico se retiró durante un tiempo, bajo la presión doméstica de muchos comerciantes de la *City* de Londres y los motines provocados en Londres por las muchedumbres que seguían a John Wilkes. Renunció a todos los nuevos impuestos salvo uno sobre el té, y la agitación en América decreció.

---

[7] E. Countryman, *The American Revolution,* cit., p. 100.

[8] *Ibid.,* p. 103.

[9] *Ibid.,* y E. Countryman, *A People in Revolution,* Baltimore, 1981, p. 30.

[10] E. Countryman, *The American Revolution,* cit., p. 103.

Sin embargo, aquel no podía ser el final de la cuestión. El descontento ante cualquier intento de imponer impuestos era mayor que nunca entre aquellos que habían sido víctimas de la represión en Boston y en otros lugares. En los círculos dirigentes británicos el temor a que las colonias estuvieran decididas a guiarse por sus propios intereses, sin tener en cuenta a Gran Bretaña, era también mayor que nunca. Si no se les daba una lección, la desobediencia se convertiría en un hábito imposible de erradicar y toda la gracia de tener colonias se perdería.

De las bolas de nieve a las balas de mosquete

Hay veces en la historia en las que una pequeña acción puede provocar una explosión, del mismo modo que un pinchazo puede reventar un globo. Esa pequeña acción se produjo en el puerto de Boston en noviembre de 1773. Un navío de la Compañía de las Indias Orientales estaba desembarcando un cargamento de té con el que los hijos del gobernador pretendían romper el boicot promovido contra el arancel vigente. Mientras miles de personas protestaban en tierra, cien activistas disfrazados de nativos americanos subieron al barco y tiraron el té por la borda.

Aquello horrorizó a respetables líderes de opinión en las colonias. Fue «un acto de injusta violencia», tronó Benjamin Franklin[11]. Pero encontró un fuerte eco entre aquellos ya contrarios al gobierno británico; y para ese gobierno fue el colmo. Como gobernador de Massachusetts se nombró al general Gage, que, llegado con el mandato de meter en vereda a la colonia, despachó tropas a Boston y aprobó la Ley de Intolerancia, que decretaba que los colonos que violaran la ley serían llevados a Gran Bretaña para que allí se les procesara.

La cuestión ya no eran los impuestos. De lo que se trataba era de si los habitantes de las colonias iban a tener voz en las leyes con que se les gobernaba: como Jefferson dijo, «si 160.000 electores en la isla de Gran Bretaña dictan las leyes para los cuatro millones de personas que vivimos en los estados de América»[12] (olvidando convenientemente que en su propia Virginia los esclavos negros y muchos blancos pobres no tenían voz ni voto), todas las colonias estaban amenazadas. Las recorrió una ola de indignación expresada

---

[11] Citado en E. Wright, *op. cit.,* p. 116.
[12] Citado en E. Countryman, *The American Revolution,* cit., pp. 70-71.

a través de comités. El boicot al té se expandió, y las 13 asambleas coloniales acordaron enviar delegados a otro Congreso Continental.

En su inmensa mayoría, los congresistas eran propietarios respetables. Habían progresado en el seno de las estructuras del Imperio británico y no tenían deseo alguno de derribarlas. De haber tenido elección, habrían preferido que las cosas siguieran como estaban. Pero esa opción no estaba abierta. Llamaron a un nuevo boicot comercial. Pero la severidad de las medidas adoptadas por el gobierno británico hacía imposible que tal boicot se dejara en manos de los comerciantes. Tenía que reforzarlo la organización de la resistencia masiva. En todo «condado, ciudad y pueblo», la gente tenía que elegir comités que entorpecieran la compra o consumo de productos ingleses[13].

Esto no constituía un problema para los plantadores de Virginia, que se unieron a Massachusetts en el apoyo del boicot. Controlaban todas las estructuras de la colonia sin contar con el gobernador. Podían imponer su voluntad sin grandes dificultades. Pero en otras partes había mil y un problemas.

En Massachusetts la opinión popular era casi unánime en contra de las medidas británicas. Pero en lugares como el condado de Worcester los jueces habían decidido aplicar las nuevas leyes. ¿Qué hacer? En Nueva York muchos de los comerciantes más ricos se beneficiaban del comercio imperial de Gran Bretaña y eran reacios a secundar el boicot, mientras que las poderosas familias terratenientes seguían las directrices del gobernador británico. Una vez más, ¿qué hacer? En Pensilvania gran parte de la elite de comerciantes cuáqueros mantuvo su «lealtad» a Gran Bretaña, desoyendo la llamada de los demás colonos. ¿Qué hacer en este caso?

El llamamiento a que los comités impusieran el boicot implicaba, lo reconociera o no el Congreso Continental, la sustitución revolucionaria de las antiguas instituciones por otras nuevas.

Clase y confrontación

En el condado de Worcester agricultores armados tuvieron que impedir el funcionamiento de los tribunales, aunque ello significara enfrentarse no a los funcionarios británicos, sino a jueces que aspiraban a desarrollar brillantes

---

[13] E. Countryman, *The American Revolution,* cit., p. 4.

carreras[14]. En la ciudad de Nueva York «la aplicación de las decisiones que llevaban a la independencia significaba deshacerse de […] las antiguas […] autoridades tanto como romper con el Parlamento y el rey». La energía para hacerlo «la aportó la "gente", tanto en las muchedumbres como en los comités revolucionarios». Fueron los «mecánicos» (artesanos), reunidos todas las semanas en sesión plenaria, los que presionaron para la creación de un comité «oficial», y luego para la sustitución de los miembros monárquicos de estos por «mecánicos, comerciantes y profesionales menores»[15]. En Filadelfia una reunión de 1.200 mecánicos propició que los miembros más jóvenes de la elite mercantil convocaran una reunión de varios miles de personas a fin de montar un comité.

El paso de un boicot «pacífico» a la guerra fue también consecuencia de la acción directa desde abajo. Después de que las tropas británicas abatieran a los milicianos que desfilaban en Lexington, Massachusetts, fue un artesano, Paul Revere, quien se dio una famosa carrera para avisar a los agricultores locales armados de que una columna de tropas británicas se dirigía a Concord, cerca de Boston, donde había armas ocultas. Fueron esos agricultores quienes lucharon contra los británicos en la Batalla de Lexington y luego descendieron a Boston para sitiar a la guarnición británica en Bunker Hill. En todos los casos, miembros de las clases media y baja tuvieron que apartar a un lado a las titubeantes personas de las clases superiores con conexiones con el aparato británico.

Como Edward Countryman subraya acertadamente en sus excelentes libros sobre la revolución, la lucha sólo avanzó porque el pueblo creó nuevas instituciones en oposición a las antiguas elites: «Entre 1774 y el verano de 1776, esos comités hicieron en Nueva York lo que organismos similares harían en París entre 1789 y 1792 y en Rusia en 1917»[16].

Esta agitación fue de capital importancia en los acontecimientos de 1776. En Nueva York los comerciantes ricos vinculados al comercio atlántico, los funcionarios dependientes del gobernador y algunos de los grandes terratenientes se mostraban sumamente contrarios a cualquier acción contra Gran Bretaña. En Filadelfia la mayoría de la Asamblea de Pensilvania se opuso ca-

---

[14] E. Countryman, *The American Revolution,* cit., pp. 113-114.

[15] E. Countryman, *A People in Revolution,* cit., pp. 102, 125-126.

[16] *Ibid.,* p. 102. Véase también su explicación de lo ocurrido en Massachusetts en E. Countryman, *The American Revolution,* cit., p. 118, así como la que, de lo sucedido en Filadelfia, ofrece R. A. Ryerson en *op. cit.*

tegóricamente a la independencia. La guerra contra Gran Bretaña no podía ganarse sin el apoyo de estas dos ciudades. Pero este apoyo sólo podía producirse como resultado de los desafíos a las antiguas elites económica y política. Nuevas personas más radicales, sobre todo procedentes del mundo de los artesanos o pequeños comerciantes, más que del de los ricos comerciantes o terratenientes, tenían que superar el control de los comités, los cuales, en cuanto que decidían lo que se podía importar y exportar, ejercían una enorme influencia sobre la vida de las ciudades.

Los panfletos como armas

Los aparatos políticos de la antigua clase alta no desaparecieron simplemente. Se basaban en los hábitos mentales que durante generaciones habían mantenido la deferencia hacia su gobierno y la atemperación de la resistencia a Gran Bretaña.

Para acabar con esos hábitos y esa deferencia se requería de agitación y propaganda de masas. La agitación de masas adoptó la forma de alegatos en favor del boicot, desfiles contra quienes no lo seguían, la quema de efigies de los gobernadores y los ministros británicos, y los saqueos de edificios. La propaganda pasaba por abordar y rebatir los argumentos empleados para apoyar las antiguas maneras de pensar. Sólo en 1776 aparecieron más de 400 panfletos, así como montones de periódicos y revistas. Pero el papel decisivo lo desempeñó un panfleto de 40 páginas escrito por un inmigrante inglés recién llegado, Tom Paine.

Paine había llegado a Filadelfia a comienzos de 1775 con una carta de recomendación de Benjamin Franklin. Era un producto típico del estrato «medio» de artesanos y pequeños comerciantes que estaban comenzando a desempeñar un papel capital en la vida política. En Inglaterra había sido cosas tan diversas como corsetero cualificado, marino, recaudador de impuestos y mesonero. Cuando, con cuarenta años de edad cumplidos, llegó a América, encontró empleo en una revista recién fundada que circulaba entre personas similares. Como su público, él era partidario entusiasta del boicot, pero todavía no un revolucionario. Más tarde escribió que «el apego a Gran Bretaña era pertinaz y en aquella época hablar en contra era traición»[17]. Los aconteci-

---

[17] Citado en J. Keane, *Tom Paine, a Political Life,* Londres, 1995.

mientos de 1775 –especialmente la creciente dureza de la represión británica– le hicieron cambiar de opinión, hasta que se pasó al bando que propugnaba una república independiente. Esto fue lo que propuso en su panfleto *El sentido común,* impreso a comienzos de 1776.

Aquel panfleto estaba escrito en un estilo popular, con el lenguaje del artesano y el comerciante, no de los dirigentes y miembros de la asamblea. Pero su objetivo no era simplemente la agitación. Su intención era aportar argumentos generales que justificaran las demandas de los agitadores. Y lo hacía asumiendo algunas de las ideas intelectuales que llevaban un siglo y cuarto circulando –ideas extraídas de Hobbes, Locke, Voltaire y, probablemente, Rousseau– y presentándolas de manera que las personas del común pudieran comprenderlas. Paine había asimilado algunas de las ideas de la Ilustración asistiendo a conferencias de divulgación científica y a clubes de debate en Inglaterra. Estas ideas ahora las tradujo al lenguaje de la calle y el taller, insistiendo en que «para la sociedad vale más un hombre honrado que todos los rufianes coronados que alguna vez vivieron». Menospreció el supuesto «derecho a gobernar» de Jorge III, derivado de la descendencia de un «bastardo francés» cabecilla de una cuadrilla de *banditti.*

El sentido común produjo un efecto increíble. Se vendieron unos 150.000 ejemplares. El político de Pensilvania Benjamin Rush contó más tarde cómo

> sus efectos sobre las mentes de los norteamericanos fueron repentinos y enormes. Lo leyeron hombres públicos, se repitió en los clubes, se comentó en las escuelas, e incluso hubo un caso en el que un clérigo lo repartió en lugar del sermón[18].

Aquel fue uno de esos momentos de la historia en los que de repente los argumentos hacen que la gente vea las cosas de manera diferente. En Pensilvania el movimiento radical cobró un nuevo ímpetu y se mostró dispuesto a la adopción de medidas revolucionarias.

Fueron muchos los comerciantes acaudalados y los grandes terratenientes que se mantuvieron leales a la monarquía y siguieron influyendo en sectores de la población no arrastrados a la lucha en los dos años anteriores. En una elección vital para el control de la asamblea obtuvieron tres de cada cuatro escaños, lo cual pareció condenar al fracaso cualquier plan para obtener el apoyo

---

[18] Citado en J. Keane, *op. cit.,* p. 125.

de Pensilvania a una declaración de independencia. Un respaldo sin el cual las cosas se ponían poco menos que imposibles para las otras colonias.

Los partidarios radicales de la independencia vieron que no les quedaba otra opción que la que durante la Revolución inglesa había adoptado el Nuevo Ejército Modelo y 150 años más tarde se volvería a adoptar en la Revolución rusa. Tenían que poner en marcha un movimiento activista ajeno a la asamblea, que derogara las decisiones tomadas por esta. Una reunión de 4.000 personas convocó una convención de delegados para decidir sobre el futuro de la colonia, y el llamamiento recibió el apoyo del Comité de Soldados, formado por representantes de la milicia de la colonia. La antigua asamblea se vio de repente desprovista de poder, sin una fuerza armada a su disposición. Su última sesión la celebró el 14 de junio, y el 18 de junio la convención popular se reunió para redactar la Constitución más radical hasta entonces conocida. Concedió el voto al 90 por 100 de la población masculina, pero se lo negó a todo aquel que no abjurara de la lealtad al rey. El camino estaba despejado para la Declaración de Independencia aprobada por el Congreso Continental unos días más tarde.

La fundación de los nuevos Estados Unidos sólo fue posible porque el sector de la población de Pensilvania favorable a la independencia tomó medidas «dictatoriales» contra los partidarios de la monarquía.

Guerra Civil dentro de la revolución

La Revolución americana se suele presentar como relativamente incruenta, consistente en un puñado de batallas campales entre dos ejércitos regulares. Pero, en realidad, tuvo componentes de «guerra civil» que la hicieron realmente muy sangrienta en algunos lugares. La zona del valle Tryon (Nueva York) la controlaba una poderosa familia terrateniente de credo monárquico, los Johnson, que se lanzó a reprimir toda oposición. «Según algunos cálculos, al final de la guerra se habían incendiado 700 edificios, abandonado 12.000 granjas, destruido cientos de miles de fanegas de cereales, dejado viudas a 400 esposas de rebeldes y huérfanos a unos 2.000 hijos de revolucionarios[19].» En las zonas en las que el bando rebelde era más fuerte, hubo que tomar medidas que violaban los «derechos» normales de las personas con la excusa de

---

[19] E. Countryman, *A People in Revolution,* cit., p. 150.

que había que impedir que los monárquicos prestaran ayuda a las fuerzas británicas. Así, los comités censuraron las publicaciones monárquicas, confiscaron las tierras de los que se alistaron en el ejército monárquico y se anularon las deudas contraídas con los comerciantes y los financieros monárquicos; las multitudes emplumaron a jueces monárquicos y persiguieron a *tories* desnudos por las calles. La ciudad de Nueva York estuvo bajo ocupación británica durante gran parte de la guerra, y cuando los rebeldes regresaron movilizaron los sentimientos populares contra los que habían ayudado a los británicos. No menos de 20.000 monárquicos abandonaron la ciudad con los barcos británicos en 1783[20]. La lucha quizá comenzó como un motín a propósito del té, pero, desde luego, no acabó así.

Con el alargamiento de la guerra y la escasez de víveres que produjo, los comités tuvieron que impedir que los comerciantes exportaran víveres a las zonas monárquicas y garantizar los suministros de comida para la masa de la población favorable al movimiento. Aumentaron los impuestos a los pudientes, controlaron los precios y confiscaron las tierras de los traidores. Estas eran medidas necesarias para ganar la guerra. Pero también eran medidas que beneficiaban a los pobres a expensas de los ricos. Inevitablemente, la revuelta adquirió una dimensión social, además de nacional.

No podría haber triunfado de otro modo. La estrategia británica consistió en separar las colonias entre sí apoderándose de Nueva York, causar escasez mediante el bloqueo del comercio costero, y luego enviar poderosos ejércitos a que tomaran puntos y ciudades estratégicos. Los británicos confiaban en que sus soldados mercenarios derrotarían a los inexpertos milicianos con facilidad y provocarían una desmoralización una vez pasado el entusiasmo inicial de la revuelta. También confiaban en que los comerciantes y los terratenientes retirarían su apoyo a la revuelta y acatarían a las autoridades británicas en cuanto sus ejércitos comenzaran a cosechar victorias.

La estrategia no era del todo descabellada. El endurecimiento de las condiciones de vida produjo un decaimiento del entusiasmo en los ejércitos rebeldes. En Nueva York fueron muchos los colaboradores del gobierno británico y más aún cuando este tomó Filadelfia. Los ejércitos rebeldes se pasaron gran parte de la guerra batiéndose en retirada ante las mejor armadas y más disciplinadas tropas monárquicas. El grueso del ejército rebelde tuvo que pasar un duro invierno acampado en las afueras de la ocupada Filadelfia.

---

[20] Cifra tomada de E. Countryman, *A People in Revolution,* cit., p. 221.

La estrategia británica estaba condenada al fracaso final por una sola razón: la consolidación que los comités y la agitación consiguieron de la adhesión de la masa de la población a la causa rebelde. Siempre que se mantuviera la resistencia de las masas, el ejército rebelde podía desgastar a las fuerzas monárquicas retirándose ante ellas y luego eligiendo el momento oportuno para un ataque por sorpresa.

La guerra nunca fue posible reducirla simplemente a cuestiones de clase. En Virginia, los plantadores más ricos se sumaron a la lucha con entusiasmo: al frente del ejército americano se puso Washington, dueño de una plantación; la Declaración de Independencia la redactó Thomas Jefferson, otro propietario de esclavos. En Nueva York, algunos terratenientes y comerciantes apoyaron a los británicos, pero otros se sumaron a la guerra contra ellos. Incluso en Pensilvania, una persona acaudalada como Benjamin Franklin acabó rompiendo con sus antiguos amigos del aparato político local y se convirtió en un entusiasta de la independencia.

Es más, el éxito final dependía de la capacidad de estas personas para fraguar una alianza con la monarquía francesa contra Gran Bretaña. Fueron consejeros franceses los que ayudaron a Washington a dirigir el ejército rebelde, y la armada francesa repartió armas y debilitó el bloqueo británico.

De la misma manera que hubo sectores de la clase alta que se pusieron del lado de la rebelión, fueron muchas las personas de la clase baja y media que no se sumaron a la lucha por la independencia. A veces esto se debió a que no sentían que la cuestión de los impuestos hubiera perjudicado lo bastante sus propios intereses como para romper con unas lealtades que habían sido educadas para considerar como sagradas. Sin embargo, en ocasiones se debió a que las figuras locales más identificadas con la lucha fueron aquellas que las habían hecho sufrir en el pasado. Así, en el estado de Nueva York muchos enfiteutas apoyaron a los británicos porque un odiado terrateniente estaba contra ellos. De manera análoga, en partes de Carolina del Norte y del Sur hubo agricultores pobres que empuñaron las armas como guerrillas *tories* como consecuencia de su descontento con unos plantadores partidarios de la independencia, lo cual llevó a la toma de sangrientas represalias en ambos bandos.

Los británicos consiguieron incluso más apoyo de los dos grupos más oprimidos de Norteamérica, los esclavos negros y los nativos americanos, que los ejércitos revolucionarios. El gobernador monárquico de Virginia ofreció la libertad a los esclavos que combatieran para los británicos. Fueron muchos los que lo hicieron y, al final de la guerra, se marcharon con los británicos[21]. Por contra, cuando en 1779 el Congreso propuso que a los negros de Carolina y Georgia se les ofreciera la libertad a cambio de alistarse en el ejército rebelde, los gobiernos estatales ni siquiera se lo plantearon[22]. Esto no significaba que todo el movimiento independentista fuera favorable a la esclavitud. En Nueva Inglaterra, muchos radicales consideraban la esclavitud como una abominación, y fueron muchos los negros que lucharon junto a los blancos en las milicias locales. Massachusetts y Vermont abolieron la esclavitud en 1780, y Filadelfia votó acabar con ella paulatinamente. En Maryland, pobres negros y blancos hablaron de hacer causa común, e incluso en Virginia algunos plantadores comenzaron a considerar la esclavitud como una institución de la que podían prescindir[23].

A los británicos también les resultó más fácil que a los colonos conseguir aliados «indios», pues la intención tanto de los colonos como de los especuladores era apoderarse de su territorio, y algunos de los más radicales en la lucha contra los británicos eran también sumamente hostiles a los pueblos nativos.

Sin embargo, la Revolución americana fue más que solamente una ruptura política de las colonias con Gran Bretaña. Lo que surgió de la turbulencia de la guerra fue una sociedad que se había desembarazado de los rasgos que la retrotraían a un pasado precapitalista. Los derechos feudales de los grandes terratenientes de Nueva York desaparecieron. La deferencia de la gente para con las «grandes familias» se perdió. En las colonias del norte y centrales fueron cientos de miles las personas que fueron ganadas para las ideas de la igualdad y la libertad humanas frente a la opresión, unas aspiraciones que, en su opinión, debían aplicarse a los negros tanto como a los blancos. En Europa, a muchos seguidores de la Ilustración el lenguaje de la Declaración de Independencia les pareció una plasmación de sus ideales en la realidad.

Las fuerzas radicales, que tanto habían hecho por fortalecer la revolución, no retuvieron el poder en ninguna parte. En lugares como Pensilvania lograron aplicar durante un tiempo medidas que realmente beneficiaban a las clases media y baja. Hubo constituciones estatales que reconocieron a todos los

---

[21] E. Countryman, *A People in Revolution,* cit., p. 162.

[22] *Ibid.,* p. 71.

[23] Así, el primer borrador de la Declaración de Independencia, redactado por Jefferson, contenía un confuso ataque a la monarquía por haber fomentado la esclavitud y luego invitado a los esclavos a rebelarse. Véase E. Countryman, *A People in Revolution,* cit., p. 71.

hombres el derecho al voto, asambleas anuales, medidas para proteger a los agricultores contra las deudas y controles de precios. Pero cuando en 1788 los estados acordaron una Constitución Federal, el control de las asambleas estatales había pasado a manos de fuerzas empeñadas en la creación de un mercado libre panamericano. Esto allanó el camino para un cambio económico de proporciones de otro modo inconcebibles, pero también produjo la expansión e intensificación de nuevas y viejas formas de opresión y explotación.

Cronología

1787-1788: Reacción de la aristocracia en contra de las tasas sobre las grandes haciendas; el rey convoca los Estados Generales.

Abril de 1789: Reunión de los Estados Generales en Versalles.

Junio de 1789: Los delegados del Tercer Estado se autoproclaman como Asamblea Nacional.

Julio de 1789: La población parisina toma la Bastilla.

Octubre de 1789: Marcha de mujeres hacia Versalles; el rey retira las tropas hacia París; la guardia nacional de Lafayette comienza a dominar la ciudad; monarquía constitucional.

Julio de 1790: Fiesta de la Federación en París, se celebra la «armonía» entre la población y el rey.

Primavera de 1791: El rey trata de huir de París.

Julio de 1791: Los guardias masacran a la población en los Campos de Marte.

Agosto de 1791: Levantamiento de los esclavos en Santo Domingo (Haití).

Septiembre de 1791: Se proclama la Constitución con una fuerte garantía de la propiedad.

Enero de 1792: Disturbios por los alimentos en París.

Abril de 1792: El gobierno girondino declara la guerra a Austria y Prusia; serias derrotas militares.

Agosto de 1792: Jornada de insurrección en París; se arresta al rey; Danton se une al gobierno.

Septiembre de 1792: Victoria en Valmy; elección de la Convención por sufragio masculino.

Enero de 1793: Ejecución del rey.

Febrero de 1793: Gran Bretaña entra en guerra.

Primavera de 1793: Avance de las tropas invasoras hacia París; crecen los monárquicos en la parte occidental de Francia (Vendée).

Mayo-junio de 1793: Insurrección en París; el gobierno jacobino es liderado por Robespierre y Danton; guerra civil.

Verano de 1793: Asesinato de Marat; se abolen todos los privilegios feudales; los monárquicos entregan Tolón a los británicos.

Septiembre de 1793: Jornada revolucionaria en París; se aprueba una ley que sube al máximo los precios; comienza el Terror.

Octubre-diciembre de 1793: Se sofocan las revueltas monárquicas girondinas.

Febrero de 1794: Los jacobinos abolen la esclavitud en todo el Imperio francés.

Marzo-abril de 1794: Ejecución primero de Hébert, luego de Danton por los jacobinos; éxito de los ejércitos revolucionarios en todos los frentes.

Junio-julio de 1794: Gran Terror.

Julio de 1794: Thermidor; ejecución de Robespierre y otros jacobinos.

Noviembre-diciembre de 1794: Caída de los jacobinos; se revoca la ley de precios máximos.

Marzo-mayo de 1975: Supresión del último levantamiento popular: 12.00 arrestos y 36 ejecuciones.

Septiembre de 1795: Nueva constitución con sufragio censitario; el gobierno recae en Bonaparte para evitar el alzamiento de los monárquicos; el poder ejecutivo en manos de un Directorio formado por cinco hombres.

Noviembre 1799: Bonaparte se hace con el poder; se convierte en primer cónsul.

1804: Bonaparte se hace coronar emperador como Napoleón I.

II

La Revolución francesa

«Aquí y en el día de hoy comienza una nueva era en la historia del mundo», escribió Goethe, el representante más destacado de la Ilustración en Alemania, en el verano de 1792.

Un año antes, el patricio conservador holandés Van Hagendorp había visto por dónde iban los tiros. «En todas las naciones» se estaban formando dos grandes partidos, escribió. Uno, el partido de la Iglesia y el Estado, creía en «el derecho de una o varias personas a gobernar sobre la masa del pueblo, un derecho de origen divino y apoyado por la Iglesia». El otro negaba todo derecho a gobernar «que no derivara del libre consentimiento de todos los sometidos a él», y hacía a «todas las personas que participan del gobierno responsables de sus acciones»[24].

Lo que tanta emoción provocó en Goethe fue que estos dos grandes «partidos» se habían enfrentado en el campo de batalla de Valmy, en el norte de Francia, y había ganado el segundo partido. Las fuerzas de la Revolución francesa habían derrotado a los ejércitos de la mitad de las monarquías de Europa.

Diez años antes, nada habría parecido más absurdo a la mayoría de las mentes pensantes que la idea de una revolución en Francia, menos aún una que incendiara toda Europa. La monarquía francesa llevaba gobernando bastante más de mil años y ostentando el poder absoluto desde hacía 140 años. Luis XIV, el «Rey Sol», y su enorme palacio en Versalles simbolizaban la

---

[24] R. R. Palmer, «Social and Psychological Foundation of the Revolutionary Era», en A. Goodwin (ed.), *Cambridge New Modern History,* vol. VIII, Cambridge, 1965, p. 422.

consolidación de un «absolutismo» imperecedero, que había hecho de Francia la mayor potencia de Europa: esa había sido la herencia legada a sus sucesores Luis XV y Luis XVI.

Sin embargo, en el verano de 1789 ese poder había comenzado a derrumbarse de repente. El rey había emplazado a los representantes de los tres «estados» que constituían la sociedad francesa –el clero, los nobles y el resto de la población, el «Tercer Estado»– a debatir sobre la manera de aumentar los impuestos. Pero los representantes del Tercer Estado se habían negado a inclinarse ante los nobles y a hacer lo ordenado por el rey. Se proclamaron «Asamblea Nacional» y, reunidos en la sala del Juego de la Pelota después de que el rey les impidiera la entrada en su sede, se juramentaron para no levantar la sesión hasta que este les otorgara una constitución. El rey respondió llamando a 20.000 soldados y cesando a su principal ministro, Necker, presuntamente receptivo a la llamada a la reforma.

Todos los delegados del Tercer Estado pertenecían a la respetable clase media, y la mayoría a los sectores más acomodados de ella. La mitad eran abogados, el resto mayoritariamente comerciantes, banqueros, hombres de negocios y terratenientes de la clase media acomodada. No había ni un solo artesano o campesino. Casi todos estaban también convencidos de la necesidad de una monarquía, si bien «constitucional», y de establecer restricciones económicas severas en cualquier censo electoral. Pero, sencillamente, no estaban dispuestos a ser aplastados, y las discusiones en Versalles estaban inquietando a muchas personas de París que nunca antes habían pensado en la política. Se fundaron clubes, al principio entre los miembros acomodados de la clase media, en los que se debatía sobre lo que estaba sucediendo. Apareció un montón de boletines de noticias y panfletos. Unos 400 representantes de la clase media parisina se reunieron en el Ayuntamiento de la ciudad y se constituyeron en consejo municipal o «comuna».

La caída de la Bastilla y sus consecuencias

Los rumores de un inminente golpe militar inquietaron a las masas de la ciudad como nunca antes. El 12 de julio, gentes de los sectores más pobres de la ciudad salieron en manifestación y se apoderaron de cuantos mosquetes pudieron encontrar. Dos días más tarde, una muchedumbre asaltó el símbolo de la dominación real sobre la ciudad, la fortaleza de la Bastilla, cuyos muros medían 30 metros de altura y estaban circundados por un foso de 25. Aquella no era simplemente una manifestación de protesta. En el edificio se almacenaba pólvora para los mosquetes, y eran innumerables los opositores del régimen que habían cumplido penas de cárcel allí. La multitud estaba decidida a capturarla. Los defensores dispararon sus cañones. Las tres horas de tiroteo que siguieron se saldaron con 83 muertes. La gente llevó a rastras sus propios cañones, cogidos del *Hôtel des Invalides*. Tras amenazar con volar la fortaleza y el distrito popular en torno a él, el comandante rindió la Bastilla a las masas. La revolución se había apoderado de la capital… un ejemplo pronto seguido en todas las ciudades y pueblos del país.

La caída de la Bastilla fue el primer gran punto de inflexión en la revolución. La acción de las masas parisinas envalentonó a la Asamblea Nacional, que decretó la abolición del feudalismo (aunque esperaba que los campesinos pagaran compensaciones por el fin de los derechos feudales) y aprobó una «Declaración de los derechos del hombre» de tono similar a la Declaración de Independencia americana. Otra acción de masas frustró un nuevo intento de golpe militar por parte del rey. Las mujeres de las zonas más pobres de París se dirigieron a Versalles seguidas por 20.000 hombres armados. Entraron en el palacio y obligaron al rey a volver con ellas a París, donde quedó bajo vigilancia popular.

Esto seguía distando mucho del derrocamiento de la monarquía. La multitud que atacó la Bastilla y las mujeres que marcharon sobre Versalles obraron en gran parte por iniciativa propia, movidas por el impacto de la escasez de víveres en las zonas pobres tanto como por el odio a los amigos aristocráticos del rey. Pero seguían aceptando el liderazgo de los representantes oficiales del Tercer Estado: los hombres de la clase media alta, que sólo deseaban un cambio limitado. Estos concentraron el nuevo poder armado que existía en París en las manos de una Guardia Nacional casi exclusivamente reclutada entre los sectores más acomodados de la clase media. La presidía Lafayette, un antiguo general y aristócrata cuyas credenciales «democráticas» las debía a su actuación como consejero oficial francés en la Guerra de Independencia americana. Bajo su liderazgo, la asamblea comenzó a elaborar una constitución que, mediante una estricta consideración del concepto de propiedad, limitaba el voto a los llamados ciudadanos activos y le dejaba al rey el poder de demorar dos años la aplicación de las nuevas leyes. La gente esperaba ilusionada un nuevo orden construido en torno a la «unidad» del rey y la asamblea, de ricos y pobres. Al principio muchos pensaron que se había conseguido. El sentimiento general era de liberación y exaltación cuando el rey, los exaristócratas, las clases medias y las masas parisinas conmemoraron juntos el primer aniversario de la caída de la Bastilla en una gran «fiesta de la federación».

La sensación de unidad no duró mucho. Los aristócratas lamentaban amargamente la pérdida de sus antiguos privilegios, a pesar de que conservaban sus fortunas. Muchos se marcharon al extranjero, desde donde conspiraron con los que se habían quedado en el país para acabar con la revolución. El rey y la reina escribieron en secreto a otros monarcas pidiendo una invasión extranjera.

Al mismo tiempo, entre las masas tanto del campo como de la ciudad crecía la insatisfacción ante el hecho de que las condiciones materiales no habían mejorado. Ya en el verano de 1789 se había producido entre el campesinado una ola de descontento –«el gran temor»– como consecuencia del cual se asaltaron castillos aristocráticos y se quemaron títulos de derechos feudales. En las ciudades y en los enclaves comerciales había frecuentes tumultos provocados por la escasez de víveres, las subidas de precios y el desempleo que se tradujeron en odio a los aristócratas y los especuladores. Las ideas bullían gracias a la proliferación de periódicos –sólo en los últimos seis meses de 1789 se crearon 250– y a la influencia de los clubes políticos en los que la gente se reunía para discutir sobre lo que estaba ocurriendo. El más famoso de estos fue el club de los jacobinos de París, dominado por un abogado de la ciudad norteña de Arras, Robespierre, y que tenía montones de réplicas en todo el país. Otro abogado, Danton, dominaba el club de los cordeleros, en el que era más barato entrar y estaba más próximo a las masas, con miembros muy influidos por el boletín diario de noticias *L'Ami du Peuple,* escrito por Jean-Paul Marat.

Sin embargo, durante más de dos años la política estuvo dominada por el monarquismo constitucional «moderado» de Lafayette. En junio de 1791, un intento del rey de huir de París para unirse a los ejércitos contrarrevolucionarios que le aguardaban al otro lado de la frontera no lo abortó sino la rapidez con que el jefe de Correos de una aldea alertó a la milicia local. La facción dominante en la asamblea rechazó todo desafío a la monarquía. «La revolución ha terminado», proclamaron, y difundieron la historia de que al rey lo habían secuestrado. «El mayor peligro», dijo un líder, Barnave, sería «la destrucción de la monarquía», pues significaría «la destrucción del concepto de propiedad»[25].

---

[25] Citado en P. McGarr, «The Great French Revolution», en *Marxism and the Great French Revolution, International Socialism* 43 (junio de 1989), p. 40.

Jean-Paul Marat tuvo que pasar a la clandestinidad y exiliarse durante un tiempo en Gran Bretaña. Las leyes «Le Chapelier» prohibieron los sindicatos y las huelgas. La Guardia Nacional abrió fuego contra miles de personas que hacían cola para firmar una petición republicana en el Campo de Marte: el lugar donde casi doce meses antes se había celebrado la Fiesta de la Federación. Murieron 50 personas en una masacre rara vez mencionada por quienes deploran la suerte que luego corrió la reina María Antonieta.

Sin embargo, la represión no pudo detener la creciente agitación popular. La escasez de víveres, las subidas de precios y el desempleo pusieron a los artesanos y comerciantes (conocidos como *sans-culottes* porque vestían pantalones en lugar de las calzas de las clases acaudaladas), así como a los trabajadores, al borde de la desesperación. En enero y febrero de 1792, en París hubo motines a propósito de la comida, mientras que en el campo bandas de campesinos pobres invadieron los mercados para imponer reducciones en los precios de los cereales y el pan. Uno de los jacobinos, Hébert, lanzó un periódico, *Le Père Duchesne,* especialmente dirigido a los lectores *sans-culottes.* Jacques Roux, un sacerdote popular en uno de los barrios más pobres, creó un grupo de seguidores, descrito por sus enemigos como los *enragés* («rabiosos»), que articularon el odio elemental de los pobres hacia aristócratas y ricos. Un número creciente de *sans-culottes* ingresaba en clubes políticos y acudía a las reuniones de las «secciones» que se celebraban regularmente en cada barrio de París. Una organización femenina revolucionaria liderada por una antigua actriz, Claire Lacombe, encontró apoyo entre quienes habían participado en las protestas a propósito de la comida y la marcha sobre Versalles.

La represión tampoco podía disimular las divisiones en la cúspide de la sociedad. El rey y la reina seguían conspirando con los ejércitos contrarrevolucionarios en el extranjero. Los «moderados» al frente del gobierno se peleaban entre sí, desgarrados entre el temor a estas conjuras y el temor a las masas por abajo. En el club jacobino, un grupo conocido como los *brissotins* (por Brissot, uno de sus líderes) o girondinos, que se consideraban menos radicales que Robespierre y Danton, comenzaron a maniobrar para sustituir a Lafayette en el gobierno.

Cada uno de estos grupos rivales creía que había una solución simple a sus problemas: la guerra contra los ejércitos extranjeros apostados en la frontera septentrional de Francia. El rey creía que la guerra llevaría a la victoria de unas tropas extranjeras que le devolverían todo su poder. Lafayette creía que le permitiría convertirse en virtual dictador. Los girondinos creían que una ola de entusiasmo nacionalista les beneficiaría. La oposición más decidida a la guerra la ofrecía Robespierre, tantas veces presentado por los historiadores y los novelistas populares como un monstruo sediento de sangre. En el club jacobino él sostenía la opinión de que la guerra abriría la puerta a la contrarrevolución. Pero no pudo impedir que, en abril de 1792, los girondinos llegaran a un acuerdo con el rey para formar gobierno y luego declarar la guerra a Austria y Prusia.

La guerra revolucionaria

La guerra comenzó desastrosamente. El ejército francés sufrió graves derrotas –en parte por la tendencia de sus generales a pasarse al enemigo– y el rey trató de aprovechar el caos resultante como excusa para deshacerse de los girondinos. El duque de Brunswick proclamó en apoyo del ejército invasor que, si vencía, este tomaría «ejemplar venganza» y que «entregaría la ciudad de París a la soldadesca y castigaría a los rebeldes como se merecían»[26].

Las amenazas de contrarrevolución no se cumplieron. Lo que provocaron fue un nuevo aumento de la actividad desde abajo. Entre la masa de la población cundió la sensación de que la invasión extranjera ponía en riesgo todo lo ganado en los tres años anteriores. Miles de personas, «ciudadanos pasivos» oficialmente considerados demasiado pobres para votar, invadieron las secciones, las asambleas regulares de masas en cada uno de los distritos de París. Un llamamiento de la Asamblea Nacional al alistamiento de voluntarios para luchar contra la invasión contrarrevolucionaria recabó 15.000 reclutas sólo en París. Los *fédérés,* entusiastas activos de la revolución, comenzaron a llegar a París procedentes de provincias: sobre todo de Marsella, cuyo canto de marcha se convirtió en el himno de la revolución. Todas salvo una de las 48 asambleas de distrito de París votaron a favor de la república. En las zonas más pobres, las unidades de la Guardia Nacional local estaban cada vez más imbuidas de espíritu revolucionario.

El fantasma de la contrarrevolución no sólo asustaba a los pobres, sino también a los sectores radicales de la clase media liderados por Robespierre, Danton y Marat. Comprendieron que su única perspectiva era la derrota, a no ser que avanzaran más en el camino por el que habían llegado a aquella

---

[26] Citado, entre otros, por P. McGarr, art. cit., p. 48.

situación. El 10 de agosto de 1792 dieron la segunda vuelta de tuerca a la revolución. Decenas de miles de *sans-culottes* de las secciones se unieron a los *fédérés* para marchar sobre el palacio de las Tullerías. Los guardias nacionales, que se suponía que habían de defender al rey, se sumaron a la insurrección y derrotaron a las tropas monárquicas tras una batalla en la que murieron 600 realistas y 370 insurgentes.

La ciudad estaba de nuevo bajo control de las masas parisinas. La Asamblea, formada por representantes «moderados» elegidos por sufragio censitario hacía menos de un año, se sometió al nuevo poder. Votó el derrocamiento del rey, reconoció a la nueva comuna revolucionaria basada en las secciones de París y organizó nuevas elecciones con sufragio masculino universal. Los girondinos volvieron a tomar las riendas del gobierno, pero tuvieron que ceder tres de sus sillas a los jacobinos: la más señalada a Danton, que se convirtió en ministro de Justicia.

Estos cambios no bastaron por sí solos para conjurar la amenaza exterior. El francés seguía sin conseguir detener el avance de los ejércitos extranjeros, a los que ahora se habían sumado los pares de Lafayette. En la capital había hordas de nobles y monárquicos, muchos en prisiones mal custodiadas, a la espera de la oportunidad de vengarse de las humillaciones sufridas durante los pasados tres años. Entre los oficiales militares y en la administración gubernamental abundaban los partidarios de la monarquía.

Sólo dos cosas podían conjurar las amenazas que acechaban a la revolución: enviar cantidades enormes de entusiastas voluntarios revolucionarios al frente, y adoptar medidas contundentes para impedir más golpes de los monárquicos y aristócratas en la retaguardia. Los girondinos, que dominaban el gobierno, no fueron capaces de cumplir ninguna de las dos tareas. Pero Danton demostró poseer la energía necesaria para sacar partido al sentimiento popular. «Audacia, audacia y aún más audacia» era su consigna en un momento en que utilizaba a los entusiastas voluntarios revolucionarios procedentes de las zonas más pobres de París para insuflar nueva vida a los ejércitos en el frente.

En París las masas tomaron también una iniciativa contundente. Espoleadas por Marat, decidieron aplastar la contrarrevolución doméstica con sus propias manos. Entraron en las cárceles y ejecutaron sumariamente a los que creían monárquicos, en lo que pasó a conocerse como las «masacres de septiembre».

Fue la respuesta de gentes que sabían que lo que les aguardaba era la horca o la guillotina si el enemigo tomaba París, y también que, ocupando altos cargos, había muchas personas dispuestas a ayudar al enemigo. Guardaban en sus retinas el sufrimiento de amigos y vecinos: la masacre del Campo de Marte, las matanzas producidas en un frente en el que los oficiales se pasaban al enemigo y las hambrunas producidas por la escasez de pan. Tenían que hacer algo. Por desgracia, presa del pánico y sin organizaciones propias que la guiaran, la gente fue fácilmente arrastrada al asesinato indiscriminado de los que estaban en la cárcel, de manera que hubo presos comunes que murieron junto a oponentes rabiosos de la revolución. No obstante, la acción tuvo el efecto de intimidar y sojuzgar a los quintacolumnistas monárquicos de la ciudad.

El 20 de septiembre, el ejército revolucionario detuvo a las fuerzas invasoras en Valmy. Al día siguiente, la nueva Convención –la primera legislatura de la historia elegida por el voto de toda la población masculina de un país– abolió la monarquía y declaró a Francia «república, una e indivisible».

No sólo el rey se había ido, sino también muchas cosas consideradas inamovibles apenas tres años antes. Los restos de feudalismo desaparecieron tanto de obra como de palabra, lo mismo que los diezmos que había sido obligatorio pagar para mantener la lujosa vida de obispos y abades. Las supersticiones de la Iglesia perdieron el apoyo del poder del Estado. Se trazaron planes para fomentar la educación y extender el conocimiento científico, de modo que las ideas de la Ilustración entraran en la vida cotidiana. Los puestos aduaneros que obstaculizaban las rutas comerciales con el fin de beneficiar a los notables locales se cerraron. En el frente, los soldados rasos de las milicias de voluntarios elegían por votación a los oficiales entre sus compañeros.

No es extraño que Goethe creyera hallarse en el alba de una nueva era.

Sin embargo, la revolución estaba lejos de haber llegado a su término. En los siguientes dos años, tanto el gobierno como la base de la sociedad se radicalizaron aún más. Entonces, en el verano de 1794, de repente la ola revolucionaria perdió fuerza, lo cual permitió que nuevas desigualdades y algunos antiguos privilegios resurgieran en lo que acabó por convertirse en una nueva monarquía. En el proceso se produjo el famoso «Terror», que a tantas personas ha impedido entender –y simpatizar con– la revolución. A la ejecución del rey, acordada por mayoría mínima en la Convención, siguieron las de muchos otros aristócratas y la reina. Luego, los jacobinos enviaron a los líderes girondinos a la guillotina; lo mismo hicieron Robespierre y Saint-Just con Danton y Hébert; y, finalmente, los propios Robespierre y Saint-Just fueron enviados a la guillotina por los «thermidorianos», una coalición de antiguos partidarios de los girondinos, de Danton y Hébert. Este truculento espectáculo popularizó el proverbio «Las revoluciones siempre devoran a sus hijos»[27]... y, con él, la idea de que las revoluciones son siempre empresas fútiles y sanguinarias.

Esa es una generalización falsa. La Revolución inglesa no devoró a sus líderes –una tarea que se dejó a los verdugos de la Restauración–, ni tampoco la Revolución americana. Es una observación que en absoluto comprende, tampoco, las auténticas fuerzas que operaban en Francia.

Las raíces de la revolución

Toda explicación breve de acontecimientos revolucionarios se concentra necesariamente en los sucesos más llamativos y en las personalidades más famosas. Pero una revolución siempre es más que eso. Implica un cambio súbito en el equilibrio de las fuerzas sociales como consecuencia de desarrollos lentos, a menudo imperceptibles, producidos a través de largos periodos temporales. Sólo se puede comprender teniendo en cuenta esos desarrollos.

La cima de la antigua sociedad –normalmente conocida como *l'ancien régime*– la ocupaban la monarquía y la nobleza. En Francia la aristocracia feudal tradicional de la *noblesse d'epée* (nobleza de espada) conservaba una posición privilegiada, mucho tiempo atrás perdida en Gran Bretaña. La monarquía francesa llevaba siglos recortando el poder independiente de los grandes nobles. Para ello había utilizado las ciudades y las nuevas clases «burguesas» adineradas como contrapeso de los grandes aristócratas. Los monarcas de los siglos XVI y XVII habían dado expresión institucional a esto vendiendo puestos en la administración estatal y en la corte a hijos de las clases pudientes, los cuales no tardaron en convertirse en una nueva nobleza hereditaria, la *noblesse de robe* (nobleza de toga). Este grupo dominaba los tribunales de justicia (llamados *parlements,* para confusión de los hablantes de otras lenguas) que aplicaban los reales decretos.

Finalmente, había otra forma de nobleza, la formada por los grandes «príncipes» de la Iglesia: obispos y abades. Estos disfrutaban de riquezas compara-

---

[27] El pronunciamiento más famoso de este dicho se encuentra en la obra teatral *La muerte de Danton,* escrita por Georg Büchner en 1835. En realidad, su autor parece haber sido el girondino Vergninaud en el curso de una argumentación en favor de castigar duramente a los que provocaban tumultos debido a la escasez de pan, un año antes de la ruptura entre Danton y Robespierre.

bles a las de los grandes aristócratas, mientras que los párrocos, en su mayoría, vivían en condiciones apenas mejores que las de los campesinos. El alto clero debía sus puestos al patrocinio real, el cual, a su vez, dependía de la influencia sobre la corte. Así fue posible que a alguien como Charles Maurice de Talleyrand –miembro de una antigua familia aristocrática que «carecía de cualesquiera virtudes apostólicas»[28] y ni siquiera había recibido las órdenes mayores– se le concediera un importante abadiato a la edad de veintiún años. Como los nobles, el alto clero no pagaba impuestos, pero recibía las rentas y los derechos feudales de enormes extensiones de tierras, así como diezmos eclesiásticos.

Ningún noble importante mostraba ninguna inclinación a renunciar a sus privilegios. Es más, cuando los costes del mantenimiento de una vida lujosa aumentaron, la nobleza se propuso incrementarlos con una mayor severidad en el cobro de los derechos feudales, apoderándose de partes de la propiedad comunal de las aldeas campesinas y monopolizando los puestos lucrativos en el Estado, el ejército y la Iglesia. Hubo una «violenta reacción aristocrática»[29].

Esto sucedía mientras Francia estaba experimentando un considerable crecimiento industrial, particularmente en la producción artesanal rural. Según cálculos recientes, la economía creció un 1,9 por 100 anual durante el siglo XVIII[30]. La producción textil creció un 25 por 100, la de carbón se multiplicó por siete o por ocho, y la de hierro pasó de las 40.000 a las 140.000 toneladas. En 1789, un quinto de la población de Francia estaba empleada en la industria o la artesanía[31].

La clase adinerada de los grandes comerciantes (especialmente en los puertos atlánticos conectados con las colonias azucareras de las Indias Occidentales), los «prestamistas» y, a veces, los fabricantes (como el puñado de monopolistas que controlaban la industria de la impresión) crecieron en tamaño y riqueza. Los burgueses ricos estaban en una posición anómala. En términos formales, legales, eran inferiores a cualesquiera miembros de la nobleza. Pero a menudo eran más ricos y capaces de ejercer una considerable influencia sobre la monarquía. Lo que es más, podían comprar tierras que les daban dere-

---

[28] L. Madelin, *Talleyrand,* Londres, 1948, p. 12 [ed. cast.: *Talleyrand,* Barcelona, Planeta, 1965, p. 16].

[29] A. Soboul, *The French Revolution, 1787-99,* Londres, 1989, p. 37 [ed. cast.: *La Revolución francesa,* Madrid, Tecnos, 1966, p. 34].

[30] R. S. Duplessis, *Transitions to Capitalism in Early Modern Europe,* cit., p. 242 [ed. cast. cit.: p. 329].

[31] *Ibid.,* p. 237 [ed. cast. cit.: p. 323].

chos feudales sobre los campesinos y podían sacar provecho de su actuación como «arrendatarios» de impuestos para la monarquía. Por debajo de ellos, la baja burguesía carecía por entero de influencia. Pero también en muchos casos el dinero que sus familias habían obtenido a través del comercio, sus tiendas o la artesanía de lujo lo emplearon sus miembros para invertir en tierras o comprar ciertos cargos legales. Ambos grupos de la burguesía estaban contra la discriminación de que eran objeto por parte de la aristocracia, pero su oposición a la monarquía absoluta no fue en absoluto automática. De hecho, podían seguir confiando en que la monarquía les protegería de la aristocracia.

Aprisionada entre la burguesía y los pobres urbanos había una masa de pequeños comerciantes y artesanos. Tradicionalmente, estos habían confiado en los gremios auspiciados por el Estado para proteger sus ingresos mediante la regulación de precios. Pero la expansión del mercado hizo de esta una manera cada vez menos eficaz de garantizarles seguridad. Un cambio repentino en las condiciones del mercado podía privarlos de un ingreso, mientras que el incremento en el precio del pan como consecuencia de las malas cosechas –como las que se produjeron a finales de la década de 1780 y a comienzos de la de 1790– podía llevarlos al borde de la muerte por inanición. Además, una porción creciente de la fuerza laboral de las artesanías y los pequeños comercios la constituían oficiales –empleados– sin perspectiva alguna de poseer jamás sus propios negocios. Estos tenían poco en común con aquellos artesanos y comerciantes que seguían siendo conservadores y albergando una mentalidad gremial.

Había también un creciente número de «oportunistas» dispuestos a aprovechar cualquier ocasión que se les presentara de progresar: un lucrativo trato comercial, una recompensa financiera por algún servicio político, la introducción de alguna nueva técnica productiva. Pero, aunque la «irracionalidad» del antiguo orden podía molestarles –muchos de ellos devoraban las versiones populares del pensamiento ilustrado–, no eran revolucionarios.

El grueso de la sociedad francesa lo constituía el campesinado. Variaba enormemente de una región a otra. En unas pocas zonas, en su seno se habían producido cambios similares a los de Inglaterra, con la aparición de agricultores capitalistas que empleaban técnicas innovadoras. No era pequeño el número de campesinos cuya producción se orientaba al mercado (mediante el cultivo de la vid o una combinación de hilado o tejeduría con la agricultura), pero sus terrenos seguían siendo pequeños. Luego había muchos que arrendaban fincas a los terratenientes o compartían las cosechas con estos, lo cual les dejaba sin fondos que invertir en mejoras agrícolas, aun en los casos en que conseguían apañárselas para no contratar a muchos jornaleros. Finalmente, abundaban aquellos cuya situación, aparte de la ausencia de servidumbre formal, apenas difería de los tiempos medievales. Sin embargo, casi todos los campesinos tenían ciertos rasgos en común. Sentían que la tierra era realmente suya, pero tenían que pagar derechos feudales a los terratenientes, diezmos que podían alcanzar el 9 por 100 de la cosecha a la Iglesia y, además, normalmente la renta. Por si fuera poco, tenían que pagar elevados impuestos de los que la nobleza y el clero estaban exentos. Esta carga significaba un terrible sufrimiento para ellos en caso de malas cosechas o si subían los precios de bienes de los que no podían prescindir.

La compleja interrelación entre la monarquía, la aristocracia, los diferentes grupos de la burguesía y los diversos sectores del campesinado ha llevado a algunos historiadores «revisionistas» a sostener que la revolución no se puede explicar en términos de clases[32]. La burguesía, dicen, tenía más probabilidades de obtener sus ingresos mediante cargos legales, la tenencia de tierras o incluso los derechos feudales que mediante la industria moderna. Por tanto, no pudo haber una clase que representara una manera nueva, capitalista, de producción en oposición a una nobleza y una monarquía basadas en el feudalismo. Estos historiadores aportan como pruebas de su tesis los escasos grandes industriales que había en el bando revolucionario y el considerable número de comerciantes partidarios del rey.

Algunos de los hechos que aducen son indudablemente ciertos. La burguesía en cuanto clase no estuvo en absoluta oposición revolucionaria al antiguo orden. Llevaba cientos de años creciendo en el seno de dicho orden y, tanto ideológica como financieramente, estaba vinculada a él de innumerables maneras. Las principales figuras revolucionarias no eran financieros o capitalistas industriales, sino abogados como Danton y Robespierre, periodistas como Desmoulins, e incluso, en el caso de Marat, un antiguo médico de las clases superiores. Pero las conclusiones extraídas por los revisionistas son fundamentalmente falsas. La imbricación entre los intereses de la nobleza y la burguesía no impedía que se sintieran atraídas por visiones opuestas de la sociedad francesa. Una miraba al pasado, a la defensa de los privilegios aristocráticos y los derechos feudales contra todo cambio. La otra miraba hacia

---

[32] El más notable entre estos «revisionistas» fue F. Furet, véase su *Interpreting the French Revolution,* Cambridge, 1981 [ed. cast.: *Pensar la Revolución francesa,* Barcelona, Petrel, 1978].

una sociedad construida en torno a la igualdad formal en el mercado, donde la ascendencia sola no podía ser el único respaldo del «oportunista». La mayoría de los burgueses dudó una y otra vez de las medidas requeridas para llevar adelante ese modelo de sociedad. Pero, ciertamente, cuando este triunfó, ellos no se fueron al exilio, como sí hizo la mayor parte de la aristocracia.

Para empezar, la división de la sociedad en torno a estos polos rivales no la ocasionó la burguesía, sino la reacción aristocrática. Lo mismo que sucedió con las revoluciones inglesa y americana, lo que produjo el levantamiento inicial no fue la masa del pueblo deseosa de algo nuevo, sino el intento del antiguo orden de volver atrás.

En la década de 1780, el dinero se había convertido en la principal preocupación de la monarquía francesa. Esta se había gastado enormes sumas en la Guerra de los Siete Años con Gran Bretaña y Prusia, y más, de nuevo, durante la guerra americana con Gran Bretaña. La amenaza de bancarrota se cernía sobre ella si no encontraba maneras de incrementar sus ingresos fiscales. Pero esto le resultaba casi imposible. La exención de impuestos de que disfrutaban los nobles y el clero hizo que la carga recayera sobre las clases inferiores, y se había llegado al punto en que la mayor parte de estas simplemente no podían pagar más. Los niveles medios de vida en el campo estaban cayendo, mientras que los salarios en las ciudades habían subido sólo en un 22 por 100 frente al 65 por 100 de los precios[33]. Más aún, el método de aumentar los impuestos fue totalmente ineficaz debido a las considerables sumas desviadas por los «arrendatarios de impuestos» que los recaudaban.

El rey no tardó en darse cuenta de la gravedad de la situación. En 1786 nombró a un ministro «reformista» que presentó un plan para racionalizar el sistema fiscal y extenderlo a los grandes terratenientes de la nobleza y la Iglesia. La aristocracia se sintió ofendida. Una asamblea de «notables» escogidos por el rey rechazó la propuesta. Cuando se presentaron otras reformas, en los parlamentos provinciales la *noblesse de robe* se negó a aplicarlas; y cuando los ministros intentaron seguir adelante sin su consentimiento, organizó protestas públicas que en algunos lugares desembocaron en desórdenes. Estas protestas confirmaron a la nobleza en la idea de que podía conseguir el apoyo de muchos miembros de otras clases. Después de todo, a algunos miembros de la burguesía y el campesinado los rumores de aumento de impuestos podían parecerles una amenaza.

---

[33] Citado en A. Soboul, *op. cit.,* p. 99 [ed. cast. cit.: p. 82].

Los nobles, que se veían a sí mismos como los líderes naturales de la sociedad, abrigaban la ilusión de que podían utilizar el apoyo popular para someter al gobierno a su voluntad. Su principal reivindicación eran unos *états généraux:* una asamblea que no se convocaba desde 1614. Cuando en mayo de 1789 accedió a ello, el rey estaba cediendo a las reaccionarias demandas de la aristocracia, no a un movimiento progresista de la burguesía o de las clases inferiores.

Pero esta concesión a la aristocracia obligó a las otras clases a organizarse. Tenían que elegir a los representantes del «Tercer Estado». En las ciudades esto significaba asambleas para elegir a los «electores» que, a su vez, votarían a los delegados. En el campo implicaba que los aldeanos acordaran a quién enviar a una asamblea regional que tomaría las decisiones. La mayoría no tenía experiencia en esas cosas y normalmente puso su confianza en los que mejor hablaban. El resultado fue que la asamblea del Tercer Estado estuvo dominada por abogados y otros miembros acomodados de la clase media. Pero el proceso de elección de los delegados propició que muchos millones de personas pensaran por primera vez sobre lo que querían de la sociedad. En las aldeas y ciudades de toda Francia se prepararon *doléances:* listas de reivindicaciones cuya satisfacción esperaban de los *états généraux.* En los distritos pobres de París los debates llevaron a la incipiente cristalización de los grupos radicales que en julio tomaron la Bastilla y en octubre marcharon sobre Versalles. Entre los campesinos también provocaron una agitación que en el verano de 1789 desembocó en una revuelta contra los nobles locales.

La ofensiva reaccionaria de la aristocracia enardeció a la clase media e hizo nacer entre sus representantes un espíritu de autoafirmación en los *états généraux.* Su intención no era revolucionaria. Seguían encantados con la monarquía y, más que abolirla, lo que querían era que se le bajaran los humos a la aristocracia, de manera que se pusiera fin a los privilegios arbitrarios y las intimidaciones. A lo que no estaban dispuestos era a recibir órdenes, y la agitación social los envalentonó. De ahí que, tras sus gestos de desafío –su declaración de los «derechos humanos» y otros pronunciamientos sobre el final del feudalismo–, llegaran a un compromiso que dejaba al rey con considerable poder y a la aristocracia con sus propiedades.

Pero la reacción aristocrática no iba a detenerse tan rápidamente. Mientras los aristócratas controlaran sus fortunas, sus fincas rústicas y la oficialidad militar, no iban a cejar en el empeño de restablecer sus propias posiciones de privilegio.

Reformadores, revolucionarios y *sans-culottes*

Los movimientos populares que en el verano de 1789 respaldaron la asamblea de la clase media propiciaron que las clases inferiores se enfrentaran por primera vez a su desgraciada suerte. Habían empezado a ver que la riqueza de los menos y la pobreza de los más eran las dos caras de una misma moneda. Al principio identificaban la riqueza con la aristocracia. Pero no tardaron en fijar su atención en aquellos sectores de la burguesía que imitaban a la aristocracia y que se enriquecían como «arrendatarios de impuestos», terratenientes y especuladores.

La agitación de 1789 había provocado el surgimiento entre las clases medias de muchos miles de nuevos activistas políticos. Ellos eran los que asistían a los clubes políticos, leían el cúmulo de panfletos y periódicos que se publicaban y tomaban parte en las reuniones electorales. Al principio estaban exultantes. Parecía que la historia les estaba ofreciendo una ocasión para cumplir los sueños de la Ilustración, corregir las injusticias censuradas por Voltaire, hacer realidad la sociedad imaginada por Rousseau. Adoptaban posturas heroicas, pues se tenían a sí mismos por reencarnaciones de figuras de la antigua Roma como Bruto.

Pero corrían el peligro de verse atrapados entre la reacción aristocrática por un lado y la agitación popular por el otro. Pues aunque 1789 había demostrado que el descontento popular podía derrotar a la aristocracia, los campesinos no dejaron de quemar títulos de propiedad de los terratenientes, ni los habitantes de las ciudades de atacar a quienes especulaban con los víveres, por muy burgueses que fueran.

Esto fue lo que llevó a frecuentes divisiones en las filas de los activistas políticos de clase media. Como es natural, la mayoría optó por la seguridad, la propiedad y la conciliación con la monarquía y la aristocracia. Sólo una minoría radical se mostró dispuesta a enardecer a las masas. Pero luego la reacción, envalentonada por las concesiones que se le habían hecho, hizo movimientos amenazantes para una mayoría que viró hacia el respaldo a los radicales, si bien con un sector que se escindió para unirse a la contrarrevolución.

Esto fue lo que ocurrió en 1791 y 1792. Se repetiría en 1793.

La crisis de 1792, que culminó con la proclamación de la república y la ejecución del rey, había llevado al derrocamiento de Lafayette por los jacobinos y a la organización de las masas parisinas en secciones. Los girondinos habían participado en esta acción, pero seguían siendo reacios a ir más lejos y acordar la ejecución del rey. Temían a «la turba»: la «hidra de la anarquía», como la llamó Brissot[34]. Sobre el telón de fondo del hambre creciente tanto en las ciudades como en el campo, se resistieron a las demandas de las secciones parisinas de control de precios, requisa de suministros de grano para alimentar a las personas y acciones ejemplares contra los «acaparadores y especuladores».

Por el contrario, atacaron a las masas de una manera muy parecida a como había hecho el gobierno anterior. «Vuestras propiedades están amenazadas», avisó en abril uno de sus líderes a la burguesía pudiente, «y vosotros cerráis los ojos ante ese peligro. [...] Perseguid a estas venenosas criaturas hasta sus guaridas»[35]. La Convención votó por abrumadora mayoría acusar a Danton de subversión ante el tribunal revolucionario, pero este lo absolvió. Hébert fue arrestado, y el presidente de la Convención declaró –en un lenguaje parecido a la famosa frase del duque de Brunswick– que, a menos que las «repetidas insurrecciones» en la ciudad se detuvieran, «París sería destruida»[36]. El ejército sufrió una nueva serie de derrotas cuando su comandante en jefe, Dumoriez, se pasó al enemigo. Campesinos desafectos de la región de la Vendée, en el oeste de Francia, se unieron al sangriento levantamiento monárquico.

Finalmente, el 29 de mayo los «moderados» y los monárquicos tomaron el control de Lyon y encarcelaron al alcalde jacobino, Chalier, antes de ejecutarlo en julio.

Los jacobinos de Robespierre eran tan de clase media como los girondinos, aunque son muchos los historiadores que sostienen que procedían en su mayoría de un estrato inferior de la clase media. Eran tan devotos de los «derechos» de propiedad como repetidamente afirmaban en sus declaraciones públicas. Robespierre era personalmente incorruptible, pero muchos de sus partidarios no tuvieron escrúpulo alguno en tratar de beneficiarse financieramente de la revolución: después de todo, eran miembros de la burguesía o aspirantes a serlo. Danton, que en un momento determinado aceptó dinero del rey, se había enriquecido. Marat y Hébert fueron ciertamente agitadores destacados de las masas parisinas, pero desde el punto de vista de los pequeños artesanos o comerciantes, sin oponer ninguna objeción al beneficio.

---

[34] Citado en A. Soboul, *op. cit.*, p. 255 [ed. cast. cit.: p. 195].
[35] Citado en *ibid.*, p. 307 [ed. cast. cit.: p. 233].
[36] *Ibid.*, p. 308 [ed. cast. cit.: p. 234].

Pero a comienzos del verano de 1793 pudieron ver que la alternativa a la revolución que avanzaba era un festival de la reacción a la que no sobrevivirían ni ellos ni los progresos de los cuatro años previos. Pudieron ver también que la única manera de sacar adelante la revolución era aliarse una vez más con las masas parisinas y hacer concesiones a los campesinos, aunque ello supusiera adoptar medidas que chocaran con los intereses burgueses. Robespierre escribió en su diario: «Los peligros proceden de las clases medias, y para derrotarlas debemos unirnos al pueblo»[37]. En otras palabras, la burguesía radical del club jacobino tuvo que unirse con los *sans-culottes* revolucionarios de las secciones parisinas contra la moderada burguesía girondina. El tercer gran momento decisivo de la revolución había llegado.

El 26 de mayo de 1793, Robespierre llamó al pueblo a la revuelta. El 29 de mayo, 33 secciones parisinas se reunieron y eligieron un comité insurreccional de nueve miembros para que organizara una *journée:* un nuevo levantamiento. El 31 de mayo y el 2 de junio, el toque a rebato de una campana y un cañonazo sacaron a las masas a las calles; 80.000 personas rodearon la Convención y la obligaron a dar orden de que se arrestara a 29 diputados girondinos. Ahora las secciones parisinas eran el centro de poder en la capital, y los líderes jacobinos el auténtico gobierno de Francia.

Los derrotados girondinos huyeron de la ciudad a instigar la revuelta en provincias. Contaban con amigos entre los oficiales del ejército, aliados entre los grandes comerciantes, la simpatía de los terratenientes de clase media temerosos de la revuelta rural, la lealtad de los que veían cualquier multitud como una amenaza… y, por supuesto, el apoyo de una aristocracia que no deseaba otra cosa que la derrota de la revolución. Al cabo de unas semanas, gran parte del sur y el oeste del país estaba en manos girondinas. La Vendée la controlaban los monárquicos, los antijacobinos se habían apoderado del puerto de Tolón, en el sur, y entregado los barcos de la flota mediterránea a los británicos, y había ejércitos extranjeros que seguían avanzando hacia París. La contrarrevolución había incluso demostrado su capacidad de golpear en la capital cuando una joven de la ciudad girondina de Caen, Charlotte Corday, consiguió acceder a Marat con la excusa de que necesitaba su ayuda y lo mató apuñalándolo en el baño.

En París las masas de *sans-culottes* instaron a los líderes jacobinos a tomar más medidas revolucionarias que cortaran por lo sano, y esos líderes no tar-

---

[37] A. Soboul, *op. cit.,* p. 325 [ed. cast. cit.: p. 247].

daron en darse cuenta de que no tenían elección. Un Comité de Salvación Pública –que al menos una vez por semana informaba a la Convención y se sometía a reelección cada mes– fue autorizado a tomar cualesquiera medidas de emergencia que considerara apropiadas. Una «ley de máximos» impuso controles de precios sobre el pan, y la especulación con el hambre de la gente pasó a considerarse un delito castigado con la pena de muerte. Los ricos fueron obligados a financiar un crédito con el que cubrir los costes de la guerra, y se creó un impuesto progresivo, desde el 10 al 50 por 100, sobre todos los ingresos que superaran el mínimo necesario para mantener una familia[38]. La economía quedó cada vez más sujeta a una dirección central, con un importante sector nacionalizado que producía los suministros bélicos. Las tierras confiscadas a los exiliados y a la Iglesia se dividieron en pequeñas parcelas para aplacar la ira de los campesinos. En el frente, las unidades de voluntarios revolucionarios y las del antiguo ejército se fundieron, de manera que los voluntarios pudieron entusiasmar a los militares mientras estos les enseñaban las destrezas marciales, y juntos elegían a sus mandos. En los departamentos gubernamentales se purgó a los funcionarios sospechosos. Se enviaron comisarios revolucionarios con plenos poderes para que sofocaran los levantamientos contrarrevolucionarios en el campo. Todos los hombres solteros entre los dieciocho y los veinticinco años de edad fueron obligados a hacer el servicio militar, sin las antiguas exenciones que permitían a los ricos pagar a sustitutos para que ocuparan su lugar. Finalmente, tras otras *journées* en septiembre, la Convención y el Comité de Salvación Pública acordaron la adopción de una política de severa represión: el Terror.

Los jacobinos y el Terror

El ímpetu que llevó al Terror procedía de abajo: de personas que habían sufrido bajo el Antiguo Régimen, que sabían que sufrirían aún más si este volvía y cuyos amigos y parientes ya estaban muriendo a diario en el frente como consecuencia de la traición y de los especuladores corruptos. En este sector, el deseo emocional de venganza se combinaba con la comprensión racional de que, bajo las condiciones de la guerra civil, los oponentes

---

[38] Para más detalles sobre los créditos y los impuestos, véase P. Kropotkin, *The Great French Revolution,* Londres, 1971, pp. 410-411.

del régimen revolucionario aprovecharían cualquier oportunidad que se les presentara de menoscabarlo. La cárcel no los disuadía, pues esperaban ser liberados en cuanto sus conspiraciones tuvieran éxito. Personas como Hébert, en la periferia «terrorista» del jacobinismo, avivaron estos sentimientos. Pero los principales líderes jacobinos fueron lentos en sumarse al llamamiento. Lejos de ser el «insensible carnicero» de la leyenda, Robespierre se había quedado casi solo cuando en los primeros días de la revolución propuso la abolición de la pena de muerte. Por contra, los girondinos apoyaron su aplicación a los «delincuentes» comunes de las clases inferiores, pero mostraron reparos en el caso del rey.

Sólo 66, o un cuarto, de las 260 personas denunciadas ante el tribunal revolucionario antes de septiembre de 1793 habían sido condenadas a muerte. A partir de octubre el ritmo se aceleró. A la ejecución de la reina, María Antonieta, siguió la condena de los girondinos, y la del duque de Orleans (que había tratado de favorecer su propia causa desfilando como jacobino). En los últimos tres meses de 1793 se condenó a muerte a 177 de 395 acusados, y en diciembre el número de presos en las cárceles de París había alcanzado la cifra de 4.525... frente a los 1.500 que había en agosto. No obstante, el número de ejecuciones en esta etapa fue mucho menor de lo que se podría creer a juzgar por las populares versiones difundidas por novelas y películas en las que parece que todos los días se guillotinaba a montones de personas.

La bicentenaria letanía de lamentos por las ejecuciones de aristócratas y monárquicos debe ponerse en perspectiva. Las ejecuciones habían sido un acontecimiento corriente bajo el Antiguo Régimen. A los pobres se los podía colgar por robar una pieza de tela. Como en una ocasión dijo Mark Twain: «Hubo dos reinos del Terror: uno duró varios meses, el otro mil años». El ejército que marchaba hacia París desde el norte habría instalado su propio Terror, mucho peor que el de los jacobinos, si hubiera podido tomar la ciudad, y habría utilizado a los monárquicos y aristócratas para señalar a los «cabecillas» a fin de ejecutarlos en el acto. Los «moderados» y monárquicos que tomaron Lyon, Marsella y Tolón establecieron tribunales que «mandaron guillotinar o colgar a los patriotas». Los resultados «fueron deplorables»[39]: se dijo que los muertos en Lyon ascendieron a 800[40]. En la Vendée, un cura monárquico informó de que «cada día estuvo marcado por sangrientas expe-

---

[39] G. Lefebvre, *The French Revolution,* vol. II, Nueva York, 1964, p. 57.

[40] Según P. Kropotkin, *op. cit.,* p. 404.

diciones» contra simpatizantes republicanos. Incluso haber asistido a una misa celebrada por un clérigo partidario de la república constituía motivo «para ser encarcelado y luego asesinado so pretexto de que las cárceles estaban demasiado llenas»[41]. En Machecoul se mató a 524 republicanos[42]. Por añadidura, estaba la enorme tasa de mortalidad en las batallas que se disputaban en la frontera norte de Francia, en una guerra iniciada por los monárquicos y los girondinos y a la que se sumaron con entusiasmo todos los enemigos de la revolución en el interior y en el extranjero: una guerra en la que los oficiales simpatizantes del otro bando podían mandar deliberadamente a la muerte a miles de soldados.

Las víctimas de la contrarrevolución y la guerra no figuran en los relatos de los horrores de la revolución pormenorizados por novelistas populares, o incluso en *Historia de dos ciudades* de Charles Dickens. Para esos escritores, la muerte de un caballero o una dama respetables es una tragedia, mientras que la de un artesano o una costurera republicanos no importa.

Este fue, en esencia, el argumento que Robespierre planteó a la Convención a finales de septiembre de 1793. Estaba justificando las medidas punitivas contra uno de los generales de la república, Houchard, por retirarse sin necesidad y con ello causar un desastre militar: «Desde hace dos años 100.000 hombres han sido masacrados como consecuencia de la traición y la debilidad», dijo. «Es la debilidad con los traidores lo que nos está destruyendo[43].» El argumento convenció a muchos de los diputados que dudaban en respaldar las medidas jacobinas.

Los peores derramamientos de sangre durante la revolución no se produjeron en París, donde los revolucionarios nunca perdieron el control, sino en las luchas por reconquistar regiones en manos de sus oponentes. Hubo un puñado de casos en los que los ejércitos republicanos tomaron venganza cruenta: en Lyon, una comisión gubernamental aprobó 1.667 sentencias de muerte; en la Vendée, los rebeldes hechos prisioneros con armas en su poder fueron ejecutados sumariamente; en Nantes, hasta 3.000 partidarios de la revuelta fueron ejecutados ahogándolos en el Loira; en Tolón hubo ejecuciones en masa de acusados por entregar la ciudad a los británicos[44].

---

[41] Citado en P. Kropotkin, *op. cit.*, p. 387.
[42] Según P. Kropotkin, *op. cit.*, p. 387.
[43] A. Soboul, *op. cit.*, p. 339 [ed. cast. cit., p. 257].
[44] Para detalles, véase *ibid.*, p. 342 [ed. cast. cit.: pp. 259-260].

Hay otro aspecto del Terror que se ha de examinar: el que los líderes revolucionarios practicaron mutuamente en el curso de 1793-1794. Comenzó con el antagonismo entre los girondinos y los jacobinos. Los cargos de que acusaron a Marat pusieron de manifiesto la predisposición de los girondinos a recurrir a la represión. No obstante, los primeros líderes girondinos arrestados tras el establecimiento del gobierno jacobino simplemente sufrieron arresto domiciliario. Cuando luego abandonaron París para instigar a la revuelta, demostraron que se trataba de un desacuerdo que no se podía resolver sólo con palabras. Robespierre y Danton se convencieron de que todo girondino liberado haría lo mismo. La represión vigorosa –y, en condiciones de guerra civil, eso comportaba la ejecución– era la única manera de impedírselo.

Pero la misma lógica aplicada a los girondinos la aplicaron los jacobinos de clase media, en condiciones de guerra civil, a algunos otros republicanos. En cuanto a Robespierre, sus propios aliados, los *sans-culottes* de París, se estaban comenzando a convertir en un problema. Habían obrado milagros en el logro del apoyo de las masas a la revolución en las calles. Pero también se estaban oponiendo al grupo social del que Robespierre y otros líderes jacobinos procedían: los propietarios que titubeaban sobre si luchar a favor de la república. En el mismo momento en que se estaba sumando al llamamiento de los *sans-culottes* a desencadenar la represión, Robespierre inició una ofensiva contra las organizaciones de los *sans-culottes:* a mediados de septiembre se detuvo a Jacques Roux; en octubre se disolvió la Sociedad de Mujeres Republicanas Revolucionarias de Claire Lacombe; y, finalmente, en marzo se guillotinó a Hébert y algunos más.

Los «extremistas» que presentaban reivindicaciones que sólo podían asustar a los respetables propietarios de la clase media no constituían el único problema de Robespierre. También temía que la revolución pudiera ser destruida por aquellos que anteponían los intereses e inclinaciones personales a las necesidades del momento. Esto se aplicaba especialmente a algunas personas del círculo de Danton: un hombre capaz de un enorme coraje y entusiasmo revolucionario, pero también muy atraído por las recompensas puestas a su alcance por las relaciones que mantenía con figuras pudientes de dudosa reputación. No fue ninguna coincidencia que sus amigos se vieran envueltos en un importante caso de corrupción que afectó a la Compañía Francesa de las Indias Orientales. Cuando en enero y febrero de 1794 Danton comenzó a formar en torno a sí una facción informal de «indulgentes»,

Robespierre empezó a temer que estuviera siguiendo el camino tomado por los girondinos nueve meses antes. Cinco días después de la ejecución de Hébert, les tocó a Danton, Desmoulins y otros el turno de ser arrestados, llevados ante el tribunal y ejecutados.

Robespierre y sus aliados más cercanos se sentían acosados. Su propia clase estaba sintiéndose atraída por las fuerzas de la contrarrevolución. Siendo una clase basada en la obtención de beneficios, sus miembros estaban constantemente sometidos a la tentación del soborno y la corrupción. Sólo el temor a las medidas drásticas podía mantener a la clase media en la senda de la victoria. Robespierre creía representar una nueva forma de sociedad en la que los valores esenciales de la clase media se plasmarían en la realidad. Este sentimiento lo expresó identificando su meta como la «virtud». Pero esta no la podía alcanzar sin disciplinar a la clase media misma, y a veces muy severamente. Como dijo en febrero de 1794, «Sin la virtud, el Terror es inútil; sin el Terror, la virtud es impotente».

Es más, el Terror hacía del Estado el epicentro del sentimiento y la acción revolucionarios. Servía para apartar a las masas de *sans-culottes* de una senda llena de peligros para la clase media: el poner cada vez más la dirección de la revolución en manos de las clases inferiores. Para los políticos de la clase media era mucho mejor que los *sans-culottes* estuvieran bailando la Carmagnole mientras veían cómo funcionaba la guillotina del Estado que discutiendo y actuando en provecho propio. La función del Terror pasó a ser no sólo la de defender la revolución, sino también la de simbolizar la manera en que en el centro del Estado se estaba instalando un grupo político que hacía equilibrios entre las masas y los elementos conciliadores de la burguesía.

En la primavera de 1794, los jacobinos del entorno de Robespierre gobernaban solos siguiendo una política que menoscababa la posición de las organizaciones populares de París con medidas como las purgas en la comuna, la disolución de las secciones o la supresión de los comisarios que investigaban el acaparamiento de víveres. El poder gubernamental estaba centralizado como nunca antes en las manos de un grupo de hombres aparentemente unificado que había dejado de estar asediado por las facciones de izquierdas y de derechas. Pero ese poder centralizado sólo podía funcionar recurriendo a la represión. Como Soboul explica:

> Hasta entonces el Terror [...] se había dirigido contra los enemigos de la revolución. Pero ahora se extendió hasta incluir a los que se oponían a los

comités del gobierno. Así fue como los comités emplearon el terror para aumentar su control sobre la vida política[45].

La centralización del Terror creó una dinámica propia. El núcleo jacobino comenzó a sentir que quienes no estaban con ellos estaban contra ellos: un sentimiento, en parte, justificado. La hostilidad hacia ellos crecía entre los miembros de su propia clase media, cada vez más exasperada ante las restricciones a sus libertades, y muchos de los *sans-culottes* partidarios de Roux y Hébert también les eran hostiles. Enfrentarse a los antagonistas mediante el Terror no sirvió sino para aumentar más aún el aislamiento del núcleo jacobino. Pero la suspensión del Terror amenazaba con dejar las manos libres a quienes ansiaban vengarse del núcleo jacobino.

Robespierre dudaba sobre qué hacer. Intentó mantener el Terror bajo control en ciertas provincias: por ejemplo, llamando a París al responsable de los ahogamientos masivos en Nantes. Pero en mayo de 1794 permitió una enorme escalada del Terror en París, de manera que en los siguientes tres meses se produjeron tantas ejecuciones como en el año precedente. Por primera vez se negó a los acusados el derecho de defensa, los jurados podían condenar sin más base que la «culpa moral», y personas tal vez sin conexión entre sí eran juzgadas en grupo con el argumento de que podían haber «conspirado» en la cárcel. Fue en esta época cuando Tom Paine, el gran panfletista de la Revolución americana y del radicalismo plebeyo británico, evitó por poco la ejecución por el delito de ser un «extranjero» que había mantenido relaciones de amistad con algunos girondinos (como, por supuesto, habían hecho la mayoría de los líderes jacobinos en algún momento de su pasado).

Thermidor y sus consecuencias

Los métodos jacobinos defendieron el régimen revolucionario con una eficacia que los girondinos no habían conseguido. En el verano de 1794, el ejército revolucionario estaba demostrando ser probablemente la mejor fuerza de combate jamás vista en Europa. Se había acabado con las revueltas en provincias, el ejército francés ocupaba Bruselas y avanzaba hacia el norte, y la república parecía, en efecto, «una e indivisible».

---

[45] A. Soboul, *op. cit.,* p. 389 [ed. cast. cit.: p. 291].

Sin embargo, estos mismos éxitos crearon un problema insuperable para los jacobinos. Estos habían podido ascender –y de paso tomar medidas muy duras contra sectores de su propia clase–, manteniendo un equilibrio entre la izquierda y la derecha, porque unos meses antes importantes sectores de la clase media no habían visto otra alternativa. Por eso, mes tras mes, la Convención había votado en favor de la renovación de los poderes del Comité de Salvación Pública. Pero las victorias llevaron a una sensación creciente de que el gobierno dictatorial había dejado de ser necesario.

Robespierre se había granjeado muchos enemigos en los meses previos: los simpatizantes «indulgentes» de Danton, los emisarios destituidos por haber llevado la represión demasiado lejos, los antiguos aliados de Hébert y quienes nunca había roto del todo con los girondinos pero temían decirlo. El 27 de julio de 1794 se unieron para tenderle una emboscada a Robespierre en medio de un debate en la Convención. Un delegado propuso que se dictara una orden de arresto contra él y sus más estrechos aliados, y la Convención votó unánimemente a favor.

Los jacobinos hicieron un último intento de salvarse llamando a las masas a la sublevación en una *journée* revolucionaria. Pero ellos mismos habían disuelto los comités y prohibido que los periódicos de los *sans-culottes* pudieran organizar una insurrección como esa. Habían derogado la prohibición de la especulación con la comida y, sólo cuatro días antes, habían publicado unas tarifas de salarios máximos que para muchos artesanos significaban un recorte de sus ganancias. Al levantamiento se sumaron sólo 16 de las 48 secciones de París, que permanecieron en pie unas dos horas sin un liderazgo adecuado antes de dispersarse. Robespierre y 21 de sus aliados fueron ejecutados el 28 de julio, seguidos por otros 71 hombres al día siguiente: la mayor ejecución en masa de la historia de la revolución.

Robespierre había clamado en la Convención: «La república es una causa perdida. Los forajidos triunfan ahora». Tenía razón en el sentido de que el gran movimiento de los últimos cinco años había llegado a su fin. Thermidor –en el calendario revolucionario de la república, el nombre del mes en que Robespierre fue derrocado– ha significado desde entonces la contrarrevolución interna.

A los aliados que lo habían derrocado el poder no les duró mucho. En los meses siguientes, la confianza de los oponentes de la revolución creció. Grupos de jóvenes matones ricos, la *jeunesse dorée* (dorada juventud), comenzaron a ocupar las calles de París, donde atacaban a quienquiera que tratara de defender los ideales revolucionarios o mostrara falta de respeto por sus «superiores». Constituidos en turba, obligaron al cierre del club jacobino. Una enmienda constitucional implantó nuevos condicionamientos ligados a la propiedad para votar. Un «Terror blanco» llevó a una oleada de ejecuciones de antiguos revolucionarios y a la victimización de muchos otros. Dos breves levantamientos de *sans-culottes* en abril y mayo de 1795 pusieron de manifiesto que los pobres, si se les daba la oportunidad, podían competir con la *jeunesse dorée,* pero fueron aplastados por las fuerzas leales a los thermidorianos. Al país comenzaban a volver emigrados que aseguraban el pronto retorno de la monarquía. El pretendiente al trono, el futuro Luis XVIII, insistía desde el exilio en su intención de restaurar el Antiguo Régimen, acabar con sus tres estados y castigar a todos los que hubieran tomado parte en la revolución, incluidos los thermidorianos. Luego, en octubre de 1795, los monárquicos organizaron su propio levantamiento en París. Los thermidorianos, aterrorizados, comenzaron a rearmar a los jacobinos y a pedir la ayuda de los *sans-culottes* antes de que el ejército –especialmente un oficial en alza, un antiguo jacobino llamado Napoleón Bonaparte– acudiera en su auxilio. Temerosos de una restauración monárquica en toda regla, los thermidorianos acordaron concentrar el poder en las manos de un Directorio de cinco hombres. Durante cuatro años, del Directorio se tiró ora en una dirección, ora en otra, con Napoleón –cuyos apoyos en el ejército constituían un bastión contra los monárquicos, por un lado, y contra cualquier rebrote del jacobinismo popular, por el otro– disfrutando cada vez de más poder, hasta que en 1799 organizó un golpe cuyo efecto fue que se le concedieran poderes dictatoriales. En 1804 hizo que el papa lo coronase emperador, cargo que ejerció con el apoyo tanto de algunos antiguos jacobinos como de algunos aristócratas regresados del exilio. Finalmente, en 1814 y 1815, la derrota de sus ejércitos permitió a las demás potencias europeas reinstaurar la monarquía borbónica. La última, desesperada advertencia de Robespierre parecía confirmada.

Sin embargo, se equivocó en dos aspectos. La revolución acabó tras Thermidor de 1794, pero muchos de los cambios que había traído consigo perduraron. El régimen de Napoleón se edificó sobre la consolidación de muchos de esos cambios: el final de los derechos feudales; la creación de un campesinado independiente; el final de las aduanas interiores; y, sobre todo, la toma de decisiones políticas por parte del gobierno atendiendo a objetivos burgueses, no dinásticos o aristocráticos. El ejército de Napoleón pudo someter durante un tiempo a gran parte de Europa precisamente porque no era el ejército del Antiguo Régimen. Era un ejército organizado y motivado de un modo establecido durante la revolución, especialmente en su fase jacobina. Sus mejores generales eran hombres que habían comenzado como soldados rasos y ascendido por méritos propios en el periodo revolucionario: Napoleón confió incluso a un antiguo «terrorista» jacobino la dirección de su policía.

Lo mismo que antes la holandesa, la inglesa y la americana, la Revolución francesa había echado abajo las grandes trabas heredadas del pasado que complicaban el paso a una sociedad plenamente basada en el mercado. Y, tras los acontecimientos de 1792-1794, ya no había manera de que la reacción aristocrática pudiera reimponerlas.

Volviendo la vista atrás a la revolución 20 años más tarde, el novelista Stendhal observó: «En 2.000 años de historia mundial, tal vez nunca antes se había producido una revolución tan grande en las costumbres, las ideas y las creencias»[46]. Los revolucionarios quizá fueron derrotados, pero gran parte de la herencia revolucionaria sobrevivió para configurar el mundo moderno.

Robespierre se equivocaba también en un segundo sentido: la revolución no consistió simplemente en el levantamiento de grupos políticos de clase media, cada uno más radical que el anterior. Uno de sus rasgos de capital importancia fue que también implicó la entrada en la vida política de millones de personas de la ciudad y el campo que nunca antes habían tenido la oportunidad de desempeñar un papel en la historia. Habían aprendido a luchar por sus propios intereses y a discutir entre sí cuáles eran esos intereses. Los campesinos que en 1789 y 1792 habían reducido a cenizas los castillos de los aristócratas no iban a permitir que ningún otro gobierno posterior les quitara las tierras. En París y otras ciudades, las clases inferiores se habían sublevado para luchar por sus propios intereses a una escala nunca antes vista en la historia… y lo mismo volvería a suceder en 1830, 1848 y 1871, así como en 1936 y 1968.

Las explicaciones de la revolución que, muy acertadamente, prestan atención a su generalizado impacto sobre la historia mundial corren siempre el peligro de subestimar lo que sucedió sobre el terreno, en las estrechas calles y abarrotadas viviendas de las partes más pobres de París. Fue aquí donde las personas leyeron y discutieron sobre los escritos de Marat y Hébert, pasaron

---

[46] Citado en H. G. Schenk, «Revolutionary Influences and Conservatism in Literature and Thought», en C. W. Crawley (ed.), *Cambridge New Modern History,* vol. IX, Cambridge, 1965, p. 91 [ed. cast.: «Tendencias revolucionarias y conservadoras de la cultura», *Historia del mundo moderno,* vol. IX, Barcelona, Ramón Sopena, 1977, p. 62].

largas horas en secciones «constituidas en asambleas permanentes», persiguieron a los acaparadores de grano y buscaron a los agentes monárquicos, afilaron picas y marcharon sobre la Bastilla, organizaron los levantamientos que sustituyeron a los monárquicos constitucionalistas por los girondinos y a los girondinos por los jacobinos, y fueron voluntariamente por miles al frente o a extender la revolución en el campo.

En las ciudades hubo limitaciones a los movimientos populares. Derivaban de las estructuras de la sociedad francesa de la época. La gran mayoría de las masas urbanas seguía trabajando en pequeños talleres donde el dueño y su familia compartían la faena con un par de empleados cuyos niveles de vida no diferían mucho de los suyos. Podían salir juntos a las calles o encontrarse en las asambleas de las secciones y en los clubes. Pero no había entre ellos una vinculación orgánica en el proceso de producción que ocupaba gran parte de su tiempo. Su ideal consistía en la conservación de la unidad familiar individual, con el padre al frente, no en la reorganización colectiva de la sociedad. Pudieron levantarse contra los aristócratas que los habían humillado en el pasado y los especuladores que los veían morirse de hambre, y demostraron un coraje y una inventiva enormes, como las historias de la revolución de Kropotkin y Guérin[47] han puesto de relieve. Y, al tiempo que se levantaban, pudieron desprenderse de muchos de sus propios prejuicios, como demuestran el papel desempeñado por las mujeres en muchas de las protestas, la reivindicación del voto femenino que plantearon muchos revolucionarios y la aparición de clubes de mujeres revolucionarias. Sin embargo, en la gran crisis de la revolución de 1793-1794 les resultó difícil sacar adelante un programa propio que pudiera llevar a la victoria.

Como Albert Soboul ha puesto de manifiesto, sus condiciones de vida hicieron que pudieran empujar a los jacobinos a tomar necesarias medidas radicales, pero les impidió articular por sí mismos una respuesta colectiva, de clase, capaz de resolver los problemas de la revolución. Pudieron luchar por el control de los precios, pero no estaban en condiciones de hacerse cargo de los procesos productivos decisivos. Incluso su propensión al Terror constituía un signo de su debilidad. Tuvieron que concentrar la atención en impedir que otras personas sabotearan la revolución porque ellos mismos eran incapaces de asumir un control directo y colectivo de su propio destino.

---

[47] Véase su *Class Struggle in the First French Republic,* Londres, 1977 [ed. cast.: *La lucha de clases en el apogeo de la Revolución francesa, 1793-1795,* Madrid, Alianza, 1974].

Sin embargo, fueron su acción y su iniciativa, así como las inspiradoras palabras de Danton o la férrea determinación de Robespierre, lo que derribó el antiguo orden en Francia… inspirando o aterrando a toda Europa y más allá durante gran parte del siglo siguiente. Ellos fueron también el germen, en el periodo posterior al aplastamiento del movimiento popular, de un grupo de revolucionarios liderados por «Graco» Babeuf (ejecutado en 1796), cuyo hincapié en la igualdad social y económica contribuyó a establecer la base de los movimientos socialistas de los siglos XIX y XX.

III

El jacobinismo
fuera de Francia

«Apoyo a todos los pueblos que quieran recuperar su libertad» fue la promesa hecha por la Convención liderada por los girondinos en 1792. La guerra proclamada por Brissot contra los monarcas de Europa no iba a ser una guerra de conquista al viejo estilo, afirmó, sino una guerra de liberación. Desde luego, fuera de Francia había muchas personas dispuestas a alegrarse de cualquier avance revolucionario:

> Fue este un glorioso amanecer espiritual. Todos los seres pensantes se unieron en la celebración de esta época. Emociones de carácter sublime estimulaban las mentes de los hombres [...] un entusiasmo espiritual estremeció al mundo[48].

Así describía el filósofo alemán Hegel el impacto de los acontecimientos en Francia sobre el mundo de su juventud. Su memoria no le engañaba. El mensaje de la revolución encontró eco en todas partes donde la Ilustración había influido sobre las personas.

Los poetas ingleses Wordsworth, Southey y Coleridge se entusiasmaron con la toma de la Bastilla. «Desde el corazón de la humanidad, la Esperanza surge como una Deidad plena de vida», escribió Coleridge. El poeta y grabador William Blake estuvo a punto de ser arrestado por defender los princi-

---

[48] G. W. F. Hegel, *The Philosophy of History,* Nueva York, 1956, p. 447 [ed. cast.: *Lecciones sobre la filosofía de la historia universal,* Madrid, Revista de Occidente, 1974, p. 692].

pios de la revolución en una discusión con un soldado. La casa del pionero de la química Joseph Priestley fue atacada por una turba monárquica. Los filósofos alemanes Kant y Fichte fueron tan entusiastas como el joven Hegel. Incluso después de Thermidor, Kant pudo decir: «Las fechorías de los jacobinos no fueron nada comparadas con los tiranos del pasado»[49]. Beethoven incorporó a su música las melodías de las canciones revolucionarias y encarnó el espíritu del ejército revolucionario en su gran *Tercera sinfonía*, la *Heroica* (aunque la dedicatoria a Napoleón la retiró como consecuencia del disgusto que le produjo que este se proclamara emperador). Desde Irlanda, Wolfe Tone, de la clase media de Belfast, y lord Edward Fitzgerald, miembro de una antigua familia aristocrática, fueron a París a establecer contacto con el gobierno revolucionario. En Latinoamérica, un muchacho de dieciséis años de Caracas, Simón Bolívar, también de familia aristocrática, defendió la revolución en una discusión con el virrey de Panamá en 1799; mientras que un sacerdote mexicano, Miguel Hidalgo, ganó a estudiantes como José María Morelos para los ideales de la revolución.

La revolución a punta de bayoneta

Fue ese entusiasmo el que hizo que, cuando cruzaron las fronteras para adentrarse en Bélgica, Holanda, el norte de Italia y el sur de Alemania, los ejércitos franceses encontraran en su avance muchos aliados locales. Los miembros de la clase media que se oponían a los gobiernos monárquicos y oligárquicos se describían a sí mismos como «jacobinos», e incluso una vez los jacobinos hubieron perdido el poder este siguió siendo el nombre con el que en general se llamó a los partidarios de las fuerzas revolucionarias. Siempre que el ejército francés avanzaba, estas fuerzas colaboraban con él para imponer desde arriba reformas parecidas a las llevadas a cabo, desde abajo, en Francia: la abolición de la servidumbre y los derechos feudales, la separación de Iglesia y Estado, la confiscación de las tierras de la Iglesia, la abolición de las aduanas interiores y el establecimiento de asambleas más o menos democráticas. Pero los problemas no tardaron en surgir.

Uno de los argumentos de Robespierre contra Brissot había sido que los pueblos de otros países no recibirían bien a extranjeros, por buenas que fue-

---

[49] Citado en H. G. Schenk, art. cit., p. 100 [ed. cast. cit.: p. 68].

ran las intenciones de estos. No tardó en demostrarse que estaba en lo cierto, a pesar del entusiasmo inicial de muchos intelectuales y algunos sectores de la clase media. El victorioso ejército francés sólo se podía mantener a sí mismo mediante el pillaje y la imposición de tributos a los países que conquistaba. Lo que comenzó como una guerra de liberación pasó por un amargo periodo como guerra de defensa revolucionaria y acabó como una guerra de conquista imperial. Napoleón llevó el proceso a su conclusión lógica con la anexión de Bélgica, Saboya y los pequeños estados independientes alemanes al sur del Rin, así como con la sustitución de las asambleas democráticas por monarquías y la instalación de sus hermanos como reyes en Italia, Westfalia, Holanda y España.

Incluso al mando de Napoleón, el ejército francés demolió los restos de feudalismo y, en algunos casos al menos, puso los cimientos para el avance de la producción capitalista. Pero, sin esos levantamientos de *sans-culottes* y campesinos que tan importantes habían sido en Francia, sus aliados locales habrían carecido de toda base popular. Los campesinos y las clases urbanas inferiores no ganaron con la ocupación francesa nada que les hiciera identificarse con el nuevo orden, pues los tributos pagados a Francia y los costes del abastecimiento del ejército francés constituían una carga tan grande como los antiguos pagos feudales. Los «jacobinos» locales se quedaban con el mango de la brocha cada vez que el ejército francés se veía obligado a retirarse.

Esto sucedió en todas partes en 1812-1814. El intento de colocar a su hermano en el trono español y la invasión de las llanuras del norte de Europa hasta Moscú hicieron que el ejército de Napoleón se comprometiera más allá de sus posibilidades en dos frentes. Fue una estrategia desastrosa. Sus tropas consiguieron sofocar un levantamiento popular en Madrid, pero a partir de entonces se vieron hostigadas por guerrilleros, al mismo tiempo que tropas británicas al mando de Wellington se abrían paso por la península Ibérica. Mientras tanto, la ocupación de una Moscú desierta se saldó con un desastre cuando las tropas enemigas y el duro invierno destruyeron unas líneas de suministro de más de 1.500 kilómetros. Tan impopulares fueron los ejércitos franceses en los territorios ocupados, que los liberales españoles y prusianos se aliaron con las fuerzas monárquicas para expulsarlos en lo que parecieron ser guerras de «liberación nacional»… sólo para verse traicionados por los reyes victoriosos y arrastrados a los abismos de opresión y depresión expresados en las «pinturas negras» de Goya.

La derrota de Napoleón (o, más bien, sus dos derrotas, pues en 1815 protagonizó un asombroso regreso, los Cien Días, antes de ser definitivamente derrotado en Waterloo) permitió que todos los reyes, príncipes y aristócratas volvieran donde solían, esta vez para crear un extraño mundo dividido en el que las antiguas superestructuras de los regímenes del siglo XVIII se impusieron a estructuras sociales que se habían transformado: al menos en Francia, el norte de Italia y el oeste de Alemania. Un mundo brillantemente descrito en las novelas *El rojo y el negro* y *La cartuja de Parma* de Stendhal (un antiguo comisario del ejército napoleónico), así como en *El conde Montecristo* de Alejandro Dumas (cuyo padre, hijo de un esclavo negro, había sido general a las órdenes de Napoleón).

Gran Bretaña: el nacimiento de una tradición

No fue sólo en la Europa continental donde la revolución tuvo un profundo impacto sobre la vida política. Su influencia fue poderosa en Gran Bretaña. Antes de 1789 los sectores más importantes de la burguesía habían obtenido una importante influencia sobre los asuntos políticos y no veían ninguna razón para jugar con la revolución. Pero los acontecimientos en Francia agitaron a amplios sectores de las masas en ciudades en rápida expansión: las cantidades cada vez mayores de artesanos, jornaleros y pequeños tenderos, más algunos de los nuevos trabajadores industriales de las fábricas.

Los derechos del hombre, la defensa de la revolución y la reivindicación de similares principios constitucionales para Gran Bretaña por parte de Tom Paine, vendió 100.000 ejemplares. En Sheffield, a finales de 1791, «cinco o seis mecánicos [...] que conversaban sobre el elevadísimo precio de las provisiones» y los abusos del gobierno formaron la Sociedad Constitucional de Sheffield, dedicada a la reivindicación del sufragio universal y parlamentos anuales. En marzo de 1792 contaba con 2.000 miembros y, tras la victoria revolucionaria en Valmy, seis meses después, organizó una celebración que sacó a la calle a 6.000 personas[50]. Parecidas sociedades se crearon en Mánchester, Stockport, Birmingham, Coventry y Norwich, con diferentes grados de éxito[51]. La Socie-

---

[50] G. Williams, *Artisans and Sans-culottes,* Londres, 1981, p. 58.

[51] *Ibid.,* pp. 59, 62-66. «Planting the Liberty Tree», en el clásico de E. P. Thompson *The Making of the English Working Class,* cap. 5, Nueva York, 1966 [ed. cast.: *La formación histó-*

dad de Correspondencia de Londres, fundada por el zapatero Thomas Hardy a comienzos de 1792, creció vertiginosamente, hasta contar con 5.000 miembros organizados en 48 «divisiones» (sucursales)[52] y establecer una red nacional con las sociedades provinciales.

El movimiento fue lo bastante grande como para preocupar al gobierno británico en un momento en que se preparaba para la guerra contra la Revolución francesa a finales de 1792. Los peces gordos de Birmingham ya habían incitado a una turba a atacar una cena de reformadores locales que conmemoraban la caída de la Bastilla en 1791, saquear casas, incendiar locales de reunión y dar una paliza a personas de la ciudad como el químico Joseph Priestley[53]. Ahora el gobierno azuzaba la agitación antijacobina en toda la nación. En todas las localidades se fundaron sociedades lealistas para que favorecieran una fiebre bélica nacionalista.

Los ataques fueron también feroces contra cualquier intento de propagar las ideas democráticas. Tom Paine, acusado de traición por *Los derechos del hombre,* se vio obligado a huir del país. Dos líderes de los Amigos del Pueblo escoceses, el joven abogado Thomas Muir y el predicador unitario inglés Thomas Palmer, fueron deportados tras un juicio muy poco imparcial[54], lo mismo que tres delegados de una «Convención Constitucional Escocesa». Thomas Hardy y otra docena de líderes londinenses fueron llevados a juicio por traición y la esposa de Hardy falleció como consecuencia del ataque de una banda a su casa. Cuando un jurado favorable absolvió a los acusados, el Parlamento suspendió el *habeas corpus,* de manera que a los activistas se los pudo encarcelar sin juicio.

En ciertos puntos la agitación de los jacobinos ingleses y escoceses encontró una amplia respuesta entre las clases urbanas. Podían reunir a millares de personas en reuniones al aire libre, y algunos de los líderes de los grandes motines navales que sacudieron a la armada británica en 1797 estaban claramente bajo la influencia de sus ideas. Pero la mayoría de la clase media estaba dispuesta a unirse con la clase terrateniente en defensa del provechoso

---

rica de la clase obrera, Inglaterra 1780-1832, Barcelona, Laia, 1977], contiene una explicación exhaustiva de todos estos desarrollos.

[52] Según G. Williams, *op. cit.,* p. 78.

[53] Para una explicación completa, véase E. P. Thompson, *op. cit.,* pp. 73-74 [ed. cast. cit., vol. I, pp. 94-95].

[54] Véase la explicación en J. D. Mackie, *A History of Scotland,* Harmondsworth, 1973, pp. 311-313.

statu quo y darle al gobierno manos libres para aplastar el movimiento. A finales de la década de 1790 no era fácil para nadie expresar simpatía por los ideales revolucionarios.

Sin embargo, la agitación de la Sociedad Constitucional de Sheffield, la Sociedad de Correspondencia de Londres, los Amigos del Pueblo escoceses y demás, sí tuvo una consecuencia importante. Como Edward Thompson demostró en *La formación de la clase obrera en Inglaterra,* contribuyó a crear una tradición que iba a tener un gran efecto en los años 1815-1848.

El levantamiento republicano irlandés

El ejemplo de Francia tuvo un impacto directo incluso mayor en Irlanda, la colonia más antigua de Gran Bretaña , donde dio nacimiento a una revolucionaria tradición nacionalista que hoy en día persiste.

Los gobiernos ingleses habían consolidado su control sobre la isla después de que en la década de 1650 aplastaran la resistencia mediante el asentamiento de campesinos protestantes (en su mayoría procedentes de Escocia) en tierras arrebatadas a los católicos nativos en la provincia del Ulster. El temor de los descendientes de estos colonos campesinos a ser expulsados por un levantamiento católico les llevó a sentir que tenían intereses comunes con los grandes terratenientes angloirlandeses, que también eran protestantes. No se atrevían a desafiar las políticas que les imponían los gobiernos británicos, no fuera que ello animara a los católicos desposeídos. Hasta la década de 1770, el Parlamento protestante de Dublín se limitó meramente a ratificar las políticas diseñadas en Londres.

Las actitudes comenzaron a cambiar en el último cuarto del siglo XVIII. La Guerra de Independencia americana otorgó al Parlamento dublinés un mayor poder negociador, pues los gobiernos británicos querían que una milicia de voluntarios irlandeses rechazara cualquier ataque francés. Durante un tiempo pareció que el Parlamento irlandés podía actuar en interés de los terratenientes y hombres de negocios irlandeses. Pero estas esperanzas se desvanecieron una vez acabada la guerra, y el resentimiento contra Gran Bretaña creció mucho, especialmente entre la ascendente clase media de comerciantes protestantes de Belfast.

La fusión de todos estos sentimientos produjo una respuesta entusiasta a la Revolución francesa. En demanda de una convención constitucional y apoyo de la emancipación católica surgieron voluntarios que comenzaron a adiestrarse. En 1792, «la ciudad de Belfast, ahora en la vanguardia de la lucha por la democracia, celebró el aniversario de la Revolución francesa con una gran procesión y una gran fiesta. [...] Un espíritu republicano invadía toda la atmósfera». Los carteles atacaban el sectarismo religioso: «Los celos supersticiosos, esa es la causa de la Bastilla irlandesa: unámonos para destruirla»[55]. Uno de los organizadores de este acontecimiento, el joven abogado protestante Wolfe Tone, formó una nueva organización radical, los Irlandeses Unidos, en el curso de una cena en Belfast con una docena de hombres, la mayoría dedicados a los negocios (un mercero, un fabricante de lino, un curtidor, un oficinista, un boticario, un relojero y tres comerciantes)[56].

En Irlanda, como en Gran Bretaña, hubo un intento de destruir el nuevo jacobinismo con la represión. Cumpliendo órdenes inglesas, la clase alta irlandesa aprobó leyes que prohibían portar armas y proscribían a los Irlandeses Unidos. Empujada a la clandestinidad, la organización se hizo cada vez más revolucionaria. Su objetivo pasó a ser acabar con el dominio británico, causa del atraso económico de Irlanda y de su división religiosa. Era preciso un levantamiento revolucionario para la creación de una nación moderna, como en Francia. Los Irlandeses Unidos daban por descontado que Irlanda sería una nación capitalista, pero que se habría desembarazado del peso muerto del dominio extranjero y la aristocracia nativa. Lograrlo, opinaba Tone cada vez con más convicción, dependía de la clase media, sobre todo de que los protestantes Irlandeses Unidos convencieran al campesinado católico, que tenía una larga tradición de agitación antiseñorial a través de grupos de «defensa» armados clandestinos.

Las personas dispuestas a apoyar un levantamiento eran superiores en número a aquellas con las que contaba el gobierno británico: 100.000 frente a unas 65.000[57]. Pero estaban mucho peor entrenadas y armadas. El éxito parecía depender de que se obtuviera apoyo militar de Francia.

La insurrección se produjo en 1798. Pero el apoyo francés fue demasiado escaso y llegó demasiado tarde, con los 1.100 soldados que en agosto desem-

---

[55] T. Moore, *The Life and Death of Lord Edward Fitzgerald,* vol. 1, Londres, 1831, p. 204.

[56] Según F. Campbell, *The Dissenting Voice, Protestant Democracy in Ulster,* Belfast, 1991, p. 51.

[57] *Ibid.,* p. 98.

barcaron en el condado de Mayo. Para entonces las autoridades habían podido arrestar a los líderes del movimiento y obligado a una acción prematura a aquellos rebeldes que ya estaban armados. Los levantamientos de Wexford y Antrim fueron sofocados. La represión que siguió hizo que el Terror de la Revolución francesa pareciera un juego de niños. Se calcula que las represalias contra los sospechosos de haber apoyado la sublevación se cobraron 30.000 vidas[58].

Ese no fue el final de la historia. Como consecuencia del incremento de la tensión en los tres años previos al levantamiento, las autoridades habían fomentado deliberadamente el montaje de campañas de odio a los católicos por parte de grupos protestantes. A los choques locales entre campesinos católicos y protestantes en la aldea de Diamond, en Antrim, en el otoño de 1795 siguió la fundación de una organización protestante semisecreta, la Orden de Orange. Los hacendados angloirlandeses despreciaban a los campesinos de todas clases y al principio la apoyaron. Pero pronto se dieron cuenta de que resultaba inapreciable contra la amenaza de revuelta:

> Durante 1796 y 1797, gradualmente [...] la Orden de Orange se transformó de una pequeña organización marginal dispersa y socialmente inaceptable, despreciada por la clase gobernante, en una poderosa sociedad de ámbito provincial, aprobada y activamente apoyada por parte de la elite de Gran Bretaña e Irlanda[59].

El general Lake, comandante de las fuerzas armadas, presidía los desfiles orangistas, y grupos armados orangistas colaboraban cada vez más con las tropas y la milicia gubernamentales en la represión de los partidarios de los Irlandeses Unidos. A los protestantes rebeldes les plantearon una disyuntiva: ser víctimas de palizas y torturas o unirse a la Orden de Orange para apalear y torturar a otros rebeldes[60]. Así fue como las autoridades británicas y los hacendados angloirlandeses no sólo sofocaron el levantamiento, sino que dieron un enorme impulso al sentimiento religioso sectario.

---

[58] La cifra figura en T. Gray, *The Orange Order,* Londres, 1972, p. 69. T. Packenham sitúa entre 30.000 y 70.000 el número de muertos en la rebelión: véase *The Year of Liberty,* Londres, 1978, p. 392.

[59] F. Campbell, *op. cit.,* p. 83.

[60] C. Fitzgibbon, citado en T. Gray, *op. cit.,* p. 68.

Las dos tradiciones políticas dominantes en la política irlandesa desde hace 200 años, el republicanismo y el orangismo, nacieron como vástagos de una lucha de ámbito europeo entre la revolución y la contrarrevolución.

En aquellos momentos, sin embargo, esto distaba de constituir una preocupación para los «civilizados» estadistas del gobierno británico. Tras haber aplicado con éxito una política de divide y vencerás contra los Irlandeses Unidos, dos años más tarde consiguieron convencer al Parlamento irlandés de que votara su propia extinción. La exclusión de los mercados bajo control británico había causado graves estragos en la agricultura y la industria irlandesas. Ahora se veían privadas de todo medio político de protección, mientras que los terratenientes angloirlandeses obtenían enormes rentas que en Inglaterra consumían en un ocio improductivo. El gobierno británico creía haber resuelto la «cuestión irlandesa»: una creencia en la que iban a incurrir cada 30 o 40 años hasta el presente.

Los jacobinos negros de Haití

La contrarrevolución no triunfó en todas partes. En una isla a casi 7.000 kilómetros de distancia al otro lado del Atlántico, Haití, el resultado fue diferente al producido en Irlanda. Pero costó una década de encarnizadas sublevaciones, guerras y luchas intestinas.

Santo Domingo, la parte occidental de la isla La Española, había sido la joya más preciada del imperio colonial de la monarquía francesa. Sus plantaciones producían más azúcar que todas las demás colonias europeas en el Caribe y la América continental juntas, y enriqueció a los propietarios de las plantaciones lo mismo que a los capitalistas comerciales de puertos franceses como Nantes y Burdeos.

La fuente de esta riqueza era el trabajo sin tregua de 500.000 esclavos con una tasa de mortalidad tan elevada que requería continuas importaciones de África como único medio de mantener su número. Los amos eran 30.000 blancos –una proporción de la población mucho menor que en cualquiera de los estados de Norteamérica–, junto a los cuales vivía una cantidad similar de «mulatos» libres, algunos de los cuales se habían hecho bastante ricos e incluso podían poseer esclavos.

El número relativamente bajo de blancos no impedía que estos tuvieran grandes aspiraciones. Sentían que la riqueza de la colonia era fruto de sus propios esfuerzos y estaban descontentos con las reglas impuestas a su comercio por la *exclusive:* la versión francesa del sistema mercantilista. Como consecuencia, en la primavera y el verano de 1789 se sintieron impelidos a plantear sus propias demandas de «libertad» como parte de la agitación de la clase media acomodada en la metrópoli. La noticia de la toma de la Bastilla provocó el desafío armado al gobernador real, a pesar de que los insurgentes coloniales no tenían intención alguna de aplicar los eslóganes revolucionarios sobre la «libertad» y la «igualdad» a los esclavos negros, ni siquiera a los mulatos libres.

Aunque sólo constituían el 7 por 100 de la población, los blancos estaban sumamente divididos. Los «pequeños blancos», cada uno de ellos poseedores tal vez de tres o cuatro esclavos, podían sentirse tan descontentos con la humillación que soportaban a manos de los «grandes blancos» dueños de plantaciones como la clase media francesa con la aristocracia. Los plantadores, deseosos de tener manos libres para decidir con quién comerciar, no iban a dejar que los «pequeños blancos» ejercieran el control político. Y ambos grupos se indignaron cuando la asamblea francesa, en su exuberancia revolucionaria, decretó la igualdad de derechos de todos los hombres libres, incluidos los mulatos y los negros libres, si bien evitaba cuidadosamente cualquier mención de la esclavitud. Pronto se estuvo al borde de la guerra civil entre las cambiantes alianzas de los cuatro grupos que constituían la población libre: los partidarios del gobernador, los grandes blancos, los pequeños blancos y los mulatos.

Todos ellos esperaban que los esclavos negros continuaran trabajando, sufriendo, recibiendo castigos y muriendo como si nada hubiera cambiado. Craso error. Los esclavos aprovecharon la oportunidad de rebelarse: incendiaron plantaciones, mataron a dueños de esclavos, formaron bandas armadas para combatir a la milicia blanca y extender la revuelta, y alumbraron líderes propios. El más destacado, el antiguo tratante de ganado Toussaint-L'Ouverture, no tardó en maniobrar hábilmente entre los grupos blancos rivales, los mulatos, un ejército español invasor desde la otra mitad de la isla y sucesivos representantes de los girondinos franceses. Luego, justo cuando en Francia los *sans-culottes* estaban deponiendo a los jacobinos del poder, en Santo Domingo desembarcó una fuerza militar británica.

Las implicaciones de lo que sucedió a continuación van mucho más allá del futuro de Santo Domingo. Importantes sectores de la clase dirigente británica, influidos por los argumentos de Adam Smith, habían llegado a la conclusión de que la esclavitud era cosa del pasado. Después de todo, ya habían perdido las plantaciones azucareras de Norteamérica y las que tenían en las Indias Occidentales eran mucho menos importantes que las de Francia. El gobierno de William Pitt el Joven había dado cierto aliento a la campaña antiesclavista de William Wilberforce. Pero la perspectiva de apoderarse de Santo Domingo, la más importante de todas las economías esclavistas, les hizo cambiar de opinión y los predispuso a aceptar la esclavitud con entusiasmo. La victoria en este intento habría dado un nuevo ímpetu al esclavismo en todo el mundo.

La fuerza de la revolución que en Francia llevó a los jacobinos al poder tuvo pareja importancia para la rebelión de los esclavos. Muchos de los líderes girondinos se habían opuesto explícitamente a la esclavitud y habían sido miembros de la Sociedad de Amigos de los Negros en 1788. Eran sobre todo periodistas o abogados inspirados por las ideas de la Ilustración. Pero su base política más importante la constituía la burguesía comercial de los puertos franceses occidentales, y estos se oponían con vehemencia a cualesquiera medidas que redujeran sus beneficios. Tras haber hecho propaganda de los argumentos antiesclavistas, los girondinos no estaban dispuestos a ponerlos en práctica. Por contra, las fuerzas populares que apoyaban a los jacobinos no tenían intereses materiales en la esclavitud y fácilmente identificaron los sufrimientos de los esclavos con los suyos propios. Al mismo tiempo, los líderes jacobinos de clase media, aterrados por la derrota militar a manos de una coalición que incluía a Gran Bretaña, podían ver las ventajas de fomentar las revueltas de esclavos en las islas británicas del Caribe.

El 4 de febrero de 1794 la Convención, dominada por los jacobinos, decretó la abolición de la esclavitud en todos los territorios franceses, al tiempo que su presidente dio un beso fraternal a los emisarios negros y mulatos de Santo Domingo. Se había formado entre dos revoluciones una alianza que iba a frustrar las esperanzas de Pitt de ampliar la apuesta del capitalismo británico por la esclavitud. Los 60.000 efectivos de la fuerza expedicionaria británica sufrieron más bajas que el ejército peninsular de Wellington una década más tarde. El saldo de los cálculos materiales en el Parlamento británico volvió a cambiar. Los contrarios a la trata de esclavos cobraron nuevas fuerzas, y en 1807 se votó su prohibición.

Por desgracia, con esto no acabó todo para los antiguos esclavos de Santo Domingo. El viraje hacia la derecha en la Francia posthermidoriana otorgó una nueva influencia a los antiguos poseedores de esclavos y a sus aliados mercantiles. Mientras se preparaba para coronarse emperador, Napoleón también planeaba la reimposición de la esclavitud en el imperio colonial. Envió una flota con 12.000 efectivos con el objetivo de que les arrebataran el control de Santo Domingo a las fuerzas de Toussaint-L'Ouverture. La guerra que se desencadenó no fue menos cruenta que la guerra contra los británicos. En un determinado momento, la victoria pareció decantarse del lado francés cuando Toussaint, que en un error de cálculo había intentado la conciliación con el enemigo, fue raptado y ejecutado en una cárcel francesa. Fue uno de sus antiguos lugartenientes, Dessalines, quien volvió a cohesionar la resistencia y derrotar al ejército de Napoleón de la misma manera en que Toussaint había derrotado al ejército británico.

Santo Domingo se convirtió en el Estado negro independiente de Haití. Era un Estado pobre: 15 años de guerra casi continua habían causado enormes estragos. La economía azucarera, que tanta riqueza había producido para unos pocos, no podía restaurarse sin aproximarse a la esclavitud y aunque el sucesor de Dessalines, Christophe, intentó imponerla, el pueblo no lo toleró. Serían pobres, pero eran más libres que los negros de Jamaica, Cuba, Brasil o Norteamérica.

Las primeras revoluciones latinoamericanas

Fue la libertad de Haití la que en 1815 llevó a visitarla al venezolano que con tanta vehemencia había defendido los principios de la revolución a sus dieciséis años de edad: Bolívar. Ahora era uno de los líderes de una revuelta que desafiaba el poder español en toda Latinoamérica.

Lo mismo que en Haití, el detonante de la revuelta fueron los acontecimientos en Europa. En 1808 Napoleón había instalado a su hermano José en el trono de España tras la abdicación del débil rey borbón Carlos IV. Esto provocó una revuelta marcada por levantamientos en Madrid y una enorme actividad guerrillera en el campo, así como las batallas campales libradas por los restos del ejército español con apoyo británico. La revuelta debía gran parte de su dinamismo a campesinos profundamente religiosos liderados por sacerdotes a los que horrorizaba cualquier desafío a las prácticas feudales de la nobleza y la Iglesia y determinados a reimponer una monarquía absoluta con Fernando, el hijo de Carlos, al frente… además de la Inquisición. Pero durante un tiempo una junta de la burguesía liberal de Cádiz consiguió hacerse pasar por el centro nacional de la revuelta, a pesar de que sus ideas constituían anatema para las fuerzas combatientes en la mayor parte del país.

El resultado fue que no sólo España, sino todo su imperio, carecieron de un gobierno coherente durante seis años. En las Américas se produjo un repentino vacío de poder desde California hasta el cabo de Hornos. Inevitablemente, las diversas fuerzas políticas que trataron de llenarlo acabaron enredadas en cruentas guerras entre ellas.

Como los británicos en Norteamérica y los franceses en Santo Domingo, los colonos españoles llevaban trescientos años desarrollando intereses propios que chocaban con los de los gobernantes del imperio. La crisis política en España pareció la oportunidad para imponer esos intereses.

Los virreyes coloniales, comprometidos con la causa de la monarquía española, estaban decididos a oponerse a tales reivindicaciones, disponían de tropas y, además, podían confiar en el respaldo de la Iglesia. Los virreyes tenían otra cosa a su favor: en la sociedad colonial las divisiones eran incluso mayores de lo que habían sido en Norteamérica. Vastas zonas de Latinoamérica estaban dominadas por grandes terratenientes que habían establecido formas esencialmente feudales de control sobre los pueblos indígenas. Mientras tanto, en las ciudades había comerciantes que debían sus fortunas al comercio con España más que con otras partes de Latinoamérica, una clase media que creía que la Corona y los terratenientes estaban obstaculizando el avance económico, y una masa de artesanos, trabajadores y, en algunas regiones, esclavos negros.

Esa era la situación cuando en 1810 Bolívar, él mismo procedente de una familia de grandes terratenientes, tomó parte en la primera insurrección en Venezuela contra el gobierno español: justo al mismo tiempo que, a más de 3.000 kilómetros de distancia, el cura revolucionario Hidalgo lideraba un alzamiento en la ciudad mexicana de Guadalajara. Los levantamientos primero triunfaron y luego fueron sofocados. Hidalgo fue ejecutado y Bolívar obligado a huir para salvar la vida. El modelo se repitió cuando Bolívar protagonizó otra insurrección en Caracas que se saldó con otra derrota (y con la búsqueda de apoyo en Haití), mientras Morelos tomaba el estandarte de Hidalgo y era asimismo ejecutado. Bolívar tuvo éxito al tercer intento: desde Venezuela marchó, a través de Nueva Granada (hoy Colombia), a Bolivia, y se reunió con el «libertador» de Argentina, San Martín, antes de unirse al «libertador» chileno O'Higgins para expulsar de Perú a la Corona española. Mientras tanto, una tercera revuelta en México obligó por fin a los españoles a la concesión de la independencia. Sin embargo, las victorias fueron amargas para aquellos impulsados por los ideales de Bolívar e Hidalgo. Estos habían abrazado los valores de la Revolución francesa y aspirado no meramente a deshacerse de la Corona, sino a acabar con el feudalismo, liberar a los esclavos e instaurar una república burguesa plena. Hidalgo había llegado incluso a instigar a los campesinos a la revuelta con un discurso que hablaba de repartir tierras, mientras que tras sus victorias Bolívar convocó a un «Congreso Continental» en Panamá con el objetivo de instaurar unos «Estados Unidos» de Latinoamérica.

Los grandes terratenientes que dominaban el continente no estaban interesados. Había sido su oposición a un planteamiento tan radical lo que llevó a las derrotas iniciales de Bolívar y a la ejecución de Hidalgo. Aunque acabaron por saludar a Bolívar y a los sucesores de Hidalgo como «libertadores», también se aseguraron de que la independencia se produjera en sus propios términos. La reforma agraria nunca se produjo, el poder siguió en manos de las oligarquías regionales y los planes para instaurar una república latinoamericana que rivalizara con los Estados Unidos nacieron muertos. Pese a sus éxitos y estatuas que adornan todas las ciudades venezolanas, Bolívar murió decepcionado.

Latinoamérica siguió siendo en gran medida lo que había sido antes de la independencia: un continente de unas cuantas ciudades coloniales importantes con un esplendor en los siglos XVII y XVIII que podía rivalizar con el de muchas de Europa, rodeadas por vastas extensiones de grandes fincas latifundistas trabajadas en condiciones casi de servidumbre. Sus «naciones» se libraron del gobierno español, pero en un grado mayor o menor siguieron dependiendo de las potencias extranjeras. En el curso del siglo XIX, México sería invadido por los EEUU y Francia, mientras que Gran Bretaña iba a ejercer una influencia dominante sobre países como Argentina y Chile. En cada país latinoamericano las camarillas oligárquicas conspiraron unas contra otras, dieron golpes, apoyaron partidos «liberales» y «conservadores» rivales y conservaron unas estructuras sociales caracterizadas por los privilegios extremos de un lado y enormes bolsas de pobreza perenne del otro.

IV La retirada de la razón

En 1789 el entusiasmo revolucionario había arrastrado a muchos círculos intelectuales influidos por la Ilustración. Pero el sentimiento distaba de ser universal. No tardaron en oírse voces que denunciaban lo que estaba sucediendo como un asalto a la civilización. No se quejaban del Terror, que aún tardaría tres años en producirse. La Guardia Nacional de Lafayette seguía manteniendo París bajo estricto control, el rey seguía nombrando gobiernos aun cuando estos eran responsables ante la asamblea, y Robespierre seguía denunciando la pena capital. La hostilidad se dirigía contra la mera sugerencia de que era la masa del pueblo la que debía decidir sobre los asuntos del Estado.

«La vil multitud» estaba socavando la misma base de la civilización, según Edmund Burke, en Gran Bretaña, en un texto que se convirtió en la biblia de la contrarrevolución y no ha dejado de serlo:

> La gloria de Europa se ha extinguido para siempre. Nunca, nunca más veremos la generosa lealtad a la autoridad y al sexo, aquella orgullosa sumisión a la obediencia dignificada, la cordial subordinación que mantenía vivo, aun en la servidumbre misma, el espíritu de la libertad exaltada[61].

---

[61] Citado en H. G. Schenk, art. cit., p. 100 [ed. cast. cit., en *Historia del mundo moderno*, vol. IX, cit., p. 69; E. Burke, *Reflexiones sobre la Revolución francesa*, Madrid, Rialp, 1989, pp. 103-104].

Previamente, Burke no era conocido como un conservador recalcitrante. Se había opuesto a la política británica en América y había condenado la conducta de los conquistadores británicos de Bengala. A su vuelta de América a Londres a finales de la década de 1780, Tom Paine lo consideró un amigo. Pero la mera insinuación de una participación de las masas en la vida política fue demasiado para él. Su denuncia, *Reflexiones sobre la revolución en Francia,* apareció en 1790 y fue una polémica que aspiraba a unir la propiedad territorial, la riqueza dineraria y las «clases cultivadas» contra cualquier idea de que artesanos y agricultores, menos aún «siervos» y braceros, deberían gobernar. Esto significaba un rechazo de todas y cada una de las concesiones a las doctrinas liberales. Antaño partidario de la abolición de la esclavitud, Burke ahora denunciaba el abolicionismo como «una hebra de la execrable urdimbre del jacobinismo»[62]. En un escrito posterior, insistía en que Tom Paine merecía «la refutación de la justicia penal»[63].

Las *Reflexiones* tuvieron un éxito inmediato entre las clases superiores: en Inglaterra se vendieron 50.000 ejemplares, y en el plazo de un par de años se realizaron numerosas traducciones a otras lenguas. A Jorge III le encantaron; en Catalina la Grande produjeron entusiasmo; Estanislao II, el último rey de Polonia, las elogió con ardor. Ninguno de ellos, por supuesto, tenía experiencia alguna de la «servidumbre» ni jamás había hecho nada para promover el «espíritu de la libertad exaltada».

De los escritos de Burke en Inglaterra no tardaron en hacerse eco en el continente los de Joseph de Maistre. Este no sólo insistió en que los gobernantes debían «separarse de las personas por nacimiento o riqueza, pues una vez las personas hayan perdido el respeto a la autoridad, todo gobierno habrá llegado a su fin»[64], sino que amplió el argumento hasta convertirlo en un ataque a todos los cimientos de la Ilustración. «El mayor delito que un noble puede cometer», escribió, «es atacar los dogmas cristianos»[65].

No fue el único en advertir de que los desafíos a los antiguos prejuicios podían llevar a desafíos de las clases explotadas a sus amos. Ahora Gibbon veía un lugar para las absurdas creencias cristianas que con tanta ferocidad había atacado en su *Decadencia y caída del Imperio romano.* Escribió acerca

---

[62] Citado en H. G. Schenk, art. cit., p. 98 [ed. cast. cit., p. 67].
[63] Citado en J. Keane, *op. cit.,* p. 323.
[64] Citado en H. G. Schenk, art. cit., p. 106 [ed. cast. cit., p. 72].
[65] Citado en *ibid.,* p. 105 [ed. cast. cit., p. 72].

de «los peligros de exponer las antiguas supersticiones al desprecio de la ciega e ignorante multitud»[66].

No se atacaba meramente la revolución, sino los fundamentos mismos de la Ilustración, y con una intensidad tanto mayor cuando el avance de los ejércitos revolucionarios hizo que todas las testas coronadas y los aristócratas de Europa temblaran. Volvieron a las creencias oscurantistas como baluarte contra la expansión de la razón entre las masas, y adoptaron las medidas políticas más represivas contra quienes intentaban continuar la tradición ilustrada.

La marea de la sinrazón se vio reforzada por la desilusión de muchos cuyas esperanzas de 1789, minadas por la segunda ola de terror, se convirtieron en amargura con Thermidor y se derrumbaron con la coronación de Napoleón. Se pasaron al cinismo e incluso a la reacción. «Los gobernantes son en buena medida iguales en todos los tiempos y bajo todas las formas de gobierno», escribió Coleridge en 1797. El poeta alemán Hölderlin sugirió que la esperanza en un mundo mejor era en sí misma un mal. «Los que han transformado el Estado en el infierno son precisamente aquellos hombres que trataron de transformarlo en el cielo[67].» Incluso quienes se negaban a traicionar las esperanzas de 1789 abandonaron por lo general la confrontación directa con el antiguo orden. El campo estaba cada vez más abierto para quienes predicaban la fe ciega en los mitos religiosos y los delirios monárquicos.

Mientras que 50 años antes Hume había expresado abiertamente opiniones escépticas, a sus dieciocho años de edad Shelley fue expulsado de Oxford por defender el ateísmo. Voltaire había puesto de manifiesto los absurdos del Antiguo Testamento, pero personas como David Strauss no reanudaron el ataque a la Biblia hasta la década de 1840. En el siglo XVIII, Buffon y Lamarck en Francia y Erasmus Darwin en Inglaterra habían sido capaces de postular la idea de la posible evolución de las especies. Pero incluso en las décadas de 1830 y 1840 la atmósfera era tal, que el nieto de Erasmus, Charles, tardó 20 años en revelar al mundo que él también creía esto y tenía una nueva teoría sobre cómo sucedía[68]. Los pensadores de la Ilustración escocesa Adam Smith y Adam Ferguson habían expuesto ideas sobre el desarrollo de la sociedad humana desde los ca-

---

[66] E. Gibbon, *Autobiography,* citado en P. Gray, *Voltaire's Politics,* New Jersey, 1959, p. 259 [ed. cast.: E. Gibbon, *Autobiografía,* Buenos Aires, Espasa-Calpe, 1949, p. 157].

[67] Coleridge y Hölderlin son citados en H. G. Schenk, art. cit., p. 100 [ed. cast. cit., p. 69].

[68] Véase A. Desmond y J. Moore, *Darwin,* Londres, 1992 [ed. cast.: *Charles Darwin,* Barcelona, Herder, 2008].

zadores-recolectores hasta el presente. Pero esto lo habían olvidado quienes simplemente repetían frases de *La riqueza de las naciones* mientras consideraban que la sociedad era un don de Dios. Fue como si, durante casi medio siglo, se hubiera hecho un intento de congelar el pensamiento de las personas.

El giro de la Ilustración al oscurantismo no fue total. Siguió habiendo muchos avances en matemáticas, física y química, fomentados sobre todo por la expansión de la industria y las necesidades de la guerra. Los choques políticos entre industriales en pos del beneficio y terratenientes sólo interesados en obtener rentas mayores permitieron que David Ricardo desarrollara en Inglaterra la concepción smithiana del capitalismo. El filósofo alemán Hegel sintetizó muchas de las intuiciones ilustradas en una vasta panorámica del desarrollo del entendimiento humano, aunque de un modo que separaba dicho desarrollo de cualquier apuntalamiento material. Walter Scott, Honoré de Balzac, Stendhal y Jane Austen ennoblecieron la novela como la manera característica de dar expresión literaria a los dilemas de las clases medias en el emergente mundo capitalista. En la literatura, la música y el arte, el «Romanticismo» celebró los sentimientos y las emociones en lugar de la razón. Esto llevó con frecuencia a la glorificación de un pasado oscurantista supuestamente «dorado», pero en sociedades que no se habían deshecho de los residuos del feudalismo pudo también llevar a una glorificación de las tradiciones de oposición popular a la tiranía y la opresión. Unos cuantos pensadores «utópicos» como Saint-Simon, Fourier y, en Gran Bretaña, el exitoso pionero de la gestión industrial Robert Owen proyectaron modos de mejorar la organización de la sociedad, a pesar de que fueron incapaces de imaginar qué acción podría hacerlos realidad. Fue preciso que una nueva generación, nacida a finales de la década de 1810 y comienzos de la de 1820, desarrollara la herencia de la Ilustración y los primeros años revolucionarios. Pero, mientras tanto, el mundo estaba cambiando enormemente pese a todos los intentos de las monarquías de la Restauración por reimponer los modelos dieciochescos de vida.

V La Revolución industrial

«En mi establecimiento de New Lanark, la fuerza mecánica y las operaciones supervisadas por unos 2.000 jóvenes y adultos [...] realizan ahora tanto trabajo como el que hace 60 años habría requerido el concurso de toda la población obrera de Escocia», decía Robert Owen, el industrial y futuro socialista, en 1815[69].

Quizá exageraba un poco, pero estaba haciendo hincapié en una verdad importante. En la manera en que los seres humanos producían cosas estaban ocurriendo cambios a una escala desconocida desde el paso a la agricultura dado por los cazadores-recolectores 10.000 años antes. Al principio, estos cambios se concentraron en el norte de Inglaterra, las Tierras Bajas de Escocia y partes de Bélgica. Pero no tardaron en desarrollarse en todas partes.

Implicaban una serie de innovaciones interconectadas: el empleo de máquinas complejas; la fabricación de herramientas de acero endurecido en lugar de emplear madera, latón fácil de doblar o hierro fundido fácil de romper; la fundición de acero en hornos de carbón mineral y no de carbón vegetal, que ya no tenían que trasladarse a medida que los bosques locales se talaban; y el empleo de carbón mineral para el suministro, mediante máquinas de vapor, de una nueva fuente de energía motriz que hiciera funcionar la maquinaria.

---

[69] Citado en R. M. Hartwell, «Economic Change in England and Europe 1780-1830», en *Cambridge New Modern History,* vol. IX, p. 42 [ed. cast.: «La transformación económica en Inglaterra y en el resto de Europa», en *Historia del mundo moderno,* vol. IX, cit., p. 28].

La combinación de las nuevas máquinas, la nueva metalurgia y la nueva fuente de energía incrementó enormemente lo que las personas podían producir. También recortó a una fracción el tiempo que costaba a personas y bienes el traslado de un lugar a otro.

A finales del siglo XVIII, viajar de Boston a Filadelfia todavía llevaba dos semanas, el mismo tiempo que un barco podía permanecer en puerto a la espera de que el viento cambiara, y las hambrunas se producían con regularidad debido a las dificultades para trasladar víveres de una región a otra. En Europa y África los vehículos a ruedas eran conocidos desde hacía más de 3.000 años, pero no se podían emplear en terrenos agrestes o cenagosos. La recua de mulas era con frecuencia un medio de transporte de bienes más importante que la carreta. En Europa, los caminos embarrados contaban a menudo con un parapeto de piedras en medio para facilitar el movimiento de los caballos o las mulas, pero no de los vehículos. En la India mogol, la mayor parte del transporte terrestre lo realizaban enormes rebaños de bueyes, cada uno con su correspondiente carga sobre los lomos[70].

Ahora se puso a ingentes ejércitos de trabajadores, con picos y palas relativamente baratos, a trabajar en la construcción de canales y de las primeras calzadas de superficie sólida y lisa que unieran las principales ciudades. Los dueños de minas descubrieron que podían acelerar el transporte del carbón mediante el empleo de vehículos con ruedas ranuradas sobre raíles: al principio hechas de madera, pero pronto de hierro. Los ingenieros aplicaron la máquina de vapor a la propulsión de barcos y de los vehículos sobre raíles, así como a las fábricas. El primer tren de pasajeros viajó de Mánchester a Liverpool en 1830[71]. De repente, los seres humanos podían trasladarse a una velocidad antes difícilmente imaginable. Bienes producidos en una ciudad podían estar en otra en un par de horas en lugar de en un par de días después. Los ejércitos podían trasladarse de un extremo al otro de un país de hoy para mañana.

En la agricultura se produjeron también cambios acelerados, con la eliminación definitiva del campesinado en Gran Bretaña como consecuencia de

---

[70] Estos hechos sugieren que las civilizaciones precolombinas de las Américas no fueron tan irracionales ni supuso para ellas un obstáculo tan grande el hecho de no haber desarrollado la rueda, pues en la naturaleza no podían encontrar animales de tiro potencialmente domesticables que tiraran de vehículos rodados.

[71] La primera línea ferroviaria cubría el trayecto entre Stockport y Darlington y se inauguró en 1825, pero la mayor parte de su energía motriz la suministraban motores estacionarios, no locomotoras. Véase P. Mathias, *The First Industrial Nation,* Londres, 1983, p. 255.

los cercamientos y de la adopción casi universal de las nuevas semillas y las nuevas formas de cultivo desarrolladas durante el siglo anterior: el nabo, la patata, el trigo en lugar de la avena o la cebada, nuevos pastos, un arado más eficiente y una rotación mejorada de los cultivos. El efecto fue el aumento de la producción de víveres, pero también, y a una escala sin precedentes, del número de personas que buscaban empleo como asalariados, bien en las granjas capitalistas o en las nuevas industrias.

Una clase de nueva índole

Se transformaron las condiciones laborales y de vida de millones de personas, que comenzaron a abarrotar los núcleos urbanos a una escala desconocida en la historia. En la medida en que la industria se basaba en el carbón vegetal como combustible, y en el agua y el viento como energía, quedaba restringida fundamentalmente a las zonas rurales. El carbón mineral y el vapor cambiaron esto. La fábrica moderna con sus gigantescas chimeneas comenzó a dominar el paisaje de la zona alrededor de Mánchester, en Lancashire, y de Glasgow, en Escocia. En la década de 1830, Gran Bretaña era la sociedad más urbana conocida por la humanidad. En 1750 sólo había dos ciudades con más de 50.000 habitantes: Londres y Edimburgo. En 1851 había 29, y la mayoría de la población era urbana[72].

El paso a la producción industrial moderna no fue instantáneo. Como en muchos países actuales del Tercer Mundo, el crecimiento de la industria pesada se acompañó de un enorme crecimiento de la pequeña industria basada en el trabajo manual. En Inglaterra la Revolución industrial echó raíces en el sector textil y la minería. Pero en el primero lo que se concentró en las fábricas era el hilado del algodón, que daba empleo sobre todo a mujeres y niños, mientras que de la tejeduría seguían ocupándose telares instalados en las zonas rurales. El número de sus operarios aumentó enormemente, lo mismo que el de los empleados en muchos comercios urbanos preindustriales. Y hubo un formidable incremento de la fuerza laboral en la minería, normalmente radicada en aldeas y no en ciudades, aunque en aldeas situadas junto a ríos, canales o líneas ferroviarias.

---

[72] Cifras extraídas de E. Hobsbawm, *Industry and Empire,* Harmondsworth, 1971, p. 86 [ed. cast.: *Industria e imperio,* Barcelona, Ariel, 1988, p. 83].

Las vidas de las personas se transformaron en la medida en que para la obtención de su sustento se hicieron cada vez más dependientes de las relaciones financieras con la clase capitalista. El creciente número de operarios de los telares de la década de 1790 se convirtió en la de 1840 en una masa de personas desesperadas que apenas podían ganarse la vida a raíz de la competencia planteada por las nuevas fábricas que utilizaban telares mecánicos.

La cuestión del «nivel de vida» –si las vidas de las personas se deterioraron con la entrada en la industria y la ciudad– ha provocado largos debates entre los historiadores económicos. Sin embargo, buena parte del debate yerra el tiro. Las gentes se trasladaron a la ciudad –como en la actualidad se trasladan a ciudades del Tercer Mundo como Bombay o Yakarta– porque parecía la única alternativa a la miseria en el campo. Pero en la ciudad el futuro no era ni seguro ni cómodo. Uno podía tener hoy destrezas que, con suerte, le permitieran vender su fuerza de trabajo, pero que mañana resultaran redundantes: eso les sucedió a los operarios de los telares. En la economía rural de comienzos del siglo XVIII los cambios normalmente habían sido lentos, por más que dolorosos. En la economía urbana del siglo XIX fueron con frecuencia rápidos y devastadores. La producción iba dirigida a los mercados, y los mercados podían expandirse y contraerse a una velocidad vertiginosa. Durante los periodos de auge, las personas abandonaban sus antiguas ocupaciones y sus hogares en las aldeas como consecuencia de la atracción del «dinero fácil» que aparentemente les aseguraba la ciudad. Durante las depresiones quedaban encalladas, sin una pequeña porción de tierra con la que producir siquiera un mínimo de comida si perdían sus empleos.

Hubo sectores de los nuevos trabajadores que sí adquirieron destrezas que les permitieron estabilizar su situación durante un tiempo. Pero incluso ellos tuvieron muchas veces que luchar denodadamente contra los intentos de los empresarios de empeorar sus condiciones, especialmente cuando se producía una caída del comercio o se desarrollaban nuevas tecnologías. Y siempre hubo un importante sector de la población urbana que vivía en la indigencia: demasiado enfermos, demasiado viejos y demasiado carentes de cualificación para salir adelante incluso en el mundo del trabajo semipermanente.

Esta nueva fuerza laboral produjo un aumento enorme de la riqueza. Pero era riqueza para otros. Incluso aquellos estadísticos que defienden que hubo un crecimiento en los niveles de vida de la mayoría de la población laboral no pueden ocultar que este no corrió parejo a los avances que se dieron en la productividad. Mientras que la nueva clase trabajadora tuvo que arreglárselas como pudo, viviendo apenas por encima o justo por debajo del nivel de subsistencia, la clase de personas que pueblan, por ejemplo, una novela de Jane Austen comían y bebían, cazaban, se cortejaban y tomaban el té en entornos bellísimos. En los años de hambruna que siguieron a 1815, un 12 por 100 del producto nacional se dedicó al pago de intereses a los suscriptores de la deuda nacional.

Quienes vivían del sudor de la nueva fuerza laboral consideraban esta como un problema continuo: ¿cómo hacerla trabajar como ellos deseaban? Los trabajadores criados en el campo estaban acostumbrados al ritmo de las estaciones, a breves periodos de trabajo intenso que alternaban con periodos más largos en los que era posible relajarse. No sólo se tomaban libre el domingo, sino también, si podían, el lunes (conocido como el «lunes santo» en Inglaterra y el «lunes azul» en Alemania). Romper con esos hábitos se convirtió en una obsesión para los dueños de las fábricas. Las máquinas tenían que hacerse funcionar desde el amanecer hasta la puesta de sol, y más aún cuando la invención de la luz a gas hizo posible el trabajo nocturno. En las fábricas se instalaron relojes que confirmaran el nuevo proverbio: «El tiempo es dinero»[73]. La naturaleza humana misma tuvo que cambiar, hasta el punto de que las personas llegaron a creer que pasar todas las horas diurnas en un espacio cerrado, sin ver el sol, los árboles y las flores u oír los pájaros no tenía nada de extraño.

Las clases adineradas creían que cualquier intento de aliviar la pobreza socavaría la nueva disciplina. Si los pobres podían obtener ingresos de cualquier índole sin trabajar, se volverían «holgazanes, perezosos, impostores y carentes de valor», perderían «todos los hábitos de prudencia, autorrespeto y autocontrol», y desarrollarían un «espíritu de pereza e insubordinación»[74].

Thomas Malthus había sido muy oportuno al aportar una «prueba» de que los niveles de vida de los pobres no podían mejorarse. Estos simplemente tendrían más hijos, hasta que estuvieran peor que antes, decía. Jean-Baptiste Say, un divulgador de las ideas de Adam Smith, también habría «demostrado» que en un mercado auténticamente libre el desempleo era imposible. Si

---

[73] Para un estudio cabal de esta transformación en las actitudes hacia el tiempo, véase E. P. Thompson, «Time, Work-Discipline and Industrial Capitalism», en *Customs in Common,* Londres, 1992, pp. 352-403 [ed. cast.: «Tiempo, disciplina de trabajo y capitalismo industrial», en *Costumbres en común,* Barcelona, Crítica, 1995, pp. 395-452].

[74] Fundamentación del Informe para la Ley de Pobres de 1832, citada en D. McNally, *Against the Market,* Londres, 1993, p. 101.

alguien no encontraba trabajo era porque pedía salarios más altos de lo que el mercado podía permitirse. Las ayudas a los pobres, al ofrecer una protección contra la indigencia, simplemente fomentaban esa práctica desastrosa. ¡La única manera de hacer frente a la pobreza era hacer más pobres a los pobres! Las condiciones tenían que ser tales, que los desempleados «sanos» para trabajar prácticamente harían lo que fuera antes que solicitar ayuda. La Enmienda de la Ley de Pobres, aprobada en Gran Bretaña en 1834, pretendía establecer estas condiciones, limitando la ayuda a los que estuvieran dispuestos a su confinamiento en asilos parecidos a cárceles que los amenazados con ellos llamaban «Bastillas».

Con la industrialización no sólo cambiaron las vidas de los trabajadores. También hubo un cambio de mentalidad. La vida en conurbaciones atestadas produjo actitudes muy diferentes de las que se daban en aldeas aisladas. Podía llevar a la soledad y la desesperación, así como a la pobreza. Pero también podía llevar a nuevos sentimientos de comunidad de clase, pues las personas se encontraban viviendo y trabajando junto a cantidades sin precedentes de otras personas con los mismos problemas y en las mismas condiciones. Es más, aumentó en las personas la conciencia de vivir en un mundo más amplio de lo que era típico en el campo. La probabilidad de que un trabajador supiera leer y escribir era mayor que entre sus antepasados campesinos, y la alfabetización les permitía saber de lugares y acontecimientos remotos.

El nuevo mundo laboral comportó una nueva forma de familia y un cambio radical en la posición de las mujeres. En el campo, la esposa campesina siempre había desempeñado un papel productivo, pero normalmente subordinado a su marido, que era el responsable de la mayoría de las transacciones con la sociedad exterior a la familia. Por contra, en la primera oleada de la Revolución industrial fueron las mujeres (y los niños) las que se concentraron por cientos y miles en las fábricas. Las condiciones eran horribles: tan horribles que muchas soñaban con encontrar a un hombre que pudiera librarlas de la doble explotación del trabajo y la crianza de los hijos. Pero por primera vez las mujeres también tenían dinero propio y un grado de independencia con respecto a sus maridos o amantes. Las «molineras» de Lancashire tenían fama de saber valerse por sí mismas, lo mismo que las *grisettes* del este de París de hostigar a la policía y desafiar a los soldados. Al revolucionar la producción, el capitalismo estaba también comenzando a acabar con actitudes que habían contribuido a mantener la opresión de las mujeres durante miles de años.

Objetos y sujetos

La nueva clase de trabajadores industriales no se limitó a sufrir. No tardaron en poner de manifiesto que sabían defenderse. En los siglos XVII y XVIII, la concentración de ciertos comercios artesanos en las ciudades había encontrado expresión en el papel desempeñado por los aprendices y los oficiales en la Revolución inglesa, por los «mecánicos» de Nueva York y Pensilvania en la Revolución americana y, sobre todo, por los *sans-culottes* en la Revolución francesa. Ahora se estaba concentrando a la gente a una escala mucho mayor, en enormes lugares de trabajo agrupados en conurbaciones de un tamaño sin precedentes. Esto les daba posibilidades de resistencia mucho mayores que las abiertas a cualquier clase explotada anterior; y era una resistencia que podía fomentar el desarrollo de ideas opuestas a la sociedad existente en su integridad.

El agitador radical John Thelwall había observado en 1796 lo que el futuro podía traer:

> El monopolio y la espantosa acumulación de capital en unas pocas manos [...] portan en su propia enormidad las semillas de la curación. [...] Cualquier cosa que presione a los hombres a unirse [...] aunque puede generar algunos vicios, es favorable a la difusión del conocimiento y en último caso promueve la libertad humana. De ahí que todos los talleres y manufacturas grandes sean una especie de sociedad política, cosa que ninguna ley parlamentaria puede silenciar ni ningún magistrado dispersar[75].

Su profecía tardó dos décadas en confirmarse. Una nueva ola de agitación comenzó, de manera irregular, en Gran Bretaña hacia el final de las guerras napoleónicas. Acabó por cobrar dimensiones mayores y se mantuvo durante un periodo más largo que cualquier ola de protesta anterior. Procedía de varias corrientes: los artesanos radicales de Londres, que eran herederos del movimiento de la década de 1790; los «luditas» calceteros y tejedores, cuyos salarios se habían visto reducidos como consecuencia de la introducción de las máquinas; y los sindicatos ilegales de trabajadores cualificados, hilanderos de algodón y jornaleros agrícolas (cuyos líderes, los «Mártires de Tolpuddle», fueron deportados a Australia). La lucha pasó por diferentes fases: rotura de

---

[75] J. Thelwall, *The Rights of Nature*, Londres, 1796, pp. 21, 24, citado en E. P. Thompson, The *Making of the English Working Class*, cit., p. 185 [ed. cast. cit., vol. I, p. 216].

máquinas; manifestaciones masivas, como la reprimida ferozmente por la milicia de la *gentry* en «Peterloo», Mánchester, el año 1819; grandes huelgas; agitación en favor del voto junto a la clase media en 1830-1832; ataques a asilos después de 1834; protestas contra la creación de fuerzas policiales específicamente dedicadas al mantenimiento bajo control de los vecindarios de la clase trabajadora, etc. Estas luchas produjeron una sucesión de líderes que organizaban, agitaban, propagaban y, en algunos casos, comenzaron a volver contra los capitalistas ciertas ideas de Adam Smith y David Ricardo. El movimiento también contó con periódicos propios, como *El enano negro* y *El guardián del pobre,* cuyos propietarios fueron arrestados muchas veces como consecuencia de las informaciones publicadas sobre la agitación y los desafíos que lanzaban a capitalistas y terratenientes por igual.

Los cartistas

A finales de la década de 1830, estas diferentes corrientes de agitación convergieron para dar nacimiento al movimiento cartista. Esto fue algo nunca antes visto en la historia: un movimiento de las personas cuyo trabajo mantenía a la sociedad en funcionamiento, organizado desde abajo, no simplemente como un motín o una revuelta excepcional, sino como una organización permanente, con sus propias estructuras democráticas. Su principal periódico, *La estrella del norte,* fundado en Leeds en 1837, no tardó en contar con una circulación tan grande como el principal periódico de la clase gobernante, el *Times,* y en los talleres y las tascas de todas las zonas industriales se leía en voz alta para los analfabetos.

La historia que se enseña en las escuelas británicas suele tratar el cartismo como un movimiento menor, condenado por su fracaso final. Pero fue el mayor movimiento de masas en Gran Bretaña durante el siglo XIX. Tres veces produjo el pánico entre la clase dirigente. En 1838-1839, cientos de miles de trabajadores asistieron a reuniones masivas en las que se presentaron y debatieron los puntos del programa cartista; decenas de miles comenzaron a abrigar esperanzas de un levantamiento popular; el gobierno estaba lo bastante preocupado para enviar a los militares a las zonas industriales; y en Newport, en el sur de Gales, hubo un intento de alzamiento armado[76]. Luego, en 1842,

---

[76] Véase, por ejemplo, D. Williams, *John Frost, a Study of Chartism,* Nueva York, 1969.

la primera huelga general de la historia tuvo lugar en Lancashire cuando los trabajadores marcharon de fábrica en fábrica apagando los hornos y expandiendo su acción[77]. Finalmente, en 1848, espoleadas a una nueva acción por la depresión industrial en Gran Bretaña, la hambruna en Irlanda y una ola de revoluciones en Europa, masas de trabajadores se prepararon de nuevo para la confrontación. Sus esperanzas se vieron frustradas. El Estado se mantuvo firme, la clase media-baja le dio su apoyo, los líderes cartistas vacilaron y la furia que había reunido a 100.000 personas en Kennington, al sur de Londres, se disipó… pero no antes de que el gobierno hubiera convertido la mitad de Londres en un campamento armado[78].

Como todo movimiento vivo, el cartismo comprendía una mezcla de diferentes grupos defensores de diferentes ideas. Su programa formal –los puntos del cartismo– aspiraba a una reforma democrática de largo alcance basada en el sufragio masculino universal y los parlamentos anuales, más que en una reorganización socialista de la economía. Sus líderes se dividían entre los partidarios de la «fuerza moral», que creían en la posibilidad de ganar para la causa a los gobernantes existentes, y los partidarios de la «fuerza física», que creían en su derrocamiento. Ni siquiera el partido de la fuerza física tenía la más mínima idea de cómo lograr su objetivo. Sin embargo, en la docena y pico de años que duró, el cartismo puso de manifiesto algo bastante dramático. En gran parte de Europa, la burguesía aún no había acabado de librar sus propias batallas para retirar los escombros del feudalismo. Pero ya estaba aliándose con este para crear una nueva clase explotada susceptible de volver contra la propia burguesía el lenguaje revolucionario de la Revolución francesa.

Para la historia del mundo esto fue tan importante como lo habían sido la Revolución francesa y la Revolución industrial. El éxito de los capitalistas británicos en la industrialización estimuló a otros en otras partes a tratar de emularlos. Antes de 1789, en Francia y el sur de Alemania ya había unas cuantas fábricas. Ahora estaban emergiendo islas de industria no sólo en estos países, sino en el norte de Italia, Cataluña, Bohemia, el norte de los Estados Unidos e incluso en los Urales rusos y en el Nilo. Allí donde se elevaba el humo de las nuevas fábricas había también estallidos de furia y rebeldía espontáneos entre

---

[77] Véase M. Jenkins, *The General Strike of 1842*, Londres, 1980; para un estudio contemporáneo, véase *The Trial of Fergus O'Connor and Fifty Eight Others*, Mánchester, 1843, reimpreso en Nueva York en 1970.

[78] Para una explicación completa, véase J. Saville, *1848*, Cambridge, 1987.

los que trabajaban en ellas. En 1830, las masas parisinas tomaron las calles por primera vez desde 1795. Los consejeros del rey borbón, Carlos X, no vieron otra manera de detener la revolución que persuadir al rey de que se exiliara y poner en su lugar a un pariente, el «monarca burgués» Luis Felipe de Orleans. La maniobra tuvo éxito, pero el despliegue de poder de las clases inferiores bastó para inspirar un aluvión de levantamientos en otras partes de Europa: todos infructuosos, con excepción del que separó a Bélgica de Holanda para formar un Estado independiente bajo protección británica.

El poeta e historiador francés Lamartine comentó: «La cuestión proletaria causará una explosión terrible en la sociedad actual si la sociedad y los gobiernos no consiguen comprenderla y resolverla»[79]. Su profecía demostró ser correcta 18 años después, cuando toda Europa se vio sacudida por la revolución y Lamartine mismo disfrutó de un breve momento de gloria.

---

[79] Citado en *Cambridge New Modern History,* vol. IX, cit., p. 59 [ed. cast. cit.: pp. 38-39].

VI El nacimiento del marxismo

«Un fantasma recorre Europa: el fantasma del comunismo»: así comienza la introducción a uno de los panfletos más influyentes jamás escritos. Dos alemanes exiliados en París lo completaron a finales de 1847. Predecía una revolución inminente, y apenas se había secado la tinta de los primeros ejemplares impresos cuando estalló la revolución. Pero esto no explica por sí solo el enorme impacto de una obra que no iba a tardar en traducirse a todos los idiomas europeos. Lo que cautivó a los lectores de entonces –y sigue cautivando a los de hoy– fue su capacidad para, en meramente unas 40 páginas, situar el surgimiento de la nueva sociedad capitalista industrial en el marco general de la historia humana. Su objetivo consistía en mostrar que era tan transitoria como las formas de sociedad que la precedieron, y en explicar los inmensos conflictos de clases que la acosaban incluso allí donde todavía no había liquidado del todo el antiguo orden feudal.

Los autores, Friedrich Engels y Karl Marx, eran hombres de enormes aptitudes. Pero no fue simplemente el genio individual lo que les permitió ejercer un impacto tan formidable –no más de lo que el genio individual de Platón o Aristóteles, de Confucio o Buda, de Pablo de Tarso o el profeta Mahoma, de Voltaire o Rousseau, les aseguró a todos ellos su lugar en la historia–. Vivieron en un lugar y una época en que todas las contradicciones de un periodo se juntaron, y tuvieron a su disposición algo de lo que los demás carecieron: acceso a tradiciones intelectuales y avances científicos que les permitían no meramente sentir, sino también explicar estas contradicciones.

411

Ambos procedían de familias de clase media en la Renania prusiana. El padre de Marx era un funcionario estatal acomodado, de religión protestante pero educación y ancestros judíos. El padre de Engels era un próspero empresario con fábricas en Renania y en Mánchester. En la Renania de las décadas de 1830 y 1840 esos antecedentes no llevaban necesariamente al conformismo. El capitalismo estaba allí más desarrollado que en cualquier otra parte de Alemania, y la ocupación francesa de sólo unos cuantos años antes había barrido los restos de la sociedad feudal. Pero estos seguían siendo dominantes en la monarquía prusiana que gobernaba la región. Incluso entre la clase media más antigua existía un deseo de «reformas» que le libraran de esta carga, y entre la generación más joven esto se tradujo en un espíritu de radicalismo.

Alemania en su conjunto, como la mayor parte de Europa, había pasado por un periodo de reacción intelectual en las primeras décadas del siglo. El filósofo más famoso del país, Hegel, envolvía ahora su antigua creencia en el progreso del espíritu humano a través de la historia en un ropaje místico, religioso, y ensalzaba las virtudes del Estado prusiano (o al menos su constitución de la década de 1820, basada en los «estados»). Pero entre la generación que ingresó en las universidades en la década de 1830 y comienzos de la de 1840 se produjo un retorno a las ideas de la Ilustración e incluso a los primeros años de la Revolución francesa. La idea hegeliana de que todo cambia mediante la contradicción, «jóvenes hegelianos» como Bruno Bauer la convirtieron en una crítica de la sociedad alemana vigente. David Strauss extendió el ataque de Voltaire al Antiguo Testamento hasta el cuestionamiento del Nuevo Testamento. Ludwig Feuerbach asumió la filosofía materialista expuesta ochenta años antes por D'Holbach y Helvetius. Karl Grün obtuvo una gran repercusión por su llamamiento «verdaderamente socialista» a los hombres ilustrados de todas las clases para trabajar juntos y traer una sociedad mejor que el feudalismo o el capitalismo.

Su intento de comprender una sociedad atrapada entre el pasado y el presente integró a Marx y Engels en esta generación. Estudiaron a Hegel, asumieron los argumentos de Feuerbach, ahondaron en las ideas de Helvetius y D'Holbach, y continuaron la crítica straussiana de la religión. Pero hicieron más que eso. También se enfrentaron al nuevo capitalismo industrial que estaba realizando sus primeros, limitados avances. A Engels su padre lo envió a Mánchester a que ayudara en la dirección de la fábrica que allí poseía y tuvo una experiencia de primera mano del choque entre el brillante futuro prometido por los ideales liberales en Alemania y la dura realidad de la vida de los trabajadores en la Revolución industrial británica, a los que describió en *La situación de la clase obrera en Inglaterra*. También mantuvo contacto con trabajadores que estaban combatiendo esta realidad. Llegado a Mánchester poco después de la huelga general de 1842, se unió al movimiento cartista[80]. Esto, a su vez, le puso en contacto con las críticas «socialistas utópicas» del capitalismo contenidas en los escritos de Robert Owen y lo llevó a un estudio crítico de la «economía política» empleada para justificar el sistema existente[81].

Tras terminar su doctorado en filosofía atomista griega, Marx fue nombrado redactor de un periódico liberal de reciente creación, la *Gaceta Renana,* a la edad de veinticuatro años. Esto llevó a choques con el censor prusiano –el periódico fue prohibido al cabo de seis meses– e hizo que Marx se enfrentara por primera vez, explicaría más tarde, con las «cuestiones materiales». Escribió sobre los intentos de la nobleza de tratar la tradición campesina de recoger leña en el bosque como un «robo» y comenzó a estudiar qué era la propiedad y sus orígenes. Se exilió en París, donde una lectura crítica de la *Filosofía del derecho* de Hegel, con su defensa de la coerción monárquica como una manera de mantener unida una sociedad atomizada, lo convenció de que una constitución meramente liberal no podría producir la auténtica libertad para el pueblo. Inició un estudio en profundidad de los economistas políticos, en especial de Smith y Ricardo, y escribió sus conclusiones sobre la naturaleza del capitalismo en un manuscrito inédito[82].

---

[80] Según G. Mayer, *Frederick Engels,* Londres, 1936, p. 44 [ed. cast.: *Friedrich Engels, Una biografía,* Madrid, Fondo de Cultura Económica, 1979, p. 137].

[81] Sobre el interés y la admiración de Engels por Owen, véase G. Mayer, *op. cit.,* p. 45 [ed. cast. cit.: pp. 138-139]. Sobre su visión de la influencia de la economía política, *The Condition of the English Working Class,* traducida al inglés en K. Marx y F. Engels, *Collected Works,* vol. 4, Londres, 1975, p. 527 [ed. cast.: *La situación de la clase obrera en Inglaterra,* Madrid, Akal, 1976], y sobre su crítica de esta, un año después de su llegada a Mánchester, véanse sus «Outlines of a Critique of the Political Economy», en K. Marx y F. Engels, *Collected Works,* vol. 3, Londres, 1973, p. 418 [ed. cast.: *Líneas fundamentales de la crítica de la economía política,* Barcelona, Grijalbo, 1978].

[82] Hoy en día publicado en varias ediciones como los *Manuscritos de París,* los *Manuscritos (de economía y filosofía) de 1844* o, a veces, simplemente *Los escritos tempranos.*

La alienación

Marx señaló que el sistema descrito por Smith, Ricardo y sus seguidores había hecho a la vida de la gente depender de las operaciones del mercado. Pero el mercado mismo no era otra cosa que la interacción de los productos del trabajo de la gente. En otras palabras, la gente se ha convertido en prisionera de su propia actividad pasada. Feuerbach había descrito la forma en que la gente adoraba a los dioses que ellos mismos habían creado como «alienación». Marx aplicó el mismo término al capitalismo de mercado:

> El objeto que el trabajo produce, su producto, se le opone como una fuerza extraña, independiente del productor. El producto del trabajo es trabajo solidificado en un objeto, convertido en una cosa, la objetivación del trabajo. [...] En la economía política esta realización del trabajo parece como una pérdida de realidad para el trabajador, la objetivación como una pérdida del objeto o una esclavización a él...
>
> Cuanto más produce el trabajador, tanto menos puede consumir. Cuanto más valor crea, tanto menos valioso se hace él [...] [El sistema] sustituye al trabajador por las máquinas, pero devuelve violentamente a un sector de los trabajadores a un tipo bárbaro de trabajo, y convierte al otro sector en una máquina. [...] Produce inteligencia, pero para el trabajador estupidez. [...] Es cierto que el trabajo produce cosas maravillosas para los ricos, pero para el trabajador produce privación. Produce palacios, pero para el trabajador casuchas. Produce belleza, pero para el trabajador deformidad. [...] El trabajador sólo se siente él mismo fuera de su trabajo, y en su trabajo se siente fuera de sí mismo. Se siente en casa cuando no está trabajando, cuando está trabajando no se siente en casa[83].

La conclusión de Marx fue que los trabajadores sólo podían sobreponerse a esta inhumanidad tomando colectivamente el control del proceso de producción, mediante el «comunismo». La liberación humana no estribaba, como decían los «demócratas liberales», en una mera revolución política que acabara con los restos del feudalismo, sino en la revolución social que instaurara una sociedad «comunista».

---

[83] Todas las citas proceden de K. Marx, *1844 Manuscripts,* en K. Marx y F. Engels, *Collected Works,* vol. 3 [ed. cast.: *Manuscritos de París; Escritos de los «Anuarios francoalemanes» (1844),* Barcelona, Crítica, 1978, pp. 349, 351].

Marx y Engels trabajaron juntos para llenar de contenido sus ideas recientemente concebidas mediante la participación en los grupos de socialistas alemanes exiliados en París y Bruselas. Esto culminó con su ingreso en una organización de artesanos exiliados, la Liga de los Justos, que no tardó en cambiar su nombre por el de Liga Comunista… y en encargarles la redacción del *Manifiesto Comunista*.

Mientras tanto, desarrollaron sus ideas. En el libro *La Sagrada Familia* y en un manuscrito inédito, *La ideología alemana,* criticaron a la izquierda hegeliana… y con ella la idea heredada de la Ilustración de que la sociedad podía cambiarse meramente mediante la lucha de la razón contra la superstición. Para hacer esto se sirvieron del materialismo de Feuerbach, pero en el proceso fueron más allá de Feuerbach. Este había considerado la religión como una expresión «alienada» de la humanidad. Pero no había preguntado por qué se daba tal alienación. Marx y Engels rastrearon esta alienación a través de los esfuerzos de sucesivas generaciones de seres humanos por arrancarle su sustento a la naturaleza y la forma en que esto llevaba a diferentes relaciones entre las personas. El materialismo de Feuerbach, insistían, había pasado por alto el papel de los seres humanos en el cambio del mundo externo, así como en el cambio que este producía en ellos. Esta interacción «dialéctica», sostenían, permitía una interpretación materialista de la historia. La combinaron con su crítica de la economía política para producir una visión global de la historia y la sociedad en el *Manifiesto Comunista*.

No es este el lugar para entrar en los detalles de esa concepción… especialmente porque todo el libro es un intento de interpretar la historia sobre la base de dicha concepción. Pero sí es necesario explicar ciertos puntos importantes.

El sistema del Nuevo Mundo

Las ideas de Marx suelen despreciarse como pasadas de moda debido a que se concibieron hace siglo y medio… y lo hacen especialmente los mismos que se basan en una lectura simplista de *La riqueza de las naciones,* de Adam Smith, publicada más de 40 años antes del nacimiento de Marx. Sin embargo, escrito en una época en la que el capitalismo industrial se limitaba a una pequeña zona del extremo occidental de Eurasia, el *Manifiesto* presenta una visión profética del capitalismo extendido a todo el mundo… que hoy en día recibe el nombre de «globalización»:

La necesidad de expandir constantemente el mercado para sus productos espolea a la burguesía a recorrer toda la superficie del globo. Necesita anidar en todas partes, establecerse en todas partes. [...] Mediante su explotación del mercado mundial, la burguesía confiere un carácter cosmopolita a la producción y al consumo en todos los países. Con gran disgusto de los reaccionarios, ha quitado de debajo de los pies de la industria la base nacional sobre la que se sustentaba. [...] En lugar de los antiguos aislamiento y autosuficiencia locales y nacionales, tenemos un intercambio en todas direcciones, una interdependencia universal de las naciones...

Merced al rápido perfeccionamiento de todos los instrumentos de producción, a las inmensas facilidades de sus medios de comunicación, la burguesía arrastra a la civilización a todas las naciones. [...] Los bajos precios de sus mercancías constituyen la artillería pesada con que derrumba todas las murallas chinas. [...] Obliga a todas las naciones, so pena de extinción, a adoptar el modo burgués de producción. [...] En una palabra: crea un mundo a su propia imagen.

Si pasajes como estos se han de criticar, no puede ser porque estén pasados de moda, sino más bien porque los procesos descritos por Marx estaban sólo en un estado embrionario cuando él escribió. El mundo de hoy en día se parece mucho más a la imagen de Marx que el mundo de 1847.

Marx y Engels hicieron suyo el tema de la alienación y lo presentaron en un lenguaje mucho más sencillo:

En la sociedad burguesa, el trabajo vivo no es sino un medio de aumentar el trabajo acumulado... el pasado domina al presente. [...] El capital es independiente y tiene individualidad, mientras que la persona viva es dependiente y no tiene individualidad.

Esto condena a la sociedad burguesa misma:

La sociedad burguesa [...] que ha conjurado unos medios tan gigantescos de producción y de intercambio, es como un brujo que ya no es capaz de controlar el poder del averno que ha invocado con sus ensalmos. [...] Basta con recordar las grandes crisis comerciales que con su repetición periódica pusieron en riesgo la existencia de toda la sociedad burguesa, cada vez de manera más amenazadora. [...] En estas crisis se desata una epidemia que en las épocas anteriores habría parecido un absurdo: la epidemia de la sobreproducción. [...] Parece como si una hambruna, una guerra universal de devastación, haya recortado el suministro de todos los medios de subsistencia; la industria y el comercio parecen haber sido destruidos. ¿Y por qué? Porque hay demasiados medios de subsistencia, demasiada industria, demasiado comercio. [...] ¿Y cómo sale la burguesía de estas crisis? Por un lado, destruyendo una enorme cantidad de fuerzas productivas; por otro, mediante la conquista de nuevos mercados y mediante la explotación más concienzuda de los antiguos. Es decir, preparando el camino para crisis más extensas y más destructivas, y disminuyendo los medios con los que impedir tales crisis.

En el *Manifiesto,* Marx y Engels sólo tenían espacio para ofrecer una somera panorámica de la crisis y del destino a largo plazo del capitalismo. Marx dedicó gran parte del resto de su vida –mediante una escrupulosa lectura de los textos de la economía política burguesa y un intenso estudio empírico del primer capitalismo industrial del mundo, el de Gran Bretaña– a profundizar en la lógica del capitalismo, de un mundo construido sobre la acumulación y la circulación del trabajo alienado[84].

Marx y Engels observaron un importante contraste entre el capitalismo y las formas previas de la sociedad de clases. Las clases dirigentes anteriores procuraban fomentar el conservadurismo a fin de reforzar su poder. Pero, por mucho que los capitalistas tuvieran esta como una opción política e ideológica, el empuje económico de su propia sociedad la debilitaba continuamente:

> La burguesía no puede existir sin revolucionar constantemente los instrumentos de producción, y por tanto las relaciones de producción, y con ellas todas las relaciones de la sociedad. [...] La época burguesa se distingue de todas las anteriores por la revolución constante de la producción, la perturbación ininterrumpida de todas las condiciones sociales, la incertidumbre y la agitación eternas. Todas las relaciones fijas, rápidamente congeladas, con su séquito de antiguos y venerables prejuicios y opiniones, se ven barridas, todas las acabadas de formar se vuelven anticuadas antes de que se puedan osificar.

---

[84] Esto es lo que Marx hace en los tres libros de *El Capital.* Para estudios más en profundidad de sus ideas, véase mi libro *The Economics of the Madhouse,* Londres, 1995, el primer capítulo de mi *Explaining the Crisis, a Marxist Reappraisal,* Londres, 1999 y, de A. Callinicos, *The Revolutionary Ideas of Karl Marx,* Londres, 1999.

Todo lo que es sólido se esfuma, todo lo sagrado se profana, y los humanos[85] se ven finalmente obligados a afrontar con sentidos sobrios sus condiciones reales de vida y sus relaciones con sus semejantes.

Los trabajadores y el nuevo sistema

El *Manifiesto* hacía hincapié en algo más en relación con el capitalismo y en relación con la clase trabajadora surgida de este:

> En la misma proporción en que se desarrolla la burguesía, es decir, el capital, se desarrolla el proletariado, la moderna clase trabajadora: una clase de trabajadores que sólo pueden vivir en la medida en que pueden encontrar trabajo, y que sólo encuentran trabajo en la medida en que su trabajo incrementa el capital. Estos trabajadores, obligados a venderse a trozos, son una mercancía, como cualquier otro artículo comercial, y se ven, por consiguiente, expuestos a todas las vicisitudes de la competencia, a todas las fluctuaciones del mercado.

El desarrollo mismo del capitalismo concentra a la clase trabajadora hasta convertirla en una fuerza que puede resistirse al capitalismo:

> Con el desarrollo de la industria, el proletariado no sólo aumenta en número; se concentra en masas mayores, crece su fuerza, y siente más esa fuerza. Los diversos intereses y condiciones de vida en las filas del proletariado van nivelándose cada vez más, en proporción al modo en que la maquinaria elimina todas las distinciones de trabajo, y casi en todas partes los salarios se reducen al mismo bajo nivel. [...] Las crisis comerciales hacen cada vez más fluctuantes los salarios de los trabajadores. Las incesantes mejoras de la maquinaria, que cada vez se desarrolla más rápidamente, aumentan gradualmente la precariedad de su sustento.

Como consecuencia de esta situación, se desarrollan «combinaciones» –sindicatos– que inician la organización de los trabajadores en una clase. Aunque esta se ve

---

[85] La mayoría de las traducciones inglesas emplean aquí la palabra «hombre» [*man*] y siguen con el pronombre «él» [*he*]. Pero en realidad Marx emplea la palabra alemana *Menschen* (humanos), no *Mann* (hombre).

[...] continuamente socavada por la competencia de los trabajadores entre ellos mismos. [...] La condición esencial para la existencia y el predominio de la clase burguesa es la formación y el aumento del capital; la condición para el capital es el trabajo asalariado. El avance de la industria, cuyo promotor involuntario es la burguesía, sustituye el aislamiento de los trabajadores, debida a la competencia, por la combinación revolucionaria, debida a la asociación. El desarrollo de la industria moderna, por consiguiente, arranca de raíz el fundamento mismo sobre el que la burguesía produce y se apropia de los productos. Lo que la burguesía, por tanto, produce sobre todo son sus propios enterradores.

Estos pasajes, como aquellos sobre el desarrollo de la industria a gran escala y el mercado mundial, eran una proyección en el futuro de las tendencias de desarrollo, más que una explicación empíricamente exacta de Europa –no digamos de África, Asia y las Américas– en 1847. En Francia y Alemania, la clase trabajadora industrial seguía constituyendo una pequeña proporción de la población, no «la inmensa mayoría que actuaba en provecho de la inmensa mayoría» (como la describía otro pasaje). En Alemania, incluso en 1870 los trabajadores de las fábricas eran sólo el 10 por 100 de la fuerza laboral total. Y aunque en Gran Bretaña esta cifra era muy superior en 1848, seguían siendo muchos los que trabajaban en el campo, en pequeños talleres o como sirvientes. Lo que Marx y Engels vieron claramente, sin embargo, fue que, a medida que el capital conquistara el globo, esta clase crecería.

La imagen que ofrece es criticada a veces porque suponía que los que crecerían serían los estereotípicos «proletarios» de la gran industria. Sobre este punto volveré más adelante, cuando me ocupe de la historia del último cuarto del siglo XX. Aquí debería decirse que aunque bien pudo ser este su supuesto, basado en la experiencia de Engels en Mánchester y con el cartismo, ello no afecta a la lógica de su argumento. El crecimiento del trabajo asalariado en lugar de la producción campesina y artesanal no necesita en sí mismo del crecimiento de una forma particular de trabajo asalariado. Todo lo que implica es que una proporción cada vez mayor de la fuerza laboral social dependerá para su sustento de la venta de su capacidad de trabajo (lo que Marx más tarde llamaría su «fuerza de trabajo»). Y las condiciones y los salarios por su trabajo los determinará por un lado el impulso competitivo del capital y por otro el grado en que luchen contra el capital. No tiene nada que ver si trabajan en fábricas, oficinas o centros de atención al cliente, si llevan sobretodos, camisas de cuello blanco o vaqueros. Vista en estos términos, a la lógica del argumento de Marx y Engels es difícil encontrarle defectos en una época en que a toda clase de trabajadores se les dice que su sustento depende del éxito de las empresas o los países en la «competencia global».

Al final del *Manifiesto,* Marx y Engels reconocieron a medias el carácter aún no desarrollado del capitalismo a escala mundial. «Los comunistas ponen su atención principalmente en Alemania porque ese país se halla en vísperas de una revolución burguesa», escribieron. Esta, añadieron, «se llevará a cabo bajo las condiciones más progresivas de la civilización europea en general, y con un proletariado mucho más desarrollado que el de Inglaterra en el siglo XVII y el de Francia en el XVIII», y no sería «sino el preludio inmediato de una revolución proletaria».

Sobre la inminencia de la revolución demostraron estar absolutamente en lo cierto, pues lo que anunciaron fue que en esta revolución los trabajadores iban a desempeñar un papel mucho más relevante que en las anteriores. Lo que no podían prever era la manera en que la burguesía reaccionaría a esto.

VII   1848

Me pasé toda la tarde dando vueltas por París, y dos cosas me sorprendieron en particular: en primer lugar, el carácter única y exclusivamente popular de la reciente revolución y de la omnipotencia que había otorgado al llamado «pueblo» –es decir, a las clases que trabajan con sus manos– sobre todas las demás clases. En segundo lugar, el escaso odio mostrado desde el primer momento de la victoria por las personas humildes que, de repente, se habían convertido en los únicos mentores del poder...

Durante todo el día que pasé en París, nunca vi a uno solo de los antiguos agentes de la autoridad: ni un soldado, ni un gendarme, ni un policía; hasta la Guardia Nacional había desaparecido. Sólo el pueblo portaba armas, guardaba los edificios públicos, vigilaba, daba órdenes y castigaba; era cosa extraordinaria y terrible ver toda esta enorme ciudad en manos de los que no poseían nada[86].

Estas fueron las palabras del historiador Alexis de Tocqueville al escribir sobre el 25 de febrero de 1848. El rey francés, Luis Felipe, acababa de abdicar y exiliarse. El enfrentamiento con la policía de una marcha de protesta de estudiantes republicanos y sectores de la clase media a las puertas del Ministerio de Asuntos Exteriores había provocado un levantamiento espontáneo en la parte más pobre, el este, de París, que ya había sido el centro

---

[86] Citado en R. Price (ed.), *Documents on the French Revolution of 1848,* Londres, 1996, pp. 46-47.

de la agitación de los *sans-culottes* en la revolución de medio siglo antes. Al grito de «Vive la réforme», la multitud había atravesado las líneas de la tropa y había entrado en tromba en los palacios y edificios parlamentarios. Los políticos de la oposición improvisaron un gobierno encabezado por Lamartine. Para asegurarse el apoyo de las masas, incluyeron a un reformador socialista, Louis Blanc, y, por primera vez en la historia, a un trabajador manual, Albert.

La revolución en Francia fue una bomba puesta debajo de todos los tronos europeos. En Suiza el diciembre anterior ya había habido una breve guerra civil, y en Sicilia un levantamiento en enero. Ahora las insurrecciones exitosas se sucedieron en Viena, Milán, Venecia, Praga, Berlín y las ciudades industriales y capitales de virtualmente todos los principados alemanes. En cada ciudad, las protestas iniciadas por las clases medias liberales culminaron con enormes multitudes rechazando los ataques del ejército y la policía y apoderándose de palacios y edificios gubernamentales. Políticos reaccionarios como Metternich, el arquitecto de la contrarrevolución en 1814 y 1815, ahora tuvieron que huir para salvar sus vidas. Los monarcas y aristócratas se quedaron, pero a costa de transigir con constituciones liberales si querían mantener su condición. Virtualmente en todas partes, el absolutismo se consideraba cosa del pasado. Parecía que se habían logrado reformas democráticas radicales: el sufragio masculino universal, la libertad de prensa, el derecho a un juicio con jurado, el final de los privilegios aristocráticos y de las gabelas feudales.

Pero no fue así. En el verano los monarcas y los aristócratas estaban recuperando su confianza. Comenzaron a atacar, en lugar de inclinarse ante los movimientos democráticos, y, a finales de otoño, los aplastaron en centros clave como Berlín, Viena y Milán. En el verano de 1849, la contrarrevolución era, una vez más, victoriosa en todo el continente.

Las revoluciones de febrero y marzo habían resultado victoriosas porque los ejércitos y la policía mandados por monárquicos y aristócratas habían sido derrotados por levantamientos con participación de la masa de pequeños comerciantes, artesanos y trabajadores. Pero los gobiernos y Parlamentos que instauraron los componían principalmente sectores de las clases medias acomodadas. Así, en mayo se reunió en Fráncfort un Parlamento elegido por toda Alemania (incluida la germanohablante Austria), que contenía no menos de 436 empleados estatales (con funcionarios administrativos y judiciales al frente), 100 hombres de negocios y terratenientes, 100 abogados y 50 clérigos[87]. Esas personas no estaban dispuestas a arriesgar sus vidas, ni siquiera sus carreras, por la acción revolucionaria contra las antiguas autoridades. Es más, a las masas que las habían aupado al poder las consideraban una «chusma desordenada», tan aterradora como la antigua clase dirigente.

A los nuevos gobiernos y parlamentarios les afligían los mismos temores que frenaron a los «presbiterianos» en la Revolución inglesa, a los «moderados» de Nueva York y Pensilvania en la Revolución americana y a los girondinos en la Revolución francesa. Pero la escala era mayor. No surgió ninguna clase media revolucionaria, comparable a los «independientes» o los jacobinos, que impusiera su voluntad al resto.

Los cada vez mayores islotes industriales de Europa occidental constituían un síntoma de que la clase capitalista era mayor y más poderosa en 1848 de lo que había sido en la época de la Revolución francesa. También había una creciente clase media de intelectuales, profesores universitarios, maestros y funcionarios públicos que consideraban a Inglaterra como su modelo económico y al Estado nacional unificado instaurado por la Revolución francesa como su modelo político. En Hungría y Polonia hubo incluso sectores de la nobleza que fomentaron la agitación favorable a independizarse de Austria y Rusia.

Pero el reverso del crecimiento de la clase media constitucionalista o incluso republicana era el crecimiento de la clase obrera. La mayor parte de la producción quizá siguiera desarrollándose en pequeños talleres en los que los maestros artesanos empleaban a unos cuantos oficiales, o en las casas de los tejedores e hilanderos que trabajaban para un comerciante que les pagaba por «obra hecha». No obstante, las condiciones se hallaban cada vez más sometidas al efecto debilitador y unificador del mercado capitalista. En París, por ejemplo,

> en partes sustanciales de la manufactura artesanal, el control efectivo de la producción estaba pasando a manos de comerciantes que organizaban las ventas y controlaban los créditos. Los trabajadores de estos comercios e incluso los maestros artesanos que los empleaban, así como los obreros de las fábricas, eran cada vez más conscientes de las fuerzas externas que gobernaban sus vidas, todas las cuales trataban de aumentar su eficiencia a todo cos-

---

[87] D. Blackbourn, *The Fontana History of Germany, 1780-1918,* Londres, 1997, p. 147.

te. Por lo común, estas fuerzas se identificaban con el «capitalismo» o el «feudalismo financiero»[88].

Condiciones similares se daban, en mayor o menor medida, en Berlín, Viena y las ciudades industriales de Renania.

El descontento se intensificó después de 1845, cuando la interacción entre unas malas cosechas y las subidas y bajadas de la economía de mercado produjo una gran crisis económica que se extendió desde Irlanda, en el oeste –donde un millón de personas murieron de hambre mientras se exportaba grano para pagar las rentas–, hasta Prusia, en el este. El hambre, los aumentos de precios y los enormes niveles de desempleo alimentaron el desasosiego, que desembocó en la revolución de febrero y marzo de 1848. Los artesanos y los obreros se unieron y transformaron el carácter de las protestas callejeras organizadas por los constitucionalistas y republicanos de clase media. En regiones como la Selva Negra, los campesinos se levantaron contra los derechos feudales y los terratenientes aristocráticos como no lo habían hecho desde la Guerra Campesina de 1525.

La escala del descontento produjo un escalofrío de terror en las espinas dorsales de todos los capitalistas, grandes o pequeños. Pues a los obreros y los campesinos les preocupaban no sólo las constituciones democráticas o los privilegios feudales. Lo que demandaban eran niveles de vida y condiciones que desafiaban los beneficios y la propiedad capitalista. Los liberales acomodados se unieron con sus oponentes tradicionales, los aristócratas y monárquicos acaudalados, para oponerse a estas reivindicaciones.

Señales de esto ya se dieron en Alemania y Austria antes de que se hubiera secado la sangre vertida en los conflictos de marzo. Los nuevos gobiernos restringieron la entrada en la Guardia Nacional a la clase media, dejaron intactos los cuerpos de oficiales de los antiguos ejércitos, se reconciliaron con las antiguas burocracias estatales monárquicas y ordenaron a los campesinos que pusieran fin a sus alzamientos contra los derechos feudales. El Parlamento prusiano de Berlín redactó un acuerdo constitucional con el rey de Prusia, y el supuesto Parlamento panalemán de Fráncfort hizo poco más que discutir sobre sus propias normas de procedimiento. Ninguno de los dos Parlamentos hizo nada para encauzar las aspiraciones revolucionarias del pueblo o para impedir que la reacción aristocrática comenzara a reagrupar y rearmar sus fuerzas.

---

[88] R. Price (ed.), *Documents…*, cit., p. 9. Para la Renania alemana, véase J. Sperber, *Rhineland Radicals,* New Jersey, 1993, pp. 54-59.

Los conflictos de junio

Fue en París, sin embargo, donde se produjeron los acontecimientos cruciales.

Los obreros y artesanos que en febrero habían desempeñado el papel decisivo en el derrocamiento del antiguo orden tenían agravios económicos y sociales propios, que iban mucho más allá del programa liberal-democrático del gobierno. En particular, demandaban salarios dignos.

No eran una masa informe. A partir de 1830, los clubes comprometidos con la reforma social (liderados por personas como Louis Blanc) y las sociedades secretas que combinaban las demandas sociales con el insurreccionismo jacobino (lideradas por personas como Auguste Blanqui) habían ido ganando en importancia. Sus ideas se debatían en cafés y talleres. «El atractivo de los periódicos republicanos y socialistas que hacían hincapié en la necesidad de un gobierno representativo como medio para acabar con la inseguridad y la pobreza aumentó cuando la prosperidad de comienzos de la década de 1840 dio paso a un periodo de intensa crisis[89].»

El gobierno formado en mitad de los choques armados de los días 24 y 25 de febrero no estaba en condiciones de desatender las demandas planteadas por las masas. Se reunió «bajo la presión y el control del pueblo», entre continuos «desfiles, delegaciones, manifestaciones»[90]. Así, decretó una reducción de hora y media en la jornada laboral y prometió empleo para todos los ciudadanos. Montó «talleres nacionales» para dar trabajo a los desempleados, y el ministro de Trabajo, Louis Blanc, instauró una «comisión de trabajo» en el Palacio de Luxemburgo, donde «entre 600 y 800 miembros –representantes de los patronos, representantes de los trabajadores, economistas de todas las escuelas–» se convirtieron en «un Parlamento virtual»[91].

Al principio, las clases acomodadas no se atrevieron a elevar ninguna queja por esto. El tono cambió una vez pasada la conmoción de los días 24 y 25 de febrero. Los financieros, comerciantes e industriales se lanzaron a la tarea de cambiar la opinión de las clases medias contra la «república social». Atri-

---

[89] R. Price (ed.), *Documents…*, cit., p. 11.

[90] C. Pouthas, «The Revolutions of 1848», en *Cambridge New Modern History,* vol. X, p. 393 [ed. cast.: «Las revoluciones de 1848», en *Historia del mundo moderno,* vol. X, Barcelona, Ramón Sopena, 1971, p. 290].

[91] *Ibid.,* p. 394 [ed. cast. cit.: p. 291].

buyeron el ahondamiento de la crisis económica a las concesiones a los trabajadores y a los talleres nacionales (a pesar de que, en realidad, eran poco mejores que los asilos ingleses).

Los republicanos burgueses en el gobierno estaban de acuerdo. Se apresuraron a aplacar a los financieros mediante el reconocimiento de las deudas del
régimen anterior, e impusieron un impuesto al campesinado en un intento de
equilibrar los presupuestos. Se aseguraron de que fueran las clases medias las
que dominaran la Guardia Nacional, y reclutaron a miles de jóvenes desempleados para formar una fuerza armada, los *Gardes mobiles,* bajo su propio control.
También convocaron elecciones para una Asamblea Constituyente a finales de
abril. Esto no dio tiempo a los artesanos y obreros de París para que difundieran su mensaje fuera de la capital y garantizó que la campaña electoral, entre el
campesinado, estuviera dominada por los terratenientes, los abogados y los curas que responsabilizaban de los nuevos impuestos al París «rojo». La nueva
asamblea estuvo dominada por partidarios apenas disimulados de las dinastías
monárquicas rivales[92], e inmediatamente cesó a los dos ministros socialistas.

Luego, el 21 de junio, el gobierno anunció el cierre de los talleres nacionales y planteó a los desempleados la alternativa entre la dispersión por provincias y el ingreso en el ejército.

Los obreros y artesanos se vieron despojados de todos los beneficios obtenidos en febrero. No tenían otra opción que volver a tomar las armas. Al día
siguiente levantaron barricadas por todo el este de París y se empecinaron en
avanzar hacia el centro. El gobierno republicano los atacó con toda la ferocidad de las fuerzas armadas de que disponía: hasta 30.000 soldados, entre
60.000 y 80.000 miembros de la Guardia Nacional y hasta 25.000 *gardes mobiles*[93], todos bajo el mando del general Cavaignac. En toda la ciudad se produjo una guerra civil de cuatro días en la que las acomodadas zonas occidentales se enfrentaron a los más pobres distritos orientales.

Por un lado, apoyando al «gobierno republicano» estaban los monárquicos de ambas dinastías, los terratenientes, los comerciantes, los banqueros,
los abogados y los estudiantes republicanos de clase media[94].

---

[92] R. Price (ed.), *Documents...,* cit., p. 12.

[93] Estas son las cifras dadas por Friedrich Engels en la *Neue Rheinische Zeitung,* 2 de julio
de 1848, trad. ingl. en K. Marx y F. Engels, *Collected Works,* vol. 7, cit., p. 161 [ed. cast.:
Nueva Gaceta Renana (II) 1848, Barcelona, Grijalbo, 1979, p. 13].

[94] La novela de Flaubert *La educación sentimental* incluye una descripción comprensiva
de sus actitudes, al tiempo que caricaturiza las reuniones de los clubes revolucionarios.

Por el otro había unos 40.000 insurgentes, «extraídos sobre todo de los pequeños comercios artesanales de la ciudad: de la construcción, la metalistería, la confección, el calzado y la ebanistería, además de trabajadores de algunos establecimientos industriales modernos, como los talleres de ingeniería ferroviaria, así como una gran cantidad de peones sin cualificación y un número nada despreciable de pequeños empresarios»[95]. Cada centro de resistencia estaba dominado por un oficio particular: los carreteros en un lugar, los trabajadores portuarios en otro, los carpinteros y los ebanistas en un tercero. Como Friedrich Engels señaló, no sólo fueron hombres los que lucharon. En la barricada de la Rue de Clery, entre sus siete defensores se contaban «dos jóvenes y hermosas *grisettes* [mujeres pobres de París]», una de las cuales fue abatida cuando avanzaba sola hacia la Guardia Nacional enarbolando la bandera roja[96].

El levantamiento fue aplastado de la manera más cruenta. Un oficial de la Guardia Nacional, el artista Meissonier, informó:

> En la toma de la barricada de la Rue de la Martellerie me di cuenta de todo el horror de aquella guerra. Vi a defensores abatidos a tiros, lanzados por las ventanas, las calles llenas de cadáveres, la tierra roja de sangre[97].

Se desconoce la cifra de muertos, pero el número de detenciones se elevó a 12.000, y fueron miles los deportados a la Guyana Francesa.

El retorno del antiguo orden

La derrota de los trabajadores parisinos dio alas a los oponentes de la revolución en todas partes. El *Junker* (noble) alemán Bismarck le dijo a la Asamblea Nacional Prusiana que aquel fue «uno de los acontecimientos más afortunados para toda Europa»[98]. En los reinos y principados alemanes, las

---

[95] R. Price (ed.), *Documents...*, cit.

[96] F. Engels, *Neue Rheinische Zeitung*, 27 de junio de 1848, trad. ingl. en K. Marx y F. Engels, *Collected Works*, vol. 7, cit., p. 131 [ed. cast.: *Manifiesto Comunista; Nueva Gaceta Renana (I) 1847-1848*, cit., p. 357].

[97] Citado en R. Price (ed.), *Documents...*, cit., p. 20.

[98] Citado en F. Mehring, *Absolutism and Revolution in Germany, 1525-1848*, Londres, 1975, p. 114.

autoridades comenzaron a disolver clubes izquierdistas y republicanos, a llevar a juicio a periódicos y a arrestar a agitadores. En Italia, los Austrias infligieron una derrota al ejército piamontés y recuperaron el control de Milán, mientras que el rey de Nápoles instauró un régimen militar. El general austriaco Windischgraetz impuso el estado de sitio en Praga tras cinco días de lucha con la clase media, estudiantes y trabajadores checos. A finales de octubre, su ocupación de Viena contra una fuerte resistencia popular dejó un saldo de 2.000 muertos, y luego marchó contra Hungría. Una semana más tarde, el rey de Prusia disolvió la Asamblea Constituyente de Berlín. A esta medida abiertamente contrarrevolucionaria la mayoría «moderada» del Parlamento de Fráncfort respondió en marzo ofreciéndose a proclamarlo emperador de Alemania: una oferta que él rechazó antes de enviar su ejército al sur de Alemania para sofocar otros movimientos revolucionarios.

A comienzos de 1849, las grandes esperanzas de la primavera de 1848 habían dado paso a la desesperación. Pero la ola revolucionaria no estaba todavía muerta. Las asociaciones democráticas y los clubes de trabajadores seguían contando con un número de miembros activos muy superior al de las organizaciones conservadoras y «moderadas». Durante la primavera se produjeron levantamientos exitosos en partes de Renania, el Palatinado, Dresde, Baden y Wurtemberg, donde los gobernantes huyeron, tal como habían hecho en el marzo anterior. Pero muchas personas seguían esperando que el Parlamento de Fráncfort tomara la iniciativa: algo que este no estaba dispuesto a hacer. El ejército revolucionario que se formó en el sur (con Friedrich Engels como uno de sus consejeros) tuvo que luchar a la defensiva, fue derrotado en el campo de batalla y se vio obligado por el avance prusiano a cruzar la frontera suiza. Los húngaros liderados por Kossuth acabaron por ser aplastados cuando el emperador austriaco recibió apoyo militar del zar de Rusia. En mayo, el rey de Nápoles reconquistó Sicilia, y los nacionalistas revolucionarios, que se habían apoderado del control de Roma y expulsado al papa, fueron obligados a abandonar la ciudad tras el sitio de tres meses al que los sometieron las fuerzas armadas de la República francesa.

En Francia, cuna de todo el proceso revolucionario, los republicanos de clase media se encontraron con que, tras haber derrotado a los trabajadores, no había nadie que les protegiera contra el avance de los monárquicos. Sin embargo, los monárquicos estaban divididos entre los herederos de los Borbones y los de Luis Felipe, y fueron incapaces de decidir a quién imponer como rey. Por esta brecha se abrió paso un sobrino de Napoleón, Luis

Bonaparte. A finales de 1848 accedió a la presidencia con 5,5 millones de votos, frente a los sólo 400.000 que obtuvo el líder republicano de clase media Ledru-Rollin y los 40.000 del revolucionario de izquierdas Raspail. En 1851, temiendo que iba a perder la siguiente elección, dio un golpe de Estado. Al año siguiente se proclamó emperador.

A finales de año, Karl Marx extrajo la conclusión:

> La historia [...] de toda la burguesía alemana desde marzo a diciembre [...] demuestra [...] que la revolución puramente burguesa [...] es imposible en Alemania. [...] Lo posible es o bien la contrarrevolución feudal y absolutista, o bien la revolución republicana social[99].

Burguesía encubierta

Sin embargo, Alemania sí cambió en algo como consecuencia de las revoluciones. En Alemania y Austria acabaron con las deudas feudales y la servidumbre, si bien en unos términos que transformaron a los *Junkers* terratenientes en capitalistas agrarios e hicieron poco por los campesinos. Los monarcas de la mayoría de los estados alemanes otorgaron constituciones que les reservaban el poder de nombrar gobiernos, pero concedían representación parlamentaria a las clases adineradas e incluso, de una forma diluida, a los obreros y campesinos. El terreno estaba despejado para el avance capitalista, si bien fue un avance capitalista bajo monarquías que impedían que la burguesía misma ejerciera el control directo del Estado.

Alemania comenzó a sufrir su propia Revolución industrial. La industria creció a una tasa de en torno al 4,8 por 100 anual; los ferrocarriles, al 14 por 100. En los 30 años posteriores a 1850, la inversión cuadruplicó el nivel de los 30 años anteriores. En el plazo de 25 años, la producción de carbón se multiplicó por cuatro, la de hierro en bruto por 14, y la de acero por 54. El número de máquinas movidas por vapor creció en alrededor de un 1.800 por 100. En 1836, Alfred Krupp había dado trabajo a sólo 60 trabajadores; en 1873, tenía 16.000 empleados. Aunque la industrialización de Alemania llegaba con 60 años de retraso con respecto a la de Gran Bretaña, no tardó en ponerse al

---

[99] *Neue Rheinische Zeitung,* 31 de diciembre de 1848, trad. ingl. en *Collected Works,* cit., vol. 7.

día[100]. Las minas de carbón del Ruhr eran mayores y más productivas que las del sur de Gales; la industria química alemana desarrolló tintes sintéticos mucho antes que la británica.

Estos años vieron también el crecimiento acelerado de las grandes industrias en Francia y, a un ritmo menor, en partes del Imperio austrohúngaro. Volviendo la vista atrás a finales de la década de 1860, la burguesía bien pudo pensar que en 1848 quizás había perdido la lucha política, pero había ganado la batalla económica. En Francia puso su fe en Luis Bonaparte. En Alemania se alegró cuando Bismarck, ejerciendo poderes casi dictatoriales dentro de la monarquía prusiana, entabló guerras contra Dinamarca, Austria y Francia con el objetivo de construir un nuevo Imperio alemán unificado, el Estado más poderoso de Europa occidental.

Las burguesías italiana y húngara también se recuperaron de la derrota de los movimientos nacionales de 1848-1849. Al principio, la Corona austriaca continuó gobernando sobre Milán, Venecia y Budapest, así como en Praga, Cracovia y Zagreb. Pero los movimientos nacionales distaban de haber sido destruidos. En sectores de la clase media italiana seguía vivo el entusiasmo por la unidad nacional y, aunque eran pocos los campesinos y pobres urbanos que compartían tales sentimientos (el dialecto toscano que había de convertirse en el idioma italiano lo hablaba apenas el 4 por 100 de la población), el descontento con el rey de Nápoles y los gobernantes austriacos de la Lombardía era enorme. A finales de la década de 1850, Cavour –el ministro del rey del Piamonte– trató de sacar ventaja de estos sentimientos. Llegó a acuerdos con el nacionalista radical Mazzini y el revolucionario republicano Garibaldi por un lado, y los gobiernos de Gran Bretaña y Francia por otro. Garibaldi desembarcó con 1.000 «camisas rojas» revolucionarios en Sicilia para llevar a la isla a la revuelta contra el rey de Nápoles[101] y emprender la marcha hacia el norte. El rey del Piamonte mandó un ejército al sur y entre ambos aplastaron al ejército monárquico de Nápoles, mientras que fuerzas francesas expulsaban a los Austrias de la Lombardía. Luego Cavour y el rey del Piamonte completaron su maniobra desarmando a las tropas de Garibaldi, mandándolo al exilio y obteniendo el respaldo que de mala gana le dio la aristocracia del sur de Italia, la cual reconocía que «las cosas tienen que cambiar para que sigan igual»[102].

---

[100] Todas las cifras aquí dadas proceden de D. Blackbourn, *op. cit.,* p. 180.

[101] Esta es la revuelta que aparece en la película *El Gatopardo.*

[102] Palabras empleadas por el príncipe en la película *El Gatopardo.*

Los reyes del Piamonte se convirtieron en reyes de toda Italia, a pesar de que el país unido siguió durante mucho tiempo fracturado entre el cada vez más moderno norte capitalista y un sur empobrecido, en el que los terratenientes seguían tratando a los campesinos de una manera casi feudal y florecía el bandolerismo mafioso.

También Hungría se convirtió en nación mediante maniobras en la cima dirigidas a la incorporación de las fuerzas de la rebelión en la base. En la década de 1860, la monarquía austriaca se reorganizó tras sus conflictos con Francia y luego con Prusia. Estableció dos estructuras administrativas paralelas. La primera la dirigía un aparato gubernamental de habla alemana, parcialmente responsable ante un Parlamento en Viena, y que gobernaba sobre Austria, los territorios checos, la región polaca en torno a Cracovia y la provincia de habla eslava de Eslovenia. La segunda la dirigía un aparato gubernamental de habla húngara en Budapest y gobernaba sobre Hungría, Eslovaquia, la región parcialmente de habla rumana de Transilvania y las provincias de habla serbocroata de Croacia, más (tras los conflictos con Turquía) Bosnia. Este arreglo le permitió estabilizar su gobierno durante medio siglo.

Sin embargo, en Europa quedaban dos antiguos movimientos nacionales completamente insatisfechos. A finales de la década de 1840, en Irlanda se había producido un renacimiento del nacionalismo alumbrado en la época de la Revolución francesa y aplastado en 1798. La Gran Hambruna de esos años reveló el horrible coste humano de los estragos causados en la economía irlandesa por su sumisión a la clase dirigente británica. Murió un millón de personas, otro millón se vio forzado a emigrar, y la población se redujo a la mitad. Incluso el principal político constitucional, Daniel O'Connell, que llevaba toda su vida abogando por los derechos de los católicos irlandeses en el seno del «Reino Unido», se vio forzado a plantear la cuestión de la independencia, mientras una nueva generación de radicales de clase media vio la necesidad de ir más allá, de luchar por una república. Su intento de levantamiento en 1848 fue sofocado. Pero en adelante la «cuestión irlandesa» iba a ocupar un lugar central en la vida política británica.

El fracaso en la resolución del problema irlandés en un extremo de Europa tuvo su equivalente en la continua lucha del nacionalismo polaco en el otro. La nobleza polaca nunca había aceptado la partición del reino de Polonia entre Rusia, Prusia y Austria en la década de 1790, y lideró revueltas contra el gobierno ruso en la década de 1830 y de nuevo en la de 1860. Los nobles polacos eran terratenientes feudales que dominaban no meramente sobre las clases inferiores polacas, sino también sobre las bielorrusas, ucranianas y judías. Sin embargo, su lucha contra el zar ruso les llevó a entrar en conflicto con toda la estructura contrarrevolucionaria impuesta en Europa después de 1814 y de nuevo después de 1848, y a encontrar un propósito común con los revolucionarios y demócratas de toda Europa. Para los cartistas británicos, los republicanos franceses y los comunistas alemanes, la lucha polaca era su lucha… y en Italia, el sur de Alemania, Hungría y París lucharon polacos exiliados de familias nobles.

VIII La Guerra Civil americana

El 12 de abril de 1861, soldados voluntarios de Carolina del Sur abrieron fuego contra fuerzas federales de los Estados Unidos en Fort Sumter, junto al puerto de Charleston. Estaban expresando, de la manera más dramática, el rechazo de los estados sureños esclavistas hacia la presidencia de Abraham Lincoln y el Partido Republicano recién formado.

Hasta ese momento, pocas personas creían que el desacuerdo llevaría al conflicto armado. Lincoln había asumido la presidencia apenas un mes antes, y había dicho muchas veces que su única preocupación era que los territorios que se acababan de colonizar en el noroeste se reservaran para el «trabajo libre». Su personal desacuerdo con la esclavitud no significaba que fuera favorable a su prohibición en los estados sureños. «No tengo intención alguna», insistió en un debate en 1858, «de interferir con las instituciones de la esclavitud en los estados en que esta existe»[103]. Esta posición la reiteró durante su campaña electoral de 1861[104]. Mientras los estados sureños estaban organizándose para separarse de los EEUU, el Congreso dedicaba gran parte de sus esfuerzos a alcanzar una solución de compromiso que dejara incólume el esclavismo en el Sur. Los oponentes abolicionistas de la esclavitud constituían una pequeña minoría tanto en el Congreso como entre la población del Nor-

---

[103] Discurso pronunciado en el debate con Douglass, citado en J. M. McPherson, *The Struggle for Equality,* New Jersey, 1992, p. 11.

[104] Véase, por ejemplo, su discurso del 4 de julio de 1861, citado en J. M. McPherson, *Battle Cry of Freedom,* Londres, 1988, p. 312.

te en general. Era bastante corriente que sus reuniones las disolvieran multitudes hostiles incluso en Boston, considerada como su bastión.

Tres días antes del bombardeo de Fort Sumter, los principales abolicionistas estaban convencidos de que la guerra civil era imposible y de que el gobierno cedería a las demandas de los estados esclavistas. El abolicionista negro Frederick Douglass escribió: «Todos los rumores sobre traiciones y rebeliones por la fuerza son tan impotentes y valen tan poco como las palabras de una mujer borracha en una cuneta. Nuestro gobierno es partidario del esclavismo»[105]. Pero el tiroteo en Fort Sumter inició la guerra más sangrienta de la historia de los EEUU: más costosa, en términos de muertos norteamericanos, que la Guerra de la Independencia, la Primera Guerra Mundial, la Segunda Guerra Mundial, la Guerra de Corea y la Guerra de Vietnam juntas.

El abismo insalvable

Se trataba de algo más que de un simple malentendido. Lo que se produjo fue un choque entre maneras fundamentalmente diferentes de organizar la sociedad[106].

Los EEUU habían emergido de su revolución contra el gobierno británico con dos formas diferentes de organización económica, ambas abastecedoras del creciente mercado mundial. En el Norte prevalecía el «trabajo libre» de los pequeños agricultores, los artesanos y los asalariados en pequeños talleres. El Sur estaba dominado por los dueños de las plantaciones esclavistas, si bien la mayoría de su población blanca la constituían pequeños agricultores, artesanos o trabajadores que no poseían esclavos.

A los primeros líderes políticos el contraste entre las regiones «esclavistas» y las «libres» no les pareció un obstáculo insuperable. Las regiones estaban separadas geográficamente, e incluso sureños como Jefferson, el poseedor de esclavos a medias avergonzado que redactó la Declaración de Independencia y se convirtió en presidente en 1800, daban por supuesto que

---

[105] Citado en J. M. McPherson, *Battle Cry of Freedom,* cit., p. 46.

[106] Marx señaló esto en su momento. Véase su artículo para el periódico *Die Presse* del 7 de noviembre de 1861, trad. ingl. en K. Marx y F. Engels, *Collected Works,* vol. 19, cit., p. 50.

la esclavitud tenía los días contados. Después de todo, Adam Smith había demostrado que el trabajo «libre» siempre sería más eficiente y provechoso que el trabajo esclavo.

Sin embargo, eso fue antes del advenimiento del cultivo del algodón a gran escala para satisfacer el insaciable apetito de los molinos de Lancashire. En 1790, el Sur sólo producía 1.000 toneladas de algodón al año. En 1860, la cifra había crecido hasta alcanzar el millón de toneladas. Las cuadrillas de esclavos trabajando bajo la disciplina de capataces provistos de látigos eran un medio eficaz de cultivar y segar las cosechas a gran escala. En 1860 había cuatro millones de esclavos.

Pero no eran sólo esclavos lo que los dueños de las plantaciones querían. Querían más tierras con las que satisfacer las demandas extranjeras de algodón. Obtuvieron algunas cuando el gobierno de los EEUU compró la Florida a España y Luisiana a Francia. Se apoderaron de tierras concedidas a ciertas naciones indias (a las que se envió a más de 1.500 kilómetros al oeste, en condiciones de enorme precariedad) y se apropiaron de vastas extensiones como consecuencia de la guerra con México. Pero ni siquiera esto bastó. Ahora aspiraban a la zona no colonizada entre el Mississippi y el Pacífico: un área mucho mayor que todos los estados existentes juntos.

Los estados del Norte estaban también sufriendo una enorme transformación a mediados del siglo XIX. Su población había aumentado sin parar con la llegada de sucesivas olas de inmigrantes procedentes de los territorios empobrecidos de Europa, con la esperanza de establecerse como pequeños agricultores o trabajadores bien pagados. A su vez, el crecimiento de la población produjo un crecimiento del mercado para los fabricantes y comerciantes. La producción textil de Nueva Inglaterra pasó de los 900 kilómetros de tejido en 1817 a los casi 300.000 de 1837. En 1860, el país tenía la segunda producción industrial más alta del mundo, por detrás de Gran Bretaña, pero en rápido crecimiento. La población libre del Norte aspiraba a los territorios del Oeste como modo de hacer realidad sus sueños de posesión territorial, mientras que los capitalistas norteños los apetecían como una zona susceptible de arrojar enormes beneficios.

La «revolución del transporte» estaba causando un enorme impacto. Se construyeron canales que unían Nueva York con los Grandes Lagos y el Medio Oeste; el Medio Oeste, a su vez, estaba conectado con el Golfo de México por barcos de vapor que surcaban el Ohio, el Mississippi y el Missouri. En 1860 había casi 50.000 kilómetros de vías férreas, más que en todo el resto del mundo. Por todas partes, comunidades antes practicantes de la agricultura de subsistencia se hacían cada vez más dependientes del mercado. El antiguo aislamiento entre los estados y entre el Norte y el Sur se estaba convirtiendo en cosa del pasado.

La cuestión de quién había de dominar los territorios al oeste del Mississippi no podía eludirse indefinidamente, y había otras cuestiones conectadas con ella. Importantes sectores del capitalismo industrial del Norte querían aranceles que protegieran sus productos y sus mercados de los capitalistas británicos. Pero la economía algodonera del Sur estaba íntimamente ligada a la industria algodonera británica y se resentía de toda amenaza al comercio libre. ¿Por los intereses de quién había de velar el gobierno federal en su política exterior?

A los plantadores les fue bien durante casi medio siglo. Missouri en 1820 y Texas en la década de 1840 entraron en la Unión como estados esclavistas. En la década de 1850, soldados federales hacían cumplir una nueva ley contra los esclavos fugitivos, capturando a personas en ciudades del Norte como Boston y devolviéndoselas a sus amos en el Sur. Luego, en 1854 el presidente del Partido Demócrata y el Congreso decidieron que la esclavitud estaría vigente en Kansas y otros territorios del Oeste si la mayoría de colonos blancos votaban a favor; en otras palabras, si los partidarios de la esclavitud procedentes del Sur podían utilizar su riqueza para establecer una base en estos territorios antes de que llegaran colonos libres del Nordeste.

Esto provocó la furia no sólo en el seno del movimiento abolicionista de los blancos humanitarios y los negros libres, que había conseguido un apoyo sustancial, si bien minoritario, en Nueva Inglaterra, donde la esclavitud nunca había existido a gran escala. Enfureció a todas aquellas personas del Norte –por más contagiadas que pudieran estar de ideas racistas– que defendían el «suelo libre», la división de los territorios del Oeste en pequeñas parcelas para nuevos colonos. Ambos grupos temían que los plantadores, que controlaban la presidencia, el Congreso y el Tribunal Supremo, se quedaran con todo el Oeste. Esto destruiría las esperanzas de quienes querían convertirse en agricultores, acotaría el dominio del capital industrial a sólo un puñado de ciudades del Nordeste y garantizaría a los plantadores el control del gobierno en el futuro inmediato.

Kansas se convirtió en escenario de una miniguerra civil entre los colonos partidarios del «trabajo libre» y los defensores de la esclavitud procedentes del otro lado de la frontera, en Missouri. En todo el país la opinión se polarizó. En el Norte ello llevó a la creación de un nuevo partido político, los republicanos, cuyo candidato en las elecciones presidenciales de 1860 fue Abraham Lincoln.

El apoyo del partido era interclasista. La determinación de reservar los territorios occidentales para el trabajo libre unió a sectores de los grandes negocios, los agricultores, los artesanos y los obreros. Esto no significaba una oposición común al racismo. Había un núcleo duro de abolicionistas, en el que se incluían admiradores abiertos de John Brown, al que en diciembre de 1859 se ejecutó por liderar un grupo mixto de hombres blancos y negros en el asalto de un arsenal federal en Harper's Ferry, Virginia, con el objetivo de liberar a los esclavos locales. Pero eran también muchas las personas que seguían aceptando los estereotipos racistas. Algunos de los «estados del trabajo libre» negaban a los negros el voto, y otros llegaban al extremo de negar a los negros el derecho de vivir en ellos. En 1860, Nueva York, donde Lincoln obtuvo una clara mayoría de votos, también votó en una proporción de dos a uno en un referéndum contra la concesión a los negros del voto en igualdad de condiciones con los blancos.

El éxito del Partido Republicano en el Norte fue producto de su capacidad para hacer del trabajo libre, más que del racismo o incluso de la esclavitud, el tema central. Lincoln personificó este enfoque. Fue sobre esta base como consiguió el 54 por 100 de los votos en los estados del Norte y el 40 por 100 en todo el país. Si fue capaz de tomar posesión del cargo se debió a una escisión entre las alas del Norte y del Sur del Partido Demócrata sobre la cuestión de Kansas.

A pesar de la postura adoptada por el moderado Lincoln, los propietarios de plantaciones consideraron su elección como una amenaza a la que ellos tenían que responder. En su opinión, era toda su sociedad la que se hallaba en juego. Si no se expandía, estaba condenada... y la presidencia de Lincoln impedía la expansión. Algunos también temían que, a menos que provocaran una tormenta, su control del Sur en su conjunto podría verse minado, pues dos tercios de los blancos no poseían esclavos y podrían sentirse atraídos por las ideas que en el Norte estaban abriéndose paso.

Los siete estados productores de algodón más meridionales –donde el número de esclavos suponía casi la mitad de la población– anunciaron su secesión de los Estados Unidos y comenzaron a armarse. En abril tomaron la iniciativa y atacaron Fort Sumter. Creían, correctamente, que el estallido de las hostilidades induciría a otros estados esclavistas a unirse a ellos (cosa que hicieron cuatro de los siete). Pero también pensaban, incorrectamente, que el gobierno de Lincoln –con sólo 16.000 soldados a su disposición– cedería a sus reivindicaciones.

El largo *impasse*

Las guerras civiles suelen comenzar con choques a pequeña escala entre fuerzas irregulares y aumentar hasta convertirse en enormes confrontaciones decisivas. Esta vez no fue una excepción.

Inmediatamente después del ataque a Fort Sumter, «a consecuencia del acontecimiento, un frenesí de patriotismo galvanizó al Norte. [...] En todas las localidades del Norte se celebraron reuniones sobre la guerra»[107]. Los estados se apresuraron a ofrecer regimientos de milicianos al gobierno federal y voluntarios para el nuevo ejército. Los abolicionistas vieron cómo de pronto sus reuniones se llenaban de multitudes entusiastas. «Todo el Norte es una unidad», informó un abolicionista de Boston. «Jóvenes y viejos, hombres y mujeres, niños y niñas se han sumado al sagrado entusiasmo. [...] Los tiempos están maduros para que un ejército de liberación marche sobre los estados confederados»[108]. Hubo algo del sentimiento provocado por las revoluciones, con un repentino interés por las nuevas ideas. Los periódicos que publicaron una declaración del activista antiesclavitud Wendell Phillips vendieron 200.000 ejemplares[109]. Oradores como Frederick Douglass eran objeto de un entusiasta recibimiento allí donde iban[110]. Muchas personas que antes habían considerado un escándalo la participación de mujeres en política llenaban los auditorios para escuchar, embelesadas, los discursos de una abolicionista de diecinueve años, Anna Dickinson[111].

Sin embargo, durante 18 meses, la conducción de la guerra por el Norte estuvo en contradicción con este espíritu casi revolucionario. Lincoln creía, con o sin razón, que la única manera de mantener al Norte unido en el respaldo a la guerra era hacer lo imposible por contentar a los moderados. Lo con-

---

[107] J. M. McPherson, *The Struggle for Equality,* cit., p. 47.
[108] Citado en *ibid.,* p. 47.
[109] *Ibid.,* p. 51.
[110] *Ibid.,* p. 82.
[111] *Ibid.,* pp. 128-129.

siguió con los demócratas del Norte, personas que no se oponían a la esclavitud, pero que querían un país unido, y los líderes de los tres estados fronterizos –Maryland, Delaware y Kentucky–, donde había relativamente pocos propietarios de esclavos y que habían escogido quedarse en la Unión. Nombró moderados para puestos clave del gobierno. Al mando del ejército del Norte, que durante el verano había sufrido una grave derrota (la Batalla de Bull Run), puso a un miembro del Partido Demócrata y partidario del mantenimiento de la esclavitud en el Sur, McClellan. Revocó una orden del comandante en jefe del frente occidental, Fremont, para la emancipación de todos los esclavos de Missouri. Incluso dio instrucciones para que los esclavos fugados para unirse a los ejércitos unionistas (conocidos como «contrabandos») se devolvieran a sus amos confederados, siempre y cuando estos no hubieran participado en operaciones militares.

No tardó en quedar claro que la guerra no se ganaría con una política moderada. McClellan siguió una política ultracautelosa, centrada en la acumulación de un enorme ejército en la zona de Washington para luego intentar dirigirse a la vecina capital confederada de Richmond. Aquello casaba con la política de quienes meramente querían obligar a los estados secesionistas a volver a la Unión sin cambiar su sistema social. Pero como estrategia militar no tuvo ningún éxito. Dieciocho meses después, las líneas de frente eran esencialmente las mismas que al comienzo, excepto por las victorias del Norte a lo largo del Mississippi y porque el Sur seguía controlando un territorio del tamaño de Francia. La desmoralización creció en el Norte, donde la sensación de que la victoria era imposible cundió incluso entre algunos de sus más fervientes partidarios[112].

Pero la impresión de que la guerra no iba a ninguna parte también consiguió nuevos públicos para los abolicionistas. Estos señalaron que el Sur tenía cuatro millones de esclavos para realizar su trabajo manual y que, por tanto, podía movilizar a gran parte de la población masculina libre para la guerra. Por contra, el Norte tenía cada vez más dificultades para nutrir las filas de su ejército. En su opinión, Lincoln debía debilitar la economía del Sur mediante

---

[112] Incluso Friedrich Engels llegó a escribirle a Marx (30 de julio de 1862) que, en su opinión, el Norte iba a llevarse una «paliza» y manifestó dudas sobre su capacidad para «acabar con la rebelión» (9 de septiembre de 1862). Marx, por contra, estaba «dispuesto a apostar mi vida [...] a que estos tipos [el Sur] van a salir trasquilados. [...] Te dejas influir un poco demasiado por el aspecto militar de las cosas» (10 de septiembre de 1862). K. Marx y F. Engels, *Collected Works,* vol. 51, cit., pp. 414-416.

una declaración de libertad para los esclavos, y reforzar las tropas del Norte mediante el alistamiento de soldados negros.

El abolicionista Wendell Phillips clamó contra la política de Lincoln en un famoso discurso:

> Yo no digo que McClellan sea un traidor; pero sí digo que, si fuese un traidor, se habría comportado exactamente como ha hecho. No temáis por Richmond; McClellan no la tomará. Si la guerra sigue así, sin un objetivo racional, entonces es un derroche inútil de sangre y oro. [...] Lincoln [...] es un secundario de primera[113].

Los revolucionarios a regañadientes

El discurso causó sensación y provocó duros ataques a Phillips. Pero cristalizó en un creciente sentimiento de que sólo los métodos revolucionarios funcionarían. A pesar del conservadurismo de McClellan, los mandos militares radicales ya estaban comenzando a recurrir a algunos de estos métodos: acoger a los esclavos fugados en sus campamentos y confiscar las propiedades, esclavos incluidos, de los «rebeldes» en las zonas ocupadas por los ejércitos del Norte. Luego, en un momento decisivo, el propio Lincoln hizo una serie de movimientos radicales: la formación del primer regimiento negro, la declaración de libertad para los esclavos en todos los estados que todavía seguían sublevados y el cese de McClellan.

El terreno estaba despejado para un nuevo enfoque que llevaría a la victoria, aunque esta aún tardaría dos años en producirse. Pese a la derrota de un ejército confederado en Gettysburg, en el verano de 1863, aún controlaba el Sur un vasto territorio. Generales unionistas como Grant y Sherman comprendieron que este no se conquistaría sino mediante una guerra total dirigida no sólo contra sus ejércitos, sino contra la estructura social que los sustentaba. La derrota final de la Confederación sólo se produjo después de que las tropas de Sherman llevaran a cabo su famoso avance a través de Georgia saqueando, quemando plantaciones y liberando a esclavos.

---

[113] Marx cita por extenso el discurso en su artículo para *Die Presse* del 22 de agosto de 1862, en K. Marx y F. Engels, *Collected Works*, vol. 19, pp. 234-235 [ed. cast.: C. Marx y F. Engels, *La sociedad norteamericana*, Buenos Aires, Abraxas, 1973, pp. 170-171]. Partes de él se citan también en J. M. McPherson, *The Struggle for Equality*, cit., p. 113.

El cambio –respecto de la estrategia adoptada por McClellan durante el primer año y medio de guerra– protagonizado por Grant y Sherman en su final fue tan grande como el viraje producido en Francia de los métodos de los girondinos a los de los jacobinos. El carácter y los enfoques del propio Lincoln eran muy diferentes de los de Robespierre, y Grant y Sherman eran militares profesionales de mentalidad conservadora. Lo que llegaron a comprender, sin embargo, fue que la revolución debía imponerse en el Sur si querían que la sociedad existente en el Norte triunfara.

Karl Marx observó cómo Lincoln se vio llevado a realizar movimientos revolucionarios sin siquiera ser consciente de ello:

> Lincoln es una figura *sui generis* en los anales de la historia. No tiene iniciativa, ni ímpetu idealista, ni galas históricas. A sus declaraciones más importantes les da la forma más corriente. Otras personas afirman estar «luchando por una idea», cuando de lo que para ellos se trata es de luchar por metros cuadrados de territorio. Lincoln, incluso cuando le motiva un ideal, habla de metros cuadrados. [...] Lincoln no es el producto de una revolución popular. Esta [...] persona media de buena voluntad fue llevada a la cima por la interacción de las fuerzas del sufragio universal, inconscientes de los grandes asuntos en juego. El nuevo mundo nunca ha logrado un triunfo mayor que mediante esta demostración de que, dada su organización social y política, personas corrientes de buena voluntad pueden realizar hazañas en el mundo antiguo exclusivamente reservadas a los héroes[114].

Reconstrucción y traición

Había, no obstante, una contradicción entre la sociedad burguesa establecida en el Norte, con sus propios y profundos antagonismos de clases, y la imposición de cambios revolucionarios en el Sur. Esto lo demostraron las secuelas inmediatas de la victoria del Norte y el asesinato de Lincoln, en la primavera de 1865. En la clase dirigente se abrió una escisión. El vicepresidente y sucesor de Lincoln, Andrew Johnson, aplicó una política de conciliación con los estados derrotados. Abogó por que se les permitiera reinte-

---

[114] K. Marx, artículo en *Die Presse,* 12 de octubre de 1862, trad. ingl. en K. Marx y F. Engels, *Collected Works,* vol. 19, p. 250.

grarse en la Unión –y se les concediera una posición de gran influencia en el Congreso–, sin ningún cambio en su estructura social aparte de la abolición formal de la esclavitud. Dado que los plantadores seguían siendo enormemente ricos y que la mayoría de los antiguos esclavos no poseían tierras, el resultado no podía ser sino un retorno virtual a la situación anterior a la guerra.

Johnson se granjeó inmediatamente la oposición de los negros y abolicionistas del Norte, de los congresistas republicanos radicales influidos por la oleada de sentimientos democráticos revolucionarios generada por la guerra, y de algunos de los oficiales militares participantes en la ocupación del Sur. La oposición no tardó tampoco en incluir a importantes políticos republicanos que no deseaban que estados casi al 100 por 100 demócratas volvieran al Congreso, a capitalistas industriales que seguían decididos a ejercer la hegemonía en los territorios occidentales y a hombres de negocios «arribistas» llegados al Sur siguiendo la estela de los ejércitos del Norte (los llamados *carpetbaggers,* «advenedizos»). Esta coalición fue lo bastante fuerte para echar abajo los planes de Johnson (que estuvo a un voto de ser impugnado por el Congreso), ganó las elecciones presidenciales para el candidato republicano Grant en 1868 e impuso la «reconstrucción» del Sur durante casi una década.

En estos años, las armas del Norte impidieron que los antiguos plantadores conservaran el control de los gobiernos estatales o locales. Fueron sustituidos por republicanos del Sur, negros tanto como blancos. A los esclavos liberados se les concedió el voto y lo ejercieron. Los negros accedieron a puestos de jueces y a los gobiernos estatales. Hubo 20 congresistas federales y dos senadores negros. Por primera vez, las asambleas legislativas del Sur se tomaron en serio la educación y abrieron redes de escuelas para niños pobres blancos y negros por igual. La plantocracia se resistió, animando al Ku Klux Klan a que aterrorizara a los negros que hacían valer sus nuevos derechos, así como a los blancos que les ayudaban. Hubo asesinatos, como la masacre de 46 negros y dos simpatizantes blancos en Memphis, Tennessee, en mayo de 1866. Pero mientras el ejército del Norte ocupó el Sur, el terror no pudo acabar con los avances que los negros estaban decididos a consolidar. Después de todo, en el ejército de la Unión había combatido 200.000 negros, y sabían cómo luchar.

Sin embargo, precisamente porque era un ejército *burgués* de ocupación, había una cosa que el ejército no podía hacer: confiscar tierras con las que dar a los esclavos liberados una manera de ganarse la vida al margen de los antiguos amos. Sherman aplicó durante breve tiempo una medida así, entregando tierras a 40.000 exesclavos, pero Johnson la vetó. A partir de entonces, las únicas tierras accesibles para los antiguos esclavos eran las de propiedad estatal, a menudo de calidad inferior. La mayoría se vieron obligados a recurrir a los antiguos dueños de esclavos, para los que se pusieron a trabajar como aparceros o jornaleros. Lo que había sido una clase de esclavos oprimidos se convirtió, en su mayor parte, en una clase de campesinos y jornaleros oprimidos.

Esto no fue lo peor. A mediados de la década de 1870, los capitalistas norteños sentían que habían logrado sus objetivos en el Sur. La reconstrucción radical había impedido todo renacimiento del poder de los plantadores que rivalizara con el suyo. Sus industrias se expandían a una velocidad que pronto les llevaría a superar a Gran Bretaña. Sus ferrocarriles ya cubrían todo el trayecto hasta la costa del Pacífico. No había ninguna posibilidad de que el Sur dominara los territorios occidentales y ya no veían ninguna necesidad de seguir manteniendo un ejército de ocupación, pues quienquiera que gobernara el Sur lo haría como su socio comanditario.

La retirada del ejército norteño dejó manos libres al Klan y otras fuerzas racistas. El terror racista por un lado y el poder económico por otro permitieron a los grandes terratenientes la restauración de su control político. Primero restringieron y luego abolieron el sufragio negro (y muchas veces también el del blanco pobre) en la mayor parte del Sur, establecieron la segregación formal en todas las áreas de la vida social y crearon una atmósfera de antagonismo racial que impidió que los blancos pobres (la mayoría de la población blanca) se unieran a los negros en la lucha económica, social y política. Esporádicamente, un recrudecimiento en sus condiciones de vida llevó a los blancos pobres a atravesar la barrera ideológica del racismo: en el movimiento «populista» de las décadas de 1880 y 1890, y en el repunte del sindicalismo en las décadas de 1930 y 1940. Pero en cada ocasión la oligarquía blanca supo cómo desencadenar el odio racial y restablecer la división. Noventa años después de la Proclamación de la Emancipación de enero de 1863, los negros seguían sin poder ejercer sus derechos civiles… y el gobierno federal en Washington seguía sin mostrar interés alguno por el asunto.

El capital del Norte obtuvo muchos beneficios de la Guerra Civil. Durante un breve periodo pareció que los exesclavos también habían salido ganando. Pero, tras contribuir a la destrucción de una forma de opresión, el capitalismo industrial moderno demostró estar sumamente interesado en instaurar otra. El racismo constituía un elemento esencial en sus operaciones, así como en las de los antiguos plantadores, y el principal partido del capital industrial, el Partido Republicano, no tardó en olvidar sus eslóganes de la década de 1860.

IX La conquista del Este

El esplendor de Oriente seguía ejerciendo su atractivo sobre los europeos occidentales en 1776, cuando Adam Smith publicó su *Riqueza de las naciones*. La ropa, la porcelana y el té de la India y China eran muy apreciados en Occidente, e intelectuales como Voltaire[115] trataron a las civilizaciones de Oriente como culturas del mismo nivel que las de Gran Bretaña, Francia y Alemania. Adam Smith consideraba a China como «una de las [...] naciones [...] más ricas [...] más cultivadas, más industriosas [...] del mundo. [...] Aunque tal vez está estancada, no retrocede»[116]. Un siglo más tarde, la imagen era muy diferente. Los estereotipos racistas aplicados a los pueblos indígenas de África y Norteamérica se emplearon ahora con los de la India, China y Oriente Próximo y Medio[117]. En el ínterin, Gran Bretaña se había apoderado de virtualmente toda la India como colonia y humillado a China en dos guerras, Francia había conquistado Argelia, y Rusia y Austria-Hungría habían despedazado el Imperio otomano. El desarrollo del capitalismo, que había cambiado de arriba abajo las sociedades de Europa occidental y los Estados Unidos, permitió ahora a los gobernantes de esas sociedades hacerse con el control del resto del mundo.

---

[115] Véanse, por ejemplo, sus novelas satíricas *Zadig* y *La princesa de Babilonia*.

[116] A. Smith, *op. cit.,* p. 174-175 [ed. cast. cit.: pp. 70-71].

[117] *Niggers* [«negratas», diríamos hoy] es la expresión común para los «nativos» empleada por los personajes de los relatos breves de Kipling. *Wogs* era un insulto comodín para designar a cualquiera que hubiera tenido la desgracia de haber sido colonizado por el Imperio británico.

El Imperio indio de Gran Bretaña

La India fue el primero de los grandes imperios que cayó en manos occidentales. Esto no ocurrió de la noche a la mañana, como resultado de una conquista militar sin más, ni fue simplemente el resultado de la superioridad tecnológica.

Los comentaristas occidentales de mediados del siglo XIX (Marx incluido) cometieron el error de creer que la India se caracterizaba por un estancamiento «antiquísimo». Incluso tras el desmoronamiento del Imperio mogol, había habido una cierta continuación del desarrollo económico, con la «creciente riqueza de los comerciantes, los banqueros y los arrendatarios de impuestos»[118]. Pero estos vivían a la sombra de seis reinos guerreros, ninguno de los cuales les permitía participar de manera decisiva en sus políticas, ni siquiera proporcionarles una auténtica seguridad para sus propiedades. Esto abrió la puerta a la intervención de la Compañía de las Indias Orientales británica, con sus tropas y sus armas. Muchos comerciantes vieron en ella la capacidad para proteger sus intereses de un modo imposible para los gobernantes indios.

A comienzos del siglo XVIII, la Compañía seguía siendo una fuerza marginal en el subcontinente. Se basaba en las concesiones de los gobernantes indios para sus enclaves comerciales a lo largo de la costa. Pero con el tiempo estableció vínculos cada vez más fuertes con los comerciantes indios que vendían productos textiles y otros bienes del interior. Luego, en la década de 1750, un funcionario de la Compañía, Robert Clive, respaldó a un aspirante al poder en Bengala contra un rival, derrotó a una fuerza francesa y obtuvo el control de la provincia que era, de lejos, la región más rica del antiguo Imperio mogol. La Compañía recaudaba los impuestos y llevaba la administración gubernamental, mientras que un *nawab* indio seguía gozando de las prerro-

---

[118] B. Stein, *A History of India,* Oxford, 1998, p. 202, llega al punto de hablar del «desarrollo de una clase capitalista indígena en la India bastante antes del inicio de la colonización formal». No me siento capacitado para juzgar si la caracterización es correcta. Sospecho, sin embargo, que lo que se está describiendo es un capital mercantil y financiero como el que caracterizó a Europa desde mediados del periodo feudal, más que un capitalismo industrial y agrario, excepto en la forma más embrionaria. Algunos historiadores también sostienen que las revueltas religiosas y campesinas pudieron abrir el camino para el desarrollo capitalista pleno; otros lo niegan con vehemencia. Una vez más, no estoy en condiciones de emitir un juicio.

gativas formales del cargo. Gran Bretaña había dado los primeros pasos para la construcción de un nuevo imperio en la India justo en el momento en que estaba perdiendo su antiguo imperio en Norteamérica, y lo había hecho a un coste bajo. La Compañía aspiraba a cubrir todos sus costes con los impuestos de la población india y se apoyaba en un ejército abrumadoramente compuesto por tropas indias «cipayas».

El éxito en Bengala condujo al éxito en otras partes. Hubo otros gobernantes indios que vieron en la Compañía un aliado útil, y se sirvieron de ella para entrenar a sus tropas y regularizar sus administraciones. Los comerciantes indios veían con buenos ojos su creciente influencia porque les compraba cantidades crecientes de productos textiles y contribuía a asegurar sus propiedades contra la voracidad de los gobernantes indios. El poder de la Compañía aumentó aún más con la creación de una nueva clase de terratenientes a gran escala procedentes de sectores de los antiguos *zamindars*.

A los británicos no les resultó difícil consolidar su posición, cuando fue necesario, prescindiendo de los gobernantes locales contumaces e instaurando el gobierno directo de la Compañía.

Hacia 1850, la política de deponer a algunos gobernantes y sobornar a otros había extendido el área de la dominación británica a todo el subcontinente. Los marathas fueron derrotados en 1818, los *sinds* en 1843, los sijs en 1849 y Oudh en 1856. Los ministros británicos alardeaban de que la estrategia de la Compañía se basaba en el principio romano de *divide et impera:* divide y vencerás. Mediante el soborno en unos casos y la violencia en otros, enfrentaron entre sí a gobernantes, reinos, clases privilegiadas, castas y religiones, encontrando aliados locales allí donde llegaban. Esto les permitió formar un imperio de 200 millones de personas, con «un ejército nativo de 200.000 hombres, con oficiales ingleses y […] controlado por un ejército inglés de sólo 40.000 efectivos»[119].

Los agentes de la Compañía se enriquecieron enormemente. Clive dejó la India con un botín de 234.000 libras esterlinas –equivalente a muchos millones de hoy en día– y el gobernador-general Warren Hastings se hizo célebre por la aceptación de enormes sobornos. Esta riqueza la creó la masa de los campesinos. Los cultivadores de Bengala y Bihar pagaban dos millones de libras al año en impuestos. La Compañía llamaba a sus funcionarios «recau-

---

[119] K. Marx, «The Revolt in the Indian Army», *New York Daily Tribune,* 15 de julio de 1857, contenido en K. Marx y F. Engels, *Collected Works,* vol. 15, cit., p. 297.

dadores» y aplicaba los mismos métodos de extorsión que habían empleado los mogoles, pero más eficazmente y con consecuencias más devastadoras.

Esto hizo que la pobreza que había afligido a la mayoría de las personas a finales del periodo mogol ahora se agravara. Las malas cosechas de 1769 provocaron hambrunas y epidemias que costaron hasta 10 millones de vidas. Una zona que apenas medio siglo antes había admirado a los europeos estaba ahora camino de convertirse en una de las más pobres del mundo.

Nada de esto preocupaba a los *nawabs,* marajás, comerciantes o *zamindars* que vivían de la Compañía. Engordaban tanto como esta. Pero no tardaron en descubrir de la manera más dura que la suya con los británicos no era una asociación entre iguales. La Compañía, que elevaba a gobernantes locales, podía también derribarlos sin el más mínimo escrúpulo.

La Compañía se controlaba desde Inglaterra, por mucho que los comerciantes indios pudieran beneficiarse de sus conexiones comerciales. Esto se puso dramáticamente de manifiesto en las primeras décadas del siglo XIX. La mecanización de los molinos de algodón de Lancashire les permitió de repente producir tejidos más baratos que la industria artesanal de la India. En lugar de ser los productos de la India los que desempeñaran un papel central en los mercados británicos, fueron los tejidos británicos los que inundaron los mercados de la India, con lo cual acabaron con gran parte de la industria textil india, destrozaron las vidas de millones de trabajadores textiles y perjudicaron los beneficios de los comerciantes indios. Sin gobierno propio, estos no tuvieron quien protegiera sus intereses cuando el país se desindustrializó y los capitalistas británicos los desplazaron de negocios tan provechosos como la construcción naval y la banca. Mientras tanto, el estrato, minúsculo y sumamente privilegiado, de funcionarios británicos se hizo más arrogante, abusón, altivo, rapaz y racista.

En 1857 cosecharon las consecuencias de su conducta. Las tropas indias cipayas de la Compañía se volvieron contra sus oficiales después de que estos no tuvieran en cuenta las convicciones religiosas de los soldados al ordenarles utilizar cartuchos lubricados con grasa de vaca (anatema para los hindúes) y de cerdo (anatema para los musulmanes). El tema galvanizó el descontento sentido en toda la India por la conducta de los *sahibs* blancos. En el plazo de semanas, los amotinados se habían hecho con el control de una enorme franja del norte de la India, matando a cuantos oficiales y funcionarios británicos pudieron y acosando al resto en unos cuantos puestos fortificados aislados. Los hindúes y los sijs olvidaron su animosidad contra los musulmanes y entronizaron a un heredero de los mogoles como emperador en la histórica capital de Delhi.

El levantamiento fue finalmente sofocado. Un gobierno presa del pánico envió a toda prisa tropas británicas al subcontinente, y los oficiales consiguieron convencer a los soldados de Madrás y Bombay de que se desmarcaran de los amotinados en el norte. Entonces se tomaron las más brutales medidas para impedir cualquier amenaza futura de motín.

Sin embargo, el gobierno se dio cuenta de que la represión por sí sola no podría pacificar la India. Era necesario controlar la rapacidad de los hombres de negocios británicos para no matar a la gallina de los huevos de oro y hacer más hincapié en el divide y vencerás: se institucionalizaron las divisiones comunales y religiosas, aun cuando eso significaba frustrar los intentos de ajustar la conducta social india a las normas burguesas. El gobierno directo desde Gran Bretaña sustituyó al de la Compañía de las Indias Orientales, la reina Victoria fue proclamada emperatriz de la India y se hicieron cuantos esfuerzos se pudo para integrar a los gobernantes y terratenientes indios en el sistema imperial.

Pero la regularización de la administración no atajó el empobrecimiento de la mayoría de la población. La proporción de los que dependían de la agricultura para vivir se elevó del 50 al 75 por 100[120]. Mientras que el 25 por 100 de los ingresos fiscales se iba en pagar al ejército que mantenía sometidos a los indios, la educación, la sanidad y la agricultura se llevaban un mero 1 por 100 cada una[121]. Las hambrunas asolaron el país. En la década de 1860 murieron más de un millón de personas, en la de 1870 tres y medio, y hasta diez millones en la de 1890[122].

Mientras tanto, los hijos de la clase media alta británica tenían asegurados sus trabajos, pagados con los impuestos de los campesinos, en los puestos de responsabilidad del ejército indio y de la recientemente creada administración civil. Trajeron a sus esposas y crearon los enclaves esnobistas y racistas descritos en los *Cuentos de las colinas* de Kipling, *Pasaje a la India* de Forster, *Los días de Birmania* de Orwell y *La joya de la corona* de Paul Scott.

Los *sahibs* británicos despreciaban a quienes ellos llamaban «nativos». Pero seguían confiando en ellos para controlar a la masa de la población. Los

---

[120] Según B. Stein, *op. cit.,* p. 248.

[121] Las cifras para los primeros años de gobierno imperial directo y para los años posteriores a la década de 1890 proceden de *ibid.,* p. 257, 263.

[122] Estas son las cifras dadas por B. Stein, *op. cit.,* p. 262.

antiguos rajás y majarajás seguían viviendo en sus palacios, reconstruidos de una manera cada vez más lujosa, junto con sus numerosas esposas, sirvientes, caballos, elefantes y perros de caza; a veces incluso ostentando nominalmente el poder (como en Hyderabad, el caso más notorio), pero en la práctica a las órdenes de los «consejeros» británicos. Desperdigados en el campo del norte, los *zamindars* vivían con menos lujo, pero dominaban al campesinado con el apoyo de los británicos, por más que de vez en cuando se quejaran de su propio estatus. Luego estaban los brahmanes y jefes de aldea, que ayudaban a los británicos a recaudar sus impuestos, y sus rentas a los *zamindars.* Todos ellos manipulaban las antiguas divisiones en castas (o religiosas) a fin de potenciar su posición en las negociaciones con los que estaban por encima de ellos y añadir la suya a la explotación de los que estaban por debajo: como resultado, a finales del siglo XIX el sistema de castas estaba por lo general más sistematizado que a comienzos. Al mismo tiempo, estaba emergiendo una nueva clase media cuyos miembros esperaban prosperar como abogados, oficinistas o funcionarios civiles dentro de las estructuras de la administración británica, pero veían constantemente frustradas sus esperanzas por las barreras raciales.

El sometimiento de China

China evitó ser absorbida, como la India, en un imperio europeo. Sin embargo, el destino de la mayoría de su pueblo no fue mucho más envidiable.

La riqueza de China había despertado la codicia de los comerciantes occidentales desde los tiempos de Marco Polo en el siglo XIII. Pero había un problema. Mientras que China producía muchas cosas deseadas por los europeos, Europa no producía muchos artículos que los chinos desearan. La Compañía de las Indias Orientales británica se propuso rectificar esto mediante la conversión de amplias zonas de las tierras recientemente conquistadas en la India al cultivo de un producto que crea su propia demanda: el opio. En 1810 vendía 325.000 kilos de esta droga al año a través de Cantón, con lo cual no tardó en volver deficitario el durante siglos excedentario comercio de China. Cuando los funcionarios chinos trataron de detener el flujo de opio, en 1839 Gran Bretaña fue a la guerra por el derecho a crear adicción.

El funcionariado chino administraba el imperio más antiguo y populoso del mundo. El país nunca había sido conquistado sino por hordas nómadas procedentes del norte. Sus gobernantes confiaban en derrotar fácilmente el asalto naval de un país a más de 10.000 kilómetros de distancia. No se daban cuenta de que los desarrollos económicos en el otro extremo de Eurasia –desarrollos que debían muchísimo a la innovación china de los siglos pasados– habían dado lugar a un país más poderoso de lo jamás imaginado por nadie.

Una nota enviada al emperador por un alto funcionario predecía una victoria fácil:

> Los bárbaros ingleses son una raza insignificante y detestable, confiados en sus fuertes barcos y enormes armas; las inmensas distancias que han atravesado harán imposible la llegada de los oportunos suministros, y sus soldados, a la primera derrota, se sentirán desanimados y perdidos[123].

Pero, al cabo de tres años de combates y negociaciones intermitentes, fueron los chinos los que accedieron a las pretensiones británicas: la apertura de algunos puertos al tráfico de opio, el pago de una indemnización, la cesión de la isla de Hong Kong y la otorgación de derechos extraterritoriales a los súbditos británicos. Los británicos no tardaron en decidir que estas concesiones eran insuficientes. Lanzaron una segunda guerra en 1857, cuando 5.000 soldados pusieron sitio a Cantón y obligaron a una mayor apertura del comercio. Aún insatisfechos, luego se unieron a los franceses para enviar 20.000 soldados a Pekín, donde incendiaron el Palacio de Verano.

Los estudiosos chinos no se ponen de acuerdo sobre las razones de las fáciles victorias británicas. Algunos las atribuyen a la superioridad del armamento y la armada, producto del avance industrial[124]. Otros hacen hincapié en la debilidad interna del Estado manchú, y sostienen que la diferencia entre los niveles industriales de ambos países no basta para explicar la victoria[125]. Pero nadie discute el resultado. Las concesiones obtenidas por los británicos debilitaron la capacidad del Estado chino para controlar el comercio e impedir la creciente fuga de la plata que empleaba para la acuñación de su moneda. La industria y la agricultura se debilitaron a un ritmo parejo. Las derrotas tam-

---

[123] Un «Censor», «Memorial to the Emperor», trad. ingl., en F. Schurmann y O. Schell (eds.), *Imperial China,* Harmondsworth, 1977, p. 139 [ed. cast.: *China imperial,* México, Fondo de Cultura Económica, 1971, p. 191].

[124] Estas son las explicaciones tanto de los editores como de Tsiang Ting-fu en F. Schurmann y O. Schell (eds.), *op. cit.,* pp. 126, 133, 139 [ed. cast. cit.: pp. 178, 187, 191-192].

[125] Este es el argumento vehementemente defendido por J. Gernet, *A History of Chinese Civilisation,* Cambridge, 1996, pp. 539-541.

bién abrieron la puerta a demandas de concesiones similares por parte de otras potencias, hasta que los estados europeos tuvieron enclaves o «concesiones» extraterritoriales (en realidad, minicolonias) a lo largo de la costa china.

El sufrimiento de los campesinos desde la decadencia del Imperio manchú lo intensificaron las incursiones extranjeras en él. Las condiciones se volvieron intolerables, especialmente en las menos fértiles zonas montañosas que marcaban las fronteras entre las provincias. Los campesinos de China reaccionaron como siempre habían hecho en esas circunstancias en el pasado: se unieron a sectas religiosas disidentes y se levantaron contra sus amos. A lo que siguió se le suele llamar la «rebelión T'ai-p'ing». En realidad, fue un asalto revolucionario en toda regla al poder del Estado.

El movimiento arrancó a mediados de la década de 1840 entre los campesinos, los jornaleros y unos cuantos intelectuales empobrecidos del sur de China. Su líder era Hung Hsiu-ch'uan, un maestro de escuela procedente de una familia campesina, que en una visión se vio a sí mismo como el hermano de Jesús, enviado por Dios a destruir los demonios de la tierra e instaurar un «Reino Celestial» o «Gran Paz» (T'ai-p'ing en chino). Predicó una doctrina de igualdad estricta entre las personas, la división igual de la tierra, la propiedad comunal de los bienes y el final de las antiguas distinciones sociales, incluidas las que sometían las mujeres a los hombres. Sus seguidores tenían una determinación y una disciplina que les permitieron conseguir un apoyo cada vez mayor y derrotar los ejércitos enviados contra ellos. En 1853 el movimiento, que ahora contaba con dos millones de partidarios, pudo tomar la antigua capital imperial de Nankín y gobernar aproximadamente un 40 por 100 del país como Estado independiente.

Los ideales igualitarios del movimiento no duraron. El alto mando no tardó en comportarse como una nueva corte imperial cuando Hung inició «una vida de excesos: buena vida, lujo y muchas concubinas»[126]. En el campo, los agricultores empobrecidos hasta la miseria seguían pagando impuestos, aunque en cantidades ligeramente menores que antes.

El abandono de sus ideales por parte de los líderes T'ai-p'ing seguía el modelo de anteriores revueltas campesinas en China. Los campesinos analfabetos que cultivaban la tierra en enormes áreas no constituían una fuerza lo bastante compacta para ejercer el control sobre un ejército y sus líderes. Esos

---

[126] W. Franke, «The T'ai-p'ing Rebellion», extracto en F. Schurmann y O. Schell (eds.), *op. cit.,* pp. 170-183 [ed. cast. cit.: pp. 229-243].

líderes no tardaron en descubrir que los recursos materiales que cumplieran sus ideales visionarios de abundancia para todos simplemente no existían. La opción fácil era adoptar la manera tradicional de gobernar y los privilegios tradicionales que la acompañaban.

Pero en la última etapa de la rebelión hubo signos de algo nuevo. El liderazgo efectivo pasó a un primo de Hung que comenzó a articular un programa que sí comportaba una ruptura con los modos tradicionales, aunque no un regreso a los ideales igualitarios. Fomentó la «modernización» de la economía china mediante la adopción de técnicas occidentales; la apertura de bancos, la construcción de ferrocarriles y barcos de vapor, la promoción de la minería y la incentivación de la ciencia y la tecnología. Esto sugiere que la rebelión T'ai-p'ing tenía en su seno fuerzas que tal vez podrían haber roto con el modelo de las revueltas campesinas del pasado y derribado los obstáculos sociales responsables en gran medida de la pobreza del país. Pero estas fuerzas no tuvieron tiempo de desarrollarse. Un ejército imperial reorganizado gracias a la financiación de comerciantes chinos, provisto de armas modernas por Gran Bretaña y Francia, y ayudado por fuerzas extranjeras al mando del mayor Gordon, comenzó a remontar las riberas del Yangtsé. Nankín cayó finalmente, con 100.000 muertos, en 1864[127].

Los estados capitalistas occidentales habían contribuido a la estabilización del antiguo orden precapitalista en China, lo cual le permitió sobrevivir otros 50 años. Con ello contribuyeron a que, mientras que Europa occidental y Norteamérica avanzaban económicamente, China retrocediera.

La Cuestión Oriental

El modelo fue muy similar en el tercer gran imperio oriental, el Imperio otomano. Este vasto imperio multinacional llevaba 400 años dominando una enorme zona: todo el norte de África, Egipto y lo que actualmente son Sudán, la península Arábiga, Palestina, Siria e Iraq, Asia Menor y una enorme franja de Europa, incluidos todos los Balcanes e, intermitentemente, Hungría y Eslovaquia. Lo gobernaban los emperadores turcos residentes en Estambul, y en Asia Menor y partes de los Balcanes existía una clase terrateniente turca.

---

[127] La cifra procede de P. A. Kuhn, «The T'ai-p'ing Rebellion», en J. R. Fairbank (ed.), *Cambridge History of China,* vol. 10, Cambridge, 1978, p. 309.

Pero gran parte del imperio estaba en manos de las clases altas de los pueblos no turcos conquistados: griegas en gran parte de los Balcanes, árabes en el Oriente Medio y los descendientes de los gobernantes mamelucos preotomanos en Egipto. En Estambul, los diversos grupos religiosos –los cristianos ortodoxos, los cristianos siriacos, los judíos, etcétera– tenían unas estructuras de autogobierno sometidas a una colaboración global con el gobierno del sultán. Ni siquiera el ejército era exclusivamente turco. Su núcleo lo formaban los jenízaros: en origen, hijos de las familias cristianas balcánicas llevados de niños a Estambul, nominalmente como esclavos, y entrenados como aguerridos combatientes.

La riqueza del imperio, como la de todas las sociedades de su tiempo, procedía en su inmensa mayoría de la agricultura campesina. Pero los otomanos llevaban mucho tiempo comerciando con Europa occidental (a través de Rusia y Escandinavia remontando los ríos que desembocaban en el mar Negro y el mar Caspio, y a través del sur de Europa mediante el comercio con Venecia y Génova) y con la India y China (por vías terrestres como la «Ruta de la Seda», que atravesaba el norte de Afganistán, y a través de puertos en el mar Rojo y el golfo Pérsico). Hasta mediados del siglo XVIII al menos, se produjeron lentos pero constantes avances en la agricultura (la expansión de nuevos cultivos como el café y el algodón) y la industria artesanal.

Sin embargo, a comienzos del siglo XIX el Imperio otomano se hallaba bajo una presión creciente del exterior. Napoleón había conquistado Egipto hasta que fue expulsado por tropas británicas, y en 1830 la monarquía francesa se apoderó de Argelia, para lo cual tuvo que vencer una encarnizada resistencia local. Fuerzas rusas conquistaron gran parte del Cáucaso y la costa del mar Negro, y pusieron sus ojos en la propia Estambul. En 1815 los serbios se rebelaron contra el gobierno turco y crearon un reino autónomo, y en la década de 1820 los griegos articularon un Estado con ayuda británica y rusa. Los zares rusos fomentaban movimientos similares en otras partes, presentándose como los «protectores» de grupos étnicos que hablaban idiomas similares al suyo y pertenecientes a la misma rama ortodoxa del cristianismo.

El avance ruso comenzó a asustar a los gobernantes de Europa occidental, a pesar de que –como hicieron Austria y Prusia– seguían recurriendo a los ejércitos rusos para sofocar la revolución en sus propios países. Este deseo de mantener el Imperio otomano como una barrera contra la expansión rusa dominó la diplomacia europea hasta el estallido de la Primera Guerra Mundial en 1914, y llegó a conocerse como «la Cuestión Oriental».

Los gobiernos británicos se hallaban a la vanguardia de estos esfuerzos. El apoyo a los gobernantes otomanos les permitía no sólo mantener a raya el poder ruso –que veían como una amenaza para su propio gobierno en el norte de la India–, sino que también garantizaba que los otomanos permitieran el libre acceso de los bienes británicos a los mercados de Oriente Próximo y los Balcanes.

La importancia de esto se puso de manifiesto en Egipto. En ese país (junto con las zonas adyacentes de Siria, el Líbano y Palestina) el poder había pasado a un pachá de origen albanés, Mohamed (o Mehmet) Alí, en 1805. Gobernaba en nombre del sultán otomano, pero en realidad fue un gobernante independiente hasta 1840. Vio que la industria se estaba convirtiendo rápidamente en la clave del poder y puso el Estado al servicio del inicio de una revolución industrial en Egipto. Estableció monopolios estatales, compró maquinaria textil moderna a Europa y concedió empleo a europeos cualificados para que enseñaran a los egipcios cómo utilizarla. También hizo construir hornos de hierro y acero, confiscó tierras de los terratenientes mamelucos y produjo cultivos comerciales con destino a la exportación. El resultado fue que en la década de 1830 el país era el quinto del mundo en número de husos de algodón *per capita* y hasta 70.000 egipcios trabajaban en fábricas modernas[128].

Pero el experimento de Mohamed Alí se detuvo de repente en 1840. Para ayudar a que el Imperio otomano reimpusiera su control sobre Egipto, Gran Bretaña envió su Marina, la cual bombardeó puertos bajo control egipcio en la costa libanesa y desembarcó tropas en Siria. Mohamed Alí se vio obligado a recortar su ejército (que había constituido un mercado protegido para sus fábricas textiles), desmantelar sus monopolios y aceptar la «política de libre comercio» impuesta por los británicos. Un cínico lord Palmerston admitió que «sojuzgar a Mohamed Alí a Gran Bretaña pudo ser injusto y tendencioso.

---

[128] J. Batou, «Muhammed Ali's Egypt, 1805-48», en J. Batou (ed.), *Between Development and Underdevelopment,* Ginebra, 1991, pp. 183-207. Algunos historiadores de la economía (por ejemplo, D. Landes, *The Wealth and Poverty of Nations,* Londres, 1998 [ed. cast.: *La riqueza y la pobreza de las naciones,* Barcelona, Crítica, 2003]) ponen en tela de juicio esta imagen de progreso. Señalan la ineficacia, los altos costes reales y la baja calidad de la producción. Pero similares observaciones son posibles sobre la industrialización temprana en otros países, como el Japón de la década de 1880, que luego tuvieron gran éxito competitivo internacional. Una gran diferencia con Egipto fue que estaban más protegidos contra la competencia extranjera directa y les resultó más fácil evitar que Occidente les dictara directamente sus políticas comerciales.

Pero nosotros somos tendenciosos; los intereses vitales de Europa exigen que lo seamos»[129]. Los gobernantes de la potencia industrial más avanzada de Europa imponían con fruición políticas que impidieran el desarrollo del capitalismo industrial en otras partes. En las décadas subsiguientes Egipto se desindustrializó, lo mismo que China y la India; y luego sufrió la ocupación de las tropas británicas, cuando los sucesores de Mohamed Alí no pudieron pagar sus deudas.

Egipto al menos había intentado industrializarse. En el Imperio otomano hubo pocos intentos similares, y el acceso sin trabas de bienes baratos a sus mercados condenó a estos al hundimiento. Ello se aplicó también a parecidos intentos en el Imperio iraní, emparedado entre los otomanos, la India británica y la Rusia zarista.

---

[129] Citado en J. Batou, art. cit., p. 205.

X La excepción japonesa

Una y sólo una parte del mundo no europeo consiguió escapar al estancamiento o la decadencia en que cayó el resto de Asia, África y Latinoamérica y gran parte de Europa oriental en el siglo XIX: Japón.

Durante los mil años anteriores, la mucho más antigua civilización de China había influido en los desarrollos del país: su tecnología, su alfabeto, su literatura y una de sus principales religiones. Pero Japón difería de China en un respecto importante. No tenía ni los grandes canales y obras de irrigación de China, ni un Estado fuertemente centralizado. Hasta más o menos 1600 tuvo un sistema económico y político muy parecido al de la Europa medieval. Había un emperador débil, pero el poder real se hallaba en manos de los grandes señores territoriales, cada uno de los cuales se hallaba al frente de sus samuráis armados (aproximadamente, equivalentes a los caballeros de la Europa medieval), que explotaban directamente a los campesinos y luchaban en el ejército de su señor contra otros samuráis.

A comienzos del siglo XVII, una de las grandes familias señoriales, los Tokugawa, consiguieron derrotar y someter a las demás. Su titular se convirtió en el «sogún», el auténtico gobernante del país, aunque el emperador se mantuvo como figura decorativa. Los otros señores se vieron obligados a pasar mucho tiempo en la capital del sogunato, Edo (hoy en día Tokio), y a dejar allí a sus familias como rehenes que garantizaban su buena conducta. Los sogunes prohibieron las armas de fuego, que tan devastador papel habían desempeñado en las grandes guerras del periodo precedente (aunque los samuráis siguieron existiendo y llevando armas, un derecho negado a campesinos, artesanos y comerciantes). También trataron de impedir que ninguna influencia extranjera socavara su poder. Prohibieron todo comercio exterior, excepto el realizado por barcos holandeses y chinos, a los que se permitía entrar en un solo puerto bajo estricta supervisión. Prohibieron todos los libros extranjeros, y lanzaron una represión brutal contra los muchos miles de conversos al cristianismo católico.

Estas medidas consiguieron poner fin a las sangrientas guerras del periodo precedente. Pero los sogunes no pudieron impedir que la sociedad gobernada por ellos continuara cambiando. La concentración de los señores y sus familias en Edo llevó a un crecimiento del comercio de arroz para alimentarlos a ellos y a sus sirvientes, además de a una proliferación de los artesanos urbanos y los comerciantes que subvenían a sus necesidades. Las ciudades de Japón crecieron hasta contarse entre las más grandes del mundo. La clase de los comerciantes, aunque supuestamente de nivel muy bajo, aumentó progresivamente en importancia, y se desarrolló una nueva cultura urbana cuyas manifestaciones populares en poesía, teatro y narrativa diferían en muchos sentidos de la cultura oficial del Estado. El aflojamiento de la proscripción de los libros occidentales tras 1720 llevó a que algunos intelectuales mostraran interés por las ideas occidentales, y una «Escuela de estudios holandeses» comenzó a acometer estudios de ciencia, agronomía y astronomía copernicana. A medida que el dinero ganaba en importancia, muchos de los samuráis se empobrecieron, se vieron obligados a vender sus armas y a dedicarse a la agricultura o a la artesanía a fin de pagar sus deudas. Mientras tanto, el campesinado se vio afectado por sucesivas hambrunas –en 1732 murió casi un millón (de una población de 26 millones), 20.000 en 1775, y varios cientos de miles en la década de 1780–, y se produjo una sucesión de levantamientos campesinos locales[130]. La superestructura política de los Tokugawa permaneció completamente intacta. Pero por debajo de ella se estaban desarrollando fuerzas sociales con algunas similitudes con las de Europa occidental durante el periodo renacentista.

Tal era la situación en 1853, cuando un tal comandante Perry, de la Marina de los EEUU, se presentó ante las costas japonesas con cuatro buques de guerra para exigir del gobierno japonés que abriera el país al comercio exterior. Todo el estrato gobernante de la sociedad fue presa del nerviosismo. El gobierno Tokugawa calibró el alcance de las diferencias en armamento mili-

---

[130] M. Hane, *Modern Japan,* Boulder, 1992, pp. 52-53.

tar y decidió que las cosas no podían seguir como hasta entonces: para evitar derrotas como las que China acababa de sufrir en las guerras del opio, había que hacer concesiones. Pero para otros sectores de la clase dirigente los modos antiguos eran sacrosantos y cualesquiera concesiones a los extranjeros constituían una traición de los ideales supremos. Atrapados entre unos y otros, grupos de samuráis inferiores formaron una asociación con el objetivo de «venerar al emperador y repeler a los bárbaros»[131] por medios militantes, casi revolucionarios. En cierto sentido, sus reivindicaciones eran profundamente tradicionales: aspiraban a devolverle al emperador el poder del que sus predecesores no gozaban desde hacía cientos de años. Pero algunos samuráis comprendieron que en la sociedad japonesa tenían que producirse cambios de gran calado antes de poder estar a la altura de los «bárbaros» en fuerza económica y militar.

La oportunidad de lograr sus objetivos se presentó con la «Revolución meiji» de finales de la década de 1860, cuando dos de los grandes señores feudales atacaron al sogún Tokugawa con apoyo samurái y formaron un nuevo gobierno en nombre del emperador.

Esta fue una revolución desde arriba. Sus eslóganes eran tradicionalistas y, con el cambio, la situación de la mayoría de la población no mejoró en lo más mínimo. Pero sus líderes comprendieron que, si querían conservar algo del pasado, tenían que avanzar en la senda del capitalismo. Abolieron el poder de los señores feudales rivales, cuyos privilegios hicieron dependientes del Estado. Acabaron con las antiguas distinciones de rango entre los samuráis, los campesinos, los comerciantes y los artesanos. Los ingresos que los samuráis obtenían de la explotación de los campesinos ahora iban directamente al Estado; cualquier samurái que deseara más que un mínimo sustento tenía que procurarse un empleo en el Estado o en empresas privadas. Y, lo que es más importante, el gobierno se embarcó en el montaje de nuevas industrias bajo su control y financiadas con los impuestos. Cuando se hacían lo bastante fuertes para mantenerse por sí mismas, se las entregaba a familias de comerciantes o banqueros con estrechas conexiones con el Estado.

La Revolución meiji fue doblemente significativa para el desarrollo futuro del capitalismo no sólo en Japón, sino internacionalmente. Puso de manifiesto que la iniciativa de abrir la sociedad a las relaciones de producción plenamente capitalistas no tenía que tomarla necesariamente la burguesía. Lo que

---

[131] M. Hane, *op. cit.,* p. 71.

los «elementos intermedios» habían alcanzado en la Revolución inglesa o el sector jacobino de la «burguesía» en la Revolución francesa, en el Japón lo lograron sectores de las antiguas clases explotadoras.

También demostró que el Estado podía sustituir a una clase capitalista industrial cuando conseguía erigir una industria e instaurar las nuevas formas capitalistas de trabajo. En Japón sí surgió una clase plenamente formada por empresarios capitalistas industriales, pero sólo después de que el Estado hubiera conseguido desarrollar una industria mediante la explotación del trabajo asalariado en las fábricas modernas. La vía típica al capitalismo en el siguiente siglo iba a ser la japonesa, más que la británica o francesa.

Mientras tanto, el recién nacido capitalismo japonés pudo mostrar su fuerza 27 años después de la Revolución meiji con el lanzamiento de su propia guerra contra la China. La antigua víctima de las intervenciones extranjeras se había convertido en una de las naciones opresoras.

XI

Al asalto del Cielo: la Comuna de París

A comienzos de la década de 1870, el nuevo capitalismo se hallaba en pleno camino a la dominación global. En los EEUU y la mayor parte de Europa occidental no tenía rival y estas regiones estaban, a su vez, marcando la ruta al resto del mundo. Incluso el zar de Rusia se vio compelido a acabar con la servidumbre en 1861, aunque la mitad de la tierra se la entregó a la antigua clase feudal, a cuya merced dejó en gran medida al campesinado. En todas partes el mundo estaba siendo puesto patas arriba.

Pero los acontecimientos en París no tardaron en poner de manifiesto que el vuelco no necesariamente acabaría cuando el capitalismo llegara a su máximo desarrollo. Marx y Engels habían escrito en el *Manifiesto Comunista* que «la burguesía produce sus propios enterradores». El 18 de marzo de 1871, la burguesía francesa descubrió cuánta verdad contenían estas palabras.

Cuatro años antes, Luis Napoleón Bonaparte había exhibido el esplendor de su imperio ante los monarcas de Europa en una «Gran Exposición» centrada en un enorme edificio elíptico de vidrio que alcanzaba los 482 metros de longitud, con una cúpula tan alta «que uno tenía que utilizar una máquina para llegar a ella»[132].

Parecía tener algo que celebrar. En Francia se había producido un enorme desarrollo capitalista desde la caída de la Segunda República en diciembre de 1851. La producción industrial se había duplicado con el crecimiento de las industrias modernas, y la antigua producción artesanal se hallaba más

---

[132] T. Gautier, citado en A. Horne, *The Fall of Paris,* Londres, 1968, p. 26.

461

que nunca bajo control de capitalistas cuyos trabajadores, reclutados por el sistema de contratación externa, eran tratados de una manera muy parecida a como los tratarían en una fábrica.

Pero el propio poder del emperador no estaba tan asentado como parecía. Su estabilidad era la de un equilibrista. Su estrategia consistía en enfrentar entre sí a grupos rivales de la clase dirigente, y su posición trataba de reforzarla emulando las hazañas del primer Napoleón mediante aventuras militares en Italia y México (donde intentó coronar a Maximiliano de Habsburgo como emperador). Nada de esto consiguió evitar el crecimiento de la oposición a su gobierno. Hubo sectores de la burguesía contrariados por los perjuicios que les reportaba una especulación que llenaba los bolsillos de los círculos de financieros próximos al emperador. La aventura en México acabó en debacle cuando Maximiliano fue ejecutado por un pelotón de fusilamiento. Los trabajadores parisinos, que recordaban las masacres de 1848, dirigieron su odio contra el régimen cuando el coste de la vida subió más que los salarios. El propio Haussmann, principal funcionario de Luis Bonaparte, señaló que la mitad de la población de París vivía en «una pobreza lindante con la indigencia» a pesar de trabajar once horas al día[133]. En las elecciones de 1869, la oposición republicana arrasó en París y otras grandes ciudades. Luego, en julio de 1870 Luis Bonaparte permitió que el canciller prusiano Bismarck lo arrastrara a una declaración de guerra.

Las fuerzas francesas sufrieron una aplastante derrota en la Batalla de Sedán. Luis Bonaparte quedó completamente desacreditado, y abdicó. El poder cayó en manos de la oposición republicana burguesa. Pero el ejército prusiano no tardó en poner sitio a París, y Bismarck insistió en imponer condiciones punitivas: un enorme pago financiero y la entrega de la Alsacia-Lorena francesa a Prusia.

París resistió durante cinco meses en condiciones de increíble penuria, con personas obligadas a comer perros y ratas para sobrevivir, sin combustible para calentar las casas con temperaturas bajo cero. Los obreros, artesanos y sus familias fueron los que más sufrieron el alza de precios[134]. También soportaron sobre sus espaldas la defensa de la ciudad. Ingresaron en masa en la Guardia Nacional, que llegó a componerse de 350.000 efectivos y cuyo carácter de clase media erradicaron con la elección de sus propios oficiales. Su re-

---

[133] A. Horne, *op. cit.*, p. 53.
[134] Véase, por ejemplo, la lista de precios contenida en *ibid.*, p. 254.

sistencia no tardó en resultar tan preocupante para el gobierno republicano como los prusianos. Los descendientes de los *sans-culottes* de 1792, los hijos de los combatientes de 1848, volvieron a tomar las armas. Florecieron los clubes «rojos» y los periódicos revolucionarios que recordaban a los obreros y artesanos cómo los habían tratado los republicanos burgueses en 1848. Como Karl Marx escribió, «París armado era la revolución armada».

El 31 de octubre, el gobierno republicano había logrado abortar un intento de derrocarlo por parte del ala izquierda. El 22 de enero se las arregló por poco para evitar otro mediante el empleo de tropas regulares, traídas de Bretaña, que dispararon sobre una multitud procedente de la zona obrera de Belleville. Le aterraba la idea de no conseguirlo la próxima vez. El vicepresidente, Favre, veía «la guerra civil a sólo unos pocos metros de distancia y la hambruna a unas cuantas horas»[135], y decidió que sólo había una manera de proteger su gobierno. El 23 de enero por la noche cruzó en secreto las líneas prusianas para negociar una rendición francesa.

La noticia produjo la ira de los pobres de París. Llevaban cinco meses de sufrimiento para nada. Entonces el gobierno republicano convocó para sólo ocho días después unas elecciones que confirmaran la decisión de rendirse. Como en 1848, la izquierda de París no tuvo tiempo para hacer campaña en los distritos rurales en que todavía vivía el grueso del electorado, y los curas y los terratenientes ricos consiguieron ejercer una influencia decisiva sobre el voto. De los 675 diputados elegidos, 400 eran monárquicos. En París el descontento no hizo sino aumentar. A la traición a los sitiados había seguido la traición a la república. Luego se produjo una tercera traición, el nombramiento al frente del gobierno de Adolphe Thiers, de setenta y un años de edad. Este afirmaba ahora ser «un republicano moderado», aunque había comenzado a labrarse su fama aplastando un levantamiento republicano en 1834.

Por el momento, las masas parisinas conservaron sus armas, mientras que el ejército regular fue desmantelado en cumplimiento de los acuerdos a los que se había llegado con los prusianos. Es más, muchos miembros de las clases medias adineradas aprovecharon la oportunidad para abandonar París, con lo cual dejaron más que nunca a la Guardia Nacional como un cuerpo de la clase trabajadora.

Thiers sabía que resultaba inevitable un choque con las masas parisinas. Reconoció que estas controlaban las armas de la Guardia Nacional, incluidos

---

[135] Citado en A. Horne, *op. cit.*, p. 328.

200 cañones, y envió soldados regulares a que los retiraran de la cota de Montmartre. Mientras los soldados esperaban las caballerías para remolcar las piezas de artillería, las gentes del lugar comenzaron a discutir con ellos. Como cuenta Lissagaray, «Las mujeres […] no esperaron a los hombres. Rodearon las ametralladoras diciendo: "Esto es una vergüenza, ¿qué estáis haciendo?"»[136]. Mientras los soldados se hallaban allí sin saber cómo reaccionar, un grupo de 300 guardias nacionales pasó haciendo sonar los tambores para llamar a la población a la resistencia. Cuando la Guardia Nacional, las mujeres y los niños rodearon a los soldados, uno de los generales, Lecomte, dio por tres veces orden de disparar sobre la multitud. «Sus hombres permanecieron quietos. La multitud avanzó, confraternizó con ellos, y Lecomte y sus oficiales fueron arrestados[137].»

A las tres de la tarde de aquel día, el 18 de marzo, Thiers y su gobierno habían huido de la capital. Una de las grandes ciudades del mundo se hallaba en manos de trabajadores armados, y esta vez no iban a entregársela a un grupo de políticos de la clase media.

Una nueva clase de poder

Al principio, las masas armadas ejercieron el poder a través de los líderes electos de la Guardia Nacional: su «comité central». Pero estos estaban decididos a no hacer nada que pudiera interpretarse como conducente a una dictadura. Organizaron elecciones para un nuevo organismo electo, la Comuna, basado en el sufragio universal de los varones en cada localidad. A diferencia de los representantes parlamentarios normales, los elegidos podían ser inmediatamente revocados por sus electores y no se les asignaba más que el salario medio de un trabajador cualificado. Es más, los representantes electos no simplemente aprobarían leyes que se esperaba que aplicara una jerarquía de funcionarios burocráticos muy bien pagados, sino que tenían que asegurarse de que sus propias medidas fueran puestas en vigor.

En efecto, como Karl Marx señaló en su defensa de la Comuna, *La guerra civil en Francia,* desmantelaron el antiguo Estado y lo sustituyeron por una

---

[136] P. O. Lissagaray, *History of the Paris Commune,* trad. ingl. por E. Marx, Londres, 1976, p. 65 [ed. cast.: *Historia de la Comuna,* Barcelona, Laia, 1975, vol. I, p. 156].

[137] *Ibid.,* p. 65 [ed. cast. cit.: vol. I, pp. 156-157].

nueva estructura propia, más democrática que ninguna desde que existía la sociedad de clases:

> En vez de decidir una vez cada tres o seis años qué miembros de la clase gobernante han de representar y aplastar al pueblo en el parlamento, el sufragio universal habría de servir al pueblo organizado en comunas. [...] La constitución comunal habría devuelto al organismo social todas las fuerzas hasta entonces absorbidas por el Estado parásito, que se nutre a expensas de la sociedad y entorpece el libre movimiento de esta...
>
> Su auténtico secreto era este. Era esencialmente un gobierno de la clase trabajadora, fruto de la lucha de la clase productora contra la clase apropiadora, la forma política por fin descubierta para llevar a cabo, dentro de ella, la emancipación económica del trabajo[138].

Marx señaló que, en cuanto representante de los trabajadores de la ciudad, la Comuna comenzó a tomar medidas en favor de los intereses de estos: prohibición del trabajo nocturno en las panaderías y de las multas impuestas por los patronos a los empleados, entrega a asociaciones de trabajadores de cualesquiera talleres o fábricas cerrados por sus dueños, concesión de pensiones a las viudas y de libre educación para todos los niños, y prohibición del cobro de las deudas contraídas durante el asedio y del desahucio por no pagar el alquiler. La Comuna también puso de manifiesto su internacionalismo mediante el derribo de monumentos al militarismo y el nombramiento de un trabajador alemán como su ministro de Trabajo[139].

No tuvo oportunidad de mostrar qué otras medidas podía aplicar un gobierno de los trabajadores. Pues el gobierno republicano comenzó de inmediato a organizar fuerzas armadas para suprimirla, y colaboró con su «enemigo» prusiano para conseguirlo. Convenció a Bismarck de que liberase a los prisioneros de guerra franceses capturados en el otoño anterior y no contaminados por el hervor de ideas que circulaban en París. A finales de abril, Thiers había rodeado París con un ejército decidido a aplastar la Comuna tras acordar con Bismarck que se le permitiera atravesar las líneas prusianas. La Co-

---

[138] K. Marx, «The Civil War in France», en K. Marx y F. Engels, *Collected Works*, vol. 22, cit., pp. 333-334 [ed. cast.: *La guerra civil en Francia*, en K. Marx y F. Engels, *Obras Escogidas (OE)*, vol. 1, Madrid, Akal, 2016, pp. 544-546].

[139] K. Marx, «The Civil War in France», cit., p. 339 [ed. cast. cit.: pp. 550-551].

muna tenía todas las de perder. Además, sus representantes electos estaban heroicamente dedicados a su causa, pero carecían de la inteligencia política necesaria para comprender cómo había que responder a las fuerzas reunidas contra ellos.

Desde la década de 1830, en el seno del movimiento obrero en Francia se habían desarrollado dos importantes corrientes políticas. En primer lugar, estaba la corriente asociada con Auguste Blanqui, quien concebía la lucha de los trabajadores como una versión más radical, más socialmente consciente del jacobinismo de 1793 y hacía hincapié en el papel de una minoría conspirativa sumamente organizada, que actuara en favor de la clase trabajadora. Así, la vida de Blanqui había estado marcada por una serie de heroicos intentos de insurrección cuando la masa de los trabajadores no estaba preparada para ello, seguida por largas condenas a prisión mientras los trabajadores pasaban a la acción sin él (incluido el encarcelamiento por el gobierno republicano durante todo el periodo de la Comuna). La segunda corriente derivaba de las doctrinas sociales de Proudhon. Sus seguidores se distinguían por la vehemente reacción contra la experiencia del jacobinismo y el rechazo de la acción política. En su opinión, los trabajadores podrían resolver sus problemas mediante el «mutualismo» –asociaciones que podían montar cooperativas–, sin preocuparse por el Estado.

Marx consideraba ambos enfoques como peligrosamente inadecuados. Él no tenía duda de que los trabajadores debían aprender de la experiencia de la Gran Revolución francesa, pero creía que tenían que ir mucho más allá de esta. Tenía que haber una acción política decidida, como sostenían los blanquistas, pero basada en una actividad organizada de las masas, no en acciones heroicas de pequeños grupos. Tenía que haber una reorganización económica de la producción, como sostenían los proudhonistas, pero esta no podía darse sin una revolución política. Sin embargo, Marx no estaba en condiciones de influir sobre los acontecimientos que se producían en París. En la Comuna había personas, como el blanquista Vaillant, dispuestas a colaborar con Marx, pero no había nadie que aceptara plenamente sus ideas. El Comité Central de la Guardia Nacional y la Comuna estaban compuestos no por marxistas, sino por blanquistas y proudhonianos, y su toma de decisiones adoleció de los defectos de ambas tradiciones.

El gobierno republicano no tenía virtualmente fuerzas a su disposición en la época de su fuga de París el 18 de marzo. En aquel momento, la Guardia Nacional habría podido marchar sobre Versalles y dispersar sus fuerzas casi sin disparar un solo tiro. Pero la tradición «no política» proudhoniana llevó a la Comuna a dedicar su tiempo a aprobar estupendas resoluciones, mientras se dejaba que Thiers reuniera tropas libremente. Cuando Thiers puso de manifiesto sus agresivas intenciones con el inicio del bombardeo de París el 2 de abril, convocaron a una marcha sobre Versalles. Pero no la prepararon en serio, mandaron a la Guardia Nacional sin proveerla de una adecuada organización ni de cañones con que responder a los ataques de artillería lanzados desde el otro lado. Regalaron una victoria innecesaria a las todavía débiles fuerzas acantonadas en Versalles, y desperdiciaron todas las oportunidades de dispersarlas fácilmente.

Dentro de París mismo cometieron un error paralelo. Todo el oro del país se hallaba en los sótanos del Banco de Francia. La Comuna podía haberse apoderado de él, haberle negado fondos a Thiers y haber consolidado su dominio de la economía del país. Pero ni la tradición blanquista ni la proudhoniana permitían tal asalto a los «derechos de propiedad». Como resultado, para Thiers las cosas fueron mucho más fáciles de lo que podían haber sido.

La venganza de la burguesía

Thiers aprovechó la oportunidad de formar un ejército enorme. Comenzó por el bombardeo sistemático de la ciudad desde fuertes emplazados en las afueras, derrotó a las fuerzas comunales en una serie de escaramuzas, y luego entró en la ciudad misma el 21 de mayo. Si Thiers esperaba una conquista fácil, se vio frustrado. Los trabajadores de París lucharon calle por calle, manzana por manzana, edificio por edificio. A las tropas de Thiers les costó una semana empujarlos desde la acomodada parte occidental de la ciudad, pasando por el centro, hasta el baluarte de la Comuna en el este. La última resistencia fue aplastada en la madrugada del domingo de Pentecostés.

A la derrota de la Comuna siguió una orgía de violencia casi sin precedentes en los tiempos modernos. El periódico burgués *Le Figaro* alardeó: «Jamás se ha presentado una oportunidad así de curar a París de la gangrena moral que desde hace 25 años la consume»[140]. Los victoriosos jefes de las tropas de Versalles aprovecharon la oportunidad.

---

[140] Citado en A. Horne, *op. cit.,* p. 551.

A todos los que habían combatido a favor de la Comuna se los mató en el acto: 1.900 personas sólo entre la mañana del domingo de Pentecostés y la mañana del lunes siguiente (en un día en París, más que durante todo el Gran Terror de 1793-1794). Las tropas patrullaban las calles llevándose a los más pobres a voluntad y condenando a muerte a muchos, tras juicios de 30 segundos, porque tenían aspecto de *communards*. Un predicador contó haber presenciado la ejecución de 25 mujeres acusadas de verter agua hirviendo sobre las tropas que avanzaban. El *Times* de Londres comentó:

> [...] las inhumanas leyes de venganza al amparo de las cuales las tropas de Versalles han estado matando a tiros, a bayoneta, descuartizando a prisioneros, mujeres y niños. [...] Que recordemos, en la historia no ha habido nada parecido. [...] Las ejecuciones en masa infligidas por los soldados de Versalles parten el alma[141].

El número total de muertos se situó entre los 20.000 y los 30.000 según cálculos de historiadores franceses actuales[142]. Otros 40.000 *communards* estuvieron encarcelados en barcos-prisión durante un año antes de ser sometidos a juicio: 5.000 de ellos fueron condenados a la deportación y otros 5.000 a penas menores.

Entre los deportados se encontraba la famosa líder Louise Michel, que le había dicho al tribunal: «No me defenderé. Nadie me defenderá. Pertenezco por entero a la revolución social. Si me dejáis con vida, no dejaré de clamar venganza»[143]. Los prejuicios de la época habían impedido que la Comuna reconociera a las mujeres el derecho al voto. Pero las mujeres de la clase trabajadora comprendieron que, a pesar de esto, la suerte de la Comuna era la suya.

La represión tuvo un terrible impacto sobre la clase dirigente de París. Como Alistair Horne comenta, «el rostro de París cambió de una manera curiosa durante varios años: la mitad de los pintores de brocha gorda, la mitad de los fontaneros, los enlosadores, los zapateros y los cinqueros habían desaparecido»[144]. Pasarían casi dos décadas antes de que surgiera una nueva

---

[141] *The Times,* 29 de mayo y 1 de junio de 1871, citado en A. Horne, *op. cit.,* p. 555.

[142] A. Horne, *op. cit.,* p. 556.

[143] El juicio de Louise Michel se describe en muchos lugares. Véase, por ejemplo. P. O. Lissagaray, *op. cit.,* pp. 343-344 [ed. cast. cit.: vol. II, p. 157].

[144] A. Horne, *op. cit.,* p. 363.

generación de trabajadores franceses con el recuerdo de la supresión de la Comuna por el gobierno «republicano», pero con la determinación de reanudar la lucha por un mundo mejor.

Sin embargo, la última palabra sobre la Comuna la pronunció Marx. Según él, representó el mayor desafío planteado hasta entonces al nuevo mundo del capital... y la mayor inspiración para la nueva clase creada por el capital, pero opuesta a este. Los *communards* habían ido «al asalto del Cielo», escribió a su amigo Kugelmann[145], y habían provisto «un nuevo punto de partida de importancia mundial»[146].

---

[145] K. Marx, carta a Kugelmann del 12 de abril de 1871, en K. Marx y F. Engels, *On the Paris Commune,* Moscú, 1976, p. 284 [ed. cast. en K. Marx y F. Engels, *Obras Escogidas (OE),* cit., vol. 2, pp. 492-493].

[146] K. Marx, carta a Kugelmann del 17 de abril de 1871, en K. Marx y F. Engels, *On the Paris Commune,* cit., p. 285 [ed. cast. en *OE,* cit., vol. 2, p. 494].

Séptima parte
El siglo de la esperanza y del horror

Cronología

Década de 1880: Gran Bretaña ocupa Egipto. Reparto de África. Desarrollo comercial del teléfono, el fonógrafo, la generación y la luz eléctricas.

1890-1900: Japón ataca a China y se apodera de Taiwán, Guerra Hispano-Americana. Invención del coche a motor y del cine.

1899-1902: Guerra de los Bóers: los británicos crean los primeros campos de concentración.

1900: Se hace pública la teoría genética de Mendel, 16 años después de su muerte.

1903: Primer avión.

1904: Rusia pierde la guerra con Japón.

1905: Revolución en Rusia. Fundación de Trabajadores Industriales del Mundo (IWW). Teoría especial de la relatividad de Einstein.

1910-1914: «Gran Malestar» en Gran Bretaña, ejército orangista en Irlanda.

1911: Proclamación de la República China. Revolución mexicana.

1912-1914: Huelgas y barricadas en Rusia, cierre patronal en Dublín, «Huelga del Pan y las Rosas».

1912-1913: Guerras de los Balcanes.

1913: Planta Ford de producción masiva de coches.

1914: Estallido de la Primera Guerra Mundial, disolución de la Segunda Internacional.

1916: «Alzamiento de Pascua» en Dublín.

1917: Revoluciones rusas en febrero y octubre, motines en el ejército francés y la Marina alemana, los EEUU entran en guerra.

1918: Revolución en los imperios alemán y austro-húngaro.

1919: Fundación de la Internacional Comunista, asesinato de Rosa Luxemburgo, Guerra Civil en Alemania, repúblicas socialistas bávara y húngara, guerra de guerrillas en Irlanda, matanzas de Amritsar en la India, Movimiento del 4 de Mayo en China, Tratado de Versalles.

1920: Los trabajadores alemanes abortan el *putsch* de Kapp. Ocupaciones de fábricas en Italia.

1921: Gran Bretaña divide Irlanda. Revuelta de Kronstadt en Rusia.

1922: Entrega del poder a los fascistas en Italia.

1923: Ocupación francesa del Ruhr, gran inflación, los comunistas llaman a la rebelión, golpe de Estado nazi.

1925: Teoría cuántica de Heisenberg.

1926: Fracaso de la huelga general en Gran Bretaña.

1927: Masacre de trabajadores en Shanghái. León Trotsky se exilia.

1928-1929: Stalin asume todo el poder, Primer Plan Quinquenal, «colectivización» de la agricultura, arrestos masivos.

1929: La Bolsa se derrumba en Wall Street.

1931: Revolución en España.

1933: Hitler toma el poder en Alemania, hambrunas en Ucrania y Kazajistán.

1934: Levantamiento antifascista en Viena, protestas antifascistas en Francia, Revolución de Asturias en España, huelgas en los EEUU.

1936: Victorias electorales del Frente Popular en Francia y España, ocupación de fábricas en Francia, golpe militar y levantamientos revolucionarios en España, formación del Congreso de Organizaciones Industriales (CIO) en los EEUU, encierro de trabajadores en la General Motors. Juicios de Moscú.

1938: Hitler se apodera de Austria, acuerdos de Múnich.

1939: Victoria de los fascistas españoles, invasión alemana de Polonia, inicio de la Segunda Guerra Mundial.

1940: Caída de Francia, Italia entra en la guerra.

1941: Hitler ataca Rusia. Japón ataca la flota de los EEUU en el Pacífico.

1942: Los nazis trazan planes para el Holocausto, derrota del ejército alemán en Stalingrado. Hambrunas en Bengala, Movimiento *Quit India,* «Fuera de la India».

1943: Huelgas en Turín, los Aliados desembarcan en el sur de Italia.

1944: Desembarcos aliados en Normandía, un alzamiento libera París, Levantamiento de Varsovia, la resistencia griega es atacada por los británicos.

1945: La resistencia libera las ciudades del norte de Italia, EEUU y Gran Bretaña toman el oeste de Alemania, Rusia el este. Hiroshima y Nagasaki. Gran Bretaña restablece el dominio francés en Vietnam. Gobiernos liderados por los comunistas en Europa del Este.

1947: Gran Bretaña abandona la India. La partición produce derramamientos de sangre. La ONU respalda la creación de un Estado israelí en Palestina. Primer ordenador.

1947-1949: Inicio de la Guerra Fría. Plan Marshall, golpe de Estado en Praga, establecimiento del puente aéreo en Berlín, Yugoslavia rompe con Rusia, macartismo en EEUU. El Ejército Chino de Liberación Popular entra en Pekín.

1950: Guerra de Corea. Indonesia se independiza de Holanda. Levantamiento de escolares en Sudáfrica. La CIA auspicia la Guerra Civil en Angola.

1952-1957: Rebelión del Mau Mau contra Gran Bretaña en Kenia.

1953: Nasser derroca la monarquía egipcia. Muerte de Stalin. Los EEUU hacen estallar la bomba H.

1954: Los acuerdos de Ginebra ponen fin a la guerra en Corea y dividen Vietnam. La CIA derriba el gobierno guatemalteco. Revuelta contra la dominación francesa en Argelia.

1955-1956: El boicot a los autobuses de Montgomery inicia el movimiento por los derechos civiles en los EEUU.

1956: Egipto nacionaliza el Canal de Suez, atacado por Gran Bretaña, Francia e Israel. Jrushschov denuncia el régimen de Stalin. Revolución húngara.

1957: Ghana obtiene la independencia.

1958: Revolución nacionalista en Iraq. «Gran Salto Adelante» en China. De Gaulle asume el poder en Francia.

1959: Los rebeldes de Castro toman La Habana.

1960: Independencia de Nigeria.

1961: Invasión fallida de Cuba por la CIA. Primera escisión entre Rusia y China. «Consejeros» de los EEUU en Vietnam.

1962: Crisis de los Misiles en Cuba.

1964: Independencia de Argelia. Los EEUU desembarcan en la República Dominicana.

1965: Golpe militar en Indonesia, medio millón de muertos.

1967: Israel ocupa Cisjordania tras la «Guerra de los Seis Días». Levantamiento negro en Detroit. Fundación de los Panteras Negras. Golpe de extrema derecha de los coroneles en Grecia.

1968: Ofensiva del Tet en Vietnam, revueltas estudiantiles en toda Europa. Acontecimientos de mayo en Francia. «Primavera de Praga.»

1969: «Otoño Caliente» en Italia. En Argentina, levantamiento de Córdoba (el «Cordobazo»). «Disturbios» en Irlanda del Norte.

1970: Las huelgas hacen caer a Gomułka en Polonia. Elección de Allende en Chile. Los EEUU invaden Camboya, estudiantes muertos por disparos en la Universidad Estatal de Kent (Ohio).

1973: Golpe en Chile, guerra en Oriente Próximo, levantamiento de la Politécnica en Grecia.

1974: Inicio de la recesión mundial, segunda huelga de mineros y caída del gobierno de Heath en Gran Bretaña. Revolución de los Claveles en Portugal, caída de los coroneles griegos.

1975: «Compromiso histórico» en Italia. Independencia de las colonias portuguesas. Derrota de la izquierda revolucionaria en Portugal. Guerra de guerrillas en Rhodesia.

1976: La oposición es legalizada en España.

1976-1977: Agitación en China tras la muerte de Mao, primeras reformas conducentes a la economía de mercado.

1979: Revolución iraní, «República islámica». Los sandinistas toman el poder en Nicaragua. Gobierno de Thatcher en Gran Bretaña. Rusia invade Afganistán.

1980: Ocupación de los astilleros polacos, movimiento obrero de Solidarność. Golpe militar en Turquía. Apoyado por los EEUU, Iraq desata la guerra contra Irán. Fin de la dominación blanca en Zimbabue. Primeros ordenadores personales que utilizan chips de silicio.

1981: Misiles crucero en Europa. «Segunda Guerra Fría.» Guerra Civil en El Salvador, terrorismo Contra de los EEUU en Nicaragua. Represión de Solidarność por los militares polacos.

1982: Guerra de las Malvinas.

1983: Invasión de la isla de Granada por los EEUU.

1984-1985: Huelga de mineros en Gran Bretaña.

1987: La *glásnost* permite los primeros debates libres en 60 años de la URSS.

1988: Manifestaciones en las repúblicas no rusas de la URSS. Huelgas de mineros en Polonia. Oleadas de huelgas en Yugoslavia y Corea del Sur. Argelia, al borde de un levantamiento.

1989: Gobierno no comunista en Polonia. Protestas de la Plaza de Tiananmen en China, huelga de mineros en Rusia, revoluciones políticas en toda Europa del Este. Ascenso de Milošević en Serbia. Los EEUU invaden Panamá. Los científicos comienzan a advertir sobre los peligros del «efecto invernadero».

1991: Guerra liderada por los EEUU contra Iraq. Golpe fallido en Rusia, desmantelamiento de la URSS. Guerra Civil en Yugoslavia y Argelia.

1992: Hambrunas y Guerra Civil en Somalia. Guerra Civil en Tajikistán. Depresión en la economía rusa.

1994: Gobierno negro en Sudáfrica.

1995: Las huelgas hacen tambalearse al gobierno francés.

1998: Crisis económica en todo el este asiático, caída de Suharto en Indonesia.

1999: Guerra liderada por los EEUU contra Serbia.

I

El mundo del capital

En 1900, el capital había estampado su huella hasta en el último rincón del mundo. En prácticamente ninguna parte había un grupo de personas cuyas vidas no hubiera transformado: sólo los desiertos de hielo de la Antártida, las más remotas junglas del Amazonas y los valles de las tierras altas de Nueva Guinea seguían a la espera de aquellos apóstoles del capitalismo, los exploradores europeos, con sus bienes baratos, biblias, gérmenes y esperanzas de riquezas inmerecidas.

El impacto del capital no fue el mismo en todas partes. En muchos lugares del mundo seguía significando la antiquísima aplicación del músculo y el sudor, ahora orientada al lucro de capitalistas lejanos en lugar de al consumo local. Pero en Europa occidental y Norteamérica la mecanización se extendía a zonas cada vez más amplias de la industria, el transporte e incluso la agricultura.

La Revolución industrial de un siglo antes en Gran Bretaña se había concentrado en una rama de la producción textil: el hilado de algodón. Ahora se revolucionó y luego se volvió a revolucionar toda forma concebible de manufactura: la fabricación de jabón, la impresión, el teñido, la construcción naval, la fabricación de botas y zapatos y la de papel. El descubrimiento de la generación de electricidad y el desarrollo de la bombilla de filamentos creó una nueva manera de producir luz artificial y de prolongar las horas de trabajo (la primera huelga en el sector textil de Bombay fue una reacción a esto). La invención del motor eléctrico abrió la posibilidad de manejar la maquinaria a cierta distancia de una fuente de energía inmediata, como una máquina de vapor. La máquina de escribir revolucionó los procedimientos de la correspondencia comercial y acabó con el monopolio de los empleados varones con largos años de experiencia en una oficina. La invención del telégrafo y, a finales de la década de 1880, la del teléfono facilitaron la coordinación a larga distancia de la producción y la guerra, así como permitieron que las personas se mantuvieran en contacto más fácilmente (poco antes de fallecer en 1895, Engels disponía de un teléfono en su casa de Londres). El aumento de las fábricas fue de la mano de la expansión sin tregua del ferrocarril, que ponía remotas regiones en estrecho contacto con las ciudades. Las minas de carbón proliferaron para alimentar la demanda siempre creciente de combustible de los ferrocarriles, las fábricas y los barcos de vapor. Se construyeron fábricas de hierro y acero del tamaño de pequeñas ciudades, con ciudades contiguas para sus trabajadores.

El crecimiento de una industria estimulaba el crecimiento de otra. Los habitantes de las ciudades, las aldeas mineras y los centros metalúrgicos tenían que comer y vestirse. El transporte por mar a miles de kilómetros de distancia del grano de las praderas antes «sin abrir» del Medio Oeste americano, la ternera de las pampas argentinas y la lana de Australia produjeron el desarrollo de la primera agroindustria. El crecimiento de las ciudades hizo necesario algún medio de llevar a las personas desde donde vivían hasta donde trabajaban. Los capitalistas que creían poder ganar dinero con la gestión de «omnibuses» tirados por caballos, la construcción de sistemas tranviarios o incluso creando ferrocarriles subterráneos lo hicieron y en muchos lugares en que ellos no emprendían tales tareas lo hicieron las municipalidades locales. Las clases medias del siglo XIX habían estado dispuestas a tolerar que los pobres vivieran amontonados en medio de la miseria y murieran de enfermedad o hambre. Pero a finales del siglo XIX comprendieron que las enfermedades podían transmitirse de los pobres a sus vecinos, y promovieron la construcción de sistemas de alcantarillado, que se despejaran los abarrotados centros de las ciudades, el suministro de agua potable y el aprovisionamiento de gas para iluminar las calles y calentar las casas. Hubo grupos de capitalistas que se aprestaron a sacar beneficios de tales servicios y emplearon a nuevos grupos de trabajadores para proveerlos.

El proceso de urbanización se aceleró. En la década de 1880, más de un tercio de la población de Londres lo formaban recién llegados a la ciudad[1].

---

[1] Cifras aportadas en G. Stedman Jones, *Outcast London,* Harmondsworth, 1976, p. 132.

Hacia 1900, tres cuartos de la población británica vivía en pueblos y ciudades, y sólo uno de cada diez trabajaba en el campo[2]. Gran Bretaña era el ejemplo extremo. En Alemania, un tercio de la población seguía trabajando en el campo, y a comienzos de siglo muchos obreros industriales vivían en pequeños pueblos o aldeas industriales en lugar de en ciudades. En Francia, el 30 por 100 de la gente seguían trabajando la tierra en 1950, y en Japón la cifra era del 38 por 100[3]. Incluso en los EEUU seguía habiendo una enorme población agrícola (aunque la mecanización estaba comenzando a transformar las praderas), y hasta la década de 1940 fueron más las personas que vivían en pequeños pueblos que en grandes conurbaciones. No obstante, en todos estos países la tendencia era a seguir el ejemplo británico. La aldea –con su iglesia, su predicador, su señor y, tal vez, su maestro– se estaba convirtiendo en cosa del pasado. Se estaba transformando toda la manera de vivir de las personas.

Para el capital esto supuso oportunidades y problemas. Las oportunidades estribaban en la provisión de bienes no materiales. Las personas tenían necesidades distintas de las materiales. Necesitaban relajarse, socializar y recuperarse del agotamiento físico y de la soporífera monotonía del trabajo. La producción fabril y la vida ciudadana habían acabado con la mayoría de los antiguos modos de satisfacer tales necesidades, basadas como estaban en la vida aldeana, con sus ritmos estacionales y sus oportunidades para las reuniones informales. El capital podía sacar beneficios de la generación de nuevos modos de socialización. Los cerveceros tenían sus lucrativas redes de tabernas. Los primeros magnates de la prensa descubrieron que había un enorme público que estimular y divertir (el millonario de la prensa británica Harmsworth obtuvo su primer éxito con un semanal llamado *Titbits,* «Chismorreos»). El negocio del entretenimiento dio su primer vacilante paso adelante con los teatros de variedades, y otro con la invención en la década de 1890 del fonógrafo (precursor del tocadiscos) y las «imágenes en movimiento».

Otro fruto del nuevo mundo de la industria capitalista fue el deporte organizado. Los juegos informales con pelotas tenían miles de años de antigüedad. Pero la organización de equipos que jugaran según normas que reflejaban el *ethos* competitivo de la industria capitalista fue uno de los rasgos de

---

[2] Véanse las figuras 13 y 3 en E. Hobsbawm, *Industry and Empire,* Harmondsworth, 1971 [ed. cast.: *Industria e imperio,* Barcelona, Ariel, 1988, reed. en Crítica].

[3] Cifras de la OCDE.

Gran Bretaña del siglo XIX que no tardó en extenderse por todo el mundo. Las ciudades fabriles, e incluso las fábricas, fueron el lugar de nacimiento de muchos equipos (de ahí nombres como «Arsenal» y «Dínamo de Moscú»), con presidencias ejercidas por hombres de negocios locales que vieron las ventajas de crear focos interclasistas de identificación local.

En sus inicios, el capitalismo afectó a personas que eran producto de una forma anterior de sociedad y de cuyas vidas se utilizaba una parte: la parte que suponía trabajar como esclavos durante 12, 14 o 16 horas al día en un taller o una fábrica. Pero ahora podía extraer beneficios de la totalidad de sus vidas: desde las camas en que dormían y los techos que los mantenían secos, hasta la comida que ingerían, el esfuerzo que les costaba llegar a sus lugares de trabajo y las diversiones que les permitían olvidarse del mundo del trabajo. Se convirtió en un sistema total.

Esto, sin embargo, creó un problema. El capitalismo no podía seguir buscando fuera del sistema el suministro de fuerza fresca de trabajo. Tuvo que dar pasos para asegurarse de que el suministro existiera, y eso significaba ocuparse de la crianza de nuevas generaciones de personas. En los primeros días de la Revolución industrial en Gran Bretaña, los capitalistas habían mostrado pocos escrúpulos, y los capitalistas industriales de otros países fueron por lo general igual de indiferentes. En las hilanderías las mujeres y los niños proveían el trabajo más barato y más flexible, y se los embutió en ellas sin tener en cuenta los efectos sobre su salud o sobre el cuidado de los niños pequeños. Si la acumulación de capital requería la destrucción de la familia de la clase obrera, ¡adelante!

Hacia la década de 1850, sin embargo, los capitalistas con más vista comenzaron a temer que las reservas futuras de fuerza laboral estuvieran comenzando a agotarse. En la Gran Bretaña de 1871, los inspectores de la Ley de Pobres informaron: «Está de sobra demostrado que los niños de las clases más pobres criados en ciudad, especialmente los de Londres, en ningún caso alcanzan [...] los 125 centímetros» de altura ni un perímetro torácico de 75 centímetros «a la edad de quince años. Esta raza se caracteriza por un crecimiento raquítico»[4]. El Comité de la Alcaldía de 1893 extrajo la conclusión de que «el remedio evidente [...] consiste en mejorar la resistencia, física y moral, de la clase trabajadora de Londres»[5].

---

[4] G. B. Longstaff, citado en G. Stedman Jones, *op. cit.,* p. 128.
[5] Citado en *ibid.,* p. 129.

Leyes sucesivas redujeron el horario laboral de los niños y prohibieron el empleo de mujeres en aquellas industrias que pudieran perjudicar las posibilidades de un embarazo exitoso. Unos cuantos capitalistas construyeron «aldeas modelo» –como Port Sunlight, del fabricante de jabones Lever, junto al Mersey, y Bourneville, del fabricante de chocolates Cadbury, cerca de Birmingham– en las que podían asegurarse de que su personal se alojaba en condiciones favorecedoras de una productividad a largo plazo (con la ayuda de una estricta prohibición del alcohol). Pero los esfuerzos gubernamentales de ocuparse de la «resistencia física» de los trabajadores tuvieron que esperar hasta el final de la primera década del siglo XX. La investigación de un «Comité para el Deterioro Físico» sobre el bajo calibre de los reclutas de la Guerra de los Bóers de 1899-1902 expresó preocupación por la capacidad futura de Gran Bretaña de entrar en guerra, y un gobierno liberal reaccionó introduciendo las comidas escolares gratuitas: el primer movimiento limitado hacia lo que luego se convirtió en el Estado del bienestar. Aparte de esto, en lo que más se insistía era en la mejora de la «resistencia moral» de la clase trabajadora, en una ofensiva moral contra la «imprevisión», la «disolución», el «alcoholismo» y la «desmoralización producidas por […] la caridad indiscriminada»[6].

Al tratamiento de estos supuestos defectos se dedicaron campañas de filántropos, iglesias y parlamentarios que encomiaban el ideal de familia de las clases medias: la familia estable, monógama y nuclear de un marido trabajador, una esposa leal y unos hijos disciplinados. Sólo una familia así, se argüía, podría llevar a que los hijos crecieran conscientes de sus deberes y obedientes. El lugar de la mujer estaba en el hogar, según la «naturaleza humana». Las prácticas que pudieran amenazar ese modelo familiar, por extendidas que hubieran estado en el pasado, eran estigmatizadas como «inmorales» o «antinaturales». Así, el sexo premarital o extramarital, el divorcio, la contracepción y los debates sobre la higiene y el goce sexual eran todos castigados en un clima de puritanismo oficial. La homosexualidad masculina pasó a ser delito por vez primera en Gran Bretaña.

Con este modelo de familia se asociaba el concepto de «salario familiar»: las ganancias del marido habían de ser suficientes para que la esposa se quedara en casa y criara a los hijos. Esto nunca se hizo realidad para nadie, excepto para una mínima minoría de trabajadores. Los empresarios que conce-

---

[6] Informe de 1870-1871 de la Charity Organization Society, citado en G. Stedman Jones, *op. cit.,* p. 266.

dían a los hombres aumentos de sueldo durante los periodos de prosperidad, cuando las huelgas y la falta de trabajadores podían resultarles perjudiciales, los reducían con la misma rapidez en las épocas de recesión. Muchas de las mujeres que abandonaron sus trabajos para convertirse en amas de casa tras el matrimonio y tener hijos se dedicaban a diversas formas de trabajo remunerado (trabajo desde casa o de limpiadoras). Pero el ideal establecido, según el cual el trabajo de la mujer no era tan importante como el del marido para el «sostén de la familia», facilitaba a los patronos el pago de remuneraciones bajas.

La preocupación por la «moral» de los trabajadores se acompañaba de una creciente obsesión por la eficacia. Los capitalistas de la primera Revolución industrial habían visto que el camino que llevaba al beneficio pasaba por hacer que las personas trabajaran tantas horas al día como fuera posible: por la extracción de lo que Karl Marx llamó «la plusvalía absoluta». Con la posibilidad de mantener una producción virtualmente continua con sistemas de dos o tres turnos, lo que comenzó a preocupar fue la intensificación del trabajo y la eliminación de las pausas en él. Un estadounidense, Frederick Taylor, introdujo la «gestión científica»: el empleo de inspectores provistos de cronómetros a fin de desglosar lo que un obrero hacía en sus acciones componentes y calcular el número máximo de acciones que este podía realizar en un día de trabajo, y luego hacer que el salario dependiera del cumplimiento de esta norma. La máquina ya no era un complemento del trabajador, sino el trabajador un complemento de la máquina.

Finalmente, la preocupación por la productividad comportó también la necesidad de educación y alfabetización. La lectura, la escritura y la aritmética habían sido opcionales para los campesinos y jornaleros agrícolas de las sociedades preindustriales. Por eso todo lo que se diga sobre la literatura de los tiempos precapitalistas o del capitalismo temprano se refiere a la literatura de las clases alta y media. Pero ahora los complejos procesos interactivos de la producción capitalista requerían de una mano de obra alfabetizada –siquiera capaz de leer las instrucciones para el manejo de la maquinaria y las etiquetas en los embalajes–, con un nivel básico de cálculo numérico y, tan importante como estas dos cosas, hábitos arraigados de disciplina temporal y obediencia. Incluso el capitalismo británico, que había llevado adelante su Revolución industrial sin esto, en la década de 1870 se vio obligado a introducir la escolarización obligatoria de sus futuros trabajadores hasta los diez años de edad; si bien la educación de las clases media y alta se la dejó a las escuelas privadas de «secundaria» (*grammar schools*) y las (equívocamente llamadas) «escuelas públicas». Los capitalismos que llegaron con retraso, necesitados de trabajadores lo bastante competentes como para disputarle a Gran Bretaña el control de los mercados, por norma general impulsaron desde el principio estrictos programas educativos públicos con el objetivo no sólo de entrenar a los futuros trabajadores, sino de equipar técnicamente a sectores de la clase media.

El capitalismo infantil de los periodos tardofeudal y absolutista había alcanzado su adolescencia a finales del siglo XVIII y comienzos del XIX. A comienzos del siglo XX estaba llegando a la madurez en Europa occidental y Norteamérica y, como tal, mostraba muchos de los rasgos de la sociedad en que vivimos hoy día. Una consecuencia fue que las personas comenzaron a dar por sentados esos rasgos. En la primera Revolución industrial, la gente se había visto sorprendida por la transición de la vida rural al trabajo industrial. Con frecuencia volvieron la vista al pasado en busca de algún remedio a sus males: como cuando los cartistas trazaron un plan para la instauración de pequeñas granjas. A comienzos del siglo XX, la sensación de sorpresa había desaparecido. La gente aún podía asombrarse ante innovaciones individuales, como el coche de motor o la luz eléctrica. Pero ya no le sorprendía una sociedad basada en la competencia, la puntualidad y la codicia. La sociedad capitalista era todo lo que la gente conocía. Sus formas características de conducta parecían ser la «naturaleza humana». La gente ya no se daba cuenta de lo extravagante que su conducta les habría parecido a sus antepasados.

La ideología del progreso

Los apologistas del nuevo mundo del capitalismo industrial creían estar a punto de resolver todos los problemas de la humanidad. El mismo optimismo contagió a gran parte de la vida intelectual. Cada año se producían nuevos milagros de la inventiva humana. La vida era más cómoda que nunca antes para la burguesía y las clases medias, e incluso algunos sectores de los trabajadores vieron mejorar sus condiciones. Parecía que las cosas no tenían más que seguir como estaban para que se cumplieran los sueños de las generaciones pasadas.

Los desarrollos en ciencia y tecnología reforzaron tales creencias. El físico Thomson (lord Kelvin) utilizó la mecánica de Newton para crear un modelo mecánico de todo el universo, desde el más pequeño átomo hasta la mayor galaxia, y James Clerk Maxwell trató de integrar en él los hallazgos experimentales de Michael Faraday sobre la electricidad y el magnetismo[7]. Simultáneamente, los naturalistas Darwin y Wallace habían explicado cómo las especies evolucionaron mediante un proceso de selección natural, y Darwin había llegado a demostrar que la humanidad misma descendía de un mamífero parecido a los simios. Los químicos habían conseguido producir a partir de sustancias inorgánicas algunos de los compuestos orgánicos que se encuentran en los seres vivos.

Las antiguas fuerzas de la religión y la superstición se resistieron a estos avances en el conocimiento, pero la conexión entre la ciencia y el lucro industrial hizo que sólo pudieran batirse en retirada. El obispo anglicano de Oxford denunció al discípulo de Darwin, Thomas Huxley, como antaño el papado había denunciado a Galileo. Pero el clero había perdido su capacidad para controlar las mentes de las personas. Era como si la Ilustración hubiera acabado por salir victoriosa de su batalla con las fuerzas de la sinrazón.

La nueva creencia en el avance imparable del progreso pasó a llamarse «positivismo» (nombre dado a estas ideas por el pensador francés Comte) o «cientismo». Esta fue la base de las novelas de Émile Zola, que trataban de describir la conducta humana como la ciega interacción de las condiciones materiales y la pasión hereditaria, y del intento de Theodore Dreiser, en sus novelas sobre los grandes negocios, de presentar la conducta capitalista como una versión de «la supervivencia de los más aptos». Subyacía al optimismo de la ciencia ficción temprana de H. G. Wells, con su imagen de la humanidad triunfante llegando a la Luna, o de las obras de George Bernard Shaw, como *Hombre y superhombre* y *La comandante Bárbara*. Estaba presente en los intentos de Sigmund Freud por explicar los sentimientos y la conducta irracionales en términos de fuerzas residentes en el interior de la mente humana –el yo, el superyó y el ello–, que en buena medida interactuaban como las partes

---

[7] En la práctica, Maxwell utilizó enfoques matemáticos que contradecían este modelo y sentó las bases para algunos de los muy diferentes modelos que iban a prevalecer en el siglo XX. Pero fue su modelo original el que iba a dominar gran parte del pensamiento científico durante una generación. Véase W. Berkson, *Fields of Force,* Londres, 1974, caps. 5, 6 y 7, especialmente pp. 150-155 [ed. cast.: *La teoría de los campos de fuerza,* Madrid, Alianza, 1985, caps. 5, 6 y 7, especialmente pp. 177-183].

del universo de Kelvin[8]. Fue el telón de fondo de la filosofía de Bertrand Russell y el principio guía de quienes, como Sidney y Beatrice Webb y su Sociedad Fabiana en Gran Bretaña, creían que la sociedad se podía cambiar a mejor mediante reformas paulatinas llevadas a cabo por benevolentes funcionarios públicos.

Incluso las fuerzas reaccionarias previamente dependientes del oscurantismo religioso afirmaban atenerse a un enfoque científico. La comprensión científica de la naturaleza puesta en pie por Darwin se retorció hasta convertirla en la teoría del «darwinismo social», según la cual las clases, las naciones o las razas que dominaban a otras lo hacían debido a que su «superioridad innata» había vencido en la batalla por la supervivencia. Los antiguos prejuicios sobre la «mejor sangre» o la «reproducción superior» se tradujeron a una terminología moderna, aparentemente científica. De la misma manera, el antiguo argumento de san Agustín (y de Lutero y Calvino) sobre la necesidad de un poder estatal fuerte para detener el mal derivado de «la maldición de Adán» –el «pecado original»– ahora se reformuló en términos de la necesidad de controlar los «instintos animales» de las personas. Si la Iglesia había demandado el derecho a controlar la conducta de las personas, ahora los defensores de la «eugenesia» demandaban que el Estado utilizara mediciones supuestamente científicas de la inteligencia y la «criminalidad» «innatas» a fin de restringir la capacidad reproductiva de las personas. Esto se combinaba con convicciones íntimas sobre el destino de la «raza», como que los pobres tendían a tener familias mayores que los ricos: una preocupación que podía ser compartida tanto por reformadores de la clase media –como el joven John Maynard Keynes– como por reaccionarios de la clase alta.

Sin embargo, por lo general el «cientismo» y el «positivismo» se asociaban con la creencia de que el futuro sólo podía ser mejor que el presente, que la modernidad misma significaba la mejora de la humanidad. En 1914, la fe en el futuro estaba muy cerca de reemplazar la fe en Dios, aunque todavía eran muchos los biempensantes que intentaban combinar ambas.

---

[8] Como en el modelo del universo del Maxwell, en la teoría de Freud había elementos sometidos a un enfoque muy diferente. En la década de 1920, el psicoanálisis era visto como una justificación de los desafíos irracionalistas al enfoque determinista-mecánico. Pero el propio punto de partida de Freud se basaba, ciertamente, en el determinismo mecánico. Véanse, por ejemplo, las explicaciones de sus tempranos intentos de tratar quirúrgicamente los síntomas histéricos en J. Masson, *The Assault on Truth,* Harmondsworth, 1984, pp. 55-106 [ed. cast.: *El asalto a la verdad,* Barcelona, Seix Barral, 1985, pp. 37-70].

El ascenso de la democracia capitalista

La palabra «democracia» era anatema para las clases dirigentes de mediados del siglo XIX. Seguían denunciándola como la «ley de la calle» de la «vil multitud» de Burke. Macaulay, el historiador *whig* inglés, podía ser tan inexorable como cualquier *tory*. «El sufragio universal», dijo, «sería fatal para todos los propósitos por los que el gobierno existe» y «absolutamente incompatible con la existencia de la civilización»[9]. Incluso cuando las clases dirigentes se vieron obligadas por la presión desde abajo a conceder el derecho al voto, trataron de imponer restricciones ligadas a la propiedad que excluyeran a las clases bajas. La Ley de Reforma de 1832 extendió el sufragio de 200.000 a un millón de hombres; es decir, a no más de un quinto de los adultos varones. Una ley de 1867, aprobada en medio de una gran agitación popular[10], aumento el número de votantes, pero siguió dejando sin voto a la mitad de la población masculina, y «ni los líderes liberales ni los conservadores esperaban que la ley instaurara una Constitución democrática»[11]. En Prusia y buena parte de los demás estados alemanes, un sistema electoral de tres clases dio la mayoría de los escaños parlamentarios a la minoría con más riqueza. Por si esto fuera poco, casi todas las clases dirigentes insistían en la existencia de una segunda cámara no electa –una Cámara de los Lores o un Senado de notables–, con veto sobre la toma de decisiones y un monarca con el poder de nombrar al jefe del gobierno. No sorprende que, en la época de la Comuna de París, Marx expresara la opinión de que la dictadura de Luis Napoleón Bonaparte estaba más en consonancia con los deseos de las clases dirigentes capitalistas que una república democrática: «Es la forma de Estado del moderno gobierno clasista, al menos en el continente europeo»[12].

Sin embargo, a medida que el siglo avanzaba, ciertas figuras de las clases dominantes vieron que la democracia no tenía por qué ser una amenaza para ellos, siempre y cuando consiguieran establecer sus reglas de funcionamiento.

---

[9] Citado en R. Miliband, *Capitalist Democracy in Britain,* Oxford, 1982, p. 22, n. 2.

[10] Véase R. Harrison, *Before the Socialists,* Londres, 1965, pp. 69-78.

[11] M. Cowling, *1867, Disraeli, Gladstone and Revolution,* citado en R. Miliband, *op. cit.,* p. 25.

[12] K. Marx, segundo borrador de *La guerra civil en Francia,* trad. ingl. en K. Marx y F. Engels, *Collected Works,* vol. 22, cit.

El propio Luis Bonaparte había descubierto cómo manipular un voto basado en el sufragio universal (de los varones) cuando vino a confirmar su propia toma del poder en 1851. La mayoría del electorado francés lo formaban campesinos cuya opinión acerca de los acontecimientos políticos era forjada por los párrocos de aldea y los maestros de escuela. Si Bonaparte controlaba el flujo de información lo suficiente para asustarlos con relatos sobre lo que estaba ocurriendo en las ciudades, podía conseguir sus votos y demostrar que era «más democrático» que los republicanos. Fue un ejemplo seguido con entusiasmo por Bismarck cuando convirtió al rey de Prusia en emperador de Alemania: el sufragio universal masculino eligió un Parlamento imperial con poderes muy limitados, mientras en las elecciones estatales seguía operando un sistema basado en la propiedad.

La clase dirigente de Gran Bretaña descubrió que las ampliaciones paulatinas del derecho al voto no socavaban su poder de determinar las políticas del Estado, pues la mayor parte del poder estatal se hallaba fuera del control parlamentario inmediato. Residía en las jerarquías no electas de los militares, la policía, la judicatura y el funcionariado civil. Estos eran los que establecían los parámetros bajo los cuales operaba normalmente el Parlamento y podían rechazar cualquier medida particular que no les gustara como «inconstitucional» (como hicieron cuando en 1912 la Cámara de los Comunes votó a favor del «autogobierno» en Irlanda). En tales circunstancias, más que actuar como un mecanismo por el que las masas ejercían su presión sobre la clase dirigente, el Parlamento se convirtió en un mecanismo para la domesticación de los representantes del parecer de las masas, a los que se obligaba a recortar sus demandas a fin de ajustarlas al estrecho espacio permitido por la clase dirigente. Ya en 1867 Gladstone, el líder del principal partido capitalista de Gran Bretaña –los liberales–, detectó «lo deseable de procurar que una proporción mayor de la población sintiera que el Parlamento debía ser el centro de su atención política»[13].

Como Ralph Miliband ha escrito:

> La apropiación de la «democracia» por parte de los políticos no significó su conversión a ella; fue, más bien, un intento de exorcizar sus efectos. […] Una medida de democracia cuidadosamente limitada y adecuadamente controlada resultaba aceptable e incluso, desde cierto punto de vista, deseable.

---

[13] M. Cowling, *op. cit.*, p. 49.

Pero no todo lo que fuera más allá de eso. Todo el sistema político se orientaba por esos sentimientos[14].

En todas partes, las ampliaciones del derecho al voto se acompañaron de un esfuerzo consciente por parte de los políticos de la clase dirigente para influir sobre los corazones y las mentes de las clases bajas. En Gran Bretaña el primer intento del Partido Conservador de crear una «Unión Nacional» con miembros extraparlamentarios se produjo en el año de la Ley de Reforma de 1867. Su objetivo era «primordialmente unir a los trabajadores conservadores»[15] mediante una red de asociaciones locales y clubes de bebida: «Lo directo y urgente de la llamada conservadora a las clases trabajadoras es lo más llamativo de la labor de la Unión Nacional en su primera época»[16]. Era un llamamiento basado en la deferencia de algunos sectores de trabajadores hacia sus supuestos superiores, en los antagonismos religiosos o étnicos de algunos trabajadores hacia otros (así, en ciertas ciudades del norte de Inglaterra y Escocia ser conservador era ser un protestante orangista opuesto a los inmigrantes irlandeses), en una glorificación de la expansión imperialista de Gran Bretaña y de los donativos caritativos a los pobres en época de elecciones[17]. Los esfuerzos de los conservadores por atraerse a las clases mediabaja y trabajadora tuvieron su equivalente liberal, que incluía su propia red nacional de asociaciones locales. Sólo después de 1905 tuvieron éxito unos cuantos candidatos laboristas «independientes» contra los dos partidos capitalistas que llevaban 40 años de hegemonía entre la clase trabajadora… y estaban tan comprometidos con el estado de cosas vigente como sus rivales establecidos.

El modelo fue esencialmente el mismo en otras partes. En los EEUU la clase trabajadora estaba dividida entre republicanos y demócratas según la confrontación entre americanos de nacimiento e inmigrantes (con la complicación añadida de las simpatías por el Sur de los demócratas). En Francia los católicos conservadores fomentaron el sentimiento antisemita en su pugna por la influencia con los anticlericales republicanos de clase media. En Ale-

---

[14] R. Miliband, *op. cit.,* p. 28.

[15] Hanham, citado en *ibid.,* p. 27.

[16] R. T. McKenzie, *British Political Parties,* Londres, 1963, p. 15 [ed. cast.: *Partidos políticos británicos,* Madrid, Taurus, 1960, p. 194].

[17] Sobre esto véase G. Stedman Jones, *op. cit.,* pp. 344, 348.

mania a los terratenientes *Junker* del este les resultó relativamente fácil asegurarse de que los trabajadores rurales votaran como ellos querían; los industriales pro-Bismarck «nacional-liberales» tenían su propio partido; y en el sur la Iglesia católica fue capaz de dominar el pensamiento político de las gentes incluso en muchas zonas mineras.

Los esfuerzos de los partidos de las clases altas se vieron beneficiados por el crecimiento de la prensa de masas. En las décadas de 1820 y 1830, la clase dirigente británica había intentado impedir la difusión de ideas sediciosas entre la nueva clase trabajadora mediante impuestos que pusieran el precio de los periódicos fuera del alcance de sus bolsillos. A partir de la década de 1850, una nueva generación de empresarios capitalistas vio la posibilidad de ganar dinero con los periódicos populares. A comienzos del siglo XX, personas como Alfred Harmsworth (a no tardar, lord Northcliffe) y Max Aitken (con el tiempo lord Beaverbrook) consideraban los periódicos como armas políticas. Personas así fueron capaces de convertir un episodio menor en la Guerra de los Bóers, el sitio de Mafeking, en un centro de atención para gentes de todas las clases. De manera similar, la prensa francesa consiguió azuzar la histeria antisemita en el caso del capitán Dreyfus, injustamente encarcelado acusado de espiar para los alemanes, y la prensa alemana utilizó el miedo a la guerra para derrotar a los socialistas en las elecciones de 1907.

El cultivo de una nueva forma de nacionalismo formaba parte del proceso de control de la democracia capitalista. El nacionalismo de mediados del siglo XIX se había dado principalmente entre aquellos pueblos divididos u oprimidos por el sistema estatal impuesto en Europa con la restauración del antiguo orden en 1814-1815. Fue una bandera de enganche para todos los luchadores por la liberación, y se asoció con las demandas de democracia y republicanismo. A finales de siglo, ese nacionalismo desde abajo seguía extendido entre grupos oprimidos por los imperios ruso, austrohúngaro y otomano. La expansión del mercado lo favoreció. Del campesinado surgieron clases medias que hablaban lenguas locales y comenzaron a luchar por la creación de estados nacionales, o al menos de estructuras nacionales autónomas en el seno de los estados existentes, a fin de promover sus intereses.

Junto y en oposición a esta antigua variante surgió una clase diferente de nacionalismo, propagada desde arriba por las antiguas monarquías y los nuevos gobernantes capitalistas. Así, Bismarck aceptó una forma de nacionalismo alemán; los zares rusos trataron de «rusificar» a sus súbditos de lengua finesa, ucraniana, polaca y túrquica; las clases superiores francesas intentaron orientar las energías del pueblo hacia la «venganza» contra Alemania y el entusiasmo por la conquista del norte de África e Indochina; y los gobernantes de Gran Bretaña proclamaron que su misión era «gobernar los mares» y «civilizar a los nativos»[18]. Los gobiernos, los periódicos, los industriales y los financieros apoyaron con entusiasmo la propagación de tal nacionalismo y proclamaron la identidad común de la clase dirigente y la explotada en cada país, insistiendo en que eran «familiares y amigos» por más que una vivía en el lujo y la otra sudaba o incluso pasaba hambre. Las oportunidades de hacer carrera que tenían ciertos sectores de la clase media en la administración de imperios fortalecieron en el terreno material su apego al nuevo nacionalismo y los estimularon a expandir la influencia de este entre algunos estratos de trabajadores: por ejemplo, mediante la dirección de nuevas organizaciones de masas semimilitaristas, como los *scouts*, para los jóvenes de las clases media y obrera. Estas organizaciones se suponía que eran «no políticas», pero su compromiso con la ideología de la clase dirigente del monarca, el «país» y el «imperio» nunca se ponía en duda.

En la primera década del siglo XX, el efecto global de tales medidas fue la conversión del sufrimiento, que en la década de 1840 las clases dirigentes habían visto como una amenaza letal, en un medio para la domesticación de un estrato de los representantes de los trabajadores. El cambio no se produjo de la noche a la mañana, ni estuvo exento de fricciones. En la clase alta hubo frecuentes resistencias. En Gran Bretaña, a la clase dirigente le costó 95 años pasar de la aceptación en 1832 del voto para las clases medias a la concesión del sufragio universal para los adultos. En Bélgica fueron necesarias dos huelgas generales para conseguir una extensión del derecho al voto. En la Alemania de la primera década del siglo XX, el tema produjo fuertes choques callejeros, y hubo que esperar a 1918 para que el levantamiento revolucionario forzara a la clase dirigente a la concesión del voto universal.

---

[18] Gran Bretaña, el capitalismo industrial más antiguo, tenía en consecuencia uno de los más antiguos nacionalismos gestados desde arriba. E. P. Thompson ha explicado cómo en la década de 1790 el gobierno auspició organizaciones nacionalistas populares que contrarrestaran el jacobinismo británico. Véase E. P. Thompson, *The Making of the English Working Class*, Nueva York, 1966 [ed. cast.: *La formación histórica de la clase obrera, Inglaterra 1780-1832*, Barcelona, Laia, 1977]. Más recientemente, Linda Colley ha hecho hincapié en la escalada de los sentimientos nacionalistas a partir de la década de 1750. Véase L. Colley, *Britons*, Londres, 1994. Por desgracia, su enfoque es unidimensional y pasa por alto lo que Thompson sí señaló, las corrientes contrarias al nacionalismo que siempre existieron.

A la resistencia al voto de los trabajadores se unía la resistencia al voto de las mujeres. La expansión de las relaciones mercantiles significaba que en la fuerza laboral remunerada hubiera cada vez más miembros de la clase media, así como mujeres de la clase trabajadora. Pero la familia modelo de los moralistas, con su preocupación por la educación «apropiada» de la siguiente generación, veía el papel de la mujer como limitado al hogar, y justificaba esto con los conceptos correspondientes de la competencia y los «valores» femeninos. Esos conceptos no habrían tenido sentido para la mujer campesina medieval, dedicada a duros trabajos, y difícilmente se ajustaban a la molinera de Lancashire. Pero para los varones de clase media de la primera década del siglo XX –y para los varones de la clase trabajadora influidos por los periódicos– hacían absurda la demanda del voto para las mujeres.

Paradójicamente, incluso la negación del voto tuvo el efecto de amarrar a las personas al sistema de la democracia capitalista. La mayor parte de los agitadores luchaban por ser parte del sistema, no por ir más allá de él. Antes de 1914, la campaña por el voto llevó a las mujeres de la clase alta y media a pasar a la acción directa contra la propiedad y el Estado. Pero, cuando estalló la guerra, las líderes más famosas del movimiento por el sufragio femenino en Gran Bretaña –Emmeline y Christabel Pankhurst– se lanzaron a la campaña para reclutar a hombres para la matanza en el Frente Occidental. Sylvia Pankhurst, que se oponía a la carnicería, llegó a ver el Parlamento mismo como una barrera para el progreso.

La socialdemocracia

La rápida expansión de la industria y de la clase trabajadora industrial creó un nuevo público para las ideas de las organizaciones socialistas, tan perjudicadas por las derrotas de 1848 y 1871. Pero estas organizaciones no se sintieron en ninguna parte lo bastante fuertes para plantear un desafío frontal al Estado. En lugar de eso, siguieron una estrategia desarrollada por los socialistas alemanes. La apertura producida por los nuevos sistemas electorales, por más que limitada y sesgada en favor de las clases superiores, la aprovecharon para crear organizaciones legales de trabajadores, como sindicatos, organizaciones de asistencia social, instituciones deportivas e incluso sociedades corales.

El Partido Socialdemócrata Alemán (SPD) tuvo un enorme éxito en varios sentidos. Su voto creció elección tras elección y llegó a ser mayor que el del partido de los grandes terratenientes o el del partido de los industriales. Sobrevivió a un periodo de 12 años de ilegalidad a que lo sometieron las leyes «antisocialistas», llegó a contar con un millón de afiliados y a dirigir 90 diarios locales. Su red de organizaciones auxiliares (sindicatos, sociedades de asistencia social, etcétera) se integró en el tejido de las vidas de las personas en muchos distritos industriales. Todo esto lo logró a pesar de los continuos arrestos de sus redactores periodísticos, organizadores y diputados parlamentarios. Parecía poner de manifiesto que la democracia capitalista podía volverse contra el capitalismo: una lección machacada por Friedrich Engels artículo tras artículo.

El ejemplo alemán fue pronto seguido por otros partidos. Fue el modelo a cuya adopción Friedrich Engels alentó al Partido de los Trabajadores francés de Jules Guesde y Paul Lafargue. En España, el tipógrafo madrileño Pablo Iglesias inició la creación de un partido socialista, el PSOE, del mismo tenor. Lo mismo hicieron en Italia algunos activistas. Incluso en Gran Bretaña, donde 20 años de crecimiento de sus niveles de vida habían hecho a los trabajadores cualificados receptivos al mensaje del Partido Liberal de Gladstone, en 1883 un grupo de demócratas radicales se movió hacia la izquierda y emprendió la construcción de una versión en miniatura del partido alemán, la Federación Social Democrática. Cuando en 1889 se formó una federación de organizaciones obreras, generalmente conocida como la Segunda Internacional, el partido alemán se constituyó en su faro.

Pero entre la teoría de estos partidos, con su compromiso con el derrocamiento revolucionario del capitalismo, y su actividad práctica cotidiana, que consistía en una cuidadosa aplicación de la presión para la reforma dentro del capitalismo, había una contradicción. Esto se puso de relieve a mediados de la década de 1890.

Uno de los principales intelectuales del partido alemán era Eduard Bernstein. Amigo de Engels, había desempeñado un importante papel en el mantenimiento del partido en funcionamiento desde el exilio durante el periodo de ilegalidad. A mediados de la década de 1890 declaró que los supuestos teóricos básicos de Marx y Engels habían sido erróneos. En su opinión, las crisis económicas generalizadas habían dejado de ser parte integral del capitalismo, y afirmaba que también se habían equivocado al prever una polarización cada vez más grande entre las clases:

En todos los países avanzados vemos cómo los privilegios de la burguesía capitalista van cediendo paso a paso ante la presión de las organizaciones democráticas... El interés común gana en poder en cuanto opuesto al interés privado, y el predominio elemental de las fuerzas económicas cede[19].

Bernstein sostenía que este proceso podría llegar a buen término sin la «disolución del sistema estatal moderno»[20] demandada por Marx en sus escritos sobre la Comuna de París. Todo lo que se necesitaba era una mayor expansión del parlamentarismo, y que los socialistas se sumaran a un «liberalismo» riguroso[21] y a una política de reforma paulatina del sistema vigente.

Karl Kautsky, el principal teórico del SPD, denunció el argumento de Bernstein. Insistió en que el capitalismo no se podía reformar a partir del *statu quo:* en algún momento tendría que darse una «lucha por el poder» y una «revolución social». Pero sus conclusiones prácticas no eran muy diferentes de las de Bernstein. En su opinión, la revolución socialista se produciría mediante el inevitable crecimiento del voto socialista. El partido acabaría por obtener una mayoría electoral y la legitimidad para rechazar cualquier intento de derrocamiento de un gobierno socialista por parte de las fuerzas del capitalismo. Hasta entonces había que evitar toda acción que pudiera provocar represalias. A diferencia de Bernstein, Kautsky decía que la transformación social seguía siendo un objetivo a largo plazo. Pero sus directrices para la actividad socialista cotidiana apenas diferían.

Ambos compartían el optimismo «cientista» o «positivista» de la *intelligentsia* de las clases medias y creían en la inevitabilidad mecánica del progreso. Para Bernstein, la ciencia, la tecnología y el incremento de la democracia estaban convirtiendo el capitalismo en socialismo. Según Kautsky, el proceso se produciría en el futuro, no en el presente, pero estaba igual de seguro sobre su inevitabilidad. A lo largo de la historia, los cambios en las fuerzas de producción habían llevado a cambios en las relaciones de producción, y para que lo hicieran ahora, razonaba, sólo había que esperar. La revolucionaria polaco-alemana de veintisiete años de edad Rosa Luxemburgo se quedó sola en la oposición a esa complacencia.

---

[19] E. Bernstein, *Evolutionary Socialism,* Londres, 1909, p. xi.
[20] *Ibid.,* p. 159.
[21] *Ibid.,* p. 160.

Los organizadores del SPD, que empleaban todas sus energías en ganar las votaciones y mantener las organizaciones asistenciales, pusieron empeño en sacar adelante una condena formal de las ideas de Bernstein, pero no abandonaron la senda de la acción moderada dentro del sistema. Lo mismo hicieron los líderes sindicales, cuya principal preocupación era tratar de conseguir que los empresarios negociaran. Bernstein perdió la votación, pero ganó la discusión.

Sin embargo, la capacidad de los partidos socialistas para expandir su influencia en el seno del capitalismo dependía, a fin de cuentas, de la estabilidad del capitalismo mismo. Bernstein reconoció esto cuando hizo del carácter supuestamente exento de crisis del sistema una parte central de su argumento. En la década de 1890, el capitalismo alemán sí pasó por una fase en la que pareció haber superado toda tendencia a entrar en crisis, y Bernstein generalizó a partir de aquí para el tiempo futuro.

Por contra, Rosa Luxemburgo insistió en que los mismos procesos que parecían estar estabilizando el capitalismo en la década de 1890 llevarían más tarde a una inestabilidad aún mayor[22]. También comprendió algo que el economista liberal inglés Hobson ya había reconocido a medias y que en 1916 explicarían con detalle los revolucionarios rusos Nikolái Bujarin y Vladímir Ilich Uliánov, Lenin: la fase de rápido crecimiento capitalista estaba estrechamente conectada con la expansión imperial de las grandes potencias.

El imperialismo

En 1876, no más del 10 por 100 de África se hallaba bajo dominio europeo. En 1900, más del 90 por 100 estaba colonizado. Gran Bretaña, Francia y Bélgica se habían repartido el continente, del cual sólo dejaron algunos pedazos para Alemania e Italia. En el mismo periodo, Gran Bretaña, Francia, Rusia y Alemania establecieron amplias esferas de influencia que se extendían desde sus enclaves coloniales en China; Japón se apoderó de Corea y Taiwán; Francia conquistó toda Indochina; los EEUU le arrebataron Puerto Rico y las Filipinas a España; y Gran Bretaña y Rusia acordaron una partición informal de Irán. Incluso las islas más pequeñas de los océanos Pacífico e Índico esta-

---

[22] R. Luxemburg, *Social Reform or Social Revolution,* Colombo, 1966 [ed. cast.: *Reforma o revolución,* Madrid, Akal, 2015].

ban sometidas a los dictados de Londres y París. El número de estados auténticamente independientes fuera de Europa y las Américas podía contarse con los dedos de una mano: los restos del Imperio otomano, Tailandia, Etiopía y Afganistán.

La mitología transmitida por los cuentos infantiles y las novelas para adultos hablaba de intrépidos exploradores blancos sometiendo a «nativos» ignorantes pero luego agradecidos: personas que eran «mitad diablos, mitad niños», según proclamaba Kipling en un poema en que urgía a los norteamericanos a emular las glorias del colonialismo británico. Esta mitología describía a los pueblos de África e islas de los océanos Índico y Pacífico como uniformemente «primitivos», caracterizados por el canibalismo y la brujería.

En realidad, los «exploradores» europeos, como Mungo Park en las décadas de 1790 y 1800, y Livingstone y Stanley en las de 1850 y 1860, sólo fueron capaces de llevar a cabo sus famosos viajes africanos gracias a la existencia de sociedades estructuradas y estados establecidos. A estos estados les había resultado fácil afrontar los primeros intentos europeos de conquista. En 1880, vale la pena recordarlo, los europeos occidentales llevaban 400 años de contacto marítimo con la costa africana; y los indios, los árabes y los turcos llevaban bastante más tiempo en contacto con franjas enteras del interior de África. Sin embargo, los europeos no controlaban sino unas cuantas regiones delimitadas, sobre todo costeras. Como Bruce Vandervort ha escrito, «al menos a comienzos del periodo moderno, la ventaja tecnológica de Europa era rara vez muy grande, o importante, excepto tal vez en el mar. Los pueblos indígenas fueron rápidos en la asimilación de las innovaciones europeas»[23].

Los primeros intentos europeos de crear colonias en África provocaron sangrientas batallas perdidas. Los franceses tuvieron que librar largas y encarnizadas guerras para conquistar Argelia y Senegal. Los británicos fueron derrotados por un ejército ashanti, por el ejército sudanés del Mahdi, en Jartum, en 1884 (cuando el mismo Charles George Gordon que había ayudado a aplastar la rebelión T'ai p'ing en China encontró una merecida muerte), y por los zulúes, en Isandlwana, en 1879. Los italianos sufrieron una aplastante derrota a manos de un ejército etíope en Adowa en 1896, cuando «se desató todo un *ethos* fanfarrón de conquista blanca»[24].

---

[23] B. Vandervort, *Wars of Imperial Conquest in Africa 1830-1914,* Londres, 1998, p. 27.
[24] N. Labanca, citado en *ibid.,* p. 164.

Pero en la década de 1880 la acelerada industrialización de Europa occidental estaba alterando decisivamente el equilibrio a favor de los aspirantes a colonizadores. Nuevas armas –rifles con recámara, barcos de vapor recubiertos de acero y capaces de remontar ríos hasta muy arriba y, lo más importante, la ametralladora Gatling– dieron por primera vez a los ejércitos europeos la ventaja decisiva en la mayoría de las batallas. Es más, el ilimitado flujo de mercaderías generado por la industria hacía relativamente fácil a los europeos el soborno de aliados africanos que lucharan a favor suyo. La mitad de las tropas «italianas» en Adowa eran eritreas o tigrayanas, y muchas de las tropas «británicas» en Sudán eran egipcias o sudanesas. La estrategia «divide y vencerás», que tan bien les había funcionado a los gobernantes de Gran Bretaña en la India, comenzaba ahora a aplicarse a gran escala en África.

Los europeos afirmaban estar luchando contra el «salvajismo», pero sus métodos eran bárbaros. Cuando en 1898 el ejército británico de lord Kitchener conquistó por fin Sudán en la Batalla de Omdurmán, sus ametralladoras mataron a 10.000 soldados sudaneses frente a sólo 48 bajas propias. «Los muchos miles de mahdistas muertos o malheridos en el campo de batalla no recibieron auxilio alguno de los británicos, que simplemente se dieron la vuelta y se marcharon»[25]. «Pedían agua y que les ayudáramos, pero nuestros oficiales les volvieron la espalda», escribió en su diario un soldado británico. Kitchener había mandado convertir la calavera de su líder, el Mahdi, en una escribanía[26]. Igual de brutal fue la expedición de lord Lugard contra la aldea rebelde de Satiru, en Nigeria. Calculó que sus hombres mataron a 2.000 rebeldes sin una sola baja propia. Los prisioneros fueron ejecutados y sus cabezas clavadas en lo alto de picas[27]. El rey belga, Leopoldo, se hallaba al frente de los partidarios de una cruzada occidental en África que llevaría allí la «civilización» y acabaría con la esclavitud. Del enorme territorio del Congo hizo un imperio personal empleando métodos mal vistos incluso por otras potencias coloniales. En un informe al Ministerio británico de Asuntos Exteriores, Roger Casement contaba una visita a una región productora de caucho en la que «aldeas y distritos enteros que yo conocía bien y visité cuando eran comunidades florecientes […] se hallan hoy en día despoblados». Se enteró de

---

[25] B. Vandervort, *op. cit.*, p. 177. Véase también T. Packenham, *The Scramble for Africa*, Londres, 1992, pp. 539-548.

[26] T. Packenham, *op. cit.*, p. 546.

[27] *Ibid.*, p. 652.

que los soldados belgas que saquearon e incendiaron las aldeas luego recogieron canastas de manos cortadas a las víctimas para demostrar que no habían malgastado munición[28].

Desde luego, no fue por filantropía por lo que las potencias capitalistas dedicaron dinero y esfuerzo a conquistar el resto del mundo. Pero tampoco lo hicieron simplemente por racismo, por mucho que consideraran que este justificaba su misión. El motivo fue el lucro.

Entre los historiadores ha habido mucho debate sobre si las potencias coloniales tenían razones para creer que los imperios las harían más ricas. Pero, lo mismo que el debate análogo sobre la economía del tráfico de esclavos en el siglo XVIII, está fuera de lugar. Las grandes potencias *pensaban* que los imperios las harían más ricas. Los que se hallaban a la vanguardia de la expansión imperial eran hombres sin escrúpulos que no comprendían sino demasiado bien que lo que hacía girar al mundo era el dinero. Personas como el rey Leopoldo o el aventurero británico Cecil Rhodes quizá se consideraran a sí mismas idealistas, pero su objetivo era enriquecerse. Como Leopoldo escribió al embajador belga en Londres, «no quiero perder ninguna ocasión de apoderarnos de una porción de este magnífico pastel africano»[29].

El reparto del mundo no puede comprenderse sin tener en cuenta lo que le estaba ocurriendo al capitalismo de Occidente en este periodo. Las décadas de 1870 y 1880 fueron un periodo –con frecuencia llamado «la Gran Depresión»– de mercados deprimidos, caída de precios, y beneficios y dividendos bajos, especialmente en Gran Bretaña. Para los inversores británicos parecía haber una manera de mantener sus ingresos: la inversión en el extranjero. La inversión total en acciones extranjeras creció de 95 millones de libras en 1883 a 393 millones en 1889. No tardó en equivaler al 8 por 100 del producto nacional bruto de Gran Bretaña y absorbía el 50 por 100 de ahorros[30]. El dinero se colocaba sobre todo en «bonos»: inversiones a interés fijo para la construcción de ferrocarriles, puentes, puertos, dársenas y vías fluviales, o para la financiación de instituciones gubernamentales. Fueran para lo que fueran las inversiones, prometían un nivel de rentabilidad mayor del posible

---

[28] T. Packenham, *op. cit.,* p. 600. Sobre las proclamas filantrópicas, antiesclavistas, de Leopoldo, véanse pp. 11-23.

[29] *Ibid.,* p. 22.

[30] Cifras de H. Feis, *Europe: The World's Banker, 1879-1914,* citado en M. Kidron, «Imperialism, the Highest Stage but One», en *International Socialism* 9 (primera serie, verano de 1962), p. 18.

en el interior del país. También proporcionaban un mercado para el producto industrial doméstico (como los raíles, las locomotoras y las vigas de puentes) y condujeron a un incremento en el flujo de materias primas baratas. De este modo contribuyeron a que el capitalismo británico entrara en un nuevo periodo de expansión[31]. Esas inversiones requerían un medio para impedir que los prestatarios extranjeros no dejaran de pagar. El colonialismo lo proporcionaba mediante la fuerza armada del Estado.

Así, Gran Bretaña y Francia se hicieron conjuntamente cargo de las finanzas de Egipto cuando en 1876 los gobernantes de este país no pudieron seguir pagando sus deudas, y a comienzos de la década de 1880 el gobierno británico empleó la fuerza armada para instaurar un «protectorado» que de hecho absorbió a Egipto en el Imperio británico, garantizaba los dividendos de la Compañía del Canal de Suez y salvaguardaba la ruta para las inversiones incluso mayores de Gran Bretaña en la India.

De manera similar, las fuerzas británicas intentaron tomar el control de la zona del Transvaal en el sur de África, gobernado por bóers de habla holandesa, tras el descubrimiento de depósitos de oro y diamantes. Una encarnizada guerra convirtió a Sudáfrica en firme defensor de los intereses comerciales británicos.

No toda la inversión fue a las colonias. Gran parte de la inversión británica fue a los EEUU, y mucha a países latinoamericanos como Argentina. Esto ha llevado a algunos a afirmar que entre la inversión en ultramar y el imperialismo no hubo ninguna conexión. Sin embargo, la verdad es que las colonias ofrecían a los capitalistas de la potencia colonial salidas protegidas para la inversión. También proporcionaron bases militares para proteger las rutas para la inversión en otros lugares. Pues posesiones británicas como Malta, Chipre, Egipto, Yemen del Sur y El Cabo eran importantes no solamente como fuentes directas de beneficios, sino como paradas en el camino a la India; y la India, «la joya de la Corona», era también una parada en el camino a Singapur, el estaño y el caucho malayos, los mercados recientemente abiertos en China y los ricos dominios de Australia y Nueva Zelanda. El imperio era como una bufanda que impedía que el capitalismo británico cogiera un resfriado: un simple hilo podía parecer de poca importancia, pero si se rompía

---

[31] Para un estudio más amplio de la economía del imperialismo, véase mi libro *Explaining the Crisis,* Londres, 1999, pp. 35-36, y para una réplica a los contraargumentos sobre los datos empíricos, nota al pie 50, p. 159.

el resto empezaría a deshacerse. Al menos así es como veían las cosas quienes gobernaban el imperio, sus colegas en la *City* de Londres y sus amigos en la industria británica.

Gran Bretaña no era la única potencia imperial. Francia controlaba una porción casi igual del mundo, Holanda era dueña del gigantesco archipiélago que hoy llamamos Indonesia, Bélgica poseía una importante franja del centro de África, y el zar tenía una enorme cantidad de territorio al este, el oeste y el sur de Rusia propiamente dicha, el cual se extendía hasta la frontera india y hasta el puerto de Vladivostok, en el Pacífico.

Pero a Alemania, la potencia europea de crecimiento industrial más rápido, se la dejó virtualmente sin imperio. Su industria pesada se organizó cada vez más mediante trust: asociaciones de empresas que controlaban toda la producción, desde la extracción de materias primas hasta la comercialización de los productos acabados. Habían crecido en paralelo al Estado y carecían de la antigua desconfianza pequeñocapitalista hacia el poder estatal que seguía caracterizando a muchos capitalistas británicos. Contaban con que el Estado protegería su mercado doméstico mediante aranceles (impuestos a las importaciones) y que les ayudaría a hacerse con mercados extranjeros.

Miraron en cuatro direcciones: a China, donde Alemania se apoderó de su propio puerto de tratado; a África, donde consiguió apropiarse de Tanganica, Ruanda-Burundi y el sudoeste de África; al Magreb, donde Alemania disputó a Francia y España el control de Marruecos; y al establecimiento de un corredor, centrado en un proyecto de línea ferroviaria entre Berlín y Bagdad, que a través del sudeste de Europa y Turquía llegara hasta Mesopotamia y el golfo Pérsico. Pero, en cualquier dirección en que se movieran, los capitalistas e imperialistas alemanes chocaban con las redes de colonias, bases y estados clientelares dominados por el imperio de turno: contra los rusos en los Balcanes, los franceses en el norte de África, los británicos en Oriente Próximo y el este de África, y todos ellos en China.

Para decirlo crudamente, el crecimiento de la rentabilidad, que había producido una recuperación de la «Gran Depresión» y permitido que el capitalismo accediera a algunas mejoras en los niveles de vida de sus trabajadores, dependía de la expansión de los imperios. Pero en su expansión los imperios tendían a colisionar los unos con los otros.

Quienes gobernaban los imperios sabían que el resultado de esas colisiones dependía del poderío de sus fuerzas armadas. Por consiguiente, Alemania se lanzó a la construcción de buques de guerra con los que desafiar el dominio británico de los mares, y Gran Bretaña respondió con la construcción de sus propios «acorazados». Francia aumentó de dos a tres los años de servicio militar en su ejército de leva. La Rusia zarista montó fábricas de armas de titularidad estatal y diseñó su sistema ferroviario teniendo en mente potenciales guerras contra Alemania, el Imperio austrohúngaro y el Imperio otomano. La deriva hacia la guerra era la otra cara de la moneda de la ilusión de estabilidad que el imperialismo trajo al capitalismo… y que tanto impresionó a socialistas reformistas como Bernstein.

Sindicalistas y revolucionarios

La lucha de clases no se detuvo en este periodo. En algunos momentos y en algunos lugares pareció desmochada o se desvió a una esfera puramente electoral. Esto fue especialmente cierto en el país en el que más fuerte era el partido socialista, Alemania. Pero en otras partes se produjeron algunas confrontaciones encarnizadas. En los EEUU, a mediados de la década de 1880 había habido una ola de agitación a propósito de la jornada laboral, y hubo luchas enconadas en los sectores del acero (el cierre patronal de Homestead en 1892), el ferrocarril (la huelga de Pullman en 1894) y la minería (la huelga de la antracita de Pensilvania en 1902). Los patronos estadounidenses sofocaron estos movimientos empleando a la policía armada y a detectives de la agencia Pinkerton para abatir a los huelguistas.

En Gran Bretaña, la recuperación económica de finales de la década de 1880 se acompañó de una ola de huelgas y sindicación entre los trabajadores no cualificados, empezando con la famosa «huelga de las cerilleras» en el *East End* de Londres y la huelga de estibadores de 1889. Los patronos aprovecharon la renovada recesión económica de comienzos de la década de 1890 para destruir muchos de los nuevos sindicatos rompiendo huelgas (con el empleo de rompehuelgas profesionales, como en Hull), usando el hambre para que la gente volviera al trabajo (como en una larga huelga protagonizada principalmente por molineras en Bradford), cierres patronales y acciones legales para apoderarse de los fondos sindicales (como en el caso de la huelga ferroviaria de Taff Vale). En Francia hubo algunas duras huelgas en las décadas de 1880 y 1890. A comienzos de 1886, una huelga de seis meses llevada a cabo por 2.000 mineros en Decazeville desembocó en el despliegue de tropas y numerosos arrestos, y el 1 de mayo de 1891 los soldados dispararon contra los huelguistas del sector textil en Fourmies, en el norte de Francia, de los cuales mataron a 10 e hirieron a más de 30, niños incluidos[32].

Se ha afirmado que el imperialismo llevó en Europa occidental y Norteamérica al «soborno» con los beneficios de la «sobreexplotación» en las colonias –o al menos al «soborno» de una privilegiada «aristocracia laboral» de trabajadores cualificados– y que esto explicaba la influencia de un socialismo reformista como el de Bernstein. Pero fueron muchos los grupos de trabajadores que recibieron palizas en la década de apogeo de la colonización, cuando mayor era el flujo de inversiones procedente de Europa occidental. Ni mucho menos eran todos trabajadores sin cualificación. En Gran Bretaña, la mayor potencia imperialista de la época, las huelgas y los cierres empresariales de la década de 1890 involucraron a mecánicos, impresores y zapateros cualificados que se resistían a recortes salariales y en las condiciones laborales. Los protagonistas de la novela clásica sobre la clase obrera en los inicios de la primera década del siglo XX, *Los filántropos de pantalones harapientos* de Robert Tressell, son pintores y decoradores cualificados. La estabilidad del capitalismo en Europa occidental y Norteamérica no se debía al soborno de grupos de trabajadores, sino a la manera en que el imperialismo redujo la tendencia a las crisis en el sistema y creó una atmósfera en la que la reforma parecía posible y «práctica».

En cualquier caso, el periodo de relativa paz entre las clases comenzó a tocar a su fin con el cambio de siglo. La propagación de las relaciones capitalistas comportó un crecimiento y una transformación de la clase trabajadora. Antiguas industrias artesanales como el calzado, la impresión, la composición tipográfica, la construcción naval y la ingeniería se reestructuraron conforme a los métodos capitalistas más recientes. La minería y la producción de hierro y acero se expandieron por todas partes; surgieron nuevas industrias como las manufacturas química y eléctrica. Además de los trabajadores en las fábricas textiles típicas de la Revolución industrial de Gran Bretaña, ahora había en todo el mundo muchos millones de trabajadores de la industria pesada. También se dieron los primeros pasos hacia la producción en masa, basada en enormes cantidades de trabajadores semicualificados amarrados a la línea de ensamblaje. En 1909, Henry Ford comenzó a vender el primer coche de motor dirigido a un mercado masivo, el famoso Modelo T (o *Tin Lizzy*). En 1913

---

[32] Detalles extraídos de L. Derfler, *Paul Lafargue and the Flowering of French Socialism,* Harvard, 1998, pp. 48 y 90.

abrió la planta de Highland Park en Detroit, con sus decenas de miles de trabajadores. En el plazo de dos décadas, se contaban por millones los trabajadores que en una docena de países trabajaban en puestos similares. Mientras tanto, el sistema en su conjunto mostraba de nuevo signos de inestabilidad económica. A comienzos de la primera década del siglo XX, los salarios reales comenzaron a caer en la mayoría de los países industriales. Las crisis económicas que Bernstein había afirmado que eran cosa del pasado volvían para vengarse.

Esto llevó a una nueva ola internacional de luchas obreras, con una proliferación de duras huelgas en la mayoría de países. Nuevos grupos de activistas comenzaron a organizarse según modelos diferentes de los de los partidos socialistas establecidos, con su orientación parlamentaria, y de los líderes sindicales establecidos, con su fijación por la negociación con los patronos.

Los Trabajadores Industriales del Mundo (IWW, o *Wobblies*), sindicato formado en los EEUU en 1905, lideraron huelgas muy duras en la minería, los aserraderos, las industrias portuarias y textiles, y organizaron a los negros, las mujeres y los trabajadores sin cualificación desatendidos por la establecida, «moderada» Federación Americana del Trabajo (AFL). En Francia, la Confédération Général du Travail (CGT) adoptó un enfoque de similar combatividad, e insistió en que la revolución obrera se produciría gracias a los métodos sindicales de lucha y al rechazo de cualquier participación en la política parlamentaria. Su planteamiento se conoció internacionalmente como «sindicalismo». En España, los anarquistas fundaron la Confederación Nacional del Trabajo (CNT) como una alternativa revolucionaria al liderazgo de la Unión General de Trabajadores (UGT) por parte del Partido Socialista. En Irlanda, Jim Larkin, combativo organizador de uno de los sindicatos de estibadores británicos, lideró en 1907 una huelga masiva en Belfast que unió a católicos y protestantes e incluso provocó el descontento en el seno de la policía. Larkin fundó entonces un nuevo sindicato, la Unión Irlandesa de Trabajadores del Transporte y Generales (ITGWU). De vuelta en Gran Bretaña, hubo un intento de montar delegaciones de los Trabajadores Industriales del Mundo, y Tom Mann, un mecánico que había desempeñado un papel clave en la huelga portuaria de 1889, regresó de Australia y Sudáfrica para predicar su propia versión del sindicalismo, basada en la unión de las bases en el seno de los sindicatos existentes.

Los acontecimientos en Rusia –la Revolución de 1905– supusieron un enorme refuerzo para la sensación de que había una alternativa al planteamiento parlamentario. El zarismo ruso llevaba siendo un centro continuo de contrarrevolución desde su contribución en imponer la restauración de los antiguos regímenes en Europa occidental en 1814-1815. Incluso los liberales moderados lo consideraban abominable. Pero en 1905 el zarismo estuvo a punto de desmoronarse. En toda Rusia se produjo una serie de huelgas después de que las tropas abrieran fuego contra una manifestación de obreros en la capital, San Petersburgo. La manifestación la había liderado un sacerdote, el padre Gapon, que dirigía un sindicato auspiciado por el Estado en conexión con la policía secreta, y los obreros se habían limitado a pedir a su «Padrecito» (el zar) que dejara de prestar oídos a los «malos consejeros». Pero tras los tiroteos el tono de las huelgas se hizo crecientemente revolucionario. Los socialistas editaron periódicos abiertamente revolucionarios. En la flota del mar Negro se produjo un motín liderado por el acorazado *Potemkin*. Y en diciembre hubo en Moscú un intento de levantamiento liderado por la combativa facción «bolchevique» del Partido Socialdemócrata, cuyo líder era Lenin. Una nueva clase de organización, basada en delegados elegidos en los principales lugares de trabajo y presidido por León Trotsky, de veintiséis años de edad, se convirtió en el centro de las fuerzas revolucionarias en San Petersburgo. Su nombre, «sóviet», era simplemente la palabra rusa para «consejo», y su significación real no fue del todo comprendida en su momento. Pero representaba un nuevo modo de organizar las fuerzas revolucionarias, diferente de los levantamientos callejeros de *journée* de la Revolución francesa o incluso de la Comuna de París. La Comuna se había basado en delegados de los distritos en que residían las clases trabajadoras: una forma de organización que se adecuaba a una ciudad que todavía se componía principalmente de pequeños talleres. El sóviet se ajustaba a una ciudad transformada por la industrialización de los 30 años anteriores, con sus enormes fábricas.

San Petersburgo era una ciudad de esa clase, aunque Rusia en su conjunto seguía estando muy atrasada. La gran mayoría de la población la componían campesinos que cultivaban el suelo empleando métodos que apenas habían cambiado desde finales de la Edad Media. El zarismo se basaba en la aristocracia, no en la clase de los capitalistas rusos, de manera que muchos de los objetivos de la Revolución de 1905 eran los mismos que los de la Revolución inglesa del siglo XVII y la Revolución francesa de finales del XVIII. Pero el zarismo se había visto obligado a fomentar bolsas de crecimiento del capitalismo a gran escala a fin de producir armas y equipamiento ferroviario, y había convertido en obreros industriales a un par de millones de personas. La presencia de estos transformó el carácter de lo que, de no haber sido por ellos, habría sido simplemente una revolución burguesa de estilo francés. La mayoría de los socialistas rusos no se daban cuenta de esto. Muchos de ellos creían que Rusia podía evitar totalmente el paso por la fase capitalista y aspiraban directamente a una forma de socialismo basada en la aldea campesina. Todo lo que se requería era que la acción armada quebrara el poder del Estado. A estos socialistas se les conocía como *narodniki* («amigos del pueblo»), y formaron el Partido Social-Revolucionario o eserista. Había marxistas que veían que el capitalismo se estaba desarrollando, pero muchos pertenecían a la tendencia «menchevique» del Partido Socialdemócrata, que creían que los trabajadores meramente tenían que ayudar a la burguesía a llevar a cabo su revolución. Incluso los bolcheviques de Lenin hablaban de una «revolución democrática burguesa». Pero León Trotsky fue más allá: decía que la participación de los trabajadores podía hacer «permanente» la revolución, una expresión utilizada por primera vez por Marx después de 1848. Necesariamente habían hecho que el movimiento revolucionario pasara del planteamiento de demandas simplemente democráticas al planteamiento de demandas socialistas[33].

En Europa occidental fue Rosa Luxemburgo quien mejor apreció la importancia de 1905, del que había tenido una experiencia de primera mano en la Varsovia ocupada por los rusos. En su panfleto *La huelga de masas*[34] puso de manifiesto cómo los movimientos huelguísticos podían comenzar espontáneamente a plantear cuestiones políticas y abrir una estrategia no parlamentaria para el logro del cambio. Sus argumentos tuvieron escasa repercusión en el movimiento socialista alemán, y el aplastamiento de la revolución por el zarismo pareció reducir su importancia.

Sin embargo, en los años posteriores a 1910 hubo una proliferación de nuevas huelgas, mayores y más duras, en Norteamérica y Europa occidental. En los EEUU se asistió a la famosa huelga de Lawrence, en Massachusetts, donde 20.000 trabajadoras de una docena de orígenes nacionales siguieron el liderazgo de los activistas de la IWW Elizabeth Gurley Flynn y Big Bill Haywood. En Gran Bretaña se produjo el «Gran Malestar», centrado en enormes

---

[33] Véase L. Trotsky, *Results and Projects,* en *The Permanent Revolution and Results and Prospects,* Londres, 1962 [ed. cast.: *1905. Resultados y perspectivas,* París, Ruedo Ibérico, 1971]. Para su explicación general de esta revolución, véase L. Trotsky, *1905,* Nueva York, 1972 [ed. cast.: *1905. Resultados y perspectivas,* cit., 1971].

[34] Título completo: *The Mass Strike, the Political Party and the Trade Unions,* Londres, 1986 [ed. cast.: *Huelga de masas, partido y sindicatos,* Madrid, Siglo XXI, 1974, reed. 2015].

huelgas en los ferrocarriles, en los puertos y en las minas, pero que se extendió a docenas de industrias, muchas de las cuales empleaban a trabajadores sin cualificación ni afiliación sindical. En Irlanda, en 1913, los trabajadores del transporte y otros mantuvieron durante cinco meses el llamado Cierre de Dublín. En Italia se vivieron la «Semana Roja» de Ancona, con sangrientos choques entre los trabajadores y la policía tras una manifestación antimilitarista, una huelga de 50.000 trabajadores del metal en Turín (donde los soldados mataron a dos obreros) y una ola de agitación en todo el norte de Italia, en cuya represión participaron 100.000 soldados[35]. Incluso en Alemania, donde la conflictividad laboral seguía por debajo de la media europea, hubo una dura huelga de mineros del Ruhr. Finalmente, en Rusia a una masacre de mineros del oro en huelga en Lena el año 1912, siguió un resurgimiento de las luchas obreras que permitió que las dos facciones rivales del Partido Socialdemócrata lanzaran periódicos semilegales y que en el verano de 1914 culminó con el levantamiento de barricadas en San Petersburgo.

La época en que las sangrientas aventuras del imperialismo en las colonias podían estabilizar el sistema en su centro estaba comenzando a ser cosa del pasado. Pero antes de que nadie pudiera ver adónde llevaría esto, en Europa se iba a producir un derramamiento de sangre sin precedentes.

El camino a la guerra

El hecho de que el imperialismo significara guerras entre las potencias coloniales, así como la esclavización de los pueblos colonizados, ya se había puesto de manifiesto en 1904, cuando el empuje de Rusia hacia el este hasta el Pacífico la llevó a entrar en conflicto directo, en el norte de China, con el empuje de Japón hacia el oeste a través de Corea. Su derrota en la guerra que siguió contribuyó a precipitar la Revolución de 1905. Por dos veces, en 1906 y 1911, pareció como si un choque análogo de intereses en Marruecos pudiera llevar a la guerra entre Francia y Alemania.

Pero la zona verdaderamente peligrosa era el sudeste de Europa, los Balcanes, donde cada una de las grandes potencias consideraba como sus clientes a los estados locales particulares. En 1912 y 1913 hubo guerras entre estos

---

[35] Según A. Sayers, «The Failure of Italian Socialist Movement», *International Socialism* 37 (primera serie, verano de 1969).

estados. En primer lugar, Serbia, Grecia, Montenegro y Bulgaria se abalanzaron sobre los territorios turcos de Macedonia y Tracia, lo cual redujo la Turquía europea a sólo Estambul y una estrecha franja del este de Tracia. Luego Grecia, Serbia y Rumanía, alentados por las grandes potencias, atacaron Bulgaria. Las guerras se caracterizaron por las atrocidades cometidas en todos los bandos. Había sectores de las clases medias que querían crear y expandir los «modernos» estados nacionales lingüísticamente uniformes. Pero el mundo rural estaba en casi todas partes constituido por mezclas de diferentes grupos étnicos que hablaban diferentes dialectos e idiomas. El único modo de crear estados nacionales seguros, que fueran «étnicamente puros», era mediante guerras que comportaran la expulsión e incluso el exterminio de civiles que no se ajustaran a los criterios estipulados. La primera guerra terminó con el Tratado de Londres, y la segunda con el Tratado de Bucarest. Pero estos no hicieron nada por acabar con las presiones subyacentes que llevaron a la guerra, y en gran parte del este austrohúngaro de Europa existieron las mismas presiones que en las antiguas zonas otomanas. Toda la región era un gigantesco cóctel explosivo.

Hasta qué punto era explosiva se puso de manifiesto en julio de 1914, cuando el archiduque Francisco Fernando de Austria rindió visita oficial a Sarajevo, la capital de la provincia de Bosnia bajo gobierno austriaco. Fue asesinado por un nacionalista que abogaba por la expulsión de los austriacos y la integración de la provincia en la vecina Serbia.

Lo que a continuación sucedió es bien conocido: el gobierno austriaco declaró la guerra a Serbia; el gobierno ruso temió un desafío a su propia posición y declaró la guerra a Austria; Alemania identificó sus intereses con los de Austria y se movilizó contra Rusia; Francia sintió que tenía que impedir que Alemania derrotara a Rusia y se convirtiera en la potencia europea dominante; Gran Bretaña respaldó a Francia y fue a la guerra contra Alemania, con el movimiento de tropas alemanas en Bélgica como pretexto. En el plazo de una semana, 44 años de paz en Europa occidental –el periodo más largo que se podía recordar– habían dado paso a una guerra entre sus principales estados.

Las guerras, lo mismo que las revoluciones, parecen con frecuencia desencadenarse por el más nimio de los acontecimientos. Esto lleva a algunas personas a verlas como accidentales, como resultado de una cadena aleatoria de errores y malentendidos. Pero, en realidad, los pequeños acontecimientos son significativos porque vienen a simbolizar el equilibrio entre las grandes fuerzas sociales y políticas. La bujía es uno de los componentes más baratos de un coche de motor y no puede mover nada por sí misma. Pero puede inflamar la fuerza explosiva del vapor de la gasolina en el motor. Del mismo modo, un asesinato o un aumento de impuestos pueden tener poca importancia en sí mismos, pero producir choques entre los estados o las grandes fuerzas sociales.

Detrás de la larga cadena de actividad diplomática llevada a cabo en el verano de 1914 había un hecho muy simple. Los imperialismos rivales, surgidos cuando cada capitalismo trató de resolver sus propios problemas mediante la expansión más allá de sus fronteras estatales, ahora entraban en una colisión de alcance mundial. La competición económica se había convertido en competición por territorios, y el resultado dependía del poder militar. Ningún Estado podía permitirse volverse atrás una vez el magnicidio de Sarajevo disparó la cadena de confrontaciones, pues ningún Estado podía arriesgarse a un debilitamiento de su fuerza global. El mismo imperialismo que había estimulado el crecimiento económico y la creencia en la inevitabilidad del progreso se disponía ahora a partirle el corazón a Europa.

II
Guerra mundial y revolución mundial

El 4 de agosto de 1914

Casi todos los participantes en la guerra pensaban que sería corta. El príncipe heredero alemán habló de una «guerra brillante y jovial». Esperaba una repetición de la Guerra Franco-Prusiana de 1870, cuando el ejército francés fue derrotado en el plazo de semanas. Los soldados franceses escribían *à Berlin* en los vagones de los trenes que les llevaban al frente. «Por Navidad todo habrá acabado» era el soniquete que más se oía en Gran Bretaña.

Al comienzo, la guerra fue popular. En Berlín, Rosa Luxemburgo presenció «el primer delirio [...] manifestaciones patrióticas en las calles [...] multitudes cantando, los cafés con [...] turbas violentas dispuestas a llegar hasta el frenesí del delirio ante cada rumor [...] trenes colmados de reservistas [...] parten en medio de la alegre vocinglería de muchachas entusiastas»[36]. Trotsky escribió: «El entusiasmo patriótico de las masas en Austria-Hungría tenía mucho de sorprendente. [...] Yo salí a pasear por las principales calles de aquella ciudad de Viena, que tan bien conocía, y observé la multitud sumamente desacostumbrada que llenaba el elegante *Ring* [...] mozos de cuerda, lavanderas, zapateros, aprendices y jóvenes de los suburbios»[37]. En Londres,

---

[36] R. Luxemburgo, escribiendo sobre la primavera de 1915, en *The Junius Pamphlet,* Londres, 1967, p. 1 [ed. cast.: *La crisis de la socialdemocracia,* Madrid, Akal, 2017, pp. 13-14].

[37] L. Trotsky, *My Life,* Nueva York, 1960, pp. 233-234 [ed. cast.: *Mi vida,* Madrid, Cenit, 1930, p. 244].

el 4 de agosto «una muchedumbre inmensa y tremendamente entusiasta se congregó ante las puertas del palacio de Buckingham»[38]. Victor Serge, en una prisión francesa, describió cómo «el canto apasionado de *La marsellesa* por muchedumbres que veían a las tropas que se dirigían al tren penetró incluso en nuestra cárcel. Oíamos gritos de "¡A Berlín! ¡A Berlín!"»[39]. Incluso en San Petersburgo las huelgas y barricadas de sólo unos días antes parecían olvidadas. El embajador británico Buchanan habló más tarde de «aquellos maravillosos días de comienzos de agosto» en que «Rusia parecía haber sido completamente transformada»[40].

La popularidad de la guerra no era necesariamente tan grande entre la mayoría de las personas como las entusiastas manifestaciones y el canto de canciones patrióticas sugerían. El historiador David Blackbourn escribe sobre Alemania: «En las manifestaciones patrióticas de finales de julio participaron grupos relativamente pequeños, con los estudiantes y jóvenes dependientes de comercio en primera línea. Las zonas de clases trabajadoras, como el Ruhr, estaban tranquilas. [...] Observadores de más edad señalaron un contraste con el entusiasmo de 1870»[41]. Shliápnikov, un trabajador revolucionario de San Petersburgo, contrastaba el entusiasmo por la guerra entre las clases media y alta con el ánimo más apagado que predominaba en las fábricas:

> La prensa de San Petersburgo hizo mucho por despertar el chovinismo popular. Las atrocidades «alemanas» contra las mujeres y los ancianos rusos que quedaban en Alemania se exageraron muy hábilmente. Pero incluso esta atmósfera hostil no llevó a los trabajadores a un exceso de nacionalismo[42].

Ralph Fox contó cómo, siendo él un joven trabajador en Londres, era posible organizar reuniones antiguerra semanales en el parque de Finsbury[43].

Trotsky explicó el ambiente más como una reacción a la normal monotonía de las vidas de las personas que a cualquier nacionalismo profundamente arraigado:

[38] J. Canning (ed.), *Living History: 1914,* Londres, 1967, p. 240.

[39] V. Serge, *Memoirs of a Revolutionary,* Londres, 1963, p. 47 [ed. cast.: *Memorias de un revolucionario,* México, El Caballito, 1967, p. 60].

[40] Citado en L. Trotsky, *op. cit.,* p. 233 [ed. cast. cit.: p. 244].

[41] D. Blackbourn, *The Fontana History of Germany 1780-1918,* Londres, 1977, pp. 461-462.

[42] A. Shlyapnikov, *On the Eve of 1917,* Londres, 1982, p. 18.

[43] R. Fox, *Smoky Crusade,* Londres, 1938, p. 192.

Son muchas las personas cuyas vidas, día tras día, pasan en un hastío monótono, sin esperar en nada; son el puntal de la sociedad moderna. La alarma de la movilización irrumpe en sus vidas como una promesa; echa por tierra todo lo habitual y ha mucho odiado, y en su lugar reina lo nuevo e inusual. Cambios aún más increíbles les aguardan en el futuro. ¿Para mejor o para peor? Para mejor, por supuesto: ¿qué puede parecer peor que las condiciones «normales»? [...] La guerra afecta a todos, y los oprimidos y defraudados por la vida se sienten, como consecuencia, en pie de igualdad con los ricos y poderosos[44].

Las diferentes clases sociales nunca están por entero segregadas mutuamente. El estado de ánimo de los que se hallan en la cúspide influye sobre quienes se hallan por debajo de ellos, y el estado de ánimo de los que se hallan en medio influye sobre los que se encuentran en la base. La decisión de las clases dirigentes de Europa de ir a la guerra se transmitió de mil maneras a las clases medias y a sectores de la clase obrera: a través de los discursos patrióticos y los relatos periodísticos sobre las «atrocidades del enemigo», a través de las bandas de música y las canciones populares, y a través de las declaraciones de novelistas, poetas y filósofos. El historiador alemán Meinecke dijo que el estallido de la guerra lo había llenado de la «más profunda alegría». El novelista radical francés Anatole France recordaba (con una sensación de vergüenza) haber lanzado «pequeñas arengas a los soldados». El filósofo Bergson describió aquella como una guerra de «la civilización contra la barbarie». El poeta inglés Rupert Brooke escribió que «la nobleza camina de nuevo por nuestros senderos»[45], y el novelista H. G. Wells se mostraba entusiasmado con una «guerra que acabaría con la guerra». Los maestros de escuela repetían esos pronunciamientos a los adolescentes, a los cuales instaban a partir al frente. Cualquiera que disintiera era culpable de «apuñalar a nuestros muchachos por la espalda».

Seguía habiendo amplios grupos de trabajadores de los que cabía esperar que se resistieran a tales presiones. Los movimientos socialistas y los grupos de militantes sindicalistas estaban acostumbrados a las mentiras periodísticas y a los ataques a sus principios. En las vísperas de la guerra, muchos de ellos se concentraban por miles en Londres, París y Berlín para oír los llamamientos a

---

[44] L. Trotsky, *op. cit.,* pp. 233-234 [ed. cast. cit.: p. 244-245].

[45] Citas extraídas de J. Joll, *Europe since 1870,* Londres, 1983, p. 194 [ed. cast.: *Historia de Europa desde 1870,* Madrid, Alianza, 1983, p. 233].

la paz de sus líderes. Pero, una vez estallada la guerra, aquellos mismos líderes se precipitaron a prestarle su apoyo. Los socialdemócratas alemanes y austriacos, el Partido Laborista y el Congreso Sindical (TUC) en Gran Bretaña, el socialista Guesde y el sindicalista Jouhaux en Francia, el veterano marxista Plejánov y el veterano anarquista Kropotkin en Rusia: todos se unieron en su voluntad de respaldar a sus gobernantes contra otros. Quienes tenían dudas –por ejemplo, Kautsky y Haase en Alemania, y Keir Hardie en Gran Bretaña– guardaron silencio a fin de mantener la «unidad del partido» y evitar que se les acusara de traicionar a «la nación». «Una nación en guerra debe estar unida», escribió Hardie. «Los chicos que han marchado al frente a luchar por su país no deben ser descorazonados por ninguna nota discordante en la retaguardia»[46].

Décadas de acatamiento de las reglas de la democracia capitalista estaban haciendo su efecto. La aspiración a la reforma en el seno de las estructuras del capitalismo de Estado llevó a la identificación con ese Estado en sus conflictos militares. En los países en guerra, sólo los socialistas serbios y los bolcheviques rusos mostraron una hostilidad absoluta a la guerra. Los socialistas italianos también se opusieron a la guerra cuando Italia finalmente se alió con Gran Bretaña, Francia y Rusia. Pero su actitud debía mucho a una escisión en el seno de la clase dirigente italiana sobre a qué bando apoyar; y el izquierdista redactor del diario del partido, un tal Benito Mussolini, se dio de baja para dedicarse a una virulenta agitación en favor de la guerra.

La creencia en una victoria rápida demostró ser completamente errónea. En los primeros meses de la guerra, el ejército alemán sí consiguió atravesar Bélgica y el norte de Francia hasta tomar posiciones a 80 kilómetros de París, y el ejército ruso avanzó mucho en el interior de Prusia Occidental. Pero uno y otro se vieron obligados a replegarse. En la Batalla del Marne, los alemanes se retiraron ante los ejércitos francés y británico hasta formar una línea defensiva de trincheras unos 50 kilómetros más atrás. Los rusos sufrieron enormes pérdidas en la Batalla de Tannenberg y fueron expulsados del territorio alemán. La «guerra de maniobras» (de ejércitos que se desplazaban rápidamente) se convirtió en una guerra de desgaste, con enormes pérdidas en cada bando cuando intentaba romper las posiciones fuertemente atrincheradas del otro bando. Los esperados cuatro meses de hostilidades se convirtieron en más de

---

[46] Keir Hardie, citado en R. Miliband, *Parliamentary Socialism,* Londres, 1975, p. 44. Para un estudio de la posición de Kautsky, véase M. Salvadori, *Karl Kautsky and the Socialist Revolution 1880-1938,* Londres, 1979, pp. 183-185.

cuatro años, y abarcaron desde los frentes oriental y occidental hasta Turquía, Mesopotamia, la frontera italo-austriaca y el norte de Grecia.

La guerra fue la más sangrienta de la historia de la humanidad hasta entonces, con 10 millones de muertos: 1,8 millones en Alemania, 1,7 millones en Rusia, 1,4 millones en Francia, 1,3 millones en Austria-Hungría, 740.000 en Gran Bretaña y 615.000 en Italia. Francia perdió a uno de cada cinco varones en edad militar, Alemania a uno de cada ocho. Durante los cinco meses que duró la Batalla de Verdún se dispararon más de 23 millones de proyectiles: de los dos millones de hombres que participaron, murió la mitad. Sin embargo, ningún bando sacó ventaja alguna. En los cuatro meses de 1916 que duró la Batalla del Somme murió un millón; 20.000 británicos el primer día.

La guerra también produjo un extremo trastorno en la sociedad en su conjunto. En 1915 y 1916 todas las potencias participantes se dieron cuenta de que estaban metidas en una guerra total. El resultado dependía de que todos los recursos nacionales se dirigieran hacia el frente, virtualmente con indiferencia hacia los efectos sobre los niveles de vida. Las industrias que producían bienes de consumo tuvieron que reconvertirse a la producción de munición. Hubo que encontrar sucedáneos para los comestibles y las materias primas que antes se importaban de los países enemigos o que se hallaban sometidos a bloqueos navales. Los trabajadores tuvieron que cambiar de una industria a otra, y para reemplazar a los enviados al frente hubo que procurar una nueva fuerza laboral. Hubo que llamar a filas a trabajadores agrícolas, aunque ello causara graves carestías alimentarias: en Alemania, el invierno de 1917 llegó a conocerse como el «invierno de los nabos», pues fue esa hortaliza la que sustituyó a muchos otros víveres. La dieta del trabajador alemán medio sólo proporcionaba 1.313 calorías al día, un tercio por debajo del nivel necesario para una supervivencia a largo plazo, y hubo unos 750.000 muertos por malnutrición[47]. En todas partes los gobiernos sólo consiguieron financiar sus gastos militares poniendo en marcha la máquina de imprimir dinero. La escasez de comida y de bienes básicos llevó a una escalada de los precios y a un aumento del descontento entre la mayoría de la población.

Generales y políticos por igual llegaron a convencerse de que el éxito en la guerra dependía de que el Estado asumiera el control de gran parte de la economía, sin tener en cuenta la ortodoxia económica del «libre mercado». En la tendencia hacia la integración de la industria monopolizada y el Estado,

---

[47] Según D. Blackbourn, *The Fontana History of Germany*, cit., p. 475.

que ya era visible en algunos países antes de la guerra, se produjo una fuerte escalada. En 1917, un informe del gabinete británico de guerra reconocía que el control del Estado se había extendido «hasta cubrir no sólo las actividades nacionales que afectaban directamente al esfuerzo de guerra, sino a todos los sectores de la industria»[48]. Al final de la guerra, el gobierno adquiría alrededor del 90 por 100 de todas las importaciones, comercializaba más del 80 por 100 de los víveres consumidos en el país y controlaba la mayoría de los precios[49]. En Alemania, durante las últimas fases de la guerra, los generales Hindenburg y Ludendorff ejercieron sobre gran parte de la economía una dictadura virtual a través de los patronos de los grandes monopolios[50].

Los generales, lo mismo que los industriales, podían ver que la adquisición de territorio incrementaría los recursos económicos a su disposición. Hubo una redefinición general de los objetivos bélicos para que incluyeran no sólo la creación o defensa de las colonias en Asia y África, sino también la conquista de zonas, en particular zonas industriales o semiindustriales, en Europa. Para Alemania esto significaba anexionarse las regiones productoras de minerales de hierro en la Lorena francesa, establecer el control alemán sobre Bélgica, Europa central y Rumanía, y construir una esfera alemana de influencia en Turquía y Oriente Próximo en torno al ferrocarril Berlín-Bagdad[51]. Para Francia suponía reconquistar Alsacia-Lorena y establecer alguna clase de control sobre la región de Renania, en Alemania. Para Rusia significaba la anexión de Estambul (prometida por Gran Bretaña en un tratado secreto). Del mismo modo que había capitalistas individuales que esperaban aumentar su capital mediante la competencia económica, había grupos de capitalistas vinculados a los estados nacionales que esperaban aumentar su capital mediante la competencia militar y la guerra. El imperialismo ya no era sólo una cuestión de colonias, aunque estas seguían siendo importantes. Ahora constituía un sistema total, en el que ningún capitalismo podía sobrevivir sin tratar de expandirse a expensas de los otros: un sistema cuya lógica era la militarización total, y la guerra total, sin tener en cuenta los trastornos sociales que esto causaba.

---

[48] Citado en D. MacIntyre, *The Great War, Causes and Consequences,* Glasgow, 1979, p. 63.

[49] *Ibid.,* p. 64.

[50] D. Blackbourn, *The Fontana History of Germany,* cit., pp. 488-489.

[51] Para más detalles, véase *ibid.,* pp. 480, 482.

Los trastornos tuvieron efectos de capital trascendencia sobre la clase obrera, la pequeña burguesía tradicional y el campesinado. Los niveles de vida sufrieron caídas repentinas y a veces catastróficas. En 1917, los salarios «reales» de los varones en Alemania habían caído en más de un quinto en las industrias bélicas y en casi la mitad en las industrias civiles[52]. Los antiguos métodos para defender los salarios y las condiciones laborales desaparecieron cuando los líderes sindicales apoyaron sin condiciones el esfuerzo de guerra y se opusieron a todas las huelgas, por lo que se introdujeron duros castigos para quien rompiera la «tregua». En Gran Bretaña, la Ley de Defensa del Reino preveía penas de cárcel para los líderes de las huelgas; en Alemania, los presuntos agitadores eran enviados en masa a luchar en el frente.

Los modelos de vida de la clase trabajadora también se vieron sometidos a enormes trastornos. La mitad de los varones de clase trabajadora fueron sacados de sus antiguos empleos y comunidades para ser enviados al frente, y fueron sustituidos en el trabajo por un enorme número de mujeres. En Alemania, el número de mujeres en las empresas industriales con más de 10 empleados creció desde medio millón hasta los dos millones[53]. En Gran Bretaña, sólo en las fábricas de munición el número de mujeres se elevó a 800.000[54]. La tendencia del capitalismo a la guerra estaba acabando con la familia estereotipada que con tanto empeño había tratado de imponer el sistema. A largo plazo, esto propagó las actitudes antes características de grupos como los obreros textiles, hasta alcanzar a estratos mucho más amplios de las mujeres de la clase trabajadora, a las que dio un nuevo sentido de la igualdad con los hombres. Pero el efecto inmediato fue la duplicación de la carga que tenían que soportar. Tenían que arreglárselas como pudieran para compaginar largas horas en una fábrica con la crianza de los hijos ellas solas. En muchos casos fue como conseguir mantener juntos el alma y el cuerpo.

Penuria, confusión, desorientación e incapacidad para defender los modos tradicionales de trabajar y vivir: esas fueron las condiciones en que vivió la clase trabajadora durante los primeros años de la guerra. Con la caída de los niveles de vida se ampliaron las jornadas laborales, las condiciones en las fábricas se hicieron más peligrosas y el número de huelgas se redujo drásticamente. Pero en 1915 y 1916 la desesperación también engendró resistencia. Hubo

---

[52] Véanse figuras, en J. Kocka, *Facing Total War*, Londres, 1984, p. 23.
[53] *Ibid.*, p. 17.
[54] D. MacIntyre, *op. cit.*, p. 61.

protestas espontáneas en comunidades de la clase trabajadora que estaban pasando por situaciones durísimas: sobre todo por parte de las mujeres. La gran huelga de alquileres vivida en Glasgow el año 1915 o las protestas locales a propósito de la escasez de comida en muchos pueblos alemanes durante los veranos de 1916 y 1917 fueron típicas. También fueron cada vez más frecuentes las huelgas entre los trabajadores que habían sufrido menos presión para alistarse en las fuerzas armadas: los metalúrgicos cualificados, que se consideraban esenciales para el esfuerzo de guerra. Sus redes de activistas sindicales –los enlaces sindicales en ciudades como Glasgow, Sheffield, Berlín, Budapest y Viena– seguían intactas. Cuando las penurias aumentaron, las dos clases de protesta comenzaron a conectarse entre sí y con un cierto cuestionamiento de la guerra. Los líderes de las huelgas eran con frecuencia socialistas que se oponían a la guerra, por más que muchos de los huelguistas sintieran que tenían que apoyar a «su propio bando».

Mientras tanto, los millones de hombres que combatían en los diversos frentes estaban pasando por experiencias para las que nada en la vida los había preparado. No tardaron en descubrir que la guerra no era una agradable excursión a Berlín o París, ni ninguna gran aventura. Consistía en barro, aburrimiento, mala comida y el horror de la muerte a su alrededor. Para los reclutas de la clase trabajadora o campesinos de la «pobre y jodida infantería» también supuso enterarse de que la vida era muy diferente para los generales y oficiales del Estado Mayor: buena comida y vino, alojamientos cómodos y reclutas a su servicio. Esto no llevó a la rebelión automática. Muchos de los reclutas procedían de ambientes sin ninguna tradición de resistencia a las órdenes dadas desde arriba. Los hábitos de deferencia y obediencia inculcados en sus cabezas desde la más tierna infancia consiguieron que los hombres aceptaran sumisamente su destino y lo consideraran como simplemente otro trabajo aburrido y desagradable que tenían que realizar; especialmente dado que cualquier acto de resistencia haría que cayera sobre ellos todo el peso de la «justicia» militar. «La extraña mirada en todos los hombres» que esperaban a ser devueltos al frente, señalada por el oficial y poeta de la guerra Wilfred Owen, «no era de desesperación o terror: era más terrible que el terror, pues era una mirada perdida y sin expresión, como la de un conejo muerto»[55].

Sin embargo, la posibilidad de rebelión siempre estuvo presente. Los generales observaron con horror lo ocurrido el día de Navidad de 1914, cuando

---

[55] Citado en W. Allison y J. Fairley, *The Monocled Mutineer,* Londres, 1986, p. 68.

soldados británicos y alemanes salieron de las trincheras para confraternizar entre sí. Los oficiales británicos recibieron órdenes de disparar sobre cualquier soldado alemán que saliera a confraternizar durante las Navidades de 1916[56]. Tales precauciones no pudieron impedir la repentina explosión de enormes motines. La primera gran erupción en el Frente Occidental se produjo en Francia en abril de 1917. Se calcula que unas 68 divisiones, la mitad del ejército francés, se negaron a volver al frente tras una ofensiva que había costado 250.000 vidas. Una combinación de concesiones y represión –la imposición de 500 condenas a muerte y la ejecución real de 49 de ellas– restauró la disciplina, pero sólo después de que algunas unidades hubieran izado la bandera roja y cantado el himno revolucionario, *La Internacional*. Los motines en otras partes del oeste no fueron de la misma escala que entre los franceses. Pero en 1917 también se produjeron motines en los que participaron unos 50.000 soldados en Italia, y cinco días de sangrienta rebelión de hasta 100.000 soldados en el campamento base británico situado en Étaples, cerca de Boulogne. Los generales británicos acabaron con la rebelión haciendo concesiones y luego ejecutando a sus líderes, todo ello en secreto[57].

Los motines formaban parte de una creciente sensación de confusión e insatisfacción en toda Europa, un sentimiento que de ningún modo se limitó a los trabajadores industriales. También afectó a gran parte de la clase media, de la que procedían los jóvenes suboficiales de los ejércitos. Algo de esto se percibe en la obra de poetas británicos que escribieron sobre la guerra, y en desilusionados escritos de posguerra como *Sin novedad en el frente occidental* de Remarque, *Adiós a las armas* de Hemingway o *Vida en la tumba* de Myrivilis. Tales sentimientos podían llevar a las personas a identificarse con la izquierda revolucionaria, como sucedió con el dramaturgo alemán Ernst Toller. Pero también podían llevar a formas de nacionalismo de derechas que culpaban del derrumbe de la esperanza en la guerra a la corrupción, la traición y la influencia de fuerzas «ajenas».

Finalmente, fue enorme la cantidad de campesinos reclutados por los ejércitos francés, italiano, austrohúngaro y ruso, a los que la guerra sacó de sus

---

[56] Para una explicación de esto en las Navidades de 1916, véanse extractos del diario del teniente William St. Leger, en M. Moynihan (ed.), *People at War 1914-1918,* Londres, 1988, p. 52.

[57] En W. Allison y J. Fairley, *op. cit.,* pp. 81-111, se encuentra una explicación completa del episodio, basada en entrevistas con los participantes.

aldeas aisladas para meterlos en el vértigo y el horror de la guerra mecaniza-
da. En una era previa a la penetración de las modernas comunicaciones de
masas en la mayor parte del campo europeo, los reclutas campesinos se vieron sometidos a experiencias e ideas por las que nunca antes habían pasado.
Muchos se vieron obligados a asumir por primera vez una cierta identidad
nacional cuando se vieron a sí mismos hablando dialectos locales en medio de
ejércitos multinacionales. Cuando intentaban encontrarle un sentido a lo que
estaba sucediendo, se los empujaba en direcciones contradictorias bajo la
influencia de sacerdotes que practicaban los ritos tradicionales, nacionalistas
de clase media que hablaban dialectos similares a los suyos o trabajadores con
los que compartían trinchera y que exponían argumentos socialistas y confe-
rían cierta coherencia a antiguos resentimientos contra los ricos.

Estos eran los sentimientos de una enorme masa de hombres desconcerta-
dos y descontentos que empuñaban sus armas en las trincheras y los barracones mientras los estados europeos se desgarraban entre sí.

Febrero de 1917

«Nosotros, los de la generación más vieja, quizá no vivamos para ver las
batallas decisivas de la inminente revolución», les dijo el exiliado Lenin a
unos jóvenes trabajadores de habla alemana reunidos en Zúrich en enero de
1917. Esto lo afirmó tras sostener que la revolución era, sin embargo, inevitable. «Europa está preñada de revolución», dijo. «Los próximos años en Europa, precisamente debido a la guerra predatoria, llevarán a insurrecciones
populares bajo el liderazgo del proletariado»[58].

El primer levantamiento se produjo justo seis semanas más tarde en Petrogrado[59], capital del Imperio ruso. El zar, cuyo poder parecía incontrovertible
la mañana del 23 de febrero[60], abdicó en la mañana del 2 de marzo. En noviembre, un gobierno revolucionario encabezado por Lenin estaba dirigien-
do el país.

---

[58] Trad. ingl. en V. Lenin, *Collected Works,* vol. 23, cit., p. 253 [ed. cast.: *Obras completas,* vol. XXIV, Madrid, Akal, 1977, p. 274].

[59] Conocida como San Petersburgo antes de agosto de 1914.

[60] La fecha es la del calendario juliano todavía empleado en Rusia en aquella época. Según
el calendario gregoriano reformado, empleado en Occidente, fue en marzo.

Nadie esperaba una revolución el 23 de febrero. El día era celebrado por los socialistas como el Día Internacional de la Mujer Trabajadora: una tradición instaurada en 1910, tras un llamamiento de la líder de las mujeres socialistas alemanas Clara Zetkin. Los grupos socialistas clandestinos en Petrogrado lo señalaban con panfletos, discursos y reuniones, pero nadie llamaba a la huelga, temiendo que los tiempos no estaban maduros para la acción combativa[61]. Pero el descontento por la escasez de pan entre las trabajadoras de la industria textil, muchas de ellas con sus maridos en el ejército, era tal que de todos modos fueron a la huelga y desfilaron por las zonas fabriles. Un trabajador de la fábrica de maquinaria Nobel contó posteriormente:

> Podíamos oír las voces de las mujeres: «¡No a los precios altos!», «¡No al hambre!», «¡Pan para los trabajadores!». [...] Una enorme cantidad de mujeres trabajadoras con actitud combativa llenaba el callejón. Las que nos vieron comenzaron a agitar los brazos gritando «¡Salid!», «¡Parad de trabajar!». Bolas de nieve atravesaron las ventanas. Decidimos unirnos a la revolución[62].

Al día siguiente el movimiento había crecido hasta implicar a la mitad de los 400.000 trabajadores de la ciudad, con manifestaciones que se dirigían desde las fábricas hasta el centro de la ciudad, y los eslóganes habían cambiado de «¡Pan!» a «¡No a la autocracia!» y «¡No a la guerra!». La policía armada hostigó las protestas y el gobierno trató de emplear a los muchos miles de soldados que se hallaban en los barracones de la ciudad, a la espera de ir al frente, para reprimirlas. Pero, al cuarto día de huelgas y manifestaciones, en los barracones se produjo una ola de motines. Masas de obreros y soldados se mezclaron para recorrer las calles de la ciudad con armas de fuego y banderas rojas, y arrestaron a funcionarios policiales y gubernamentales. Los regimientos enviados por tren a restaurar el orden se sumaban a la revolución en cuanto entraban en la ciudad. Un intento desesperado del zar de volver a la ciudad fue frustrado por los trabajadores ferroviarios. Movimientos similares se produjeron en Moscú y otras ciudades rusas. Los generales del zar le dije-

---

[61] Según el testimonio de Kayurov, mencionado en L. Trotsky, *The History of the Russian Revolution,* Londres, 1965, p. 121 [ed. cast.: *Historia de la Revolución rusa,* vol. I, Madrid, Sarpe, 1985, p. 105].

[62] S. A. Smith, «Petrograd in 1917. The View from Below», en D. H. Kaiser (ed.), *The Workers' Revolution in Russia of 1917,* Cambridge, 1987, p. 61.

ron que no había ninguna posibilidad de mantener el orden en ninguna parte a menos que abdicara.

¿Qué iba a reemplazar al zar? Para asumir las funciones gubernamentales surgieron dos organismos paralelos que operaban juntos desde diferentes alas del Palacio de Táuride, en Petrogrado. Por un lado estaba la oposición oficial dentro del zarismo, los políticos burgueses de la antigua Duma estatal, elegidos mediante un sistema electoral basado en las clases que otorgó una abrumadora mayoría de los escaños a las clases acomodadas. Por otro estaban los delegados de los trabajadores, nombrados conjuntamente en un consejo de trabajadores, o sóviet, según el modelo de 1905. La cuestión clave era cuál de estos organismos rivales tomaría el poder en sus manos. En febrero la Duma consiguió formar un gobierno provisional con la aquiescencia de los sóviets. En octubre la mayoría soviética formó un gobierno propio.

Las figuras clave en la Duma habían sido colaboradores críticos del zarismo desde el estallido de la guerra, que ayudaron a organizar las industrias bélicas y sacaron sus correspondientes beneficios, pero estaban descontentos con el predominio de una camarilla de cortesanos corruptos formada en torno a la zarina y su recientemente asesinado favorito, Rasputín. Su deseo habría sido emprender reformas menores en el seno del sistema zarista, desde luego no el derrocamiento de este. Como una de sus principales figuras, Rodzianko, dijo más tarde:

> Los partidos moderados no sólo no deseaban una revolución, sino que sencillamente la temían. En particular, el Partido de la Libertad Popular, los «Cadetes», en cuanto partido que se hallaba en el ala izquierda del grupo moderado y que por consiguiente mantenía más que el resto un punto de contacto con los partidos revolucionarios del país, estaba más preocupado que todos los demás por la catástrofe que se avecinaba[63].

En las revoluciones inglesa, americana y francesa, y también en 1848, amplios sectores de las clases acomodadas se habían vuelto contra las sublevaciones cuando estas dieron un giro radical. Pero habían desempeñado algún papel en el desencadenamiento de los movimientos. En la Rusia de 1917 temían que los trabajadores industriales les impidieran hacer incluso esto. Como el historiador menchevique de la revolución Sujánov escribió, «nuestra

---

[63] Citado en L. Trotsky, *op. cit.*, p. 181 [ed. cast. cit.: p. 147].

burguesía, a diferencia de las otras, traicionó al pueblo no al día siguiente del cambio de régimen, sino antes de que se produjera ese cambio»[64].

Líderes de la Duma como Rodzianko y Miliukov estuvieron negociando la reforma de la monarquía justo hasta el mismo momento de la abdicación del zar. Sin embargo, nombraron el gobierno que lo reemplazó: un gobierno liderado por un tal príncipe L'vov y dominado por grandes terratenientes e industriales. En él sólo se hallaba una figura con ciertas credenciales revolucionarias, un abogado que se había creado una reputación defendiendo a presos políticos: Kérenski.

Los delegados obreros del sóviet se unieron inicialmente debido a la necesidad de establecer alguna coordinación entre las actividades de los diferentes sectores de trabajadores. Una vez los regimientos rebeldes enviaron a sus delegados para unirse a la asamblea de los trabajadores, esta se convirtió en el centro de todo el movimiento revolucionario. Su ejecutiva electa tuvo que hacerse cargo de gran parte del gobierno real de la ciudad: suministrar víveres a los soldados amotinados; supervisar el arresto de antiguos policías y funcionarios; conseguir que cada fábrica enviara a uno de cada 10 de sus trabajadores para que integraran una milicia que mantuviera el orden revolucionario; fundar un periódico que permitiera a la gente saber lo que estaba ocurriendo en una época en que toda la prensa estaba paralizada por las huelgas. Grupos de trabajadores y soldados solicitaron instrucciones al sóviet… y los sóviets que habían surgido en otras partes del país no dejaban de vincularse al sóviet de Petrogrado. En realidad, este se convirtió en el gobierno de la revolución. Pero era un gobierno que se negaba a asumir el poder formal y esperó a que lo hicieran los líderes de la Duma.

Los delegados de los trabajadores en el sóviet estaban en mayor o menor medida influidos por los partidos socialistas clandestinos. La represión de la época de la guerra había casi destruido sus estructuras organizativas, pero el impacto de sus ideas y la reputación de sus líderes encarcelados, exiliados o clandestinos seguían vigentes. Sin embargo, en los primeros días de la revolución estos partidos no emplearon su influencia para oponerse a que el sóviet aceptara un gobierno elegido por los líderes de la Duma. Los partidos marxistas, los bolcheviques y los mencheviques, discrepaban una y otra vez sobre cuestiones de táctica. En 1905 los mencheviques habían seguido una política de esperar a que la burguesía tomara la iniciativa, mientras que los bolchevi-

---

[64] N. N. Sukhanov, *The Russian Revolution 1917,* Princeton, 1984, p. 77.

ques habían insistido en que los trabajadores tenían que impulsar la revolución burguesa. Durante la guerra, muchos mencheviques habían abogado por la defensa de Rusia contra Alemania y Austria, mientras que los bolcheviques y los mencheviques «internacionalistas» se habían opuesto a cualquier apoyo a la guerra. Pero estaban de acuerdo sobre el carácter de la inminente revolución: tenía que ser una revolución burguesa.

Esto llevó a que los primeros líderes bolcheviques llegados a Petrogrado, Stalin y Mólotov, aceptaran el gobierno provisional burgués elegido por la Duma. De ahí también se seguía que ya no podían llamar a un fin inmediato de la guerra, pues ya no era una guerra librada en favor del zarismo, sino una guerra de «defensa revolucionaria». El único revolucionario famoso que había definido de una manera diferente la revolución, insistiendo en que podría ser una revolución proletaria, había sido León Trotsky. Pero en febrero se hallaba en el exilio americano y no tenía partido propio, sino que pertenecía a un deshilvanado grupo socialista a caballo entre los mencheviques y los bolcheviques.

Los delegados de los trabajadores en el sóviet no estaban contentos con la composición del nuevo gobierno. Desconfiaban del príncipe L'vov y de su séquito de terratenientes e industriales. Pero carecían de la seguridad para decirles a experimentados líderes políticos con un conocimiento aparente del marxismo que estaban equivocados.

Los delegados de los soldados se decantaron aún más fácilmente por el apoyo al gobierno que los delegados de los trabajadores. La mayoría de ellos nunca antes habían participado en una acción política. Habían sido educados en la deferencia hacia sus «mejores», y aunque la dura experiencia les había llevado a volverse contra el zar y los altos oficiales, seguían observando deferencia hacia aquellos que por encima de ellos parecían hallarse en su mismo bando: los muchos suboficiales militares y el gobierno provisional, que habían aprendido a utilizar el idioma de la revolución sólo un par de días más tarde que ellos mismos.

El fracaso del gobierno provisional

El gobierno provisional iba a durar, de una forma u otra, sólo ocho meses antes de que fuera derrocado por una segunda revolución. Tras producirse esta, quienes lo apoyaban atribuyeron su fracaso a las maquinaciones de Lenin. En su opinión, Rusia habría adoptado una forma de democracia parlamentaria y se habría industrializado sin traumas con sólo que se le hubiera dado la oportunidad. Esta versión de los acontecimientos ha ganado nueva popularidad en la década posterior al desmoronamiento de la Unión Soviética. Pero no se compadece con lo realmente sucedido en 1917.

Cuando el zar cayó, las fuerzas burguesas que apoyaban al gobierno provisional empujaban en una dirección, mientras que las masas que hicieron la revolución empujaban en la opuesta. La distancia entre unas y otras aumentaba a cada semana que pasaba.

Los capitalistas de Rusia estaban decididos a continuar con las mismas políticas que habían llevado a los trabajadores de Petrogrado a levantarse y a los soldados a respaldar el levantamiento. El zarismo había lanzado a la atrasada, semimedieval Rusia a una guerra con Alemania, el segundo capitalismo más avanzado del mundo. El resultado sólo podía ser un descalabro económico de proporciones gigantescas, enormes pérdidas en el frente, la interrupción de los suministros de víveres a las ciudades y el empobrecimiento de la fuerza laboral urbana. Sin embargo, el nuevo gobierno estaba tan decidido a proseguir la guerra como el antiguo, pues los capitalistas rusos deseaban expandir el imperio más allá del mar Negro, hasta Estambul y el Mediterráneo, tanto como cualquier general zarista. Sus grandes industrias eran monopolios dirigidos conjuntamente con el Estado, sus mercados nacionales estaban limitados por el atraso de la agricultura y la pobreza de los campesinos. ¿Qué mejor manera de expandir esos mercados que expandiendo las fronteras del Estado? No podían ver otra lógica que la lógica de la guerra imperialista, fueran cuales fueran las dimensiones de los trastornos que esta produjera. El gobierno provisional siguió aceptando esto, si bien fue reestructurado a fin de conceder puestos ministeriales a los partidos socialistas «moderados», con Kérenski como primer ministro. «Incluso muchos miembros del ala izquierda del gobierno provisional estuvieron de acuerdo con [...] los objetivos» de forjar un nuevo imperio que incluyera los Dardanelos y estados «satélite» en Europa oriental[65].

La continuidad en la política militar fue de la mano con la continuidad en la política hacia los pueblos de habla no rusa en el imperio: más de la mitad de la población. En Polonia, Finlandia, partes del Cáucaso y, en menor grado, Ucrania había tradiciones de rebelión. Los zares habían recurrido a la repre-

[65] N. Stone, *The Eastern Front,* Londres, 1975, p. 218.

sión y obligado a la rusificación como medio para sofocar todo movimiento en favor de la autodeterminación. El nuevo gobierno, temeroso de perder mercados y suministros de materias primas, siguió ateniéndose a este planteamiento.

El zarismo había entregado a los grandes terratenientes la mitad de las tierras del país, y el antiguo régimen había empleado toda la fuerza del Estado contra cualquier intento de dividir las grandes fincas. Los intereses capitalistas consolidados en el nuevo gobierno eran igual de pertinaces. Los ministros podían pronunciar discursos sobre la reforma final, pero insistían en que mientras tanto el campesinado debía tener paciencia.

Sus políticas hicieron que el descontento creciera, con o sin el concurso de los bolcheviques. Nadie había dado la orden para el levantamiento de febrero. Del mismo modo, nadie ordenó a los campesinos que atacaran las casas de los grandes terratenientes y se repartieran las tierras durante el verano. Nadie dio órdenes a los finlandeses, los ucranianos o los pueblos del Cáucaso y el Báltico para que exigieran estados propios. Y nadie les dijo a millones de campesinos uniformados que desertaran del frente. Personas que habían visto cómo las protestas habían derribado una monarquía con 500 años de antigüedad no necesitaban que nadie les dijera que tenían que intentar acabar con otros agravios, especialmente cuando muchos de ellos disponían de armas y estaban entrenados para usarlas.

Las llamas las avivó el gobierno provisional mismo. Sus auténticas ambiciones las puso de manifiesto en junio, cuando trató de lanzar una ofensiva militar contra la Silesia austriaca. El descontento aumentó entre las fuerzas armadas, especialmente cuando Kérenski intentó reimponer la disciplina zarista, incluida la pena capital. La ofensiva también contribuyó a aumentar el caos económico. Los precios ya se habían casi cuadruplicado entre 1914 y 1917. En octubre se habían vuelto a doblar. Los suministros de comida a las ciudades se vinieron abajo y el hambre creció. Como el historiador de derechas Norman Stone ha señalado:

> Rusia no se volvió bolchevique porque las masas fueran bolcheviques desde el comienzo de la revolución, o debido a las maquinaciones de los líderes soviéticos o bolcheviques. Se volvió bolchevique porque el antiguo orden se desmoronó más o menos como Lenin –el único en hacerlo– había predicho. En otoño las ciudades eran víctimas de la hambruna y la enfermedad; una inflación estratosférica privó de todo significado a los incrementos salariales, en realidad a toda la vida económica del país; la producción de artículos bélicos

descendió, de modo que el ejército no podía luchar aunque quisiera. Las minas, los ferrocarriles, las fábricas se paralizaron. [...] Fue el caos económico lo que lanzó a Rusia en brazos del bolchevismo.

El bolchevismo podría haberse evitado de haber existido una alternativa; pero el desplome del capitalismo era algo a la vista de todos[66].

Los partidos y la revolución

Sin embargo, la Revolución de Octubre no fue simplemente resultado del desarrollo mecánico de fuerzas inhumanas. Dependió de la acción de la masa del pueblo –los obreros, campesinos y soldados– en una cierta dirección como respuesta a estas fuerzas. Fue aquí donde Lenin y los bolcheviques desempeñaron un papel decisivo. Sin ellos habría seguido habiendo huelgas, protestas, la toma de fábricas por los trabajadores, ataques de campesinos a las propiedades de los terratenientes, motines y revueltas en las nacionalidades no rusas. Pero estos movimientos no habrían convergido automáticamente en uno solo que aspirara a una transformación consciente de la sociedad.

Por el contrario, fácilmente podrían haberse contrarrestado entre sí y haber hecho que los trabajadores desempleados, los soldados desesperados y los confusos campesinos fueran presa de las olas de agitación antisemita y nacionalista rusa promovidas por los restos del antiguo orden. Bajo tales circunstancias, el éxito ciertamente habría sido posible para alguien como el general Kornílov, que en agosto intentó tomar Petrogrado con la intención de imponer una dictadura militar. La democracia capitalista no tenía ninguna oportunidad de sobrevivir en la Rusia de 1917, pero eso no hacía imposible que una población hambrienta y desesperada permitiera que una dictadura de derechas se aprovechara de su desesperación para imponerse. Como Trotsky observó en una ocasión, el fascismo nacido en Italia en 1922 fácilmente podría haber nacido bajo otro nombre en la Rusia de finales de 1917 o 1918.

La diferencia estribó en que en la década y media anterior a la revolución un partido socialista revolucionario se había ganado la lealtad de una minoría significativa de los trabajadores rusos. En Petrogrado y unas cuantas ciudades más, habían crecido grandes fábricas a pesar del atraso del conjunto del país. En 1914, la mitad de los 250.000 trabajadores industriales de Petrogra-

---

[66] N. Stone, *op. cit.*, pp. 283-284, 291.

do trabajaba en empresas de más de 500 obreros[67]. A partir de la década de 1890 fueron campo abonado para la propaganda y la agitación socialistas.

Lenin difería de la mayoría de los demás líderes socialistas de su generación (tenía cuarenta y siete años en la época de la revolución) en su insistencia en que el objetivo de la agitación no había de ser conseguir un apoyo pasivo para los intelectuales de izquierdas u organizaciones como un sindicato, sino la creación en el seno de la clase trabajadora de una red de activistas comprometidos en una insurrección contra el zarismo. Esto le llevó a romper con antiguos colegas como Mártov, Dan y Axelrod, a pesar del aparente acuerdo sobre el carácter burgués de la revolución esperada. Los bolcheviques eran vistos como los más «duros» de los dos partidos marxistas: más insistentes en la delineación del partido revolucionario a partir de la *intelligentsia* de clase media o los funcionarios sindicales, y en zanjar los debates teóricos a fin de lograr una claridad de objetivos. En el verano de 1914, los bolcheviques eran el partido más grande entre los trabajadores de Petrogrado, publicaba un periódico legal, *Pravda,* y ganaba la mayoría de las elecciones de representantes de los trabajadores en la Duma[68]. La guerra hizo aún más claras las diferencias entre los partidos. Los bolcheviques se declararon firmemente contrarios a la guerra (aunque no fueron muchos los que llegaron al punto de respaldar el «derrotismo revolucionario» de Lenin), y sus diputados en la Duma fueron encarcelados. Muchos mencheviques apoyaron la guerra, con una minoría asociada con Mártov, los mencheviques «internacionalistas», que se oponían a ella pero sin romper relaciones con la mayoría[69].

Había un tercer partido, que en los primeros meses de 1917 tenía más influencia entre los trabajadores y soldados de Petrogrado que los bolcheviques y los mencheviques: los social-revolucionarios o eseristas. Este no era un partido marxista, sino que derivaba de la tradición «populista» rusa que hacía hincapié por un lado en las demandas del campesinado, y por otro en el papel de una heroica minoría armada que incitara a la agitación revolucionaria me-

---

[67] Las cifras y otros detalles se encuentran en S. A. Smith, *Red Petrograd,* Cambridge, 1983, pp. 10-12.

[68] Los bolcheviques ocupaban seis escaños, los mencheviques siete, pero los escaños mencheviques procedían de circunscripciones más de clase media. Véase T. Cliff, *Lenin. Volume I: Building the Party,* Londres, 1975, p. 325.

[69] En este párrafo resumo una larga historia de actividades y debates teóricos. Para un estudio cabal, véase *ibid.* I. Getzler, *Martov,* Melbourne, 1967, presenta una visión amable del líder menchevique.

diante acciones ejemplares (por ejemplo, el asesinato de jefes de policía impopulares). Sus líderes más famosos procedían en su mayoría de la clase media, y en 1917 apoyaban la guerra y al gobierno provisional, de manera que incluso descuidaron la aplicación de su propio programa de reforma territorial. En otoño, algunos líderes menos conocidos, los «social-revolucionarios de izquierdas», se habían escindido como consecuencia del impacto del creciente descontento con el gobierno.

En febrero, los social-revolucionarios tenían mucha mayor fuerza que los bolcheviques en el sóviet de Petrogrado. Los bolcheviques habían sufrido la represión zarista de un modo desproporcionado, y muchos trabajadores y soldados no veían la relevancia de las antiguas distinciones partidistas en la nueva situación. Pero muchos trabajadores bolcheviques desempeñaron a título individual un notable papel en el levantamiento de febrero, y el partido contaba con un sólido núcleo de miembros en las fábricas y en las zonas obreras: 100 miembros en la gigantesca planta de Putílov, 500 en el distrito industrial de Vyborg, 2.000 en el conjunto de la ciudad a comienzos de marzo. Con la revolución creció rápidamente, de manera que a finales de abril el número de sus miembros en la ciudad era de 16.000[70]. Con una afiliación de alrededor de uno de cada 30 trabajadores, la agitación y la propaganda bolcheviques penetraron en la mayoría de secciones de la mayoría de las fábricas de la ciudad. A finales de mayo cosecharon el 20 por 100 de los votos en las elecciones al gobierno municipal de Petrogrado (frente al 3,4 por 100 de los mencheviques y en torno al 50 por 100 de los social-revolucionarios)[71].

Los miembros del partido se sintieron confusos por el apoyo prestado por este al gobierno provisional en febrero y marzo. La situación no se clarificó hasta que en abril Lenin regresó del exilio. Él vio que el capitalismo ruso no podría resolver ninguno de los problemas del país, y que sus políticas no podían sino empeorar las condiciones de vida de los trabajadores, campesinos y soldados por igual. Respondió desarrollando un argumento muy próximo al de Trotsky... y previamente rechazado por los bolcheviques «ortodoxos». Observó que la clase trabajadora había desempeñado el papel decisivo en el derrocamiento del zarismo y, en los sóviets, había creado un modo de tomar

[70] Cifras extraídas de T. Cliff, *Lenin, Volume 2: All Power to the Soviets,* Londres, 1976, pp. 148, 150.

[71] Cifras ofrecidas, con sus fuentes, en M. Haynes, «Was there a Parliamentary Alternative en 1917?», *International Socialism* 76 (septiembre de 1997), p. 46.

decisiones mucho más democrático que los aplicados bajo el gobierno burgués. La clase obrera tenía la posibilidad de avanzar sin rodeos hacia la imposición de políticas que la beneficiaran a ella misma y a los aún más pobres campesinos. Pero la condición previa para esto era que los sóviets asumieran todo el poder, la sustitución de los antiguos ejército y policía por una milicia de trabajadores, la nacionalización de los bancos y la distribución de tierra entre los campesinos más pobres.

El Partido Bolchevique no funcionaba como una dictadura, y al principio los argumentos de Lenin fueron vehementemente atacados por muchos de los antiguos bolcheviques de la ciudad. Pero encontraron eco inmediato entre los miembros de distritos industriales como Vyborg. Lenin articuló con claridad lo que ya se sentía de una manera confusa. Hizo por el sector más combativo de los trabajadores rusos lo que *El sentido común* de Tom Paine por los habitantes de las colonias americanas a comienzos de 1776, o lo que *L'ami du peuple* de Marat por muchos *sans-culottes* parisinos en 1782-1793: proporcionar una visión del mundo con sentido en una situación que contradecía todas las viejas creencias. Contribuyó a que las masas del pueblo pasaran de ser airadas víctimas de las circunstancias a sujetos activos de la historia.

Lenin sólo tardó un par de semanas en ganar para su causa a la mayoría del partido. Pero le costó un poco más convencer a la masa de los obreros, más aún a soldados y campesinos. Al principio, les dijo a los miembros del partido, tenían que «explicar pacientemente» la necesidad de derribar al gobierno provisional y poner fin a la guerra. Los bolcheviques no podían alcanzar estos objetivos mientras fueran una minoría que todavía no había convencido a la mayoría de los trabajadores. El comportamiento del gobierno provisional y las luchas espontáneas de obreros, campesinos y soldados hicieron eficaz la «explicación». En Petrogrado el voto bolchevique en las elecciones municipales y parlamentarias creció del 20 por 100 de mayo al 33 por 100 de agosto y al 45 por 100 en noviembre. En Moscú se elevó del 11,5 de junio al 51 por 100 de finales de septiembre. En el primer congreso soviético panruso, celebrado a comienzos de junio, los bolcheviques tenían el 13 por 100 de los delegados. En el segundo congreso, el 25 de octubre, contaban con el 53 por 100… y otro 21 por 100 se lo llevaron los social-revolucionarios de izquierdas aliados con ellos[72].

De lo que se trataba era de algo más que de convencer a la gente de que marcara un conjunto de nombres en lugar de otro en una lista electoral. Los

---

[72] Ambos conjuntos de cifras ofrecidas, con sus fuentes, pueden verse en M. Haynes, art. cit.

bolcheviques participaron en todas las luchas obreras: para actualizar los salarios al nivel de la inflación, para combatir el deterioro de las condiciones de vida y para impedir que los gerentes cerraran las plantas y causaran el caos económico[73]. Animaron a los soldados a desafiar la autoridad de sus oficiales, y a los campesinos a repartirse la tierra. Los bolcheviques se empeñaron en demostrar a los explotados y oprimidos que ellos mismos tenían el poder y la capacidad de dirigir la sociedad en interés propio a través de los sóviets.

Toda gran revolución pasa por altibajos, por meandros en los que las personas corren peligro de perder de vista el conjunto del proceso. La Rusia de 1917 no fue una excepción. En julio, el comportamiento del gobierno provisional y de los generales provocó una explosión de rabia entre los obreros y la guarnición de Petrogrado, y hubo movimientos espontáneos dirigidos a derribar el gobierno provisional. Pero los líderes bolcheviques (incluido Trotsky, que se acababa de unir al partido) calcularon correctamente que en aquellos momentos una toma del poder en Petrogrado no contaría con muchos apoyos en otras partes, y que las fuerzas de la reacción utilizarían esto como una excusa para aislar y luego destruir el movimiento revolucionario en la ciudad. De alguna manera, tuvieron que refrenar el movimiento al mismo tiempo que mostraban claramente su solidaridad con él.

El resultado no pareció inmediatamente positivo. El freno puesto por los bolcheviques al movimiento produjo cierta desmoralización entre los obreros y los soldados revolucionarios, mientras que la solidaridad de los bolcheviques con él llevó al gobierno provisional a arrestar a muchos líderes y obligar a otros, especialmente a Lenin, a pasar a la clandestinidad. Al reprimir el movimiento, el gobierno provisional abrió la puerta a fuerzas que querían destruir todo símbolo de la revolución, incluido el gobierno provisional mismo, y el general Kornílov intentó asaltar la ciudad. El último paso en el camino a la conquista bolchevique del poder para el sistema soviético consistió, paradójicamente, en organizar la defensa revolucionaria de la ciudad contra los intentos de golpe codo con codo con los partidarios del gobierno provisional… pero de tal modo que socavara todo último residuo de respeto por ese gobierno.

Incluso entonces, la instauración del poder soviético el 25 de octubre no era una conclusión prevista. Estaba claro que una mayoría del congreso pan-

---

[73] Para un estudio de algunas de estas luchas, véanse S. A. Smith, *Red Petrograd,* cit.; T. Cliff, *Lenin: Volume 2,* cit., pp. 168-169.

ruso de sóviets celebrado ese día respaldaría la asunción del poder. Pero líderes bolcheviques como Zinóviev y Kámenev se opusieron, defendiendo que se entablaran conversaciones con los líderes mencheviques y social-revolucionarios. Por contra, Lenin y Trotsky estaban convencidos de que postergar la decisión resultaría fatal. La masa del pueblo había llegado a creer que podía cambiar las cosas, superar los hábitos de respeto y obediencia inculcados por miles de años de gobierno clasista. Si no actuaba ya, el partido estaría reconociendo que no compartía esa confianza y, de paso, contribuyendo a destruirla. La crisis económica se agudizaba día tras día, y amenazaba con transformar la esperanza en desmoralización y frustración. Si se permitía que esto sucediera, los campesinos, los soldados y algunos obreros podrían verse atraídos por el estandarte de un aventurero militar.

Octubre de 1917

En un respecto, la Revolución de Octubre en Petrogrado fue muy diferente de la Revolución de Febrero en la misma ciudad: fue mucho más pacífica. Hubo menos tiros y menos caos. Esto ha llevado a algunos historiadores de derechas a describirla como un «golpe», la acción de una minoría llevada a cabo por los líderes bolcheviques por encima de las cabezas de las masas. De hecho, fue ordenada y pacífica precisamente porque no fue un golpe. No fue una acción realizada por una cuantas figuras desde arriba, sino por la masa del pueblo organizada a través de estructuras que expresaban sus propias aspiraciones más profundas. El Comité Revolucionario Militar del sóviet de Petrogrado, liderado por bolcheviques, pudo tomar decisiones obedecidas por las masas de obreros y soldados porque formaba parte de un sóviet elegido por ellos y a cuyos miembros podían sustituir. Esto le confería una autoridad de la que carecía el gobierno provisional, y llevó a casi todas las tropas acantonadas en la ciudad a seguir sus órdenes, dejándoles a Kérenski y a sus ministros pocas opciones salvo la huida.

«El gobierno provisional ha dejado de existir», informó Trotsky al sóviet el 25 de octubre:

> Se nos dijo que la insurrección provocaría un pogromo y ahogaría la revolución en torrentes de sangre. Hasta ahora todo ha sucedido sin derramamiento de sangre. No nos consta ni un solo muerto. Yo no conozco un solo ejemplo

en la historia de un movimiento revolucionario en el que hayan participado masas tan enormes y que se llevara a cabo tan incruentamente[74].

Poco después, tras tres meses de clandestinidad, Lenin reapareció para decir:

Ahora comienza una nueva era de la historia de Rusia. [...] Una de nuestras tareas rutinarias es poner fin a la guerra de una vez por todas. Pero para poner fin a la guerra [...] nuestro capitalismo mismo debe ser derrotado. En esta tarea nos ayudará el movimiento de la clase obrera a escala mundial que ya ha comenzado a desarrollarse en Italia, Alemania e Inglaterra. [...] Tenemos la fuerza de una organización de masas que lo superará todo y llevará al proletariado a la revolución mundial. En Rusia debemos proceder de inmediato a la construcción de un Estado socialista proletario. Larga vida a la revolución socialista mundial[75].

Lo que había sucedido era de capital importancia. En 1792-1793, las masas obreras de París habían llevado al poder al sector más radical de la clase media, sólo para ver que el poder se volvía contra ellas mismas y luego contra sus titulares, desbancados por conservadores que perseguían su propio interés. En 1848, los hijos de aquellas masas habían obligado a que un par de sus propios representantes entraran en el gobierno en febrero, sólo para en junio ser masacrados en las barricadas. En 1871, habían ido más lejos y tomaron el poder brevemente... pero sólo en una ciudad y sólo durante dos meses. Ahora un congreso de obreros, soldados y campesinos había asumido el poder de un país de 160 millones de habitantes que se extendía desde la costa del Pacífico hasta el Báltico. El socialismo mundial parecía, efectivamente, vislumbrarse en el horizonte.

La revolución asediada

Los líderes de la revolución eran plenamente conscientes de que los problemas serían inmensos mientras la revolución permaneciera confinada en los territorios del antiguo Imperio ruso. La revolución había tenido éxito porque

---

[74] Citado en N. N. Sukhanov, *The Russian Revolution 1917*, cit., pp. 627-628.
[75] Citado en *ibid.*, p. 629.

la clase trabajadora de Petrogrado y de un puñado de ciudades se concentraba en algunas de las fábricas más grandes del mundo, justo en los centros administrativos y de comunicaciones. Pero, no obstante, era una pequeña minoría de la población. La masa de los campesinos apoyó la revolución no porque fueran socialistas, sino porque ofrecía los mismos beneficios que una revolución burguesa clásica: el reparto de la tierra. La crisis económica producida por la guerra ya estaba paralizando la industria y causando hambre en las ciudades. La ración de pan diaria había descendido a los 300 gramos, y la media de calorías consumidas por las masas era de apenas 1.500 calorías por persona y día[76]. La reorganización de la industria a fin de producir los bienes que convencieran a los campesinos de que aprovisionaran de comida a las ciudades fue la hercúlea tarea que afrontaron los comités de obreros que supervisaban a los directores de cada fábrica. Difícilmente podía lograrse a menos que la revolución recibiera ayuda de otras revoluciones en países industrialmente más avanzados.

Fue la creencia en que la guerra daría paso a tales revoluciones lo que había convencido a Lenin de abandonar su antigua opinión según la cual la revolución en Rusia sólo podría ser una revolución burguesa. En 1906 había denunciado

> la absurda idea semianarquista de [...] la conquista del poder para una revolución socialista. El grado de desarrollo económico de Rusia y la organización de las enormes masas del proletariado hacen imposible la emancipación inmediata y completa de la clase trabajadora. [...] Quienquiera que intente lograr el socialismo por otra vía que la de la democracia política llegará inevitablemente a conclusiones absurdas y reaccionarias[77].

Había cambiado de opinión porque la guerra que había llevado a toda Rusia a la insurrección estaba teniendo el mismo impacto en otras partes de Europa. Pero, como Lenin insistió en enero de 1918, «sin la Revolución alemana estamos perdidos»[78]. La creencia en la revolución internacional no era

---

[76] Cifras ofrecidas, con sus fuentes, en S. A. Smith, *Red Petrograd,* cit., p. 87.

[77] V. I. Lenin, *Collected Works,* vol. 8, cit., pp. 28-29 [ed. cast.: *Obras completas,* vol. IX, cit., p. 24].

[78] V. I. Lenin, *Collected Works,* vol. 27, cit., p. 98 [ed. cast.: *Obras completas,* vol. XXVIII, cit., p. 234].

una fantasía. La guerra ya había llevado a brotes de sublevación similares a los de Rusia, si bien a una escala considerablemente menor: los motines de 1917 en los ejércitos de Francia y Gran Bretaña y en la Marina alemana, una huelga de 200.000 metalúrgicos alemanes contra un recorte en la ración de pan, cinco días de combates entre obreros y soldados en Turín en agosto de 1917[79], huelgas ilegales en la ingeniería y la minería británicas, y un levantamiento republicano en Dublín durante la Pascua de 1916.

La oposición a la guerra se había expandido por todo el continente. En Alemania, el SPD, que era favorable a la guerra, había expulsado a una gran proporción de su propio grupo parlamentario por expresar sentimientos pacifistas, lo cual les llevó a formar un partido propio, los Socialdemócratas Independientes (USPD). En Gran Bretaña, el futuro líder laborista Ramsay MacDonald presidió en Leeds una convención de delegados obreros a favor de la paz.

Pero las revoluciones no ocurren conforme a calendarios sincronizados. Las presiones generales de un sistema en crisis producen erupciones similares de descontento en lugares diferentes. Sin embargo, las formas exactas que adoptan y sus ritmos dependen de circunstancias y tradiciones locales. La atrasada economía campesina de Rusia y sus arcaicas estructuras estatales llevaron su gigantesco imperio a la ruina en 1917, antes que los estados de la Europa occidental y central. Al menos parcialmente, estos ya se habían modernizado e industrializado como resultado de la cadena de revoluciones que estallaron entre 1649 y 1848. Todos ellos tenían, en diferentes grados, algo de lo que Rusia carecía: partidos socialistas parlamentarios establecidos y burocracias sindicales integradas en las estructuras de la sociedad existente, pero que conservaban credibilidad entre amplios estratos de trabajadores.

En enero de 1918, una ola de huelgas en Austria-Hungría y Alemania sacó a la calle a medio millón de trabajadores del metal en Viena y Berlín. Los huelguistas estaban en buena medida inspirados por la Revolución rusa, y fueron objeto de brutales ataques policiales. Sin embargo, los obreros de Berlín seguían bastante ilusionados con que los belicistas líderes del SPD Ebert y Scheidemann les consiguieran puestos en el comité de huelga. Estos utilizaron su influencia para minar la huelga y producir su derrota, con altas cotas de represalia.

---

[79] Para un estudio de esta «insurrección», véase J. M. Cammett, *Antonio Gramsci and the Origins of Italian Communism,* Stanford, 1967, pp. 52-53.

Rosa Luxemburgo, encarcelada en Breslavia, había previsto los peligros que acechaban a Rusia en una carta a la esposa de Karl Kautsky, Luise, del 24 de noviembre:

> ¿Estás feliz con los rusos? Por supuesto, no podrán mantenerse en este aquelarre, no porque las estadísticas muestren que el desarrollo económico de Rusia está demasiado atrasado, como tu inteligente marido ha entendido, sino porque la socialdemocracia del muy desarrollado Occidente está compuesta por miserables y malvados cobardes que miran en silencio y dejan que los rusos se desangren hasta morir[80].

La conducta del SPD en enero confirmó sus advertencias. El alto mando alemán había dado al gobierno revolucionario un ultimátum en las negociaciones celebradas en el pueblo de Brest-Litovsk, en la frontera polaca. Si no permitía que Alemania se anexionara enormes zonas de la Ucrania rusa, entonces el ejército alemán penetraría en Rusia. El gobierno revolucionario apeló, por encima de la cabeza de los generales, a los obreros y soldados de Alemania en los cientos de miles de panfletos en alemán que distribuyó a lo largo de la frontera. Pero la derrota del movimiento huelguista no dio ninguna oportunidad a una inmediata ruptura revolucionaria del ejército alemán, y sus tropas avanzaron cientos de kilómetros. En el Partido Bolchevique y en el sóviet hubo fuertes discusiones sobre qué hacer. Bujarin y los social-revolucionarios de izquierdas abogaban por la guerra revolucionaria contra Alemania. Lenin se mostró favorable a la aceptación del ultimátum, dado que los bolcheviques no tenían fuerzas con las que librar una guerra revolucionaria. Trotsky se opuso tanto a la guerra revolucionaria como a la aceptación del ultimátum, en la esperanza de que los acontecimientos en Alemania resolverían el dilema. Al final, Lenin convenció a la mayoría de los demás bolcheviques de que la aceptación del ultimátum era la única opción realista. Los social-revolucionarios de izquierdas renunciaron a participar en el gobierno, con lo cual dejaron que los bolcheviques gobernaran solos.

Los punitivos términos impuestos por Alemania a cambio de la paz redondearon los estragos producidos por la guerra en la economía rusa. Ucrania poseía la mayor parte del carbón de Rusia y era el origen de gran parte de su

---

[80] Citado en P. Nettl, *Rosa Luxemburg,* vol. II, p. 689 [ed. cast.: *Rosa Luxemburgo,* México, Era, 1974, p. 502].

cereal. La producción industrial se vino abajo por falta de combustible, y la escasez de comida en las ciudades se hizo más grave que antes. El 27 de enero de 1918 la ración de pan en Petrogrado se redujo a 150 gramos, y el 28 de febrero a menos de 50. El impacto sobre la clase obrera de Petrogrado, que había hecho la revolución, fue devastador. En abril la mano de obra fabril de la ciudad era el 40 por 100 de su nivel en enero de 1917. Las grandes fábricas metalúrgicas, que habían sido la espina dorsal del movimiento obrero desde 1905, fueron las que más sufrieron. En los primeros seis meses de 1918, más de un millón de personas emigraron de la ciudad con la esperanza de encontrar comida en otra parte: «En el plazo de meses, el proletariado de Petrogrado la Roja, conocido en toda Rusia por su destacado papel en la revolución, había sido diezmado»[81].

Los trabajadores que habían conseguido extender al resto de Rusia la revolución gracias a su papel estratégico en el proceso de la producción ya no desempeñaban ese papel. Las instituciones por ellos erigidas –los sóviets– todavía existían, pero habían perdido sus vínculos orgánicos con los lugares de trabajo.

El entusiasmo por la revolución persistía, y produjo una afiliación masiva de enardecidos obreros, soldados y campesinos al Partido Bolchevique, donde los ideales del socialismo de la clase trabajadora inspiraban actos heroicos. Este entusiasmo permitió a Trotsky forjar un nuevo Ejército Rojo de millones de soldados, constituido en torno al núcleo sólidamente comprometido que formaban las milicias obreras de 1917. Pero los sóviets, el partido y el Ejército Rojo ya no formaban parte de una clase obrera viva y trabajadora. Más bien constituían algo semejante a una versión actualizada del jacobinismo: si la versión de la década de 1790 la habían impulsado los ideales del ala izquierda de la burguesía, la nueva versión la motivaban los ideales del socialismo de la clase obrera y la revolución mundial.

La tarea de combatir por estas ideas se hizo más difícil en el curso de 1918. A la conquista de Ucrania por Alemania siguieron en junio y julio ataques orquestados por los gobiernos británico y francés. Unos 30.000 soldados checoslovacos (prisioneros del ejército austrohúngaro organizados por los nacionalistas checos para combatir en el bando anglo-franco-ruso) asumieron el control de las ciudades por las que pasaba el Ferrocarril Transiberiano, que partía a Rusia por la mitad. Bajo su protección, los social-revolucionarios de derechas

---

[81] S. A. Smith, *Red Petrograd,* cit., p. 243.

y los mencheviques formaron en Sarátov un gobierno que masacró en la calle a cualquier sospechoso de ser bolchevique[82]. Fuerzas japonesas tomaron el control de Vladivostok, en la costa del Pacífico. Tropas británicas desembarcaron en Murmansk, en el norte, y también tomaron el control de Bakú en el sur. En los mismos meses, los social-revolucionarios de izquierdas asesinaron al embajador alemán en Petrogrado, en un esfuerzo por destruir la paz de Brest-Litovsk y tomar el poder por la fuerza, mientras los social-revolucionarios de derechas asesinaron al orador bolchevique Volodarsky e hirieron a Lenin.

El cerco externo por un lado y los intentos de terrorismo y contrarrevolución en el interior, por otro, provocaron un cambio de carácter en el régimen revolucionario. Victor Serge, un anarquista convertido en bolchevique, describió el cambio en *El año I de la Revolución rusa,* escrito en 1928. Hasta junio, escribió:

> La república tiene todo un sistema de democracia interna. La dictadura del proletariado no es, sin embargo, la dictadura de un partido, ni la de un comité central, ni la de ciertos individuos. Su mecanismo es complejo. Cada sóviet, cada comité revolucionario, cada comité del Partido Bolchevique o del Partido Social-Revolucionario de Izquierdas tiene una porción de ella, y la maneja a su propia manera. [...] Todo decreto se debate durante sesiones [de la ejecutiva del sóviet panruso] que son con frecuencia de tremendo interés. Aquí los enemigos del régimen gozan de libertad de palabra con más laxitud que en el Parlamento[83].

Ahora todo esto comenzaba a cambiar:

> La intervención aliada, simultánea con la rebelión de los *kulaks* [campesinos ricos] y el desmoronamiento de la alianza de los sóviets [con los social-revolucionarios de izquierdas], constituye una inequívoca amenaza a la supervivencia de la república. La dictadura del proletariado se ve forzada a deshacerse inmediatamente de su parafernalia democrática. Las hambrunas y la anarquía local obligan a una rigurosa concentración de poderes en manos de los comisarios competentes. [...] La conspiración obliga a la introducción de un podero-

---

[82] Para más detalles, véase V. Serge, *Year One of Russian Revolution,* Londres, 1992, p. 282 [ed. cast.: *El año I de la Revolución rusa,* Madrid, Siglo XXI, 1972, p. 274].

[83] V. Serge, *op. cit.,* p. 245 [ed. cast. cit.: pp. 287-288].

so aparato de defensa interior. Los asesinatos, los levantamientos campesinos y el peligro de muerte obligan al empleo del terror. La ilegalización de los socialistas de la contrarrevolución y la escisión con los anarquistas y los social-revolucionarios de izquierdas tienen como consecuencia el monopolio político del Partido Comunista. [...] Las instituciones soviéticas, comenzando por los sóviets locales y terminando por el Vee-Tsik [el ejecutivo panruso] y el consejo de los comisarios del pueblo, ahora funcionan en un vacío[84].

Fue en este momento cuando el gobierno revolucionario adoptó, por primera vez, el empleo sistemático del terror. Los contrarrevolucionarios «blancos» habían mostrado su voluntad de disparar sin contemplaciones contra los sospechosos de ser revolucionarios. Así lo habían hecho en octubre, cuando lucharon por mantener Moscú bajo su control, y los blancos de Finlandia habían matado a 23.000 «rojos» tras haber aplastado un levantamiento socialdemócrata en enero[85]. Ahora los revolucionarios sentían que no les quedaba otra opción que pagar con la misma moneda. El asesinato de sospechosos de ser contrarrevolucionarios, la toma de rehenes burgueses, la adopción de métodos pensados para infundir el miedo en el corazón de todos los oponentes de la revolución se convirtieron ahora en una parte aceptada de la actividad revolucionaria. Sin embargo, pese a la impresión creada por obras como *El archipiélago Gulag,* de Solzhenitsyn, aquel terror fue muy diferente del empleado por Stalin a partir de 1929. Fue una reacción a acciones reales, no imaginarias, de la contrarrevolución, y terminó en 1921, una vez acabada la guerra civil.

El régimen revolucionario aguantó contra todos los pronósticos porque, a pesar de la terrible penuria, consiguió el apoyo de las clases más pobres de todo el antiguo Imperio ruso. Era el único que ofrecía alguna esperanza a los trabajadores, garantizaba tierras para los campesinos más pobres, se resistía a las cuadrillas antisemitas que colaboraban con los ejércitos blancos y no temía la autodeterminación de las nacionalidades no rusas.

Sin embargo, todo el tiempo los líderes del régimen revolucionario –y los cientos de miles de voluntarios que arriesgaron sus vidas para transmitir este mensaje– miraban al oeste, a los países industrializados de Europa, con la esperanza de un alivio que necesitaban desesperadamente.

---

[84] V. Serge, *op. cit.,* p. 265 [ed. cast. cit.: pp. 311-312].

[85] F. A. Upton, *The Finnish Revolution, 1917-18,* Minnesota, 1980, p. 522, citado en J. Rees, «In Defence of October», *International Socialism* 52 (otoño de 1991), p. 33.

III

Europa, sumida en el caos

El noviembre alemán

La reavivación del espíritu revolucionario en Occidente no se hizo esperar mucho en términos históricos: sólo 12 meses después del Octubre ruso… aunque estos fueron meses muy largos para la Rusia hambrienta y desgarrada por la guerra.

Las abusivas condiciones impuestas por el Imperio alemán en Brest-Litovsk dieron a sus gobernantes un respiro, pero sólo por breve tiempo. En marzo de 1918, una gran y sangrienta ofensiva adentró a sus ejércitos en Francia más que nunca desde 1914, pero luego se estancó. En agosto fracasó un segundo intento de avanzar, y luego fue el ejército alemán el que se tuvo que replegar. Se estaba quedando sin reservas humanas, mientras que la entrada en guerra de los EEUU un año antes había provisto al bando anglo-francés de nuevas tropas y del acceso a suministros y equipamiento enormes. El alto mando alemán fue presa del pánico, y Ludendorff sufrió una especie de crisis nerviosa[86]. A finales de septiembre decidió que era urgente firmar un armisticio y trató de evitar la responsabilidad de esto convenciendo al káiser de que nombrara un nuevo gobierno en el que figuraran un par de ministros socialdemócratas. Pero detener la guerra que había convulsionado a toda Europa durante cuatro años no era tan fácil. Los imperialismos rivales, en particular el

---

[86] Según J. Joll, *Europe since 1870,* Londres, 1990, p. 237 [ed. cast.: *Historia de Europa desde 1870,* Madrid, Alianza, 1983, p. 281].

francés, querían una tajada similar a la que el imperialismo alemán había exigido a Rusia a comienzos de año. Durante un mes el gobierno alemán trató desesperadamente de evitar pagar tal precio y la guerra continuó, tan sangrienta como siempre. Las tropas británicas, francesas y de los EEUU entraron en territorio controlado por los alemanes en Francia y Bélgica. En los Balcanes, una fuerza combinada británica, francesa, serbia, griega e italiana puso en fuga al ejército austriaco.

La presión fue excesiva para la destartalada monarquía multinacional austrohúngara, heredera del Sacro Imperio Romano Germánico nacido 1.200 años antes. Su ejército se desmoronó, y los líderes de clase media de las minorías nacionales tomaron el control de las principales ciudades: los checos y eslovacos se apoderaron de Praga, Brno y Bratislava; los partidarios de un Estado «yugoslavo» (eslavo del sur) se apoderaron de Zagreb y Sarajevo; los húngaros, liderados por el aristócrata liberal Michael Karoly, tomaron Budapest; y los polacos, Cracovia. Cuando enormes multitudes se lanzaron a las calles de Viena en demanda de una república y derribando emblemas imperiales[87], en la parte germanohablante de Austria el poder pasó a manos de una coalición liderada por los socialdemócratas con los partidos burgueses.

El propio alto mando alemán, desesperado de rescatar algo de la debacle, ordenó a su flota lanzarse contra Gran Bretaña con la esperanza de obtener la redención mediante una repentina victoria naval. Pero sus marinos no estaban dispuestos a aceptar una muerte segura. Su motín del año anterior había sido sofocado y sus líderes ejecutados porque había sido demasiado pasivo: simplemente se habían puesto en huelga, con lo que permitieron que los oficiales y la policía militar tomaran represalias. Esta vez no cometieron el mismo error. Los marinos de Kiel se armaron, tomaron la ciudad junto con los estibadores en huelga, desarmaron a sus oponentes e instauraron un consejo de soldados. Aquello fue una chispa que provocó una explosión en toda Alemania.

Enormes manifestaciones de obreros y soldados asumieron el control de Bremen, Hamburgo, Hanover, Colonia, Leipzig, Dresde y muchas otras ciudades. En Múnich se apoderaron del palacio real y proclamaron primer ministro de un «Estado Libre Bávaro» a Kurt Eisner, un socialista reformista opuesto a la guerra. A Berlín le tocó el turno el 9 de noviembre. Cuando la capital se vio invadida por grandes procesiones de obreros y soldados con

---

[87] Para estos y otros detalles de la revolución en la Austria de habla alemana, véase F. L. Carsten, *Revolution in Central Europe 1918-19,* Londres, 1972, pp. 22-32.

armas de fuego y banderas rojas, Karl Liebknecht, revolucionario antibelicista recientemente excarcelado, proclamó desde el balcón del palacio imperial una «república socialista» y la «revolución mundial». Para no ser menos, el ministro proguerra del SPD en el último gobierno del káiser, Scheidemann, proclamó una «república» desde el balcón del Parlamento imperial. El káiser huyó a Holanda, y los dos partidos socialdemócratas presentaron un «gobierno revolucionario» de «comisarios del pueblo» para que fuera aprobado por una asamblea de 1.500 delegados de los obreros y los soldados. Simbolizaba el hecho de que ahora los árbitros del poder político en toda Alemania y en la Bélgica ocupada por Alemania eran los consejos de los soldados y obreros. Las fuerzas de la revolución encarnadas en tales consejos, o sóviets, parecían estar apoderándose de todo el norte de Eurasia, desde el Mar del Norte hasta el Pacífico Norte.

Pero los consejos alemanes habían dado el poder revolucionario a hombres decididos a no utilizarlo con fines revolucionarios. Ebert, el nuevo primer ministro, tardó 24 horas en contactar por teléfono con el general Groener, miembro del alto mando militar. Ambos llegaron a un acuerdo de colaboración –con el apoyo de Hindenburg, el «dictador» de la época de guerra– para restaurar el orden en el ejército, de modo que este pudiera restaurar el orden en el conjunto de la sociedad[88].

Los políticos socialdemócratas que habían abogado por la reforma a través del Estado capitalista habían, lógicamente, dado su apoyo a ese Estado cuando llegó la guerra en 1914. Ahora, obedeciendo a la misma lógica, intentaron restablecer el poder de ese Estado frente a la revolución. Para ellos las viejas estructuras de la represión y el poder clasista eran «el orden»; el desafío de esas estructuras por parte de los explotados y desposeídos representaba la «anarquía» y el «caos».

Las encarnaciones vivas de este desafío eran los oponentes más famosos a la guerra: Rosa Luxemburgo y Karl Liebknecht. Liebknecht, en particular, contaba con un enorme apoyo entre los soldados y obreros de Berlín. Los líderes socialdemócratas maniobraron con el alto mando militar para destruir esto. Provocaron un levantamiento en la ciudad a fin de sofocarlo con tropas traídas de fuera, y de la carnicería acusaron a Liebknecht y Luxemburgo. Los dos cayeron en poder de oficiales militares. A Liebknecht lo dejaron incons-

---

[88] Para más detalles y fuentes sobre este y otros aspectos de la revolución alemana, véase mi libro *The Lost Revolution, Germany 1918-1923,* Londres, 1982.

ciente de un golpe y luego lo abatieron a tiros. A Luxemburgo le aplastaron el cráneo con la culata de un rifle, le dispararon en la cabeza y luego la arrojaron a un canal. La prensa socialdemócrata informó de que a Liebknecht se le había disparado «cuando intentaba escapar» y que a Luxemburgo la había matado «una multitud enfurecida». Cuando los respetables miembros de la clase media leyeron la noticia, «saltaron de alegría»[89]. En la actitud de los ricos «civilizados» hacia los que se resistían a su poder nada había cambiado desde los días de los hermanos Graco y de Espartaco.

Sin embargo, someter la agitación revolucionaria no fue una tarea fácil para la alianza entre los socialdemócratas y los militares. Los historiadores han dado con frecuencia la impresión de que la Revolución alemana fue un acontecimiento menor, que acabó fácil y rápidamente. Este es incluso el mensaje transmitido por la tantas veces estimulante historia del siglo XX de Eric Hobsbawm, *Age of Extremes*. Según él, al cabo de unos días de noviembre «el republicanizado antiguo régimen ya no fue seriamente perturbado por los socialistas [...] [y] menos aún por el recientemente improvisado Partido Comunista»[90]. En realidad, a la primera gran ola de agitación revolucionaria no se le puso fin hasta el verano de 1920, y en 1923 hubo una segunda ola.

Como toda gran revolución de la historia, la de noviembre de 1918 hizo que muchas personas se interesaran en política por primera vez. Hablar de revolución y socialismo ya no estaba limitado al núcleo de trabajadores que habían votado socialista antes de 1914. Se extendió a millones de obreros y personas de la clase media-baja que previamente habían votado al católico Zentrum, a los liberales progresistas, a los nada liberales «liberales nacionales» o incluso al Partido Agrario dirigido por los terratenientes prusianos. En el curso de la guerra, muchos de los antiguos trabajadores socialdemócratas habían comenzado a identificarse con los oponentes izquierdistas de los líderes proguerra: en torno a la mitad de los miembros del antiguo SPD se pasaron a los izquierdistas Socialdemócratas Independientes (USPD). Pero, por cada una de estas, hubo muchas otras personas que se habían pasado de los partidos burgueses a la izquierda y que seguían viendo a los líderes socialde-

---

[89] Según Rosa Leviné-Meyer, que en aquella época se hallaba en un hospital de Berlín. Véase su *Leviné*, Londres, 1973, p. 80.

[90] E. Hobsbawm, *Age of Extremes*, Londres, 1994, p. 68 [ed. cast.: *Historia del siglo XX*, Barcelona, Crítica, 1994, pp. 75-76].

mócratas como socialistas. Si en el pasado se habían opuesto a los socialdemócratas por esto mismo, ahora los apoyaban.

Los líderes socialdemócratas jugaron con estos sentimientos y continuaron haciendo discursos izquierdistas, pero insistían en que las políticas de izquierdas sólo podían introducirse gradualmente, manteniendo el orden y resistiéndose a los «excesos» revolucionarios. Afirmaron que eran Luxemburgo y Liebknecht quienes ponían en peligro la revolución, mientras en secreto se ponían de acuerdo con los generales para eliminar a los disidentes.

A la difusión de este mensaje les ayudaron los líderes del USPD. Estos se habían opuesto a la guerra, pero la mayoría seguía comprometida con la reforma del capitalismo. Entre sus filas se encontraban Kautsky, Bernstein y Hilferding (que en la siguiente década sería ministro de Economía en dos gobiernos de coalición con los partidos burgueses). Durante los cruciales primeros dos meses de la revolución, el partido sirvió lealmente en un gobierno liderado por el mayoritario SPD, cuyas políticas ayudó a vender entre la masa de los obreros y soldados.

Pero, a medida que pasaban las semanas, las personas que habían apoyado con entusiasmo a los líderes socialdemócratas comenzaron a volverse contra ellos. Las tropas enviadas a Berlín en noviembre para ayudar al mantenimiento del control por parte del gobierno empezaron a levantarse contra él en la primera semana de enero, y fueron muchos los obreros y soldados que, tras contribuir a reprimir la sublevación de enero, participaron en la revuelta que en marzo se produjo en la capital. En las elecciones de mediados de enero, el SPD obtuvo 11,5 millones de votos y el USPD 2,3 millones. Sin embargo, al cabo de unas semanas los trabajadores que habían votado unánimemente a los socialdemócratas en el Ruhr, el centro de Alemania, Bremen, Hamburgo, Berlín y Múnich fueron a la huelga general y combatieron con las armas las políticas del gobierno. En junio de 1920, los votos del SPD sólo superaban en 600.000 a los de los Socialdemócratas Independientes.

Los líderes socialdemócratas descubrieron rápidamente que no podían confiar simplemente en su propia popularidad para «restaurar el orden». A finales de diciembre de 1918, el ministro socialdemócrata del Interior, Noske, alardeó de que «alguien ha de ser el perro de caza», y se puso de acuerdo con los generales en la creación de una fuerza mercenaria especial, el *Freikorps*. Formado con los oficiales y «batallones de asalto» del antiguo ejército, el *Freikorps* era completamente reaccionario. «Fue como si el antiguo orden renaciera», observó el historiador conservador Meinecke. El lenguaje del

Freikorps era vehementemente nacionalista y con frecuencia antisemita. Sus estandartes se adornaban a menudo con un antiguo símbolo hindú de la buena suerte, la esvástica, y muchos de sus miembros pasaron a formar los cuadros del Partido Nazi.

La historia de Alemania en la primera mitad de 1919 es la historia de la marcha del *Freikorps* por todo el país, atacando a las mismas personas que habían hecho la Revolución de Noviembre y votado a los socialdemócratas en las elecciones de enero. Fueron muchas las veces en que se encontró con resistencia armada, lo cual culminó con la proclamación en abril de una República Soviética Bávara de corta vida, con su propio Ejército Rojo de 15.000 hombres.

«El espíritu de la revolución»

Los meses de Guerra Civil en Alemania fueron también meses de disturbios en buena parte del resto de Europa. En marzo, el primer ministro británico Lloyd George le escribió a su colega francés, Clemenceau:

> Toda Europa está llena del espíritu de la revolución. [...] En sus aspectos político, social y económico, todo el orden vigente está siendo cuestionado por las masas de la población de un extremo de Europa al otro[91].

El representante de los EEUU en París, House, expresó temores similares en su diario. «El bolchevismo está ganando terreno en todas partes. [...] Estamos sentados encima de un polvorín y cualquier día una chispa puede hacerlo estallar[92].»

La causa inmediata de su preocupación la constituía la toma del poder en Hungría por un régimen soviético liderado por Béla Kun, un antiguo prisionero de guerra húngaro en Rusia. El régimen nacionalista liberal instaurado a finales de 1918 se había desmoronado, incapaz de impedir que Checoslovaquia y Rumanía se apoderaran de partes del país, y un gobierno comunista-socialdemócrata había asumido el poder pacíficamente. Impulsó una política

---

[91] Citado en E. H. Carr, *The Bolshevik Revolution,* vol. 3, Harmondsworth, 1966, pp. 135-136 [ed. cast.: *La Revolución bolchevique (1917-1923),* vol. 3, Madrid, Alianza, 1973, p. 142].

[92] Citado en *ibid.,* p. 135 [ed. cast. cit.: p. 142].

de reformas domésticas y nacionalización, e intentó montar una guerra contra Checoslovaquia y Rumanía con la esperanza de recibir apoyo del Ejército Rojo ruso por el este y de una insurrección de los trabajadores austriacos por el oeste.

En ninguna otra parte accedieron al poder gobiernos revolucionarios, pero la situación tampoco era estable en ninguna otra parte. Todas las repúblicas nacionalistas recién formadas en el centro y el este de Europa contenían minorías étnicas descontentas con el nuevo orden. En Checoslovaquia las personas de habla alemana eran mayoría en algunas regiones de considerable tamaño, así como los que hablaban húngaro lo eran en otras. Rumanía y Yugoslavia contenían grandes minorías de habla húngara. Yugoslavia y Austria mantuvieron enconadas disputas fronterizas con Italia, y Bulgaria con Rumanía. En Silesia había continuos conflictos armados entre fuerzas polacas y alemanas, con limpiezas étnicas a gran escala en ambos bandos. En Checoslovaquia y Bulgaria había muchos trabajadores con sentimientos revolucionarios opuestos al nacionalismo de clase media de sus gobiernos.

En abril de 1919 los revolucionarios lideraron a los trabajadores sin empleo en un intento de asaltar el Parlamento austriaco. Por un momento no fue absurdo concebir una vinculación de la revolución en Hungría con Rusia por el este y, a través de Austria, con la Baviera soviética en el oeste, que pusiera patas arriba todo el tinglado de los antiguos imperios alemán y austrohúngaro.

No fue así. Los socialdemócratas austriacos utilizaban un lenguaje un poco más izquierdista que los de Alemania, pero se oponían de una manera igualmente frontal a llevar más lejos la revolución. Convencieron a los consejos obreros vieneses de permitir que las protestas fueran sofocadas y se asegurara la supervivencia del capitalismo austriaco. Mientras tanto, el gobierno comunista-socialdemócrata de Budapest no formó auténticos consejos obreros. Confió en antiguos oficiales para la dirección de su ejército, y cometió el error fundamental de distanciarse del campesinado al no fragmentar las grandes haciendas que predominaban en el campo. El régimen se vino abajo al cabo de 133 días, cuando los socialdemócratas lo abandonaron, cosa que abrió la puerta a una dictadura de derechas presidida por el almirante Horthy.

La agitación de 1919 no se limitó a los imperios derrotados. También afectó a los vencedores, aunque normalmente no en la misma medida. Los ejércitos británico y francés se vieron sacudidos por motines entre las tropas obligadas a esperar antes de volver a casa. Los ejércitos enviados contra la Revolución rusa no fueron inmunes a los tumultos: las tropas británicas, francesas y de los EEUU en Arjánguelsk se negaron a entrar en combate, mientras que las fuerzas francesas tuvieron que ser evacuadas de Odesa y otros puertos del mar Negro tras haberse amotinado[93].

Simultáneamente, en la misma Gran Bretaña se produjo una creciente ola de descontento industrial. Las huelgas de la ingeniería a comienzos de año se saldaron con encarnizados enfrentamientos con la policía en Glasgow y con una huelga casi general, que unió a católicos y protestantes, en Belfast. En Liverpool y Londres hubo huelgas policiales. El gobierno evitó por poco una huelga de mineros haciendo promesas luego incumplidas, pero no pudo impedir una paralización de la red ferroviaria durante nueve días. En enero de 1920 la formación de una «triple alianza» entre los sindicatos mineros, del transporte y ferroviarios aterrorizó al gobierno. «Los ministros [...] parecen extraordinariamente asustados», escribió el jefe de la secretaría del gabinete[94].

España no había tomado parte en la guerra porque sus gobernantes estaban divididos entre los sentimientos proalemanes de la corte y los sentimientos anglo-franceses de la burguesía (y del Partido Socialista de Pablo Iglesias). Pero los incrementos de precios habían resultado devastadores para los niveles de vida de sus trabajadores industriales y agrícolas. En el verano de 1917 había habido una extensa pero infructuosa huelga general, y durante 1918 fue creciendo una nueva ola de disturbios.

La década de 1918-1920 fueron conocidos como el Trienio Bolchevique en el sur de España, donde sus enormes haciendas eran labradas por jornaleros empleados estacionalmente. Favorecida por las noticias de que en Rusia los bolcheviques estaban repartiendo las fincas entre los campesinos más pobres, se levantó una «creciente ola de actividad organizativa, huelgas, enfrentamientos y mítines»[95]. «Aquí, como en todas partes», escribió el novelista estadounidense Dos Passos, «Rusia ha sido el faro»[96]. Tres grandes huelgas se produjeron en la zona, con jornaleros que ocupaban las tierras, incendiaban las casas de los terratenientes absentistas y en ocasiones prendían fuego a los campos. En algunos pueblos se proclamaron «repúblicas soviéticas», y para frenar el movimiento fue necesario enviar a 20.000 soldados[97]. La agitación

---

[93] Pueden verse detalles en E. H. Carr, *op. cit.,* vol. 3, p. 134 [ed. cast. cit.: p. 140].

[94] Citado en E. Wigham, *Strikes and the Government 1893-1981,* Londres, 1982, p. 53.

[95] G. H. Meaker, *The Revolutionary Left in Spain 1914-1923,* Stanford, 1974, p. 134 [ed. cast.: *La izquierda revolucionaria en España, 1914-1923,* Barcelona, Ariel, 1978, p. 185].

[96] Citado en *ibid.,* p. 141 [ed. cast. cit.: p. 194].

[97] *Ibid.,* p. 142 [ed. cast. cit.: p. 194].

no se limitó al sur. En Valencia, durante una semana de huelga, los trabajadores cambiaron los nombres de las calles por los de «Lenin», «Los sóviets» o «La Revolución de Octubre», y en Madrid grandes disturbios provocados por la escasez de pan se saldaron con el saqueo de 200 tiendas[98]. Las luchas más graves se produjeron en Cataluña en 1919. Los huelguistas ocuparon la planta de La Canadiense, que suministraba la mayor parte de la energía eléctrica de Barcelona, con lo cual el transporte público quedó paralizado y la ciudad sumida en la oscuridad. Un 70 por 100 de las plantas textiles de la ciudad fueron a la huelga, como hicieron los trabajadores del gas y el agua, mientras que el sindicato de impresores ejerció una «censura roja». El gobierno impuso el estado de excepción y encarceló a 3.000 huelguistas. Pero esto no impidió lo que pareció una capitulación de los patronos. Se produjo un breve retorno al trabajo hasta que el gobierno provocó una nueva huelga al negarse a liberar a algunos huelguistas encarcelados. Llevó a la ciudad tropas pertrechadas con ametralladoras, armó a 8.000 voluntarios burgueses, clausuró los sindicatos y en el plazo de dos semanas acabó con una huelga general. El respaldo al movimiento obrero en Cataluña acabó viniéndose abajo cuando pistoleros a sueldo de los patronos abatieron a tiros a los activistas sindicales. Miembros de la anarquista CNT, como García Oliver, Francisco Ascaso y Buenaventura Durruti, se vengaron asesinando a miembros de la clase dirigente. Sus actividades no sirvieron sino para fragmentar aún más las fuerzas obreras. Pero, en el seno de la clase obrera catalana, echó raíces un profundo odio de clase que en los siguientes 17 años iba a explotar a intervalos[99].

La creciente marea de la lucha obrera en 1919 no se limitó a Europa. En los Estados Unidos se produjo el mayor intento de sindicalizar sus industrias no sindicalizadas, con una dura huelga de 250.000 trabajadores del acero. Australia sufrió «la serie de huelgas más costosa jamás conocida [...] en 1919, unos 6,3 millones de días se perdieron en disputas industriales»[100]. Una huel-

---

[98] G. H. Meaker, *op. cit.,* p. 143 [ed. cast. cit.: pp. 195-196].

[99] Para estudios sobre esta huelga, véase *ibid.,* pp. 158-161 y 165-168 [ed. cast. cit.: pp. 221-224 y 228-231], y G. Brenan, *The Spanish Labyrinth,* Cambridge, 1974, pp. 70-71 [ed. cast.: *El laberinto español,* Barcelona, Ruedo Ibérico, 1962, pp. 56-57]. Meaker ve el resultado de la huelga como una derrota de los trabajadores; Brenan, como «inconcluyente». P. Pagès, por contra, lo describe como un «resultado favorable» para los trabajadores. Véase su *Andreu Nin. Su evolución política,* Madrid, 1975.

[100] I. Turner, *Industrial Labour and Politics,* Londres, 1965, p. 194.

ga general en Winnipeg, Canadá, formó parte de una ola de agitación que recorrió todo el oeste de Canadá y la costa noroeste de los EEUU.

Los levantamientos revolucionarios en Europa occidental alcanzaron su cima en 1920, con decisivas luchas en Alemania e Italia.

La serie de guerras civiles regionales en Alemania produjo enormes bajas entre los trabajadores cuando estos pasaron de una perspectiva parlamentaria a una perspectiva revolucionaria: el cálculo habitual del número de muertos es de 20.000. Pero los tradicionales dirigentes del país seguían sin estar contentos, y muchos de ellos se sentían ahora lo bastante fuertes para prescindir de los socialdemócratas y asumir ellos mismos el poder. El 13 de marzo las tropas entraron en Berlín y declararon el derrocamiento del gobierno, al que sustituyeron por Kapp, un alto funcionario civil.

Los matones armados por los líderes socialdemócratas habían pasado de atacar a la izquierda a atacar a esos mismos líderes. Ese exceso produjo una fuerte reacción entre las filas de los trabajadores que habían aceptado pasadas excusas aducidas por los dirigentes socialdemócratas para colaborar con los generales. El jefe de la principal federación sindical, Legien, hizo un llamamiento a la huelga general al que respondieron trabajadores de toda Alemania.

Sin embargo, hubo zonas clave en las que la respuesta no se limitó a dejar de trabajar. La gente formó también nuevos consejos obreros, tomó las armas y atacó a las columnas de tropas de las que se sabía que simpatizaban con el golpe. En el Ruhr, miles de trabajadores, muchos de ellos con experiencia militar, formaron un Ejército Rojo que expulsó al ejército nacional, el *Reichswehr,* de la mayor región industrial del país. Al cabo de unos días, el golpe se vino abajo. Los ministros socialdemócratas regresaron a Berlín e hicieron unos cuantos gestos izquierdistas antes de volver a apoyar al *Reichswehr* cuando este utilizó sus sangrientos métodos habituales para restaurar el «orden» en el Ruhr[101].

En Italia, 1919 y 1920 fueron conocidos como «el bienio rojo». Los trabajadores iniciaron una ola de huelgas y engrosaron las filas del Partido Socialista, cuya afiliación ascendió de los 50.000 a los 200.000 miembros, así como de los sindicatos. Las oleadas de huelgas se sucedían una a otra. En el verano de 1919 se produjo una huelga general de tres días en solidaridad con la Rusia revolucionaria. En la primavera de 1920 los metalúrgicos de Turín llevaron a

---

[101] Todo el episodio lo cuenta estupendamente Erhard Lucas en *Märzrevolution 1920,* Fráncfort, 1974. Para un resumen de los acontecimientos, véase mi *The Lost Revolution,* cap. 9.

cabo una dura pero infructuosa huelga con el objetivo de que los patronos reconocieran unos consejos de fábrica… considerados por revolucionarios del entorno del periódico *Ordine Nuovo,* de Antonio Gramsci, como primicias de los sóviets.

La agitación alcanzó un clímax en agosto. En Milán los trabajadores mecánicos reaccionaron a un cierre patronal ocupando las fábricas. Al cabo de cuatro días, el movimiento se había extendido a toda la industria metalúrgica del país, con una participación de 400.000 trabajadores: «Dondequiera que hubiera una fábrica, un astillero, una forja, una fundición en las que trabajaran *metallos,* se producía una nueva ocupación»[102]. Se calcula en 100.000 el número de trabajadores de otras industrias que siguieron el ejemplo de los metalúrgicos. La gente dejó de considerar esto como una simple lucha económica. En los talleres comenzaron a fabricarse armas y a almacenarlas. La producción no se interrumpió porque se creía que se estaba inaugurando una nueva sociedad basada en el control de los trabajadores: «Estos cientos de miles de trabajadores que, con o sin armas, trabajaban y dormían y hacían guardia en las fábricas consideraban que los extraordinarios días que estaban viviendo eran "la revolución en acción"»[103].

El gobierno quedó paralizado. En el sur, los campesinos vueltos de la guerra habían comenzado a repartirse espontáneamente la tierra. En Ancona los soldados se habían amotinado para impedir que se les mandara a combatir en Albania. El primer ministro, Giolitti, temía que estallara una guerra civil que él no pudiera ganar. Le dijo al Senado:

> Para impedir las ocupaciones, tendría que poner una guarnición en cada una de […] las 600 fábricas de la industria metalúrgica […] 100 hombres en las pequeñas, varios miles en las grandes. Para ocupar las fábricas, tendría que emplear todas las fuerzas a mi disposición. ¿Y quién ejercería la vigilancia sobre los 500.000 trabajadores a las puertas de las fábricas? Habría sido la guerra civil[104].

En lugar de eso, actuó bajo la premisa de que los líderes sindicales de los trabajadores del metal aceptarían una solución pacífica de la disputa y que

---

[102] P. Spriano, *The Occupation of the Factories, Italy 1920,* Londres, 1975, p. 60.
[103] *Ibid.,* pp. 21-22.
[104] Citado en *ibid.,* p. 56.

los líderes del Partido Socialista no se opondrían a la decisión de los líderes sindicales. Esto dejaría a los patronos libertad para luchar otro día. Se demostró que su análisis era correcto. El Partido Socialista decidió formalmente que las ocupaciones eran responsabilidad de los líderes sindicales, y una convención especial de la principal federación sindical decidió entonces, por tres votos a dos, rechazar los llamamientos a la revolución y alcanzar un acuerdo con los patronos. El núcleo del movimiento, los metalúrgicos de las principales fábricas, se sintió desmoralizado y derrotado. Habían luchado por una revolución y todo lo que tenían era unas cuantas mejoras menores y temporales en los salarios y las condiciones.

¿Revolución en Occidente?

El Ejército Rojo del Ruhr y las ocupaciones de fábricas en Italia desmienten el argumento de que en Europa occidental nunca hubo ninguna posibilidad de revolución: de que todo era una fantasía en las mentes de los bolcheviques rusos. En la primavera y el verano de 1920 fueron muchos los trabajadores que, criados en una sociedad capitalista que daban por inmutable, se entregaron a una lucha que se convirtió en una revolucionaria visión socialista de cómo debía regirse la sociedad. En agosto de 1920, con el Ejército Rojo ruso aproximándose a Varsovia, el recuerdo de la derrota del «*putsch* de Kapp» en la memoria de todo trabajador alemán y con las fábricas italianas a punto de ser ocupadas, la revolución mundial no era ninguna fantasía.

No ocurrió, y los historiadores del socialismo llevan desde entonces discutiendo por qué la Revolución rusa no se repitió en otras partes. Algunas de las razones tienen, evidentemente, que ver con las diferencias objetivas entre Rusia y Occidente. En la mayoría de los países occidentales el capitalismo llevaba madurando un periodo de tiempo más largo que en Rusia y le era más factible el desarrollo de estructuras sociales que integraran en él al pueblo. En la mayoría de los países occidentales, a diferencia de Rusia, el campesinado o había recibido tierras (en el sur de Alemania o en Francia) o había sido destruido como clase (en Gran Bretaña) y, por consiguiente, no era una fuerza capaz de desafiar el antiguo orden. La mayoría de los estados occidentales eran también más eficaces que el desvencijado aparato estatal del zarismo, y por tanto habían conseguido sobrevivir mejor al trauma de la guerra.

Pero esos factores objetivos no pueden explicarlo todo. Como hemos visto, en Occidente fueron millones los trabajadores que emprendieron acciones y adoptaron actitudes revolucionarias, si bien esto ocurrió en el par de años siguientes a que ese mismo cambio se produjera en Rusia. Pero adoptar una actitud revolucionaria, o incluso comprometerse en la acción revolucionaria, no es lo mismo que hacer una revolución. Para esto último se necesita algo más que un deseo de cambio. Se necesita que una parte significativa de las personas quieran y sepan hacer realidad ese deseo: el querer y el saber que en las grandes revoluciones burguesas aportaron el Ejército Nuevo Modelo de Cromwell o los jacobinos de Robespierre. En los meses vitales de 1920, en Alemania e Italia esas partes significativas de la sociedad simplemente no existían.

Por lo general, los movimientos socialistas europeos habían crecido durante los años de relativa tranquilidad social entre 1871 y comienzos de la década de 1900. Habían contado con apoyos debido al descontento que producían las divisiones de la sociedad en clases, pero fueron sobre todo apoyos pasivos. Habían erigido todo un conjunto de instituciones –sindicatos, sociedades benéficas, cooperativas, clubes obreros– opuestas en principio a la sociedad vigente, pero que en la práctica coexistían con ella. La dirección de estas instituciones les proporcionaba un sustento seguro e incluso, en cuanto representantes electos, un cierto nivel de aceptación por parte de los miembros más liberales de la clase dirigente. De alguna manera, se hallaban en una posición análoga a la de los comerciantes y *burghers* de finales de la Edad Media, que combinaban el resentimiento hacia los señores feudales con una tendencia a remedar la conducta y las ideas de estos. Muchas de las clases bajas feudales habían tolerado esa conducta porque no eran capaces de imaginar alternativas a las jerarquías existentes. Esa es la misma razón de que en tantas ocasiones las bases del movimiento obrero se mostraran dispuestas a aguantar el comportamiento de sus líderes.

Las huelgas masivas de los años inmediatamente anteriores a la guerra habían dado nacimiento a corrientes combativas y revolucionarias que desafiaron estas actitudes, y la guerra había producido otras escisiones. Por lo general, hubo un solapamiento entre la hostilidad al reformismo dominante y la hostilidad a la guerra, aunque había reformistas, como Bernstein y Kurt Eisner, opuestos a la guerra. Al término de esta habían aflorado tres corrientes distintas.

En primer lugar, estaban los socialdemócratas belicistas, del tipo Ebert-Scheidemann-Noske, para los que el apoyo a la guerra formaba parte integral de su aceptación del capitalismo. En segundo lugar, estaban los revolucionarios, que se oponían a la guerra en cuanto la expresión más bárbara del capitalismo y consideraban que la revolución era la única forma de acabar con ella de una vez por todas. En tercer lugar, había un enorme grupo amorfo que se llegó a conocer como «el centro» o «los centristas», que en Alemania encarnaron los socialdemócratas independientes del USPD. La mayoría de sus líderes aceptaban la teoría y la práctica del socialismo de preguerra, y en lo esencial veían su futuro como parlamentarios o como sindicalistas en el seno del capitalismo.

Durante la guerra, los centristas abogaron por que los gobiernos existentes negociaran la paz, no por una agitación de masas que pudiera dificultar el esfuerzo de guerra. Tras la guerra, a veces emplearon la terminología izquierdista, pero siempre tuvieron buen cuidado en insistir en que los objetivos socialistas sólo podrían alcanzarse de una manera «ordenada». Un caso típico fue el intento del socialdemócrata independiente alemán Hilferding de articular propuestas constitucionales que combinaran los sóviets y el Parlamento. Una y otra vez presentaron planes para un compromiso pacífico que detuviera el recrudecimiento de la actividad obrera en beneficio del otro bando. Como el socialista revolucionario Eugen Leviné dijo al tribunal que lo condenó a muerte por liderar el sóviet bávaro, «los socialdemócratas están al comienzo, luego se largan y nos traicionan; los independientes muerden el anzuelo, se unen a nosotros y luego nos dejan en la estacada, y somos los comunistas los que vamos al paredón. Todos los comunistas somos cadáveres de permiso»[105].

Lo habitual fue que las organizaciones de centro crecieran muy rápidamente después de la guerra. Tenían líderes parlamentarios muy conocidos y muchos periódicos, y atrajeron a una enorme cantidad de trabajadores descontentos y combativos. En noviembre de 1918 el USPD multiplicaba por diez el número de miembros de la Liga Espartaquista de Rosa Luxemburgo.

El Partido Socialista Italiano era la misma clase de partido que el USPD alemán. Sus líderes tenían un enfoque esencialmente parlamentario de la política y, algunos al menos, sí deseaban una transformación de la sociedad. En él había personalidades abiertamente reformistas: la más famosa un líder parlamentario, Filippo Turati. El partido creció mucho conforme subió la marea de la lucha, pero tampoco consiguió proveer la clase de liderazgo que habría

---

[105] El texto completo de su intervención se encuentra en R. Leviné-Meyer, *op. cit.*

canalizado la ira y la combatividad de los trabajadores hacia un asalto revolucionario del Estado. El líder más famoso, Serrati, admitió ocho meses después de la ocupación de las fábricas: «Aunque todos hablaban de revolución, nadie estaba dispuesto a ella»[106]. Pietro Nenni, que durante 60 años seguiría siendo una figura dominante en el Partido Socialista, admitió: «El partido no era más que una gran máquina electoral, equipado solamente para la lucha [parlamentaria] que, en teoría, repudiaba»[107]. Angelo Tasca, un activista de Turín, recordaba: «El método de las organizaciones obreras y socialistas [...] era alternativamente aconsejar calma» a «las masas sobreexcitadas [...] y prometerles la revolución»[108]. «En Italia la vida política se convirtió en un largo mitin en el que el capital de la "inminente revolución" se despilfarró en una orgía de palabras»[109].

Los líderes de la Revolución rusa habían visto las insuficiencias del «centro» lo mismo que del ala derecha de los socialistas parlamentarios, y habían llamado a la formación en cada país de nuevos partidos comunistas afiliados a una nueva Internacional Comunista. Pero la represión y los trastornos provocados por los años de guerra hicieron que la primera conferencia de la Internacional no pudiera celebrarse hasta marzo de 1919, e incluso entonces con escasa representación no sólo europea, sino más aún del resto del mundo. El segundo congreso, en julio y agosto de 1920, constituyó la primera reunión auténticamente representativa.

Los partidos que enviaron delegaciones pusieron de manifiesto la fortaleza de los sentimientos revolucionarios entre los trabajadores europeos. Así lo hicieron los partidos socialistas oficiales de Italia, Francia y Noruega. Los Socialdemócratas Independientes de Alemania, la CNT de España, incluso el Partido Laborista Independiente de Gran Bretaña y el Partido Socialista de los EEUU estuvieron presentes. Uno de los principales mensajes del congreso –plasmado en las «21 condiciones» exigidas para afiliarse a la Internacional– fue que estos partidos sólo podrían convertirse en auténticamente revolucionarios si transformaban sus propias maneras de actuar y sus liderazgos. En particular, en sus filas se contaban miembros como Kautsky en Alemania, Turati en Italia y MacDonald en Gran Bretaña.

---

[106] Carta a Jacques Mesnil de abril de 1921, citada en P. Spriano, *op. cit.,* p. 132.

[107] Citado en P. Spriano, *op. cit.,* pp. 129-130.

[108] A. Rossi (pseudónimo de Tasca), *The Rise of Italian Fascism,* Londres, 1938, p. 68.

[109] *Ibid.,* p. 74.

Las condiciones provocaron enormes peleas, pues muchos de los líderes moderados se negaban a aceptarlas. Sólo tras algunas escisiones como consecuencia del asunto, la mayoría de los Socialdemócratas Independientes alemanes y el Partido Socialista Francés, junto con una minoría en Italia, votaron convertirse en partidos comunistas «de nuevo cuño».

Pero los movimientos en esta dirección llegaban demasiado tarde como para que afectaran a las grandes luchas libradas en Alemania e Italia el año 1920. En 1923 se desarrolló en Alemania una nueva crisis, con las tropas francesas ocupando el Ruhr, la inflación alcanzando niveles astronómicos, todo el país polarizado entre la izquierda y la derecha, los nazis de Hitler dando sus primeros coletazos y una exitosa huelga general contra el gobierno del conservador Cuno. Sin embargo, aun entonces la tradición parlamentaria conservadora del socialismo de preguerra siguió mostrando su control incluso sobre algunos de los revolucionarios más combativos. Los líderes comunistas formaron «gobiernos obreros» parlamentarios con los socialdemócratas en dos estados, Turingia y Sajonia, supuestamente con el fin de que sirvieran de trampolines para un levantamiento revolucionario; pero luego cancelaron esos planes, a pesar de que parece que contaban con el apoyo de la mayoría de la clase trabajadora[110].

Los socialistas reformistas que rechazaron la revolución lo hicieron en la creencia de que, una vez suprimida la amenaza revolucionaria, la vida continuaría como antes, con la expansión pacífica del capitalismo y la propagación de la democracia. Los acontecimientos en Italia pusieron de manifiesto lo equivocados que estaban.

El amargo precio: el primer fascismo

En la época de la ocupación de las fábricas en 1920, Mussolini era una figura conocida por todos en Italia, que se había hecho famosa como el elocuente redactor socialista que había roto con su partido para apoyar la guerra. Pero los seguidores políticos de su persona eran pocos, limitados a un grupo de otros exrevolucionarios convertidos al chovinismo nacional y unos cuantos excombatientes dispersos que creían que a Italia se le habían negado sus dere-

---

[110] Para un estudio de hasta qué punto era real la situación revolucionaria en 1923, véase mi *The Lost Revolution,* cit., cap. 13.

chos territoriales en Austria y en la costa yugoslava. En marzo de 1919 unas docenas de ellos habían creado el primer *fascio de combattimento* (unidad de combate fascista), pero en las elecciones de ese año les había ido muy mal y se sentían atascados, impotentes, al margen del enfrentamiento entre los trabajadores italianos, por un lado, y los patronos y el gobierno, por otro.

El fracaso en transformar la ocupación de las fábricas en una lucha revolucionaria cambió la suerte de Mussolini. Entre los trabajadores cundió la desmoralización cuando el crecimiento del desempleo neutralizó las ganancias materiales obtenidas durante el «bienio rojo». Los patronos seguían desesperados por darle al movimiento obrero una lección que no olvidara, y el «liberal» primer ministro Giolitti deseaba que alguien sirviera de contrapeso a la izquierda. Mussolini ofreció sus servicios. Sectores de los grandes empresarios y, en secreto, el gobierno de Giolitti lo proveyeron de fondos: el ministro de la Guerra envió una circular en la que notificaba a 60.000 oficiales desmovilizados que se les pagaría el 80 por 100 de sus honorarios como militares si se unían a los *fasci*[111]. Giolitti firmó un pacto electoral de «centro-derecha» que en, marzo de 1921, reportó a Mussolini 35 escaños parlamentarios. A cambio, los grupos armados de Mussolini comenzaron a atacar sistemáticamente centros locales de partidos de izquierdas y sindicatos, comenzando por el valle del Po, donde jornaleros y aparceros habían participado en duras huelgas contra los terratenientes.

Grupos de 50 o 60 fascistas llegaban a las aldeas y pequeños pueblos en camiones, quemaban los locales de la «Casa del pueblo» socialista, rompían piquetes, castigaban a los militantes con palizas o haciéndoles tragar aceite de ricino, y luego se marchaban con gran estruendo, a sabiendas de que la policía les daría tiempo de sobra para escapar. Los miembros de las organizaciones socialistas y sindicales, en general personas a las que sus trabajos no les permitían desplazarse y que se hallaban dispersas en aldeas muy distantes entre sí, pocas veces pudieron responder con la suficiente rapidez a tales ataques. Los fascistas podían sentirse absolutamente a salvo, sabedores como eran de que la policía siempre se las arreglaría para aparecer cuando ellos ya se hubieran ido, y daban muestras de «considerar el asesinato como un deporte»[112].

Los fascistas fueron de éxito en éxito. Para sus expediciones rurales movilizaban en las ciudades a «terratenientes, oficiales de las guarniciones, estu-

---

[111] Según A. Rossi, *op. cit.,* pp. 82, 99.
[112] *Ibid.,* pp. 126-127.

diantes universitarios, funcionarios, rentistas, profesionales y comerciantes»[113]. El número de cuadrillas fascistas creció de las 190 de octubre de 1920 hasta las 1.000 de febrero de 1921 y las 2.300 de noviembre de ese año[114].

Sin embargo, todavía no eran todopoderosos. El gobierno de Giolitti quería utilizar a los fascistas, no ser utilizado por estos, y seguía teniendo la capacidad de detener sus ataques. Cuando 11 soldados abrieron fuego en julio de 1921 contra un grupo de 500 fascistas en Sarzana, los fascistas huyeron[115]. En esta época los trabajadores comenzaron a formar sus propios grupos paramilitares, los *arditi del popolo,* dispuestos a plantar cara a los fascistas. Un líder fascista, Banchelli, admitió que las cuadrillas no sabían «cómo defenderse» cuando la gente se les enfrentaba[116]. En el seno del movimiento fascista se produjo una breve crisis cuando Mussolini renunció a su puesto en la ejecutiva fascista, aduciendo que estaba «deprimido»[117].

Lo rescató la actitud de los líderes del movimiento obrero. Los socialistas reformistas de Turati y la principal federación sindical (CGL) firmaron un tratado de paz con los fascistas. Los líderes supuestamente más izquierdistas del principal Partido Socialista (que por fin habían roto con Turati) simplemente permanecieron pasivos y denunciaron a los *arditi del popolo.* El líder comunista de la época, Amadeo Bordiga, se negó a ver diferencia alguna entre los fascistas y otros partidos burgueses, se mantuvo al margen de la lucha y denunció a los *arditi del popolo.*

Mussolini fue capaz de esperar hasta que los terratenientes y los grandes empresarios hubieron aplicado la suficiente presión sobre el gobierno para que este cambiara de actitud, y entonces rompió la tregua y reanudó los ataques a las organizaciones obreras cuando le convino. Ahora los ataques se produjeron no solamente en las aldeas y pueblos, sino contra los locales, los periódicos y los sindicatos de izquierdas en las grandes ciudades.

En 1922 los líderes oficiales del movimiento obrero acabaron por acceder a tratar de responder a los ataques. En julio, tras los ataques a sus locales en Rávena, entre todos los sindicatos formaron una «Alianza Obrera» y llamaron a una huelga general de tres días. Pero en una época de recesión econó-

---

[113] A. Rossi, *op. cit.,* p. 103.
[114] Cifras extraídas de *ibid.,* pp. 126-127.
[115] *Ibid.,* p. 148.
[116] Citado en *ibid.,* p. 145.
[117] *Ibid.,* p. 147.

mica, con altos niveles de desempleo, una huelga de tres días difícilmente iba a impedir que sectores de los grandes empresarios continuaran financiando a Mussolini; además, como no se acompañó de una movilización sistemática de grupos obreros para luchar contra los fascistas por el control de las calles, Mussolini siguió siendo tan poderoso como antes.

La desmoralización que produjo el fracaso de la huelga le permitió extender la zona bajo su control a ciudades como Milán, Ancona o Génova, a pesar de que la posibilidad de una resistencia exitosa quedó demostrada cuando en Parma los *arditi del popolo* hicieron batirse en retirada a los fascistas[118]. En octubre de 1922 Mussolini era lo bastante poderoso para revolverse contra Giolitti y los liberales burgueses. Cuando estos le ofrecieron un puesto en su gobierno, él declaró que sus fascistas marcharían sobre Roma si el gobierno no era puesto bajo su control. Esta era una mera bravata por su parte: si el Estado hubiera deseado detenerlo, podría haberlo hecho bastante fácilmente. Pero los generales y los grandes empresarios no quisieron detenerlo. El rey lo nombró primer ministro y, lejos de marchar sobre Roma, Mussolini llegó allí en tren desde Milán.

La burguesía italiana puso de manifiesto que para ella la conservación de los privilegios y los beneficios era más importante que los principios democráticos cuando el Partido Liberal ayudó a dar a Mussolini una mayoría parlamentaria y aceptó algunas carteras ministeriales en su primer gobierno.

No era solamente la burguesía la que creía que Mussolini traería «orden» y estabilidad al país. Como cuenta una historia del fascismo italiano:

> Con excepción de los comunistas y de casi todos los socialistas, todo el Parlamento, incluidos los demócratas antifascistas y los socialistas de la CGL, recibieron el gobierno de Mussolini con un gesto de alivio, como el final de una pesadilla. La guerra civil, decía la gente, se había acabado; por fin el fascismo, esa era la esperanza, se comportaría legalmente[119].

En realidad, la pesadilla no había hecho más que empezar. Con Mussolini en el gobierno, la policía y los fascistas ahora actuaban de manera concertada.

---

[118] A. Rossi, *op. cit.,* pp. 229-231.

[119] G. Carocci, *Italian Fascism,* Harmondsworth, 1975, p. 27 [ed. cast.: *Historia del fascismo,* México, UTEHA, 1961, p. 14].

Juntos consiguieron desmantelar sistemáticamente las organizaciones de la clase trabajadora, con lo cual dejaron a los políticos e intelectuales liberales sin ningún contrapeso a la amenaza de la violencia fascista. Durante un tiempo, los símbolos de la democracia permanecieron intactos, con incluso los diputados socialistas y comunistas gozando de libertad para expresar sus opiniones en el Parlamento, aunque no fuera de este. Pero el poder real ahora estaba en manos de Mussolini, no de las instituciones constitucionales.

Esto se puso dramáticamente de manifiesto en 1924. Los secuaces de Mussolini asesinaron a uno de los principales parlamentarios socialistas reformistas, Matteotti. Los fascistas perdieron brevemente gran parte de su apoyo anterior y, según algunas opiniones, «en la semana siguiente al crimen se podría haber derrocado fácilmente al gobierno»[120]. Pero la oposición parlamentaria se limitó a abandonar la Cámara como protesta, para formar su propia asamblea disidente en la colina del Aventino. Si bien, no estando dispuesta a correr el riesgo de una sublevación social llamando a la acción de las masas contra el gobierno, a comienzos de 1925 volvieron a ocupar sus escaños en el Parlamento.

Ahora Mussolini sabía que saldría impune de cualquier atrocidad, y transformó Italia en un régimen totalitario con él mismo como todopoderoso *Duce* (caudillo). El éxito de Mussolini produjo admiración en las clases dirigentes de otras partes de Europa. El conservador británico Winston Churchill lo elogió con entusiasmo[121], y no tardaron en aparecer muchos imitadores de sus métodos. Entre ellos se contaba una figura ascendente entre los círculos nacionalistas antisemitas de Múnich: Adolf Hitler.

El amargo precio: las semillas del estalinismo

El fracaso en extender la revolución dejó aislada a Rusia, que tuvo que sufrir no solamente un bloqueo material, sino todos los horrores de una invasión extranjera llevada a cabo por unos 16 ejércitos, la guerra civil, la devastación, las enfermedades y el hambre. La producción industrial se hundió hasta llegar al 18 por 100 de las cifras de 1916, y los pequeños restos de la clase trabajadora que quedaban en las ciudades sólo podían alimentarse via-

---

[120] G. Carocci, *op. cit.,* p. 32 [ed. cast. cit.: pp. 20-21].
[121] Véase A. D. Harvey, *Collision of Empire,* Phoenix, 1994, p. 511.

jando al campo para hacer trueques individuales con los campesinos. Mientras el tifus se extendía e incluso aparecía el canibalismo, los bolcheviques fueron incrementando su poder en un sistema de partidos, más que de representantes directos de una clase obrera virtualmente inexistente. Que sobrevivieran dice mucho del coraje revolucionario y la resistencia de los trabajadores que seguían constituyendo el grueso del partido. Pero eso no impidió que tuvieran que pagar un precio político por la supervivencia.

Esto se puso crudamente de manifiesto en marzo de 1921, cuando en Kronstadt, la fortaleza naval anexa a Petrogrado (San Petersburgo), los marineros se sublevaron acusando al gobierno de los increíbles niveles que había alcanzado la pobreza. Kronstadt había sido uno de los grandes centros de la fuerza bolchevique en 1917, pero su composición había cambiado cuando los antiguos militantes marcharon a luchar en el Ejército Rojo y fueron reemplazados por hombres traídos del campo. El levantamiento no fue capaz de presentar programa alguno para la superación de la pobreza, pues esta no era una crisis capitalista provocada por la existencia de riqueza junto a la pobreza, sino más bien el producto de un empobrecimiento de todo el país como consecuencia de la guerra civil, la invasión extranjera y el bloqueo. No había una clase que viviera en la opulencia y otra que se estuviera muriendo de hambre, sino simplemente diferentes grados de hambre. Los generales del anterior régimen, definitivamente derrotados en la guerra civil sólo unos meses antes, estaban esperando cualquier oportunidad de regresar, y unos cuantos de ellos acabaron por establecer relaciones amistosas con algunos de los rebeldes de Kronstadt. El tiempo no corría a favor del gobierno revolucionario. El hielo que rodeaba a la fortaleza se estaba derritiendo y pronto resultaría difícil recapturarla[122]. Todos estos factores dejaban a los bolcheviques pocas opciones más que sofocar el levantamiento: un hecho reconocido por la «Oposición Obrera» surgida en el seno del Partido Bolchevique, los primeros en cruzar el hielo para atacar a los marineros. Sin embargo, Kronstadt era un signo de la horrible situación a que el aislamiento y la intervención extranjera habían reducido a la revolución. Esta sólo podría sobrevivir por métodos que debían más al jacobinismo que al bolchevismo de 1917.

Estos métodos afectaron necesariamente a los miembros del Partido Bolchevique. Los años de guerra civil inculcaron en muchos de ellos un talante

---

[122] El mejor relato de estos acontecimientos se encuentra en P. Avrich, *Kronstadt 1921,* New Jersey, 1991 [ed. cast.: *Kronstadt 1921,* Buenos Aires, Proyección, 1973].

autoritario que se compadecía mal con el discurso de la democracia de los trabajadores. Lenin así lo reconoció cuando, en el curso de los debates internos del partido en el invierno de 1920-1921, arguyó: «El nuestro es un Estado de los trabajadores con distorsiones burocráticas»[123]. Describió asimismo el aparato del Estado como «un préstamo del zarismo que el mundo soviético apenas había tocado […] un mecanismo burgués y zarista»[124]. Esto estaba afectando a la actitud de muchos miembros del partido: «Fijémonos en Moscú. Esta masa de burócratas: ¿quién está liderando a quién? ¿Los 4.700 responsables comunistas a la masa de burócratas, o al revés?»[125].

El tercer congreso de la Internacional Comunista se celebró en Moscú en el verano de 1921. Fue el primero en el que se juntaron delegados más o menos totalmente revolucionarios. Muchos de ellos estaban en estado de éxtasis por hallarse en la patria de la revolución. Pero aunque el lenguaje de la revolución sobrevivía y eran muchos los bolcheviques que seguían comprometidos con sus ideales, el partido en su conjunto no pudo permanecer inmune a los efectos del aislamiento, el autoritarismo y la dependencia de la antigua burocracia. En 1851 Marx había escrito que «los seres humanos hacen la historia», pero «no en las condiciones elegidas por ellos». Estas condiciones, a su vez, transforman a los seres humanos mismos. Bajo la presión de los acontecimientos, el bolchevismo se estaba convirtiendo lentamente en algo distinto a sí mismo, incluso cuando la Internacional Comunista cristalizó en una organización cohesionada. Ese algo iba a llamarse estalinismo, a pesar de que Iósif Stalin no ejerció el poder real hasta 1923 o 1924, y el poder absoluto sólo lo alcanzó en 1928-1929.

---

[123] Lenin, *Collected Works,* vol. 32, cit., p. 24 [ed. cast.: *Obras completas,* cit., vol. XXXIV, p. 292].

[124] Citado en M. Schachtman, *The Struggle of the New Course,* Nueva York, 1943, p. 150.

[125] Lenin al 11.º Congreso del PCR(B) en V. I. Lenin, *Collected Works,* vol. 33, cit., p. 288 [ed. cast.: *Obras completas,* cit., vol. XXXVI, p. 257].

IV

Revuelta
en el mundo colonial

A comienzos del siglo XX, el mundo estaba dominado por un puñado de clases dirigentes. La ancha corriente de la historia humana fluía a través de un estrecho canal diseñado por unos cuantos países europeos. La guerra misma era la expresión suprema de esto: una guerra mundial que esencialmente era consecuencia de las ambiciones imperiales de los gobernantes de Gran Bretaña, Alemania y Francia.

Pero, al final de la guerra, en todo el mundo colonial se sucedían las revueltas que amenazaban el dominio de estos gobernantes: a un levantamiento armado en Dublín el año 1916 siguió en 1918-1921 una guerra de guerrillas en toda Irlanda; en la India se produjo un recrudecimiento de las manifestaciones y las huelgas contra el gobierno británico; se dio una casi revolución contra la ocupación británica de Egipto; y la agitación nacionalista en China comenzó con protestas estudiantiles en 1919 y culminó en la guerra civil de 1926-1927.

La resistencia a la dominación occidental se remontaba a antes de la guerra. La colonización de África sólo había sido posible mediante una serie de guerras sumamente cruentas; el gobierno británico en la India había sido sacudido por la gran revuelta de 1857; y una ola de ataques a intereses y prácticas occidentales, conocida en Occidente como la «Rebelión de los Bóxers», había recorrido China en el cambio de siglo.

Sin embargo, como es habitual, esa resistencia implicaba, en primer lugar, intentos de reinstituir la clase de sociedades que habían sucumbido a la conquista extranjera.

Pero con la llegada del siglo XX surgieron nuevas corrientes de resistencia que intentaron aprender de los métodos del capitalismo occidental y emularlos, a pesar de que los aplicaban a temas tradicionales. Su centro lo ocupaban estudiantes, abogados, maestros y periodistas: grupos cuyos miembros habían estudiado en el idioma de los gobernantes coloniales, vestían a la manera europea y aceptaban los valores del capitalismo europeo, pero cuyas aspiraciones se veían continuamente bloqueadas por las políticas de los gobernantes coloniales. Había muchos de ellos en toda ciudad colonial, y sus manifestaciones y protestas podían apoderarse de unas calles a las que arrastraban a una cantidad mucho mayor de personas con actitudes más tradicionales.

En la India, con mucho la colonia más importante de Gran Bretaña, a mediados de la primera década del siglo XX se produjo una campaña de resistencia de ámbito nacional cuando las autoridades imperiales, como parte de su estrategia general de divide y vencerás, partieron la mayor provincia del subcontinente, Bengala, en una zona musulmana y una zona hindú. La campaña incluía un boicot de los productos británicos bajo la consigna «Swadeshi!» («país propio»), con piquetes, manifestaciones y fuertes choques con unas tropas mandadas por británicos. Unió a una organización hasta entonces moderada que se basaba en las clases medias de habla inglesa, el Congreso Nacional Indio, y a personas como B. G. Tilak, que combinaban la disposición a aceptar los métodos «terroristas» con el fomento de la hostilidad de los hindúes de la casta superior hacia los musulmanes sobre la base de que la «auténtica tradición india» era el hinduismo. Pero amplios sectores de las clases privilegiadas de la India seguían aferrados a la conexión británica. Cuando la guerra mundial estalló, Tilak y Mahatma Ghandi (que en 1915 regresó a la India desde Sudáfrica) dieron su apoyo al esfuerzo de guerra británico. Las autoridades encontraron bastantes reclutas para hacer crecer el ejército indio hasta alcanzar los dos millones de efectivos, y a muchos de ellos se los envió a la carnicería de Europa.

En China, un nuevo estado de ánimo llevó al desmoronamiento del Imperio manchú. Tanto las antiguas como las nuevas clases medias educadas en el extranjero perdieron la fe en un imperio que no pudo impedir que las potencias occidentales y Japón obtuvieran «concesiones» cada vez mayores e impusieran «tratados desiguales». En octubre de 1911, a una revuelta militar siguió la proclamación de una república con Sun Yat-sen, que acababa de volver del exilio, como presidente. Sun llevaba 20 años organizando diversas sociedades secretas comprometidas con la independencia nacional y la democracia liberal. Pero al cabo de un mes había perdido el control del poder y pasó la presidencia a uno de los antiguos generales imperiales, que se erigió en dictador y disolvió el Parlamento.

En la primera década del siglo, en Egipto se produjo una ola de nacionalismo antibritánico que las autoridades sofocaron prohibiendo periódicos, encarcelando a uno de los líderes y exiliando a los demás.

El levantamiento irlandés

Si la India era la colonia británica más grande, Irlanda era la más antigua, y a mediados del siglo XIX había sufrido tanto como cualquier parte de Asia o África. Fue aquí donde se produjo el primer levantamiento contra los imperios coloniales, el Lunes de Pascua de 1916.

Desde hacía más de un siglo, en Irlanda había dos tradiciones de oposición al gobierno británico. Una era el nacionalismo constitucional, que aspiraba a obligar a Gran Bretaña a conceder una autonomía limitada (el «autogobierno», o *Home Rule*) mediante la obtención de escaños en el Parlamento británico. La otra era el republicanismo, comprometido en la preparación de una rebelión armada a través de una organización clandestina, la Hermandad Republicana Irlandesa, cuyos miembros eran conocidos como los «fenianos».

Antes de la guerra, ninguno de los dos métodos había conseguido nada. Todas las diversas conspiraciones y revueltas de los fenianos habían sido fácilmente abortadas por el Estado británico, y sus líderes encarcelados. Los nacionalistas constitucionales no habían tenido más éxito. En la década de 1880, habían obtenido para el «autogobierno» el respaldo nominal del ala liberal de la clase dirigente británica. Pero esta incumplió sus promesas incluso en 1912-1914, después de que la Cámara de los Comunes británica hubiera aprobado una Ley de Autogobierno. En lugar de eso, contemporizó con la oposición conservadora, que hablaba de una amenaza a la «Constitución» británica, con los Leales Orangistas, que se oponían al autogobierno e importaban abiertamente armas de Alemania, y con altos oficiales del ejército, que en el «Motín de Curragh» dejaron claro que no aplicarían la ley de autogobierno. Sin embargo, cuando la guerra estalló en 1914 los nacionalistas constitucionales se apresuraron a prestar su apoyo al esfuerzo de guerra británico y contribuyeron a convencer a miles de irlandeses para que se alistaran como voluntarios en el ejército británico.

Luego, durante la Pascua de 1916, unos 800 rebeldes armados tomaron el control de edificios públicos en el centro de Dublín, el más importante de ellos la oficina central de Correos. La mayoría de los participantes eran republicanos, liderados por el poeta y maestro de escuela Pádraig Pearse. Pero junto a ellos combatieron unos cuantos miembros de una milicia armada, el Ejército Ciudadano Irlandés. Este había sido formado, tras los nueve meses que duró el Cierre Patronal de Dublín, por James Connolly, fundador del socialismo irlandés y antiguo organizador de los Trabajadores Industriales del Mundo en los EEUU.

La organización del levantamiento fue horrible. El jefe de uno de los grupos participantes contraordenó la movilización, con lo cual el número de participantes se redujo en dos tercios, y los intentos de desembarcar armas alemanas fueron abortados por fuerzas británicas. Pero, sobre todo, la población de Dublín reaccionó al levantamiento con indiferencia. Esto llevó a un revolucionario polaco en el exilio, Karl Radek, a describir todo el asunto como un golpe abortado. Por contra, Lenin, también todavía en el exilio, insistió en que representaba el inicio de una serie de levantamientos contra el poder colonial que haría estremecer a las potencias europeas.

Desde luego, el levantamiento sí logró que el gobierno británico en Irlanda se estremeciera. Las medidas tomadas por una nerviosa clase dirigente británica para sofocar el levantamiento –el bombardeo del centro de Dublín por buques de guerra y la ejecución de sus líderes después de que estos hubieran izado la bandera blanca– creó contra el gobierno británico una animosidad creciente. Esta se ahondó en 1918, cuando el gobierno británico preparó la introducción del servicio militar obligatorio en Irlanda. Los candidatos del Sinn Féin, comprometidos con el boicot al Parlamento británico, barrieron en las elecciones generales de finales de 1918, en las que los probritánicos candidatos unionistas perdieron incluso la mitad de los escaños en la provincia del Ulster, al norte. Los representantes del Sinn Féin se reunieron en Dublín para proclamarse a sí mismos el nuevo *Dáil* (Parlamento) de una república irlandesa, con uno de los líderes de 1916, Éamon de Valera, como presidente. Mientras tanto, los rebeldes armados se reagruparon en una fuerza guerrillera, el Ejército Republicano Irlandés o IRA, liderado por el antiguo oficinista Michael Collins, y prometieron su lealtad al *Dáil*. Juntos trabajaron por hacer ingobernable Irlanda mediante el boicot a los tribunales y los recaudadores de impuestos británicos, la acción armada y las huelgas contra los movimientos de tropas británicas.

Los británicos reaccionaron con toda la ferocidad característica de los 300 años que llevaban construyendo su imperio, encarcelaron a líderes irlandeses electos, ahorcaron a presuntos rebeldes, emplearon bandas de matones para asesinar a sospechosos de republicanismo, dispararon sus ametralladoras contra una hinchada de fútbol e instauraron una fuerza de mercenarios, los *Black and Tans* («Negro y Caqui»), que cometieron atrocidades contra los civiles, entre ellas la quema del centro de Cork. La violencia no sirvió de nada, excepto en el noreste, donde turbas de protestantes sectarios armadas por los británicos fueron a buscar a los católicos a sus lugares de trabajo y a sus casas, y acabaron por someter a la población nacionalista mediante el terror.

Las explicaciones de las reuniones del gabinete británico[126] muestran a una clase dirigente sin una idea clara de qué hacer. La cuestión irlandesa era incómoda en el plano de las relaciones internacionales, pues resultaba popular entre los políticos de los EEUU que trataban de socavar el Imperio británico. Causó enormes problemas políticos en Gran Bretaña, donde una considerable porción de la clase trabajadora era de origen o ascendencia irlandesa. Incluso creó problemas en otras partes del imperio cuando los soldados del regimiento británico de los Rangers de Connaught se amotinaron en la India. Sin embargo, la mayoría de los ministros del gabinete veían cualquier concesión al nacionalismo irlandés como una traición al imperio y un aliento a las revueltas coloniales en otras partes.

Finalmente, en 1921 el primer ministro británico, Lloyd George, dio con una salida. En las negociaciones con una delegación irlandesa liderada por Collins amenazó con una atroz política de tierra quemada a menos que los irlandeses accedieran a renunciar a los Seis Condados del noreste, que seguirían bajo control británico, a proporcionar a Gran Bretaña bases en ciertos puertos irlandeses y a cumplir un juramento de lealtad a la Corona británica. Bajo la presión de sectores de la clase media que temían lo que una guerra total supondría para sus propiedades, Collins aceptó el compromiso y obtuvo una estrecha mayoría en el *Dáil*. De Valera lo rechazó, lo mismo que la mayoría del IRA, que lo consideró una traición. La guerra civil estalló entre los dos grupos cuando Collins cedió a la presión británica, aceptó armas británicas y expulsó a los miembros del IRA de los edificios que controlaban en Dublín.

---

[126] Véanse, por ejemplo, los diarios de Tom Jones, que fue secretario del gabinete, en T. Jones, *Whitehall Diaries, vol. III, Ireland 1918-25*, Londres, 1971.

En 1923, cuando por fin los republicanos depusieron sus armas, la estrategia de Lloyd había funcionado a la perfección.

En Irlanda había un gobierno independiente, si así se le puede llamar, pero gobernaba un país empobrecido, al que se le había amputado la zona industrial de Belfast y con pocas esperanzas de superar los devastadores efectos de cientos de años de colonialismo británico. Incluso cuando De Valera llegó al poder por vía electoral a comienzos de la década de 1930, nada fundamental cambió, salvo la desaparición de unos cuantos símbolos más del dominio británico. Durante medio siglo, la única forma de asegurarse un futuro que tuvieron la mayoría de los jóvenes fue la emigración a Gran Bretaña o a los EEUU. Para los que se quedaban, la vida consistía en la pobreza, por un lado, y el dominio del insulso catolicismo predicado por la Iglesia irlandesa, por otro.

Mientras tanto, hasta 1972 el norte de Irlanda fue gobernado por un Partido Unionista dominado por terratenientes e industriales que se servían del fanatismo orangista para poner a la mayoría protestante de obreros y campesinos contra la minoría católica. James Connolly, ejecutado tras el levantamiento de 1916, había pronosticado que el resultado de la partición sería «un carnaval de reacción a ambos lados de la frontera». Los acontecimientos le dieron la razón. El imperialismo británico había conseguido aprovechar los temores de las clases acomodadas de Irlanda y salir virtualmente indemne del primer gran desafío a su poder. Fue una lección que aplicaría en otras partes.

El movimiento nacional indio

Los movimientos nacionales de la India, China y Egipto se paralizaron al comienzo de la guerra. Pero al final de esta habían crecido y se habían intensificado. La guerra incrementó el contacto directo con el capitalismo moderno de millones de asiáticos y norteafricanos. Hubo soldados indios luchando en el Frente Occidental, en Mesopotamia y en Galípoli. Cientos de miles de chinos, vietnamitas y egipcios realizaron en varios frentes funciones de apoyo como braceros. La guerra también estimuló las industrias locales, pues las hostilidades recortaron el flujo de las importaciones y crearon enormes mercados nuevos de suministros militares.

Las nuevas industrias comportaron el comienzo del mismo cambio en las estructuras clasistas que se habían producido con la Revolución industrial en Europa: la transformación de antiguos campesinos, artesanos y trabajadores temporeros en una clase obrera moderna. Esta clase seguía siendo una proporción muy pequeña de la población laboral total: menos del 0,5 por 100 en el caso de China. Pero en términos absolutos era bastante considerable: en la India había alrededor de 2,6 millones de obreros[127], y en China más o menos 1,5 millones[128]. Se concentraban en ciudades de gran importancia para las comunicaciones y la administración, como Bombay, Cantón y Shanghái, donde la clase trabajadora ya equivalía a un quinto de la población y, según Chesneaux en su historia del movimiento obrero chino, «consiguió tener mucho más peso del que le otorgaría su tamaño real en relación con la población total»[129].

Para los estudiantes, intelectuales y clases medias profesionales, ahora había dos aliados potenciales en cualquier desafío a las potencias imperiales y sus colaboradores locales. Estaban los capitalistas indígenas, que querían un Estado que defendiera sus propios intereses contra los extranjeros, y estaban los trabajadores, que tenían sus propios agravios contra la política, los gestores y supervisores extranjeros.

Estos cambios ocurrían al mismo tiempo que la guerra aumentaba la carga sobre la mayoría de la población, para la que la vida era una lucha continua contra el hambre y la enfermedad. Los impuestos y créditos de guerra supusieron que, para engrosar las finanzas imperiales, salieran de la India 100 millones de libras esterlinas… pagadas con impuestos y aumentos de precios que afectaron por igual a los trabajadores y a los campesinos más pobres[130].

El descontento acumulado en la India se expresó en una ola de agitación en todo el subcontinente durante 1918-1920. Una huelga textil en Bombay se propagó hasta alcanzar los 125.000 trabajadores. En Bombay, Madrás y Bengala hubo motines por causa de la comida, y en Calcuta protestas violentas de los deudores contra los prestamistas. Las manifestaciones masivas, las huelgas y los desórdenes se propagaron por muchas partes de la India[131]. Un tal general Dyer ordenó a sus tropas abrir fuego contra miles de manifestantes en

---

[127] Cifras de 1921, extraídas de las estadísticas oficiales en R. Palme Dutt, *Guide to the Problem of India,* Londres, 1942, p. 59.

[128] J. Chesneaux, *The Chinese Labor Movement 1919-27,* Stanford, 1968, p. 42.

[129] *Ibid.,* p. 47.

[130] Véase B. Stein, *A History of India,* Londres, 1998, p. 227.

[131] Esta descripción procede de R. Palme Dutt, *op. cit.,* p. 112; descripciones similares se encuentran en B. Stein, *op. cit.,* p. 304, y M. J. Akbar, *Nehru,* Londres, 1989, pp. 116-118.

una plaza cerrada, la Jallianwala Bagh de Amritsar, con un saldo de 379 muertos y 1.200 heridos. La masacre provocó más manifestaciones, y ataques contra edificios gubernamentales y líneas de telégrafo. Durante el primer semestre de 1920 hubo más de 200 huelgas, en las cuales participaron 1,5 millones de trabajadores. Un documento del gobierno señaló:

> [...] confraternización sin precedentes entre hindúes y musulmanes. [...] Incluso las clases más bajas accedieron al olvido de sus diferencias. Se produjeron escenas extraordinarias de confraternización. Los hindúes aceptaron públicamente agua de las manos de musulmanes, y viceversa[132].

Sin embargo, la misma combatividad de las protestas preocupó a los líderes del movimiento nacionalista, cuya figura más influyente era Mahatma Gandhi. Este, hijo de un ministro del gobierno en un pequeño Estado principesco, había estudiado Derecho en Londres. Pero se dio cuenta de que vestir ropas campesinas y poner el acento en temas religiosos hindúes le permitía salvar la brecha lingüística y cultural entre las clases profesionales de habla inglesa y la gran masa de indios en las aldeas: algo que el joven Jawarharlal Nehru, educado en Harrow y con escasa comprensión del hindi, no podía hacer. Al mismo tiempo, Gandhi estaba próximo a un grupo de capitalistas indios que esperaban que el Congreso Nacional Indio atendiera su demanda de mercados protegidos.

Mantener tal coalición de diferentes intereses implicaba poner freno a una agitación que podía desbordarse hasta convertir el conflicto con los capitalistas británicos en un conflicto con los capitalistas indios. La respuesta de Gandhi consistió en hacer hincapié en la no cooperación pacífica y disciplinada con las autoridades. El hombre que sólo cuatro años antes había abogado por el apoyo del imperialismo británico en su guerra con Alemania hacía ahora de la no violencia (ahimsa) una cuestión de principio. E incluso a esta no cooperación pacífica se le impusieron estrechos límites, a fin de que no se convirtiera en una lucha de clases. Gandhi se negó a llamar a que no se pagaran los impuestos generales, pues ello llevaría a que los campesinos no pagaran rentas a los zamindars.

Pero un movimiento como el que barrió la India en 1918-1921 no podía ser disciplinado, como Gandhi quería. El nivel de represión impuesto por la

---

[132] *India in 1919,* citado en R. Palme Dutt, *op. cit.,* p. 113.

policía y los militares británicos por un lado, y el nivel de resentimiento entre la masa de los campesinos, los obreros y los pobres urbanos, por otro, hicieron que la protesta pacífica se fuera progresivamente convirtiendo en un enfrentamiento violento… como sucedió en Ahmedabad, Viramgam, Kheda, Amritsar y Bombay. En febrero de 1922 le tocó el turno a Chauri Chaura, una aldea en Bihar. La policía abrió fuego tras algunas escaramuzas con una manifestación, la gente respondió incendiando una comisaría de policía en la que murieron 22 agentes, y se mató a 172 campesinos como represalia[133]. Sin consultar con ningún otro de los líderes del Congreso, Gandhi desconvocó todo el movimiento de protesta y dio a las autoridades británicas el respiro que desesperadamente necesitaban. El gobernador de Bombay, lord Lloyd, admitió más tarde que la campaña «nos dio un susto» y «estuvo a punto de triunfar»[134]. Ahora tenían las manos libres para reprimir el movimiento y arrestar a Gandhi. El movimiento se retrasó en diez años. Peor aún, las divisiones religiosas pasaron a ocupar el primer plano, ahora que a cada grupo se le dejaba arreglárselas solo frente al poder británico. A mediados y finales de la década de 1920, en todo el subcontinente se produjeron choques encarnizados entre grupos hindúes y musulmanes.

La primera revolución china

Aún mayor que en la India fue el recrudecimiento del movimiento nacional en China, donde la recientemente formada clase trabajadora industrial desempeñaba un papel mayor… y, al final, sufrió una derrota mayor.

El 4 de mayo de 1919 llegó a China la noticia de que las potencias victoriosas reunidas en Versalles habían concedido a Japón las antiguas concesiones de Alemania en el país, a pesar del «derecho de las naciones a la autodeterminación» prometido por el presidente Woodrow Wilson. Intereses japoneses, británicos y franceses ya controlaban los ferrocarriles, los puertos, los ríos y vías fluviales, y tuvieron una primera participación en los ingresos fiscales y aduaneros, mientras que la policía y los soldados de las potencias extranjeras mantenían el «orden» en las zonas de «concesión» clave en las ciudades

---

[133] Para diferentes explicaciones de este incidente, véanse B. Stein, *op. cit.*, p. 309, y M. J. Akbar, *op. cit.*, p. 152.

[134] Citado en M. J. Akbar, *op. cit.*, p. 154.

más importantes. Fueron famosos los carteles que en un parque de Shanghái proclamaban: «Prohibidos los perros y los chinos». Mientras tanto, respaldados por las diferentes potencias, generales chinos rivales, actuando como señores de la guerra, se repartieron el resto del país. Muchos miembros de la *intelligentsia* habían puesto su fe en que el liberalismo de los EEUU pondría fin a este estado de cosas. Ahora se sentían abandonados.

Las manifestaciones estudiantiles catalizaron los sentimientos de millones de personas. Aprobaron resoluciones, acudieron a mítines y manifestaciones, boicotearon los productos japoneses y respaldaron una huelga general liderada por los estudiantes en Shanghái. Los estudiantes, las clases medias profesionales y crecientes cantidades de obreros industriales estaban convencidos de que había que hacer algo para acabar con el reparto del país entre las potencias imperialistas y la decadencia económica del campo.

Entre grupos de estudiantes e intelectuales ya había un «movimiento de renovación nacional». Creían que en el pasado de China había habido momentos en los que habían surgido ideas parecidas a las de la Ilustración occidental pero que habían sido estranguladas por las fuerzas de la ortodoxia confuciana, y emprendieron la elaboración de estas tradiciones alternativas para, en palabras de una de sus principales figuras, Hu Shih, «infundir en las personas una nueva concepción de la vida que las liberara de los grilletes de la tradición y les hiciera sentirse cómodos en el nuevo mundo y su nueva civilización»[135]. Este estado de ánimo se propagó entre los cientos de miles de estudiantes y profesores en las instituciones educativas de «nuevo estilo» en China[136]. Recibieron cierto aliento de los capitalistas chinos y con frecuencia se identificaron con el Kuomintang de Sun Yat-sen. Pero, al mismo tiempo, la Revolución rusa estaba teniendo un formidable impacto sobre algunos intelectuales y estudiantes que comenzaron a preguntarse si el marxismo podía dar sentido a lo que estaba sucediendo en su país. El interés por el marxismo creció a medida que la naciente clase trabajadora de China participaba cada vez más en huelgas y boicots que aumentaron en intensidad, hasta «afectar a todas las regiones y todas las ramas de la industria»[137].

---

[135] Hu Shih, extraído de «The Chinese Renaissance», trad. ingl. en F. Schurmann y O. Schell (eds.), *Republican China,* Harmondsworth, 1977, p. 55 [ed. cast.: *China republicana,* México, Fondo de Cultura Económica, 1971, p. 84].

[136] Cifras dadas en J. Chesneaux, *op. cit.,* p. 11.

[137] *Ibid.,* p. 156.

En 1922, una serie de huelgas puso de manifiesto el potencial del nuevo movimiento. Una huelga de 2.000 marineros en Hong Kong se extendió, a pesar de la proclamación de la ley marcial, hasta convertirse en una huelga general en la que participaron 120.000 personas y que obligó a los patronos a capitular. No tuvo tanto éxito una huelga de 50.000 mineros en la KMAS, de propiedad británica, en el norte de China. La policía privada de la mina, marines británicos y ejércitos de señores de la guerra atacaron a los mineros y arrestaron a los líderes sindicales. No obstante, el apoyo prestado a la huelga por los trabajadores, intelectuales e incluso algunos grupos burgueses permitió a los huelguistas resistir lo suficiente para obtener un aumento salarial. La policía china acabó con la primera gran huelga de trabajadoras –20.000 empleadas de fábricas de devanado de la seda– y llevó a las líderes ante un tribunal militar. Los choques entre la policía británica y los trabajadores de fábricas de propiedad británica en Hankou culminaron con la muerte de 35 trabajadores ferroviarios en huelga por los tiros de señores de la guerra y con la ejecución del secretario de una delegación sindical que se negó a llamar a la vuelta al trabajo. Tales derrotas detuvieron el avance del movimiento obrero, pero no destruyeron el espíritu de resistencia. Más bien, llevaron a un fortalecimiento de la conciencia de clase y a una mayor determinación a lanzarse a la lucha cuando surgiese la oportunidad.

Esto ocurrió entre 1924 y 1927. Cantón, en el sur, se había convertido en el centro de los intelectuales nacionalistas. Sun Yat-sen había establecido allí un gobierno constitucional, pero su control del poder era precario y buscaba apoyos más amplios. Pidió a la Rusia soviética que le ayudara a reorganizar su partido, y abrió las puertas del Kuomintang a los miembros del recientemente formado Partido Comunista chino. El valor de este apoyo se puso de manifiesto cuando capitalistas locales conectados con intereses británicos intentaron emplear contra él su propia fuerza armada, los 100.000 efectivos de los Voluntarios Comerciantes. La Conferencia de Delegados Obreros liderada por los comunistas vino en su auxilio. Su Ejército de las Organizaciones Obreras contribuyó a quebrar el poder de los Voluntarios Comerciantes, mientras que los trabajadores de las imprentas impidieron que los periódicos les prestaran su apoyo.

El poder de la combinación de las protestas de los obreros y las demandas nacionales volvió a hacerse palmario más tarde, en 1925, en las afueras de Cantón. Una huelga general paralizó Shanghái después de que la policía disparara sobre una manifestación de apoyo a una huelga en las fábricas de algodón de propiedad japonesa. Durante un mes, piquetes sindicales armados con palos controlaron el movimiento de mercancías y retuvieron a algunos esquiroles como prisioneros, mientras que en más de otras 12 ciudades se producían huelgas y manifestaciones solidarias. Otra gran huelga paralizó Hong Kong durante 13 meses, lo cual provocó demandas nacionalistas (como la igualdad de tratamiento para chinos y europeos), así como demandas económicas. A decenas de miles de huelguistas de Hong Kong se les proporcionó comida y alojamiento en Cantón, donde

> las responsabilidades del comité de huelga fueron mucho más allá del campo normal de actividad de una organización sindical. [...] Durante el verano de 1925, el comité se convirtió, de hecho, en una especie de gobierno obrero [...] y el nombre que se le aplicó en la época [...] fue el de «Gobierno n.º 2». El comité tenía a su disposición una fuerza armada de varios miles de hombres[138].

La huelga contribuyó a crear una atmósfera en la que las fuerzas nacionalistas de Cantón comenzaron a sentirse lo bastante poderosas para marchar hacia el norte contra los señores de la guerra que controlaban el resto del país. La marcha, conocida como la «Expedición al Norte», se inició en los primeros días del verano de 1926. Bajo el mando del general Chiang Kai-shek, su núcleo organizativo lo constituía un grupo de oficiales del ejército procedentes de la academia de entrenamiento de Whampoa, dirigida por rusos. Los miembros del ejército de obreros creado con motivo de la huelga de Hong Kong se alistaron en él en masa.

La marcha al norte fue un triunfo en términos militares. Los ejércitos de los caudillos, solamente unidos por los beneficios mercenarios a corto plazo, no pudieron resistir el entusiasmo revolucionario. Los trabajadores de las ciudades controladas por los caudillos fueron a la huelga a medida que la Expedición al Norte se aproximaba. En Hubei y Hunan, los sindicatos se armaron y se convirtieron en «gobiernos obreros» en una medida mayor incluso que los de Cantón durante la huelga de Hong Kong[139]. En marzo de 1927 la expedición se hallaba cerca de Shanghái. Más de 600.000 trabajadores participaron en una huelga general, y un levantamiento de las milicias sindicalistas tomó el control de la ciudad antes de la llegada de Chiang Kai-

---

[138] J. Chesneaux, *op. cit.,* p. 293.
[139] *Ibid.,* p. 325.

shek[140]. El poder de la ciudad pasó a manos de un gobierno controlado por los líderes obreros, aunque incluía a miembros de la gran burguesía. Durante unos días pareció como si nada pudiera detener el avance del nacionalismo revolucionario que aspiraba a destruir el poder de los caudillos, acabar con el control de las potencias extranjeras y poner fin a la fragmentación, la corrupción y el empobrecimiento del país.

Pero estas esperanzas se vieron truncadas, lo mismo que las esperanzas similares en Irlanda y la India, y por razones similares. Las victorias de la Expedición al Norte dependían del ánimo revolucionario fomentado por su avance. Pero los oficiales del ejército procedían de un estrato social aterrado por ese ánimo. Eran hijos de familias de comerciantes y terratenientes que se beneficiaban de la explotación de los obreros y, más aún, de la miserable situación de los campesinos. Habían sido preparados para, en sus maniobras por alcanzar el poder, utilizar el movimiento obrero como trampolín y, como si fuera una pieza de ajedrez, estaban dispuestos a sacrificarlo. Chiang Kai-shek ya había tomado medidas enérgicas contra el movimiento obrero en Cantón deteniendo a un buen número de militantes comunistas y hostigando a los sindicatos[141]. Ahora se preparaba para tomar medidas mucho más drásticas en Shanghái: permitió que las victoriosas fuerzas insurreccionales le entregaran la ciudad y luego se reunió con acaudalados comerciantes y banqueros chinos, los representantes de las potencias extranjeras y las bandas criminales de la ciudad. Arregló las cosas para que las bandas de matones llevaran a cabo un ataque nocturno a las oficinas de los principales sindicatos de izquierdas. Los piquetes de obreros fueron desarmados y sus líderes arrestados. Se disparó sobre las manifestaciones con ametralladoras, y miles de activistas murieron en lo que fue un régimen de terror. Las organizaciones de la clase trabajadora, que sólo unos días antes habían controlado la ciudad, fueron destruidas[142].

---

[140] Para más detalles, véanse J. Chesneaux, *op. cit.,* pp. 356-361, y H. Isaacs, *The Tragedy of the Chinese Revolution,* Stanford, 1961, pp. 130-142. Esta sublevación constituye asimismo el telón de fondo de la novela de André Malraux *La condición humana,* lo mismo que la huelga de Hong Kong lo es de *Los conquistadores.*

[141] Para explicaciones de este golpe, véanse J. Chesneaux, *op. cit.,* pp. 311-313, y H. Isaacs, *op. cit.,* pp. 89-110.

[142] *La condición humana,* de André Malraux, transcurre sobre el trasfondo de estos acontecimientos; el protagonista acaba esperando a ser arrojado a un horno por las fuerzas de Chiang Kai-shek.

Chiang Kai-shek venció sobre la izquierda, pero sólo al precio de abandonar cualquier posibilidad de eliminar la dominación extranjera o el control de los caudillos. Sin el impulso revolucionario que caracterizó la marcha de Cantón a Shanghái, la única manera en que pudo establecerse como gobernante nominal de todo el país fue haciendo concesiones a los que se oponían a las aspiraciones nacionales chinas. Durante los siguientes 18 años, su gobierno se hizo muy impopular por su corrupción, el gansterismo y la incapacidad de hacer frente a los invasores extranjeros.

El episodio constituyó la prueba trágica de que los líderes nacionalistas de clase media traicionarían su propio movimiento si ese era el precio de mantener en su lugar a obreros y campesinos. Fue también un signo de otra cosa: un abandono de los principios revolucionarios por parte de quienes ahora gobernaban Rusia, pues habían aconsejado a los trabajadores chinos que confiaran en Chiang incluso después de las acciones contra estos que había llevado a cabo en Cantón.

En Egipto la experiencia de la revolución nacionalista fue, esencialmente, la misma que en China, la India e Irlanda. Tras el final de la guerra se produjo la misma ebullición masiva, y en 1919 una alianza *de facto* entre la clase media nacionalista y grupos de huelguistas en industrias como los tranvías y los ferrocarriles. Repetidos recrudecimientos de la lucha obligaron a una concesión limitada por parte de Gran Bretaña: un gobierno monárquico que dejaba las decisiones clave en manos británicas. Sin embargo, el principal partido nacionalista, el Wafd, volvió la espalda a las luchas obreras y formó un gobierno condicionado por este compromiso, que sin embargo los colaboradores británicos derrocaron porque no tenía fuerzas suficientes para defenderse a sí mismo.

La Revolución mexicana

Al otro lado del Atlántico, México había experimentado una insurrección similar cuando la guerra mundial estalló en Europa. Desde el final del dominio español en 1820, había gozado de independencia nominal. Pero una reducida elite de criollos, descendientes de los colonizadores, seguían dominando a la gran masa de indios y mestizos, y la presidencia de Porfirio Díaz, cada vez más dictatorial en los 33 años que duró, permitió el creciente dominio de la economía por parte del capital extranjero, mayoritariamente de los

EEUU. La tasa de crecimiento económico era lo bastante alta en los primeros años del siglo XX para hacer que algunos hablaran de un «milagro» mexicano[143], a pesar de las grandes cantidades de indios que fueron expulsados de sus tradicionales tierras comunales y del deterioro que los obreros (800.000 en 1910, de una mano de obra total de 5,2 millones[144]) sufrieron en sus niveles de vida[145]. En esos años, los capitalistas mexicanos prosperaron como socios subalternos, y a veces resentidos, de los extranjeros. Pero luego, en 1907, México fue víctima de la crisis financiera mundial, que acabó con sus sueños de ingresar en el club de los países avanzados.

Francisco Madero, hijo de una acaudalada familia propietaria de plantaciones, fábricas textiles y minas, consiguió el apoyo de la clase media a una campaña para hacer caer al dictador y catalizar el descontento de las masas. Estallaron revueltas armadas, lideradas en el norte del país por el antiguo cuatrero Francisco Villa, y en el sur por un pequeño agricultor, Emiliano Zapata. El dictador marchó al exilio y Madero fue elegido presidente.

Pero las demandas de división de las grandes fincas formuladas por el ejército campesino de Zapata disgustaron a muchos de los partidarios acaudalados de Madero –y al gobierno de los EEUU– más aún que la conducta del dictador derrocado. La consecuencia fue una larga y sangrienta serie de batallas. El ejército de Madero se enfrentó a los ejércitos campesinos del norte y del sur antes de que Madero fuera asesinado por su propio general, Huerta, con el consentimiento del embajador de los EEUU. Dos opulentos miembros de la clase media, Carranza y Obregón, formaron un ejército «constitucionalista» que defendiera el planteamiento de Madero. Zapata y Villa derrotaron a Huerta y ocuparon la ciudad de México.

Una célebre fotografía tomada en noviembre de 1914 muestra a Zapata y Villa juntos en el palacio presidencial. Este fue el punto álgido de la revolución, pero también su final. Los líderes de los ejércitos campesinos fueron incapaces de instaurar un poder nacional. No tenían programa alguno capaz de unir a obreros y campesinos en torno a un proyecto para revolucionar el país, aunque más tarde Zapata estuvo muy cerca de conseguirlo. Evacuaron

---

[143] Véanse los estudios sobre este periodo de R. E. Ruiz, *The Great Rebellion: Mexico 1905-24,* Nueva York, 1982, pp. 120-122, y A. Gilly, *The Mexican Revolution,* Londres, 1983, pp. 28-45.

[144] R. E. Ruiz, *The Great Rebellion,* cit., p. 58.

[145] Según A. Gilly, *The Mexican Revolution,* cit., p. 37; para cifras que sugieren una imagen similar, véase R. E. Ruiz, *The Great Rebellion,* cit., pp. 59, 63.

la capital para retirarse a sus bases locales en el norte y el sur, donde presentaron una ineficaz resistencia a generales constitucionalistas que se negaban a llevar a cabo una auténtica reforma agraria.

El resultado no fue la contrarrevolución inmediata, como ocurrió 12 años más tarde en China. Carranza y Obregón continuaron empleando el lenguaje de la revolución, resistiendo a la presión de los EEUU y prometiendo concesiones a las masas. Los capitalistas mexicanos no volvieron a sentirse seguros hasta el asesinato de Zapata en abril de 1919. Incluso después de eso, los políticos de clase media continuaron explotando en beneficio propio los sentimientos provocados por la revolución y gobernaron el país como un virtual Estado de partido único a través del Partido Revolucionario Institucional. Sin embargo, México se salvó para el capitalismo.

León Trotsky, escribiendo en Moscú en 1927, extrajo las lecciones de estas revueltas en lo que luego se denominó el Tercer Mundo, a partir de los comentarios de Marx sobre Alemania después de 1848 y sus propios análisis sobre Rusia después de 1905. Comentaristas anteriores habían señalado el desarrollo «desigual» del capitalismo: la manera en que arraigó en algunas partes del mundo antes de propagarse por otras. Trotsky desplazó el acento hacia el «desarrollo *combinado* y desigual»[146].

El argumento de Trotsky es el siguiente: el ascenso del capitalismo había creado un sistema mundial cuyo impacto se sentía incluso en las regiones económicamente más atrasadas. Desgarraba a las clases dirigentes tradicionales y minaba a las clases medias tradicionales. El control de las clases dirigentes coloniales, el capital extranjero y la competencia entre las industrias en los países ya avanzados entorpecía el desarrollo de las clases capitalistas nativas. La clase media aspiraba a eliminar este obstáculo a su propio avance luchando por un Estado nacional plenamente independiente. Pero con ello se corría el riesgo de poner en acción clases a las que temía, pues los sistemas modernos de transporte y los enclaves de la industria moderna habían creado unas clases trabajadoras combativas y alfabetizadas, y sacado a millones de personas del aislamiento de sus aldeas. El miedo a estas clases llevó a los «capitalistas nacionales» y a gran parte de la clase media a olvidar su hostilidad a las antiguas clases dirigentes de las potencias coloniales. Sólo una revolución

---

[146] Véanse L. Trotsky, *The Third International After Lenin,* Nueva York, 1957 [ed. cast.: *La Tercera Internacional después de Lenin,* Madrid, Akal, 1977], y *Permanent Revolution,* Londres, 1962 [ed. cast.: *La revolución permanente,* Barcelona, Orbis, 1985].

«permanente», en la que la clase trabajadora tomara la iniciativa aprovechando el descontento del campesinado, podría hacer realidad las demandas nacionales y democráticas que la burguesía nacional defendía sólo de boquilla.

Esto es lo que había ocurrido en Rusia en 1917. Pero no ocurrió en otras partes del Tercer Mundo. El imperialismo más poderoso al final de la guerra mundial, el de Gran Bretaña, cargaba con las cicatrices de las revueltas en Irlanda, la India, China y Egipto, y estaba entrando en una época de gran malestar industrial en la propia Gran Bretaña y de insurrección revolucionaria en toda Europa. Sin embargo, mantenía un imperio colonial que se había expandido hasta apoderarse de las colonias alemanas en África y la mayor parte de las posesiones árabes del Imperio otomano. Los imperialismos francés, belga, holandés, japonés y el cada vez más descarado de los EEUU se mantenían de manera parecida, lo cual aumentaba la capacidad del capitalismo de recuperar la estabilidad.

V   Los «felices años veinte»

La «nueva era», «la era del jazz», los «felices años veinte»: así es como los medios y los políticos de la corriente dominante ensalzaban a los Estados Unidos de la década de 1920. Habían salido de la guerra como la economía más grande del mundo, que prosperó mientras Gran Bretaña y Alemania se destruían entre sí, recibió muchas de las inversiones de Gran Bretaña en ultramar y continuó creciendo hasta que en 1928 la producción duplicó la de 1914.

El crecimiento se acompañó de una transformación aparentemente mágica en las vidas de enormes cantidades de personas. Los inventos de la década de 1890 y comienzos del siglo XX, previamente restringidos a pequeñas minorías de ricos, ahora se hicieron de uso masivo: la luz eléctrica, el gramófono, la radio, el cine, la aspiradora, el frigorífico, el teléfono. De las fábricas de Henry Ford estaba saliendo el primer coche producido en masa, el Modelo T, y lo que había sido un juguete para ricos comenzó a verse en las calles de la clase media, e incluso entre algunos sectores de trabajadores. Los aviones sobrevolaban las cabezas de la gente con frecuencia creciente, y para unos pocos afortunados redujeron de días a horas el tiempo del viaje transcontinental. Fue como si de repente la gente hubiera pasado de la oscuridad, el silencio y la movilidad limitada a un nuevo universo de luz instantánea, sonido continuo y movimiento rápido.

La frase «era del jazz» daba expresión al cambio. De siempre había habido formas musicales populares. Pero habían estado vinculadas a localidades y culturas particulares, pues la mayoría de los pueblos del mundo vivían en relativo aislamiento del resto. Las únicas formas internacionales o interregionales de música habían sido las «formas clásicas», de las que disfrutaban clases explotadoras relativamente móviles, y a veces la música religiosa. El crecimiento de la ciudad en los siglos XVIII y XIX había comenzado a cambiar esto con las salas de música y baile, los clubes de canto y la música impresa. Sin embargo, el gramófono y la radio crearon un nuevo campo cultural receptivo a algo que expresaba los ritmos del mundo industrial, el *tempo* de la vida urbana y la angustia de la existencia atomizada en un mundo construido en torno al mercado. El jazz, o al menos el jazz descafeinado que formaba la base de la nueva música popular, pudo hundir sus raíces en este. A partir de la fusión de diversos lenguajes «folclóricos» africanos y europeos, lo crearon los antiguos esclavos del sur de los Estados Unidos cuando trabajaban bajo los dictados de la producción de mercancías. Al norte lo llevó una enorme ola migratoria desde los campos de algodón y tabaco hasta las ciudades del capitalismo más poderoso del mundo. Y desde ahí atrajo a millones de personas de orígenes étnicos de todo tipo y en toda clase de países bajo el empuje de la marea de la acumulación capitalista.

Todo esto ocurría mientras la recesión y el desempleo se convertían en un recuerdo y la «prosperidad» comenzaba a considerarse irreversible. El economista estadounidense Alvin H. Hansen expresó la opinión dominante cuando en 1927 escribió que las «enfermedades infantiles» del capitalismo estaban «siendo mitigadas» y que «el carácter del ciclo económico estaba cambiando»[147]. En junio de 1929 otro economista, Bernard Baruch, dijo en una entrevista concedida a *American Magazine:* «La situación económica del mundo parece al borde de dar un gran paso adelante»[148].

Los conflictos del pasado también les parecían un recuerdo distante a las clases medias. La derrota de la huelga del acero en 1919 había destruido en la organización sindical de la Federación Americana del Trabajo (AFL) toda voluntad de expandirse más allá de las exiguas filas de los trabajadores cualificados. Una serie de acciones policiales ordenadas por el fiscal general Palmer y el futuro jefe del FBI J. Edgar Hoover habían acabado con los antiguos militantes de los Trabajadores Industriales del Mundo (IWW) y los nuevos militantes del Partido Comunista. Los trabajadores que querían mejorar su propia posición no tenían muchas más opciones que confiar en el «sueño ameri-

---

[147] Citado en F. Sternberg, *The Coming Crisis,* Londres, 1947.
[148] Citado en J. K. Galbraith, *The Great Crash,* Londres, 1992, p. 95 [ed. cast.: *El crac del 29,* Barcelona, Ariel, 1989, p. 95].

cano» del éxito individual: como el futuro líder sindical trotskista Farrell Dobbs hizo cuando votaba a los republicanos, planeaba abrir una tienda y aspiraba a ser juez[149]. Prominentes economistas, hombres de negocios y figuras políticas como John. J. Raskob, presidente del Comité Nacional Demócrata y director de General Motors, declararon que «todo el mundo debería ser rico», que para ello bastaba con invertir en bolsa 15 dólares al mes[150].

En los EEUU parecía haber esperanza incluso para los grupos más pobres. «Sucios granjeros» blancos empobrecidos de los Apalaches y aparceros negros del sur afluyeron en busca de trabajo a Detroit, Chicago y Nueva York. Estos fueron los años del «Renacimiento de Harlem», cuando a los nietos de los esclavos incluso el gueto del norte podía parecerles un faro de esperanza. Entre los negros el descontento y la ira seguían siendo enormes. Pero en su mayor parte se canalizó a través del movimiento de Marcus Garvey, que predicaba un programa de separación negra, capitalismo y un «retorno a África» que evitara todo conflicto directo con el sistema de los EEUU. Para quienes no miraban por debajo de la superficie de los acontecimientos, el «sueño americano» pareció ser aceptado en todas partes de una u otra forma cuando la cantidad de personas que compraban y vendían acciones aumentó hasta un límite nunca antes visto.

En Europa la llegada de la nueva era y de la era del jazz se retrasó. En Alemania, a la crisis de 1923 –cuando parecía que lo inminente era una revolución socialista o un gobierno fascista– siguió un breve periodo de deflación galopante. Pero entonces los préstamos de los EEUU (el «Plan Dawes») dieron al capitalismo un nuevo impulso. La producción industrial se elevó hasta superar los niveles de 1914, y la estabilidad política pareció restablecida. Las elecciones de 1928 resultaron en un gobierno socialdemócrata de coalición, mientras que los nazis de Hitler apenas obtuvieron un 2 por 100 de los votos y los comunistas un 10,6. En el verano de 1928, Hermann Müller, líder de los socialdemócratas alemanes, irradiaba esperanza: «Nuestra economía está sana, nuestro sistema de asistencia social está sano, y ya verán cómo los comunistas, lo mismo que los nazis, son absorbidos por los partidos tradicionales»[151].

---

[149] Véase la introducción a F. Dobbs, *Teamster Rebellion,* Nueva York, 1986.

[150] Citado en J. K. Galbraith, *op. cit.,* pp. 77-78 [ed. cast. cit.: pp. 77-78].

[151] André Guérin, de los sindicalistas que en la Francia de finales de la década de 1920 adoptaron el modelo de los EEUU, en A. Guérin, *Front Populaire, Révolution Manquée,* París, 1997, pp. 79-80. Véase E. Hobsbawm, *The Age of Extremes,* Londres, 1994, p. 91.

Gran Bretaña había pasado por una importante crisis social dos años y medio después que Alemania. El ministro de Hacienda, Winston Churchill, estaba decidido a simbolizar la restauración del poder británico fijando el valor de la libra esterlina en su nivel de preguerra frente al dólar. El efecto iba a incrementar el coste de las exportaciones de Gran Bretaña y las tasas de desempleo en industrias clave. El gobierno emprendió una campaña para compensar los incrementos en los costes mediante un recorte general de los salarios y un aumento de las horas de trabajo, comenzando por la industria minera. El sindicato minero se negó a aceptar esto, y en mayo de 1926 a sus miembros no se les permitió acceder a sus puestos de trabajo. Otros líderes sindicales llamaron a una huelga general de apoyo, pero nueve días después la desconvocaron, en una abyecta rendición que se contradecía con la eficacia de la acción, con lo cual permitieron que los patronos victimizaran a los activistas y destruyeran la organización sindical industria por industria.

Una vez resueltas la crisis del Ruhr y la huelga general en Gran Bretaña, el tono de la nueva era en los EEUU comenzó a influir sobre el pensamiento dominante en Europa. Las clases medias pudieron beneficiarse de la nueva gama de bienes de consumo producidos por las industrias de producción en masa, y parecía sólo una cuestión de tiempo que estos se extendieran a sectores de los trabajadores. Y si los EEUU podía escapar a las crisis económicas, Europa también. En Alemania, Werner Sombart se hizo eco de Hansen al decir: «En la vida económica europea ha habido una clara tendencia a que las tendencias antagonistas se equilibraran, menguaran y finalmente desaparecieran»[152]. Para acabarlo de rematar, Eduard Bernstein afirmó que sus profecías de la transición pacífica del capitalismo al socialismo se estaban cumpliendo. Sería absurdo llamar a la República de Weimar una «república capitalista», escribió. «El desarrollo de los cárteles y monopolios había producido un aumento del control público y con el tiempo llevaría a su metamorfosis en empresas públicas[153].» Incluso en Gran Bretaña, donde el desempleo seguía asolando las antiguas zonas industriales, el Congreso Sindical (TUC) celebró el primer aniversario de la derrota de los mineros embarcándose en una serie de conversaciones con grandes patronos conocidas como las conversaciones Mond-Turner. El objetivo era reemplazar el conflicto por la «cooperación [...] mejorar la eficacia de la industria y aumentar el nivel de vida de los

---

[152] Citado en F. Sternberg, *op. cit.*
[153] Véase P. Gay, *The Dilemma of Democratic Socialism,* Nueva York, 1979.

trabajadores»[154]. En 1929 accedió al poder un gobierno laborista en minoría con el apoyo de los liberales.

La creencia en que el capitalismo había alcanzado una estabilidad a largo plazo afectó al grupo dirigente ruso. En 1925, sus dos figuras cada vez más dominantes, el secretario general del partido Iósif Stalin y el teórico Nikolái Bujarin, se basaron en esta creencia como justificación de su nueva doctrina de que el socialismo podía lograrse en un solo país. El capitalismo se había estabilizado a sí mismo, afirmaban, con lo cual hacía improbable la revolución[155]. Adoptando la terminología del socialdemócrata Hilferding, Bujarin sostenía que Occidente había entrado en una etapa de «capitalismo organizado» que permitía la rápida expansión económica y hacía las crisis mucho menos probables[156].

El nacimiento de lo nuevo

Si a mediados de la década de 1920 la opinión pública de clase media y la cultura popular parecieron recuperar algo de su optimismo de preguerra, la recuperación fue precaria. En Europa, toda una generación de jóvenes había visto pisoteadas sus ilusiones en el fango de Flandes, y esto no era fácil de olvidar. La atmósfera estaba más cerca de la autoindulgencia cínica que de la esperanza renacida.

Esto encontró su reflejo en el «gran arte» –la pintura, la escultura, la música seria y la literatura– del periodo. Incluso antes de la guerra había habido un minoritario desafío a la cómoda creencia en el progreso constante. La mecanización del mundo ya parecía un arma de doble filo: por una parte, exhibía un poder y un dinamismo sin parangón, y, por otro, hacía jirones cualquier idea de que los seres humanos pudieran controlar sus propias vidas. Surgieron corrientes filosóficas y culturales que ponían en tela de juicio

---

[154] George Hicks a la Conferencia del Congreso Sindical de 1927, citado en R. Miliband, *Parliamentary Socialism,* cit., p. 149.

[155] Véase la explicación de los argumentos de Stalin y Bujarin en 1925 en R. B. Day, *The «Crisis» and the «Crash»,* Londres, 1981, pp. 80-81.

[156] Para un resumen de los argumentos de Bujarin en 1928, véase R. B. Day, *op. cit.,* pp. 156-159. En la misma época, Stalin había dado otra voltereta y estaba afirmando que el inmediato derrumbe del capitalismo comportaba inmediatas posibilidades de insurrección para los comunistas occidentales: una opinión tan errónea como la de Bujarin.

toda idea de progreso y asignaban un papel central a lo irracional. Estas tendencias recibieron estímulo cuando ciertos desarrollos en la física teórica (la teoría especial de la relatividad en 1905, la teoría general de la relatividad en 1915 y la versión de la física cuántica a la luz del «principio de incertidumbre» de Heisenberg a mediados de la década de 1920) socavaron el antiguo modelo mecánico del universo. Al mismo tiempo, la popularidad del psicoanálisis pareció destruir la creencia en la razón, antaño tan importante para Freud mismo[157].

Los artistas y escritores intentaron comprender el nuevo mundo que los envolvía mediante una revolución en las formas artísticas y literarias. La «revolución» se basaba en una inveterada ambigüedad: la admiración y el horror ante el mundo mecánico. Nació lo que se conocería como la «modernidad». Por lo general, el acento se ponía en el formalismo y la exactitud matemática, pero también en la discordancia del choque entre imágenes y sonido, y la disolución de lo individual y lo social en partes fragmentadas. Hasta mediados del siglo XIX (el crítico marxista húngaro Georg Lukács sostuvo que 1848 fue una fecha clave) la alta cultura se había basado en los intentos de los y las protagonistas de clase media por dominar el mundo en torno a ellos, por más que con frecuenta fracasaran trágicamente[158]. La alta cultura del periodo posterior a la Primera Guerra Mundial se centró en la reducción de los individuos a juguetes fragmentados de poderes fuera de su control: como, por ejemplo, en las novelas de Kafka *El proceso* y *El castillo,* en la ópera de Berg *Lulú,* en el poema *La tierra baldía* de T. S. Eliot, en la trilogía *USA* de Dos Passos, en las obras tempranas de Bertolt Brecht y en los cuadros de la fase «cubista analítica» de Picasso.

Sin embargo, la fragmentación interna de obras de arte y literarias que simplemente reflejaban la fragmentación circundante dejó insatisfechos a los artistas y escritores, que intentaron con diversos grados de éxito ajustar las

---

[157] En *El malestar de la cultura,* de la década de 1920, Freud parece aceptar que la noción misma de civilización es incompatible con la relación racional de los humanos con sus instintos.

[158] Véase, por ejemplo, G. Lukács, *The Historical Novel,* Londres, 1962 [ed. cast.: *La novela histórica,* Barcelona, Grijalbo, 1977], y *Studies in European Realism,* Nueva York, 1964 [ed. cast.: *Estudios sobre el realismo,* Barcelona, Grijalbo, 1977]. Según Lukács, la novela «realista» anterior a 1848 dio paso por un lado al naturalismo mecánico, por otro al psicologismo subjetivista. Esto le lleva a rechazar de plano la mayor parte de la literatura del siglo XX. Sin embargo, su tesis principal se puede aceptar sin extraer esta conclusión.

obras a algún nuevo modelo que restaurara la posición de la humanidad en un mundo mecánico. La dificultad de la empresa dentro de una realidad ella misma fragmentada y deshumanizada llevó a muchos de ellos a extraer conclusiones políticas. Ya en la década de 1920, los futuristas italianos habían aceptado la ciega irracionalidad del fascismo y los futuristas rusos el intento racional de la Revolución rusa de reconfigurar el mundo. Durante gran parte de la década, la mayoría de los modernistas trataron de evitar la elección entre ambos mediante un vanguardismo autoconsciente que deliberadamente los separaba de la cultura popular, por más que tomaran prestados algunos de los lenguajes de esta. Quizá no compartieran las ilusiones de aquellos años, pero hicieron poco por desafiarlas públicamente. Por muy desilusionados que estuvieran con los «felices veinte», su modernidad seguía dando por sentadas las premisas de estos.

El mundo había vivido 12 años de guerra, revolución y levantamiento colonial. Pero en 1927, en los círculos de la clase dirigente internacional, había consenso sobre que el trauma era cosa del pasado. No fueron muchos los que disintieron cuando en 1928 el presidente de los EEUU Coolidge declaró: «Ningún Congreso de los Estados Unidos ha conocido unas perspectivas más halagüeñas que las que se dan en el tiempo presente». Pocas personas presentían los horrores que se avecinaban.

VI — La Gran Depresión

Las esperanzas de la era del jazz se vinieron abajo de manera estrepitosa el 24 de octubre de 1929, el llamado «Jueves Negro». Ese día, la bolsa de valores de los EEUU se redujo en casi un tercio. Los ricos especuladores que habían invertido todas sus fortunas lo perdieron todo, y los periódicos informaron de 11 suicidios en Wall Street. Una cantidad enorme de personas perdieron los ahorros de sus vidas. Fue el final de una era para todos aquellos que habían llegado a creer en «el dinero gratis».

La bancarrota fue expresión de los profundos fallos de que adolecía el sistema. Las economías alemana, estadounidense y británica ya estaban comenzando a decaer cuando ocurrió[159]. Ahora su producción comenzó a caer en picado, con los EEUU a la cabeza. A finales de 1930 era inferior a lo que había sido en las anteriores recesiones de posguerra. El nuevo presidente de los EEUU, Herbert Hoover, afirmó que la prosperidad estaba «a la vuelta de la esquina», pero la depresión se ahondó. Si 1930 fue malo, 1931 y 1932 fueron peores, con la quiebra de 5.000 bancos locales en los EEUU y dos grandes bancos en Alemania y Austria. A finales de 1932, la producción industrial mundial se había reducido en un tercio, y la de los EEUU en un 46 por 100.

Nunca había habido una crisis tan profunda ni tan duradera. Tres años más tarde todavía no había ningún signo de recuperación. En los EEUU y Alemania, un tercio de los trabajadores estaba en paro, y en Gran Bretaña un

---

[159] Véase C. P. Kindelberger, *The World in Depression,* Londres, 1973, pp. 116-117, 124; véase también L. Corey, *The Decline of American Capitalism,* Londres, 1938, p. 184.

quinto. En Alemania y los EEUU, los afectados no fueron solamente los trabajadores industriales. Los trabajadores de cuello blanco, que seguían considerándose a sí mismos como clase media, se vieron sin trabajo ni perspectivas, y los agricultores tuvieron dificultades con los bancos cuando los precios de sus cultivos se derrumbaron.

Así como una guerra en Europa se convirtió automáticamente en una guerra mundial, así una depresión en los EEUU y Europa occidental se convirtió en una depresión mundial. Devastó países del Tercer Mundo cuyas economías se habían adaptado a la producción de víveres y materias primas. De repente se quedaron sin mercados para sus productos. Personas recién llegadas al mundo del dinero se vieron privadas del acceso a él y sin ningún otro medio para ganarse la vida.

La crisis no afectó solamente a las clases explotadas. La quiebra de empresas de larga trayectoria causó una tremenda confusión en la clase dirigente. A los financieros les aterraba la idea de entrar en bancarrota, y los industriales vieron cómo sus beneficios desparecían lo mismo que sus mercados. Se dirigieron al Estado en petición de ayuda para derrotar la competencia extranjera, y hubo sucesivas devaluaciones de monedas nacionales conforme los capitalistas de cada país intentaban vender más barato que los rivales. País tras país impuso aranceles y cuotas, impuestos y restricciones sobre las importaciones. Incluso Gran Bretaña, el bastión del libre comercio desde 1846, optó por tales métodos. El comercio mundial se redujo a un tercio de las cifras de 1928. Pero, a pesar de los mitos difundidos desde entonces por algunos políticos y economistas, no fueron los controles sobre el comercio los que crearon la depresión –que ya estaba bien avanzada cuando se introdujeron–, sino que fue la depresión la que llevó a los controles.

La depresión destrozó las vidas de quienes ni siquiera habían sido invitados a la fiesta de los «felices veinte». Se vieron recorriendo las calles de todas las grandes ciudades de Occidente, demacrados y agotados, pobremente vestidos de camino o de vuelta de los comedores de beneficencia. También se los vio en las tierras agrícolas del resto del mundo, aterrados ante la idea de perder sus parcelas, preocupados por que el precio de sus cultivos nunca alcanzara para pagar las rentas e impuestos, y tratando de mantenerse vivos con lo que ellos mismos podían cultivar. Los menos «avanzados» en términos capitalistas –los agricultores de subsistencia apenas integrados en la economía monetaria– sobrevivieron mejor. Los que dependían de la venta de su fuerza de trabajo no tenían nada a lo que recurrir. Incluso la antigua vía de escape que había constituido la emigración a las Américas estaba bloqueada por el desempleo masivo.

En Londres, Chicago, Berlín y París; en Glasgow, Marsella y Barcelona; en Calcuta, Shanghái, Río, Dublín, El Cairo y La Habana: en todas partes se encontraba la misma desolación, en todas partes un descontento que podía prender la llama de una nueva esperanza o de una desesperación desenfrenada.

La de los años treinta fue una década en la que las fuerzas de la esperanza y de la desesperación lucharon en las calles de cada ciudad. Fue una década en la que la revolución y la contrarrevolución se tuvieron cogidas una a otra por el cuello. Terminó con una victoria de la contrarrevolución que sumergió al mundo en otra guerra, en la cual se cometieron barbaridades que hicieron sombra a la matanza de 1914-1918.

Rusia: la revolución vuelta del revés

El comunismo fue el único beneficiario de la depresión en Occidente y el Tercer Mundo. El descalabro del capitalismo confirmó lo que los socialistas revolucionarios llevaban sosteniendo desde hacía década y media, y quienes más enérgicamente lucharon contra los efectos de la depresión fueron los comunistas. Ellos fueron quienes lideraron las manifestaciones de desempleados contra las que la policía cargó en Nueva York, Chicago, Londres, Birkenhead, Berlín y París. Ellos fueron quienes libraron desesperadas luchas defensivas contra los recortes salariales en las minas de Fife y el sur de Gales, los campos de frutales de California y las plantas de automoción parisinas. Ellos fueron los llevados a juicio por organizar sindicatos en la India controlada por Gran Bretaña, los que intentaron formar ejércitos guerrilleros campesinos en China, los que se organizaron en las ciudades de chabolas de la Sudáfrica gobernada por los blancos y los que arriesgaron sus vidas enfrentándose al racismo en el sur de los Estados Unidos.

La década de los años treinta es a veces llamada la «década roja» debido al gancho que el comunismo tuvo sobre muchos intelectuales. Ya en 1933 estaba atrayendo a personalidades como los novelistas estadounidenses John Steinbeck, John Dos Passos, Theodore Dreiser, James T. Farrell, Richard Wright y Dashiell Hammett, el novelista escocés Lewis Grassic Gibbon, los escritores ingleses W. H. Auden y Christopher Isherwood, el novelista francés André Gide y el dramaturgo alemán Bertolt Brecht. Junto a ellos había una pléyade de figuras menos conocidas que intentaban escribir novelas «proletarias», hacer teatro de «agitprop» para las masas y expresarse en pequeñas revistas literarias. El giro que produjo entre los intelectuales era expresión de un estado de ánimo mucho más amplio que cundió entre personas deseosas de una alternativa a los horrores de la depresión, un estado de ánimo que se daba entre una minoría de trabajadores en las fábricas y las colas de desempleados en todas partes. La mayoría nunca ingresó en los partidos comunistas, pero veían el comunismo como la alternativa, aun cuando ellos mismos no pudieran afiliarse a él.

En los años treinta, para la mayoría el comunismo era indistinguible de la Unión Soviética y significaba la emulación de su revolución en otras partes. Sin embargo, en la época del *crack* de Wall Street, en Rusia no quedaba prácticamente nada de la revolución de 1917.

Como hemos visto, antes de su muerte, en 1924, Lenin ya había comentado las «deformaciones» y la burocratización de que adolecía el Estado de los obreros. A mediados de los años veinte el problema había alcanzado unas proporciones monstruosas. El régimen revolucionario sólo había podido recuperarse de la devastación física y las penurias extremas de la guerra civil haciendo al capitalismo interior concesiones conocidas como la Nueva Política Económica, o NEP. La consecuencia fue un lento aumento de los niveles de vida de la mayoría de la población. Pero también había una creciente influencia de los estratos de población hostiles al espíritu revolucionario de 1917: pequeños capitalistas, comerciantes de la «NEP» y acomodados campesinos *kulaks* que empleaban a otros como braceros. La industria seguía en manos del Estado, pero estaba sometida a presiones mercantiles, y la recuperación de la producción industrial se acompañó de un nivel relativamente alto de desempleo. Mientras que en 1922 un 65 por 100 de los gestores de la industria eran oficialmente clasificados como obreros, en 1923 esa cifra se había reducido al 36 por 100[160].

Si el régimen seguía siendo de alguna manera socialista en la época del fallecimiento de Lenin no era debido a su base social, sino a que los que tomaban decisiones en las alturas seguían teniendo aspiraciones socialistas. Como Lenin escribió, «en la actualidad la política proletaria del partido no la deciden sus bases, sino la inmensa e indivisa autoridad de los pequeños sec-

---

[160] Cifras extraídas de E. H. Carr, *The Interregnum,* Londres, 1984, p. 39 [ed. cast.: *El interregno (1923-1924),* Madrid, Alianza, 1974, pp. 51-52].

tores de lo que podría llamarse la "vieja guardia" del partido»[161]. Pero cuando Lenin agonizaba, la «vieja guardia» estaba siendo corroída por las influencias que estaban desgastando al resto del partido. El último acto político de Lenin fue la redacción de un testamento que abogaba por la sustitución de Stalin como secretario del partido debido a su tratamiento cruelmente burocrático de otros miembros del partido. El grupo dominante entre los líderes del partido –Zinóviev, Kámenev, Bujarin y Stalin– decidió pasar por alto este testamento y mantenerlo en secreto[162].

Las circunstancias en que se encontraban los estaban apartando cada vez más de los principios consagrados en 1917. Para gobernar el país dependían de un aparato burocrático, y el personal de este aparato dependía, a su vez, de que se hicieran concesiones a los campesinos acomodados, la masa de los hombres de la NEP y al nuevo estrato de los industriales «rojos». Estaban más preocupados por aplacar a estos grupos que por los intereses de los trabajadores que habían hecho la revolución.

Esto provocó disensiones en el seno del partido, e incluso entre los líderes del mismo. Ya en 1920-1921, un grupo que se llamaba a sí mismo la «Oposición Obrera» había sostenido en conferencias, en publicaciones del partido (a cuyas páginas seguían teniendo acceso) y en 250.000 ejemplares de un panfleto (impreso en las prensas del partido) que los trabajadores estaban llevándose la peor parte. Pero fue incapaz de plantear propuestas prácticas para abordar el empobrecimiento general del país. En 1923-1924 la oposición aumentó, con una carta abierta de 46 viejos bolcheviques críticos con la burocratización del partido. Esta «Oposición de Izquierda» se unió alrededor de Trotsky, presidente del sóviet de San Petersburgo en 1905, organizador de la insurrección de Octubre y fundador del Ejército Rojo. En su opinión, la única manera de avanzar eran tres conjuntos conectados de medidas: la expansión de la industria a fin de aumentar el peso social de la clase trabajadora, un incremento de la democracia obrera y el fin de las tendencias burocráticas en el partido y en el Estado. Sólo así podría conservarse la salud del Estado de los obreros hasta que la revolución se propagara internacionalmente.

En contra de esta oposición se produjo un torrente de insultos como el partido no había conocido nunca antes. Por cada artículo que expresaba el

---

[161] Citado en M. Lewin, *Lenin's Last Struggle,* Londres, 1969, p. 12 [ed. cast.: *El último combate de Lenin,* Barcelona, Lumen, 1970, pp. 30-31].

[162] Ni siquiera Trotsky se opuso a esta decisión inmediatamente.

punto de vista de la Oposición de Izquierda en la prensa del partido, había diez de los líderes denunciándola. Hubo diatriba tras diatriba contra el «trotskismo», y Trotsky mismo fue degradado de la posición clave de jefe del Ejército Rojo a un papel secundario como ministro de Ciencia y Tecnología, mientras que Stalin acumulaba cada vez más poder en sus manos.

Hasta qué punto se había burocratizado el partido se puso de manifiesto en 1926, cuando Stalin y Bujarin se pelearon con Zinóviev. La organización del distrito de Petrogrado, que hasta entonces había respaldado de manera virtualmente unánime a Zinóviev, ahora lo denunció con la misma unanimidad. Zinóviev y sus partidarios se vieron sometidos a la misma clase de ataques previamente dirigidos contra Trotsky y la Oposición de Izquierda.

Fue en este momento cuando Stalin y Bujarin dieron expresión al conservadurismo burocrático de gran parte del partido adoptando una doctrina completamente nueva, conocida como «el socialismo en un solo país». Previamente, todos los líderes del bolchevismo habían estado de acuerdo en que, aunque los trabajadores podían instaurar un Estado propio en un solo país, sobre esa base no podían avanzar hasta el pleno socialismo. La superación de la herencia de 5.000 años de sociedad de clases sólo sería posible utilizando todos los medios de producción creados por el moderno capitalismo industrial... y estos existían a escala mundial, no en un solo país, y desde luego no en un país atrasado como Rusia. Al final, la revolución tenía que expandirse o morir.

Esto lo había reiterado en numerosas ocasiones no sólo Lenin, sino que en su libro *Lenin y el leninismo,* publicado en 1924, Stalin mismo había insistido en que:

> La principal tarea del socialismo –la organización de la producción socialista– estaba todavía pendiente. ¿Puede cumplirse esa tarea, puede la victoria final del socialismo en un país lograrse sin los esfuerzos conjuntos del proletariado de varios países avanzados? No, esto es imposible. [...] Para la victoria final del socialismo, para la organización de la producción socialista, los esfuerzos de un país, particularmente de un país campesino como Rusia, son insuficientes[163].

---

[163] Las citas proceden de la traducción al inglés hecha por J. G. Wright de L. Trotsky, *The Third International After Lenin,* Nueva York, 1957, p. 36. En La Biblioteca Británica se encuentra una traducción inglesa de esta edición de la obra de Stalin.

Tal era, sin embargo, la importancia que Stalin atribuía a la teoría marxista y al rigor científico, que en la siguiente edición del libro simplemente quitó el «no» y el «insuficiente».

Stalin y Bujarin representaban a un grupo dirigente que temía y combatía cualquier cosa que pudiera perturbar su posición de privilegio burocrático. Su principal característica era la inercia y la complacencia. La idea de que Rusia podía simplemente ignorar el mundo exterior, depender de sus recursos y, como Bujarin gráficamente dijo, «construir el socialismo a paso de caracol», se ajustaba a tal estado de ánimo. Por eso todos los funcionarios del partido que participaban diariamente en compromisos con los gestores industriales, los campesinos acomodados o los comerciantes arribistas se precipitaron a prestar su apoyo a Stalin y Bujarin en sus ataques a quienes trataban de recordarles la democracia obrera y la revolución mundial. Esto permitió al grupo dirigente recurrir a medidas cada vez más represivas contra la oposición, utilizar la policía para desbaratar una manifestación de apoyo a aquella por parte de los trabajadores de Petrogrado en el décimo aniversario de la Revolución de Octubre[164], expulsar del partido a la oposición, deportar a sus miembros a zonas remotas y finalmente expulsar a Trotsky de la URSS.

Aun así, hasta 1928 la atmósfera en Rusia seguía siendo muy diferente de la que caracterizó los años treinta: algo que pasan por alto muchas obras sobre el *gulag,* los campos de concentración de Stalin. Desde la guerra civil, el Terror Rojo había ido perdiendo fuerza. En 1928, en los campos sólo había 30.000 prisioneros, y no se les obligaba a trabajar. Este no era todavía un régimen totalitario.

Como, a partir del estudio de los archivos del periodo, ha escrito Michael Reiman,

> aunque la represión, especialmente la represión política, no dejaba de aumentar, la técnica del terrorismo preventivo de masas había sido virtualmente abandonada. Se había instaurado un marco pacífico y normal de legalidad, así

---

[164] Relatos de estas protestas se encuentran en V. Serge, *Memoirs of a Revolutionary* [ed. cast.: *Memorias de un revolucionario,* México, Ediciones del Caballito, 1974], y en M. Reiman, *The Birth of Stalinism: the USSR on the Eve of the «Second Revolution»,* Londres, 1987 [ed. cast.: *El nacimiento del estalinismo,* Barcelona, Crítica, 1982]. En una ocasión oí al difunto Harry Wicks describir su experiencia personal de aquellos acontecimientos como estudiante de una escuela de capacitación del Comintern en Rusia.

como de observancia de los procedimientos legales. La vida civil cotidiana se había recuperado. La cultura distintiva de la era de la NEP se había impuesto, con sus restaurantes, confiterías y lugares de esparcimiento. También se desarrolló una vida artística e ideológica más rica. [...] Los trabajadores [...] realmente sentían los aspectos positivos de las nuevas leyes sindicales, los nuevos derechos de los obreros y las condiciones de mayor libertad en la supervisión de la fábrica. [...] La autoridad de Stalin seguía siendo limitada. Aunque su poder era grande, no era ilimitado[165].

Pero toda la estructura defendida por Stalin y Bujarin adolecía de una debilidad congénita que se puso de relieve cuando prohibieron la oposición. Su estabilidad dependía de que los campesinos continuaran enviando el cereal a la ciudad, aunque el nivel de producción de bienes industriales no fuera lo bastante grande para satisfacer las necesidades de aquellos, y de que las potencias capitalistas occidentales abandonaran los sueños de hacer retroceder la revolución por la fuerza militar. En realidad, ni una ni otra condición podían durar. Cuando algunos sectores de los campesinos se hicieron más ricos, demandaron más del Estado y pasaron a la acción para conseguirlo. Y las principales potencias capitalistas, todavía empeñadas en dividirse entre ellas el mundo, no habían perdido sus deseos de apoderarse de Rusia.

Ambas cuestiones saltaron al primer plano a mediados de 1928. Los campesinos comenzaron a negarse a vender cereal a las ciudades, y Gran Bretaña, hasta entonces el mayor socio comercial de Rusia, rompió relaciones diplomáticas e impuso un virtual bloqueo comercial. Una crisis política convulsionó el Kremlin. Como Reiman explica,

el cambio en la situación política internacional afectó críticamente a las relaciones internas en la URSS. La autoridad de los líderes del partido se vio gravemente dañada. [...] Los círculos políticos se vieron envueltos en un clima de confusión y desorientación. Los líderes del partido [...] eran víctimas de un nerviosismo y una ansiedad crecientes[166].

El grupo dirigente se partió por la mitad. Bujarin quería desesperadamente continuar como antes. Pero eso habría significado que la burocracia renun-

---

165 M. Reiman, *op. cit.*, p. 2 [ed. cast. cit.: pp. 13-14].
166 *Ibid.*, p. 12 [ed. cast. cit.: p. 30].

ciara a parte de su poder en el interior del país a fin de aplacar a los campesinos y el abandono de toda esperanza real de resistencia a futuras demandas extranjeras. Al principio Stalin no sabía qué hacer, pero luego adoptó una política que ofrecía a la burocracia una posibilidad de fortalecimiento doméstico y en el exterior: la industrialización obligatoria, pagada con el cereal arrebatado a los campesinos por la fuerza. Tal política convenía a quienes dirigían las plantas industriales. «Los impulsores de una mayor expansión», informa un estudio del periodo, «fueron tanto los funcionarios y gestores –muchos de ellos ahora miembros del partido– como los líderes del partido»[167]. Ese fue también el origen de los medios para producir tanques, buques de guerra, aviones y ametralladoras a la misma escala que los estados occidentales y para mantener a raya las amenazas de un ataque extranjero.

Stalin insistía:

> Reducir el ritmo de industrialización significaría quedarse atrás, y quienes se quedan atrás son derrotados. […] Nosotros vamos de 50 a 100 años por detrás de los países avanzados. Si este atraso no lo reducimos a cero en diez años, nos aplastarán[168].

El camino de la industrialización forzosa tomado por la burocracia a fin de equipararse militarmente con Occidente tenía su propia lógica. La producción de «bienes de inversión» –instalaciones, maquinaria y materias primas que pudieran emplearse para la producción de más instalaciones, maquinaria y materias primas– creció a expensas de los bienes de consumo. La proporción de la inversión dedicada a producir los medios de producción aumentó del 32,8 por 100 de 1927-1928 al 53,3 por 100 de 1932 y al 68,8 por 100 de 1950[169]. Pero esto significaba que los bienes que los campesinos querían a cambio de alimentar a la creciente masa de obreros industriales no se producían.

La única manera de obtener la comida era aumentando el recurso a la fuerza contra los campesinos. Stalin se atuvo a esta lógica cuando pasó de

---

[167] E. H. Carr y R. W. Davies, *Foundations of a Planned Economy,* vol. 1, Londres, 1969, p. 313.

[168] Citado en I. Deutscher, *Stalin* (Londres, 1961), p. 328 [ed. cast.: *Stalin,* México, Era, 1965, p. 306].

[169] Cifras dadas, con sus fuentes, en T. Cliff, *Russia: A Marxist Analysis,* Londres, 1964, p. 33.

apoderarse del cereal a apoderarse de la tierra. La colectivización de la tierra –en realidad, la expropiación de los campesinos por el Estado– fue la otra cara de la industrialización forzosa. Llevó a un incremento de los excedentes disponibles para alimentar a las ciudades y vender en el extranjero a cambio de maquinaria. Pero también tuvo como resultado una caída en la producción agrícola total.

La colectivización causó una enorme penuria entre los campesinos. Millones de campesinos pequeños y medianos fueron denunciados como *kulaks* y metidos en camiones para su deportación. Decenas de millones fueron víctimas del hambre cuando se les arrebató el cereal. Los obreros también sufrieron una caída en sus niveles de vida, que en seis años se recortaron en un 50 por 100[170]. Tales presiones sobre la masa de la población no podían imponerse sin un régimen policial sin precedentes. Toda protesta tenía que ser aplastada sin contemplaciones. Todo canal por el que los obreros o los campesinos pudieran expresarse tenía que cerrarse. Enormes contingentes de personas se vieron arrastrados a trabajar los campos, de modo que hacia 1930 la población rural era 20 veces mayor que la de 1928[171]. Todo sector del aparato burocrático que mostrara simpatía por los obreros y los campesinos también tenía que ser castigado, lo mismo que cualesquiera intelectuales que –incluso inadvertidamente– produjeran novelas, poemas o música que pudieran catalizar el descontento. En el seno del partido el debate desapareció, reemplazado por la condena ritual de la última «desviación». La experimentación artística de los años veinte fue sustituida por un gris conformismo mal etiquetado como «realismo socialista». Las ejecuciones, raras entre la Guerra Civil y 1928, ahora se hicieron corrientes. En 1930 hubo 20.201: más del doble que al final de la guerra civil, en 1921. El espeluznante total alcanzó su cima en 1937, con 353.074: casi 40 veces la cifra de 1921[172].

Las parodias de juicio en que se sentenciaba a muerte o se condenaba a la muerte en vida de los campos de trabajo no servían meramente para disuadir a otros. La descripción de los acusados como «agentes extranjeros trotskis-

---

[170] Cifras dadas, con sus fuentes, en T. Cliff, *State Capitalism in Russia,* Londres, 1988, p. 53.

[171] Cifras dadas, con sus fuentes, en *ibid.,* p. 42.

[172] Estas cifras proceden de R. W. Davies, «Forced Labour Under Stalin: The Archive Revelations», *New Left Review* 214 (noviembre-diciembre de 1995).

tas» desviaba el descontento de las masas con el régimen hacia los supuestos «saboteadores». El clímax de terror alcanzado en 1936-1937 comportó la condena a muerte de todos los miembros que quedaban del comité central de Lenin en 1917, salvo Stalin, Aleksandra Kollontái (ahora embajadora de Stalin en Suecia) y León Trotsky, que sobrevivió en el exilio hasta que en 1940 fue asesinado por uno de los agentes de Stalin.

Durante décadas, sus partidarios proclamaron a Stalin como el heredero de Lenin que cumplía las aspiraciones de 1917. Es una proclamación hoy en día repetida, aunque con connotaciones negativas en lugar de positivas, por muchos partidarios del capitalismo occidental. Sin embargo, fue Stalin quien veló por que los bolcheviques de 1917 fueran los primeros en sufrir el terror de mediados de la década de los treinta. Sólo uno de cada 14 de los miembros del partido bolchevique en 1917, y uno de cada seis de los de 1920, seguían en el Partido Comunista de la Unión Soviética en 1939[173]. Muchos de los demás habían sido ejecutados o enviados a los campos. Como una y otra vez señaló León Trotsky, lejos de ser el estalinismo la simple continuación del leninismo, entre ambos había un río de sangre.

La lógica de Stalin era la misma que la de cualquier capitalista que se enfrenta a la presión competitiva de un rival más grande: decirles a sus trabajadores que hicieran todos los «sacrificios» concebibles a fin de competir. Para Stalin, la manera de «ponerse a la altura de Occidente» era copiar todos los métodos de la «acumulación primitiva» empleados en otras partes. La Revolución industrial británica se había basado en sacar a los campesinos de las tierras mediante cercados y desmontes: Stalin acabó con el control campesino de la tierra mediante la «colectivización» que obligó a millones de personas a emigrar a las ciudades. El capitalismo británico había acumulado riqueza por medio del esclavismo en el Caribe y en Norteamérica: Stalin metió a millones de personas en los campos de esclavos del *gulag*. Gran Bretaña había saqueado Irlanda, la India y África: Stalin acabó con los derechos de las repúblicas no rusas de la URSS y deportó a pueblos enteros a miles de kilómetros de distancia. La Revolución industrial británica había comportado la negación a los trabajadores de los más elementales derechos y que se hiciera trabajar a hombres, mujeres y niños 14 o 16 horas al día: Stalin hizo lo mismo al abolir la independencia de los sindicatos y disparar sobre los huelguistas. La única diferencia significativa fue que, mientras que al capitalismo le costó cientos

---

[173] Cifras calculadas, con sus fuentes, en T. Cliff, *State Capitalism in Russia,* cit., p. 130.

de años completar su acumulación primitiva, Stalin trató de hacer lo mismo en Rusia en el plazo de dos décadas. Por consiguiente, la brutalidad y la barbarie estuvieron más concentradas.

La burocracia estalinista no podía «ponerse al día» copiando el capitalismo «mercantil» a pequeña escala de Inglaterra durante la Revolución industrial. Militarmente sólo podía conseguir el éxito si sus industrias eran similares en tamaño a las de Occidente. Pero no había tiempo para esperar a que las empresas privadas crecieran tragándose las unas a las otras. El Estado tenía que intervenir para que se llegara a la escala necesaria de producción. Lo que se necesitaban eran monopolios capitalistas de Estado, no pequeñas empresas privadas, y el Estado tenía que coordinar toda la economía, subordinando la producción de todo lo demás a la acumulación.

La mayoría vio el sistema resultante como socialista, y muchos aún lo consideran así. Pues el estalinismo sí rompió la espina dorsal del capitalismo privado en Rusia, y más tarde hizo lo mismo en Europa del Este y China. Pero sus métodos fueron muy similares a los de las economías de guerra en Occidente. Planeó, como estas, la rebaja en el consumo de las masas en favor de la industria pesada y la producción armamentista.

Los occidentales que presenciaron esto en la década de 1930 quedaron fascinados por el éxito económico de la URSS, lo mismo que muchos observadores del Tercer Mundo que vieron el rápido avance industrial de la URSS en los años cincuenta y comienzos de los sesenta. Parecía que, cualesquiera que fueran sus errores, el estalinismo había encontrado una manera de escapar de las crisis que acosaban al capitalismo mercantil del resto del mundo. Los fabianos británicos Sidney y Beatrice Webb, durante toda su vida opuestos a la revolución, visitaron Rusia a mediados de los años treinta. Quedaron tan impresionados que escribieron un libro titulado *La Unión Soviética: ¿Una nueva civilización?* Cuando salió la segunda edición aún estaban más impresionados, y quitaron los interrogantes.

Sin embargo, la URSS no podía escapar al mundo en que se encontraba, incluso en los años treinta. La dirección del Estado permitió que sus industrias se expandieran mientras que las del resto del mundo se contraían, pero sólo a costa de un enorme precio para el pueblo. Incluso la recesión mundial tuvo un impacto directo. Stalin financiaba la importación de maquinaria extranjera vendiendo cereal de Ucrania y Kazajistán. Cuando en 1929 los precios se derrumbaron, tuvo que vender el doble, y al menos tres millones de campesinos murieron de hambre cuando el Estado les arrebató su cereal.

El abandono de la revolución mundial

El estalinismo no era simplemente una respuesta al aislamiento. También perpetuó ese aislamiento. La teoría del «socialismo en un solo país» llevó a imponer a los partidos comunistas del resto del mundo políticas que dificultaban las posibilidades de revolución.

Durante una primera fase de la alianza Stalin-Bujarin, la búsqueda de aliados respetables en Occidente implicó el mantenimiento de buenas relaciones hasta con la Confederación Sindical británica mediante un «acuerdo sindical anglosoviético», incluso cuando la Confederación Sindical traicionó la huelga general. Los sindicalistas británicos fueron animados a promover la consigna «Todo el poder para el consejo general de la Confederación Sindical», a pesar de que el más superficial repaso de la lista de los líderes sindicalistas británicos habría revelado cómo usarían ese poder.

En los mismos meses, la búsqueda de aliados en el Este comportó el elogio de Chiang Kai-shek. Incluso después de que este hubiera atacado a las organizaciones obreras en Cantón, Stalin y Bujarin les dijeron a los comunistas chinos de Shanghái y de otras partes que depositaran en él su confianza[174].

En las políticas esperadas de los partidos comunistas extranjeros se produjo un cambio cuando el «socialismo en un solo país» pasó del «socialismo a paso de caracol» a la industrialización forzosa. De repente, en 1928 se les dijo que estaban en un nuevo «tercer periodo» del avance revolucionario. Ahora el principal enemigo era esa misma ala izquierda de los partidos socialdemócratas y los sindicatos que tanto habían encomiado los líderes rusos apenas unos meses antes. Stalin y sus seguidores declararon que estas personas ahora eran «socialfascistas» y tan peligrosas como la extrema derecha. Los comunistas de todo el mundo tenían que dirigir su fuego sobre todo contra ellos, negarse a aliarse con ellos bajo ninguna circunstancia y, en caso necesario, formar sindicatos disidentes.

A los partidos comunistas extranjeros se les impusieron nuevos líderes que aceptaban tales políticas, y casi en todas partes se produjeron expulsiones de líderes establecidos que no comulgaban con ellas. ¿Qué motivo tuvo Stalin para este giro de 180 grados? Parte de las razones era tapar los errores cometidos en Gran Bretaña y China. Después de prohibir en marzo de 1927 a los comunistas chinos que criticaran a un Chiang Kai-shek que se disponía a

---

[174] Discurso de Stalin en Moscú el 5 de abril de 1927, citado en H. Isaacs, *op. cit.,* p. 162.

masacrarlos, en noviembre Stalin y Bujarin alentaron a los comunistas a tratar de apoderarse del poder en Cantón. El equilibrio de fuerzas era completamente contrario a ellos, y el resultado fue un baño de sangre, pero creó un clima en el que era muy difícil criticar a Stalin y Bujarin por ser demasiado conservadores. El giro cumplió otras funciones, además. Internacionalmente, la sensación de una lucha desesperada, heroica, se ajustaba con los desesperados esfuerzos por industrializar Rusia sin tener en cuenta el impacto sobre las vidas de la masa del pueblo. El giro también permitió a Stalin eliminar a cualquiera del movimiento internacional al que se le ocurriera criticar lo que estaba ocurriendo en Rusia. Aseguró la transformación final de los partidos comunistas extranjeros en órganos de la política exterior rusa.

El «tercer periodo» fue desastroso para los partidos extranjeros. La crisis que se desencadenó en 1929 radicalizó a una minoría sustancial de trabajadores y creó una creciente empatía con la propaganda comunista sobre los males del capitalismo. Pero hizo que muchos trabajadores se aferraran a la seguridad de los partidos y sindicatos socialdemócratas establecidos. Fueron normalmente trabajadores jóvenes y los desempleados los que tomaron una orientación radical, pues las manifestaciones que se enfrentaban a la sangrienta represión policial constituían el único medio efectivo que los desempleados tenían de expresar su enfado. Por contra, los trabajadores con empleo tenían con frecuencia tanto miedo de perderlo que hacían caso de los llamamientos a la «moderación» lanzados por los líderes parlamentarios y sindicales.

Estos trabajadores también estaban descontentos. Cuando los patronos no les dejaban otra salida que la huelga, iban a ella de la manera más combativa. Pero normalmente reprimían un descontento que no expresaban hasta que sentían que tenían una oportunidad de luchar con éxito. Las escisiones creadas por la crisis en el seno de la clase dirigente consiguieron abrir de repente nuevas posibilidades para las luchas obreras, lo mismo que los repuntes en la economía, que, por breves que fueran, llevaban a los patronos a emplear a más trabajadores. Así, en los años que siguieron a 1929 se produjeron muchos recrudecimientos de formas combativas de lucha: el derrocamiento revolucionario de la monarquía española y una enorme revitalización del movimiento obrero; una sublevación revolucionaria en Cuba; un gran robustecimiento de la izquierda francesa que llevó a la formación de un gobierno del «Frente Popular» y la ocupación de las principales fábricas; y el nacimiento en los EEUU de un sindicalismo de masas que culminó con una ocupación de la mayor fábrica de automóviles del mundo, General Motors.

Pero en ninguna parte ocurrió esto inmediatamente a continuación del inicio de la crisis, sino con un retardo de dos, cuatro o seis años, y en ninguna parte simplemente disolvió de la noche a la mañana la influencia de las antiguas organizaciones socialdemócratas y sindicales. Como de costumbre, durante un tiempo hubo sectores de los líderes socialdemócratas que mantuvieron e incluso incrementaron su influencia adoptando un lenguaje mucho más izquierdista que antes. Los que simplemente denunciaron a estos líderes como «socialfascistas» fueron aislados de los trabajadores que los seguían.

Este fue el error cometido por los partidos comunistas durante casi seis años bajo la influencia de Stalin. Atrajeron a las personas radicalizadas por la crisis. Pero luego las condujeron a batallas que, aisladas de los estratos más amplios de trabajadores influidos por las organizaciones sindicales y socialdemócratas, no podían ganar. Una minoría de miembros del partido veteranos de mil batallas persistió en la lucha a pesar de las dificultades. Pero muchos, con frecuencia la mayoría, de los miembros arrojaron la toalla, sometidos por las penurias, el hambre y la victimización a manos de los patronos. Las cifras de afiliación a los partidos comunistas ponen esto de manifiesto. Entre 1928 y 1931, en Checoslovaquia los miembros del partido descendieron de 91.000 a 35.000, en Francia de 52.000 a 36.000, en los EEUU de 14.000 a 8.000, y en Gran Bretaña de 5.500 a 2.500[175].

El partido sí creció en otro país: Alemania. Los efectos de la crisis fueron allí más graves que en los EEUU, pues muchos de quienes perdieron sus empleos en la depresión habían perdido asimismo los ahorros en la inflación de sólo siete años antes, mientras que las altas tasas de interés castigaron muy fuertemente a las clases medias, los pequeños empresarios y los agricultores. En medio de sentimientos de insuperable crisis económica y social en toda la sociedad, entre 1928 y 1931 los afiliados al partido aumentaron de 124.000 a 206.000, y el voto comunista creció de 3,2 millones en 1928 a 4,6 millones en 1930 y a 5,9 millones en noviembre de 1932.

Pero una gran porción de los miembros del partido estaban desempleados. En 1930, un 51 por 100 de los miembros berlineses estaban en paro, frente a un 40 por 100 que trabajaba en las fábricas, y en 1931 sólo el 17 por 100 de los miembros del partido nacional estaban en condiciones de emprender activida-

---

[175] Cifras dadas, con sus fuentes, en P. Frank, *Histoire de l'Internationale Communiste,* París, 1979, p. 634.

des partidistas en sus lugares de trabajo[176]. Es más, la pérdida de miembros del partido fue increíblemente alta, alrededor del 40 por 100 en Berlín[177]. Mientras tanto, aunque los socialdemócratas perdieron votos, en noviembre de 1932 todavía obtuvieron 7,2 millones y el 84 por 100 de los puestos en los comités de fábrica, frente a sólo el 4 por 100 de los comunistas[178].

Al denunciar a los socialdemócratas como socialfascistas, los comunistas se aislaron de la masa de trabajadores que, aunque confusos, querían hacer algo en relación con la crisis económica y plantar cara a los nazis de Hitler. Las consecuencias de la obediencia a las instrucciones de Stalin no sólo dañaron al partido, sino que resultaron desastrosas para la humanidad.

El camino de Hitler al poder

Los partidos socialdemócratas de tipo laborista dominaban los gobiernos de los dos países más grandes de Europa en la época del *crack* de Wall Street en octubre de 1929. En Gran Bretaña, el laborista Ramsay MacDonald había formado un gobierno en minoría que a comienzos de año dependía del apoyo liberal, mientras que en Alemania el líder socialdemócrata Müller encabezaba una «gran coalición» formada el año anterior con los partidos burgueses «moderados».

Ningún gobierno tenía ni idea de cómo afrontar la crisis que los engulló en 1930. El aumento del paro comportó el de los gastos sociales. La reducción de la producción industrial causó una disminución de los ingresos fiscales. Los presupuestos gubernamentales comenzaron a entrar en déficit. La inestabilidad financiera se dejó sentir en ambos países: los banqueros estadounidenses exigieron la devolución de los créditos del «Plan Dawes» que a mediados de los años veinte habían incentivado la economía alemana, y los financieros comenzaron a especular contra el tipo de cambio internacional de la libra esterlina. Los directores de los bancos nacionales, Schacht en Alemania (nombrado cinco años antes como representante del ala liberal de la clase

---

[176] Cifras dadas en E. Rosenhaft, *Beating the Fascists, the German Communists and Political Violence, 1929-33,* Cambridge, 1983, pp. 44-45.

[177] Según un funcionario del partido citado en *ibid.,* p. 45.

[178] Cifras extraídas de *Rote Fahne,* 2 de febrero de 1932, citado en L. Trotsky, *Fascism, Stalinism and the United Front, 1930-34,* Londres, 1969, p. 39.

dirigente) y Montagu Norman en Gran Bretaña (miembro de la familia de banqueros Baring), les dijeron a sus gobiernos que redujeran el coste de los fondos de seguros con que se subsidiaba a los desempleados. Los gobiernos se vinieron abajo como consecuencia de la presión. En Alemania, el ministro de Hacienda –el antiguo economista «austromarxista» y socialdemócrata independiente Rudolf Hilferding– no pudo resistir, y el gobierno cayó a comienzos de 1930. En Gran Bretaña, MacDonald y su ministro de Hacienda, Philip Snowden, optaron por abandonar el Partido Laborista para unirse a los conservadores en un gobierno nacional.

En Gran Bretaña la crisis económica no fue tan fuerte como en Alemania o los EEUU. La industria británica seguía teniendo un acceso privilegiado a enormes mercados gracias al imperio. Los precios cayeron más rápidamente que los sueldos y salarios, y la clase media prosperó a pesar de lo que los trabajadores desempleados sufrieron en las antiguas zonas industriales del norte, Escocia y el sur de Gales. En el sector público, el gobierno nacional recortó los subsidios de desempleo y los salarios, lo cual provocó tumultos entre los desempleados, un breve motín en la armada y una oleada de descontento entre grupos como los maestros de escuela. Pero sobrevivió fácilmente a la crisis, derrotó ampliamente a un desmoralizado Partido Laborista en las elecciones generales de 1931 y 1935, y convenció al principal sector del capitalismo británico de que había una manera de salir de la crisis. En general, los miembros de la clase dirigente que en 1933 y 1934 estaban dispuestos a apoyar la rama británica del fascismo liderada por Oswald Mosley (por ejemplo, la familia Rothermere, cuyo *Daily Mail* declaró de manera infame: «Bien por los Camisas Negras»), en 1936 la habían abandonado.

En Alemania las cosas eran muy diferentes. El desempleo creció alrededor de un 50 por 100 más que en Gran Bretaña, y gran parte de la clase media sufrió un empobrecimiento extremo. La crisis provocó una ola de apoyo al Partido Nacionalsocialista (o Nazi) de Adolf Hitler. En 1930 sus votos aumentaron de 810.000 a más de seis millones, y luego se doblaron hasta alcanzar el 37,3 por 100 de todo el censo en 1932. Pero los nazis no eran simplemente (ni siquiera principalmente) un partido electoral. En el núcleo de su organización había combatientes callejeros paramilitares –las SA o Tropas de Asalto– que a finales de 1930 contaban con 100.000 efectivos y a mediados de 1932 con 400.000. Estos matones armados se dedicaban a luchar contra los que consideraban los culpables de la crisis social, y atacaban por un lado al capital financiero supuestamente «judío» y a un movimiento de la clase obrera supuestamente «judío», «marxista», por otro. Era la existencia de esta fuerza armada, dispuesta al combate por el control de las calles y a la conquista de todas las demás organizaciones sociales, lo que distinguía al nazismo y al fascismo de los partidos burgueses establecidos.

La primera organización de este tipo con éxito fue la creada por Mussolini en Italia después de 1920. Sus miembros estaban unidos por una intensa ideología nacionalista más que antijudía: algunos de los líderes fascistas, como el alcalde de Roma de mediados de los años veinte, eran judíos, y el antisemitismo no se incorporó a la ideología fascista hasta después de la alianza con Hitler a finales de los años treinta. Pero en otros respectos Mussolini marcó el rumbo que Hitler iba a seguir.

El partido de Hitler había adquirido relevancia por primera vez en la crisis del año 1923, con la ocupación francesa del Ruhr y la gran inflación. Estaba en el centro del círculo de organizaciones terroristas de derechas, grupos antisemitas y antiguos miembros del *Freikorps* reunidos en la ciudad bávara de Múnich. Pero en noviembre de 1923 un intento de hacerse con el poder en la ciudad fracasó estrepitosamente, y el partido entró en decadencia con la desaparición de la situación de crisis. En 1927-1928 el partido de Hitler era una fuerza marginal desde el punto de vista electoral, apenas contaba con unos miles de afiliados y sus líderes estaban inmersos en constantes peleas. Luego, fue el estallido de la crisis económica mundial el que le dio un enorme impulso.

Cantidades crecientes de personas se pasaron al bando de Hitler procedentes de los partidos burgueses «moderados», pues estos apoyaban a gobiernos responsables de un periodo de crisis que estaba llevando a la pobreza y la bancarrota no sólo a los trabajadores, sino a muchos otros de sus partidarios de clase media. En la pequeña ciudad de Thalburg, por ejemplo, en el lapso de tres años el voto nazi pasó de 123 a 4.200, a expensas de los otros partidos burgueses[179].

Como los fascistas italianos, los nazis constituían un partido de las clases medias. Una gran proporción de sus miembros antes de que Hitler subiera el poder eran autónomos (17,3 por 100), empleados de cuello blanco (20,6 por 100) o funcionarios civiles (6,5 por 100). La representación de todos estos grupos en el Partido Nazi era entre un 50 y un 80 por 100 superior a lo que

[179] W. S. Allen, *The Nazi Seize of Power: The Experience of a Single German Town, 1930-35,* Chicago, 1965, p. 292.

suponían en la población en su conjunto, y a todos ellos se los tenía por socialmente mucho más privilegiados de lo que se los tendría hoy en día. Hubo trabajadores que se unieron a los nazis, pero en una proporción alrededor de un 50 por 100 inferior a la que suponían en la población en su conjunto[180]. Los nazis sí obtuvieron algunos votos de la clase trabajadora. Pero en buena medida eran los votos de trabajadores agrícolas en zonas como Prusia Oriental, donde los intentos de sindicalización producidos después de la guerra habían sido sofocados y apenas existían tradiciones de política de clase obrera; los votos de trabajadores de pequeñas ciudades, donde mayor era la influencia de las clases medias; o los votos de los desempleados, que estaban atomizados y se sentían a veces atraídos por las contraprestaciones y beneficios aparejados a la afiliación al partido nazi, y especialmente a las SA[181]. Esto hace absurdos los intentos de negar el carácter de clase media del nazismo, como Michael Mann hace, por ejemplo, cuando afirma que «los estudios muestran sólo una baja correlación entre el voto nazi y la clase»[182].

Pero ¿por qué a las clases medias les atrajeron los nazis y no la izquierda? En parte esto tenía que ver con décadas de adoctrinamiento antisocialista. A los trabajadores autónomos y de cuello blanco se les había hecho creer que eran superiores a los trabajadores manuales y, a medida que la crisis arreciaba, trataron de aferrarse a lo que les separaba de la masa de trabajadores. Su descontento con los gobiernos y los financieros se correspondía con el miedo que les producía la masa de trabajadores que se hallaba justo por debajo de ellos. Sin embargo, esto no había impedido que en el periodo revolucionario de 1918-1920 muchos de ellos aceptaran la idea de que era inevitable alguna clase de cambio socialista.

El otro factor que intervenía en la situación era el comportamiento de la izquierda misma. Los socialdemócratas alemanes no aprendieron nada de la experiencia de sus predecesores italianos. En lugar de eso, repetían *ad nau-*

---

[180] En J. Noakes y G. Pridham, *Nazism 1919-1945, Volume 1, The Rise to Power 1919-34,* Exeter, 1983, pp. 84-87, se encuentra un desglose completo de las cifras de afiliación nazi por clase y edad.

[181] Véase, por ejemplo, M. H. Kele, *Nazis and Workers,* North Carolina, 1972, p. 210. Mühlberger, que trata de negar que los nazis tuvieran una base de clase media, admite que su atractivo para los trabajadores se daba sobre todo entre trabajadores rivales y desempleados. Véase D. Mühlberger, *Hitler's Followers,* Londres, 1991, pp. 165, 177, 295.

[182] M. Mann, «As the Twenty Century Ages», *New Left Review* 214 (noviembre-diciembre de 1995), p. 110.

seam que «Alemania no es Italia». Kautsky insistía en esto en 1927, afirmando que en un país industrial avanzado el fascismo nunca podría repetir el éxito italiano de «conseguir que [...] grandes cantidades de elementos lumpen estuvieran dispuestos a servir fines capitalistas»[183]. Hilferding seguía repitiendo el mismo mensaje unos cuantos días antes de que Hitler asumiera el poder en enero de 1933. Ateniéndose a la Constitución alemana, decía, los socialdemócratas habían obligado a los nazis a mantenerse en el terreno de la «legalidad», la cual los derrotaría... según puso de manifiesto la negativa del presidente Hindenburg a la petición de Hitler de formar un gobierno el verano anterior. «Después de la tragedia italiana viene la farsa alemana. [...] Marca el desmoronamiento del fascismo», sostenía[184].

El hincapié en el constitucionalismo llevó a los líderes socialdemócratas a seguir una política de «tolerancia» hacia los gobiernos que se sucedieron mientras la crisis empeoraba después de que ellos mismos abandonaran el poder en 1930. Estos gobiernos, liderados primero por Brüning, luego por Von Papen y finalmente por Von Schleicher, nunca contaron con un apoyo mayoritario en el Parlamento y siempre dependieron del poder reservado al presidente de gobernar por decreto. Sus medidas llevaron a sucesivos ataques a la situación de los trabajadores y las clases medias-bajas –un decreto de Brüning impuso un recorte salarial del 10 por 100–, pero no consiguieron detener el deterioro de la economía y la penuria que lo acompañó. Con su política de «tolerancia» los socialdemócratas estaban diciendo, en efecto, que todo lo que podían ofrecer era penuria y hambre. Dejaron abierto el campo para que los nazis recabaran el apoyo de aquellos que abandonaban a los antiguos partidos burgueses.

Los socialdemócratas parecieron hacerse a un lado para facilitar las cosas a Hitler. Crearon una especie de organización de autodefensa, la *Reichsbanner,* compuesta por militantes y miembros de asociaciones deportivas y organizaciones juveniles socialistas. Tenía la capacidad de movilizar a cientos de miles de personas. Sin embargo, insistían en que sus propósitos eran sólo defensivos, para el caso de que los nazis violaran la Constitución: un momento que nunca llegó. También controlaban el gobierno del Estado prusiano y, con este, una gran fuerza policial bien armada. En Berlín habían utilizado a

---

[183] K. Kautsky, «Force and Democracy», trad. ingl. en D. Beetham, *Marxists in the Face of Fascism,* Mánchester, 1983, p. 248.

[184] R. Hilferding, «Between the Decisions», trad. ingl. en D. Beetham, *op. cit.,* p. 261.

la policía para disparar contra manifestantes liderados por comunistas el Primero de Mayo de 1929, cuando mataron a 25 personas, y en 1930 y 1931 prohibieron las manifestaciones nazis en toda Prusia. Pero su constitucionalismo los llevó a abandonar esta arma cuando en el verano de 1932 la amenaza nazi alcanzó un punto máximo. En las elecciones presidenciales de ese año no presentaron un candidato propio, sino que instaron a sus partidarios a votar al anciano Hindenburg, que luego les pagó llegando a un acuerdo con Von Papen, el cual estaba negociando en secreto con Hitler para dictar un decreto que derrocara el gobierno socialdemócrata en Prusia. Los socialdemócratas lo obedecieron dócilmente y abandonaron lo que habían afirmado que constituía el baluarte más fuerte contra el nazismo. Las tropas de asalto de las SA tenían ahora las manos libres para desfilar sin cortapisas, con lo cual crearon la impresión de un dinámico movimiento todopoderoso que de alguna manera podía acabar con las condiciones que hacían tan difícil la vida y sacar a la oposición de las calles. Difícilmente podría haberse dado un contraste mayor con la parálisis de los socialdemócratas frente a la peor depresión jamás conocida.

Nada tiene de extraño que entre los activistas socialdemócratas cundiera el desconcierto. Como el historiador del ascenso del nazismo en la ciudad de Thalburg escribe de los socialdemócratas, a comienzos de 1933

> […] muchos daban por descontado un asalto del poder por parte de los nazis. Planeaban luchar, pero ya no estaba claro por qué luchaban. ¿Por la república del general Von Schleicher o Von Papen? ¿Por la democracia gobernada a golpe de decreto gubernamental? Durante el gris enero de 1933, el SPD de Thalburg no organizó ningún mitin ni auspició ningún discurso. ¿Qué decir?[185].

La inmovilidad de los socialdemócratas dejó el campo libre a los nazis. Pero los nazis no podían haber llegado al poder sin el respaldo de su apoyo electoral. El porcentaje mayor de votos que obtuvieron en elecciones libres fue del 37,1 por 100, y en realidad entre julio y noviembre de 1932 perdieron dos millones de votos. Incluso con Hitler como canciller y la intimidación masiva de la oposición, en marzo de 1933 sólo lograron el 43,9 de los votos. A finales de 1932, Goebbels se lamentaba en su diario de que el fracaso de los

---

[185] W. S. Allen, *op. cit.*, p. 142.

nazis en tomar el poder estaba causando desmoralización en las bases, con miles de bajas entre sus miembros.

Lo que les dio a los nazis el poder fue la decisión de representantes clave de la clase dirigente alemana de entregárselo. Desde hacía tiempo, había sectores de las grandes empresas que financiaban a los nazis, a los que veían como un útil contrapeso de la izquierda y los sindicatos. El magnate de la prensa Hugenburg había «aliviado […] los dilemas financieros […] de Hitler […] en sus primeros años»[186]. En 1931, Fritz Thyssen, un importante industrial del Ruhr, era «un entusiasta partidario de los nazis»[187], y el antiguo director del banco nacional Schacht se mostraba cada vez más comprensivo con ellos[188].

Pero hasta 1932 los principales sectores del capitalismo alemán habían apoyado a dos partidos más o menos bajo su control directo: los grandes industriales respaldaban al Partido Popular Alemán (sucesor del Partido Liberal Nacional de preguerra), y Hugenburg y los grandes terratenientes respaldaban al Partido Nacional Alemán. Desconfiaban del Partido Nazi porque gran parte de sus empobrecidas bases de clase media –y algunos de sus líderes– no sólo atacaban a las organizaciones «marxistas» de los trabajadores, sino que también llamaban a una «revolución nacional» dirigida contra las grandes empresas.

Cuando sus beneficios se vieron disminuidos por la gran depresión, hubo sectores del capital que comenzaron a cambiar de opinión. Incluso la mayoría de los industriales, que no financiaban a Hitler y desconfiaban de un movimiento que había crecido independientemente de ellos entre la empobrecida clase media, comenzaron a sentir que podían utilizar a los nazis para sus propios fines. Como un estudio concluye:

> La gravedad cada vez mayor de la depresión convenció a la mayoría de los líderes de la clase alta de que el Tratado de Versalles tenía que eliminarse, de que las reparaciones tenían que suspenderse, y de que para superar la depresión había que acabar con el poder de la clase trabajadora. […] En el verano de 1931, los líderes de los grandes empresarios adoptaron la definición de la

---

[186] A. Schweitzer, *Big Business in the Third Reich,* Bloomington, 1963, p. 107.

[187] J. Noakes y G. Pridham, *op. cit.,* p. 94.

[188] Como admite H. A. Turner, que por lo general se muestra escéptico sobre las afirmaciones de que Hitler debía su poder al apoyo de la gran empresa, en H. A. Turner, *German Big Business and the Rise of Hitler,* Nueva York, 1985, p. 243.

República de Weimar como un «sistema del deshonor», y llamaron a una «dictadura nacional»[189].

Tales opiniones las compartían los industriales del Ruhr, los grandes terratenientes y la mayor parte de los oficiales de las fuerzas armadas. En muchos respectos estaban también próximos a la política impulsada por Hitler. La cercanía aumentó cuando Hitler depuró a Otto Strasser, el defensor más categórico de la propuesta de una «revolución nacional», tomó parte en una conferencia conjunta con el Partido Nacional, el Partido del Pueblo, los industriales y grupos de terratenientes en Harzburg en septiembre de 1931, y luego «se dirigió a los capitanes de la industria del Ruhr» en enero de 1932[190].

Los industriales estaban cada vez más seguros de que Hitler no perjudicaría sus intereses, mientras que algunos veían sus Tropas de Asalto como una herramienta útil para aplastar el movimiento obrero. En otoño de 1932, la mayoría de los industriales creía que los nazis tenían que estar en el gobierno si este había de ser lo bastante poderoso para aplicar las políticas que ellos deseaban y debilitar la resistencia de la clase trabajadora. Seguían divididos sobre cómo exactamente de importante había de ser la presencia nazi. La mayoría quería que los puestos clave estuvieran en manos de políticos de los antiguos partidos burgueses en los que ellos confiaban, como Von Papen. Sólo una minoría propugnaba en aquella época que se pusiera a Hitler al mando. En su opinión, necesitaban a Hitler como perro guardián para la protección de sus propiedades y, como a cualquier perro guardián, había que atarlo corto. Pero Hitler no aceptó esto, y el estado de ánimo de los grandes empresarios comenzó a cambiar cuando el gobierno del jefe militar Von Schleicher demostró ser incapaz de satisfacer sus demandas. Aunque el antiguo cabo con ínfulas y lenguaje brutal no contaba con muchos entusiastas entre la elite industrial, estos comenzaron a aceptar que él era el único al frente de las fuerzas necesarias para restaurar la estabilidad burguesa. El mismo Von Papen mantuvo una reunión con Hitler en casa de un banquero. Unos días después le dijo al embajador británico: «Sería un desastre que el

---

[189] A. Schweitzer, *op. cit.,* p. 95.

[190] Véase *ibid.,* pp. 96-97, 100. Turner sostiene que los principales industriales del Ruhr eran más fríos con Hitler de lo que los reportajes periodísticos afirman. Pero sí admite que Hitler se dirigió a una audiencia de influyentes empresarios. Véase H. A. Turner, *op. cit.,* p. 172.

movimiento de Hitler se derrumbara o fuera aplastado, pues, después de todo, los nazis son el último baluarte que queda contra el comunismo»[191].

Los grandes terratenientes, los partidarios de Hitler entre los grandes empresarios como Schacht y Thyssen, y sectores del alto mando militar ya estaban presionando al presidente, Hindenburg, para que resolviera la crisis política nombrando a Hitler canciller. Von Papen añadió a esa presión su peso y el de los grandes intereses industriales que confiaban en él. Todavía había importantes sectores de la industria que tenían sus dudas, pero no opusieron ninguna resistencia a esta solución, y una vez Hitler asumió el poder, se mostraron muy dispuestos a financiar las elecciones que él convocó a fin de aumentar sus apoyos parlamentarios (y superar la crisis en las bases nazis)[192]. Hitler no habría ido a ninguna parte si no hubiese sido capaz de organizar un movimiento de masas de las clases medias, hasta cierto punto en oposición a las preferencias políticas inmediatas de importantes sectores de los grandes empresarios alemanes. Pero, a fin de cuentas, estos consideraron que era mejor que él asumiera el poder que continuar con la inestabilidad política; y, por supuesto, mucho mejor que su hundimiento y un cambio de la política alemana hacia la izquierda.

Hitler subió al poder el 31 de enero de 1933. Muchos partidarios de los socialdemócratas querían luchar. Braunthal habla de

> [...] las más impresionantes manifestaciones de la voluntad de resistir de los obreros alemanes. La tarde y la noche del 30 de enero, en las ciudades alemanas hubo espontáneas y violentas manifestaciones masivas de trabajadores. Delegaciones de las fábricas [...] de todas partes del país llegaron aquel mismo día a Berlín a la espera de órdenes de combatir[193].

Sin embargo, los líderes del SPD decidieron que Hitler había llegado al poder «constitucionalmente», y que ¡sus seguidores no debían hacer nada! Su diario *Vorwärts* alardeó: «Frente al gobierno y sus amenazas de golpe de Estado, los socialdemócratas y el Frente de Hierro se mantienen firmes en su

---

[191] Citado en F. L. Carsten, *Britain and the Weimar Republic,* Londres, 1984, pp. 270-271.

[192] Ni siquiera Turner puede ponerle pegas a esta explicación de la secuencia de acontecimientos. Para otras fuentes, véase I. Kershaw (ed.), *Why Did Weimar Fail?,* Londres, 1990, y P. D. Stachura, *The Nazi Machtergreifung,* Londres, 1983. Para una perspectiva general de todos los argumentos desde el punto de vista marxista, véase el excelente *The Nazis, Capitalism and the Working Class,* de D. Gluckstein, Londres, 1999, cap. 3.

[193] J. Braunthal, *History of the International,* vol. II, Londres, 1966, p. 380.

apoyo a la Constitución y la legalidad»[193a]. El partido dedicó sus esfuerzos a impedir la resistencia "prematura" al nuevo régimen.

El deseo de resistencia entre los socialdemócratas de base fue un sentimiento del que el Partido Comunista podría haberse aprovechado durante los tres años anteriores. Pero desde 1929 hasta 1933, por estupidez o por deferencia a Stalin, sus líderes se habían negado a demandar que los líderes socialdemócratas se sumaran a un frente unido para pararles los pies a los nazis. Los individuos que comenzaron a dudar de esa política fueron separados de sus puestos de influencia. El último absurdo se había producido durante el verano de 1931. Los nazis habían organizado un referéndum para derribar el gobierno socialdemócrata en Prusia, y los líderes comunistas, siguiendo órdenes de Stalin, habían declarado que este era un «referéndum rojo», ¡y ordenaron a sus miembros hacer campaña por el «sí»! Es difícil imaginar un gesto más calculado para impedir que los socialdemócratas de base consideraran a los comunistas como una forma de resistencia a los nazis.

Esto no significa que los comunistas fueran una especie de aliados de los nazis, como a veces se ha sostenido. En lugares como Berlín, grupos comunistas libraron día tras día desesperadas batallas callejeras contra los nazis[194]. Pero lo hicieron sin contar con una base más amplia de apoyo.

Como la cobardía de los socialdemócratas, la locura de los líderes comunistas persistió aun después de que Hitler subiera al poder. No aprendieron de lo que había sucedido en Italia y creyeron que los nazis actuarían como cualquier otro gobierno burgués en el poder. Insistían en que la dictadura nazi era fundamentalmente inestable y probablemente de corta vida[195]. Su consigna era: «Después de Hitler, nosotros». En Moscú, el periódico del partido, *Pravda,* hablaba del «creciente éxito del Partido Comunista alemán», mientras que Radek, un antiguo miembro de la Oposición de Izquierda que ahora estaba completamente a merced de Stalin, escribió en *Izvestia* sobre una «derrota como la derrota en el Marne» para los nazis[196].

En línea con esta perspectiva, a los activistas comunistas en Alemania se les ordenó mantener la ofensiva, con reparto de panfletos y apoyando la resis-

---

[193a] Edición vespertina de *Vorwärts* del 30 de enero de 1933, citada, por ejemplo, en E. B. Wheaton, *The Nazi Revolution 1933-1935,* Nueva York, 1969, p. 223.

[194] E. Rosenhaft, en *op. cit.,* da una excelente explicación de esto.

[195] Véase A. Merson, *Communist Resistance in Nazi Germany,* Londres, 1986, p. 29.

[196] Citado en J. Braunthal, *op. cit.,* p. 383.

tencia al nuevo gobierno. Pero el hitlerismo difería de otros gobiernos burgueses precisamente porque tenía una masa de partidarios dispuestos a tomar medidas enérgicas contra cualquier elemento de la resistencia de la clase trabajadora, partidarios que emprendieron una cacería de militantes, se aseguraron de que los patronos despidieran a los sindicalistas y se unieron a la policía secreta para destrozar los centros de oposición al régimen. Cualquiera que firmara una petición era muy probable que recibiera una paliza de las SA y fuera detenido por la policía.

Al cabo de unos días, las fuerzas paramilitares de los nazis se estaban integrando en la maquinaria estatal. Las Tropas de Asalto de las SA y la policía colaboraban en el acoso a los partidos de la clase trabajadora. Luego, el 27 de febrero, los nazis utilizaron un incendio en el Reichstag como excusa para prohibir el Partido Comunista, suprimir su prensa y encerrar a 10.000 de sus miembros en campos de concentración.

La cobarde estupidez de los líderes socialdemócratas persistió hasta el final. Creían que la represión dirigida contra los comunistas apenas les afectaría a ellos, y expulsaron a los miembros que hablaban de resistencia clandestina. Los líderes sindicales llegaron a prometer la cooperación con los nazis en la conversión del Primero de Mayo en un «día del trabajo nacional». El 2 de mayo los nazis confinaron también a estos líderes en campos de concentración.

Entre el ascenso de Hitler al poder y el estallido de la guerra en 1939, unas 225.000 personas fueron condenadas a penas de cárcel por delitos políticos, y se calcula que «hasta un millón de alemanes sufrieron, durante un periodo más o menos largo, las torturas y vejaciones de los campos de concentración»[197].

Las organizaciones obreras no fueron las únicas que sufrieron. Tras conseguir el apoyo de los partidos de los grandes empresarios –el Partido Nacional y el Partido del Pueblo– para su ataque contra los comunistas, los socialdemócratas y los sindicatos, Hitler se volvió contra estos, y los obligó a disolverse y a aceptar el Estado de partido único nazi. Empleó el terror estatal para destruir la independencia de toda clase de organizaciones, por más respetables y de clase media que fueran: grupos de abogados, asociaciones profesionales, incluso los *boy scouts,* se pusieron en el punto de mira. Si alguno de ellos oponía resistencia, la policía política –la Gestapo– se llevaba a algunos de los miembros más activos a los campos de concentración. El miedo silenció cualquier desacuerdo con las políticas totalitarias.

---

[197] A. Merson, *op. cit.,* p. 61.

El poder nazi, sin embargo, siguió basándose en un acuerdo directo con los grandes empresarios y los oficiales del ejército. Estos quedaron relativamente ajenos a la violencia nazi, con las manos libres para obtener beneficios o expandir su capacidad militar, mientras que a los nazis se les entregaba el control sobre los medios de represión y toda la vida política. La alianza se selló con sangre un año después, en la «Noche de los Cuchillos Largos», cuando Hitler utilizó su propia escolta, las SS, para asesinar a los líderes de las SA cuyo discurso sobre una «segunda revolución» preocupaba a los generales e industriales. A cambio, estos permitieron a Hitler asumir la presidencia y concentrar todo el poder político en sus manos.

VII

La esperanza estrangulada: 1934-1936

La escala de la victoria nazi en Alemania produjo ondas expansivas en toda Europa. Casi de la noche a la mañana, había desmantelado el movimiento de la clase obrera más poderoso del mundo. Fue una lección que las fuerzas de derechas en otras partes aprendieron rápidamente y que las organizaciones obreras tuvieron que tratar de digerir, algo muy difícil para los líderes que habían insistido en la inviolabilidad de un planteamiento constitucionalista o la inminencia de una victoria comunista.

Viena, 1934

Los primeros movimientos concertados de la derecha para copiar algunos de los métodos de Hitler se dieron en 1934 en Austria, Francia y España. La clase dirigente austriaca había tolerado que los socialdemócratas presidieran gobiernos de coalición en los años inmediatamente posteriores al desmoronamiento de su imperio en 1918-1919, pues en los estados vecinos seguía habiendo insurrecciones revolucionarias, y en Austria misma vigorosos consejos de trabajadores y soldados que sólo los socialdemócratas podían impedir que aspiraran al poder. Como un socialdemócrata austriaco escribió más tarde: «Los partidos austriacos de clase media eran casi impotentes, y la tarea de defender la democracia austriaca correspondió a los socialdemócratas»[198].

---

[198] A. Sturmthal, *The Tragedy of European Labour 1918-39,* Londres, 1944, p. 51 [ed. cast.: *La tragedia del movimiento obrero,* México, Fondo de Cultura Económica, 1945, p. 75].

Una vez sofocados los levantamientos, los socialdemócratas abandonaron el gobierno y se concentraron en el empleo de su control del consejo municipal de Viena para mejorar las condiciones de vida de los trabajadores. Viena era un bastión del partido, que tenía 600.000 miembros en un país con una población urbana adulta total de sólo tres millones, y obtuvo el 42 por 100 de los votos en las elecciones nacionales.

Pero los políticos católicos de derechas dominaban en el campo y tenían la mayoría en el Parlamento. Inspirados por el éxito de Mussolini en Italia, a finales de los años veinte habían establecido una fuerza paramilitar, la *Heimwehr,* cuyos enfrentamientos con la fuerza de defensa de los socialdemócratas, el *Republikanischer Schutzbund,* iban en aumento.

La victoria de Hitler en Alemania estimuló la confianza de los fascistas austriacos, aunque también los dividió en dos bandos: los que querían que Austria se fundiera con Alemania y los que deseaban un Estado católico aliado con Italia. En marzo de 1933, el líder de este segundo grupo, Dollfuss, aprovechó la situación para prescindir del Parlamento y gobernar por decreto.

Dollfuss actuó en apariencia contra los nazis proalemanes, pero su principal objetivo era el movimiento obrero:

> El cuerpo de defensa socialista fue disuelto; la ciudad de Viena, administrada por los socialistas, se vio arbitrariamente despojada de una parte considerable de sus ingresos; a los obreros socialistas se les ordenó, bajo amenaza de perder sus empleos, afiliarse al nuevo partido de Dollfuss, el Frente Patriótico. [...] Dollfuss anunció oficialmente su plan de abolir la democracia parlamentaria para siempre y reconstruir Austria como un Estado cristiano, corporativo y federal[199].

Después de 1919, los socialdemócratas austriacos habían alardeado de que eran más izquierdistas y estaban más dispuestos a combatir a la derecha que los socialdemócratas alemanes. También alardearon de que este era el motivo de que los comunistas apenas hubieran conseguido aumentar en Austria y de que el movimiento de la clase trabajadora en ese país no estuviera debilitado por la división, como el de Alemania. Pero su respuesta al golpe de Dollfuss fue no hacer nada.

---

[199] A. Sturmthal, *op. cit.,* p. 172 [ed. cast. cit.: p. 246].

Su posición era sólida. La fuerza de la clase trabajadora se había puesto de manifiesto sólo unos días antes, cuando los trabajadores ferroviarios habían obtenido una clara victoria en una huelga general. Pero los socialdemócratas esperaban que Dollfuss formara de alguna manera un frente antinazi con ellos. A sus miembros les dijeron que estuvieran preparados para la acción, pero que no hicieran nada «prematuro».

La situación fue alargándose sin cambios durante once meses, en los que Dollfuss lanzó ataques selectivos pero sistemáticos y los socialdemócratas siguieron diciéndoles a sus partidarios que tuvieran paciencia. En una reunión de 1.000 delegados de fábrica celebrada en Viena, un líder socialdemócrata rechazó los llamamientos a la acción inmediata diciendo: «Mientras exista una mínima posibilidad de evitar los horrores de una guerra civil, el honor y la conciencia nos obligan a explorarla»[200]. Como el socialdemócrata Braunthal recordaba:

> Los trabajadores austriacos se sintieron profundamente decepcionados y desanimados. El sentimiento de desolación se hizo tanto más hondo por la táctica evasiva de la ejecutiva del partido ante la creciente marea del fascismo austriaco[201].

A Dollfuss se le dejaron las manos libres para actuar decididamente contra los socialistas en el momento en que le pareció bien. Lo hizo el 12 de febrero de 1934, después de que su segundo hubiera declarado: «Vamos a comenzar a limpiar Austria. Y lo haremos a fondo»[202].

> De madrugada, la policía procedió a una requisa de armas en la sede del Partido Socialista de Linz. Los obreros apostados en el edificio opusieron resistencia. Comenzaron los tiroteos. Tres horas más tarde, los electricistas vieneses se declararon en huelga: la señal convenida para la huelga general. Entonces comenzaron los tiroteos en Viena. La guerra civil había estallado.
>
> Duró cuatro días. Toda la mala suerte imaginable parecía haberse acumulado contra la clase obrera. Una pequeña minoría de obreros socialistas, en

---

[200] Discurso citado por Julius Braunthal, en aquellos tiempos uno de los principales activistas socialdemócratas en Viena, en J. Braunthal, *In Search of the Millenium,* Londres, 1945, p. 280.

[201] *Ibid.,* p. 280.

[202] Citado en A. Sturmthal, *op. cit.,* p. 176 [ed. cast. cit.: p. 252].

su mayor parte miembros del Cuerpo de Defensa Republicana [el *Republika-nischer Schutzbund*], se levantó en armas [...] en la medida en que había armas disponibles. [...] La llamada a la huelga general resultó imposible difundirla porque se habían olvidado de acordar de antemano con los electricistas posibilitar el uso de las imprentas socialistas. Las masas obreras simpatizaron con los combatientes del Cuerpo de Defensa Republicana, pero no fueron a la huelga. Desalentados, desmoralizados, siguieron trabajando, mientras cerca de ellos unos puñados de socialistas eran diezmados por las balas de cañón y ametralladora. [...] Hacia el 16 de febrero, todo había terminado. Once insurgentes [...] fueron ahorcados. [...] El movimiento obrero austriaco pasó a la clandestinidad[203].

A pesar de la derrota, el hecho de que el movimiento obrero austriaco acabara luchando contra el fascismo y no simplemente se rindiera, como en Alemania, constituyó una inspiración para los antifascistas de otros países. «Mejor Viena que Berlín» se convirtió en una consigna en torno a la cual en muchos partidos socialdemócratas cristalizó una nueva ala izquierda.

En la propia Austria, los seguidores de Dollfuss mantuvieron el poder durante cuatro años con un régimen en ocasiones descrito como «clerofascista». Luego, en 1938, Mussolini firmó un pacto con Hitler, las tropas alemanas se apoderaron del país entre vítores de las multitudes de clase media y se inició una completa nazificación.

Los acontecimientos en Alemania habían demostrado que el movimiento obrero no conseguiría detener al fascismo a menos que estuviera dispuesto a luchar de una manera unida. Austria puso de manifiesto que sólo la unidad no sería suficiente: tenía que haber disposición a luchar.

Francia y el Frente Popular

En febrero de 1934, París también parecía al borde de la guerra civil. Sucesivos gobiernos del centrista Partido Radical habían respondido a la crisis económica mundial con políticas deflacionistas que recortaban los ingresos de los empleados del sector público y los ingresos de los campesinos, los cuales seguían constituyendo la mayoría de la población. Al mismo tiempo, figu-

---

[203] A. Sturmthal, *op. cit.,* p. 177 [ed. cast. cit.: pp. 252-235].

ras importantes del partido del gobierno se habían visto implicadas en una serie de escándalos bancarios.

El descontento popular produjo una creciente atmósfera de desorden, con protestas de los funcionarios civiles, manifestaciones de los pequeños comerciantes y los pequeños empresarios, y violentas acciones de masas de los campesinos. La extrema derecha, organizada en torno a diversas «ligas» paramilitares, consiguió sacar partido de esto: realizaba desfiles callejeros y, con su combinación de nacionalismo, ultracatolicismo, denuncia de los financieros «corruptos» y antisemitismo, atrajo cada vez más apoyo de la clase media.

A comienzos de 1934, la extrema derecha tenía esperanzas de emular la victoria de Hitler un año antes. El 6 de febrero sus organizaciones convocaron una enorme manifestación en París contra el gobierno «a la izquierda del centro» recientemente formado por Édouard Daladier, del Partido Radical. Su objetivo era invadir la Cámara de los Diputados y forzar la sustitución de Daladier por un gobierno de derechas, lo cual les abriría la puerta del poder a ellos mismos.

Siguió una noche de encarnizadas luchas, en las que los disparos intercambiados por los manifestantes y la policía produjeron un total de 15 muertos y 1.435 heridos. Daladier dimitió al día siguiente ante el temor de no poder mantener el orden, y lo sustituyó un radical «a la derecha del centro». La extrema derecha había demostrado tener capacidad para «deshacer» un gobierno por la fuerza, y Francia parecía condenada a correr la misma suerte que Italia y Alemania.

La izquierda francesa había parecido hasta entonces tan incapaz de responder como la izquierda de otras partes. El Partido Socialista (SFIO) toleró al Partido Radical en el gobierno, en buena medida de la misma manera en que los socialdemócratas habían tolerado a Bruning. Los comunistas repitieron el absurdo del «tercer periodo», según el cual el Partido Socialista era «socialfascista»: el 3 de febrero, cuando la movilización de derechas se hacía más violenta, el periódico comunista *L'Humanité* titulaba «Que no cunda el pánico», mientras que el 5 de febrero declaró que la elección era entre «la peste y el cólera»[204]. Cuando el 9 de febrero llamó a una protesta que produjo encarnizados combates con la policía y nueve muertes, lo hizo por su cuen-

---

[204] J. Jackson, *The Popular Front in France, Defending Democracy 1934-38,* Cambridge, 1990, p. 28.

ta y afirmando que la manifestación era contra los fascistas y los «asesinos» del caído gobierno de Daladier[205].

El 12 de febrero, la principal federación sindical, la CGT, llamó a una huelga general, y el Partido Socialista convocó por separado una manifestación. Sólo en el último minuto decidió el Partido Comunista manifestarse también, pero separadamente de las otras organizaciones. No estaba en absoluto claro lo que ocurriría cuando las manifestaciones se encontraran. La gente temía que acabaran luchando entre sí, como había sucedido en el pasado. En lugar de eso, cuando coincidieron, las personas se pusieron a cantar las mismas consignas antifascistas y se fundieron en una única manifestación. Según una versión, «este encuentro desencadenó un entusiasmo delirante, una explosión de gritos de alegría. Aplausos, cánticos, gritos de "¡Unidad! ¡Unidad!"»[206].

El éxito de la huelga general y la manifestación unitaria detuvo el avance de la derecha. Un acuerdo formal entre comunistas y socialistas benefició electoralmente a todos ellos a expensas de los radicales. Al mismo tiempo, una fusión entre la CGT y una escisión liderada por los comunistas produjo algún crecimiento en la afiliación sindical. Los comités antifascistas se multiplicaron por todo el país para poner coto al control de las calles por parte de la derecha.

Luego el Partido Comunista fue más allá en su cambio de política. Llamó a un pacto no solamente con los socialistas, sino también con el Partido Radical, con el argumento de que, aunque era un partido burgués, defendía el mantenimiento de la república. Cuando el «Frente Popular» de socialistas, comunistas y radicales obtuvo una clara mayoría en las elecciones de mayo de 1936, proclamó esto como una prueba definitiva de lo atinado de su planteamiento. Desde luego, a la izquierda le fue bien desde el punto de vista electoral. Por primera vez, los socialistas eran el partido mayoritario en la asamblea, mientras que la representación comunista pasó de los 10 a los 76 escaños. El líder socialista Léon Blum consiguió formar un gobierno en el que participaban 18 socialistas y 13 radicales. Los comunistas no estaban en el gobierno, pero lo votaron en la asamblea.

Sin embargo, el estado de ánimo en las calles y los lugares de trabajo era mucho más impresionante que el gobierno socialista-radical: después de todo, ambos partidos habían obtenido bastantes escaños en el Parlamento

---

[205] J. Jackson, *op. cit.*, p. 28.
[206] *Ibid.*, pp. 5-6.

para haber formado un gobierno así en cualquier momento de los cuatro años anteriores. Una serie de enormes manifestaciones de izquierdas culminó con 600.000 personas conmemorando la Comuna de París. La mayor ola de huelgas jamás conocida en Francia había comenzado incluso antes de que el gobierno de Blum jurara sus cargos. Lo que se inició como un goteo de huelgas breves y aisladas pero victoriosas en diferentes partes de Francia –Le Havre, Toulouse, Courbevoie– se convirtió de repente en un poderoso movimiento el 26 de mayo, cuando los trabajadores de las fábricas de motores en los suburbios de París fueron a la huelga y ocuparon sus plantas. El 28 de mayo, la enorme planta de Renault en Billancourt, París, fue escenario de una huelga y una ocupación en la que al final de la semana ya participaban 70.000 trabajadores. Tras una tregua durante el día festivo de Pentecostés, las ocupaciones se extendieron a toda clase de industrias y a casi todo el país: fábricas de chocolate, textiles, obras en construcción, cerrajeros, incluso los grandes almacenes de París, donde no había sindicatos y hasta entonces los trabajadores habían tenido miedo de hablar entre sí. Sólo en el *département* Nord, 254.000 obreros participaron en la ocupación de 1.144 lugares de trabajo. Al embajador británico la situación le recordó la Rusia de 1917, con Blum ocupando el lugar de Kérenski[207].

Los patronos, que apenas dos años antes se habían mostrado favorables al avance de la extrema derecha, ahora estaban desesperados por que Blum frenara las huelgas, aunque ello supusiera hacer enormes concesiones a los trabajadores. En una reunión especial celebrada en la residencia del primer ministro el 7 de junio, firmaron un acuerdo para el establecimiento inmediato de contratos de trabajo, sustanciosos aumentos salariales y la elección de delegados de los trabajadores en todas las fábricas con más de diez empleados. Tres días más tarde, el gobierno presentó en el Parlamento proyectos de ley que incluían vacaciones pagadas de dos semanas y la limitación a 40 horas de la semana laboral. Las leyes se aprobaron en el tiempo récord de siete días. Incluso el Senado, elegido de una manera no democrática que aseguraba a la derecha la victoria, no se atrevió a oponerse a ellas.

En muchos trabajadores cundía el sentimiento de que querían algo más que simplemente aumentos salariales, una jornada laboral más corta y vacaciones. De alguna manera, querían que la sociedad cambiara en su totalidad. Las huelgas continuaron hasta el 11 de junio, cuando el Partido Comunista inter-

---

[207] Cifras y cita extraídas de J. Jackson, *op. cit.,* p. 88.

vino con un discurso de su líder, Maurice Thorez. Este afirmó que, puesto que «la toma del poder ahora es totalmente imposible», lo único que quedaba por hacer era volver al trabajo. «Hay que saber acabar una huelga», dijo[208].

Los huelguistas más combativos, que consideraban a los comunistas la extrema izquierda, comenzaron a aceptar de mala gana la vuelta al trabajo en las condiciones ofrecidas. Esto les reportó ganancias materiales, aunque la inflación iba a tragarse pronto los incrementos salariales. Pero dejó el poder en manos de la antigua policía, los antiguos generales y los antiguos altos funcionarios civiles que en los años previos habían mostrado sus simpatías por la extrema derecha. Y dejó el control de la industria y las finanzas en manos de capitalistas que, en cuanto el equilibrio de fuerzas cambiara, tratarían de desdecirse de las concesiones hechas en junio.

Thorez tenía razón en que las condiciones aún no estaban maduras para la toma del poder por parte de los trabajadores, no más de lo que habían estado en febrero o incluso en julio de 1917. Pero sí habrían permitido a los comunistas llevar a la práctica la consigna que ritualmente habían esgrimido hasta apenas dos años antes en favor de la creación de sóviets, estructuras de delegados de los trabajadores que pudieran supervisar y desafiar el poder del Estado y los grandes empresarios. Thorez ni siquiera mencionó esto, aunque el estado de ánimo entre los trabajadores habría garantizado una recepción favorable ante tal llamamiento.

La omisión no fue un accidente. El abandono de la absurda política del «tercer periodo» había dependido de los cambios en la estrategia del Comintern (la Internacional Comunista) desde Moscú, lo mismo que la adopción de la política de la alianza del Frente Popular con un partido burgués procapitalista. Stalin quería que los aliados en política exterior consolidaran el pacto de defensa con la URSS firmado en 1935 por el gobierno de centro-derecha de Laval. El apoyo comunista a un gobierno capitalista «liberal» parecía hacer más fácil esa alianza. En consecuencia, según el Comintern, esa era la única manera «práctica» de cortarle el paso al fascismo, aunque sus argumentos centrales no eran diferentes de los empleados por personas como Bernstein 40 años antes.

Los comunistas no podían aliarse con partidos como los radicales sin renunciar a toda alternativa revolucionaria concreta a la crisis que afectaba al sistema mundial. El cambio revolucionario se convirtió en algo que había de

---

[208] Citado en J. Jackson, *op. cit.,* pp. 10, 88.

proyectarse en el futuro remoto, mientras «toleraban» gobiernos comprometidos con el mantenimiento del capitalismo intacto, en la esperanza de que esto impediría que los capitalistas se sintieran atraídos por las opciones de extrema derecha. Pero la tolerancia significaba poner trabas al movimiento obrero hasta que este se desmoralizara y los capitalistas cobraran bastante confianza para pasar a la ofensiva.

El 14 de julio de 1936, en Francia hubo una celebración del movimiento frentepopulista. Una manifestación de hasta un millón de personas conmemoró el aniversario de la Revolución francesa en París, mientras en otras ciudades de Francia hubo manifestaciones de miles de personas. La gente se vistió a la manera de los años revolucionarios. Se pasearon imágenes gigantescas de héroes revolucionarios y de la Ilustración: Robespierre, Voltaire, Marat, Victor Hugo. En París, Daladier, líder del Partido Radical, compartió la tribuna de oradores con Thorez y Blum. Una pancarta enarbolada por trabajadores de Renault portaba el emblema del Partido Radical junto con el de los partidos socialista y comunista. Todo se organizó para convencer al pueblo de que si se mantenía unido, con independencia del partido o la clase a la que cada cual perteneciera, y se identificaba con una única tradición republicana francesa, se acabaría la pesadilla del fascismo. Esta era la política «práctica» de la unidad del Frente Popular.

Tres días después, al otro lado de los Pirineos se produjeron acontecimientos que pusieron a prueba esta política «práctica». Inspirados por las victorias de los fascistas en Italia, Alemania y Austria, un grupo de generales se levantó contra el gobierno republicano de España, que inmediatamente pidió armas a Francia para defenderse. Léon Blum quería enviar las armas, pero los principales políticos radicales se opusieron. El 30 de julio, Blum aseguró en la Cámara de Diputados que no se estaban enviando armas, y poco más tarde mostró su acuerdo con la política de «no intervención», a pesar de que esto significaba abandonar al gobierno republicano electo frente a los ataques de unas fuerzas de inspiración fascista armadas por Alemania e Italia. El Partido Comunista de Francia se resistió con fuerza a la posición de Blum. En diciembre de 1936 llegó incluso a abstenerse en una moción de censura presentada en la cámara. Pero no tenía ninguna alternativa que ofrecer, pues también él prefería una coalición con los liberales a la construcción de un movimiento que se enfrentara al capitalismo francés.

Aquella era una política que no podía funcionar mejor en el ámbito doméstico que en el terreno internacional. Los radicales sólo estaban dispuestos a llevar a cabo reformas favorables a los trabajadores mientras continuara la ola de huelgas, como sucedió durante buena parte de la segunda mitad de 1936, aunque de una manera más contenida que a finales de mayo y en junio. Cuando los líderes del Partido Socialista, del Partido Comunista y de la CGT consiguieron enfriar el clima, los radicales comenzaron a demandar la deflación como método para afrontar los síntomas de crisis económica. Tras experimentar con políticas «reflacionarias» diseñadas con el objetivo de crear empleo, como la reducción de la jornada laboral, a comienzos de 1937 Blum comenzó a adoptar los puntos de vista de los radicales y anunció una «pausa» en su programa de expansión y reforma. Aquello no bastó.

En julio de 1937 presentó la dimisión después de que el Senado rechazara su Ley de Hacienda en medio de una crisis financiera causada por una fuga de capitales. Mientras tanto, se puso de manifiesto lo poco que el periodo del gobierno del Frente Popular había cambiado al Estado: en marzo de 1937 la policía había abierto fuego contra una manifestación antifascista en un suburbio de París, como consecuencia de lo cual murieron seis manifestantes.

Durante los siguientes nueve meses, Francia fue gobernada por gobiernos del Partido Radical con participación del Partido Socialista. En los EEUU se inició una nueva depresión mundial incluso antes de que la anterior hubiera acabado, y el gobierno francés reaccionó con la antigua política radical de recortar gastos: una política que no podía sino desmoralizar a los que habían puesto sus esperanzas en el Frente Popular. Una crisis causada por la invasión de Austria por Hitler y el desmoronamiento de la política exterior francesa en Europa del Este devolvió a Blum al poder durante 26 días antes de que fuera sustituido por Daladier. Los patronos ahora se sintieron lo bastante fuertes para enfrentarse a los trabajadores, y el gobierno Daladier empezó a tomar iniciativas para dar marcha atrás en una de las reformas más importantes de dos años antes: la reducción de la semana laboral a 40 horas. La policía intervino para reprimir las huelgas y ocupaciones que se produjeron como consecuencia. En la Renault, la invasión de la fábrica por 1.500 efectivos de la policía provocó una batalla que duró 20 horas[209]. La policía obligó a los derrotados trabajadores a salir de la fábrica desfilando, haciendo el saludo fascista y gritando «Larga vida a la policía»[210].

Como Julian Jackson señala en su historia del periodo,

---

[209] Según J. Danos y M. Gibelin, *June '36,* Londres, 1986, p. 229.
[210] Según J. Jackson, *op. cit.,* p. 112.

al Frente Popular, nacido de la huelga general del 12 de febrero de 1934, lo mató la del 30 de noviembre de 1938. Irónicamente, la huelga del 12 de febrero había sido en principio concebida como una protesta contra la dimisión a la fuerza de Daladier, y la huelga del 30 de noviembre se convocó como protesta por la política laboral del propio Daladier[211].

La primera fase del Frente Popular parecía haber despertado esperanzas, y los partidos de izquierdas y los sindicatos crecieron rápidamente. La afiliación al Partido Comunista aumentó de los 29.000 miembros de 1933 hasta los 90.000 de febrero de 1936 y los 288.000 de diciembre de 1936, y la de las Juventudes Comunistas de 3.500 a 25.000, y luego 100.000. Las cifras del Partido Socialista pasaron de 131.000 afiliados en 1933 a 202.000 en 1936, las de las Juventudes Socialistas de 11.320 en 1934 a 56.640 en 1937, y la federación sindical CGT de 785.700 afiliados en 1935 a alrededor de cuatro millones de 1937[212]. Pero en 1938 la desilusión con los resultados del Frente Popular estaba provocando el efecto contrario, y los partidos de izquierdas estaban comenzando a perder miembros y respaldo. Los miles de despidos y victimizaciones producidos tras la huelga derrotada a finales de 1938 resultaron devastadores para los partidos y los sindicatos, y el número de sus afiliados descendió vertiginosamente[213].

Cuando en el siguiente agosto estalló la Segunda Guerra Mundial, la clase dirigente francesa se hallaba en una posición lo bastante fuerte para conseguir que el mismo Parlamento elegido en un clima de euforia apenas tres años antes declarara ilegal al Partido Comunista y expulsara a sus diputados. Nueve meses más tarde, el mismo Parlamento –incluida la mayoría de los diputados del Partido Socialista– votó la concesión de poderes dictatoriales al mariscal Pétain, el cual formó un gobierno en el que figuraban fascistas franceses para colaborar con los nazis alemanes en la ocupación de la mitad norte del país.

Todavía hay historiadores, como Eric Hobsbawm, que invocan el Frente Popular como ejemplo de cómo la izquierda puede hacer frente a un asalto

---

[211] J. Jackson, *op. cit.,* p. 13.

[212] Cifras dadas por J. Jackson, *op. cit.,* pp. 219-220. Véase también J. Danos y M. Gibelin, *op. cit.,* p. 214.

[213] Para cifras sobre el número de despedidos y víctimas de los cierres patronales, véase J. Danos y M. Gibelin, *op. cit.,* p. 230.

de la derecha. Desde luego, la experiencia francesa no confirma esto. La unidad de lucha de la que los trabajadores franceses dieron muestra en 1934 puso, ciertamente, a la extrema derecha a la defensiva. Pero el intento de establecer la unidad con un partido procapitalista típico en 1936 tuvo el mismo efecto que la política de «tolerancia» de los socialdemócratas en Alemania y permitió que la derecha recobrara la iniciativa tras una breve tregua. Trágicamente, esta iba a ser también la experiencia en el tercer gran ejemplo de resistencia al fascismo en los años treinta, España.

España: fascismo, revolución y guerra civil

En noviembre de 1936, el escritor inglés George Orwell escribió en Barcelona:

> Por primera vez me hallaba en una ciudad en la que la clase obrera ostentaba el mando. Prácticamente todos los edificios de cualquier tamaño habían sido tomados por los trabajadores. En cada tienda y cafetería había una inscripción en la que se decía que habían sido colectivizadas; incluso los limpiabotas habían sido colectivizados y sus cajones pintados de rojo y negro.
>
> Los camareros y los vigilantes de las tiendas le miraban a uno a los ojos y lo trataban como a un igual. Las formas serviles e incluso ceremoniales de hablar habían desaparecido temporalmente. No había coches privados; todos habían sido requisados.
>
> Lo más curioso era el aspecto de las multitudes. En su apariencia externa era una ciudad en la que las clases adineradas habían prácticamente dejado de existir.
>
> Sobre todo se tenía fe en la revolución y en el futuro, una sensación de que de repente se había entrado en una era de igualdad y libertad. Los seres humanos estaban tratando de comportarse como seres humanos y no como engranajes en una máquina capitalista[214].

Apenas cuatro meses antes, un grupo de militares españoles encabezados por el general Franco había intentado asumir el poder. Sus esfuerzos se habían

---

[214] G. Orwell, *Homage to Catalonia,* Londres, 1938 [ed. cast.: *Homenaje a Cataluña,* Barcelona, Ariel, 1970].

visto frustrados en más de la mitad del país por los levantamientos de los trabajadores. Lo que siguió fue una guerra civil que culminaba seis años de creciente enconamiento de la lucha de clases.

La derrota del movimiento obrero a comienzos de la década de 1920 había permitido a un dictador, Primo de Rivera, gobernar España durante el resto de la década. Para aplastar la oposición recurrió a los militares, y consiguió que los trabajadores combativos se organizaran. La mayoría de los líderes anarcosindicalistas y comunistas se exiliaron. Pero Primo no contaba con una gran base social propia, y tuvo que mantener el equilibrio entre diferentes grupos sociales e incluso colaborar con el líder sindical socialista Largo Caballero. Su débil dictadura se vino abajo en 1930, ante la incapacidad de enfrentarse a los efectos de la crisis mundial. Unos cuantos meses más tarde, la izquierda obtuvo una victoria abrumadora en las elecciones municipales, el rey abdicó y las entusiastas multitudes proclamaron la república, primero en Barcelona y luego en Madrid.

Un gobierno republicano burgués gobernó durante los siguientes dos años, con Largo Caballero como ministro de Trabajo. Fue un gobierno que prometió muchas y llevó a cabo pocas reformas: su reforma agraria, por ejemplo, favoreció a sólo 2.000 de los dos millones de campesinos que había en el país. La desilusión fue manifiesta cuando la policía disparó sobre los campesinos que ocupaban tierras en el pueblo de Casas Viejas, en el sur, y rompió huelgas en ciudades como Barcelona.

Sin embargo, la mera mención de las reformas bastaba para ganarse el antagonismo de las clases altas. Un sector de los republicanos burgueses se escindió para formar una alianza con un nuevo partido, la CEDA, que contaba con el respaldo de los grandes terratenientes, algunos grandes empresarios, oficiales de alta graduación, monárquicos, admiradores declarados de Mussolini y la jerarquía católica. El líder de la CEDA, Gil Robles, quería injertar los métodos fascistas en el dogma católico, como Dollfuss estaba haciendo en Austria, y mantuvo reuniones reminiscentes de las de Mussolini y Hitler. La victoria electoral de la derecha pareció ponerle a la CEDA el gobierno en bandeja. Incluso los líderes del Partido Socialista y su sindicato, la UGT, vieron esto como una grave amenaza, acordaron oponerse a ello físicamente y se unieron a algunas organizaciones más pequeñas de la clase trabajadora para formar una «Alianza Obrera» unida.

Hostiles a la CEDA eran los trabajadores industriales de las grandes ciudades y los numerosos jornaleros rurales desempleados de las grandes haciendas del sur. Pero también lo era un sector de la clase media, especialmente en Cataluña, donde se temía un ataque de la derecha a su gobierno autónomo y a su idioma. Sin embargo, cuando la CEDA por fin accedió al poder en octubre de 1934, sólo los mineros de Asturias, en el norte del país, se sublevaron para, armados con dinamita, tomar el control de la zona. Los anarcosindicalistas que dominaban sobre buena parte del movimiento de la clase obrera se negaron a tomar parte en un levantamiento nacional por su desconfianza hacia todos los políticos, los nacionalistas catalanes se hicieron a un lado en el último minuto y los líderes del Partido Socialista y sindicales limitaron las protestas a una breve huelga general en Madrid. El gobierno consiguió reducir a los mineros asturianos usando tropas del Marruecos español al mando del general Franco, e impuso un régimen de terror en la zona. En otras partes de España, miembros del Partido Socialista (incluido Largo Caballero) y sindicalistas fueron encarcelados. La izquierda conoció el periodo subsiguiente como «el bienio negro». Pero la derrota del movimiento obrero en España el año 1934 no fue como la sufrida en Austria aquel mismo año. El gobierno de derechas fue incapaz de resolver la crisis política y cayó. A comienzos de 1936 se convocaron nuevas elecciones en un clima de creciente polarización y resentimiento político entre las clases.

Mientras tanto, buena parte de la izquierda se vio influida por las mismas ideas de «Frente Popular» que en Francia. El pequeño Partido Comunista, que hasta octubre de 1934 se había opuesto a la unidad con los socialistas y los anarcosindicalistas, ahora hizo una vigorosa campaña por la unidad de todos con los republicanos burgueses. Tales ideas fueron aceptadas con entusiasmo por el ala derecha del Partido Socialista, y a las elecciones se presentó una lista conjunta de candidatos socialistas, comunistas y republicanos burgueses. Incluso los anarcosindicalistas instaron a sus partidarios a votarla, con la esperanza de que se excarcelara a sus activistas.

El sistema electoral hizo que el Frente Popular obtuviera una aplastante mayoría de los escaños con un número de votos que apenas superaba el cosechado en 1933. El nuevo gobierno se componía de los mismos políticos republicanos que tanto habían decepcionado en 1931-1933. Pero la presión de las bases les obligó a liberar a los presos políticos de izquierdas, y en la izquierda se desató la euforia. La confianza de los trabajadores produjo una ola creciente de huelgas y manifestaciones. El número de afiliados creció vertiginosamente en el sindicato anarcosindicalista CNT y en el socialista UGT, mientras que el Partido Socialista se desplazó acusadamente hacia la izquierda. Largo

Caballero afirmó que en la cárcel había sido convencido por el marxismo y declaró: «La revolución que queremos sólo puede hacerse con la violencia»[215]. Las Juventudes Socialistas lo llamaron «el Lenin español» cuando levantaron el puño y cantaron consignas en favor de un «gobierno obrero» y un «ejército rojo»[216].

La sensación de pánico entre las fuerzas conservadoras rurales se hizo creciente. Los activistas de la CEDA se pasaron en masa a una organización aún más abiertamente fascista, la Falange, y matones de la clase alta lanzaron violentos ataques contra la izquierda. Hubo denuncias de que altos oficiales del ejército estaban planeando un golpe de Estado, pero el gobierno no hizo nada sino cambiarlos de puesto. En sólo cuatro meses se mató a 269 personas y 1.287 resultaron heridas en las luchas callejeras, 381 edificios fueron atacados o dañados, 43 locales de periódicos fueron atacados o saqueados, y hubo 146 intentos de atentado con bombas[217].

La derecha pasó por fin a la acción el 17-18 de julio. Los generales trataron de apoderarse del control de todas las ciudades de España y el Marruecos español. El gobierno republicano estaba demasiado aterrado para hacer nada, e incluso emitió un comunicado en el que negaba la existencia del golpe. El primer ministro, Quiroga, dimitió. Su sustituto, Martínez Barrio, intentó llegar a un acuerdo con los rebeldes, y luego dimitió ante las hostiles manifestaciones de los trabajadores.

Los militares habían calculado que la toma del poder les costaría horas. La cobardía y la confusión de los políticos republicanos del Frente Popular les daban una oportunidad. Lo que trastocó sus planes fue la reacción de los trabajadores. Los sindicatos UGT y CNT llamaron a la huelga general. Pero los trabajadores no se limitaron a los paros pasivos. En la mayoría de ciudades y pueblos de la España peninsular se movilizaron para tomar el control de los cuarteles y desarmar al ejército. Militantes de la CNT, la UGT y de los partidos obreros sacaron armas de donde pudieron. A veces conseguían poner de su parte a sectores de la por lo general prorrepublicana Guardia de Asalto e incluso, como en Barcelona, de la Guardia Civil, tradicionalmente

---

[215] Citado en P. Broué y E. Témime, *The Revolution and the War in Spain,* Londres, 1972, p. 82 [ed. cast.: *La revolución y la guerra en España. Primera parte,* México, Fondo de Cultura Económica, 1977, p. 85].

[216] Descripción de la manifestación del Primero de Mayo en *ibid.,* p. 81 [ed. cast. cit.: p. 84].

[217] Cifras extraídas de un discurso de Gil Robles por P. Broué y E. Témime, *op. cit.,* p. 84 [ed. cast. cit.: p. 89].

contraria a la clase trabajadora. Pero lo fundamental fue su toma de la iniciativa. Allí donde se movilizaron con decisión, sin vacilaciones ni intentos de conciliación con los oficiales de derechas, casi siempre triunfaron.

Los éxitos del golpe se produjeron mayoritariamente en ciudades donde los líderes obreros aceptaron de buena fe las declaraciones, por parte de los oficiales, de apoyo a la república. En lugares como Sevilla, Cádiz, Zaragoza y Oviedo, estos oficiales aguardaron a que los trabajadores armados se hubieran dispersado para declararse a favor del golpe y abrir fuego contra cualquiera que se resistiera[218]. Ese fue el precio que pagaron los trabajadores por su fe en aquellos sectores de la elite dirigente tradicional que afirmaban ser «republicanos». Sólo debido a que esta fe no era universal, en julio de 1936 las fuerzas de Franco consiguieron controlar menos de la mitad de España en lugar de todo el país.

Allí donde el alzamiento fue sofocado, no fueron sólo los seguidores de Franco quienes sufrieron la derrota: «El Estado, atrapado entre su ejército insurgente y las masas populares armadas, se ha deshecho en pedazos»[219]. Aunque el gobierno oficial seguía manteniendo su sede en Madrid, la autoridad real en las localidades estaba en manos de una multitud de comités revolucionarios. Los trabajadores que ostentaban el poder en una zona lo empleaban para sus propios intereses: se tomaron y colectivizaron fábricas; los campesinos comenzaron a dividir la tierra, sabedores de que las milicias obreras los protegerían; obreros armados arrestaron a dignatarios locales significados por la hostilidad a sus demandas. Con la desintegración del ejército, la burguesía pareció eliminada en la mayoría de las zonas republicanas, lo cual explica la situación con que Orwell se encontró en Barcelona. El poder efectivo se hallaba en manos de las organizaciones obreras, mientras que el gobierno republicano sólo ostentaba un poder nominal. Esto le sucedía también al gobierno autónomo de Cataluña, la región industrial más importante. Su presidente, Companys, invitó a los líderes de la organización obrera más poderosa en Cataluña, la CNT, a una reunión en la que les dijo:

Sois los amos de la ciudad y de Cataluña porque vosotros solos habéis derrotado a los soldados fascistas. [...] Habéis vencido y todo está en vuestro

---

[218] Véanse las explicaciones de lo sucedido en las ciudades más importantes en P. Broué y E. Témime, *op. cit.*, pp. 102-118 [ed. cast. cit.: pp. 115-130].

[219] *Ibid.*, p. 121 [ed. cast. cit.: p. 84].

poder. Si no me necesitáis, no quiero ser presidente. Decidlo ahora y simplemente me convertiré en un soldado más en la lucha antifascista[220].

Existía una situación de «poder dual» –como en la Revolución rusa de 1917 y en algunos momentos de la Revolución alemana de 1918-1920–, con el gobierno oficial dependiendo de redes de comités y organizaciones revolucionarias para la aplicación de sus decisiones. Sin embargo, el gobierno republicano sí tenía una ventaja sobre los comités revolucionarios: la estructura centralizada de la que disponía. Este era un elemento de importancia vital. Los ejércitos fascistas estaban centralizados y eran, por consiguiente, capaces de aplicar una única estrategia en todo el país. Los antifascistas necesitaban estar centralizados también, de lo contrario los fascistas podrían ganar la guerra simplemente moviendo sus tropas a los puntos del frente en los que las fuerzas enemigas fueran más débiles, sabedores de que los antifascistas no serían capaces de responder concentrando sus fuerzas.

Esta centralización podría haberse logrado uniendo a los comités. En muchas localidades había comités coordinadores de las milicias antifascistas. Pero no existía un comité de delegados de las milicias y los trabajadores de toda España comparable a los sóviets rusos de 1917.

La razón de esta ausencia estribaba en la política de las organizaciones obreras. Las más poderosas, las anarcosindicalistas, siempre habían insistido en que toda centralización del poder comportaría la opresión de los trabajadores por un nuevo Estado. Seguir este camino ahora sería un error, decían. En palabras de uno de sus líderes, Diego Abad de Santillán, «la dictadura era la liquidación del comunismo libertario, que sólo podría lograrse con la libertad y la espontaneidad de las masas»[221]. Más que seguir ese camino, abogaban por dejar el gobierno de Companys intacto y colaborar con él. Ni siquiera el más capaz y combativo de los líderes de la CNT, Buenaventura Durruti –que había participado en dos sublevaciones infructuosas contra los gobiernos republicanos–, discutió esta lógica. Había desempeñado un papel decisivo en la derrota de los fascistas en Barcelona, era el héroe de los trabajadores de la

---

[220] El acta de la reunión, hecha por el líder anarquista Santillán, aparece traducida al inglés en P. Broué y E. Témime, *op. cit.,* p. 130 [ed. cast. cit.: p. 144].

[221] Informe de su discurso en una reunión de la CNT poco después, en R. Fraser, *Blood of Spain,* Harmondsworth, 1981, p. 112. Para una explicación favorable a los anarcosindicalistas, véase J. B. Acarete, *Durruti,* Barcelona, 1975, pp. 176-179.

ciudad y lideraría un ejército improvisado de decenas de miles de trabajadores que cruzó la frontera de Cataluña para adentrarse en Aragón, en dirección a la ciudad de Zaragoza, controlada por los fascistas. Pero no estaba preparado para afrontar la cuestión del poder, y dejó a sus colegas de la CNT libertad para que lo compartieran con el gobierno burgués de Companys.

La CNT catalana sí creó un «contrapoder» parcial al poder. Formó un comité miliciano central constituido por representantes propios, de la UGT, del Partido Socialista, del Partido Comunista, del partido comunista disidente POUM, de la organización campesina de los *rabassaires* y del partido de Companys. Coordinaba la lucha militar en la región y se convirtió en el catalizador de las aspiraciones obreras. Pero como estaba formado por partidos más que por delegados de los trabajadores, los soldados y los campesinos, era una expresión imperfecta de esas aspiraciones. Y conscientemente dejó las decisiones sobre otras cuestiones importantes, en particular las concernientes a las finanzas y los bancos, en manos del gobierno de Companys.

Los líderes del Partido Socialista y de la UGT eran los más influyentes en el movimiento obrero de Madrid, y la milicia armada, que era leal, no tardó en tener el control de esa ciudad de la misma manera que lo tenía la CNT en Barcelona. Pero, por mucho que a Largo Caballero se le llamara el «Lenin español», sus partidarios no hicieron nada por instaurar una estructura de poder obrero. Toda la historia de su organización se había caracterizado por los intentos de ejercer presión en el seno de las instituciones de la sociedad existentes. Les aterraba la idea de que una estructura de delegados electos pudiera permitir a los anarquistas ejercer presión sobre las bases de sus propias organizaciones. El ala derecha del Partido Socialista instó a un compromiso inmediato con los republicanos burgueses. La izquierda, liderada por Largo Caballero, no estaba de acuerdo: recordaba lo infructuosas que habían sido sus pasadas colaboraciones con los republicanos. Pero la izquierda no tenía otra respuesta a la pregunta de cómo crear una autoridad centralizada para contrarrestar el movimiento de pinza sobre Madrid coordinado por los ejércitos fascistas.

El Partido Comunista había sido fundado una década y media antes para contrarrestar la falta de política de los anarcosindicalistas y el reformismo del Partido Socialista. Pero sucesivas expulsiones habían sacado del partido a todos los líderes que habrían podido poner en tela de juicio la línea dictada por Stalin desde Moscú. Y esa línea pasaba ahora por favorecer un Frente Popular con los republicanos burgueses. Mientras que la CNT y el Partido Socialista dudaban sobre qué hacer en relación con el gobierno, el Partido Comunista y el embajador soviético los instaron a entrar en un gobierno de coalición, dejar de hablar de revolución y limitarse a las políticas antifascistas puramente republicanas. En su opinión, esto reportaría el apoyo de las clases medias, impediría que más capitalistas y terratenientes se pasaran al bando de los fascistas, y les haría ser bien vistos por los gobiernos francés y británico. También permitiría unir a los miembros de las diversas milicias en un único ejército centralizado bajo el mando de los oficiales profesionales que se habían mantenido leales a la república.

Tal gobierno acabó por formarse a comienzos de septiembre. Lo presidía Largo Caballero, pero la mayoría de sus miembros eran republicanos o socialistas del ala derecha. Su consigna era: «Primero ganemos la guerra, y entonces podremos hablar de la revolución». Fue un planteamiento al que los líderes cenetistas no pudieron oponerse durante mucho más tiempo que los socialistas del ala izquierda: tres de ellos no tardaron en entrar en el gobierno de Companys en Cataluña, tras lo que otros cuatro ocuparon puestos ministeriales en Madrid.

Los socialistas del ala izquierda y los anarcosindicalistas creían que la postergación de la revolución les permitiría mantener los beneficios ya obtenidos por los trabajadores y ganar la guerra consolidando el apoyo de los republicanos moderados. Pero esto sencillamente no fue posible. Lo que sobre todo querían los republicanos moderados era el respeto a la propiedad privada y la conservación, sin ninguna manipulación revolucionaria, de aquellos sectores de la máquina estatal que permanecían en el bando de la república. La reconstrucción del prestigio de los oficiales del ejército «republicano» y de los jefes de la policía la consideraban como su última protección contra la revolución social.

Sin embargo, en el otoño de 1936 el respeto a la propiedad privada y la conservación de la antigua máquina estatal no significaba meramente poner límites a la lucha de los trabajadores. Significaba conseguir de alguna manera –por la persuasión o por la fuerza– que los trabajadores renunciaran a los beneficios obtenidos y que entregaran el control de las fábricas y las fincas de las que se habían apoderado en julio. Significaba desarmar a los trabajadores que en julio habían asaltado los cuarteles y la devolución de estos a los oficiales que se habían sentado a ver los toros desde la barrera.

Los funcionarios del Partido Comunista y el ala derecha de los socialistas creían que cualquier intento de los trabajadores de hacer la revolución social significaría una segunda guerra civil en el seno del bando republicano. Sin embargo, sus esfuerzos por obligar a los trabajadores a abandonar sus conquistas sociales crearon precisamente los elementos de tal guerra civil.

Fueron ellos, no los anarquistas o un partido de extrema izquierda como el POUM, los que retiraron soldados y armas del frente para darles un uso interno. Fueron ellos los que iniciaron los combates cuando los trabajadores se negaron a abandonar propiedades colectivizadas o a obedecer las órdenes del restaurado Estado burgués. Fueron ellos quienes provocaron los choques armados que en mayo de 1937 costaron cientos de vidas en Barcelona, cuando insistieron en tratar de apoderarse del edificio de la telefónica que la CNT había librado de los fascistas nueve meses y medio antes. Y fueron ellos los que desencadenaron el terror policial contra la izquierda, que incluyó el asesinato de líderes como Andrés Nin y el encarcelamiento de miles de militantes antifascistas. No había otra manera de que una clase obrera combativa pudiera verse forzada a abandonar su revolución y esperar al «final de la guerra».

Sin embargo, con los sacrificios impuestos a los trabajadores no se ganó la guerra, del mismo modo que los sacrificios impuestos por los gobiernos socialdemócratas en Alemania, Austria o Francia no detuvieron el avance del fascismo. Toda concesión hecha a los partidos burgueses en la España republicana redundó en beneficio de Franco.

Un modelo típico se desarrolló cuando las ciudades republicanas se vieron en apuros. Los obreros, que no tenían nada que ganar si Franco se apoderaba de las ciudades, estaban dispuestos a luchar hasta el final. Pero las clases medias acomodadas, cuando no anhelaban la victoria fascista, creían que podrían llegar a un acuerdo favorable para ellos mismos. Así, cuando la burguesía vasca abandonó San Sebastián, se aseguró de que los militantes pertenecientes a la CNT no pudieran continuar la lucha. Libraron una guerra civil dentro de una guerra civil, dispararon contra los «saqueadores» e «incendiarios» para proteger la propiedad, y dejaron guardias armados patrullando las calles para garantizar que la ciudad le era entregada intacta a Franco. El mismo modelo se repitió en Bilbao, Santander y Gijón[222]. En otras partes, oficiales que habían sido ascendidos a puestos de mando por el gobierno se pasaron a los fascistas en momentos clave. En los últimos días de la guerra, una junta de generales republicanos asumió el poder en Madrid con la esperanza de acordar una «rendición pacífica» con Franco, y 2.000 personas murieron en los combates.

Las concesiones a la respetabilidad burguesa hicieron sentir sus efectos de otras maneras. Casi toda la flota española había encarcelado a sus oficiales y

---

[222] Véase la explicación de la guerra en el norte en P. Broué y E. Témime, *op. cit.,* p. 389-414.

se opuso al levantamiento fascista en julio de 1936. Esto supuso un grave obstáculo para Franco, que estaba intentando trasladar el grueso de su ejército desde Marruecos hasta la España peninsular. Pero, con el objetivo de conseguir el apoyo anglo-francés, los gobiernos de Giral y Largo Caballero ordenaron a la flota que se alejara de Tánger y pusiera fin a su interferencia en las líneas de comunicación de Franco. El mismo razonamiento frustró todo intento de fomentar la rebelión en la retaguardia de Franco dándole a Marruecos garantías de independencia. El ejército español lo había pasado mal en los levantamientos anticoloniales de los años veinte, y las posibilidades de fraguar una nueva lucha eran grandes. En lugar de eso, los gobiernos del Frente Popular prefirieron buscar el favor anglo-francés ofreciendo a esas potencias concesiones en un Marruecos bajo soberanía española.

Sin embargo, los intentos de aplacar a las grandes potencias resultaron infructuosos. Gran Bretaña se negó a suministrar armas a la república, a pesar de que Franco estaba recibiendo un apoyo enorme de Alemania e Italia.

La búsqueda de respetabilidad también hizo que la república tuviera poco que ofrecer a los pequeños campesinos que equivocadamente se habían alistado voluntarios en el ejército de Franco y a la gran cantidad de trabajadores a los que la guerra había pillado en la zona este, incluidos los de lugares tradicionalmente combativos, como Sevilla, Oviedo y Zaragoza. Una de las características más sorprendentes de la guerra la constituyeron los pocos problemas que le dieron a Franco las poblaciones que había sometido: lo contrario de lo que había sucedido en la retaguardia de los Ejércitos Blancos en la Guerra Civil rusa.

La fuerza más activa que en la izquierda fomentaba la política antirrevolucionaria era el Partido Comunista. El núcleo de sus miembros no hizo esto por un deseo de prosperar en la sociedad existente, a pesar de que el partido reclutó a muchas personas de clase media que albergaban este tipo de motivos. El núcleo lo formaban personas entregadas y valerosas que se identificaban con Rusia y aceptaban el argumento estalinista de que no era «práctico» fomentar la revolución. Así, aunque se oponían a las reivindicaciones revolucionarias, en el otoño de 1936 lucharon con entusiasmo revolucionario en la defensa de Madrid, empleando el lenguaje de clase para movilizar a los trabajadores. Pero el entusiasmo y el lenguaje seguían atados a una política tan fatal como la seguida por los socialdemócratas en otras partes de Europa. Cuando en mayo de 1937 sofocaron la revolución en su bastión, Barcelona, también hicieron mucho más difícil combatir el fascismo. Pagaron el precio cuando en enero de

1939 Franco fue capaz de entrar en Barcelona sin encontrar oposición y unas semanas más tarde los generales republicanos se volvieron contra los comunistas en Madrid.

Hay quien cuestiona el empleo del término «fascista» para describir a las fuerzas de Franco. Incluso Eric Hobsbawm sostiene que «el general Franco no puede [...] ser descrito como un fascista». Para ello se basan en las diferencias entre su «movimiento», los fascistas italianos y los nazis alemanes. El intento de crear un partido totalitario de masas de corte fascista, la Falange, fue sólo una componente, señalan. El movimiento también incluía a anticuados monárquicos, generales que meramente querían la clase de golpe (pronunciamiento) que había sido corriente en el siglo anterior, terratenientes conservadores, devotos católicos y los pequeños agricultores «carlistas» de Navarra, cuyos ideales se remontaban a los días de la Inquisición.

Este argumento falla porque pasa por alto el proceso de «desarrollo combinado y desigual» explicado por Trotsky. En los años treinta, España era un país atrasado, con una clase terrateniente retrógrada, una clase capitalista retrógrada, unos militares retrógrados y una Iglesia retrógrada. Pero constituía también una parte integral del mundo capitalista moderno, con centros de industria avanzada y una clase obrera potente, aunque relativamente pequeña, capaz de emplear las formas revolucionarias de lucha. Las arcaicas clase dirigente y clase media reaccionaron adoptando formas avanzadas de lucha contrarrevolucionaria. En 1934 esto significaba intentar copiar el «clerofascismo» de Dollfuss, y en el año revolucionario de 1936 significó un movimiento hacia el fascismo sin tapujos de Mussolini y Hitler. La copia no fue exacta y aunó diferentes tradiciones y diferentes clases acomodadas, grandes y pequeñas. Pero lo que resultó fue un auténtico movimiento de masas, capaz de hacer lo que ningún golpe militar había sido capaz de hacer antes: no meramente derrotar a la oposición, sino destruir las redes organizativas básicas del movimiento obrero. El número de las personas ejecutadas en la estela de la victoria de Franco se calcula que ronda el medio millón. El de exiliados fue mayor. Durante más de dos décadas fue imposible toda expresión abierta de ideas liberales, mucho menos socialistas. Hasta los años sesenta no se produjo una recuperación del movimiento obrero. Los que el 18-19 de julio levantaron barricadas estaban en lo cierto: luchaban contra el «fascismo». Los políticos de la clase media que creían que la conciliación era posible, como lo había sido con gobiernos monárquicos y pronunciamientos militares anteriores, estaban profundamente equivocados.

VIII

Medianoche en el siglo

Medianoche en el siglo fue el título dado por Victor Serge a la novela que publicó en 1939. Expresaba sus sentimientos sobre lo que había visto suceder con las esperanzas de su vida y con las de toda la humanidad.

Serge había sido encarcelado por anarquista en Francia antes de la Primera Guerra Mundial, había participado en el creciente movimiento obrero en Barcelona, luego había viajado a Rusia para poner sus servicios a disposición del gobierno revolucionario y en 1923 había trabajado para la Internacional Comunista en Alemania. De regreso a Rusia se había sumado a la oposición al estalinismo a mediados de los años veinte y como resultado pasó tres años en el primitivo sistema del *gulag*. Antes de los derramamientos de sangre de los años treinta consiguió escapar de Rusia gracias a los esfuerzos de intelectuales de izquierdas en Francia como André Malraux, pero atrás quedaron muchos amigos y camaradas que fueron torturados y ejecutados. Otros amigos y camaradas estaban en manos de la Gestapo de Hitler y también fueron torturados y ejecutados. En España, el amigo de Serge Joaquín Maurín estaba cumpliendo una condena a 20 años en las cárceles de Franco y otro, Andrés Nin, también miembro del POUM, fue asesinado por agentes de Stalin en Barcelona. El totalitarismo de una clase u otra se estaba expandiendo por toda Europa.

Serge no fue el único que tuvo que afrontar esta aterradora realidad. Muchos miles de personas que habían luchado por un mundo mejor se vieron atrapados por las maquinaciones de estados rivales: en 1940, la policía de Stalin entregó a comunistas alemanes a la Gestapo de Hitler; en 1939, judíos polacos huyeron hacia el este ante el avance de las tropas alemanas, sólo para ser encarcelados en el *gulag* ruso; en Gran Bretaña se encarceló a refugiados de la Alemania nazi como posibles espías; soldados escapados de la España republicana fueron internados en campos de concentración en la Francia republicana; a su regreso a Moscú, consejeros rusos de la república española fueron ejecutados como «agentes fascistas».

En cuanto recordatorio viviente de la revolución de 1917, León Trotsky personificaba todo lo que los gobiernos de cualquier clase odiaban. Stalin lo mandó al exilio en Turquía, y de Francia lo expulsó un gobierno de los radicales y de Noruega uno socialdemócrata. Su hija se suicidó en Berlín, semanas antes de que los nazis tomaran el poder. Un hijo murió en el *gulag* y otro fue envenenado en París por un agente estalinista. Trotsky mismo sería asesinado por un agente de Stalin en México el año 1940. Para él la «simetría» entre el nazismo y el estalinismo era absolutamente clara: el partido gobernante monolítico, las parodias de juicios, la policía secreta, los enormes campos de concentración y la negación de todo espacio al pensamiento o a la expresión artística independiente.

Sin embargo, él disentía de la opinión, hoy en día tan de moda, según la cual el estalinismo y el nazismo eran esencialmente lo mismo: una opinión que puede fácilmente derivar en una virtual apología de los nazis basada en la idea de que no eran «peores» que aquellos que combatieron contra ellos en las calles de Alemania o España[223]. Se trataba de estructuras políticas «simétricas», sostenía Trotsky, con contenidos sociales diferentes.

En su opinión, la diferencia estribaba en que la nacionalización de la industria hacía que la URSS siguiera siendo de alguna manera un «Estado obrero», si bien «degenerado por la burocracia». Esta parte de su argumento no se tenía en pie. Si los trabajadores no controlaban las estructuras políticas –y Trotsky insistía con razón en que no las controlaban–, entonces en ningún sentido eran «dueños» de las industrias que se regían por esas estructuras. Eran tan explotados como los trabajadores de cualquier otra parte del mundo. La revolución de 1917 había caído víctima de su asesinato político y económico.

---

[223] Este fue el argumento empleado, por ejemplo, por el filósofo alemán Martin Heidegger como excusa para su afiliación al partido nazi: «A los severos y justificados reproches formulados contra "un régimen que ha exterminado a millones de judíos, que ha hecho del terror la norma" [...] sólo puedo añadir que los "judíos" deberían sustituirse por los "alemanes orientales"» (carta a Herbert Marcuse del 20 de enero de 1948), en R. Wolin, *The Heidegger Controversy: A Critical Reader*, Londres, 1993, p. 163.

Sin embargo, esto no significa que estuviera equivocado en su insistencia en la diferencia entre el estalinismo y el nazismo. El capitalismo de Estado estalinista era obra de una nueva clase dirigente en un país atrasado que, desesperado por equipararse en poder económico y militar con sus rivales más avanzados, concentró en un breve periodo todos los horrores de la «acumulación primitiva de capital» que había acompañado el ascenso del capitalismo. Por eso esclavizó, ejecutó, encarceló, deportó e hizo pasar hambre a tantas personas. En esto consistía el núcleo racional de la paranoia y la barbarie estalinistas.

El nazismo, por contra, era el producto de un capitalismo industrial ya maduro. La clase dirigente alemana consideró que la única manera de escapar de una profunda crisis económica era entregar el poder político a un movimiento totalitario basado en las fantasías irracionales de una clase media enloquecida por la crisis. Este proceso culminó, mediada la Segunda Guerra Mundial, en la «Solución Final»: el empleo de las técnicas industriales más avanzadas para aniquilar a millones de personas simplemente debido a su supuesta identidad étnica. Stalin mandó a millones de personas a campos de trabajo en los que murió una de cada diez. Hitler tenía campos similares, pero junto a estos –y a una escala aún mayor– montó campos de exterminio en los que millones de personas fueron simplemente gaseadas. Ambos cometieron barbaridades, pero eran clases diferentes de barbarie, correspondientes a diferentes etapas del desarrollo capitalista. Fueron millones de personas las que sufrieron como consecuencia del chovinismo nacional y el antisemitismo a los que Stalin recurrió para reafirmar su poder, pero la mayoría vivió para contarlo. Pocos de los millones de judíos y gitanos que sufrieron a Hitler sobrevivieron. La palabra «genocidio» le cuadra al segundo caso, no al primero.

Por supuesto, esto no constituía ninguna diferencia para los que murieron. Pero sí tuvo implicaciones más amplias, especialmente para los partidarios de las ideologías rivales en otras partes del mundo. El núcleo del movimiento nazi lo formaban personas entusiastas con los rasgos bárbaros de este, sus fantasías racistas y genocidas, y su veneración de «la sangre y el honor». El núcleo de los movimientos estalinistas en Occidente y en el Tercer Mundo lo formaban personas que trataban de ocultarse a sí mismas su apoyo al totalitarismo y su disposición a recurrir al chovinismo y al antisemitismo. Se identificaban con Rusia porque querían algo mejor que la inhumanidad del capitalismo y estaban convencidas de que eso existía en Rusia.

Esta cuestión tuvo importantes implicaciones prácticas. Los diversos movimientos nazis y fascistas que surgieron en Occidente y el Tercer Mundo se dedicaron a quebrar la organización de la clase trabajadora. Por contra, los movimientos comunistas intentaron aunar la lucha en favor de los intereses de los trabajadores –que es lo que normalmente llevaba a la gente a unirse a ellos– con la defensa de las exigencias políticas de los dirigentes de la URSS. Sus líderes intentaban equilibrar ambas cosas. Una y otra vez, esto tuvo consecuencias desastrosas y llevó a la derrota: lo mismo que hizo la conducta de los líderes socialdemócratas. Pero no era lo mismo que el sistemático intento de aplastar el movimiento obrero por el que se caracterizó el nazismo.

La crisis del sueño americano

Para los liberales sí pareció haber un signo de esperanza a mediados de la década de 1930. Se produjo en los EEUU. El resultado de las elecciones celebradas en el peor momento de la depresión, a finales de 1932, había sido un nuevo Congreso y un nuevo presidente, Franklin D. Roosevelt, del Partido Demócrata. Desde luego, estas personas no eran revolucionarias, ni siquiera reformistas socialdemócratas de corte europeo. El Partido Demócrata había sido el partido de los esclavistas y seguía siendo una coalición de blancos segregacionistas sureños, jefes políticos norteños y unos cuantos grandes capitalistas.

Pero a finales de 1932 el estado de ánimo tanto del capitalismo estadounidense como de la masa del pueblo era de desesperación. Se expresaba en una sensación de que algo, por heterodoxo que fuera, había de hacerse para poner en movimiento la economía. El Congreso tomó seriamente en consideración una ley para la reducción de la semana laboral a 30 horas, en un intento desesperado de crear más empleo. Al final, Roosevelt hizo aprobar medidas de urgencia que suponían el control de las operaciones del capitalismo por parte del Estado. Incluían garantías de los fondos bancarios por el sistema de la Reserva Federal, el empleo de fondos públicos para comprar y destruir cosechas a fin de que aumentaran los precios agrarios, un organismo de obras públicas que dio empleo en campos de trabajo a 2,3 millones de jóvenes desempleados, una forma limitada de autorregulación de la industria mediante cárteles a fin de controlar los niveles de los precios y de la producción, cantidades limitadas de producción estatal directa a través de la Autoridad del

Valle de Tennessee, e incluso medidas que facilitaron a los trabajadores la creación de sindicatos y los aumentos salariales, con lo cual se incrementó la demanda de consumo. La velocidad y la audacia con que estas medidas se aplicaron produjo el entusiasmo de quienes sufrían la recesión y de los liberales políticos que deseaban una alternativa al fascismo y a la revolución socialista. Parecían lo contrario a la administración anterior. La respuesta de esta al desempleo masivo fue el envío de 25.000 soldados con la bayoneta calada, liderados por el general MacArthur a lomos de un corcel blanco, para dispersar una protesta de veteranos de guerra desempleados. Al menos Roosevelt parecía estar creando algunos empleos, si bien con unos salarios bajísimos y en condiciones pésimas.

Sin embargo, las medidas de Roosevelt no eran ni tan innovadoras ni tan eficaces como muchas personas pensaron. Roosevelt siguió siendo sumamente ortodoxo en un aspecto: no utilizó el gasto público para salir de la crisis. De hecho, recortó las pensiones de los jubilados y el empleo público. Como Kindelberger escribe, «los medios fiscales para aumentar el empleo siguieron siendo limitados, pues la administración demócrata de Roosevelt no dejó de estar comprometida con el equilibrio presupuestario»[224]. También señala que la inversión no podía hacer sino remontar en alguna medida a partir del nivel increíblemente bajo al que había caído (de 16.000 millones de dólares en 1929 a los 1.000 millones de 1932), y comenzó a hacerlo en cuanto el nivel de las quiebras bancarias alcanzó su cima. En cualquier caso, Roosevelt tuvo el mérito de aumentar la producción partiendo del 59 por 100 del nivel de mediados de los años veinte en marzo de 1933 al 100 por 100 en julio, y hacer descender el desempleo de los 13,7 millones de 1933 a los 12,4 millones de 1934 y los 12 millones en 1935. Muchas personas creyeron que su *New Deal,* su «Nuevo Pacto», había obrado milagros: un mito aún dominante hoy en día. Sin embargo, una persona de cada siete seguía en paro en 1937, cuando la producción por fin alcanzó el nivel de ocho años antes.

Luego, en agosto de 1937, se produjo «la debacle económica más aguda de la historia de los EEUU», que perdió «la mitad del terreno ganado por muchos índices desde 1932»[225]. La producción de acero cayó en más de dos tercios en cuatro meses, la producción textil de algodón en alrededor del 40 por 100, y los precios agrícolas en un cuarto.

---

[224] C. P. Kindelberger, *The World in Depression,* cit., p. 233.
[225] *Ibid.,* p. 272.

La recuperación económica había sido de corta vida. Pero, combinada con una ligera mejora en los derechos sindicales, tuvo un efecto colateral muy importante. Entre algunos sectores de trabajadores creó una nueva sensación de confianza en su capacidad de lucha. En la afiliación a los sindicatos se produjo un repunte, a pesar de que los trabajadores en huelga aún eran objeto de brutales ataques por parte de los patronos y la policía. En los primeros seis meses del Nuevo Pacto de Roosevelt, murieron más de 15 huelguistas, 200 resultaron heridos y los arrestados se contaron por centenares[226]. Pero tres huelgas de 1934 pusieron de manifiesto hasta qué punto la confianza podía fusionarse con la sensación de descontento creada por la depresión para explotar en un nivel de combatividad desconocido desde la derrota de la huelga del acero en 1919. Los trabajadores de la fábrica Autolite de componentes automovilísticos en Toledo (Ohio), los camioneros de Mineápolis y los estibadores portuarios de San Francisco fueron a la huelga de una manera combativa, desobedecieron los mandamientos judiciales, se defendieron físicamente de esquiroles y policía y obtuvieron resonantes victorias. Más aún, fueron militantes socialistas quienes lideraron todas estas luchas: los trotskistas en Mineápolis, los comunistas en San Francisco y seguidores del expredicador radical A. J. Muste en Toledo. Como consecuencia de los conflictos, en la cada vez más importante industria automovilística los sindicalistas aumentaron enormemente en número y exigieron la creación de un sindicato basado en la industria en su conjunto, en lugar de los existentes sindicatos artesanales organizados por especialidades.

Algunos líderes de los sindicatos dominantes no echaron en saco roto la lección. La afiliación sindical llevaba años de continuo descenso –de los cuatro millones de 1920 a un poco más de dos millones en 1930–, y con el declive habían ido perdiendo influencia en el seno del gobierno y de los círculos de la clase dirigente. Ahora algunos vieron un modo de recuperar influencia. Capitaneado por el líder del sindicato de mineros John L. Lewis, un grupo de ellos montó un comité organizador, el CIO, con el objetivo de reclutar a millones de los trabajadores de la producción en masa para los sindicatos industriales.

Fueron muchos los lugares en los que la formación de la nueva organización inspiró a los trabajadores la copia de los combativos métodos que habían

---

[226] Informe del Sindicato Americano por las Libertades Civiles citado en A. Preis, *Labor's Giant Step,* Nueva York, 1982, p. 17.

provocado los éxitos de 1934. En diciembre de 1935 y enero de 1936, los trabajadores de Goodyear y Firestone en las plantas de caucho de Akron, Ohio, realizaron sentadas con el fin de impedir que la dirección rompiera las huelgas. Piquetes masivos rodearon la planta de Goodyear para impedir que la policía metiera a los rompehuelgas en la fábrica[227]. Ese año se produjeron más de otras 40 huelgas de brazos caídos. La mayor y más importante se inició en diciembre en las plantas de General Motors (GM) en Flint, Míchigan. Al final de la huelga, 140.000 de los 150.000 trabajadores de la empresa participaban en la sentada o en los piquetes. Como en otras huelgas de la época, fueron amenazados con mandamientos judiciales y tuvieron que rechazar ataques de la policía armada. Pero al final la mayor empresa industrial de los EEUU se vio forzada al reconocimiento del sindicato. Como Art Preis, un activista sindical de la época, recordaba,

> las esclusas de la lucha de clases se abrieron. El grito «¡Sentada!» resonó de una esquina a otra del territorio. Un mes después del final de la huelga de GM, unos 193.000 trabajadores participaron en 247 sentadas; casi medio millón esgrimió esta arma antes del final de 1937. […] Las sentadas se extendieron a toda clase de industrias y comercios. […] Los trabajadores de la empresa automovilística Chrysler, las vendedoras de los grandes almacenes, los mensajeros de la Western Union, los empleados de restaurantes y hoteles, los fabricantes de sombreros de señora, los trabajadores de los talleres de encuadernación, los basureros, los sopladores de vidrio y los fabricantes de neumáticos[228].

Alrededor de 1,8 millones de trabajadores participaron en las huelgas, respaldados por comités de apoyo, «auxiliares femeninos» que llevaban comida a los huelguistas y grupos musicales que los entretenían. La afiliación sindical total superaba los siete millones de personas en 1937, cinco millones más que cuatro años antes.

Las huelgas podrían haber cambiado toda la cultura del capitalismo estadounidense desafiando el individualismo dominante –el mito del «sueño americano», según el cual cualquiera podía salir adelante con sus propias fuerzas– y el racismo que constituía la otra cara de esa moneda. Donde tuvieron éxito, los sindicatos comenzaron a crear una nueva cultura de acción co-

---

[227] A. Preis, *op. cit.,* p. 45.
[228] *Ibid.,* p. 61.

lectiva entre los trabajadores –resumida en la canción sindical «Solidaridad para siempre», que se entonaba durante las sentadas– y a minar el racismo en ciudades como Detroit. El CIO fue la única organización a gran escala de la sociedad de los EEUU en la que los negros tenían una oportunidad de «auténtica participación»[229] junto a los blancos.

Un problema central impidió la realización cabal de este potencial: la política dominante cuando el movimiento sindical creció. El sindicalismo artesanal de los años anteriores a 1936 había sido «no político». La gran mayoría de sus líderes aceptaban el capitalismo estadounidense como la manera más perfecta de organizar la sociedad, y llegaron a pactos con los políticos locales de los dos partidos dominantes. John L. Lewis, por ejemplo, era «republicano en política, seguidor de Adam Smith en economía y autócrata en su sindicato»[230]. Los nuevos líderes del CIO creían que la alianza con Roosevelt y el Partido Demócrata era la manera de favorecer su causa.

A Roosevelt le gustaba la idea de que el CIO hiciera campaña a su favor en las elecciones, pero no estaba dispuesto a disgustar a los capitalistas que también le prestaban su apoyo. Esto se puso dramáticamente de manifiesto a finales de 1937, cuando Lewis se embarcó en su mayor esfuerzo organizador hasta la fecha: en la industria del acero. El CIO nombró 433 organizadores a tiempo completo y a tiempo parcial que trabajaban en 35 oficinas regionales. Como consecuencia de la huelga en GM, muchas empresas del sector del acero reconocieron al comité organizador del acero como un sindicato, sin mucha participación de los nuevos miembros de los sindicatos. Pero las grandes empresas se negaron a ello, y a finales de mayo el comité organizador llamó a una huelga en la que participaron 75.000 trabajadores. Las empresas respondieron con toda la ferocidad que habían mostrado en la huelga del acero de 1919. Atacaron a los piquetes con «matones pagados por las empresas, agentes del *sheriff,* la policía y la Guardia Nacional. [...] Dieciocho huelguistas perdieron la vida, hubo muchos heridos, centenares de arrestos»[231]. El comité organizador no había preparado a los trabajadores para una matanza así porque había depositado su fe en los gobernadores y alcaldes del Partido Demócrata que habían mostrado su simpatía por el impulso organizador.

---

[229] Véase, por ejemplo, B. J. Widick, *Detroit, City of Race and Class Violence,* Chicago, 1972, p. 74.

[230] *Ibid.,* p. 64.

[231] A. Preis, *op. cit.,* p. 67.

«Les dijo a los trabajadores que los funcionarios públicos del "Nuevo Pacto" eran "amigos de los trabajadores", y que los huelguistas debían recibir "con los brazos abiertos" a los guardias nacionales, policía estatal y demás enviados para "mantener el orden"»[232]. Los trabajadores quedaron totalmente desmoralizados cuando estos «amigos» los atacaron con porras y balas. En Pensilvania, el primer gobernador demócrata en 44 años declaró la ley marcial en la ciudad siderúrgica de Johnstown. La policía estatal reabrió la fábrica, limitó el número de los piquetes a seis y protegió la entrada en la planta de cantidades cada vez mayores de esquiroles. En Youngstown, Ohio, donde también había un gobernador demócrata, los agentes del *sheriff* mataron a tiros a dos piqueteros. En Chicago, la policía enviada por el alcalde demócrata mató a diez huelguistas. Cuando los líderes del CIO acudieron a Roosevelt en demanda de ayuda, este los despachó con cajas destempladas[233]. El mayor impulso organizador se había quebrado en el preciso momento en que la economía comenzaba a hundirse en una nueva depresión.

Durante los dos años siguientes, el CIO sólo añadió 400.000 afiliados a los existentes en sus primeros 22 meses de existencia. En 1939 el número de huelgas fue la mitad que en 1937. Es más, los líderes sindicales comenzaron a colaborar cada vez más con los patronos y a limitar la agitación de sus afiliados. En el sindicato del automóvil hubo un intento de prohibir toda publicación no aprobada por los líderes, mientras que en el recientemente formado sindicato siderúrgico no se celebraron elecciones durante cinco años. La espontánea combatividad de las bases en 1934-1936 dio paso a un férreo control desde arriba.

Fueron muchos los activistas que trataron de oponerse a esta tendencia. Pero, como en Francia y España, sus esfuerzos se vieron muy dificultados por la conducta del Partido Comunista. Este había desempeñado un papel de capital importancia en la agitación de 1934-1937, periodo en el que sus activistas ocuparon puestos de organizadores en el impulso sindicalista del CIO, y el coraje y la osadía de estos había atraído a grandes cantidades de nuevos afiliados. Hasta 1935, el Partido Comunista insistió en que Roosevelt era un político capitalista y el Nuevo Pacto un fraude. Luego dio un giro de 180 grados y saludó a Roosevelt y a los demócratas del Nuevo Pacto con su propia versión de la política de «Frente Popular». El partido ayudó a los líderes sin-

---

[232] A. Preis, *op. cit.*, p. 67.
[233] Citado en *ibid.*, p. 70.

dicales a propagar las ilusiones acerca del papel de estos políticos y a disciplinar a las bases sindicales que pudieran perturbar las íntimas relaciones establecidas con los demócratas. La situación no cambió en diez años, salvo por un breve interludio durante el pacto entre Hitler y Stalin al comienzo de la Segunda Guerra Mundial. Contribuyó a que los líderes sindicales establecieran el control burocrático sobre la mayor parte de los sindicatos: un control que en los años cuarenta utilizarían para destruir la influencia comunista.

Tal comportamiento tuvo importantes consecuencias ideológicas. Había escritores, artistas, cineastas y músicos que de repente se habían encontrado en una sociedad sacudida hasta sus entrañas por el hundimiento de Wall Street y la depresión. Todos los antiguos valores se pusieron en tela de juicio cuando la clase dirigente perdió temporalmente su sentido de la orientación y las masas populares, incluidos amplios sectores de la clase media, perdieron su confianza en la clase dirigente. A partir de 1934, el movimiento huelguista y el aumento del sindicalismo pusieron en vigor toda una serie de nuevos valores. El impacto no lo recibieron solamente el arte y la literatura intelectuales, sino también la cultura de masas de la música popular y la fábrica de sueños de Hollywood… y justamente en la época en que estas estaban comenzando a ejercer un dominio global.

Esto se reflejó en la obra de escritores como John Dos Passos, Richard Wright, Ralph Ellison, Dashiell Hammett y John Steinbeck, cineastas como Charles Chaplin, Joseph Losey, Nicholas Ray, Elia Kazan y el joven Orson Welles, y músicos como Aaron Copland, Woody Guthrie, Paul Robeson, Dizzy Gillespie e incluso el joven Frank Sinatra. Pero con el Nuevo Pacto se abrieron nuevas vías para que tales corrientes disidentes volvieran al redil. Procuró empleos en proyectos federales, espacio en las revistas y en los programas de radio, y oportunidades en Hollywood. Los demócratas del «Nuevo Pacto» consideraban a los intelectuales, lo mismo que a los burócratas que gobernaban los nuevos sindicatos del CIO, como un estrato que podía ayudar a imponer un nuevo modelo de explotación a la sociedad en su conjunto.

Hasta 1936, muchos de los intelectuales de izquierdas se resistieron a tales tentaciones con una clara distinción entre sus objetivos y los de Roosevelt. El acento se ponía en el «arte proletario», que, pese a todos sus defectos teóricos y de ejecución, significaba tratar de relacionar la lucha de la clase obrera y un público de la clase trabajadora. Esto cambió en cuanto el Partido Comunista comenzó a apoyar a Roosevelt. La radicalización espontánea de los intelectuales ya no intentaba dirigirla hacia el vuelco social, sino a ejercer presión en el seno de la sociedad. Un aspecto de esto fue la adopción del lenguaje del «americanismo» tradicionalmente empleado por la derecha: la consigna del partido pasó a ser «El comunismo es el americanismo del siglo XX». Otro consistió en animar a los escritores y cineastas afines a adoptar una actitud moderada a fin de progresar en sus carreras y ganar influencia en los estudios de Hollywood. Esto debilitó el impulso hacia la izquierda de muchos artistas radicalizados, que se vieron incitados a escoger la opción fácil de hacer concesiones a la corriente dominante en Hollywood o en la Tin Pan Alley.

James T. Farrell, uno de los novelistas más interesantes de comienzos de los años treinta, señaló:

> El clima cultural del Nuevo Pacto desarrollado en los Estados Unidos durante los años treinta y patentemente ejemplificado en muchas películas, seriales radiofónicos y novelas del periodo de la guerra contribuyó a producir una literatura pseudopopulista del hombre corriente. Este arte y esta literatura pseudopopulistas hacen hincapié en el concepto del americanismo como medio para la unificación de todas las razas, todos los credos y todas las clases. En lugar de una literatura que describa penetrantemente las diferencias de clases, por lo general esta literatura ha puesto el acento y sentimentalizado el tema de que el hombre corriente es humano; asimismo, ha empleado el tema de que los ricos también son americanos, y de que son como el hombre corriente[234].

El apoyo del Partido Comunista a Roosevelt pudo también provocar reacciones como la del protagonista negro de la novela de Ralph Ellison *El hombre invisible,* que se desilusiona con el socialismo cuando el partido (apenas disfrazado como «La Hermandad») le dice que refrene la lucha de los negros en Harlem porque «estamos estableciendo alianzas temporales con otros grupos políticos y los intereses de un grupo de hermanos deben sacrificarse a los del conjunto»[235]. La desilusión de escritores como Ellison y Richard Wright favoreció que muchos activistas negros posteriores pensaran que los socialistas no eran sino otro grupo de blancos dispuestos a usarlos en provecho propio. Mientras tanto, los intelectuales blancos que experimentaron su propia desilusión llegaron muchas veces a creer que los socialistas eran tan manipu-

---

[234] J. T. Farrell, *Selected Essays,* Nueva York, 1964.

[235] R. Ellison, *Invisible Man,* Harmondsworth, 1965, p. 404 [ed. cast.: *El hombre invisible,* Barcelona, Lumen, 1984].

ladores como cualquier otro grupo político. Algunos se volvieron lo bastante cínicos para pasarse a la caza de brujas anticomunista de los años cuarenta y cincuenta.

En cualquier caso, el crecimiento de una tendencia ideológica que desafiaba el mito del sueño americano, justo en el momento en que ese sueño estaba comenzando a cautivar al mundo mediante la música popular y el cine, fue cortocircuitado de un modo muy similar a como lo había sido el crecimiento del movimiento obrero en los EEUU.

De la depresión a la guerra

La depresión provocó tensiones entre los estados lo mismo que entre las clases. Los gobernantes de cada país intentaron aligerar la presión sobre sí mismos a expensas de sus rivales extranjeros. Uno tras otro intentaron aumentar las ventas de bienes producidos en su país devaluando sus monedas y erigiendo barreras arancelarias. La tendencia dominante fue a la «autarquía»: la producción de tantos bienes como fuera posible dentro de las fronteras del Estado nacional.

El Estado también se involucró más que nunca antes (excepto durante la Primera Guerra Mundial) en actividades económicas directas: racionalizando algunas industrias mediante la obligación de cierre para las empresas ineficientes e instaurando la propiedad estatal directa de algunos sectores a fin de mejorar las perspectivas de otros. Incluso en Gran Bretaña, el conservador gobierno «nacional» nacionalizó el suministro eléctrico, las líneas aéreas y los derechos de la minería del carbón.

En algunos de los países industrialmente menos avanzados de Latinoamérica y Europa el proceso fue bastante más allá. Gobiernos «populistas» como el de Vargas en Brasil y más tarde el de Perón en Argentina establecieron extensos sectores de propiedad estatal. En Polonia un gobierno de derechas trazó un plan económico a largo plazo, y en Italia Mussolini montó compañías dirigidas por el Estado, en un intento de aminorar el impacto de la crisis económica mundial.

Sin embargo, el empleo del Estado para intentar reforzar a cada grupo nacional de capitalistas y el deseo de todos los capitalistas de acceder a recursos más allá de las estrechas fronteras del Estado individual eran contradictorios. La única manera de resolver esta contradicción era mediante la ampliación de la zona controlada por el Estado. Los imperios formales y las «esferas de influencia» informales adquirieron una importancia capital. La autarquía era la de los «bloques monetarios» dominados por las principales potencias: el bloque del dólar, la zona de la libra esterlina, el bloque del oro (centrado en Francia y su imperio), el bloque del marco alemán y la URSS. Como el economista Alvin Hansen señaló en 1932:

> Cada país se esfuerza por desarrollar esferas de influencia en las que la invasión de capitalistas de otras naciones molesta. En ocasiones, los EEUU han impedido que las potencias europeas cobraran sus deudas en Latinoamérica mediante bloqueos navales. [...] De manera semejante, la larga lucha (aún en curso) entre las potencias europeas por el dominio de África, Oriente Próximo e, indirectamente, mediante el patronazgo económico, financiero y militar, por controlar los estados balcánicos constituye un reflejo de los conflictos y fricciones internacionales que la penetración de capital extranjero ha comportado[236].

Las esferas de influencia no eran simétricas. Los gobernantes de Gran Bretaña, Francia, los Estados Unidos y la URSS controlaban zonas propias. Alemania, la potencia industrial más importante en la Europa continental, no tenía colonias y se hallaba constreñida por las estrechas fronteras que las demás potencias le habían impuesto en el Tratado de Versalles al final de la Primera Guerra Mundial. El efecto de la crisis, como hemos visto, fue la vigorosa campaña con que los grandes empresarios alemanes trataron de romper las restricciones impuestas por Versalles. Querían recuperar el territorio alemán perdido en favor de Polonia al final de la guerra, absorber el Estado austriaco y los territorios fronterizos checos (los «Sudetes»), zonas ambas de habla alemana, y recuperar la hegemonía en el sudeste europeo. La victoria de Hitler no fue solamente una victoria del capital sobre los trabajadores. Fue también una victoria de aquellas fuerzas que querían resolver la crisis del capitalismo alemán mediante una política de expansión económica a expensas de las demás grandes potencias.

Los principales grupos industriales de Alemania acordaron, más o menos de buena gana, coordinar sus esfuerzos y aceptar un incremento en la asignación central de inversiones, el control estatal del comercio exterior y el racionamiento de las materias primas por parte del Estado. El único capitalista im-

---

[236] A. H. Hansen, *Economic Stabilisation,* Nueva York, 1971, p. 76.

portante que se opuso con fuerza, Thyssen, que había sido uno de los primeros en financiar a Hitler, fue expropiado por el régimen nazi y obligado a huir al extranjero. Los demás siguieron colaborando de manera sumamente provechosa con los nazis hasta el desmoronamiento militar de Alemania en 1945.

El establecimiento de una economía autárquica basada en un capitalismo de Estado militar alentó, a su vez, la expansión armada. Las industrias armamentistas necesitaban materias primas y recursos. El régimen nazi, con recuerdos recientes del recrudecimiento revolucionario de los años 1918-1920, se mostró renuente a presionar demasiado a los trabajadores alemanes. Aumentó las jornadas laborales e intensificó las cargas de trabajo, pero también trató de incrementar la producción de bienes de consumo a fin de contener el nivel de descontento entre los trabajadores y las clases medias-bajas[237]. La única manera de obtener los recursos que necesitaba era apoderándose de territorio extra. La producción agrícola de Austria, la industria armamentista de los territorios checos, la capacidad siderúrgica de Alsacia-Lorena, el carbón de Polonia y el petróleo de Rumanía podrían rellenar las lagunas de la economía alemana: como podrían hacerlo los trabajadores de esos territorios, mucho peor pagados que los trabajadores alemanes y con frecuencia sometidos a condiciones laborales esclavistas. Entre los requisitos de las grandes empresas y la ideología nazi, con sus conceptos de *Lebensraum* («espacio vital») y de los no alemanes como *Untermenschen* («subhumanos»), se produjo una convergencia.

Japón reprodujo en el Asia Oriental los planteamientos alemanes. Ya se había apoderado de Taiwán y Corea como colonias, y controlaba sustanciales concesiones en el norte de China. En 1931 reaccionó a la crisis económica mundial conquistando la región de Manchuria, en el norte de China. Luego, a finales de la década de 1930 el gobierno formado tras un golpe militar en Tokio invadió China y comenzó a poner sus ojos en pedazos de los imperios orientales en el sudeste asiático: las Indias Orientales de Holanda, las colonias británicas en Malasia, Borneo y Singapur, las colonias francesas en Indochina y las Filipinas, gobernadas por los Estados Unidos.

A menor escala, la Italia de Mussolini trató de expandir su imperio colonial apoderándose de Etiopía para unirla a Somalilandia, Eritrea y Libia, y esperaba la ocasión para conquistar Albania y la costa adriática de Yugoslavia.

---

[237] Para más cifras y detalles, véase T. Mason, *Nazism, Fascism and the Working Class*, Cambridge, 1995, p. 114.

Las potencias imperiales establecidas –Gran Bretaña, Francia, Holanda, Bélgica y los EEUU– estaban confusas sobre cómo responder. Tenían intereses divergentes: Gran Bretaña y Francia estaban peleando por la hegemonía en Oriente Próximo; un sector de la clase dirigente de los EEUU estaba ansioso por desplazar a Gran Bretaña como la potencia internacional predominante y ya había establecido una influencia decisiva en Arabia Saudí, rica en petróleo; y Francia estaba sobre todo preocupada por mantener unido un puzle de aliados en Europa oriental a fin de distraer a Alemania de cualquier movimiento contra sus fronteras. En todas ellas había poderosos grupos que consideraban al nazismo como un aliado positivo en un ataque internacional contra las organizaciones de la clase obrera y la izquierda. Para ellas el enemigo extranjero era Rusia, más que Alemania, Italia o Japón. Esto se puso claramente de manifiesto durante la Guerra Civil Española, cuando a los gobernantes de las «democracias» occidentales no les importó que Hitler y Mussolini incumplieran un pacto de «no intervención», pues Franco no era un peligro para sus imperios.

Italia supo sacar partido de estos sentimientos cuando en 1935 atacó a Etiopía, y Japón hizo lo mismo cuando ocupó Manchuria y atacó China. Luego, en 1938 le tocó el turno a Hitler. Cuando en marzo se anexionó Austria, y en el verano reclamó las zonas fronterizas de Checoslovaquia habitadas por alemanes, los sectores dominantes de las clases dirigentes británica y francesa no vieron razón alguna para arriesgarse a una guerra.

Hitler era un psicópata racista, con ambiciones de establecer una Alemania étnicamente «limpia» como la fuerza central de Europa y como potencia mundial dominante. Pero a finales de los años treinta su estrategia era racional desde el punto de vista del capitalismo alemán. Con mucho pragmatismo, puso a prueba hasta qué punto las demás potencias imperiales le permitirían expandir la esfera alemana de influencia.

Mostró la misma racionalidad cuando en el verano de 1939 amenazó a Polonia tras acordar en secreto el reparto del país con Stalin en el pacto Mólotov-Ribbentrop. Sabía que Alemania no disponía de recursos para una campaña militar total que durara más de un par de meses. Pero supuso que Gran Bretaña y Francia no apoyarían a Polonia más de lo que habían apoyado a los checos. Después de todo, el gobierno británico había aceptado hacía bien poco, en diciembre de 1938, que Polonia debía ser un satélite alemán, y los generales británicos habían reconocido la imposibilidad de defender a Polonia. También creía que si Francia y Gran Bretaña intervenían, él podría derrotar muy rápidamente a Francia, y que luego los gobernantes franceses y británicos se avendrían a razones si él les prometía no tocar sus imperios.

En una cosa se equivocaba. En la clase dirigente británica se había formado un grupo en torno a dos imperialistas empedernidos, Winston Churchill y Anthony Eden, que creían que el dominio alemán en la Europa Continental constituía una amenaza para el Imperio británico. Por ejemplo, el viejo sueño alemán de una hegemonía que se extendiera a través de los Balcanes hasta Oriente Próximo ponía en peligro los campos de petróleo y el Canal de Suez que conectaba a Gran Bretaña con su imperio en la India. El movimiento de Hitler llevó a otros a compartir sus temores y generó presión suficiente para que Gran Bretaña y Francia declararan la guerra tras el ataque alemán a Polonia, y luego, nueve meses más tarde, impidió que el gobierno británico aceptara las conquistas de Alemania en Europa.

Otros cálculos de Hitler fueron correctos. La clase dirigente francesa y un sector importante de la clase dirigente británica entraron en la guerra de mala gana. No hicieron nada por ayudar a los polacos, aunque sí evacuaron una sección del ejército polaco para luego ponerla al servicio de sus propios intereses. Gran Bretaña se pasó entonces el vital invierno de 1939-1940 apoyando a un gobierno finlandés respaldado por los alemanes en una guerra contra Rusia. Alemania consiguió aprovechar este periodo de *drôle de guerre* para prepararse para una ofensiva relámpago o *Blitzkrieg* sobre Francia, a través de Holanda y Bélgica, con el objetivo de derrotar a su ejército antes de que se agotaran los limitados recursos de Alemania.

También eran acertadas sus expectativas de una victoria rápida sobre Francia. En 15 días de mayo de 1940, un ataque alemán rompió la espina dorsal de los ejércitos «aliados» en Bélgica y el norte de Francia, y a finales de ese mes obligó a los británicos a evacuar su ejército desde Dunkerque. El ejército alemán entró en París el 14 de junio.

Esta victoria era el acicate que Mussolini necesitaba para entrar en la guerra del lado alemán, y dejó a Hitler el control absoluto del oeste y el centro de Europa. Pudo tomarse su tiempo antes de decidir su siguiente movimiento, a pesar de lo mal que le fue a su fuerza aérea en los combates aéreos en el sur de Inglaterra (la Batalla de Inglaterra), lo cual hacía difícil una invasión de Gran Bretaña. Un año después de su victoria sobre Francia, se decidió por una opción diferente: un ataque relámpago con fuerzas descomunales contra Rusia, con la expectativa de obtener una fácil victoria antes del invierno.

La naturaleza de la guerra

En Europa y Norteamérica, la opinión de izquierdas y liberal consideraba que aquella era una guerra librada entre la democracia y el fascismo. En Gran Bretaña, este punto de vista fue propagado por periódicos como el *Daily Herald* (del que los sindicatos eran propietarios a medias), el *Daily Mirror,* el *Evening Standard* (propiedad del ferviente imperialista Beaverbrook, pero pronto dirigido para él por el laborista de izquierdas Michael Foot), el izquierdista-liberal *News Chronicle* y la más popular de la revistas ilustradas, *Picture Post.* Esta es la opinión con mucho dominante aún hoy en día. Así, por ejemplo, Eric Hobsbawm, en su historia del siglo XX, la denomina una guerra «entre lo que el siglo XIX habría llamado "el progreso y la reacción"»[238].

Sin embargo, esto no era lo que motivaba a las principales figuras del bando aliado. El Churchill que pedía una prosecución de la guerra sin restricciones era el mismo Churchill que había estado presente durante la carnicería de Omdurmán, que había enviado a soldados para que dispararan contra los mineros en huelga en 1910, que había ordenado a la RAF emplear gas venenoso contra los rebeldes kurdos en el Iraq bajo soberanía británica y que había elogiado a Mussolini. En los años treinta había atacado a un gobierno conservador por conceder un mínimo autogobierno a la India, y a lo largo de toda la guerra se mantuvo firme en la postura de que no cabía hacer concesiones a los movimientos anticoloniales en las colonias británicas, aunque esto habría aliviado el esfuerzo de guerra. «No he llegado a ser el primer ministro de la Corona», declaró, «para supervisar el desmembramiento del Imperio británico». En Yalta les dijo a Roosevelt y Stalin: «Mientras yo viva, no se permitirá transferencia alguna de soberanía británica»[239].

El líder de la segunda gran potencia que se unió a la alianza «antifascista», Iósif Stalin, no era más demócrata o liberal que Churchill. Ya había masacrado a la mayor parte de la generación de bolcheviques que había hecho la revolución, y había supervisado los horrores de la colectivización, con las hambrunas en Ucrania y Kazajistán. En 1939 había acordado con Hitler la partición de Polonia y recuperado el control de las repúblicas bálticas a las que en 1917 los bolcheviques habían concedido la independencia. Esto no

---

[238] E. Hobsbawm, *op. cit.,* p. 144 [ed. cast. cit.: p. 150].

[239] Citado en J. Anderson, *The United States, Great Britain and the Cold War, 1944-1947,* Missouri, 1981, p. 6.

era una mera compra diplomática de tiempo: incluía la entrega a la Gestapo de comunistas alemanes exiliados en Rusia y el suministro a Alemania de material bélico. La invasión de junio de 1941 obligó a Stalin a entrar en la guerra después de no hacer caso de las advertencias de los agentes de inteligencia y de la embajada en Berlín acerca de las intenciones reales de Hitler. Su respuesta a las terribles derrotas de la invasión fue el pánico, y luego reforzar ideológicamente su posición recurriendo al chovinismo de la Gran Rusia del periodo anterior a 1917. Encomió a los generales rusos que habían derrotado a los pueblos no rusos del Imperio zarista, y bautizó la guerra contra Hitler como «La Gran Guerra Patriótica», no «La Gran Guerra Antifascista». Muchas nacionalidades no rusas pagaron un precio terrible por su regreso al chovinismo. Stalin deportó pueblos enteros, como los tártaros de Crimea, los chechenos y los alemanes del Volga, a miles de kilómetros de distancia en el centro y el este de Asia.

El tercero de los líderes «antifascistas» fue Roosevelt. Antes de entrar en la guerra, la política de la administración de los EEUU había sido la de aprovechar la oportunidad de forjar un imperio estadounidense «informal» que hiciera sombra a los imperios europeos formales. Como el historiador A. J. P. Taylor explica,

> en marzo de 1941 Roosevelt instituyó el préstamo-arriendo, tal vez el golpe político más espectacular de la guerra. Los Estados Unidos se convirtieron en el «arsenal de la democracia» y no reclamaron el cobro. Sin embargo, sí había un precio que pagar, y muy elevado. Las autoridades estadounidenses se quedaron con las reservas de oro y las inversiones en ultramar de Gran Bretaña. Restringieron las exportaciones de esta, y los grandes empresarios estadounidenses invadieron los mercados hasta entonces británicos[240].

Anthony Eden, ministro británico de Asuntos Exteriores, se quejó más tarde con toda rotundidad de que Roosevelt albergara la esperanza de que los antiguos territorios coloniales, «una vez liberados de sus amos, pasarían a depender política y económicamente de los Estados Unidos»[241].

Fue esta una disputa entre los imperios coloniales en el Lejano Oriente que llevó a los EEUU directamente a la guerra. Japón estaba dispuesto a ex-

---

[240] A. J. P. Taylor, *The Second World War,* Harmondsworth, 1976, p. 86.
[241] Citado en J. Anderson, *op. cit.,* p. 6.

tender su imperio a expensas de otras potencias coloniales, que estaban enormemente debilitadas por la guerra, y comenzó a avanzar desde China hacia el sur, a la Indochina francesa. Sin embargo, los EEUU tenían sus propios intereses en la región. Controlaban las Filipinas, y consideraban a Chiang Kaishek, que seguía sosteniendo su pugna contra Japón en el oeste de China, como favorable al capital de EEUU. Después de que el intento de llegar a un acuerdo con Japón para dividirse el área de influencia fracasase, los EEUU bloquearon el acceso de Japón a las materias primas que necesitaba desesperadamente. Japón respondió con su ataque a la flota de los EEUU en Pearl Harbor, eliminando el principal obstáculo para el avance de sus fuerzas hacia el sur hasta apoderarse de colonias francesas, holandesas y británicas en el sudeste de Asia.

Lo que motivó a muchas personas corrientes a luchar contra el nazismo era muy diferente de los motivos de Churchill, Stalin y Roosevelt. Había un auténtico odio al fascismo, especialmente desde el momento en que algunos sectores de los medios de comunicación de masas explicaron cómo era en realidad, con frecuencia por primera vez. Los «tres grandes» líderes no pudieron evitar jugar con estas actitudes populares. En el verano de 1940, el ala churchilliana de la clase dirigente estaba desesperada. El ejército británico había perdido la mayor parte de su equipamiento militar, esperaba (equivocadamente) una invasión que sería difícil de resistir, y más de la mitad de la clase dirigente estaba a favor de un acuerdo con Hitler en términos que el ala churchilliana consideraba humillantes. El único modo en que el grupo de Churchill podía sobrevivir políticamente era apoyándose en el Partido Laborista y la burocracia del movimiento sindical. El líder laborista, Clement Attlee, se convirtió en viceprimer ministro, y el líder sindical más importante, Ernest Bevin, pasó a supervisar los requisitos laborales de la economía de guerra. Un gobierno así no se podía mantener unido sin abandonar la retórica de guerra de la clase imperialista del partido *tory* de preguerra. En lugar de eso, hablaba de «libertad», «democracia» y de «la autodeterminación de las naciones». También tuvo que dar mucho realce a la distribución de los escasos víveres mediante un sistema de racionamiento (que sí llevó a una mejora en la dieta de los sectores más pobres de los trabajadores, aunque los ricos pudieron seguir comiendo opíparamente) y prometer un sistema de bienestar enormemente mejorado para después de la guerra. Como la estrella ascendente del conservadurismo Quintin Hogg (más tarde lord Hailsham) reconoció, si el gobierno no le daba a la gente «reforma», se arriesgaba a la «revolución».

Consideraciones similares se hacían en los EEUU, donde el gobierno empleaba el lenguaje del antifascismo y el antiimperialismo –con Eleanor Roosevelt al frente de toda clase de causas liberales– y Hollywood olvidaba su aversión de preguerra a películas antinazis como *El gran dictador* de Chaplin.

Incluso en la Unión Soviética los años de la guerra fueron de cierta relajación en el terror, a pesar de las deportaciones masivas de minorías nacionales. En los círculos intelectuales al menos, se produjo una breve sensación de que los años de posguerra serían diferentes: una sensación transmitida, por ejemplo, en la estupenda novela de Vasili Grossman *Vida y destino,* sobre Stalingrado y los campos de exterminio de Hitler.

No obstante, los motivos de los gobernantes seguían siendo muy diferentes de los de sus pueblos. Esto se puso de manifiesto en la conducción de la guerra. Entre la caída de Francia en la primavera de 1940 y los desembarcos aliados en el sur de Italia en 1943, la mayor parte de los combates de los ejércitos británicos se produjeron en el norte de África. ¿Por qué? Porque Churchill estaba decidido a aferrarse a la zona del Canal de Suez y los yacimientos de petróleo. Alemania le preocupaba, pero también los Estados Unidos, como reveló una enconada disputa diplomática entre él y Roosevelt a propósito de Arabia Saudí.

La invasión misma de Italia fue consecuencia de la obsesión de Churchill con el restablecimiento de la hegemonía británica en el Mediterráneo. Rechazó las peticiones de Rusia y de los EEUU para que se abriera un segundo frente en Francia en la época en que la mayor parte de las batallas vitales de la guerra se estaban librando en el oeste de Rusia. En lugar de eso, afirmó que Italia y los Balcanes constituían «el blando bajo vientre de Europa», a pesar de un terreno montañoso que garantizaba sangrientas batallas y un ritmo de avance muy lento.

La negación de Churchill a conceder el principio de independencia a la India provocó que en 1942, mientras se estaba librando la decisiva Batalla de Stalingrado, miles de tropas mandadas por británicos estuvieran aplastando brutalmente manifestaciones en la India en lugar de estar luchando contra los nazis, y que se formara un «ejército de liberación» indio para luchar del lado de Japón. También produjo una hambruna que en Bengala mató a tres millones de personas.

El deseo de Stalin de repartirse con Hitler parte del este de Europa le llevó a no tomar en consideración la amenaza alemana a la URSS, de manera que sus ejércitos no estaban en absoluto preparados cuando en 1941 se produjo el asalto. La misma preocupación por añadir territorios a la esfera rusa de influencia le llevó en 1944 a ordenar que las tropas rusas no intervinieran mientras las tropas alemanas aplastaban un levantamiento de la resistencia polaca en Varsovia. Sólo una vez destruida la ciudad cruzaron las tropas rusas el Vístula para asumir el control.

Del mismo modo, el gobierno de los EEUU lanzó sus bombas atómicas sobre Hiroshima y Nagasaki en los últimos días de la guerra, pese a los signos previos de que el gobierno japonés estaba dispuesto a rendirse. Esto garantizó que la rendición se produjera antes de que las tropas rusas que avanzaban rápidamente por la Manchuria ocupada por los japoneses pudieran dar a Rusia unos auténticos voz y voto sobre el destino del Japón de posguerra. Hiroshima y Nagasaki también hicieron patente de la manera más espantosa la capacidad de los EEUU para ejercer el dominio global.

Las tres potencias le facilitaron a Hitler el mantenimiento de Alemania entre sus garras. Trataron a todos los alemanes, no sólo a los nazis, como el enemigo. Un alto funcionario público británico, Vansittart, diseñó planes para destruir toda la industria alemana y convertirla en un empobrecido país agrícola. Las fuerzas aéreas británicas y estadounidenses siguieron una política de bombardeo de saturación de zonas civiles en las que los enormes incendios causados quemaron y asfixiaron a más de 100.000 civiles en lugares como Hamburgo, Colonia y Dresde –ciudad esta última sin ninguna importancia militar o estratégica–. En Rusia, las emisiones radiofónicas propagandísticas del novelista Iliá Ehrenburg llamaban a la gente a «matar alemanes, matar alemanes, matar alemanes». Tal planteamiento no dio a los trabajadores alemanes ningún incentivo para revolverse contra sus gobernantes, y facilitó a Hitler el mantenimiento de todos sus ejércitos unidos hasta el final.

La última barbarie

La barbarie de los gobernantes alemanes no la cuestiona nadie. Su ocupación del oeste de Europa fue brutal, su conducta en la Polonia ocupada y en Rusia atroz, y su tratamiento de los judíos europeos el último horror del siglo XX. Pero sigue siendo necesario comprender cómo pasó esto.

La política nazi en el oeste y gran parte del este de Europa la motivaron dos consideraciones principales: mantener el control de los países ocupados con tan pocas tropas como fuera posible y transportar la máxima cantidad de víveres y material bélico a Alemania. La manera más fácil de alcanzar estos objetivos era mediante regímenes locales colaboracionistas dispuestos a trabajar bajo la dirección alemana y que utilizaran la política local para erradicar la oposición y supervisar el envío de víveres y bienes. No fue difícil de conseguir, pues buena parte de la clase dirigente de toda Europa veía la ocupación alemana como un mal menor por comparación con la revolución o la destrucción de las propiedades debido a una guerra prolongada. Incluso aquellos sectores que se oponían a Alemania por principio veían las ventajas prácticas de obtener beneficios trabajando para ellos.

El saqueo de los países ocupados permitió al capitalismo alemán explotar la fuerza laboral de la mayor parte de Europa y mantener sus gastos bélicos y sus beneficios. Esto también le permitió evitar golpear demasiado fuerte a los trabajadores que más temía: la clase obrera que en 1918-1923 había amenazado con una revolución. Sin embargo, a los trabajadores alemanes difícilmente podría describírselos como «privilegiados», pues durante la guerra sus niveles de vida se hundieron y se los podía reclutar para mandarlos al frente ruso, donde la tasa de mortalidad fue terrible. El capitalismo alemán podía confiar en que los políticos y empresarios colaboracionistas de los territorios ocupados mantendrían a raya a sus propios trabajadores sin necesidad de una cara supervisión alemana, incluso si su argumento hubiera de ser: «Haced esto para aplacarlos, o los alemanes vendrán y las cosas serán mucho peores». Fue una estrategia perfecta de divide y vencerás.

Pero con el tiempo los problemas no hicieron sino crecer. La carga de proveer de bienes a Alemania recayó desproporcionadamente sobre los trabajadores de los países ocupados. Acabaron por no poder obtener suficientes víveres más que para procurarse más o menos la mitad de las calorías diarias que necesitaban. Su resentimiento no dejó de crecer, especialmente desde el momento en que también corrían el riesgo de ser obligados a trabajar en condiciones de esclavitud en Alemania, mientras que sus gobernantes se daban la gran vida con las fuerzas ocupantes. Al tercer año de la ocupación hubo huelgas, los trabajadores huían a zonas remotas a fin de evitar ser reclutados y la resistencia organizada aumentó. La respuesta alemana fue añadir a las autoridades de la ocupación militar, que no eran necesariamente nazis comprometidos, organizaciones nazis como la Gestapo, que no mostraran ninguna restricción en su empleo del terror. En países como Francia, Eslovaquia, Croacia y Hungría, Hitler confió cada vez más en los grupos locales nazis o fascistas, que aplicaban con fervor políticas como la deportación de judíos. Aprovechando las tradiciones antisemitas locales, los nazis pudieron desviar el descontento de algunas personas hacia aquellos chivos expiatorios y emplear las casas y los bienes de los judíos para sobornar a los colaboradores locales.

La ocupación de Polonia se atuvo a un modelo diferente e incluso más repugnante. El objetivo nazi era arrasar el país, integrar la región occidental de Silesia en Alemania y expulsar a la población no germana, mientras se mantenía bajo control militar la Polonia central como «reserva laboral» (la Polonia oriental se hallaba en poder ruso desde 1939-1941). Esto significaba la liquidación de los líderes políticos del antiguo Estado polaco. Hubo muchos miles de colaboradores polacos, pero trabajaban como funcionarios a las órdenes de superiores alemanes. La policía nazi tenía el poder de la vida y de la muerte, y lo utilizaba. Como dice Kolko, «el terror nazi en Polonia fue desde el principio sobrecogedor y caprichoso», «era totalmente impredecible y comportaba peligros inminentes en las ciudades»[242]. Unos 5,7 millones de personas (el 16 por 100 de la población) perdieron la vida. La mitad de ellos eran judíos que en 1939 fueron recluidos en guetos superpoblados en los que las personas se morían de hambre y, a partir de 1942, eran enviadas a campos de exterminio. El gueto se ajustaba a la meta capitalista de apoderarse de Polonia a fin de saquearla: mientras los polacos (y más tarde los lituanos, los bielorrusos y los ucranianos) sufrían para conseguir que Alemania recibiera los suministros de víveres y trabajo, los prejuicios de preguerra se emplearon para desviar parte de su descontento hacia la minoría judía que estaba sufriendo aún más que ellos. Seguía la vieja lógica de divide y vencerás. Pero también se ajustaba a la asesina mitología racista del nazismo. A las fuerzas alemanas de ocupación se les dijo que ellos eran los arios elegidos, que los polacos eran *Untermenschen* y que los judíos eran lo peor de lo peor, un grupo extraño a Europa que debía ser expulsado de esta.

En el verano de 1941, el ataque alemán a Rusia –al que se dio el nombre en clave de Barbarroja– llevó el horror a un grado superior. En su avance, las fuerzas alemanas se aplicaron a la destrucción de la estructura del enemigo como habían hecho en Polonia, pero a una escala mucho mayor y en una zona mucho más extensa. Esto lo llevaban a cabo las unidades de las SS que operaban en la retaguardia y mataban a todos los comisarios comunistas y

---

[242] G. Kolko, *Century of War,* Nueva York, 1994, p. 253 [ed. cast.: *El siglo de las guerras,* Barcelona, Paidós, 2005].

«elementos judío-bolcheviques». Por primera vez, el asesinato en masa se convirtió en parte integrante del esfuerzo de guerra. Pero seguía siendo un asesinato en masa con una función supuestamente militar: impedir que las fuerzas prorrusas se reagruparan para emprender una guerra de guerrillas y llevar a cabo sabotajes.

El ejército alemán no consiguió llegar a Moscú y conquistar Rusia, como Hitler había esperado. Quedó encallado en las heladas inmensidades de la planicie centroeuropea, y luego, en Stalingrado y Kursk, libraron las mayores y más sangrientas batallas de la historia mundial. El ejército de la Operación Barbarroja contaba al principio con tres millones de efectivos. En 1945, las bajas alemanas en el frente oriental totalizaban seis millones, y el número total de rusos muertos alcanzó los 13 millones de soldados y los siete millones de civiles[243].

Las tropas alemanas afrontaron condiciones que nunca habían entrado en los planes de sus superiores. La guerra comportaba una brutalidad increíble, y los embrutecidos soldados estaban dispuestos a tolerar el asesinato en masa de civiles judíos y rusos, cuando no a sumarse a él, con la excusa de que podían dar apoyo a las actividades de resistencia. La guerra capitalista había creado el contexto en el que tales cosas podían suceder, y estas seguían siendo racionales según sus monstruosas normas. Permitió a los líderes nazis aplicar una política que no era racional ni siquiera en estos términos: el intento de exterminar en secreto a toda la población judía y gitana de Europa. Destacamentos especiales de las SS *(Einsatzgruppen)* comenzaron a matar a mujeres y niños lo mismo que a hombres judíos: particularmente en el barranco de Babi Yar, cerca de Kiev, donde en septiembre de 1941 masacraron a 43.000 personas, mientras los generales alemanes aún mantenían la expectativa de una victoria rápida. El proyecto se formalizó en la Conferencia celebrada en Wansee en enero de 1942, que reunió a 14 figuras clave de las jerarquías del partido nazi y del Estado. Pusieron en funcionamiento complicados mecanismos para la identificación de todos los individuos de ascendencia judía en la Europa bajo control alemán –unos cinco o seis millones de personas–, detenerlos en grupo, transportarlos a campos especiales situados a cientos de kilómetros bajo el disfraz del «reasentamiento», convencerles de que entraran en los edificios especiales en los que se les gaseaba, y luego disponer de sus cuerpos como si todo formara parte de una cadena de montaje industrial.

---

[243] Cifras consignadas en G. Kolko, *Century of War,* cit., p. 207 [ed. cast. cit.: p. 183].

Nada de esto tenía sentido en términos de las necesidades económicas o bélicas del capitalismo alemán. Muchos de los asesinados eran experimentados trabajadores o profesionales que podían haber contribuido a la obtención de beneficios o a la economía de guerra. En lugar de eso, cuando su fuerza de trabajo se empleaba antes de matarlos fue como esclavos que realizaban tareas que no se correspondían con su cualificación. El movimiento de personas de un extremo a otro de Europa obstruyó líneas ferroviarias y utilizó material rodante desesperadamente necesitado para las tropas, las armas y los componentes industriales. En el planeamiento de la operación participó un personal burocrático que podía haberse empleado mucho más provechosamente. Sin embargo, se persistió en ese empeño día tras día, semana tras semana, hasta el mismo final de la guerra.

Ni siquiera tenía sentido en términos puramente ideológicos, como una manera de desviar el descontento de la masa del pueblo alemán hacia un chivo expiatorio. Pues a la masa del pueblo alemán no se le dijo nada sobre ello. Fue una operación secreta. Muchos miles de personas debieron de conocer algunos detalles del Holocausto. Muchos más sospecharon que algo desagradable estaba ocurriendo y deliberadamente miraron hacia otro lado[244]. Pero eso no lo convirtió en un medio para obtener el apoyo de las masas al régimen.

Esto no sorprende mucho. Los líderes nazis habían descubierto con los años que, aunque podían sacarle partido a la expansión del antisemitismo existente en la sociedad alemana, también había límites a esto. Por ejemplo, cuando en la Noche de los Cristales Rotos de noviembre de 1938 desencadenaron la violencia de las SA contra las tiendas y los negocios judíos, se encontraron con que ello provocó la hostilidad popular. Fueron muchas las personas dispuestas a culpar a los judíos en general de los problemas del mundo, pero a las que no gustó ver sufrir a individuos a los que ellas conocían. El antisemitismo difuso existía junto a un espectro de otras ideas que lo ponían en cuestión e incluso competían con él. Por eso los líderes socialdemócratas y comunistas de origen alemán (desde Karl Marx hasta Rosa Luxemburgo) habían conseguido la lealtad de una enorme cantidad de trabajadores alemanes, a pesar de que algunos de estos trabajadores habían sido sometidos a la influencia de las tradiciones y la propaganda antisemitas. Por eso también un examen de la propaganda nazi en los últimos años de la República de Weimar

---

[244] Este proceso de doble pensamiento está bien descrito en la novela de Günter Grass *Años de perro*.

pone de manifiesto que Hitler no podía confiar solamente en el antisemitismo, y en ocasiones tuvo que atemperar el tono a fin de obtener apoyos. Incluso después de que los nazis hubieron tomado el poder y suprimido la expresión de opiniones abiertamente opuestas al antisemitismo, se encontraron con que sus discursos recibían mejor acogida cuando se centraban en la caída del desempleo, la revocación del Tratado de Versalles y la forja de la imagen de Hitler como una figura internacional.

Para lo que el antisemitismo fue de importancia crucial fue para mantener unido y motivado el núcleo interno del partido nazi, las SA y las SS, y para impedir que cayeran en la pasividad, el conservadurismo y la inercia. Fue esta ideología irracional lo que las motivó para arriesgarse a enfrentarse a las fuerzas de la izquierda en el periodo de Weimar y a aplicar las órdenes de Hitler una vez establecido el Tercer Reich. Para ellas, los judíos eran el último enemigo detrás de cada contratiempo que Alemania había sufrido. La eliminación de los judíos se consideraba como la única manera de salvaguardar el territorio conquistado cuando el ejército alemán avanzó hacia el este. E incluso cuando a finales de 1944 y en 1945 la derrota era inminente, el exterminio de los judíos podía parecer una victoria.

A comienzos de los años treinta, la clase dirigente alemana había necesitado personas con opiniones así de desquiciadas para afrontar la crisis. Su desquiciamiento la dotó de una fuerza que podía vencer a las organizaciones de la clase obrera y luego sostener su impulso hacia la supremacía europea. A cambio, a los nazis se les permitió llevar a la práctica sus desquiciadas fantasías exterminando a seis millones de judíos, gitanos y discapacitados. Hubo importantes empresas –los Krupp, I. G. Farben y otras– que contribuyeron con entusiasmo a la organización de los campos de exterminio y utilizaron el trabajo esclavista realizado en ellos, a pesar de que el programa de exterminio carecía de sentido alguno en términos económicos. El nazismo cumplió de manera espeluznante la profecía de Rosa Luxemburgo: la alternativa al socialismo es la barbarie.

La esperanza renacida

Un joven capitán del ejército británico, Denis Healey, pudo decir en la conferencia del Partido Laborista de 1945 que acababa de regresar de partes de Europa en las que la «revolución socialista» estaba en marcha:

En todos los países, las clases altas son egoístas, depravadas, disolutas y decadentes. Estas clases altas acuden al ejército británico y a los británicos para que los protejan de la justa ira de las personas que llevan cuatro años luchando clandestinamente contra ellos. Nosotros debemos procurar que esto no ocurra[245].

La guerra no había llevado simplemente al horror y la desesperación. Había producido una reacción entre aquellos derrotados y desmoralizados en los años de entreguerras. En gran parte de Europa habían surgido movimientos de resistencia que parecían ser un anticipo del cambio revolucionario.

Grecia había sufrido más que cualquier otro país, con excepción de Polonia y Rusia. La ocupación italiana y luego alemana había provocado la muerte de una de cada 10 personas: la mitad de ellas por hambre[246]. Al principio los grupos de resistencia surgieron espontáneamente, pero luego se integraron en una flexible organización nacional, el EAM-ELAS, que cada vez fue ejerciendo un mayor control efectivo sobre las zonas rurales, amenazó las líneas de comunicación del ejército alemán y mantuvo ocupados a miles de soldados alemanes. Cuando a finales de 1944 el ejército alemán se preparaba para retirarse hacia el norte, el movimiento de liberación parecía destinado a asumir el control del país. Hasta la invasión italiana en 1940, una nueva dictadora de derechas sostenida por la monarquía había seguido una política pronazi. Las fuerzas más importantes de la resistencia querían acabar con la monarquía y con la antigua clase dirigente, y vieron con entusiasmo cómo el Partido Comunista griego desempeñaba un papel capital en el seno del EAM-ELAS.

En Italia, en la década de 1920 los industriales y terratenientes habían ayudado a Mussolini a ascender al poder y aprobaron su régimen hasta el verano de 1943, cuando el ejército italiano sufrió graves derrotas y perdió su imperio en ultramar. Durante casi dos décadas, la única oposición clandestina la habían ejercido grupos dispersos de comunistas y, en menor medida, partidarios del Partido Socialista que habían intentado mantener alguna clase de organización nacional. La novela de Ignazio Silone *Pan y vino*, sobre los desesperados esfuerzos de un socialista clandestino por establecer una red de contactos, da una impresión de la dureza de aquellos años. La primera resis-

---

[245] Citado, por ejemplo, en R. Miliband, *op. cit.*, p. 281.
[246] Según las cifras dadas por G. Kolko, *Century of War*, cit., p. 200 [ed. cast. cit.: p. 186].

tencia abierta se produjo en marzo de 1943, cuando en Turín se inició una ola de huelgas en la que, extendida por todo el norte de Italia a pesar de los arrestos, participaron 100.000 trabajadores. La causa inmediata fue la inmensa penuria producida por la galopante inflación y los efectos de los bombardeos. Pero a la vanguardia de la agitación se hallaba una pequeña cantidad de militantes comunistas que recordaban las luchas de 1918-1920. Mussolini les dijo a los líderes fascistas que aquella huelga había hecho retroceder a su movimiento 20 años, y Hitler preguntó cómo podía permitirse tal desobediencia[247]. De hecho, las huelgas pusieron de manifiesto que, con el empobrecimiento de grandes franjas de las clases baja y media, la guerra estaba produciendo una crisis social tan profunda que la represión sola no podría mantener al régimen durante mucho tiempo.

Cuando a comienzos de julio tropas estadounidenses y británicas desembarcaron en Sicilia y, muy lentamente, comenzaron a avanzar hacia el norte, la mayor parte de los miembros de la clase alta se sintió preocupada por que la crisis del régimen pudiera engullirlos a ellos mismos. La única manera de conservar su poder, pensaron, era deshacerse de Mussolini y llegar a un acuerdo con Gran Bretaña y los EEUU. Su actitud la compartieron los colaboradores más íntimos de Mussolini en el Gran Consejo Fascista. En una reunión especial celebrada dos semanas después de los desembarcos, este votó a favor de que Mussolini renunciara al poder. Al día siguiente, el mismo rey que en 1922 había entregado el poder a Mussolini lo sustituyó por el general Badoglio, que en 1935 había sido el jefe de las tropas italianas en la expoliación de Etiopía, y puso a Mussolini bajo arresto domiciliario.

En Roma el pueblo se lanzó a las calles, eufórico por el fin de la pesadilla fascista, mas su alegría era prematura. El gobierno de Badoglio mantuvo su alianza con Alemania durante otro mes mientras emprendía negociaciones secretas con los aliados. Mientras tanto, empleó la fuerza para sofocar manifestaciones: en una plaza de Bari, 23 personas murieron a tiros. Su conducta dio al ejército alemán tiempo para mandar una gran cantidad de tropas a Italia. Cuando Badoglio anunció por fin un acuerdo con los aliados, Alemania estaba en condiciones de ocupar el país al norte de Nápoles y obligar a su gobierno a huir de Roma. Paracaidistas alemanes rescataron a Mussolini y montaron un gobierno títere (conocido como «la República de Salò») en el norte de Italia.

---

[247] P. Ginsborg, *A History of Contemporary Italy,* Londres, 1990, p. 10.

La ocupación alemana provocó el desarrollo de un enorme movimiento de resistencia. Tenía tres componentes. En el campo había grupos de partisanos armados: 9.000 a finales de 1943, más de 20.000 en la primavera de 1944 y 100.000 un año más tarde. En las ciudades había «grupos patrióticos» armados clandestinos que asesinaban a funcionarios y hacían estallar bombas al paso de las tropas alemanas. Y en las fábricas había un movimiento creciente de resistencia, que en Génova montó una importante huelga después del fusilamiento de unos prisioneros políticos en enero de 1944 y en marzo, en Milán, una huelga de 300.000 trabajadores que se extendió al Véneto, Bolonia y Florencia. Los trabajadores peor pagados y las mujeres se hallaban en la primera línea de estas huelgas, a las cuales las fuerzas alemanas respondieron con arrestos y deportaciones masivas.

Las tres luchas confluyeron en agosto de 1944, cuando la resistencia le arrebató la mayor parte de Florencia al ejército alemán antes de que llegaran los aliados. Se volvieron a unir de manera espectacular ocho meses más tarde para tomar el control de las tres principales ciudades industriales del país: Génova, Turín y Milán. En Génova, un levantamiento liderado por los grupos urbanos armados se apoderó de los edificios públicos de la ciudad, rodeó a las tropas alemanas, capturó un cuartel y luego, con la ayuda de partisanos procedentes del campo, forzó la rendición del general alemán y de 15.000 soldados. En Turín,

> la población de la ciudad y los trabajadores de las fábricas en particular tuvieron que arrostrar los combates más encarnizados. [...] La batalla se libró en los alrededores de las fábricas ocupadas por los trabajadores: Lancia, Spa, Grandi Motori, Fiat Mirafiori, Ferriere y muchas otras. Los trabajadores resistieron con decisión... [hasta que] el contraataque [de los grupos urbanos armados] acabó con los restos de las fuerzas fascistas[248].

En Milán, los grupos armados asaltaron el cuartel fascista. Se libraron combates en los alrededores de las principales fábricas, especialmente Pirelli, y luego los partisanos y los trabajadores se apoderaron de la ciudad, en la que entraron desde las afueras.

Muchos de los primeros grupos de resistencia habían surgido espontáneamente, espoleados en su crecimiento por la brutalidad de la ocupación ale-

---

[248] P. Ginsborg, *op. cit.,* p. 67.

mana y las penurias producidas por esta. Fueron muchos los jóvenes que se marcharon a las montañas huyendo del reclutamiento o para evitar los trabajos forzados en Alemania. Pero el mero hecho de participar en la resistencia les condujo a la política de izquierdas. Todos en Italia sabían que la clase dirigente había apoyado a Mussolini. Todos sabían que los industriales estaban colaborando, en mayor o menor media, con la ocupación alemana. Y todos habían sido testigos de cómo el rey y Badoglio habían sido incapaces de hacer algo para impedir la ocupación alemana en el verano de 1943.

Entre los que optaron por la resistencia había una sensación casi unánime de que la sociedad italiana tenía que sufrir un cambio fundamental. Esto lo compartían las fuerzas que dominaban la resistencia desde el punto de vista político. El Partido Comunista aumentó su afiliación de los 5.000 miembros de junio de 1943 a los 410.000 de marzo de 1945, y atrajo a muchas personas que conocían pocos detalles de la «línea» del partido pero deseaban que en Italia se produjera un cambio revolucionario y se identificaban con el éxito de los ejércitos rusos después de Stalingrado. Además, estaba el antiguo Partido Socialista: más pequeño, no tan bien organizado y en el que todavía había grupos de tímidos reformistas, pero que, como en 1918-1920, empleaba un lenguaje revolucionario. Finalmente, estaba el «Partido de la Acción», liderado por miembros de la clase media y con una afiliación heterogénea pero que insistía en que había de producirse una ruptura radical con el pasado. Poco tiene de sorprendente que Winston Churchill se sintiera preocupado por el «bolchevismo rampante» y considerara al rey y a Badoglio como las únicas barreras contra este[249].

Francia era diferente de Italia y Grecia en un aspecto. El primer llamamiento a la resistencia clandestina no había procedido de la izquierda, pues la mayoría de los parlamentarios del Partido Socialista había votado a favor del gobierno de Pétain, y el Partido Comunista –siguiendo órdenes de Moscú durante el periodo del pacto Hitler-Stalin– se opuso a la resistencia hasta el verano de 1941. El llamamiento procedió de un representante de la antigua clase dirigente, un oficial de rango medio del ejército, Charles de Gaulle, que había huido a Gran Bretaña. Pero las fuerzas de la «Francia Libre» de De Gaulle con base en Gran Bretaña eran pequeñas y no contaban con el reconocimiento de los Estados Unidos, que hasta finales de 1943 trataron de pactar con el gobierno proalemán de Vichy. Tras la invasión de Rusia por Alemania, el Partido Comunista montó su propia organización de resistencia, los

---

[249] Citado en G. Kolko, *Century of War,* cit., p. 294 [ed. cast. cit.: p. 248].

Francotiradores y Partisanos (FTP). Esta no tardó en desbancar a los gaullistas, pues para la mayoría del pueblo la resistencia tenía un carácter de clase. En 1940, la antigua clase dirigente había recibido casi con complacencia a las fuerzas alemanas, con las que colaboraba entusiastamente. Como en Grecia e Italia, fueron las clases bajas las que soportaron los sufrimientos de la ocupación. Un 88 por 100 de los arrestados en Pas-de-Calais y en Nord eran de origen obrero. Aunque los trabajadores ferroviarios constituían sólo el 1 por 100 de la población de Bretaña, aportaban el 7 por 100 de los miembros de la resistencia. Cuando en 1944 la resistencia arrebató París al ejército alemán durante el avance de los aliados, todos sabían que la fuerza clave que controlaba la situación era el Partido Comunista. La única cuestión –como en Grecia e Italia– era si su posición la iba a utilizar para impulsar el cambio revolucionario o para pactar con De Gaulle la continuación del capitalismo.

La esperanza de nuevo estrangulada

En un famoso pasaje, Winston Churchill recordaba cómo, cuando en octubre de 1944 se reunió en Moscú con Stalin, le dijo a este: «En lo que a Gran Bretaña y a Rusia se refiere, ¿qué les parecería si ustedes tuvieran el 90 por 100 de predominio en Rumanía, nosotros el 90 por 100 en Grecia y fuéramos al 50-50 en Yugoslavia?».

Churchill escribió una lista de países con los porcentajes correspondientes al lado, y trazó un enorme «visto» sobre ella.

> Por fin dije: «¿No podría considerarse un tanto cínico si pareciera que habíamos decidido estos temas, tan cruciales para millones de personas, tan a la ligera? Quememos el papel». «No, guárdelo usted», dijo Stalin[250].

El destino de Europa no lo decidieron los miembros de la resistencia en Grecia, Italia y Francia, sino reuniones como esta. En las conferencias de Teherán, Yalta y Potsdam, Stalin acordó con Churchill y Roosevelt la división de Europa en esferas de influencia. Al principio, los EEUU no estaban satisfechos con esta división. Tenían la esperanza de utilizar su enorme superioridad industrial para transformar todo el mundo en una única esfera de influencia, la suya,

---

[250] Citado en G. Kolko, *The Politics of War,* Nueva York, 1970, pp. 114-115 [ed. cast.: *Políticas de guerra,* Barcelona, Grijalbo, 1974, pp. 208-209].

en la que el libre comercio abriría mercados en todas partes[251]. Churchill, comprometido como nunca en mantener un imperio dirigido exclusivamente desde Londres, no aceptó esto, ni tampoco Stalin, que sólo contaba con el tamaño del ejército ruso para contrarrestar el poder económico de los EEUU. Entre los dos convencieron a Roosevelt de que aceptara la división que ellos deseaban.

Los pactos asestaron un golpe mortal a las esperanzas de los movimientos de resistencia. Dejaron a los ejércitos de Stalin manos libres en el este de Europa. Stalin no estaba dispuesto a permitir que los comunistas de otras partes desbarataran los acuerdos intentando liderar revoluciones, por favorables que estas pudieran ser para las masas populares. En septiembre de 1944, Litvínov, su antiguo ministro de Exteriores, se lo explicó sin rodeos a los representantes de los Estados Unidos en Italia: «No queremos revoluciones en Occidente»[252].

No era simplemente una cuestión de palabras. En la primavera de 1944, el líder comunista italiano Togliatti había regresado de Moscú a Italia. Anunció que su partido iba a entrar en el despreciado gobierno de Badoglio y estaba dispuesto a dejar intacta la monarquía hasta que la guerra hubiera acabado[253]. El líder francés, Maurice Thorez, insistía desde Moscú en que el mayor grupo de la resistencia, los FTP, liderado por comunistas, debía integrarse en los más pequeños FFI (Fuerzas Francesas del Interior) de De Gaulle y aceptar su liderazgo. Tras su regreso a París en enero de 1945, Thorez llamó a los militantes a abandonar toda resistencia a las instituciones del antiguo Estado. Insistió en que tenía que haber «un Estado, un ejército, una policía»[254].

En Italia y Francia, la restauración del antiguo orden se produjo más o menos pacíficamente. En Grecia, el resultado final fue la guerra civil, aunque esta no fue consecuencia de ningún intento serio de los líderes de la resistencia por llevar a cabo un cambio revolucionario.

La retirada del ejército alemán a finales de 1944 dejó al EAM-ELAS el control de virtualmente todo el país. La ocupación de Atenas habría requerido un mínimo movimiento por parte de sus tropas. Sabía que la intención de Gran Bretaña era imponer la antigua monarquía y un gobierno dirigido por políticos de la desacreditada antigua clase dirigente. Gran Bretaña ya había

---

[251] Para una explicación completa de estas discusiones, véase G. Kolko, *The Politics of War,* cit., pp. 346-347 [ed. cast. cit.: pp. 350-351].

[252] Citado en G. Kolko, *Century of War,* cit., p. 297 [ed. cast. cit.: pp. 250-251].

[253] Para un relato de su conferencia de prensa, véase *ibid.,* pp. 297 [ed. cast. cit.: pp. 250-251].

[254] Véase, por ejemplo, *ibid.,* pp. 187-188 [ed. cast. cit.: p. 243].

usado la fuerza para sofocar un intento de motín contra este arreglo por parte de miles de soldados griegos exiliados en Egipto. Sin embargo, permitió que las tropas británicas y el nuevo gobierno se apoderaran de la ciudad[255]. Las únicas fuerzas de que disponía el gobierno eran la policía y los grupos de derechas que habían colaborado con los nazis y estaban resueltos a humillar a la resistencia. A comienzos de diciembre, el gobierno exigió el inmediato desarme de la resistencia en todo el país, y sus fuerzas dispararon con ametralladoras contra una enorme protesta en Atenas, como consecuencia de lo cual murieron 28 personas y resultaron heridas muchas más[256]. Al EAM-ELAS no le quedó otra opción que resistir, y los generales británicos se vieron en apuros. El mariscal de campo Alexander advirtió a Churchill de que no sería capaz de reconquistar más que la zona de Atenas-El Pireo.

Churchill ya le había dicho a Anthony Eden: «Espero que la brigada griega no vacile en disparar cuando sea posible»; y al comandante británico sobre el terreno, Scobie, le ordenó: «No vacile en actuar como si estuviera en una ciudad conquistada con una rebelión local en marcha»[257]. En este momento Churchill voló a Atenas para anunciar que la operación contaba con «la plena aprobación del presidente Roosevelt y el mariscal Stalin»[258]. Las fuerzas del EAM-ELAS se retiraron de la capital, y un mes más tarde fueron formalmente desmanteladas a cambio de un acuerdo que el gobierno no tenía intención de cumplir. El 8 de marzo, Stalin le dijo a Churchill en Yalta: «Tengo confianza absoluta en la política británica en Grecia»[259].

El gobierno no tardó en iniciar la persecución de cualquiera que hubiera tomado parte en la resistencia. Durante 1945, al menos 50.000 partidarios del EAM-ELAS fueron encarcelados y confinados, mientras que grupos paramilitares de derechas operaban con la protección del gobierno. C. M. Woodhouse, representante británico que sería parlamentario *tory,* escribió más adelante: «Hasta finales de 1945 […] la responsabilidad de los derramamientos de sangre recayó principalmente sobre las fuerzas de derechas»[260].

---

[255] Véase D. Eudes, *The Kapetanios,* Londres, 1972, p. 172.

[256] Para una descripción completa, véase *ibid.,* pp. 190-191.

[257] Véanse, por ejemplo, G. Kolko, *Century of the War,* cit., pp. 278-279 [ed. cast. cit.: p. 234] y *The Politics of War,* cit., pp. 185-192.

[258] Véase una descripción completa de la reunión en que se dijo esto en D. Eudes, *op. cit.,* p. 216.

[259] Citado en *ibid.,* p. 229.

[260] Citado en G. Kolko, *Century of the War,* cit., p. 375 [ed. cast. cit.: p. 298].

Aun hoy en día son muchos los historiadores que sostienen que los líderes de las organizaciones de la resistencia en los tres países no tenían otra opción que aceptar la restauración de las clases dirigentes de preguerra. Si hubieran intentado derrocar a estas, se arguye, habrían sido aplastados por el poder de los ejércitos británico y estadounidense. Paul Ginsborg acepta esto en el caso de Italia, y Eric Hobsbawm insiste más en general: «Los comunistas [...] en ningún lugar al oeste de Trieste estaban en posición [...] de establecer regímenes revolucionarios»[261]. Sin embargo, como Gabriel Kolko acertadamente sostiene, tales juicios «pasan enteramente por alto el contexto más amplio de la guerra con Alemania, los problemas puramente militares que ello implicaba, así como las formidables dificultades políticas con que unas guerras contrarrevolucionarias prolongadas se habrían encontrado en Inglaterra y los Estados Unidos»[262].

En 1944-1945, el estado de ánimo que cundía en Gran Bretaña y los EEUU no era el de que les habría sido fácil organizar una represión masiva. Las acciones británicas en Grecia causaron importantes tormentas políticas en Gran Bretaña y los EEUU, y en las filas de sus ejércitos había un enorme deseo de volver a casa cuanto antes: un estado de ánimo que encontraría expresión en los motines producidos entre las fuerzas británicas estacionadas en Egipto. Sobre todo, es sumamente improbable que un movimiento revolucionario se hubiera limitado a un único país. El gran temor de Churchill era que la revolución en Grecia inspirara movimientos en la misma dirección en Italia; y, si eso hubiese ocurrido, es difícil imaginar que Francia no se hubiera visto afectada. Es más, incluso en Alemania, tras el desmoronamiento del régimen nazi en mayo de 1945, los trabajadores volvieron a sus antiguas lealtades socialistas y comunistas, instauraron comités populares antinazis y asumieron la dirección de las fábricas de las que habían huido los gestores pronazis... hasta que los ejércitos de ocupación restauraron el «orden» con la ayuda de políticos que habían regresado del exilio con ellos.

El restablecimiento del antiguo orden en Grecia, Italia y Francia significó que aquellos que habían prosperado bajo los regímenes fascistas y colaboracionistas no tardaran en volver a sus antiguos métodos. En Grecia, la «tregua» entre el gobierno y los combatientes de la resistencia cayó pronto en el

---

[261] P. Ginsborg, *op. cit.,* p. 46; E. Hobsbawm, *The Age of Extremes,* cit. p. 168 [ed. cast. cit.: p. 173].

[262] G. Kolko, *Century of the War,* cit., p. 306 [ed. cast. cit.: pp. 256-257].

olvido. En todos los niveles del ejército y la policía podían encontrarse simpatizantes fascistas y antiguos colaboracionistas que comenzaron una persecución sistemática de la izquierda hasta el estallido de una Guerra Civil abierta. Las armas de los EEUU aseguraron la victoria en esa contienda a una derecha que en los años cincuenta y comienzos de los sesenta gobernó gracias a elecciones amañadas. Luego, en 1967, los simpatizantes fascistas y antiguos colaboracionistas en el ejército tomaron el poder mediante un golpe militar, en lugar de arriesgarse a una victoria electoral de los políticos de centro-izquierda. En Grecia no existió una democracia capitalista normal hasta que a mediados de los años setenta el régimen militar se vino abajo.

En Italia se establecieron auténticas instituciones parlamentarias, pero por debajo de ellas la composición del Estado siguió en gran medida como antes. Esto se puso vívidamente de manifiesto a comienzos de los años setenta, cuando sectores de los servicios secretos y las fuerzas armadas colaboraron con los fascistas en la colocación de bombas con la esperanza de servir de excusa para un golpe.

En Francia, la continuidad de la maquinaria estatal la reveló a mediados de los años noventa el juicio del antiguo jefe de la policía de Vichy en Burdeos, Papon, por deportar a miles de judíos a los campos de exterminio. Tras la guerra había sido capaz de ascender al puesto de jefe de la policía de París, desde el cual ordenó un ataque policial contra una manifestación argelina que produjo más de 100 muertos. Sin embargo, los auténticos horrores derivados de la continuidad del Estado francés vinieron del exterior de Francia. El día de la Victoria en Europa (VE), en Argelia grupos árabes tomaron las calles de Setif ondeando la bandera verdiblanca de la resistencia a la soberanía francesa. La policía francesa abrió fuego, y en los combates que siguieron murieron al menos 500 argelinos y 100 colonizadores franceses[263]. La determinación del Estado francés de mantener la colonia iba a costar un millón de vidas durante los siguientes 20 años. En Vietnam, el movimiento de resistencia nacionalista liderado por los comunistas, el Vietminh, había tomado el control del país cuando Japón se rindió. Tropas británicas al mando de lord Mountbatten desembarcaron en la ciudad sureña de Saigón, armaron a los prisioneros de guerra japoneses y los utilizaron para desarmar al Vietminh, y luego entregaron la ciudad a las autoridades coloniales francesas. Tras un breve periodo de calma, durante el cual los comunistas trataron de aplicar la línea general

---

[263] A. Horne, *A Savage War of Peace: Algeria 1954-62*, Harmondsworth, 1979, p. 25.

de Stalin cooperando con los franceses, estalló una guerra que iba a durar casi 30 años y que se cobraría más de dos millones de vidas vietnamitas.

La suerte de los movimientos de liberación en la Europa occidental y meridional tuvo su contrapartida en lo ocurrido en la esfera rusa de influencia en Europa oriental. Las potencias occidentales accedieron a la incorporación del este de Polonia a la URSS como «Ucrania occidental», se mantuvieron al margen cuando Stalin permitió al ejército alemán aplastar el Levantamiento de Varsovia, y luego aceptaron el «gobierno popular» nombrado por aquel para regir el país. Del mismo modo, le dejaron manos libres en Hungría, Rumanía, Bulgaria, Checoslovaquia y Alemania Oriental. Hicieron mucha propaganda sobre los males infligidos por Stalin a estos países, lo mismo que Stalin hacía propaganda sobre los crímenes de Occidente, pero no hicieron nada por impedir que actuara de esa manera. Hasta 1989, cuando el bloque ruso se vino abajo como consecuencia de sus propias dificultades internas, ambos bandos se atuvieron a los principales puntos de los acuerdos firmados en tiempos de guerra.

En Europa había un país importante que no pertenecía a ninguno de los dos campos. Era Yugoslavia, donde los comunistas liderados por Tito (él mismo de ascendencia a medias croata y eslovena) habían conseguido formar un movimiento de resistencia multiétnico contra la ocupación alemana y los fascistas croatas de la Ustacha, y habían obtenido armas de los aliados debido a su disposición a luchar contra los alemanes, cosa a la que los monárquicos *chetniks* serbios se negaron. Los partisanos consiguieron hacerse con el control del país y crear un régimen que –aunque al principio servilmente copiado del régimen de Stalin en la URSS– contaba con una fuerte base independiente propia. Esto se puso de relieve en 1948, cuando Tito rompió de repente con Stalin para seguir una política de neutralidad que iba a durar 40 años.

Los acuerdos entre las potencias occidentales y Rusia no se limitaron a Europa. Durante la guerra, Gran Bretaña y Rusia habían dividido Irán en dos esferas de influencia, y mantuvieron sus fuerzas allí durante un par de años. La división de Corea entre Rusia y los EEUU en el verano de 1945 –marcada por una línea trazada por el general de los EEUU MacArthur– fue más permanente. Cada una de esas potencias escogió a un dictador para que gobernara su mitad: de un lado, el líder de una modesta fuerza guerrillera, Kim Il Sung, que había pasado la guerra en la URSS; del otro, el nacionalista de derechas Syngman Rhee, en el que se podía confiar que haría lo que los EEUU quisieran. La división de Corea fue el último gran acto de cooperación entre los aliados de guerra. Cinco años más tarde sería la causa de la mayor colisión entre ellos.

IX   La Guerra Fría

Los «Tres Grandes» celebraron su victoria sobre Alemania y Japón con la creación de una nueva organización internacional, las Naciones Unidas. Su conferencia fundacional, celebrada en San Francisco en mayo de 1945, prometió a los pueblos del mundo un nuevo orden de paz y cooperación que aboliría la guerra para siempre. Se afirmó que iba a ser muy diferente de su predecesora de entreguerras, la Sociedad de Naciones, que no había sido capaz de hacer nada para impedir la Segunda Guerra Mundial. La afirmación emocionó a las personas que habían sufrido y luchado por lo que sinceramente creían que iba a ser un mundo mejor.

Sin embargo, el «fracaso» de la Sociedad de Naciones no había sido accidental, sino consecuencia de un defecto intrínseco. Fue creada por las potencias victoriosas después de 1918 como parte del Tratado de Versalles con el que se repartieron el mundo. Lenin la describió como una «cueva de ladrones»… y, como dice el refrán, «los ladrones se pelean». Las Naciones Unidas no fueron diferentes, aunque en Ginebra contaran con una benéfica cueva de Alí Babá anexa (que incluía el fondo para la infancia UNICEF, la Organización Mundial de la Salud, etcétera). La toma de decisiones quedó reservada para los cuatro miembros permanentes del Consejo de Seguridad[264] –Gran

---

[264] China era (y es) el quinto miembro permanente del Consejo de Seguridad. Pero su asiento lo ocupaba el Koumintang de Chiang Kai-shek, incluso después de que huyera de China continental para establecer en Taiwán un régimen clientelar de los EEUU. China propiamente dicha no pudo ocupar ese asiento hasta mediados de los años setenta.

Bretaña, Estados Unidos, Francia y Rusia–, que conjuntamente dominaban, oprimían y explotaban al resto del mundo.

En la época de San Francisco, ya se estaban peleando entre bambalinas. Churchill barajó la posibilidad de trazar planes para la «eliminación de Rusia» rearmando a las tropas alemanas derrotadas a fin de que realizaran un ataque por sorpresa «que impusiera a Rusia la voluntad de los Estados Unidos y el Imperio británico»[265]: una sugerencia que, al parecer, sus propios generales no se tomaron en serio. Los Estados Unidos fueron más allá de las palabras: su decisión de emplear la bomba nuclear contra Japón en agosto de 1945 estaba claramente motivada, al menos en parte, por un deseo de mostrarle a Stalin la enormidad del poder destructivo de que disponían.

La tensión fue creciendo bajo la superficie durante más de un año, mientras cada una de las potencias consolidaba su posición: reorganizando la industria ahora que la guerra había acabado, supervisando las partes del mundo recientemente ocupadas y desalentando las expectativas domésticas. El gobierno laborista de 1945 trató de aplacar la ola de radicalismo de ese año con planes para mejorar las prestaciones sociales y nacionalizar los ferrocarriles y las minas. Los EEUU experimentaron un nivel de huelgas incluso superior al de 1936-1937. Las fuerzas rusas de ocupación del este de Europa supervisaban la transformación de lo que habían sido pequeños partidos comunistas en organizaciones burocráticas de masas.

Los dirigentes de cada una de ellas necesitaban que hubiera una sensación de armonía internacional que encubriera la consolidación de las estructuras de control. En Francia, Italia e incluso Gran Bretaña, los gobiernos seguían beneficiándose de la oposición del Partido Comunista a las huelgas. En el este de Europa, a Stalin no le vino mal que los estados ocupados por las tropas rusas fueran regidos por gobiernos de coalición en los que participaban figuras de los partidos de derechas, de centro y socialdemócratas de preguerra.

Las peleas entre las potencias se hicieron públicas en 1946-1947. Churchill, ahora en la oposición en Gran Bretaña, abrió fuego con su discurso en Fulton, Missouri, de marzo de 1946, en el que declaró: «Desde Stettin, en el Báltico, hasta Trieste, en el Adriático, un telón de acero ha caído sobre el continente». Por supuesto, no mencionó el papel que él mismo había desempeñado para que esto ocurriera mediante su cínico pacto con Stalin en Mos-

---

[265] Crónica sobre el contenido de documentos recientemente desclasificados, en el *Guardian* del 2 de octubre de 1998.

cú, apenas 18 meses atrás. Tampoco vio ninguna contradicción cuando dos días después repitió su declamación sobre la «libertad» y la «democracia» en el segregacionista estado de Virginia. Un año más tarde, Truman tradujo las palabras de Churchill a la acción cuando remplazó a Gran Bretaña en la tarea de mantener en Grecia el régimen represivo responsable del asesinato de 1.300 partidarios del EAM-ELAS en el año precedente.

A continuación vino el Plan Marshall, destinado a revitalizar las economías de Europa bajo la hegemonía de los EEUU. Se presentó como una oferta para ayudar a toda Europa, incluidas algunas zonas bajo ocupación rusa. Pero W. W. Rostow, un economista que trabajó en su aplicación –y que más tarde desempeñó un papel clave en la guerra de los EEUU contra Vietnam–, revela que el plan formaba parte de una «ofensiva» dirigida a «fortalecer la zona todavía fuera de las garras de Stalin»[266]. Unas semanas después del anuncio del plan, e inducidos por los EEUU, los partidos de derechas y de centro habían obligado a los comunistas a salir de los gobiernos de Francia e Italia[267]. Así recompensaban a Thorez y Togliatti sus tres años de trabajo de oposición a las huelgas (incluida una importante huelga en la Renault de París precisamente en la época en que estalló la crisis gubernamental). En la primavera de 1948, los EEUU invirtieron enormes cantidades de dinero en Italia para tratar de impedir que una lista conjunta de candidatos comunistas y socialistas ganara las elecciones generales… y comenzaron a reclutar a antiguos fascistas para una organización armada clandestina, Gladio (luego puesta bajo la protección de la OTAN), en previsión de que sí ganara.

Stalin estaba tomando medidas similares contra cualquier posibilidad de disensión en la Europa del Este ocupada por Rusia. El ejército ruso se había asegurado de que la policía y la policía secreta estuvieran en manos de las personas designadas por él. Ahora se hicieron una serie de movimientos destinados a destruir la resistencia a los dictados de Rusia. En primer lugar, a los ministros no comunistas se los obligó a dimitir; a los partidos socialdemócratas se los obligó a fusionarse con los partidos comunistas, sin tener en cuenta el parecer de sus miembros; luego, a los líderes del Partido Comunista que podían

---

[266] Citado en D. Horowitz, *From Yalta to Vietnam,* Harmondsworth, 1967, pp. 70, 73 [ed. cast.: *Estados Unidos frente a la revolución mundial (de Yalta a Vietnam),* Barcelona, Ediciones de Cultura Popular, 1968, p. 80].

[267] Véase I. H. Birchall, *Works Against the Monolith,* Londres, 1974, p. 62, y P. Ginsborg, *A History of Contemporary Italy,* cit., pp. 110-112.

mostrar algún grado de independencia con respecto a Stalin (incluido prácticamente cualquiera que hubiera combatido en España) se los llevó a juicio, encarceló y con frecuencia ejecutó. Kostov en Bulgaria, Rajk en Hungría y Slansky en Checoslovaquia fueron todos ejecutados. A Gomułka en Polonia y Kádár en Hungría meramente se los mandó a prisión. Stalin estaba no sólo ansioso por deshacerse de los partidarios prooccidentales del capitalismo de mercado: le aterraba la idea de que surgieran regímenes liderados por comunistas independientes; especialmente tras la ruptura con la Yugoslavia de Tito en 1948. Siguió una oleada de parodias de juicios contra líderes comunistas de Europa del Este a los que se acusaba, como a Tito, de ser «agentes imperialistas» y «fascistas».

La expresión más visible de lo que no tardó en conocerse como la «Guerra Fría» se produjo en el verano de 1948. Alemania había sido dividida en cuatro zonas de ocupación, lo mismo que su capital, Berlín. Entonces los EEUU, Gran Bretaña y Francia fusionaron sus zonas e introdujeron una nueva moneda, que tuvo el efecto de desconectarlas de la zona rusa. Rusia reaccionó imponiendo un bloqueo a los movimientos de bienes y víveres por carretera y ferrocarril a Berlín Oeste, que era un enclave aislado en medio de su zona. Un enorme puente aéreo montado por los EEUU y Gran Bretaña consiguió mantener el flujo de suministros y se convirtió en parte de una campaña anglo-estadounidense de propaganda sobre la «defensa de la libertad».

La campaña se inscribía en una ofensiva general contra los activistas comunistas y de izquierdas en Occidente. En los EEUU, la ley Taft-Hartley obligó a los sindicatos a una purga de dirigentes comunistas; se despidió a funcionarios (incluidos maestros y profesores universitarios) por negarse a firmar «juramentos de lealtad»; y el Comité de Actividades Antiamericanas del senador Joe McCarthy impidió trabajar en Hollywood a los directores y guionistas que no denunciaran a supuestos contactos «comunistas». El escritor Dashiell Hammett se hallaba entre los muchos presuntos comunistas encarcelados. A Charles Chaplin se le prohibió la entrada en el país, y a Paul Robeson abandonarlo. En un truculento clímax, Ethel y Julius Rosenberg fueron enviados a la silla eléctrica por haber supuestamente pasado a Rusia secretos atómicos. En Francia e Italia, las escisiones anticomunistas resultaron fatales para el movimiento sindical. En Gran Bretaña, varios importantes sindicatos prohibieron a los comunistas ocupar cargos.

Mientras esto ocurría en Occidente, la forma más estéril de ideología estalinista se impuso en el este de Europa, donde se envió a la cárcel y a campos de trabajo a cualquiera que pusiera objeciones.

Los dos bloques se organizaron rápidamente en alianzas militares rivales, la OTAN y el Pacto de Varsovia, y en gran medida rompieron relaciones económicas. Los EEUU prohibieron una larga lista de exportaciones «estratégicas» al Bloque Oriental, mientras que en este Rusia insistió en «la subordinación sin reservas de la política, la economía y la actividad ideológica a las necesidades de todo el bloque»[268].

En ambos bandos, los gastos militares se elevaron a unos porcentajes sin precedentes en tiempos de paz, llegando hasta alrededor del 20 por 100 del producto nacional de los EEUU y hasta el 40 por 100 del ruso, más reducido. Rusia construyó ciudades secretas para desarrollar una bomba atómica que rivalizara con los EEUU, mientras que estos desarrollaron la bomba H, cien veces más destructiva que la bomba atómica... y mantenían permanentemente en vuelo una flota de bombarderos dotados con armas nucleares. Los arsenales combinados de las dos superpotencias no tardaron en ser suficientes para destruir el mundo varias veces. Sin embargo, los generales de ambos bandos se dedicaban a juegos de guerra que incluían el empleo de estas armas.

La imposición de la conformidad ideológica a ambos lados del «Telón de Acero» hizo que una generación creciera bajo la sombra de «la bomba». Cualquiera que en uno u otro campo se atreviera a oponerse a esta monstruosidad podía estar seguro de ser etiquetado de partidario –o incluso «agente»– del otro. Con demasiada frecuencia los opositores aceptaron esta etiqueta. Muchos socialistas de Occidente y el Tercer Mundo cometieron el error de creer que los dirigentes de la URSS estaban de su lado, mientras que muchos disidentes del Bloque Oriental creyeron a los líderes que se declaraban defensores de la «libertad» y la «democracia». A comienzos de los años cincuenta eran muy pocos los que luchaban contra este absurdo.

La Guerra Fría nunca se convirtió en caliente a escala mundial. Si lo hubiese hecho, pocos de nosotros estaríamos aquí. Pero en Corea sí se convirtió en caliente. Cada uno de los dictadores rivales establecidos al norte y al sur de la línea divisoria en 1945 trataron de obtener legitimación mediante la unificación del país, y los conflictos menudearon a partir de la primavera de 1949. El dictador del norte, Kim Il Sung, decidió pasar a la acción antes de que su rival del sur, Syngman Rhee, aprovechara la ocasión. En junio de 1950, tras recibir el visto bueno de Stalin, lanzó un ataque, suponiendo que esto causaría un desmoronamiento inmediato del régimen del sur. Ni él ni Stalin

---

[268] Según el periódico del Partido Comunista Checoslovaco *Nova Mysl*, n.º 6-7, 1968.

pensaban que los EEUU intervendrían. Pero el ejército del sur no se vino abajo, aunque sí se retiró al extremo meridional del país, y los EEUU se apresuraron a intervenir. Les preocupaba el impacto que una victoria del Bloque Oriental en Corea tendría sobre un Japón todavía devastado y empobrecido, donde un poderoso Partido Comunista estaba empleando una retórica revolucionaria. El presidente de los EEUU, Truman, también vio en la Guerra de Corea una excusa para convencer a un Congreso hasta entonces renuente de que aprobara un enorme incremento en los gastos militares.

La guerra duró tres años. El coste humano fue enorme. En el bando occidental hubo 500.000 bajas, y el triple en el otro. Dos millones de civiles coreanos murieron, y la mitad de la población del sur perdió sus hogares o se convirtió en refugiados. La mayoría de los coreanos no ganó nada en absoluto. La línea final de demarcación fue la misma que al comienzo, y a millones de personas se les prohibió ver jamás a sus amigos y parientes del otro lado. En el sur, cuando la guerra comenzó, Kim Il Sung contaba con considerable apoyo, y sus ejércitos, con el respaldo de cierta actividad guerrillera. Los izquierdistas del sur que quedaron allí pasaron décadas en la cárcel; los que se retiraron al norte con los ejércitos de Kim Il Sung fueron encarcelados o ejecutados como «elementos poco fiables». Mientras tanto, sucesivos dictadores gobernaron Corea del Sur, y pasaron casi 40 años antes de que su población tuviera oportunidad de ejercer siquiera la más limitada «democracia» por la que la guerra supuestamente se libró.

Esta fútil y bárbara guerra constituyó un resumen de la Guerra Fría. Los enormes avances tecnológicos de las dos décadas anteriores se dedicaron a amenazar a la humanidad con la destrucción a manos de clases dirigentes rivales. Una y otra empleaban el lenguaje de la Ilustración para subyugar a la mayor cantidad posible del mundo, y una y otra consiguieron convencer a muchas personas de que tenían razón en obrar así.

La edad de oro más breve

La pobreza y la inseguridad están en vías de desaparición. Los niveles de vida están creciendo rápidamente; el temor al desempleo se está debilitando constantemente; y el joven trabajador corriente tiene esperanzas impensables para su padre[269].

---

[269] A. Crosland, *The Future of Socialism,* Londres, 1956, p. 115.

Estas palabras las escribió en 1956 Anthony Crosland, socialdemócrata británico del ala derecha. Su conclusión, como la de Bernstein 60 años antes, fue que el capitalismo había superado sus crisis y que «nos hallamos [...] en el umbral de una época de formidable abundancia»[270].

Los acontecimientos demostraron que se equivocaba. Pero las estadísticas que presentaba eran incontestables. El capitalismo mundial conoció el periodo de avance más prolongado de su historia. En 1970, la economía de los EEUU tenía un volumen tres veces superior al de 1940, en Alemania la producción industrial quintuplicó la de 1949, y en Francia la cuadruplicó. Italia se transformó de un país campesino en una importante potencia industrial, y Japón progresó hasta ocupar la segunda posición, por detrás de los EEUU. Hoy en día, muchos historiadores describen con razón ese periodo como una «edad de oro».

Fueron muchas las personas que vieron sus vidas transformadas. El desempleo cayó a niveles antes sólo conocidos en breves periodos de gran prosperidad: el 3 por 100 en los EEUU a comienzos de los años cincuenta, el 1,5 en Gran Bretaña, y el 1 por 100 en la Alemania Occidental de 1960. En los años cincuenta, en los EEUU, Gran Bretaña y Escandinavia los salarios crecieron de manera gradual y más o menos ininterrumpida, lo mismo que sucedió en Francia en los años sesenta. Los trabajadores vivían mejor que sus padres, y esperaban que sus hijos vivieran aún mejor.

No era solamente una cuestión de aumento en los ingresos. Los salarios podían gastarse en un abanico de bienes de consumo: aspiradoras, lavadoras, neveras, televisores, sistemas de agua caliente instantánea. En el nivel de vida de la clase obrera se produjo un salto cualitativo. Las labores domésticas seguían estando reservadas a las mujeres, pero ya no comportaban largas horas cocinando, cosiendo y fregando. Los víveres podían comprarse semanalmente en lugar de a diario (lo cual abría la puerta a que el supermercado reemplazara a la tienda tradicional). En los hogares se hallaba al alcance de la mano toda clase de entretenimientos, incluso para aquellos que no podían permitirse ir al cine, al teatro o al salón de baile.

Hubo también otros cambios. Los patronos concedieron la semana laboral de cinco días en sustitución de la de cinco días y medio, y más de una semana de vacaciones anuales. Concesiones que en la Francia de 1936 habían parecido un gran avance para los trabajadores eran ahora corrientes en Europa occi-

---

[270] A. Crosland, *op. cit.*, p. 115.

dental y Norteamérica. Para la mayoría las vacaciones dejaron de significar algo más que un par de días en el campo o una semana en la costa. Trabajadores cuya ambición en el pasado se había limitado a la compra de una bicicleta podían ahora ahorrar para un coche de segunda mano. Por primera vez, los trabajadores jóvenes tenían ingresos suficientes para constituir un mercado por sí mismos. La «cultura juvenil» nació a mediados de los años cincuenta, hija de la aparentemente insaciable demanda de canciones pop y modas alimentada por los sueños e inseguridades de los adolescentes.

Los cambios en el consumo y en la forma de vida se correspondieron con cambios en la producción. Nuevas técnicas desarrolladas en los años de entreguerras se hicieron ahora de uso corriente. Fábricas nuevas o ampliadas con una nueva mano de obra producían lavadoras, neveras, aspiradoras, televisores y, sobre todo, coches. En los EEUU había más de 70 millones de trabajadores fabriles y en Gran Bretaña más de ocho, concentrados en plantas que daban empleo a cientos, miles o, en el caso de algunas plantas automovilísticas y aeroespaciales, decenas de miles de trabajadores. Con el tiempo, la fábrica de producción en masa se convirtió en el modelo para muchas otras clases de empleo. Su modelo de regimentación se extendió a los empleados de las florecientes cadenas de supermercados, sus estudios sobre el tiempo y el movimiento a los centros de mecanografía y de procesamiento de datos, su sistema de pago a la minería del carbón, y sus métodos de gestión al trabajo en las dársenas y la construcción. Tanto se extendieron esos planteamientos de inspiración fabril, que algunos sociólogos industriales acuñaron la palabra «fordismo» para definir el periodo. Pero si la fábrica de la Revolución industrial había dotado a los trabajadores de la capacidad para luchar por la mejora de sus condiciones, lo mismo hizo, a una escala aún mayor, la expansión del empleo a la manera de las fábricas en este largo periodo de prosperidad. Las plantas automovilísticas de Detroit, Turín, Coventry, Dagenham, Colonia y Billancourt, las plantas aeroespaciales de Seattle y las fábricas de armamento de California se sumaron a las grandes plantas siderúrgicas, los yacimientos de carbón y los astilleros como centros de potencial resistencia a los dueños del capital. En condiciones de pleno empleo, esto era algo que el capital mismo había de tener en cuenta. En Norteamérica y la mayor parte de Europa occidental puso su confianza en los políticos que predicaban el «consenso» para estabilizar la sociedad.

En esos años de prosperidad prolongada, las leyes de pobres acabaron transformándose en el «Estado del bienestar». Desde el punto de vista del capital, en parte se trataba de valerse de intermediarios sindicales o políticos (políticos socialdemócratas en Europa, demócratas «liberales» en los EEUU) para comprar el beneplácito de unos trabajadores potencialmente mucho más fuertes que antes de la guerra. Fue también una manera de asegurarse de que la cara fuerza laboral se reproducía eficazmente como consecuencia de las medidas para mejorar la salud infantil y la educación. En cualquiera de los casos, la «reforma» de la asistencia social significó una mejora, no, como se creía en el siglo XIX y se cree hoy en día, un recorte en la asistencia social a fin de forzar a las personas a vender más barata su fuerza de trabajo.

Los años de prosperidad prolongada comportaron otros cambios de inmensa importancia en los países avanzados. Una escasez de mano de obra hizo que el capital buscara en todo el mundo nuevos suministros de trabajadores. No tardó en verse a trabajadores procedentes de la Italia rural trabajando en las minas belgas y las fábricas suizas, así como sumándose a las crecientes poblaciones de Milán y Turín. En Los Ángeles, Detroit y Chicago, la afluencia de antiguos aparceros negros se convirtió en un torrente. Las empresas alemanas acogían con los brazos abiertos a los refugiados del Este, y organizaban la llegada de «trabajadores invitados» procedentes de Turquía y Yugoslavia. Las empresas francesas reclutaban mano de obra en el norte de África. En Gran Bretaña, la sanidad pública buscaba trabajadores en el Caribe, y sus plantas textiles, en el Punjab. El capitalismo llevaba mucho tiempo juntando a trabajadores de todos los continentes a través del mercado mundial. Ahora muchas de esas personas se amontonaban en sus grandes ciudades, lo que llevó a fusiones más o menos espontáneas de culturas distintas. Pero también a intentos racistas de provocar conflictos entre los diferentes grupos étnicos.

Finalmente, este periodo de prosperidad condujo a cambios históricos en las relaciones entre los sexos. Desesperado por encontrar nueva mano de obra, el capital se volvió a buscarlo en las mujeres, como en los primeros días de la Revolución industrial. Industrias dependientes de las mujeres siempre había habido, especialmente textiles, y la cantidad de mujeres trabajando no había dejado de aumentar, al menos desde la época de la Primera Guerra Mundial. Pero la gran mayoría de las mujeres casadas (el 80 por 100 en Gran Bretaña de 1950) no tenía un empleo pagado. Preocupado por asegurar la reproducción de la mano de obra, el Estado favorecía que las mujeres casadas se quedaran en casa cuidando a sus hijos y atendiendo a sus maridos; y para la mayoría de las mujeres casadas los bajos salarios que podían ganar no eran un acicate suficiente para asumir la doble carga del empleo pagado y las tareas domésticas. El largo periodo de prosperidad produjo un cambio enorme. Los nuevos aparatos domésticos redujeron la carga de las tareas domésticas y también facilitaron la realización de un trabajo remunerado. Los patronos estaban encantados de dar trabajo a las mujeres, si era necesario a tiempo parcial para que fuera compatible con la crianza de los hijos, y la necesidad de un dinero extra con el que comprar aparatos domésticos fue un incentivo para que las mujeres aceptaran los empleos.

Las nuevas circunstancias fueron resultado de las presiones económicas. Pero tuvieron implicaciones mucho más amplias. Las mujeres que entraron en el mundo laboral estaban encantadas con la independencia que les otorgaba un salario. Las hizo más propensas a mantenerse por sí mismas. Desde el ascenso de la sociedad de clases 5.000 años antes, salvo raras excepciones a las mujeres les había estado siempre negado el desempeño de un papel público. Ahora la mayoría de las mujeres estaba pasando de la esfera privada del hogar a la esfera pública de la industria.

La doble carga persistió. Una de las razones por las que los patronos estaban encantados de dar trabajo a las mujeres era que podían pagarles salarios bajos. El mercado laboral estaba todavía estructurado en torno a la idea de que los ingresos del varón eran más importantes que los de la mujer. Justificaba esto un sinfín de estereotipos ideológicos, según los cuales a las mujeres se las solía dejar, literalmente, cuidando del bebé. Pero, en su ansia de beneficios y acumulación, el capital estaba creando unas condiciones en las que las mujeres ganaban confianza para poner en cuestión este sistema. Estaba poniendo las bases para una demanda sin parangón de la liberación de la mujer, aunque nunca fue capaz de satisfacer esa demanda.

La libertad colonial

El 15 de agosto de 1947, Jawaharlal Nehru izó la bandera nacional india en el Fuerte Rojo de Delhi. Gran Bretaña estaba abandonando la «Joya de la Corona». La era del imperio tocaba a su fin apenas 60 años después de la rebatiña por África, aunque su agonía iba a durar nada menos que hasta el abandono final del gobierno de minoría blanca en la Sudáfrica de los años noventa.

Los dirigentes de Gran Bretaña no habían renunciado a su control de la India de buena gana. Sus intentos de evitarlo dejaron un subcontinente dividido e inundado con la sangre de las luchas intestinas.

El movimiento nacional indio había recobrado impulso en la década de 1930. La depresión mundial había empobrecido el campo. «Desde el principesco estado de Cachemira, en el extremo norte, hasta Andhra y Travancore en el sur, en todas partes se encontraba radicalismo agrario»[271]. La cantidad de trabajadores participantes en huelgas creció de los 128.000 de 1932 hasta los 220.000 de 1934[272]. La influencia del Congreso Nacional Indio aumentó, lo mismo que la de su ala izquierda, liderada por figuras como Nehru y Subhas Chandra Bose. En las elecciones a las asambleas provinciales de 1937, los candidatos del Congreso que hicieron campaña con un programa que incluía reducciones en las rentas y los impuestos obtuvieron una victoria abrumadora. De los escaños reservados a los musulmanes, a la Liga Musulmana sólo le correspondió un cuarto.

Pero en el Congreso Nacional Indio el poder real seguían ostentándolo la derecha y una camarilla de capitalistas indios próximos a Gandhi. Los gobiernos provinciales presididos por miembros del Congreso no tardaron en aprobar leyes antihuelga, lo cual detuvo la ola de agitación de base clasista. La vía estaba abierta para una revitalización de los conflictos intestinos, pues los separatistas musulmanes acusaban a todos los hindúes de la conducta de los terratenientes hindúes, y los chovinistas hindúes acusaban a todos los musulmanes de los desmanes de los terratenientes musulmanes.

La hostilidad hacia Gran Bretaña creció cuando anunció que la India se hallaba en guerra con Alemania sin consultar a los indios, y luego se negó incluso a considerar la posibilidad de conceder a la India un gobierno propio, al mismo tiempo que afirmaba luchar por la «libertad». En 1942, incluso Gandhi aprobó una masiva campaña: *Quit India,* «Fuera de la India». Hubo huelgas, manifestaciones masivas de estudiantes y trabajadores, y repetidos choques en los que la policía vaciaba de personas las calles a golpes. En cientos de ocasiones, la policía abrió fuego contra manifestantes desarmados. Se produjeron ataques guerrilleros contra instalaciones británicas, se incendiaron comisarías de policía, se cortaron cables telegráficos y se bloquearon líneas ferroviarias. La represión acabó por aplastar el movimiento. Sólo en Bombay hubo 2.000 bajas y 2.500 condenados a latigazos. Hubo aldeas incendiadas e incluso ametralladas desde el aire. Pero a finales de 1943 el virrey británico, el general Archibald Wavell, le dijo a Churchill que «la fuerza re-

---

[271] B. Stein, *A History of India,* cit., p. 327.
[272] *Ibid.*

presiva necesaria para conservar la India después de la guerra sobrepasaría los medios de que disponía Gran Bretaña»[273].

Las autoridades imperiales guardaban una última carta en la manga. Recurrieron a la Liga Musulmana como contrapeso al Congreso. Afirmaron que representaba a todos los musulmanes y le dieron el control de varias provincias a pesar de los pobres resultados que había cosechado en las elecciones de 1937. Su líder más conocido, Mohammed Ali Jinnah, ahora se declaró a favor de la creación de un Estado musulmán separado –a lo que anteriormente se había opuesto–, aun cuando era imposible trazar las fronteras de ese Estado sin incluir en él a muchos hindúes y sijs, y excluir a los muchos musulmanes que vivían en zonas de mayoría hindú. El Partido Comunista, que en el pasado se había opuesto a la división del país, se sumó a esta demanda como parte de su apoyo al esfuerzo de guerra británico, y afirmó que los musulmanes y los hindúes eran dos «naciones» diferentes.

Aún seguía siendo muy posible que el movimiento nacional rompiera la división del país. En febrero de 1946, los marineros indios enrolados en la armada británica iniciaron en Bombay protestas contra los insultos racistas y las pagas que recibían, inferiores a las de los marineros blancos. Las protestas se intensificaron hasta convertirse en motines en 78 barcos y 20 puestos costeros, respaldados por las manifestaciones y huelgas de los estudiantes y trabajadores[274]. Los amotinados agitaban banderas hindúes, musulmanas y rojas. Por primera vez desde 1857, fuerzas militares creadas para defender al imperio se habían vuelto contra este en masa; y lo habían hecho de un modo que abría la puerta a la fragua de una unidad musulmán-hindú-sij desde abajo y debilitadora del separatismo. Pero los líderes del Congreso no estaban dispuestos a tolerar esto. Gandhi se opuso al motín y Nehru trató de quitarle fuerza. El separatismo pudo revivir, a pesar de que el motín echó por tierra todas las esperanzas británicas de mantenerse en el poder.

La Liga Musulmana de Jinnah obtuvo la mayoría de los escaños musulmanes en las elecciones –la única vez en que lo consiguió– e interpretó esto como un mandato para presionar en favor de un Estado separado mediante la agitación intestina. En Bengala, el jefe del gobierno provincial de la Liga Musulmana, Shuhrawardy –un hombre que había ganado millones en el mercado negro de cereal durante la gran hambruna de 1942-1943–, desencadenó

---

[273] Según B. Lapping, *End of Empire,* Londres, 1985, p. 356.
[274] En M. J. Akbar, *Nehru,* cit., p. 369, y B. Stein, *op. cit.,* p. 360.

una ola de violencia callejera contra los hindúes[275]. Los chovinistas hindúes aprovecharon la oportunidad para, en venganza, organizar contra los musulmanes pogromos que se saldaron con 5.000 muertos. Los alborotos que se produjeron en todas las ciudades pusieron las bases para el colmo del horror vivido un año más tarde.

Los líderes del Congreso Nacional Indio y sus apoyos en el mundo de los negocios estaban desesperados por poder disponer de un Estado propio, aunque fuera un Estado truncado, y acordaron con Jinnah la partición del subcontinente. Un funcionario civil inglés, Radcliffe, que no sabía nada sobre la India, trazó una línea divisoria que partía Bengala y el Punjab por la mitad. A ambos lados de la frontera del Punjab había poblaciones musulmanas y sijs, incluidas las ciudades vecinas de Lahore y Amritsar. Bandas de matones musulmanes de derechas, a un lado de la línea, y de matones hindúes y sijs de derechas, al otro, comenzaron a asegurarse el territorio asignado a ellos masacrando, aterrorizando y expulsando a los devotos de la religión «equivocada». Murieron entre 250.000 y un millón de personas. Al mismo tiempo, las turbas atacaron a las importantes minorías musulmanas de ciudades como Delhi y Lucknow, a las que «convencieron» de emigrar a Pakistán.

Al horror de la partición le siguió un desastre final: la guerra entre los dos nuevos estados. Ambos reclamaban Cachemira, que, con una mayoría musulmana y un príncipe hindú, tenía al líder de la oposición musulmana, el cual apoyaba al Congreso, encarcelado. Pakistán y la India trataron de apoderarse de ella. El ejército indio llegó a la capital, Srinigar, primero. Hubo un año de combates intermitentes antes de que una tregua dejara a los ejércitos rivales mirándose uno al otro separados por una línea de demarcación de cientos de kilómetros de longitud.

La partición tuvo efectos devastadores en ambos países. En la India fortaleció la posición de los chovinistas hindúes y favoreció la tendencia a que la política de los partidos indios se basara en cambiantes coaliciones de dirigentes locales de diferentes castas, grupos lingüísticos y religiosos. La confrontación militar con Pakistán también absorbió recursos desesperadamente necesitados para mejorar las vidas de las personas.

En Pakistán los efectos fueron aún peores. La religión era lo único que sus habitantes tenían en común… e incluso ahí había choques entre las versiones

---

[275] Véase M. J. Akbar, *op. cit.,* pp. 381-382.

suní y chií del islam. El país estaba dividido en dos, separado por varios cientos de kilómetros de territorio indio. En la parte oriental, la mayoría hablaba bengalí, y en el oeste punjabí. Pero el idioma nacional era el urdu, que sólo hablaba la minoría de la población emigrada de la región central, en el norte de la India. Más aún, vastas zonas de la parte oriental estaban bajo el dominio de terratenientes que ejercían un poder casi feudal. El resultado fue una continua inestabilidad política, una sucesión de dictadores, la escisión del Pakistán oriental en 1971 para formar Bangladesh –tras la sangrienta represión de una revuelta popular–, más golpes militares en el Pakistán occidental, la ejecución de su antiguo primer ministro, y, en los años noventa, un estado de casi guerra civil en su principal ciudad industrial, Karachi.

Sin embargo, el desastre de la partición no pudo impedir que la retirada de Gran Bretaña tuviera un enorme impacto en otras partes. Los imperialistas se batían en retirada, y en todas las colonias había personas dispuestas a aprender la lección.

«China Popular»

En el verano de 1949, sólo dos años después de que Gran Bretaña abandonara la India, un Ejército de Liberación Popular liderado por veteranos comunistas como Mao Zedong, Zhu De y Liu Saoqi ocupó Pekín. Los días de las concesiones extranjeras y los buques de guerra extranjeros desde hacía un siglo impuestos al país acabaron para siempre cuando se dirigió hacia el sur para unificar toda China, con excepción de la enorme isla de Taiwán y la ciudad-colonia británica de Hong Kong.

El ejército de Mao surgió de un grupo de comunistas y soldados disidentes de los ejércitos nacionalistas que habían escapado de las masacres desencadenadas por Chiang Kai-shek a finales de los años veinte y establecido en el sur una base, en la frontera de la provincia de Jiangxi. Habían reclutado a campesinos locales para un ejército que debía de parecerse a los ejércitos campesinos rebeldes periódicamente formados en la historia china. Cuando las tropas de Chiang los presionaron, emprendieron una «larga marcha» circular de más de 10.000 kilómetros a través del sur y el oeste de China hasta que llegaron a Yenan, en el remoto noroeste. Apenas uno de cada 10 de los 100.000 que la iniciaron llegó allí. Pero este resto consiguió recabar nuevos apoyos, especialmente tras el ataque de Japón a China en 1937.

El ejército de Chiang Kai-shek cedió mucho territorio a los japoneses y no estaba en condiciones de luchar contra las fuerzas comunistas. A él no le quedó otra opción que aceptar que las fuerzas chinas rivales debían tolerarse mutuamente mientras durara la guerra con Japón. Pero su propio ejército parecía incapaz de luchar contra nadie. A la mayoría de sus generales sólo les motivaba el deseo de enriquecerse a expensas de sus soldados y de los campesinos por cuyas tierras pasaban. Por contra, la fuerza del Ejército de Liberación Popular no dejaba de aumentar. Ganó prestigio entre las clases medias educadas con su lucha contra los japoneses, apoyo campesino con su política de reducción de rentas, e incluso un cierto grado de respaldo por parte de algunos capitalistas chinos con la creación de condiciones estables para las operaciones de estos.

Cuando en 1945 se produjo el desmoronamiento de Japón, Chiang contaba con un ejército mucho mayor y estaba recibiendo enormes sumas de dinero de los EEUU (y en menor medida de Stalin, que en esta época no apoyaba a los comunistas). Pero la moral del ejército de Mao era más alta y su disciplina mejor. El estallido de la Guerra Civil entre ambos supuso el inicio de la desintegración del ejército de Chiang, sectores enteros del cual (con sus generales) fueron progresivamente cambiando de bando. A finales de 1949, Chiang Kai-shek tuvo que huir a Taiwán, donde hoy en día el gobierno sigue bajo dominio del Kuomintang.

La victoria de Mao causó un enorme impacto en los EEUU, que en la época en que metía dinero a raudales en los bolsillos de los generales de Chiang Kai-shek había llegado a considerar China como parte de su imperio informal. Su razonamiento fue que Mao era tan comunista como Stalin, de manera que este revés lo habían sufrido como consecuencia de una conspiración comunista mundial… lo cual pasaba por alto que Stalin había ayudado a Chiang y aconsejado a Mao que no tomara el poder. Las operaciones militares de los EEUU en la Guerra de Corea, que estalló sólo unos meses después de la victoria de Mao, incluyeron la invasión de Corea del Norte hasta la frontera china, con lo cual virtualmente se obligó a China a ponerse del lado de Corea del Norte y se lanzó a Mao en brazos de Stalin (una alianza que, pese a todo, sólo iba a durar 12 años). Al mismo tiempo, los EEUU llegaron a considerar el apuntalamiento del colonialismo francés en Vietnam como parte de su defensa del «mundo libre» contra el «comunismo», y suministraron los fondos y las armas que permitieron a Francia seguir luchando hasta 1954.

Gran parte de la izquierda internacional extrajo una conclusión similar a la de los EEUU, pero la interpretó de manera diametralmente opuesta. Ahora China y Rusia eran, conjuntamente, el bloque de «la paz y el socialismo». Es más, según algunos China hizo patente lo fácil que era llegar al poder a través de la guerra de guerrillas rural. Pasaban por alto las especiales circunstancias de China durante la segunda mitad de los años treinta y la primera mitad de los cuarenta: las enormes distancias, la invasión japonesa, la corrupción extrema en el ejército de Chiang. Tampoco vieron que, pese a toda la dependencia que Mao tenía de los reclutamientos de campesinos para su ejército, sus cuadros y la estructura administrativa de sus «zonas liberadas» estaban formados por miembros radicalizados de las clases medias educadas de las ciudades.

La última batalla de los imperios

La victoria de Mao, producida tan poco tiempo después de la evacuación británica de la India, aumentó en todas las colonias del mundo la sensación de que el imperialismo podía ser derrotado. En la Argelia francesa ya había habido indicios de revuelta y en Vietnam un intento de gobierno independiente. En la enorme colonia holandesa de las Indias Orientales, antes de la guerra había comenzado a crecer un movimiento nacionalista. Sus líderes habían aprovechado la ocupación japonesa para ampliar su base de apoyo, colaboraron a medias con las fuerzas de ocupación y se proclamaron a sí mismos el gobierno de un nuevo país, Indonesia, cuando Japón se retiró. Ahora luchaban contra el intento de reimponer el colonialismo holandés, y en 1949 alcanzaron la independencia bajo la presidencia de Sukarno. En Malasia, el Partido Comunista local, que con apoyo británico había sido la espina dorsal de la resistencia a Japón, estaba dispuesto a librar una guerra de liberación contra Gran Bretaña. Varios estudiantes africanos y caribeños como Kwame Nkrumah, Jomo Kenyatta y Eric Williams, que en los años treinta se habían conocido en Londres, regresaron a sus lugares de origen para participar también en la agitación a favor de la independencia. En las capitales árabes de Damasco, Bagdad y El Cairo una nueva y joven generación de la clase media, a veces estratégicamente colocada en la administración del Estado, comenzó a conspirar para el logro de la auténtica independencia y a soñar con una «nación árabe» unida que abarcara desde el Atlántico hasta el golfo Pérsico.

El instinto de las potencias coloniales fue reaccionar a los movimientos de liberación como habían hecho en el pasado, con ametralladoras, bombardeos y campos de concentración. Esta fue la reacción de Francia en Vietnam, Madagascar, Argelia y sus colonias en el África occidental; de Gran Bretaña en Malasia, Kenia, Chipre, Adén y las Rodesias[276]; y de Portugal en Angola, Mozambique y Guinea Bissau.

Pero quedó claro que, más tarde o más temprano, este planteamiento era contraproducente, pues sólo servía para ahondar la hostilidad popular a los intereses europeos. Cada vez eran más los dirigentes que consideraban que una política mejor sería aupar a figuras locales que sirvieran fielmente a sus intereses como jefes de gobiernos «independientes». Gran Bretaña adoptó este planteamiento en buena parte de Oriente Próximo, en el África occidental y en las Indias Occidentales. En Malasia, Gran Bretaña empleó una fuerte represión contra el movimiento de liberación liderado por los comunistas (los soldados cortaron las manos e incluso las cabezas de «terroristas» muertos, y reasentaron por la fuerza a medio millón de personas en aldeas rodeadas por alambre de espino). Pero también prometió la independencia a políticos malayos «moderados» que consiguieron apoyos jugando la carta de la desconfianza racial hacia la minoría china. Incluso allí donde Gran Bretaña sí intentó mostrarse firme contra las concesiones a los «nativos» –como en Kenia, donde bombardeó aldeas y llenó campos de concentración en los que muchas personas murieron, o en Chipre, donde los soldados emplearon la tortura–, acabó por negociar una transferencia «pacífica» de poder a líderes políticos (Jomo Kenyatta y el arzobispo Makarios) a los que anteriormente había encarcelado o enviado al exilio.

Francia acabó por verse obligada a adoptar este planteamiento en Vietnam y Argelia. Pero sólo lo hizo tras gastarse ingentes sumas de dinero y matar a enormes cantidades de personas en guerras que no podía ganar. La política francesa se envenenó cuando, entre 1958 y 1962, generales colonialistas desafectos intentaron llevar a cabo una serie de golpes militares que dieron como resultado que, en 1958, la Asamblea Nacional otorgara poderes casi dictatoriales al general De Gaulle. El acuerdo al que finalmente se llegó para la independencia de Argelia llevó a un millón de colonos a marcharse a Francia y a que la OAS, una organización terrorista de extrema derecha, desencadenara una oleada de atentados bomba en París.

---

[276] Hoy Zambia, Zimbabue y Malawi.

El capitalismo más atrasado de Europa occidental, Portugal, se aferró a sus colonias, pero acabó viéndose obligado a abandonarlas en 1974-1975, cuanto los costes de su mantenimiento provocaron una insurrección revolucionaria en el mismo Portugal. Todo lo que quedó fueron los dos regímenes de colonizadores racistas blancos en el sur de África: Rodesia del Sur, en 1980 finalmente obligada a aceptar un gobierno de la mayoría negra con el nombre de Zimbabue, y Sudáfrica, que finalmente hizo lo mismo en 1994.

La retirada de las potencias europeas occidentales del dominio directo sobre la mitad de Asia y casi toda África fue un proceso que constituyó un hito en la historia. Marcó el final de casi dos siglos durante los cuales la línea de la historia mundial pasaba por Londres y París. Sin embargo, no marcó el final del imperialismo, en el sentido de que buena parte del mundo siguió dominada por intereses centrados en unos cuantos países económicamente avanzados. Los enconados conflictos que se han repetido en las Américas, el sudeste de Asia y Oriente Medio y Próximo constituyen otras tantas pruebas de este hecho.

Petróleo y sangre

Oriente Próximo, con sus enormes reservas de petróleo, fue con mucho el premio más importante para todos los imperialismos de la segunda mitad del siglo XX. Durante la Primera Guerra Mundial, Gran Bretaña había ampliado su imperio en Oriente Próximo gracias a su colaboración con el dirigente de La Meca, Sahrrif Hussein, en una «Revuelta Nacional Árabe» y a la promesa que le hizo de entregarle todos los territorios gobernados por Turquía. Pero el gobierno británico también les había prometido a los líderes sionistas que uno de los territorios árabes, Palestina, se lo asignaría a colonos judíos procedentes de Europa, a los que veía como una barrera contra cualquier amenaza árabe al cercano Canal de Suez. Como más tarde explicó el líder político israelí Abba Eban, «nosotros ayudamos a Gran Bretaña a convertirse en la potencia dominante, y Gran Bretaña nos ayudó a nosotros a desarrollar el Hogar Nacional Judío»[277].

Ese doble pacto funcionó hasta cierto punto. Las empresas británicas obtuvieron acceso a las reservas de petróleo de Iraq e Irán, y los colonos ju-

---

[277] Citado en B. Lapping, *op. cit.*, p. 106.

díos colaboraron voluntariamente con Gran Bretaña en el aplastamiento de la revuelta palestina árabe, la rebelión más grave que el Imperio británico afrontó en los años treinta. Pero con el tiempo esa política fracasó. El antagonismo árabe hacia los colonos sionistas aumentó cuando estos compraron tierras a propietarios árabes ricos y expulsaron a las familias campesinas que llevaban siglos cultivándolas. Los judíos que habían escapado a la opresión en Europa se encontraron con que se esperaba de ellos que oprimieran a otros en Palestina. Gran Bretaña intentó entonces desactivar el descontento árabe limitando la emigración judía y acabó siendo atacada por ambos bandos. En 1946, grupos paramilitares judíos que habían sido armados para que reprimieran a los árabes estaban llevando a cabo ataques contra las tropas y las instalaciones británicas.

Gran Bretaña decidió eludir el problema que había creado retirando sus tropas en 1947 y confiando la defensa de sus intereses petroleros a las monarquías títere árabes de Iraq, Jordania y Egipto. Los EEUU y Rusia, que estaban ansiosos por ocupar el lugar dejado vacante por Gran Bretaña, respaldaron conjuntamente una resolución de Naciones Unidas que partía Palestina y establecía un Estado de colonos israelíes (asignando la mitad del territorio a un tercio de la población). Los colonos recibieron importantes suministros de armas de la Checoslovaquia liderada por los comunistas, así como el respaldo de los EEUU. Cuando el conflicto estalló, los israelíes masacraron la aldea palestina de Deir Yassin con ánimo de infundir terror en la población árabe para que huyera, y luego derrotaron al mal organizado ejército que las monarquías árabes de la zona habían enviado supuestamente para ayudar a los palestinos: un ejército que acabó apoderándose de lo que quedaba de la zona palestina (un mero 20 por 100 del territorio original) y dividiéndolo entre los reyes de Jordania y Egipto. Israel se creó como un poderoso Estado de colonos, deseoso y capaz de favorecer los intereses occidentales –lo cual normalmente significaba de los EEUU– a cambio de armas y ayuda financiera.

Esto no estabilizó la región. El resentimiento causado por la victoria de Israel sobre los ejércitos árabes contribuyó a desencadenar en Egipto un golpe militar que llevó al poder a un grupo de oficiales nacionalistas liderados por Gamal Abdel Nasser y acabó con la monarquía probritánica. El movimiento de Nasser hacia la nacionalización del Canal de Suez, propiedad de Gran Bretaña y Francia, provocó la última gran aventura del imperialismo británico en la región. En noviembre de 1956, tropas británicas, francesas e israelíes lanzaron un ataque conjunto contra Egipto. El ataque estuvo a punto de tener éxito desde el punto de vista militar, pero fracasó por completo desde el punto de vista diplomático. Los EEUU se aprovecharon de los problemas financieros de Gran Bretaña para imponer a esta la retirada de tropas y para sustituir a Gran Bretaña como la potencia dominante en la región, mientras que dos años más tarde una ola de agitación antibritánica en toda la región llevó al derrocamiento de la monarquía respaldada por los británicos en Iraq.

Los EEUU continuaron la política británica de apoyarse en los colonos israelíes y en los regímenes clientelares árabes, suministrando a Israel más ayuda militar que a nadie en el mundo. Al mismo tiempo, colaboraron estrechamente con la monarquía de Arabia Saudí, respaldaron el golpe que en 1953 restableció el gobierno absoluto del sah en Irán y el que en 1962 dio el poder en Iraq al Partido Baaz, en el que militaba un joven llamado Sadam Hussein. Los EEUU tuvieron mucho éxito en la consolidación de la hegemonía sobre la región y su petróleo. Sin embargo, sólo pudieron lograrlo fomentando entre los estados y los pueblos unos antagonismos que produjeron una serie de guerras: las guerras árabe-israelíes de 1967 y 1973, la larga Guerra Civil del Líbano iniciada en 1976, la atroz guerra entre Iraq e Irán a lo largo de los años ochenta, la invasión israelí del Líbano en 1982 y la guerra liderada por los EEUU contra Iraq en 1991. El siglo XX vio una vez más la transmutación de la riqueza, en esta ocasión la riqueza petrolera, en sangre.

Al otro lado del espejo

La forma de organización económica establecida en Rusia fascinó a muchas de las antiguas colonias que acababan de estrenar la independencia. La mayor parte de estos países había sufrido el estancamiento económico o incluso la regresión bajo el poder colonial. En la India de los años cincuenta, el suministro de víveres *per capita* no superaba el que había habido en la época de Akbar 400 años atrás. Mientras tanto, la economía rusa había puesto de manifiesto que podía crecer más rápidamente que cualquier otra y, al parecer, evitando los periódicos retrocesos endémicos del capitalismo en Occidente.

Desde la caída del Muro de Berlín en 1989 se ha puesto de moda sostener que en la Rusia de Stalin o sus sucesores, Jrushchov y Bréznev, nunca funcionó nada. En realidad, durante 30 años los métodos estalinistas produjeron tasas de crecimiento económico más altas que los experimentados en cualquier otra parte del mundo... con excepción, quizá, de Japón. Lo que en

1928 era una sociedad agrícola enormemente atrasada se había convertido en un país principalmente industrial, capaz de desafiar a los EEUU en la carrera armamentística de la Guerra Fría y de poner un satélite (el *Sputnik*) y luego a un hombre (Yuri Gagarin) en el espacio antes que ellos.

Incluso los enemigos más acérrimos del sistema ruso reconocieron esto en su momento. En 1953, el futuro primer ministro del Partido Laborista británico, Harold Wilson, pudo hablar del «espectacular crecimiento de Rusia en producción y capacidad productiva»[278]. La percepción no era falsa. Como dice una relativamente reciente historia de la economía en Europa del Este, «la tasa media de crecimiento que se alcanzó en la región durante las dos décadas de planificación central (1950-1970) mejoraba las mejores tasas de los mejores años de entreguerras (1925-1929)»[279].

En Rusia el estalinismo fue fruto del aislamiento y el estrangulamiento de la revolución de 1917. En Europa oriental se impuso desde arriba, excepto en Yugoslavia, donde lo introdujeron los líderes del ejército de resistencia que expulsó a los alemanes. Pero en cada caso no fue sólo la represión lo que le permitió florecer y echar profundas raíces en sus primeros años. Al proporcionar un medio de fomentar la industria, también hizo que amplios sectores de las capas medias de la sociedad sintieran que tenían un futuro importante. Inspiró el entusiasmo tanto como el temor. También dio a enormes cantidades de personas un grado de movilidad hacia arriba: el obrero industrial cualificado tenía oportunidades de convertirse en director, y el campesino podía escapar a la ruda vida rural para buscar horizontes más amplios en la ciudad.

La sensación de que era posible cambiar la sociedad, industrializar, urbanizar y educar a las masas atrajo a sectores de las clases medias educadas en todos los países no industriales del mundo: un atractivo incrementado por la comprensión de que una expansión de la industria significaba una expansión en el número de puestos bien remunerados para ellos mismos. Pero ninguna expansión era posible si simplemente se esperaba a que pequeñas empresas crecieran lo suficiente para competir con las importantes sociedades anónimas radicadas en los países avanzados. Primero se suprimieron las pequeñas empresas. Necesitaban tamaño… y este sólo podían alcanzarlo si el Estado las fusionaba e invertía fondos en ellas. Frente a la competencia extranjera

---

[278] *Daily Telegraph* del 28 de septiembre de 1953, citado en P. Foot, *The Politics of Harold Wilson,* Harmondsworth, 1968, p. 111.

[279] M. C. Kaser, *An Economic History of Eastern Europe,* Londres, 1986, p. 9.

directa, también necesitaban una protección que sólo el Estado podía proporcionar. El capitalismo de Estado, normalmente mal llamado «socialismo», parecía la respuesta.

Ya en el cambio de siglo el Estado había desempeñado un papel crucial en el desarrollo de la industria a gran escala en Japón y en la Rusia zarista. La Primera Guerra Mundial y la crisis de los años de entreguerras habían hecho aumentar enormemente su papel en los países avanzados. A finales de los años treinta, la escala del control de la industria por parte del Estado en la Alemania nazi era tal que convenció al economista «austromarxista» y antiguo ministro de Hacienda Hilferding de que el capitalismo había sido sustituido por un nuevo modo de producción[280]. Incluso en el país occidental donde más se había desarrollado el «libre mercado», los EEUU, en los años 1941-1944 era el Estado el que construía la mayoría de las plantas y controlaba la mayor parte de la actividad económica.

Donde más lejos llegó la tendencia al capitalismo de Estado fue allí donde más débil era el control local del desarrollo industrial. Así, el Estado desempeñó un papel central en los intentos de reorganizar el capitalismo e industrializar Brasil bajo el gobierno de Vargas, el presidente populista del Brasil en los años treinta, y bajo Perón, el dictador de Argentina en los años cuarenta y comienzos de los cincuenta. Sobre ese telón de fondo, no sólo los comunistas, sino también los políticos socialdemócratas y burgueses que compartían con ellos el gobierno en la mayor parte de Europa occidental en los años 1945-1947, daban por descontado el control por el Estado de la mayor parte de la industria y confiaban en la «planificación» central. En la India, aun antes de que el Congreso tomara el poder, un grupo de industriales se había reunido en 1944 a fin de aprobar un «programa Bombay» para la planificación estatal muy parecido al modelo ruso, aunque empleando capital privado tanto como estatal.

Así, la India, China, Egipto, Siria, Iraq y Argelia tenían todos poderosos sectores de propiedad estatal y planes a largo plazo. Pero esta no era una tendencia limitada a los estados que se llamaban a sí mismos socialistas. En la China del Kuomintang, gran parte de la industria había sido de propiedad estatal, y el modelo perduró en el Taiwán del Kuomintang, mientras que en Corea del Sur el general Park, que accedió al poder mediante un golpe en 1961,

---

[280] Citado en M. Haynes y P. Binns, «Eastern European Class Societies», *International Socialism* 7 (invierno de 1979).

consideraba la planificación y control (aunque no necesariamente la propiedad) estatales como la única manera de superar a Corea del Norte, que entonces estaba más avanzada.

La otra cara de la moneda del crecimiento económico bajo la «planificación» estalinista, lo mismo que durante las revoluciones industriales en Occidente, eran las atroces condiciones que los trabajadores tenían que soportar. Pero los que dirigían los aparatos cada vez más grandes de la industria y del Estado no eran trabajadores, aunque algunos sí lo habían sido en otro tiempo.

En sus primeros años, el capitalismo de Estado pareció ser eficaz. A finales de los años sesenta, la India y Egipto seguían siendo países mayoritariamente agrícolas, con poblaciones que en su mayor parte vivían en extrema pobreza y cuya industria afrontaba toda clase de problemas. Pero eran visiblemente diferentes a como eran 20 años antes y parte, en mucho mayor medida, del mundo moderno. Esto se tradujo en una cierta confianza hacia sus gobernantes entre amplios sectores de las clases medias, lo cual dio estabilidad a los regímenes. Donde, como en China, la India y Egipto, el desarrollo del capitalismo de Estado se acompañó de una reforma agraria que abrió las grandes fincas para beneficio de los campesinos, los gobernantes también echaron fuertes raíces en el campo aun cuando la reforma benefició a los campesinos medianos y ricos en mayor proporción que a los más pobres y a los braceros sin tierras.

Pero con el tiempo la euforia se fue apagando… e incluso cuando regímenes como el de Egipto comenzaron a aplicar elementos del modelo estalinista, en Rusia y Europa oriental ya estaban apareciendo signos de sus limitaciones.

El camino a 1956

Stalin murió en 1953, tras ejercer un poder casi total durante un cuarto de siglo. A veces la muerte de un gobernante sirve para concentrar las mentes de sus cómplices en los problemas acumulados a lo largo de los años, y así sucedió en esta ocasión.

Los secuaces de Stalin no eran muy conscientes del enorme descontento que había por debajo de la superficie. También temían que uno de ellos se hiciera con el control del aparato estalinista del terror de Estado y lo empleara contra el resto. Apenas enterrado Stalin, pusieron en vigor reformas limitadas mientras en secreto se peleaban entre ellos (Beria, el casi psicópata jefe de policía, fue sacado a punta de pistola de una reunión de líderes y ejecutado).

Luego, en febrero de 1956 Jrushchov, el secretario general del Partido Comunista, decidió revelar algunas verdades domésticas a los militantes del partido a fin de fortalecer su posición en la lucha por el liderazgo. En el vigésimo congreso del partido, celebrado en Moscú, dijo que Stalin había sido responsable del asesinato de miles de inocentes y de la deportación de millones de miembros de las minorías nacionales. Es más, dijo, Stalin había sido incompetente y cobarde en la época de la invasión alemana de Rusia en 1941. El impacto de estas revelaciones sobre decenas de millones de personas en todo el mundo, a quienes se había enseñado a considerar a Stalin como un semidiós, fue demoledor, aunque fueron muchos los que intentaron hacer caso omiso.

Mientras tanto, otra cosa más importante que las palabras de Jrushchov sobre su predecesor había sucedido. Las masas por debajo del aparato de gobierno del capitalismo de Estado habían comenzado a rebelarse.

El primer levantamiento se produjo en Alemania Oriental en junio de 1953, poco después de la muerte de Stalin. Los obreros que estaban construyendo un enorme edificio en Berlín Este fueron a la huelga cuando se les dijo que tendrían que trabajar más por la misma paga. Decenas de miles de personas se unieron a ellos cuando se manifestaron por el centro de la ciudad. Al día siguiente, todos los centros industriales importantes de Alemania Oriental estaban en huelga. Los manifestantes irrumpieron en las cárceles y atacaron comisarías y oficinas del partido gobernante. Al final, sólo la intervención de tropas soviéticas sofocó la sublevación. Fue una clásica revuelta obrera espontánea, como las que en Alemania se habían producido repetidamente en 1918-1919, pero dirigida contra un régimen de capitalismo de Estado que afirmaba gobernar en nombre de los trabajadores. Los sectores de trabajadores en huelga fueron los más izquierdistas durante la República de Weimar en los años veinte. Un 68 por 100 de los expulsados del Partido Comunista de Berlín Este por tomar parte en el levantamiento eran miembros desde antes del ascenso de Hitler al poder[281]. Eran viejos militantes que vieron en aquel alzamiento una continuación de la lucha por el control de los trabajadores a la que habían consagrado su juventud.

---

[281] M. Jaenicker, *Der Dritte Weg: Die Anti-Stalinistische Opposition gegen Ulbricht seit 1953,* Colonia, 1964, p. 51.

Poco después del levantamiento en Alemania Oriental hubo una revuelta en la propia Rusia, en el gigantesco campo de trabajo esclavista de Vorkuta. El cuarto de millón de prisioneros que allí trabajaban en las minas fue a la huelga. El gobierno rodeó a los mineros con tropas armadas, ofreció una negociación y luego ejecutó a los representantes escogidos por los trabajadores, con un saldo de 250 muertos. Pero la acción demostró lo explosivo que el descontento podía ser, y en los siguientes dos años el régimen liberó al 90 por 100 de los internos en los campos. Como en los EEUU tras la Guerra Civil, el trabajo esclavo dio paso al trabajo remunerado, la forma de explotación apropiada para la «acumulación primitiva», a la que se ajustaba a la economía industrializada.

Sin embargo, fue en los meses de 1956 que siguieron a la denuncia de Stalin por Jrushchov cuando realmente se puso de manifiesto el potencial para la revuelta. Una huelga en la ciudad polaca de Poznań se convirtió virtualmente en una insurrección. El régimen consiguió sofocar el movimiento antes de que este tuviera tiempo de extenderse, pero no pudo evitar que su onda expansiva afectara a todo el orden social. El país pareció al borde de la revolución en octubre y noviembre, cuando facciones rivales lucharon por el control en la cima del régimen. La censura falló y los trabajadores comenzaron a elegir sus propios comités y a jurar que defenderían sus derechos por la fuerza. Se habló de una «primavera en octubre» cuando Gomułka, uno de los líderes encarcelados a finales de los años cuarenta, fue repuesto en el poder. Hizo frente a una amenaza de intervención militar de las tropas rusas y convenció a los trabajadores de que confiaran en él con la ayuda de la Iglesia católica y la emisora propagandística de los EEUU, Radio Europa Libre[282].

Los acontecimientos en Polonia actuaron como detonante para una de las grandes revoluciones de la historia, en Hungría. Una manifestación de estudiantes en Budapest contó con el apoyo de decenas de miles de trabajadores. Un grupo derribó una enorme estatua de Stalin. Otro se dirigió a la emisora de radio, desde cuyo interior agentes de policía abrieron fuego. Los trabajadores se apoderaron de las armas de los clubes deportivos en las fábricas, ganaron para su causa a los soldados de uno de los cuarteles y no tardaron en hacerse con el control de buena parte de la ciudad. En el campo, movimientos similares en todas las localidades pusieron el poder efectivo en manos de consejos de fábrica y comités revolucionarios.

---

[282] Para una explicación cabal de estos acontecimientos, véase el capítulo 6 de mi libro *Class Struggles in Eastern Europe,* Londres, 1984.

Peter Fryer, enviado a Hungría por el periódico del Partido Comunista Británico, el *Daily Worker,* informó de

> [...] el sorprendente parecido [de estos comités] con los consejos de obreros, campesinos y soldados formados en Rusia en la Revolución de 1905 y en febrero de 1917. [...] Eran a la vez órganos insurreccionales –con reuniones de los delegados elegidos en las fábricas y las universidades, las minas y las unidades militares– y órganos de autogobierno popular en los que el pueblo armado confiaba[283].

Un sector del régimen trató de recuperar el control del movimiento por métodos muy parecidos a los que Gomułka estaba empleando en Polonia, poniendo a otro comunista caído en desgracia, Imre Nagy, al frente de un gobierno de coalición. Pero el 4 de noviembre –justo cuando Gran Bretaña, Francia e Israel estaban atacando a Egipto– los tanques rusos entraron en Budapest y se apoderaron de los edificios clave. Se encontraron con una encarnizada resistencia armada que sólo consiguieron aplastar causando miles de muertos, reduciendo partes de la ciudad a escombros y empujando a más de 200.000 personas a huir cruzando la frontera con Austria. Una huelga general paralizó la ciudad durante más de dos semanas, y el Gran Consejo Obrero Central de Budapest cumplió, en efecto, el papel de un gobierno alternativo al gobernante títere de Rusia, János Kádár. Pero al final los consejos obreros fueron también aplastados y sus líderes condenados a años de prisión. Hubo 350 ejecuciones, «tres cuartos de ellas de trabajadores veinteañeros»[284]. Entre los fallecidos se encontraban Imre Nagy y otros cuatro miembros de su breve gobierno.

La línea comunista oficial fue que la revolución era simplemente una aventura procapitalista planeada por los espías occidentales. Como en tantos otros casos en la era de la Guerra Fría, la explicación más difundida en Occidente fue muy similar. Sostenía que la revolución simplemente aspiraba a instaurar una «sociedad libre» de corte capitalista occidental. En realidad, la mayoría de los que desempeñaron un papel destacado en la revolución tenían una

---

[283] P. Fryer, *Hungarian Tragedy,* Londres, 1956, p. 46 [ed. cast.: *La tragedia de Hungría,* Buenos Aires, Antídoto, 1986, p. 60].

[284] Según documentos oficiales húngaros, resumidos en G. Litvan (ed.), *The Hungarian Revolution of 1956,* Londres, 1996, p. 144.

perspectiva más amplia. Recordaban la dictadura de la preguerra que había gobernado Hungría en nombre de la «libertad» capitalista y tenían como objetivo un sistema diferente, en el que los consejos obreros desempeñaran un papel clave, si bien la velocidad de los acontecimientos no les dio tiempo para clarificar lo que este sistema podría ser. Quien tenga dudas sobre esto debería leer las diversas recopilaciones de documentos de la Hungría de 1956 que se han publicado desde entonces[285]. Un autorizado estudio húngaro posterior sobre la revolución recapitula:

> Las reivindicaciones que afectaban a la [...] vida cotidiana de las personas podían encontrarse sobre todo en los manifiestos de los consejos de fábrica y de obreros. Estos [...] contienen una enorme cantidad de detalles sobre el odiado trabajo a destajo, las injustas cuotas de trabajo y los bajos salarios, los mínimos logros sociales y el lamentable suministro de víveres. [...] Los combatientes más activos en la revolución lucharon no sólo por la libertad y la independencia, sino también por un modo humano de vida y condiciones de trabajo acordes [...] por lo que en opinión de muchos era una sociedad «auténticamente socialista». [...] El orden económico al que se aspiraba pondría la toma de decisiones sobre la industria, la minería y el transporte en manos de los productores (obreros, técnicos y otro personal). [...] «Rechazamos cualquier intento de restaurar el dominio de los grandes terratenientes, los propietarios de fábricas y los banqueros» fue una declaración refrendada por representantes de muchas creencias diferentes[286].

La Revolución húngara puso en tela de juicio las ideologías dominantes en los dos bandos de la Guerra Fría. Demostró, a aquellos con coraje para mirar a los hechos cara a cara, que la URSS hacía mucho tiempo que se había apartado de la tradición de Karl Marx, Friedrich Engels y Rosa Luxemburgo. También puso de manifiesto lo equivocados que estaban los liberales y social-

---

[285] Para la recopilación más completa, véase B. Lomax, *Hungarian Workers' Councils of 1956,* Nueva York, 1990. Una recopilación muy anterior, que incluye transcripciones de emisiones radiofónicas, es M. J. Lasky (ed.), *The Hungarian Revolution,* Londres, 1957 [ed. cast.: *El Libro Blanco de la Revolución húngara,* Buenos Aires, Guillermo Kraft, 1959]. Véase también S. Kopacsi, *In the Name of the Working Class,* Nueva York, 1986 [ed. cast.: *En nombre de la clase obrera,* Barcelona, El Viejo Topo, 2009], y para una breve explicación de la dinámica de la revolución, el capítulo 7 de mi *Class Struggles in Eastern Europe,* cit.

[286] G. Litvan (ed.), *The Hungarian Revolution of 1956,* cit., pp. 126-127.

demócratas que sostenían que el totalitarismo estalinista podía reprimir cualquier movimiento por el cambio desde el interior y, por tanto, que era necesario apoyar al imperialismo occidental contra él. Este pesimismo había nublado las mentes de innumerables intelectuales que en otro tiempo habían estado en la extrema izquierda: John Dos Passos, John Steinbeck, Max Schachtman, Stephen Spender, Albert Camus, James T. Farrell, John Strachey, George Orwell, Saul Bellow... la lista era interminable. La imaginería era la de *1984,* de George Orwell, una dictadura tan poderosa que podía lavar los cerebros de sus oponentes hasta hacerles decir que dos y dos sumaban cinco. Hungría hizo patente lo rápidamente que una dictadura así podía desmoronarse y de ella surgir fuerzas que presionaran en favor de una auténtica liberación. Si pudo ocurrir en Hungría, un día podría ocurrir en el centro del capitalismo de Estado estalinista, en Rusia.

Los gobernantes de ambos bloques se apresuraron a enterrar el recuerdo de la revolución. Durante más de un cuarto de siglo estuvo prohibido mencionar los acontecimientos de Hungría más que como una «contrarrevolución». Todavía en 1986, la policía disolvió a palos una manifestación de estudiantes que los conmemoraba en las calles. En Occidente no tardaron en ser olvidados. A comienzos de los años setenta, en los medios occidentales se hablaba del carnicero Kádár como de un «reformista» liberal. La amnesia mutua permitió a ambos bandos olvidar el hecho de que el monolito podía venirse abajo. Cuando se repitieron en Checoslovaquia, en el año 1968, a los dos los cogieron por sorpresa.

La Revolución cubana

Los Estados Unidos tenían sus propios satélites diseminados por el mundo. A finales de los años cincuenta se concentraban en América Central, al sur de la frontera mexicana (Honduras, El Salvador, Nicaragua, Panamá y Guatemala), el Caribe (Cuba, la República Dominicana y Haití) y el Asia Oriental (las Filipinas, Corea del Sur, Vietnam del Sur y Tailandia). En la Zona del Canal que dividía en dos a Panamá y en Corea del Sur había tropas de los EEUU permanentemente estacionadas. En los primeros años del siglo habían desembarcado varias veces en Haití, Nicaragua y Cuba, habían gobernado las Filipinas como colonia hasta 1946, y mantenían enormes bases en Guantánamo, en la costa oriental de Cuba y en las Filipinas.

Estos estados nominalmente independientes estaban normalmente gobernados por pequeños y con frecuencia sumamente fragmentados grupos dirigentes constituidos por figuras militares, oligarcas rurales, jefes políticos y, en ocasiones, capitalistas autóctonos. Sus bases locales de apoyo eran muy limitadas, y como compensación trataban de mezclar las formas más extremas de corrupción y las formas más repugnantes de represión. Su debilidad resultaba beneficiosa para la política de los EEUU, por cuanto los hacía dependientes de la ayuda y de los consejeros militares estadounidenses, y garantizaba que no pondrían en peligro los intereses comerciales de los EEUU. Pero también significaba que podían desmoronarse fácilmente si la capacidad de los EEUU de intervenir en su apoyo parecía alguna vez dudosa. Que los EEUU estaban deseosos de llevar a cabo tales intervenciones se puso de manifiesto en 1954, cuando la CIA organizó el derrocamiento de un gobierno ligeramente reformista en Guatemala.

Cinco años más tarde tuvieron un fracaso muy difícil de sobrellevar. El corrupto y dictatorial régimen de Fulgencio Batista se derrumbó de repente y dejó el poder en manos de un grupo de guerrilleros liderado por Fidel Castro, su hermano Raúl y un médico argentino exiliado, Ernesto «Che» Guevara.

Las guerrillas habían desembarcado en una remota parte de la isla apenas dos años antes. Tras su victoria se desarrolló toda una mitología revolucionaria que atribuía su éxito al apoyo de las masas campesinas o a los jornaleros que trabajaban en las plantaciones azucareras de la isla. En realidad, la lejanía de las guerrillas no les permitió tener contacto más que con una mínima proporción del campesinado y los jornaleros. Su victoria se debió a su capacidad para aprovecharse del enorme aislamiento político del régimen de Batista. Con su extrema corrupción se había distanciado de los dos principales partidos de clase media de la isla y molestado a su clase política. Cuba era un centro del gansterismo mafioso (como se muestra en la película *El Padrino*) y conocida como «el burdel del Caribe». También había producido el descontento de las masas populares al recortar los beneficios sociales obtenidos en los años treinta. Al final, incluso los EEUU dejaron de apoyar a un dictador que temían que iba a caer.

Bajo tales condiciones no hacía falta mucho para provocar esa caída. El pequeño grupo de guerrilleros de Castro (sólo 20 sobrevivieron al desembarco inicial a finales de 1956[287], y en el verano de 1958 apenas eran 200) fue

---

[287] Según J. L. Anderson, *Che Guevara,* Nueva York, 1997, p. 216 [ed. cast.: *Che Guevara: una vida revolucionaria,* Barcelona, Anagrama, 2006, p. 211].

como la bola de nieve que desencadena una avalancha. Su mera existencia demostraba la debilidad de Batista, cuyo ejército era demasiado corrupto y débil para derrotarlos, y con el tiempo su propio ejército se desmoronó.

El ejército rebelde que entró en La Habana el día de Año Nuevo de 1959 contaba con el respaldo de todas las clases sociales de Cuba. Pero tuvo que hacer frente a las mismas condiciones objetivas que habían ido disminuyendo el apoyo de las bases al régimen de Batista. La economía cubana –dependiente de los fluctuantes precios mundiales de su principal exportación, el azúcar, y con una producción *per capita* que no superaba la de los años veinte– era incapaz de satisfacer las contradictorias reivindicaciones de las diferentes clases. Los capitalistas y sus socios comerciales estadounidenses querían aumentar sus beneficios y libertad para sacar los dividendos del país. Los obreros y jornaleros querían aumentar sus ganancias, y los campesinos una mejora de sus miserables ingresos. Los miembros de la joven clase media educada, a la que el movimiento guerrillero debía sus cuadros y la enorme red de apoyo en las ciudades, querían desarrollar la economía cubana con el objetivo de demostrar su valía y hacer carreras bien remuneradas.

Castro no podía satisfacer a una clase sin ganarse la enemistad de las demás. Satisfacer a los capitalistas habría sido recorrer el camino que había llevado a Batista al desastre, algo a lo que Castro no estaba dispuesto. Por el contrario, optó por una política de realización de ciertas reformas a fin de obtener el apoyo de la clase obrera y campesina (la reforma agraria, la provisión de beneficios asistenciales y sanitarios, y las campañas de alfabetización) combinada con el empleo del Estado para impulsar ambiciosos programas de industrialización. Fue una elección que inevitablemente chocó con los afianzados intereses capitalistas y las grandes empresas de los EEUU, pues «la economía cubana estaba tan ligada a la economía de los EEUU que el país era en muchos sentidos un apéndice de ella»[288].

Dieciocho meses después de que Castro tomara el poder, las refinerías de petróleo propiedad de los EEUU en la isla se negaron a procesar el barato petróleo ruso. Castro las nacionalizó. Como represalia, los EEUU pusieron fin al acuerdo por el que compraban la mayor parte de la cosecha azucarera de Cuba; Cuba nacionalizó las compañías azucareras de propiedad estadounidense, sus fábricas y sus monopolios de la electricidad y los teléfonos, y

---

[288] D. Seers *et al., Cuba: the Economic and Social Revolution,* Carolina del Norte, 1964, p. 20.

aumentó sus vínculos comerciales con Rusia. Una ola de histeria anticastrista invadió los medios de comunicación estadounidenses, mientras en Miami los empresarios exiliados clamaron aún más fuerte por la «traición» castrista a la revolución.

Luego, en abril de 1961, la CIA patrocinó el desembarco en Bahía de Cochinos de un ejército de exiliados con el objetivo de derrocar a Castro, mientras aviones estadounidenses camuflados bombardeaban los aeródromos cubanos. La aventura se saldó con un lamentable fracaso gracias al apoyo unánime de la población al régimen.

La aprobación del desembarco había sido una de las primeras acciones del nuevo presidente de los Estados Unidos, John F. Kennedy. Este se convirtió en una figura de culto para muchos liberales tras su asesinato en 1963. Pero en relación con Cuba no mostró ningún signo de liberalismo. Él y su hermano Robert desarrollaron una profunda enemistad personal hacia Castro, y dieron luz verde para que la CIA conspirara con figuras de la mafia contra la vida del líder cubano… ¡incluidos planes tan ridículos como el empleo de cigarros explosivos! También prepararon planes preventivos para una invasión de la isla con respaldo de los EEUU. En 1962, sus maniobras llevaron a una confrontación directa con Rusia.

Para muchas personas que la vivieron, la semana del 20 al 27 de octubre de 1962 fue la más espantosa de sus vidas: nunca la Guerra Fría estuvo más próxima de convertirse en una guerra nuclear. Buques de guerra estadounidenses habían rodeado la isla, decididos a emplear la fuerza para detener cualquier barco soviético que pretendiera llegar a ella. Misiles balísticos intercontinentales, misiles de lanzamiento submarino y 1.400 bombarderos se pusieron en alerta. Montones de bombarderos permanecieron continuamente en el aire, cada uno de ellos armado con varias armas nucleares y dispuestos a dirigirse contra objetivos en la URSS en cuanto se diera la orden. Y en la Florida, a menos de cien kilómetros de Cuba, los EEUU concentraron la mayor fuerza de invasión desde la Segunda Guerra Mundial: 100.000 soldados, 90 barcos, 68 escuadrones aéreos y ocho portaaviones.

El gobierno de Kennedy había detectado que la URSS de Jrushchov estaba instalando en secreto misiles nucleares en Cuba. Los EEUU ya podían alcanzar ciudades rusas desde sus bases en Europa occidental y Turquía. Los misiles cubanos daban a Rusia la misma capacidad de alcanzar ciudades estadounidenses. Castro y el Che Guevara recibieron con entusiasmo los misiles, suponiendo que disuadirían a los EEUU de atacar Cuba. Indudablemente, esto fue un error, pues era poco probable que Rusia se arriesgara a la destrucción de sus propias ciudades en un toma y daca nuclear meramente para complacer a los cubanos.

El gobierno de los EEUU, sin embargo, sí estaba dispuesto a correr el riesgo de una guerra nuclear para que los misiles se sacaran de la isla. Hasta qué punto estuvo el mundo al borde de una guerra lo reveló más tarde el hermano del presidente, Robert Kennedy: «Todos estábamos de acuerdo en que, si los rusos estaban dispuestos a ir a la guerra por Cuba, era que estaban dispuestos a ir a la guerra nuclear y lo mismo nos daba tener el enfrentamiento entonces que seis meses más tarde». Las transcripciones de los debates en la presidencia de los EEUU ponen de manifiesto que el gobierno de la mayor potencia del mundo estaba, efectivamente, dispuesto a correr el riesgo de una guerra nuclear con Rusia[289]. También hacen patente que la obsesión de Kennedy con Cuba estaba conectada con un tema más amplio: el temor a una erosión de la hegemonía global norteamericana.

La guerra sólo se evitó porque Jrushchov se echó atrás en el último momento y aceptó la retirada de los misiles: una decisión aprobada en el Politburó sólo por un estrecho margen y contra los deseos de los líderes cubanos. En efecto, los líderes rusos decidieron que no podían desafiar la división vigente del mundo entre ellos mismos y el imperialismo estadounidense… de la misma manera que los EEUU no habían desafiado esa división en la época de la Revolución húngara. Esto tuvo importantes consecuencias en los años siguientes. Ambos bandos siguieron acumulando enormes cantidades de armas nucleares. Pero lo hicieron basándose en lo que llamaban la *détente:* un acuerdo mutuo de no pisar la manguera del otro. Se mantuvo vigente hasta 1980, a pesar de las enormes insurrecciones que en el ínterin se produjeron en ambos campos.

Los líderes cubanos quedaron consternados por la decisión rusa de retirar los misiles. Habían sido utilizados como moneda de cambio, y había poco que ellos pudieran hacer al respecto, pues dependían del apoyo económico de Rusia. Lo que esa dependencia significaba en el terreno doméstico lo pusieron de manifiesto la reducción de los planes de industrialización y el retorno a la confianza prerrevolucionaria en las exportaciones de azúcar. La «diversificación de la agricultura», el mensaje de los primeros años de la revolución,

---

[289] E. R. May y P. D. Zelikow (eds.), *The Kennedy Tapes: Inside the White House during the Cuban Missile Crisis,* Harvard University Press, 1998.

se sustituyó por un llamamiento a la obtención de una cosecha récord de azúcar. En el terreno internacional hubo un breve intento de escapar a las limitaciones impuestas por la política rusa. Los líderes cubanos crearon «Organizaciones de Solidaridad Latinoamericana» y convocaron conferencias «tricontinentales» en las que formularon veladas críticas a las políticas que Rusia estaba imponiendo a los partidos comunistas y a los movimientos de liberación del Tercer Mundo. El Che Guevara acabó por abandonar Cuba para intentar poner en práctica estas críticas mediante la lucha guerrillera en el Congo-Zaire y en Bolivia. Pero ni las críticas ni la práctica del Che Guevara se basaban en una evaluación concreta de las fuerzas de las clases en una situación particular. Por el contrario, Guevara intentó imponer el modelo de lucha revolucionaria que había tenido éxito en las muy especiales circunstancias de Cuba. La intervención en el Congo se saldó con un lamentable fracaso y la acción en Bolivia fue dando tumbos de desastre en desastre hasta la muerte del Che –fusilado tras ser capturado por un agente de la CIA–. En 1968, Castro y el gobierno cubano estaban de nuevo apoyando la posición rusa.

La Guerra de Vietnam

A comienzos de los años sesenta, el gobierno de los EEUU no consideraba Vietnam más que como un lugar entre muchos en los que estaba empleando «consejeros» para organizar acciones militares contra fuerzas opositoras. «Tenemos 30 Vietnams», le dijo Robert Kennedy a un periodista[290]. Tenía razón en sentirse confiado. Un programa del gobierno de los EEUU diseñado para estabilizar Latinoamérica, la «Alianza para el Progreso», parecía haber tenido éxito en detener cualquier apetito de la Revolución cubana, y los movimientos guerrilleros en Venezuela, Guatemala, Bolivia y en otras partes fueron derrotados. A mediados de los años sesenta, el oportuno despliegue de tropas estadounidenses había detenido el avance de los rebeldes congoleños hacia la capital del dictador clientelar de los EEUU Mobutu y frustrado un intento de levantamiento popular en la República Dominicana. En Indonesia ni siquiera había necesidad de tropas de los EEUU. La CIA colaboraba con el general Suharto, que utilizó la excusa de un golpe abortado de generales de izquierdas para asesinar a medio millón de personas, destruir el Partido Co-

---

[290] Citado en D. Halberstam, *The Best and the Brightest*, Londres, 1970, p. 78.

munista más poderoso del Tercer Mundo y sustituir al populista líder de la independencia, Sukarno.

Pero la baladronada de Robert Kennedy sobre Vietnam demostró estar fuera de lugar. El país había sido dividido en la época de los acuerdos de la Guerra de Corea, en 1954. El intento de Francia de mantener el país como colonia había recibido un golpe devastador cuando el movimiento de liberación Vietminh le infligió una importante derrota en Dien Bien Fu. Pero el Vietminh había sido convencido por Rusia y China de que asumiera el control de solamente la mitad norte del país y dejara a los grupos vietnamitas que habían apoyado a Francia que gobernaran el sur a la espera de la celebración de elecciones en el país en su conjunto. Los EEUU, que habían estado financiando la mayor parte del esfuerzo de guerra francés, ahora subvencionaban al gobierno del sur y contribuían a asegurar que las elecciones nunca tendrían lugar.

En el sur la represión de la oposición no hacía sino crecer. Hubo monjes budistas que protestaron prendiéndose fuego, y antiguos combatientes del Vietminh huyeron al campo y tomaron las armas como movimiento de autodefensa. No tardó en haber una guerra de guerrillas generalizada, tumultos continuos en las ciudades y un gobierno cuya supervivencia dependía del creciente apoyo estadounidense. Los 400 «consejeros» que había cuando Kennedy subió al poder se habían elevado a 18.000 en la época de su asesinato. En 1965 se produjo un desembarco de marines en la base naval de Danang, y un mes después había 33.500 soldados estadounidenses en el país, y al final de la guerra 210.000. Mientras tanto, la fuerza aérea de los EEUU lanzó la mayor campaña de bombardeos de la historia, arrasando el norte y el sur, día tras día, semana tras semana, año tras año, creyendo que así se podría obligar a las fuerzas de liberación a abandonar la lucha.

La Guerra de Vietnam no fue como la guerra en Corea, una lucha librada por ejércitos regulares que los dirigentes del norte podían retirar en cualquier momento. Había surgido de las luchas espontáneas contra un régimen represivo, y los líderes de Vietnam del Norte no podían volverles la espalda sin causarle un enorme perjuicio a su prestigio como los pioneros de la lucha por la independencia nacional.

Los EEUU se vieron atrapados en una guerra de desgaste de la que no era nada fácil salir. En Khe Sanh, cerca de la línea divisoria con el norte, lograron establecer una base avanzada y, con un gran coste, impedir que las fuerzas de liberación la tomaran. Pero no pudieron emplear la base para someter el campo en torno a ella, y acabaron por abandonarla. Consiguieron mantener el control de las ciudades, no así impedir verse casi sobrepasados por una repentina ofensiva lanzada por las fuerzas de liberación en el Tet, el año nuevo vietnamita, a comienzos de 1968. No pudieron impedir que el crecimiento exponencial de los costes de la Guerra de Vietnam aumentara sus gastos militares totales en un 30 por 100 y provocara la protesta de los grandes empresarios estadounidenses. Finalmente, no pudieron impedir que la guerra abriera enormes fisuras en la sociedad norteamericana cuando los jóvenes se rebelaron contra los horrores de la guerra y contra su reclutamiento para ser mandados a combatir.

China: del Gran Salto Adelante al mercado

La imagen oficial de China en los años cincuenta y comienzos de los sesenta era la de un país de campesinos sonrientes y obreros exultantes, líder del mundo comunista junto con la URSS, en movimiento constante hacia un socialismo de paz y abundancia. Era una imagen que portaban miles de periódicos izquierdistas en todo el mundo.

Los EEUU tenían su propia imagen alternativa de China. Era la de la mayor Amenaza Roja, un país del odio organizado, una sociedad en la que cientos de millones de personas trabajaban hasta la extenuación de manera mecánica a las órdenes de los que se hallaban en la cúspide, incluso más próxima que la URSS al mundo de pesadilla del *1984* de George Orwell. Esta imagen desempeñó un importante papel en la propaganda estadounidense a favor de la Guerra de Vietnam. Los EEUU sostenían que China tenía la intención de expandirse hacia el sur y destruir la libertad. Si tenía éxito en Vietnam, a continuación vendrían los otros países del sureste asiático, que caerían como «fichas de dominó», hasta que no hubiera ningún lugar del «mundo libre» seguro.

Ninguna de las dos imágenes concordaba con la realidad de la vida del quinto o más de la población mundial que vivía en China. La propaganda norteamericana pasaba por alto el creciente cisma entre Rusia y China a partir al menos de mediados de los años cincuenta. A comienzos de la década de 1960, Rusia había suspendido las ayudas y retirado de China a miles de consejeros, y en las reuniones internacionales cada uno de los países estaba denunciando las políticas del otro.

La propaganda oficial china minimizaba las divisiones de clase en el país y las condiciones de extrema dureza en que vivía la mayoría de sus habitantes. Cuando en 1949 tomaron el control de las grandes ciudades de China, los líderes del Ejército de Liberación Popular habían seguido una política de unión de todas las clases, incluido un sector de los capitalistas, tras un programa que perseguía la reconstrucción económica. A comienzos de los años cincuenta, esto dio paso a un programa de industrialización, vagamente diseñado según el modelo del aplicado por Stalin en Rusia e igualmente orientado al objetivo de realizar lo que el capitalismo había hecho en Occidente. Bajo el régimen del Kuomintang, muchas industrias habían sido de propiedad estatal o confiscadas a los antiguos propietarios japoneses. Ahora el Estado se apoderó de la mayoría de las restantes, pero pagando a sus antiguos propietarios dividendos fijos (de manera que en la «roja» China seguía habiendo millonarios). El personal del aparato de control estatal lo formaban, sobre todo, miembros de las clases medias educadas, con la mayoría de los funcionarios del periodo del Kuomintang mantenidos en su cargo. Hubo reforma agraria en regiones dominadas por terratenientes, pero a los campesinos más acomodados no se los tocó. La situación de la mayoría de los trabajadores siguió siendo en buena medida la misma de antes.

Estas medidas produjeron un considerable crecimiento económico: 12 por 100 al año según las cifras oficiales para los años 1954-1957. Pero esto no aproximó en absoluto al objetivo oficial de ponerse a la altura de los países industriales avanzados, y un sector de los líderes chinos en torno a Mao Zedong comenzó a temer que, a menos que se dieran pasos desesperados, China decaería hasta convertirse en uno más de los países estancados del Tercer Mundo. En 1958, con la oposición de otros líderes como el presidente Liu Shaoqi y Deng Xiaoping, se lanzaron a un «Gran Salto Adelante» con el objetivo de una industrialización ultrarrápida.

A la industria pesada se la hizo crecer mucho más rápidamente que antes al decretar que cada distrito produjera sus propios hierro y acero. Se alimentó a millones de nuevos obreros industriales quitándoles parcelas individuales a los campesinos y obligando a las personas a ingresar en enormes «Comunas del Pueblo». En 1958 y 1959 parecía que el «salto» se estaba dando de manera exitosa. La tasa oficial de crecimiento industrial fue casi del 30 por 100 anual, y en todo el mundo los entusiastas del comunismo chino saludaron las «comunas» como el alba de una nueva era. En 1960, la realidad se impuso. China carecía del equipamiento técnico para hacer viables las comunas, y la mera concentración de los campesinos no podía superar tradiciones centenarias que enfrentaban a una familia contra otra. La producción de cereal cayó catastróficamente y las hambrunas produjeron millones de muertos. Las nuevas industrias de base local eran de bajo nivel técnico, sumamente ineficaces y perjudiciales para la economía global, pues agotaban los recursos. El Gran Salto Adelante se convirtió en un desastre por el que la masa del pueblo pagó un precio terrible. La fuerza de voluntad por sí sola no podía superar siglos de estancamiento y la desindustrialización causada por el imperialismo.

Los líderes reaccionaron apartando a Mao de las palancas del poder y volviendo a un planteamiento más moderado de industrialización. Pero esta política distó de ser un gran éxito. En 1965, la producción industrial fue menor que en 1960. Mientras que la fuerza laboral crecía a un ritmo de 15 millones de personas al año, el del número de nuevos empleos era de sólo medio millón, y a los 23 millones de graduados universitarios les resultaba difícil encontrar un empleo adecuado a sus capacidades[291].

Cuando los problemas se acumularon, el grupo de líderes en torno a Mao Zedong sintió, una vez más, que sólo la acción urgente podía romper el *impasse*. Esta vez creyeron que habían encontrado el agente que la llevaría a cabo: la enorme cantidad de jóvenes frustrados en sus esperanzas. En 1966, Mao y un círculo de partidarios, incluidos su esposa Jiang Qing y el ministro de Defensa Lin Biao, proclamaron la «Revolución cultural proletaria».

China, decían, estaba siendo frenada en su avance por la «cultura» de quienes gobernaban las estructuras del partido y del país. Estas personas se habían vuelto blandas y perezosas. Esas eran las tendencias que ya habían puesto a Rusia «en la senda capitalista» de la desestalinización y que podían lastrar a China y devolverla a sus antiguos modos «confucianos». La tarea de la juventud consistía en detener esto mediante la crítica en masa de quienes obstruían las políticas de Mao. El grupo de Mao cerró todas las instituciones educativas durante seis meses y animó a 11 millones de estudiantes universitarios y de enseñanza secundaria a llevar la crítica de una región a otra en transporte ferroviario gratuito.

La «Revolución cultural proletaria» no era en ningún sentido proletaria ni en ningún sentido una revolución. De los obreros se esperaba que siguie-

---

[291] Cifras dadas en J. Deleyne, *The Chinese Economy,* Londres, 1973, p. 59 [ed. cast.: *La economía china,* Barcelona, Planeta, 1972, p. 72].

ran trabajando mientras los estudiantes organizaban concentraciones de masas y recorrían el país. De hecho, parte del mensaje de la «Revolución cultural» era que los trabajadores debían abandonar preocupaciones «capitalistas» como las primas y los temas sanitarios y de seguridad, pues estos eran «economicistas», y «el pensamiento de Mao Zedong» era motivación suficiente para cualquiera. Al mismo tiempo, los estudiantes recibieron instrucciones de no interferir en el funcionamiento de los aparatos militar y policial. ¡Esta era una «revolución» con la intención de evitar poner patas arriba el Estado!

A los «guardias rojos» estudiantiles se les animó a descargar sus frustraciones no contra las instituciones, sino contra individuos de los que se consideraba que habían mostrado un insuficiente celo revolucionario. En la cumbre esto significaba colocar en la diana a quienes habían discrepado con Mao en la época del Gran Salto Adelante. Liu Shaoqi, Deng Xiaoping y otros fueron obligados a abandonar sus cargos. En los niveles locales, significaba convertir en chivos expiatorios a figuras en puestos bajos del escalafón y con autoridad mínima, de los que se pensaba que encarnaban los «antiguos modos»: maestros de escuela, escritores, periodistas, oficinistas o actores. La atmósfera de persecución irracional se refleja vívidamente en las memorias del antiguo «guardia rojo» Jung Chang, *Cisnes salvajes;* en escenas de la película *Adiós a mi concubina,* sobre un cantante de ópera pekinés víctima de la Revolución cultural; y en la novela sobre un grupo de intelectuales, *Las piedras del muro,* de Dai Houying.

Pero la Revolución cultural no fue simplemente un estallido irracional. Las frustraciones que Mao explotó eran bastante reales. Y, debido a esto, Mao no pudo mantener el control del movimiento que había iniciado. Grupos rivales de «guardias rojos» y «rebeldes rojos» surgieron en muchas ciudades y muchas instituciones. Algunos estaban manipulados por los aparatos estatales locales y del partido. Pero otros comenzaron a atraer a los trabajadores jóvenes, a formular preguntas que afectaban a las vidas de la masa del pueblo y, en Shanghái, a participar en importantes huelgas.

Mao intentó entonces detener el movimiento que él había puesto en marcha apenas unos meses antes, y recurrió al ejército de Lin Biao para restaurar el orden en cada localidad. Fue un movimiento que provocó que algunos estudiantes se volvieran contra todo el sistema social. Un grupo de Hunan denunció «el gobierno de la nueva burguesía burocrática». Otros hicieron críticas que pusieron las bases del movimiento «El muro de la democracia» de los años setenta[292]. La decidida acción del ejército puso fin al movimiento de los «guardias rojos» con la ayuda de la fe que la masa de estudiantes todavía depositaba en el propio Mao. Los que, por más que de una manera distorsionada, habían comenzado a expresar sus sentimientos a través del movimiento pagaron ahora un alto precio. Fueron millones las personas a las que se obligó a abandonar las ciudades para realizar trabajos extenuantes en remotas zonas rurales: según una estimación, uno de cada diez habitantes de Shanghái fue enviado fuera de la ciudad[293].

Sin embargo, el final de la participación de las masas en la Revolución cultural no fue el final de los desórdenes en China. En 1970, en medio de rumores de un fallido golpe de Estado, Lin Biao, el sucesor designado de Mao, huyó repentinamente a Rusia en un avión que se estrelló cerca de la frontera soviética. Durante los primeros años setenta, el poder central se concentró en las manos de Zhou Enlai, que trajo de vuelta al anteriormente desacreditado Deng Xiaoping como su heredero designado. En 1974, la esposa de Mao y tres colaboradores (la «Banda de los Cuatro») recuperó brevemente el control, volvió a purgar a Deng y regresó al lenguaje de la Revolución cultural. Enormes manifestaciones para conmemorar la muerte de Zhou Enlai pusieron de manifiesto el escaso respaldo con que contaban, y tras la muerte de Mao en 1976 fueron derrocados y encarcelados.

Buena parte de la izquierda de todo el mundo se había mostrado entusiasmada con la Revolución cultural. En muchos países, los oponentes a la guerra sostenida por los EEUU en Vietnam portaban retratos de Mao Zedong, así como del líder vietnamita Ho Chi Minh. Las perogrulladas contenidas en el *Pequeño libro rojo* de «pensamientos de Mao» se presentaban como guía para la actividad socialista. Sin embargo, en 1972, cuando el número de bombarderos estadounidenses en Vietnam superó todas las cifras anteriores, Mao recibió al presidente Nixon en Pekín, y en 1977, con Deng en el poder, China estaba comenzando a aceptar el mercado más frenéticamente que la Rusia de los sucesores de Stalin.

Los medios de comunicación occidentales consideraron estas vueltas y rodeos como resultado de una delirante irracionalidad. A finales de los años setenta, muchos izquierdistas que en los años sesenta se habían identificado

---

[292] Véase el manifiesto «Whither China?» («¿Adónde va China?») de la Sheng-wu-lien, traducido en *International Socialism* 37 (primera serie, verano de 1969).

[293] Según J. Deleyne, *op. cit.,* p. 59 [ed. cast. cit.: p. 73].

con el maoísmo se mostraron de acuerdo y volvieron la espalda al socialismo. En Francia surgió toda una escuela de «nuevos filósofos» exmaoístas que enseñaban que la revolución lleva automáticamente a la tiranía y que la izquierda revolucionaria es tan mala como la derecha fascista. Pero, para el curso aparentemente irracional de la historia china durante un cuarto de siglo, hay una explicación simple y racional. China simplemente no contó con los recursos internos para seguir con éxito la senda estalinista de la industrialización forzosa, por más que sus gobernantes mataran de hambre a los campesinos y exprimieran a los obreros. Pero tras un siglo de saqueo imperialista no había más opciones fáciles. Incapaces de encontrarlas racionales, los dirigentes del país fueron tentados por soluciones irracionales.

X El nuevo desorden mundial

A mediados de los años sesenta, la opinión mayoritaria sobre los países capitalistas avanzados era que el sistema se había deshecho de los problemas de los años de entreguerras. Ya no estaba asediado por depresiones cada vez más profundas, una interminable incertidumbre económica y la polarización política entre la izquierda revolucionaria y la derecha fascista. El sociólogo estadounidense Daniel Bell proclamó «el final de las ideologías». Dado que ahora se disponía de los medios para «la organización de la producción, el control de la inflación y el mantenimiento del pleno empleo», sostenía, «la política hoy en día no es un reflejo de ninguna división interna en clases»[294]. Bell escribía para la revista *Encounter,* financiada por la Agencia Central de Inteligencia (la CIA) de los EEUU. Pero incluso quienes odiaban a la CIA pudieron llegar a conclusiones muy parecidas. Así, el marxista germanoestadounidense Herbert Marcuse escribió que «un interés absoluto en la conservación y la mejora del *statu quo* institucional unió a los antiguos antagonistas (la burguesía y el proletariado) en las zonas más avanzadas de la sociedad contemporánea»[295].

Parecía que la historia, o al menos la historia de la lucha de clases, había terminado… excepto, quizá, en el Tercer Mundo. Fue una idea reformulada,

---

[294] D. Bell, *The End of Ideology,* Illinois, 1960, p. 84 [ed. cast.: *El fin de las ideologías,* Madrid, Ministerio de Trabajo y Seguridad Social, 1992, p. 103].

[295] H. Marcuse, *One Dimensional Man,* Londres, 1964, pp. xi-xii [ed. cast.: *El hombre unidimensional,* Barcelona, Planeta-Agostini, 1993, p. 23].

sin ningún reconocimiento ni a Bell ni a Marcuse, tres décadas más tarde por el funcionario del Departamento de Estado de los EEUU Francis Fukuyama.

Sin embargo, el periodo comprendido entre mediados de los años sesenta y comienzos de los noventa estuvo marcado por una serie de insurrecciones sociales, repentinas crisis económicas, duras huelgas y el desmoronamiento de uno de los grandes bloques militares. Lejos de terminar, la historia se aceleró.

En la segunda mitad del siglo XX hubo tres grandes puntos de inflexión: 1968, 1973-1975 y 1989. Juntos demolieron el edificio político, ideológico y económico de la era de la Guerra Fría.

1968: el sonido del destello de la libertad

Al año 1968 se lo suele conocer como «el año de la revuelta estudiantil». En realidad, fue un año de protestas, manifestaciones y ocupaciones estudiantiles en todo el mundo: en Berlín Occidental, Nueva York y Harvard, Varsovia y Praga, Londres y París, México y Roma. Pero ese año ocurrieron muchas más cosas: el punto álgido de la revuelta de los negros americanos, el mayor golpe jamás dado al prestigio militar de los EEUU (en Vietnam), la resistencia a las tropas rusas (en Checoslovaquia), la mayor huelga general de la historia mundial (en Francia), el inicio de una ola de luchas obreras que iban a estremecer a la sociedad italiana durante siete años y el comienzo de lo que llegó a conocerse como los «problemas» en Irlanda del Norte. Las luchas estudiantiles fueron un síntoma de la colisión entre fuerzas sociales más amplias, con independencia de que repercutieran en –y fueran a su vez influidas por– algunas de ellas.

Las erupciones de 1968 sorprendieron por lo estables que habían parecido las sociedades en las que se dieron. El macartismo había destruido la izquierda que había existido en los EEUU en los años treinta, y los líderes sindicales del país eran enormemente burocráticos y conservadores. Checoslovaquia era el más próspero de los países de Europa oriental y uno de los menos afectados por las sublevaciones de 1956. Francia llevaba diez años bajo el firme poder dictatorial de De Gaulle, a la izquierda le iba mal en las elecciones y los sindicatos eran débiles. En Italia los gobiernos iban y venían, pero siempre liderados por democratacristianos que confiaban en la Iglesia católica para que convenciera a la gente de que les votara.

La estabilidad se debía en gran parte al sostenido crecimiento económico experimentado por estos países. Sin embargo, este mismo crecimiento creó unas fuerzas que socavaban la estabilidad, y en 1968 estas fuerzas rajaron de arriba abajo las estructuras políticas e ideológicas.

En los EEUU, a comienzos del largo periodo de prosperidad la mayoría de la población negra se hallaba en el mismo lugar que al final de la esclavitud: eran aparceros en el sur rural, donde los racistas blancos de los estados locales utilizaban el rifle, el látigo y la soga para obligarlos a aceptar su posición inferior. La prosperidad aceleró la emigración a las ciudades en busca de trabajo en la industria. En 1960, tres de cada cuatro negros vivían en ciudades. La mera concentración cuantitativa comenzó a crear la confianza necesaria para enfrentarse a los racistas y al Estado. En 1955, la negativa de una mujer, Rosa Parks, a ocupar un asiento en la zona reservada a los negros al fondo de un autobús desencadenó un formidable boicot a los autobuses que sacudió las antiguas estructuras de poder en Montgomery, Alabama. En 1965, 1966 y 1967 se produjeron levantamientos negros en ciudades del norte como Los Ángeles, Newark y Detroit. En 1968, estallaron disturbios en prácticamente todos los guetos del país tras el asesinato del líder negro Martin Luther King, y una gran proporción de jóvenes negros comenzó a identificarse con el partido de los Panteras Negras, que llamaba a la autodefensa y predicaba la revolución.

A finales de los años cuarenta, la capacidad del orden existente para estabilizarse a sí mismo en Francia e Italia –y para mantenerse en las fascistas España y Portugal– había dependido del hecho de que una gran proporción de los habitantes de estos países seguían siendo pequeños agricultores a los que se podía sobornar o intimidar para que apoyaran el *statu quo*. La expresión ideológica de esto era el control que la sumamente conservadora Iglesia católica ejercía en muchas regiones. El largo periodo de prosperidad cambió la situación. Hacia 1968, en los países del sur de Europa eran ya muchos los hombres y mujeres de origen campesino que se concentraban en fábricas y en otros grandes centros de trabajo. Al principio tendían a mantener sus prejuicios rurales y oponerse a los sindicatos o apoyar a los conservadores sindicatos católicos. Pero se encontraban en las mismas condiciones que los grupos más antiguos de trabajadores que recordaban las luchas de los años treinta y las grandes huelgas al final de la guerra: la implacable presión para trabajar más, el acoso de capataces y gerentes y la inflación respecto a los salarios. En 1968 y 1969 iban a fundirse en una nueva y poderosa fuerza que desafiaría el sistema.

La estabilidad de Checoslovaquia a mediados de los años cincuenta era también resultado de una economía en auge. Un crecimiento de en torno al

7 por 100 anual había producido un sentimiento de seguridad entre la buro-cracia gobernante, al tiempo que permitía sustanciales incrementos de los salarios reales. A comienzos de los años sesenta, la tasa de crecimiento se hundió y llevó a una acumulación de frustraciones en todos los niveles de la sociedad y a escisiones en la burocracia gobernante. Las principales figuras del partido obligaron al presidente y secretario del partido, Novotný, a presentar la dimisión. Los intelectuales y los disidentes aprovecharon la oportunidad para expresarse libremente por primera vez en 20 años. Todo el aparato de censura se vino abajo y la policía de repente pareció impotente para sofocar la discordia. Los estudiantes formaron un sindicato estudiantil libre, los trabajadores comenzaron a votar a líderes sindicales no designados por el Estado, en la televisión a los ministros se les hacían preguntas sobre sus políticas y había debates públicos sobre los horrores de la era estalinista. Esto fue demasiado para los dirigentes de Rusia: en agosto de 1968 enviaron una enorme cantidad de tropas al país y se llevaron arrestadas a Moscú a las figuras clave del gobierno.

Esperaban poder sofocar la disidencia de la noche a la mañana, pero el efecto inmediato fue ahondarla y extenderla. Los tanques rusos se encontraron con una limitada resistencia física, pero con una enorme oposición pasiva. Rusia se vio obligada a permitir que el gobierno checoslovaco regresara al país con una promesa de poner a la disidencia bajo control. Pasaron nueve meses de manifestaciones y huelgas antes de que esta promesa se cumpliera. Al final, Rusia consiguió imponer un gobierno títere que silenció la oposición abierta mediante despidos laborales y encarcelamientos. El capitalismo de Estado estalinista iba a gobernar Checoslovaquia durante otros 20 años.

Sin embargo, los daños ideológicos para el sistema estalinista fueron enormes. En el plano internacional, los acontecimientos reavivaron las dudas sentidas por los izquierdistas en 1956. La mayoría de los partidos comunistas occidentales condenaron la ocupación rusa, aunque no fuera más que porque con ello se volvía más fácil colaborar con las fuerzas socialdemócratas y de clase media en sus propios países. Entre los jóvenes de izquierdas se hizo corriente la denuncia del «imperialismo, del este y del oeste». En Europa oriental, incluida Checoslovaquia, los miembros de los partidos en el poder se sintieron cada vez menos atados por un auténtico compromiso ideológico: ingresar en el partido facilitaba hacer carrera, ni más ni menos.

Incluso los problemas que los EEUU afrontaban en Vietnam eran hasta cierto punto producto del largo periodo de prosperidad. Fue la Ofensiva del Tet la que llevó la guerra al centro del escenario mundial en 1968. Pero el Tet no fue una derrota en toda regla de las fuerzas norteamericanas. En aquella época, los EEUU alardeaban de que habían recuperado el control de las ciudades… a pesar de que, como un general admitió en un caso, «tuvimos que destruir la ciudad a fin de salvarla». El Tet representó el punto de inflexión en la guerra porque convenció a sectores clave de los grandes empresarios de que los EEUU sencillamente no podían permitirse el coste de mantener el control del país. Los EEUU no estaban gastando en esa guerra más de lo que habían gastado en Corea. Pero el periodo de prosperidad por el que se había pasado había visto el ascenso de los capitalismos japonés y germano-occidental, y los EEUU no tenían capacidad para afrontar la competencia económica de estos, así como los costes de una guerra terrestre en Vietnam. La guerra frustró los planes del presidente Johnson de poner en práctica un programa de gastos sociales llamado «Gran Sociedad», con el que esperaba ganar prestigio y procurarle a la sociedad estadounidense una estabilidad a largo plazo.

Finalmente, en todos los países capitalistas avanzados el largo periodo de prosperidad había llevado a un enorme incremento en el número de estudiantes. En todas partes, el Estado auspició una formidable expansión de la educación superior, en su búsqueda de un aumento de la competitividad de su capitalismo nacional. En Gran Bretaña, donde en el momento del estallido de la Segunda Guerra Mundial sólo había 69.000 estudiantes, en 1964 había casi 300.000. El crecimiento también produjo un cambio cualitativo en la composición de la población estudiantil. Mientras que en el pasado había procedido en su inmensa mayoría de la clase dirigente y sus adláteres, ahora los estudiantes procedían de la clase media y, en menor medida, eran hijos de trabajadores. Las universidades en que estudiaba la mayoría de los estudiantes eran cada vez más grandes, sus diseños se ajustaban a modelos uniformes y concentraban a los alumnos de una manera muy parecida a como los trabajadores eran concentrados en los lugares de trabajo. En Berkeley, California, las manifestaciones estudiantiles se quejaban de las «fábricas de conocimiento».

En estos lugares los estudiantes convivían durante sólo tres o cuatro años, antes de pasar a ocupar un puesto en la sociedad. Pero las condiciones en las que se encontraban podían crear una comunidad de sentimientos e intereses, capaz de llevarles a una acción colectiva. Había otra cosa que podía tener el mismo efecto: las tensiones ideológicas en el conjunto de la sociedad. Estas se daban de una forma concentrada en un medio en el que se esperaba que miles de jóvenes –estudiantes de sociología, literatura, historia o económicas– absorbieran y articularan temas ideológicos.

Lo que esto significaba era la posibilidad de que asuntos planteados en la sociedad se volvieran explosivos en las universidades. Así, por ejemplo, las luchas estudiantiles en Berlín Oeste fueron consecuencia de la muerte de un manifestante tiroteado por la policía durante una visita del despótico sah de Irán; en los EEUU, de los horrores de la guerra contra Vietnam y de la solidaridad con las luchas de los negros; en Polonia, de las protestas contra el encarcelamiento de disidentes; en Checoslovaquia, de la oposición a la ocupación rusa.

Luchas iniciadas sobre temas estudiantiles se generalizaron rápidamente, hasta tratar del carácter global de la sociedad. Donde más dramáticamente se puso esto de manifiesto fue en Francia. Las autoridades reaccionaron a las protestas a pequeña escala de los estudiantes cerrando toda la Universidad de París y enviando a ella a la policía. Horrorizados por la violencia policial, el número de estudiantes que se unieron a las protestas aumentó hasta que la policía fue temporalmente expulsada de la *rive gauche* o margen izquierdo de la ciudad en la «noche de las barricadas» (el 10 de mayo). El movimiento estudiantil pasó a simbolizar la oposición exitosa a todo el orden sobre el que De Gaulle reinaba con su autoritarismo y su disposición a emplear la policía armada para acabar con huelgas y protestas. Respondieron a la presión que venía de abajo, los líderes de las federaciones sindicales rivales convocaron a una huelga general de un día el 13 de mayo… y quedaron asombrados por la respuesta. Al día siguiente, envalentonados por el éxito de la huelga general, jóvenes trabajadores iniciaron una ocupación de la planta de Sud Aviation en Nantes. Otros trabajadores siguieron su ejemplo, y dos días más tarde todo el país estaba repitiendo las ocupaciones de 1936, pero a una escala mucho mayor. Durante un par de semanas, el gobierno quedó paralizado, y buena parte de los debates en aquellas partes de los medios de comunicación que seguían apareciendo tenían como tema la «revolución» que se estaba produciendo. Desesperado, De Gaulle consultó en secreto con los generales al mando de las fuerzas armadas francesas en Alemania, que le dijeron que lo que tenía que hacer era poner fin a la agitación. No acabó por conseguirlo más que porque las promesas de incrementos salariales y de unas elecciones generales bastaron para convencer a los sindicatos y, sobre todo, al Partido Comunista de que apoyaran una vuelta al trabajo.

Antes incluso de los acontecimientos de mayo, la propagación internacional de las luchas estudiantiles estaba haciendo nuevamente popular el lenguaje de la revolución. Pero hasta mayo ese discurso seguía por lo general encuadrado por las ideas de personas que, como Herbert Marcuse, rechazaban a los trabajadores. Las consignas típicas hablaban del «poder estudiantil». Mayo cambió eso. A partir de entonces hubo una tendencia creciente a establecer una conexión entre lo que estaba sucediendo y los acontecimientos de 1848, 1871, 1917 y 1936... y, en algunos casos, con lo que había ocurrido en 1956. Las ideas marxistas, marginadas en la vida intelectual dominante en Occidente durante dos décadas o más, de repente se pusieron de moda. Y treinta años más tarde los intelectuales anticuados de todo el mundo occidental seguían entusiasmados con el impacto de «los sesenta» o lamentándolo.

No fue solamente la cultura en un estricto sentido intelectual la que sintió la influencia de 1968. También la sintieron muchos elementos de las más amplias culturas «de masas» y «de los jóvenes». Se produjo un cuestionamiento de los estereotipos con los que los jóvenes habían sido criados. Hubo cambios radicales en la indumentaria y los peinados, con adopción a gran escala de modas previamente asociadas sólo con minorías *underground*. El consumo con afán lúdico de drogas (sobre todo la marihuana, las anfetaminas y el LSD) se extendió. Más importante que eso fue el hecho de que un número creciente de películas de Hollywood pusiera en cuestión el «sueño americano» en lugar de propagarlo, y que cierta música pop comenzara a tratar temas diferentes del deseo sexual y el amor romántico.

En los EEUU, los «movimientos» iniciales –el movimiento por los derechos civiles y la liberación de los negros, el movimiento antibelicista y el movimiento estudiantil– dieron lugar a otros. Inspiraron a los nativos americanos a hablar de su lucha contra la opresión, y a los homosexuales de Nueva York a resistirse a los asaltos a sus clubes con la fundación del Frente de Liberación Gay. La experiencia de los movimientos también llevó a miles de mujeres a poner en tela de juicio el papel inferior que se les otorgaba en la sociedad estadounidense y, con demasiada frecuencia, también en los movimientos. Fundaron el Movimiento de Liberación de las Mujeres, con reivindicaciones que cuestionaban la opresión sufrida por las mujeres desde el nacimiento de la sociedad de clases, y encontraron eco entre mujeres que no habían tenido conexión directa con el movimiento. El hecho de que la mayoría de las mujeres estuviera comenzando a formar parte de la población empleada con contratos indefinidos y que estuvieran encantadas con la independencia que esto les concedía estaba encontrando una vía de expresión.

El nuevo *impasse*

La ola de radicalización no terminó con 1968. Las mayores protestas estudiantiles en los EEUU se produjeron en 1970. Las universidades de todo el país fueron ocupadas en la semana siguiente a que tropas de la Guardia Nacional mataran a tiros a unos estudiantes de la Universidad del estado de Kent, en Ohio, por protestar contra la extensión de la Guerra de Vietnam a Camboya por el presidente Nixon. En Grecia, el movimiento estudiantil hizo erupción en 1973, con una ocupación de la Politécnica situada en el centro de Atenas que hizo tambalearse a la junta militar que llevaba seis años gobernando el país y contribuyó a su desmoronamiento siete meses más tarde. En Alemania Occidental, las universidades siguieron destacando durante varios años como guetos de la agitación de izquierdas (sobre todo maoísta) en medio de un país en general apolítico.

Sin embargo, después de 1968 se produjo un cambio importante en varios países. Los estudiantes dejaron de ser el centro de la oposición de izquierdas. En Italia, el protagonismo pasó al movimiento obrero tras el «otoño caliente» de 1969, cuando los trabajadores del metal ocuparon las fábricas en demanda de mejoras salariales. En España, el importantísimo papel desempeñado por el movimiento obrero desde finales de los años setenta debilitó tanto el régimen durante los últimos años de vida de Franco, que casi desde el fallecimiento de este, en 1975, sus herederos se apresuraron a aplicar reformas «democráticas». En Gran Bretaña, la actividad de los sindicalistas, en muchos casos contra la opinión de sus líderes, causó tales estragos en el gobierno conservador de Edward Heath que este, en 1974, convocó unas elecciones centradas en torno a la pregunta «¿Quién gobierna el país?» y las perdió.

En ocasiones los estudiantes habían podido desencadenar luchas con participación de los trabajadores, pero cómo terminaban las luchas dependía de las organizaciones obreras. En Francia esto se puso claramente de manifiesto en mayo de 1968, cuando los sindicatos y el Partido Comunista consiguieron poner fin a la huelga general pese a las objeciones de los líderes estudiantiles más conocidos. Se hizo de nuevo patente en Italia, Gran Bretaña y España durante 1975-1976. La Democracia Cristiana en Italia, los *tories* en Gran Bretaña y Franco en España no fueron capaces de acabar con las luchas obreras por sí mismos. Los gobiernos sólo pudieron hacerlo firmando acuerdos con los líderes sindicales y los partidos obreros: en Italia se llamaron el «Compromiso Histórico», en Gran Bretaña el «Contrato Social» y, en España, los «Pactos de La Moncloa».

El efecto en todos los casos fue recortar la acción de los trabajadores justamente cuando el largo periodo de prosperidad estaba llegando a su fin: bajarle la guardia al pueblo en el preciso momento en que se estaba a punto de darle el tiro de gracia.

Había otra zona del mundo en la que el radicalismo estudiantil de finales de los años sesenta produjo otra oleada de luchas obreras en los años setenta: el «cono sur» de Latinoamérica. A finales de los años sesenta se produjo un conato de levantamiento en la ciudad argentina de Córdoba[296] y una oleada de ocupaciones de tierras que pusieron en jaque al presidente democratacristiano de Chile. En ambos casos, el impulso para el cambio desde abajo fue canalizado en direcciones constitucionales.

En Argentina se centró en torno a la reivindicación del regreso del exilio del dictador de la posguerra Perón. Había gobernado en una época en la que los altos precios de las exportaciones agrícolas argentinas en el mundo se habían traducido en salarios relativamente altos y beneficios asistenciales para los trabajadores. La gente creía que este retorno traería de vuelta los buenos tiempos. Fue un mensaje repetido por peronistas de derechas y de izquierdas… e incluso por una potente organización de guerrilla urbana, los Montoneros. En realidad, su regreso no supuso ningún avance para los trabajadores, sino que desencadenó un ataque de la derecha y los militares para el que la izquierda no estaba preparada. A la muerte de Perón, los militares se sintieron lo bastante fuertes para asumir directamente en sus manos el poder. Los activistas de izquierdas de toda una generación, decenas de miles, fueron asesinados o «desaparecidos».

En Chile, el receptor de la nueva militancia fue el Partido Socialista. Uno de sus líderes, Salvador Allende, fue elegido presidente en 1970, y la mayoría de derechas en el Parlamento acordó permitirle que ocupara el cargo a cambio de garantías constitucionales de que no alteraría la cadena de mando militar. En los EEUU había importantes financieros descontentos con esta situación, y cuando Allende llevaba dos años ejerciendo el cargo se les unieron importantes sectores de la clase dirigente chilena. En el otoño de 1972 hubo un intento de derrocarle mediante una huelga «patronal» en la que la Agru-

---

[296] Para el «Cordobazo» de mayo de 1969, véase R. Falcón y B. Galitelli, *Argentina: from Anarchism to Peronism,* Londres, 1987, pp. 171-174.

pación de Dueños de Camiones actuó como punta de lanza. Lo frustraron los trabajadores que se apoderaron de las fábricas y montaron *cordones* –similares a los consejos obreros de 1917 y 1956– que unieran las fábricas. Un intento de golpe en junio de 1973 fracasó debido a las divisiones en las fuerzas armadas y a las masivas protestas callejeras. Pero el Partido Comunista e importantes sectores del Partido Socialista le dijeron al pueblo que relajara los *cordones* y confiara en las tradiciones «constitucionales» del ejército. Allende incluyó generales, entre ellos a Augusto Pinochet, en su gobierno, creyendo que esto aplacaría a la derecha y mantendría el orden. En septiembre Pinochet organizó un golpe, bombardeó el Palacio de la Moneda y asesinó a miles de activistas obreros. Mientras en Europa el movimiento obrero era adormecido por sus propios líderes, en Latinoamérica era ahogado en sangre.

La llama encendida en 1968 iba a brillar una vez más en Europa. Portugal era una dictadura de rasgos fascistas desde finales de los años veinte. Pero a mediados de los setenta estaba perdiendo la guerra por el control de sus colonias africanas. En abril de 1974, un golpe de Estado derrocó al dictador Caetano, al que sustituyó por un general conservador, Spínola, que contaba con el apoyo de los principales monopolios del país y se había comprometido a un final negociado de las guerras.

El desmoronamiento de la dictadura desencadenó una ola de luchas. Los grandes astilleros de Lisnave y Setnave fueron ocupados. Los panaderos, los empleados de correos y los trabajadores de los aeropuertos fueron a la huelga. Muchos de los capitanes del ejército que habían corrido el riesgo de organizar el golpe eran mucho más radicales que Spínola y querían un final inmediato de las guerras, mientras que Spínola quería prolongarlas hasta que los movimientos de liberación accedieran a unos acuerdos de paz que protegieran los intereses comerciales de Portugal. El único partido clandestino adecuadamente organizado era el Partido Comunista. Sus líderes cerraron un pacto con Spínola para acabar con las huelgas (con lo cual se ganaron la desconfianza de algunos de los grupos más poderosos de trabajadores de la zona de Lisboa), entraron en el gobierno y trataron de infiltrar a partidarios de la clase media en puestos de influencia en las fuerzas armadas y los medios de comunicación. Su objetivo era mejorar su posición con el equilibrio entre los trabajadores y los generales hasta que pudiera establecer un régimen del corte de los que había en Europa oriental una vez acabada la guerra.

Era una maniobra que no podía funcionar. El Partido Comunista no consiguió impedir que la combatividad de los trabajadores de Lisboa y la desafección de las fuerzas armadas llevaran al crecimiento de las fuerzas a su izquierda, ni tampoco evitar que en el capitalismo occidental cundiera el pánico provocado por los acontecimientos revolucionarios que estaban ocurriendo a sus puertas.

Dos intentos frustrados de golpe por parte de la derecha llevaron a Spínola a dimitir y a una mayor radicalización entre los trabajadores y en el seno del ejército. Apoyados por la CIA y los gobiernos socialdemócratas de Europa occidental, la derecha organizó una serie de cuasi levantamientos en el norte rural portugués. Los capitanes del ejército que ejercían el poder militar efectivo pasaron de una opción política a otra. Entonces, en noviembre de 1975, un oficial veterano con respaldo socialdemócrata consiguió provocar a algunos de los oficiales de izquierdas para que realizaran un intento poco entusiasta de tomar el poder, y utilizó esto como excusa para que varios centros de soldados disciplinados marcharan sobre Lisboa para desarmar a los regimientos desafectos. El Partido Comunista, que había parecido tan poderoso sólo unos meses antes –cuando un oficial próximo a ellos ocupó el cargo de primer ministro–, no hizo ningún intento de organizar la resistencia de la clase trabajadora. Una revolución que en el verano de 1975 había preocupado hondamente a los líderes del capitalismo en Europa y los Estados Unidos, en el otoño aceptó la derrota con apenas un murmullo.

Una fuerte lluvia

El largo periodo de prosperidad tuvo un abrupto fin en el otoño de 1973, cuando las economías occidentales entraron simultáneamente en recesión por primera vez desde los años treinta y las cifras del desempleo se multiplicaron por dos. Esto bastó para producir en todas partes el pánico del gobierno y los círculos empresariales. Los economistas de la corriente dominante nunca habían podido explicar la depresión de los años treinta, y ninguno de ellos podía estar seguro de no hallarse ante una situación similar.

En los años cincuenta y sesenta se habían convencido de que las crisis económicas ya no eran posibles porque podían aplicar las prescripciones de John Maynard Keynes. Los ciclos económicos eran cosa del pasado, según aseveró el autor del manual de economía más vendido del mundo, el premio nobel Paul Samuelson, en 1970. Pero, cuando intentaron aplicar remedios keynesianos a la recesión, estos no funcionaron. El único efecto fue aumentar la inflación, sin ninguna consecuencia sobre el desempleo. En 1976 habían abandonado esos métodos en medio del pánico provocado por el peligro de una inflación galopante. Los economistas y periodistas políticos se pasaron de la noche a la mañana a la creencia en el mercado completamente «libre», sin que la intervención del Estado impusiera restricción alguna: una teoría anteriormente sólo predicada por unos cuantos profetas aislados, como Friedrich Hayek y Milton Friedman. Desde los días en que los teólogos cambiaban sus «creencias» por mandato de los príncipes no se había visto semejante conversión en masa de intelectuales.

La popularidad de los profetas del libre mercado no pudo, sin embargo, restaurar los bajos niveles de desempleo del periodo de larga prosperidad. Ni tampoco pudo evitar a comienzos de la década de 1980 otra recesión que volvió a doblar el desempleo y afectó a zonas aún mayores que la de 1974-1976.

Una popular explicación de las crisis de 1974-1976 y 1980-1982 acusó a los incrementos repentinos en el precio del petróleo tras la guerra árabe-israelí de octubre de 1973 y al estallido de la guerra entre Irán e Iraq de 1980. Pero a comienzos de los años noventa, una época de descenso de los precios del petróleo, se produjo una nueva crisis. Otra explicación sostenía que la crisis de 1974-1976 era resultado del impacto del crecimiento de los salarios en detrimento de los beneficios. Pero esto no podía explicar las crisis posteriores, pues en la economía más importante del mundo, los EEUU, los salarios no habían dejado de bajar desde mediados de los años setenta[297].

En el sistema había cambiado algo más fundamental que había convertido la «edad de oro» en una «edad de plomo». En la época de la Guerra de Corea los EEUU habían podido gastarse en armas cantidades enormes de dinero que absorbieron quizá el 20 por 100 de su producción total e igualaron la mitad de los excedentes disponibles para la inversión. Esto había proporcionado mercados para sus propias industrias y para las exportaciones de estados que, como Japón, gastaban muy poco en armas. Pero en la época de la Guerra de Vietnam la competencia de esos países hizo que los EEUU no pudieran permitirse su antiguo nivel de producción militar. Seguían produciendo enormes cantidades de armamento, pero la proporción de la producción que esto absorbía rondaba probablemente un tercio de la que era en la época de la Guerra de Corea. Esto simplemente no bastaba para conjurar las recurrentes y cada

---

[297] Para un estudio cabal de estos temas, véase el apéndice a mi *Explaining the Crisis,* cit.

vez más profundas recesiones mundiales, por más que estas todavía no alcanzaban las dimensiones de la depresión de los años treinta[298].

Ello no puso fin a todo el crecimiento económico en los países avanzados. Pero el crecimiento fue mucho más lento y más desigual que antes, y el ciclo de prosperidad y depresión había vuelto con una venganza. En los años ochenta la producción media *per capita* creció a un ritmo por debajo de la mitad de comienzos de los años sesenta. El desempleo alcanzó niveles virtualmente inimaginables en el largo periodo de prosperidad: normalmente por encima del 10 por 100 durante años seguidos, y cerca del 20 por 100 en lugares como Irlanda y España. Las tasas menores en los EEUU a finales de los años ochenta y comienzos de los noventa fueron consecuencia de recortes en los gastos asistenciales que obligaron a la aceptación de empleos con salarios de miseria: el 10 por 100 más pobre ganaba el 25 por 100 menos que el grupo equivalente en Gran Bretaña[299].

La inseguridad laboral generalizada se propagó por doquier. En los años noventa los políticos convencionales ridiculizaban la idea de que la gente pudiera tener «empleos de por vida». Sin embargo, esa frase había resumido lo que la mayoría de las personas daba por sentado durante el largo periodo de prosperidad. Por supuesto, la gente cambiaba de empleo cuando algunas industrias crecían y otras se contraían. Pero, excepto en unas cuantas «industrias en declive», los trabajadores lo hacían voluntariamente, con expectativas de mejora, no por ser despedidos. Ahora esto último se convirtió en la norma, y las encuestas de opinión señalaban que el temor al desempleo era algo que preocupaba a aproximadamente la mitad de la población laboral.

El capitalismo es una forma de sociedad de clases más dinámica que cualquier otra previa en la historia. Su dinamismo, su carácter siempre cambiante, es tan típico de los periodos de depresión como de los de prosperidad. Algunas empresas son expulsadas del mercado mientras otras prosperan a sus expensas. Algunas industrias se contraen mientras otras se expanden. Incluso en la peor de las depresiones, habría sectores en crecimiento: como el de los prestamistas que compran los bienes de los más desesperados o los servicios de seguridad que protegen la riqueza de los ricos.

---

[298] Lo que aquí he presentado no es más que un escueto resumen de argumentos mucho más largos. Para una presentación popular de estos, véase mi libro *Economics of the Madhouse.* Para una explicación más técnica, véase mi *Explaining the Crisis,* ya citados.

[299] Según W. Hutton, *The State We're In,* Londres, 1994, p. 19.

El dinamismo seguía en la «edad de plomo», pero en lugar de ofrecer a la masa del pueblo mejores vidas, como en el largo periodo de prosperidad, amenazaba con arrebatarles lo alcanzado en el pasado. Industrias enteras desaparecieron, y hubo ciudades que se vieron reducidas a páramos. Los beneficios asistenciales se recortaron a los niveles de cincuenta años antes… o incluso se abolieron en algunos estados de los EEUU. Mientras tanto, una nueva hornada de políticos de la derecha dura, conocidos como los «thatcheritas» o «neoliberales», brindaron por la liberación de la «empresa», y encontraron eco entre un estrato de los políticos socialdemócratas que intentaban un regreso a la ortodoxia política del siglo XIX como prueba de «modernidad».

El giro a la derecha tuvo su impacto en sectores de la izquierda radical, desmoralizados por las derrotas de mediados de los años setenta y en algunos casos por el conocimiento de la verdad sobre China y el sanguinario régimen instaurado en Camboya por los prochinos Jemeres Rojos. Algunos extrajeron la conclusión de que toda la empresa revolucionaria había sido descabellada. Otros creyeron que habían sido demasiado severos en sus críticas al reformismo parlamentario. Y hubo quien concluyó que la lucha de clases era cosa del pasado.

En realidad, en los años ochenta sí hubo algunas grandes y a veces violentas confrontaciones de clase, cuando los trabajadores intentaron impedir la pérdida de empleos en las antiguas industrias tradicionales: las luchas de los trabajadores siderúrgicos en Francia y Bélgica, la huelga de 150.000 mineros durante un año en Gran Bretaña y una huelga de similar duración llevada a cabo por 5.000 trabajadores de imprenta británicos, una huelga general de cinco días en Dinamarca, huelgas en el sector público de Holanda y la Columbia Británica, una huelga general de un día en España.

Pero, por lo general, estas luchas fueron derrotadas, y una consecuencia de la derrota fue la creciente creencia en que los «anticuados» métodos de la lucha de clases no podían llevar a la victoria. Esto condujo a una capa de los activistas de la clase obrera a poner una vez más su esperanza en las promesas de los políticos parlamentarios. También animó a los intelectuales de izquierdas a llevar más lejos el cuestionamiento de los conceptos mismos de clase y de lucha de clases. Adoptaron una moda intelectual llamada «posmodernismo», que afirmaba que toda interpretación de la realidad era tan válida como cualquier otra, que no había base objetiva alguna para conceptos como el de clase y que cualquier intento de cambiar la manera en que la sociedad opera sería «totalitario», pues implicaba el intento de imponer a los demás una concepción total del mundo. Los posmodernos rechazaban el concepto de lucha por cambiar la sociedad justamente en el momento en que el peligro de inestabilidad social se hacía cada vez más pronunciado.

La crisis del capitalismo de Estado

En 1989-1990, en Europa cayeron más gobiernos que nunca desde 1917-1918 y, antes, desde 1848. El Bloque Oriental desapareció de repente, y en 1991 el pilar que lo había apuntalado, la URSS, también se había hundido. Pese a las tesis posmodernas y «posmarxistas» según las cuales esas cosas ya no eran posibles, habían sido derrocados por una combinación de crisis económica y lucha de clases. Si algunos en la izquierda no vieron esto, fue debido a sus propias ilusiones, no a la realidad material. Pues todo el periodo desde 1968 había estado marcado por las crisis cada vez más hondas y los frecuentes recrudecimientos de la lucha en el Bloque Oriental.

En 1968-1969, la ocupación rusa había conseguido «normalizar» la situación en Checoslovaquia. Pero los acontecimientos en la vecina Polonia ponían ahora de manifiesto hasta qué punto el malestar se había extendido y ahondado. El régimen había logrado sofocar el movimiento estudiantil de 1968, y en 1970-1971 intentó emplear la policía de una manera parecida contra los miles de trabajadores que ocuparon los gigantescos astilleros de Gdańsk (Danzig antes de la guerra) y Szczecin (Stettin) como protesta contra la subida de los precios. La policía mató a una gran cantidad de trabajadores. Pero las huelgas solidarias en otras partes forzaron la dimisión de la cabeza visible del régimen, Gomułka, y su sucesor, Gierek, retiró los incrementos de precios. Los préstamos que pidió a los bancos occidentales reflotaron la economía, y los periodistas occidentales hablaron de un «milagro polaco». Pero la creciente integración en los mercados occidentales comportó que Polonia se viera afectada por la crisis de esos mercados a mediados de los años setenta. El gobierno volvió a intentar aumentar los precios y lanzó ataques policiales contra los manifestantes.

Esta vez el régimen no consiguió enterrar el recuerdo de las acciones obreras, como había hecho después de 1956-1957 y 1970-1971. En medio de una sensación de crisis galopante, un grupo de intelectuales desafió los hostigamientos y fundó un Comité de Defensa Obrera y un periódico clandestino,

Robotnik (El obrero), con más de 20.000 lectores. El régimen antaño totalitario se mantuvo en el poder, pero ya no podía imponer el totalitarismo.

Su debilidad acabó por evidenciarse en el verano de 1980. Un nuevo intento de imponer aumentos de precios provocó más huelgas y la ocupación de los astilleros de Gdańsk. La ocupación dio lugar a un movimiento que recordaba los consejos obreros húngaros de 1956. Pero tuvo una vida de 16 meses, no de tres o cuatro semanas.

El movimiento se proclamó como sindicato independiente, *Solidarność* (Solidaridad). Pero en su año y cuarto de existencia legal fue algo más que un sindicato. Creado por una conferencia de delegados de 3.500 fábricas y con una militancia que no tardó en alcanzar los diez millones de afiliados, representaba un poder alternativo al del gobierno. Se convirtió en el catalizador de las aspiraciones de todos los descontentos con la antigua sociedad, y su misma existencia constituía un desafío al régimen. Sin embargo, sus líderes se comprometieron deliberadamente a evitar el derrocamiento del gobierno. Aceptaron la opinión de intelectuales afines según la cual debía proponerse una «evolución autolimitada». Sus premisas eran muy parecidas a las del gobierno de Allende en Chile: si el movimiento obrero prometía no amenazar al Estado, el Estado toleraría al movimiento obrero. Como consecuencia, *Solidarność* sufrió un destino similar al del movimiento chileno. A mediados de diciembre de 1981, el líder militar Jaruzelski declaró la ley marcial, bloqueó los sistemas de telecomunicaciones del país, arrestó a la cúpula de *Solidarność* y empleó tropas contra los trabajadores que se resistieran. Confusas y desmoralizadas, las organizaciones obreras fueron desmanteladas[300].

Sin embargo, el desmantelamiento del movimiento obrero polaco no acabó con las fuerzas subyacentes que lo habían producido. Las tasas de crecimiento económico en el Bloque Oriental eran ahora más altas que en las principales economías occidentales. Es más, en los EEUU el gobierno de Reagan se estaba embarcando en una nueva escalada armamentística (con el estacionamiento en Europa de misiles crucero y Pershing) que el gobierno ruso quiso igualar. Pero simplemente no existían los recursos para hacer frente a las demandas que esto planteaba a la economía. Los regímenes del capitalismo de Estado tenían que reformarse o arriesgarse a una confrontación de clases y un descalabro interno.

---

[300] Para un estudio cabal de estos acontecimientos, véase el capítulo 9 de mi libro *Class Struggles in Eastern Europe,* cit.

El gobernante de Rusia a comienzos de los años ochenta, Andrópov, tenía conocimiento de primera mano de los desafíos que un movimiento obrero podía plantear. Había sido embajador ruso en Hungría en 1956 y jefe del KGB durante el levantamiento de *Solidarność* en 1980-1981. Lo que él quería era evitar la posibilidad de que en la propia URSS se diera un desafío similar y comenzó a promover a personas que pensaba que reformarían Rusia. El más destacado fue Mijaíl Gorbachov.

Cuando Gorbachov asumió la jefatura de la URSS en 1985, parecía todopoderoso... y cuando en 1987 y 1988 habló de la necesidad de apertura *(glásnost)* y reformas, pareció popular también. Pero cuando en 1991 perdió el poder, tenía unos índices de popularidad próximos a cero. Su llamamiento a las reformas había creado confusión en el aparato policial de la URSS y alimentó las esperanzas del pueblo, de modo que este comenzó a oponerse a la explotación y la opresión de que llevaba 60 años siendo víctima. Pero su compromiso de no hacer más que reestructurar la organización de la producción en el capitalismo de Estado le impidió encontrar los recursos necesarios para satisfacer esas esperanzas. A finales de la década, el estancamiento económico de comienzos de la década de 1980 se había convertido en contracción económica.

En la primavera de 1988 se produjeron las primeras protestas masivas desde los años veinte no inmediatamente sofocadas por la policía: primero en Armenia y luego en los estados bálticos, movimientos de nacionalidades minoritarias que demandaban mayores derechos. Gorbachov no tuvo fuerza para reprimirlas como sus predecesores habrían hecho. Pero tampoco tenía los medios para sobornarlas. Una represión brutal pero incompleta dio paso a concesiones de mala gana. Era la fórmula clásica con que tantas veces los regímenes han desencadenado la revuelta.

En el verano de 1989 y la primavera de 1991, Gorbachov hizo movimientos dirigidos a la estabilización de su posición confiando en las fuerzas conservadoras. En cada ocasión fue parado en seco por enormes huelgas mineras que estuvieron a punto de cortar los suministros de energía del país. En particular, la huelga del verano de 1989 puso de manifiesto algo más que una efímera similitud con las primeras grandes protestas obreras en Polonia. Gorbachov tuvo que hacer concesiones a los diversos movimientos de oposición en evitación del riesgo de que todo el sistema se viera engullido desde abajo, y con ello su propia capacidad de controlar los acontecimientos se evaporó.

El impacto fue devastador para los regímenes instalados en Europa oriental 45 años antes. Los diversos gobernantes habían perdido su última carta frente a la revuelta: la amenaza de una intervención rusa. Ya un año antes, el hombre fuerte de Polonia, Jaruzelski, había puesto fin a una serie de huelgas mineras accediendo a negociar con los líderes de Solidarność, a pesar de que la organización clandestina era una sombra de lo que había sido en 1980-1981. En el verano de 1989, los sucesores de Kádár en Hungría accedieron a entablar parecidas negociaciones de «mesa redonda» con los grupos disidentes, ahora considerablemente más débiles, del país.

En septiembre y octubre, una ola de manifestaciones cruzó Alemania Oriental, y su gobierno accedió a negociar y comenzó a demoler el Muro de Berlín que la separaba de Alemania Occidental como prueba de su sinceridad. Más tarde, en noviembre, fue a Husák a quien le tocó en Checoslovaquia el turno de caer, en medio de enormes manifestaciones callejeras y una huelga general de una hora. Bulgaria recorrió la misma senda. Un intento del dictador de Rumanía de resistirse a la ola de cambios matando a tiros a los manifestantes provocó un levantamiento espontáneo en la capital, Bucarest, y su ejecución por un pelotón de fusilamiento al mando de sus propios generales. En seis meses, el mapa político de media Europa se había vuelto a trazar. El único régimen estalinista que quedaba en Europa oriental era Albania, que a comienzos de 1991 se desmoronó tras una huelga general.

No hubo ni una sola potencia imperial que no se viera afectada por una insurrección parecida en su imperio. Los movimientos nacionales en el seno de la URSS se sintieron cada vez más seguros de sí mismos, y las divisiones dentro del grupo dirigente se hicieron cada vez mayores y su control de la sociedad cada vez más precario. Gorbachov hizo un último intento de adoptar una línea dura contra las corrientes opositoras, que en la primavera de 1991 frustraron una segunda huelga masiva de mineros y una enorme manifestación en Moscú. Ese verano, las fuerzas conservadoras que formaban parte de su gobierno trataron de adoptar una línea dura sin él. En Moscú emplearon tropas para montar un golpe, y pusieron a Gorbachov bajo arresto domiciliario. Otras unidades militares les negaron su apoyo y, tras mantener un pulso, el poder cayó en manos de un grupo de reformistas liderados por Borís Yeltsin, presidente de la república rusa y antiguo jefe del partido en la ciudad industrial de Sverdlovsk. Yeltsin acordó la disolución formal de los vínculos entre las repúblicas nacionales, con lo cual la URSS dejó de existir.

Las sublevaciones de 1989-1991 fueron de una escala mucho mayor que los que estremecieron Europa oriental en 1953, 1956, 1968 y 1980-1981. Sin embargo, cundía la sensación de que los cambios en curso no eran tan fundamentales como los que comenzaron a producirse en las ocasiones anteriores, especialmente en 1956 y 1980-1981: el liderazgo de los movimientos de 1989-1991 lo ejercían personas decididas a evitar cualquier brote de poder obrero. En los momentos decisivos, personas que se habían levantado contra las antiguas burocracias dirigentes se alinearon ahora con grupos de intelectuales disidentes unidos en torno a un programa de reformas limitadas... con lo cual se adelantaban a la posibilidad de una auténtica revolución. Su estrategia se atuvo a lo que el marxista italiano Antonio Gramsci había llamado la «revolución pasiva»: impulsar el cambio desde arriba a fin de impedir que se produjera desde abajo.

En todos los casos pasaba por los acuerdos con los disidentes sobre programas que combinaban diversos elementos: una mayor apertura al mercado mundial, el abandono de la antigua economía dirigida y un nuevo hincapié en el nacionalismo. La repetición del mismo mensaje por sectores de los antiguos medios oficiales de comunicación y antiguos disidentes convenció a la masa de trabajadores de que el mercado y la democracia eran gemelos naturales y podían satisfacer sus aspiraciones. En la atmósfera de 1989-1991 era difícil que tuviera audiencia nadie que argumentara de otro modo, pues los movimientos preventivos desde arriba redujeron a su mínima expresión los movimientos obreros de clase.

Los enormes cambios políticos que se produjeron eran resultado de la lucha de clases, pero de una lucha de clases *desviada* que no se tradujo en el levantamiento de masivas organizaciones democráticas de las clases explotadas según el modelo de los consejos obreros. Fueron revoluciones políticas, más parecidas a lo ocurrido en la Francia de 1830 que a las grandes revoluciones sociales del pasado, un hecho demostrado por la manera en que, tras los cambios, las principales industrias y bancos seguían bajo la dirección de las mismas personas que antes.

La onda expansiva del descalabro

La crisis en el Bloque Oriental formaba parte de una crisis mucho más amplia que afectó a toda clase de país que hubiera adoptado el modelo del capitalismo de Estado. En ninguna parte pareció capaz de provocar las altas tasas de crecimiento de periodos anteriores. Al mismo tiempo, mantuvo a las industrias nacionales al margen de las nuevas innovaciones industriales –especialmente las conectadas con la tecnología del silicio y la programación informática– en las que, apoyadas por una enorme inversión, estaban siendo pioneros los gigantes industriales de los EEUU y Japón.

En Asia, África y Latinoamérica, burócratas y políticos que habían hecho sus carreras auspiciando diversas versiones del capitalismo de Estado se sumaron al elogio de los mercados «libres» y los acuerdos con las multinacionales occidentales. Los gobiernos del Congreso en la India, el antiguo movimiento maoísta que ganó una guerra civil en Etiopía, el régimen argelino y los sucesores de Nasser en Egipto, todos siguieron esta senda en mayor o menor medida. A la vanguardia del nuevo planteamiento estaba la China de Deng Xiaoping, donde la adoración del mercado y de la rentabilidad iba de la mano con la adhesión formal al culto de Mao.

La mayoría de los gobiernos del Tercer Mundo pusieron de manifiesto su compromiso con el nuevo planteamiento adhiriéndose a los «programas de ajuste estructural» del Banco Mundial y el Fondo Monetario Internacional (FMI). Hay pocas pruebas de que estos pudieran superar los problemas asociados a las bajas tasas de crecimiento y la pobreza. En los años ochenta fueron unos 76 los países que aplicaron programas de ajuste diseñados por el Banco Mundial con criterios de «libre mercado». Sólo un puñado de ellos registró mejores tasas de crecimiento o de inflación que en las décadas anteriores. De 19 países que llevaron a cabo un «ajuste intenso», sólo cuatro «mejoraron de manera constante los rendimientos obtenidos en los años ochenta»[301]. En 1990, un 44 por 100 de la población de Latinoamérica vivía por debajo del umbral de la pobreza según la comisión económica de las Naciones Unidas para la región, que concluyó que en los años ochenta se había dado «un tremendo paso atrás en los niveles materiales de vida de la población de Latinoamérica y el Caribe»[302]. En 1987 se estimaba que en África vivía en la pobreza más del 55 por 100 de la población rural[303].

---

[301] Desglose numérico de las economías «ajustadas» aportado por R. Sobhan, «Rethinking the Market Reform Paradigm», *Economic and Political Weekly* (Bombay), 25 de julio de 1992.

[302] Citado en J. Petras y M. Morley, *Latin America in the Time of Cholera,* Nueva York, 1992, p. 14.

[303] Organización para la Agricultura y la Alimentación, *The State of Food and Agriculture 1991.*

Igual de devastador fue lo ocurrido en Europa oriental y la antigua URSS en los años noventa. Los «milagros económicos» prometidos por los reformistas no se produjeron. En 1999 sólo dos países, Polonia y Eslovenia, tenían una producción superior a la de 1989. La República Checa y Hungría eran ligeramente más pobres que diez años atrás. Las economías de Bulgaria, Lituania y Rusia se habían contraído en un 40 por 100 o más[303a].

Las frías estadísticas se tradujeron en la destrucción de las esperanzas de millones de personas. La mayoría de los habitantes de las principales ciudades rusas, como Moscú y San Petersburgo, pasó a depender de lo que pudiera cultivar en pequeños huertos y guardar en conservas para completar las magras provisiones de pan y patatas. En las comunidades árticas había poblaciones enteras que vivían cada invierno con el temor de que el suministro de energía fallara. Los mineros y los trabajadores siderúrgicos estuvieron varios meses seguidos sin cobrar sus salarios, los servicios sanitarios se fueron a pique, enfermedades como la tuberculosis se hicieron corrientes y la esperanza de vida disminuyó considerablemente.

Las circunstancias eran un poco mejores en el cinturón septentrional de Europa oriental. Pero incluso en la República Checa y Hungría los niveles de vida estaban por debajo de los de finales de los años ochenta: en las tiendas había más productos, pero pocas personas disponían del dinero para comprarlos. Alemania Oriental, incorporada a la República Federal Alemana, seguía teniendo tasas de desempleo del 20 por 100 o más. En el sudeste de Europa, en Bulgaria, Rumanía y Albania, la situación era tan mala como en Rusia. En el cinturón meridional de la antigua URSS era mucho peor. Lógicamente, el optimismo de muchos intelectuales en 1989 se había convertido en desesperación a finales de los noventa. El afamado poeta checo Miroslav Holub llegó a decir: «De haber sabido que este era el precio, de buena gana habríamos aceptado que nuestra obra no se imprimiera y que nuestros cuadros no se vendieran»[304]. El país de Europa oriental que más sufrió fue el que se había mantenido independiente de la URSS a lo largo de toda la Guerra Fría: Yugoslavia. Las potencias occidentales dejaron de considerarla digna de que se le concedieran préstamos en condiciones favorables por ejercer de contrapeso a la influencia rusa en la región. El FMI impuso un programa de pago de la deuda que en dos años recortó a la mitad los niveles de vida y produjo

---

[303a] Véanse, por ejemplo, las cifras ofrecidas por el *Observer* el 6 de diciembre de 1998.
[304] Miroslav Holub, citado por *The Guardian* el 12 de marzo de 1999.

índices astronómicos de desempleo en las partes más pobres del país, y cuando diferentes figuras políticas intentaron mantener sus propias posiciones enfrentando entre sí a los grupos nacionales, se produjo una serie de sangrientas guerras civiles en las que las potencias occidentales intervinieron para apoyar a sus favoritos.

Había una zona del mundo de la que los entusiastas del mercado tenían motivos para sentirse particularmente orgullosos: el este de Asia. En su Informe sobre el Desarrollo Mundial de 1991, el Banco Mundial mencionaba «los notables logros de las economías del este de Asia», y registraba «diversos grados de reforma» en China, la India, Indonesia y Corea, «seguidos por mejoras en los rendimientos económicos»[305]. En Gran Bretaña, Samuel Brittan, del *Financial Times,* tranquilizó a sus lectores: «Quien quiera darse ánimos debería mirar no hacia atrás, a la Gran Depresión, sino a los países en desarrollo del este de Asia que han escapado a la ralentización mundial»[306].

La vacuidad de tal optimismo se hizo patente en 1997, cuando se extendió por toda la región una crisis económica iniciada en Tailandia y que en Indonesia produjo una depresión de las dimensiones de los años treinta y llevó a Corea del Sur, Malasia y Hong Kong a una profunda recesión. En el curso de 1998, esto desencadenó una repentina crisis en Rusia y desestabilizó a la mayor economía de Latinoamérica, Brasil. Los programas diseñados por el FMI para afrontar la crisis recibieron críticas de sus propias antiguas lumbreras, como Jeffrey Sachs, por la probabilidad de que empeoraran las cosas.

La economía china sí experimentó un rápido crecimiento a lo largo de la mayor parte de los años ochenta y noventa como resultado de la reforma del sistema de precios agrícolas de finales de los años setenta, que excepcionalmente incluyó una enorme transferencia de recursos del Estado a los campesinos. Durante unos cuantos años hubo un rápido crecimiento en la producción de alimentos, el cual, a su vez, sentó las bases para el desarrollo de una larga lista de industrias ligeras de las que se abastecían los mercados doméstico y mundial. Según las cifras oficiales, la producción industrial total se triplicó.

Pero el crecimiento fue increíblemente desigual. En algunas regiones costeras se produjeron una industrialización y una urbanización masivas, mientras vastas regiones del interior se estancaban o incluso retrocedían. En la

---

[305] Banco Mundial, *World Development Report 1991,* pp. 4-5.
[306] S. Brittan, *Financial Times* del 10 de diciembre de 1992.

industria hubo decenas de millones de nuevos empleos, pero 200 millones de personas procedentes del campo invadieron las ciudades con la esperanza de llenarlas. La racionalización de las antiguas industrias pesadas implicó el recorte drástico de sus plantillas y el desguace de las mínimas formas de asistencia social. Las desenfrenadas fluctuaciones en las tasas de crecimiento produjeron periodos de gran prosperidad con rápidos aumentos de precios que daban paso a periodos de estancamiento. Los intentos de escapar a estos descensos cíclicos vendiendo más en el mercado mundial amenazaban con una crisis clásica de sobreproducción cada vez que la economía mundial se ralentizara o entrara en recesión.

Esta combinación amenazaba con producir enormes convulsiones sociales, como se puso vívidamente de manifiesto en 1989. Sólo unos meses antes del descalabro en Europa oriental, el Estado chino mismo se vio al borde de la desintegración. Las reivindicaciones estudiantiles de mayor democracia catalizaron los agravios de amplios sectores de la población y culminaron en la famosa manifestación en la Plaza de Tiananmen de Pekín, pero también en otras ciudades y centros industriales. Durante varios días, el régimen quedó paralizado y pareció tener dificultades para encontrar soldados dispuestos a poner fin a las manifestaciones, hasta que se recurrió al empleo de tanques para acabar con las protestas.

La Plaza de Tiananmen no fue la primera ocasión en que un régimen que combinaba características del capitalismo de Estado con una orientación mercantil se enfrentaba a una explosión social. A comienzos de 1977, Egipto había sufrido una ola de huelgas, manifestaciones y revueltas en sus 13 principales ciudades: la mayor ola de disturbios sociales desde la revuelta nacionalista contra Gran Bretaña en 1919. En Argelia, en 1988 una ola de huelgas estuvo muy cerca de convertirse en una insurrección cuando los jóvenes se enfrentaron con la policía por el control de las calles y forzaron al régimen a acceder a la libertad de prensa y permitir que los oponentes políticos regresaran del exilio. En Corea del Sur, en 1987 hubo manifestaciones enormes y muy combativas, que hicieron estremecerse al régimen militar y lo obligaron a conceder un cierto grado de liberalización; a lo cual siguió, en 1988, una serie de importantes huelgas a las que se puso fin con incrementos salariales de dos dígitos.

Todas estas explosiones sociales pusieron de manifiesto ciertas similitudes con los acontecimientos de 1989-1990 en Europa oriental. Demostraron que ni el capitalismo de Estado ni la transición del capitalismo de Estado a alguna clase de sistema de mercado podían impedir que las fuerzas laborales creadas por el crecimiento industrial se rebelaran… y arrastraran tras de sí a muchos otros estratos de la sociedad.

El islam, reforma y revolución

Durante una parte de los años noventa se convirtió en un tópico periodístico decir que el conflicto entre «comunismo y capitalismo» había sido remplazado por el conflicto entre «el islam y Occidente». Desde luego, dos de las grandes insurrecciones de los últimos años habían tenido lugar bajo el estandarte del islam: la Revolución iraní de 1979 y la resistencia afgana a la ocupación rusa en los años ochenta; y estas habían inspirado movimientos de oposición en Egipto, Argelia, la Palestina ocupada y otras partes. Pero lo que el tópico pasaba por alto era que el islam, como tantas veces antes en su historia, podía dar expresión a muy diferentes intereses sociales susceptibles de acabar en un conflicto entre ellos.

La Revolución iraní fue una explosión de descontento contra un gobernante despótico, el sah, y el gobierno de los EEUU que lo apoyaba. El gobierno del sah se había ganado la enemistad de los clérigos tradicionalistas, los intelectuales nacionalistas, sectores del capitalismo vinculados a los bazares, la nueva clase obrera de la industria en expansión, los estudiantes, la empobrecida pequeña burguesía, los desempleados y los semidesempleados de las barriadas urbanas, las minorías nacionales y sectores del campesinado. Las diatribas islámicas contra la «opresión» consiguieron unir a personas de todos estos grupos contra un enemigo común. Pero, una vez derrocado el sah en una sublevación clásica –con huelgas masivas, una insurrección armada y motines en el seno del ejército–, cada grupo leyó los textos islámicos de una manera diferente y extrajo conclusiones prácticas muy distintas. En los primeros años tras el levantamiento no sólo se produjeron choques entre algunos grupos islámicos y seculares, sino sangrientas guerras civiles entre diferentes facciones islámicas. Finalmente, fue la facción liderada por el ayatolá Jomeini la que se alzó con la victoria y justificó en términos religiosos un reino del terror contra sus oponentes derrotados. Esto llevó a muchos liberales a afirmar que sus bárbaros métodos eran únicamente «islámicos», producto de una mentalidad supuestamente carente de la humanidad de la «tradición judeocristiana». En realidad, la represión de Jomeini no era cualitativamente diferente de la refrendada por el catolicismo francés en la época del aplastamiento de la Comuna, de la apoyada por el luteranismo prusiano en 1919-1920 o, incluso, de la respaldada por los fundamentalistas cristianos de los EEUU y los rabinos judíos cuando el ejército israelí supervisó la masacre sistemática de palestinos a manos de las falanges en el Líbano de comienzos de los años ochenta. El baño de sangre fue el de la contrarrevolución, no el producto de una religión.

Del mismo modo, el régimen auspiciado por los rusos en Afganistán provocó la resistencia de distintos grupos sociales cuando intentó imponer un programa estalinista de «modernización» rápida. Cuando las tropas rusas ocuparon el país y mataron a un gobernante prorruso para sustituirlo por otro, el islam pareció lanzar de nuevo un grito que llamaba a la resistencia. Pero los grupos con intereses contradictorios iban a acabar luchando entre sí tanto como contra los rusos. La retirada rusa fue seguida de una guerra civil entre los grupos islámicos hasta que los talibanes, respaldados por Arabia Saudí y fuertemente hostiles al régimen islámico del vecino Irán, conquistaron la mayor parte del país. Mientras tanto, muchos de los islamistas de todo el Oriente Medio reclutados por la CIA para ir a luchar en Afganistán contra los rusos dirigieron ahora su fuego contra los gobernantes locales proamericanos y fueron denunciados como «terroristas» por los EEUU.

Como prueba de que el islam distaba de ser una única fuerza opuesta a Occidente, la mayor y más sangrienta guerra de los años ochenta la libraron los líderes islámicos de Iraq y la «República Islámica» de Irán. Fue una guerra en la que Arabia Saudí y el régimen islamista de Hassan al-Turabi en Sudán, ambos conservadores, apoyaron a Iraq, lo mismo que en momentos decisivos hicieron los EEUU.

El crecimiento de los movimientos políticos islámicos fue producto de la alienación de decenas de millones de personas –especialmente los jóvenes y educados, que tenían pocas esperanzas de tener un empleo seguro en sociedades atrapadas por su posición en el seno del sistema global– con respecto al orden mundial. Los vagos mandamientos del Corán contra la opresión y por una sociedad justa brindaban una terminología que parecía ofrecer una salida a los intensos sentimientos de frustración. Pero, cuanto más se aproximaban al poder los islamistas, más se enromaba su filo radical. Los gobiernos islámicos estaban encantados de colaborar con los capitalistas islámicos, los cuales, a su vez, establecían continuamente alianzas con otras partes del sistema mundial, incluido «el gran Satán», los EEUU. En todos los choques entre estados nacionales en Oriente Próximo iban a encontrarse gobiernos islámicos en bandos opuestos.

El nuevo imperialismo

El antiguo imperialismo del gobierno colonial directo acabó por morir en el último cuarto del siglo XX. La clase dirigente de Portugal se vio obligada a abandonar sus colonias, el régimen de colonos blancos de Rhodesia dio paso a Zimbabue, el régimen racista de Sudáfrica accedió al gobierno de la mayoría, y Gran Bretaña devolvió Hong Kong a China. Incluso las que se solían llamar «semicolonias» –gobiernos débiles, dependientes del apoyo occidental para su supervivencia– alcanzaron en muchos casos una cierta independencia. El títere se convirtió en cliente y el cliente a veces se volvía contra su antiguo amo: como Sadam Hussein en Iraq cuando en 1990 invadió Kuwait. Pero esto no significó la muerte del imperialismo,de la intención de los principales estados capitalistas de imponer su voluntad a estados menores.

A mediados de los años noventa, muchos periodistas, académicos y políticos sostenían la opinión de que en la «nueva economía global» los estados no eran importantes. Pero no les parecía así a los directivos de las empresas multinacionales o a los gobiernos que colaboraban con ellos. Hubo estudios que demostraron que los propietarios y directores de tales empresas seguían muy enraizados en estados nacionales particulares a los que utilizaban como bases desde las cuales avanzar y proteger sus intereses en otras partes. Como un estudio concluyó,

> la rivalidad entre los estados y la rivalidad entre las empresas por el logro de un lugar seguro en la economía mundial se han vuelto mucho más furibundas, mucho más intensas. Como resultado, las empresas se han comprometido más con los gobiernos, y los gobiernos han tenido que reconocer su creciente dependencia de los escasos recursos controlados por las empresas[307].

Las enormes multinacionales radicadas en los EEUU dependían de que los EEUU les ayudaran a imponer sus políticas al resto del mundo. Dos im-

---

[307] J. M. Stopford y S. Strange, *Rival States, Rival Firms,* Cambridge, 1991, p. 1.

portantes planes para tratar la deuda del Tercer Mundo recibieron apropiadamente el nombre de miembros del gobierno de los EEUU: el Plan Baker y el Plan Brady[308]. Tras el discurso de los «nuevos paradigmas para el desarrollo» del FMI y el Banco Mundial se hallaba la realidad de garantizar que los bancos vieran convenientemente canceladas sus deudas. De manera similar, las negociaciones sobre el comercio mundial giraban en torno a los intentos de los EEUU de imponer su propia hegemonía de «libre comercio» a otros gobiernos igualmente deseosos de proteger los intereses en ocasiones divergentes de sus propios capitalistas.

Pero las presiones diplomáticas sobre las finanzas no siempre bastaron para garantizar a las clases dirigentes de los países más poderosos que se salieran con la suya. Hubo momentos en los que los gobiernos sintieron que la fuerza militar conseguiría por sí sola mantener su dominio global.

Las dos guerras del Golfo fueron ejemplos importantes de lo que podía ocurrir. A lo largo de los años ochenta, Iraq libró una larga y sangrienta guerra contra Irán con el objetivo de atraerse el apoyo de los EEUU y los ricos estados del Golfo y de consolidar sus relaciones con importantes multinacionales. Cuando financieramente no obtuvo tanto como había esperado de los estados que le habían respaldado en la guerra, en 1990 invadió uno de ellos, Kuwait... equivocándose en el cálculo de la respuesta de las grandes potencias, especialmente de los norteamericanos. Los EEUU, Gran Bretaña y otros estados reaccionaron con una enorme concentración militar, una devastadora campaña de bombardeos, una invasión terrestre y la masacre de 100.000 iraquíes en su precipitada retirada por la carretera de Kuwait a Basora. A esto siguió una década de sanciones económicas que, según cálculos de las Naciones Unidas, cada año costó la vida a 50.000 iraquíes.

El propósito de la operación no era simplemente disciplinar a Iraq, ni siquiera lanzar una advertencia a los demás gobiernos y movimientos nacionalistas del Oriente Próximo que pudieran poner en entredicho las compañías petroleras estadounidenses. También quiso mostrarles a las demás potencias mundiales que tenían que aceptar los objetivos globales de los EEUU, pues sólo los Estados Unidos eran lo bastante poderosos para ser el policía mundial.

---

[308] Para una explicación detallada de las negociaciones, véase M. Mohanty, «Strategies for Solution of Debt Crisis: An Overview», *Economic and Political Weekly* (Bombay), 29 de febrero de 1992.

Ya en los años ochenta, las administraciones republicanas se habían propuesto superar la resaca de la derrota en Vietnam, el denominado «síndrome de Vietnam», demostrando que los EEUU seguían siendo capaces de dominar el hemisferio occidental. Esta era la idea que subyacía a sus invasiones de la isla de Granada y de Panamá, y a su patrocinio de las guerrillas derechistas de la Contra que causaban estragos en Nicaragua. La administración del primer Bush puso a continuación de manifiesto que los EEUU podían llevar a cabo operaciones policiales similares a una escala mucho mayor en Oriente Próximo. Bajo la presidencia de su sucesor demócrata, Bill Clinton, a lo largo de los años noventa las operaciones militares se sucedieron con regularidad creciente: el desembarco de marines en Somalia, los repetidos bombardeos de Iraq, el bombardeo de las fuerzas serbias durante la Guerra Civil bosnia, el bombardeo de un supuesto campo guerrillero en Afganistán y de una fábrica farmacéutica en Sudán, y el lanzamiento de una guerra aérea total contra Serbia.

No fueron sólo los EEUU los que practicaron el nuevo imperialismo. Rusia intentó mantener su dominio general sobre amplios sectores de la antigua URSS y utilizó su fuerza militar para influir en el resultado de las guerras civiles de Georgia y Tajikistán. Francia mantuvo una importante esfera de influencia en África, donde disputó a los EEUU el dominio de regiones como Ruanda-Burundi. Gran Bretaña intentó tener un impacto sobre los acontecimientos en Sierra Leona y Nigeria, mientras Nigeria intervino, a su vez, en otros estados del oeste de África bajo el disfraz de la «pacificación». Grecia y Turquía amenazaron periódicamente con ir a la guerra cuando chocaron a propósito de su influencia en el nordeste mediterráneo y partes de los Balcanes.

El mundo de los años noventa era una compleja jerarquía de estados e intereses empresariales interconectados que se disputaban las posiciones de influencia. Pero no eran de igual importancia, y todos sabían que su respectiva posición en la jerarquía dependía, en último término, de la fuerza armada que fuera capaz de desplegar. En la cúspide, siempre ansiosos por la conservación de su posición, se hallaban los Estados Unidos. En el último año de la década se vio exactamente lo que esto implicaba cuando la alianza de la OTAN liderada por los EEUU se dedicó sistemáticamente a echar abajo la infraestructura de Serbia en represalia contra su líder Milošević, que se había atrevido a no pedir permiso antes de emular la brutalidad de un montón de clientes de los EEUU en todo el mundo y atacó a la minoría albanesa en el país.

Conclusión
La ilusión de la época

El siglo XX se inició con una gran fanfarria sobre la inevitabilidad del progreso, ejemplificada en las predicciones de Bernstein de una democratización, una igualdad y una prosperidad crecientes en todas partes. A mediados de los años cincuenta y comienzos de los sesenta, el tema volvió a ser dominante en los escritos de políticos como Anthony Crosland, teóricos políticos como Daniel Bell y economistas como Paul Samuelson. Volvió a surgir en 1990 cuando Francis Fukuyama proclamó «el fin de la historia», y persistió hasta finales de los años noventa, con la insistencia de Anthony Giddens en que las categorías de izquierda y derecha pertenecían al pasado. Si todo no era para lo mejor en el mejor de los mundos posibles, unos pocos cambios bastarían para que lo fuera.

Sin embargo, la realidad de la vida de enormes sectores de la humanidad fue en diversos momentos del siglo tan horrible como nunca antes en la historia. Al avance del progreso sucedió la sangría de la Primera Guerra Mundial; el empobrecimiento masivo de comienzos de los años treinta; la propagación del nazismo y el fascismo en la mayor parte de Europa; el *gulag* estalinista; el ataque japonés a Shanghái y Nankín; la devastación de gran parte de Europa entre 1940 y 1945; la hambruna en Bengala; la destrucción de Hiroshima y Nagasaki; los 30 años de guerra contra Vietnam y los nueve años de guerra contra Argelia; el millón de muertos en una Guerra del Golfo y los 200.000 en la otra; decenas de miles de víctimas de los escuadrones de la muerte en El Salvador, Guatemala y Argentina; y cientos de miles de muertos en las sangrientas guerras civiles de Croacia, Bosnia, Tajikistán, Angola,

Etiopía, Liberia, Sierra Leona y Afganistán. Con harta frecuencia, el progreso económico se tradujo en la mecanización de la guerra... o, lo más espantoso, con el Holocausto, en la mecanización del asesinato en masa. Al final del siglo la imagen no era más esperanzadora que durante su transcurso. Países enteros fuera de Europa occidental y Norteamérica, que en diversos momentos del siglo habían abrigado la esperanza de «ponerse a la altura» de los niveles de vida del «Primer Mundo» –Argentina, México, Venezuela, Brasil, Rusia–, vieron desvanecerse sus sueños. Todo el continente africano quedó una vez más excluido de la historia con la caída constante de su renta *per capita* durante un periodo de más de 30 años. La guerra civil continuó devastando Angola, Sierra Leona, Liberia, Tajikistán, Afganistán, el Congo-Zaire. A la palabra «genocidio», hija del nazismo en los años treinta, se añadió la expresión «limpieza étnica», acuñada en las guerras civiles de los años noventa.

Incluso en los países industriales avanzados, las promesas de riqueza y ocio ilimitado y de la eliminación de la división en clases, que tan de moda estuvieron en la década de 1890 y de nuevo en la de 1950, resultaron ser una quimera. En el grueso de las economías el rendimiento económico medio siguió creciendo durante la mayoría de años, pero a una tasa de más o menos la mitad que la del largo periodo de prosperidad de los años cincuenta y comienzos de los sesenta. Y los incrementos no se tradujeron en mejoras en la calidad de vida de la mayoría de las personas.

A lo largo del último cuarto del siglo, en los EEUU los salarios reales cayeron de manera más o menos continua. En Europa las estadísticas no dejaron de mostrar una subida de los salarios reales, pero abundan los indicios de que los aumentos fueron absorbidos por el crecimiento de los costes indirectos asociados con el cambio de modelo laboral (trayectos más largos de casa al trabajo, aumento de los costes del transporte, mayor consumo de comida rápida y congelada, incremento de los costes del cuidado de los niños), con un «índice de bienestar sostenible» que desde mediados de los años cincuenta hasta mediados de los años setenta creció de manera más o menos continua, pero que luego comenzó a descender[1]. Desde luego, en las vidas de las personas no se ha producido ninguna mejora cualitativa como la experimentada en los años cincuenta y comienzos de los sesenta. Al mismo tiempo, la presión sobre los empleados para que trabajen más horas y de

---

[1] T. Jackson y N. Marks, *Measuring Sustainable Economic Welfare: A Pilot Index 1950-1990,* Instituto Económico de Estocolmo, 1994.

manera más intensa no ha dejado de crecer. De media, en 1996 un estadounidense trabajó 164 horas más que en 1976: el equivalente a todo un mes más al año[2], con estudio tras estudio dando cuenta de la sensación de creciente tensión de las personas en el trabajo. La recurrencia de las recesiones y las repetidas «reducciones» de personal incluso durante los periodos de «recuperación» provocaron en las personas unos niveles de inseguridad acerca de su futuro como no se conocían desde los años treinta. Los partidos políticos dominantes, que en los años setenta habían dicho que la inseguridad era cosa del pasado, insistían en los noventa en que no había nada que ellos pudieran hacer al respecto, puesto que formaba parte de la «nueva economía global» (un disimulado eufemismo para lo que la izquierda antaño denominaba el «capitalismo internacional»).

La creciente concentración de la riqueza en manos de las clases dirigentes era la otra cara de la creciente pobreza que anidaba en vastas zonas del Tercer Mundo y del antiguo mundo comunista, junto con la creciente inseguridad en Occidente. A finales de los años noventa, unos 348 multimillonarios disponían de una riqueza total equivalente a los ingresos de la mitad de la humanidad. En 1999, el Informe de las Naciones Unidas sobre el Desarrollo Humano decía que las 200 personas más ricas del mundo habían duplicado su riqueza en sólo cuatro años[3]. A finales de los años sesenta, la brecha entre el quintil más rico y el más pobre de la población mundial era de 30 a uno, en 1990 de 60 a uno y en 1998 de 74 a uno. La mayoría de los muy ricos se concentraba en los países avanzados. En 1980, los altos ejecutivos de las 300 mayores empresas de los EEUU tuvieron ingresos 29 veces mayores que el obrero fabril medio: en 1990, sus ingresos eran 93 veces superiores. Pero el mismo fenómeno era visible en otras partes del mundo, donde en los países más pobres había un pequeño estrato que aspiraba a vivir al estilo de los más ricos del mundo y a tener depósitos multimillonarios de dólares en bancos occidentales como seguro contra el descontento en sus países. En todas partes su reacción a la crisis social consistió en acumular riqueza a fin de aislarse contra sus efectos, sin preocuparse demasiado por el deterioro al que en el proceso se veía sometido el tejido básico de la sociedad. Subcontratar a individuos acaudalados la recaudación de impuestos del Estado (el arriendo de impuestos) había sido un rasgo que una y otra vez había acompañado las

---

[2] La cifra procede de J. Schor, *The Overworked American.*
[3] UN *Human Development Report 1999,* Oxford, 1999.

crisis de las sociedades precapitalistas de clases, un rasgo que sólo sirvió para hacer más pronunciada la pendiente que a largo plazo llevaba a la crisis. La subcontratación de servicios del Estado se convirtió en un rasgo cada vez más acusado de la sociedad de clases capitalista en la última década del siglo XX, con efectos a largo plazo igualmente inevitables.

Junto con la renacida inseguridad y las depresiones recurrentes, desde el averno al que aparentemente había sido desterrado tras la Segunda Guerra Mundial emergió otro espíritu: diversas formas de fascismo y nazismo. Incluso durante periodos de «recuperación económica», se hizo bastante normal que figuras de extrema derecha como Le Pen en Francia y Haider en Austria obtuvieran el 15 por 100 de los votos… y bastante realista que abrigaran esperanzas de que les fuera mucho mejor con el inicio de la siguiente gran recesión. Se hizo igualmente normal que los partidos políticos conservadores dominantes adoptaran el lenguaje del racismo y la división étnica a fin de conseguir votos, y que los partidos socialdemócratas toleraran ese lenguaje en un intento desesperado de sostenerse electoralmente.

Socialismo, barbarie y el siglo XXI

En 1915, mediada la guerra mundial, Rosa Luxemburgo recordaba una frase de Engels: «La sociedad capitalista se halla ante un dilema: avanzar hacia el socialismo o regresar a la barbarie». «Hemos leído y citado estas palabras con ligereza», observa,

> […] sin poder concebir su terrible significado. […] Nos hallamos ante la terrible opción: o triunfa el imperialismo y provoca la destrucción de toda civilización y, como en la antigua Roma, la despoblación, la desolación, la degeneración, un inmenso cementerio; o triunfa el socialismo, que es la lucha consciente del proletariado internacional contra el imperialismo. […]. Tal es el dilema de la historia universal, su inevitable elección, su balanza temblando en el punto de equilibrio. […] De ella depende el futuro de la cultura y la humanidad[4].

---

[4] R. Luxemburgo, «The Crisis of Social Democracy», en R. Luxemburgo, *Selected Political Writings,* Londres, 1972, pp. 195-196 [ed. cast.: *La crisis de la socialdemocracia,* Madrid, Akal, 2017, pp. 27-28].

En este pasaje estaba poniendo de la manera más enérgica en tela de juicio la ilusión de la inevitabilidad del progreso bajo el capitalismo. Estaba diciendo lo mismo que Marx y Engels en el *Manifiesto Comunista* cuando señalaron que la alternativa histórica a la transformación de la sociedad por una clase recientemente aparecida era la «destrucción común de las clases en conflicto». Esta, como hemos visto, se produjo no sólo con el desmoronamiento del Imperio romano de Occidente, sino también con la Baja «Edad Oscura», las antiguas civilizaciones de la Edad del Bronce, el derrumbe de las civilizaciones de Teotihuacán y maya en Mesoamérica, y la crisis de la Mesopotamia de los abasíes en el siglo XI. Estuvo a punto de suceder en el Egipto del segundo milenio antes de Cristo, en la China del siglo XII d.C. y en la Europa del siglo XIV d.C. Según Rosa Luxemburgo, la guerra mundial amenazaba con una repetición de tales desastres: «En esta guerra ha triunfado el imperialismo. Su espada brutal y asesina ha precipitado la balanza, con sobrecogedora brutalidad, a las profundidades del abismo de la vergüenza y la miseria»[5].

León Trotsky expresó la misma idea en 1921:

> La humanidad no siempre ha subido trazando una curva ascendente. No, han existido prolongados periodos de estancamiento y recaídas en la barbarie. Las sociedades se elevan, alcanzan un cierto nivel y no pueden mantenerlo. La humanidad no puede mantener su posición, su equilibrio es inestable; una sociedad que no puede avanzar retrocede y, si no hay una clase que la lleve más arriba, acaba desintegrándose y abriendo la puerta a la barbarie[6].

El documento fundacional de la Cuarta Internacional de Trotsky, escrito en vísperas de una nueva guerra mundial, planteaba la alternativa crudamente: «Sin revolución social en un próximo periodo histórico, la civilización humana está bajo amenaza de ser arrasada por una catástrofe»[7].

Luxemburgo y Trotsky identificaron, como pocos otros pensadores, la demente lógica de la sociedad capitalista en el siglo XX: la manera en que las fuerzas productivas se habían convertido en fuerzas destructivas, y la creati-

---

[5] R. Luxemburgo, «The Crisis of Social Democracy», p. 196 [ed. cast. cit.: p. 28].

[6] Discurso pronunciado en Moscú, en julio de 1921, del que se dio cuenta en *Pravda,* el 12 de julio de 1921, citado en P. Broué, *Trotsky,* París, 1988, p. 349.

[7] L. Trotsky, *The Death Agony of Capitalism and the Tasks of the Fourth International,* Londres, sin fecha, p. 8.

vidad humana se había distorsionado hasta convertirse en un horror inhumano. El siglo fue un siglo de *barbarie* a una escala desconocida, en Europa al menos, desde el siglo XVII o incluso el XIV. Si bien el siglo no cumplió las peores profecías de Luxemburgo y Trotsky de un completo desmoronamiento de la cultura y la civilización, también hubo frecuentes bandazos hacia la barbarie en el sentido estricto de la palabra en que la emplearon Engels y Luxemburgo, de gobernantes dispuestos a hundir a la sociedad con ellos antes que renunciar a su poder: la conducta de los Ejércitos Blancos durante la Guerra Civil rusa, el afán por completar el Holocausto de las fuerzas nazis en retirada durante la Segunda Guerra Mundial y la voluntad en los dos bandos de la Guerra Fría de desplegar dispositivos nucleares que podrían haber reducido todo el mundo a un desierto radiactivo. En la última década del siglo, zonas enteras de África, el Cáucaso y Asia central parecieron atrapadas en la misma lógica, con ejércitos liderados por señores de la guerra rivales que se masacraban mutuamente y saqueaban poblaciones civiles en su lucha por pedazos de riqueza en medio de una decadencia económica y social generalizada. Durante esa década también surgieron nuevas amenazas además de las antiguas de la guerra y la depresión económica.

La más dramática es la de una catástrofe ecológica. Las sociedades de clases siempre se han caracterizado por una tendencia a una excesiva explotación del entorno que mantiene a sus poblaciones. A partir de un determinado momento, la historia de las sociedades precapitalistas de clases fue una historia de hambrunas y caídas demográficas producidas por la mera carga que suponía el mantenimiento de codiciosas clases dirigentes y caras superestructuras. El mismo dinamismo económico por el que se distingue el capitalismo ha aumentado enormemente la velocidad a la que se hacen sentir las negativas consecuencias ecológicas. Quienes en el siglo XIX hablaron de lo que el capitalismo hace a las comunidades de las clases trabajadoras, desde Dickens y Engels en adelante, hablaban también de una atmósfera contaminada, de enfermedades endémicas, de hacinamiento y comida adulterada en las barriadas populares. Pero en una época en que como máximo eran diez millones las personas que en todo el mundo participaban en la producción capitalista industrial, la devastación ecológica era un problema localizado: el humo de Mánchester no afectaba a la mayor parte de Inglaterra, mucho menos al resto del mundo. Durante el siglo XX, la propagación del capitalismo a todo el mundo, formado por 6.000 millones o más personas, transformó la devastación ecológica en un problema global. El año 1998, según un informe oficial, fue «el peor del que se tiene noticia y causó más estragos que nunca jamás», y obligó a 25 millones de personas a huir como refugiadas, «¡por primera vez más que los desplazados por la guerra!»[8]. Con 1.000 millones de personas viviendo en ciudades de chabolas sin planificación y 40 de las 50 ciudades de crecimiento más rápido del mundo situadas en zonas sísmicas, los peores horrores están todavía por venir. Pero ese no es el final. Como consecuencia de la producción de cantidades cada vez mayores de dióxido de carbono, el «efecto invernadero» está calentando el globo y produciendo modelos climáticos impredecibles, que se espera que generen inusitadas tempestades y crecientes niveles de los océanos que inundarán enormes zonas costeras. Los CFC utilizados en las neveras están acabando con la capa de ozono, lo cual causa una proliferación de los cánceres de piel. El empleo de antibióticos en la alimentación animal está socavando la efectividad de los antibióticos que combaten las enfermedades humanas. El uso sin restricciones de cultivos genéticamente modificados podría causar estragos en toda la cadena alimentaria. Tales desastres ecológicos, reales o posibles, ya no son desastres naturales como aquellos que destruyeron el suministro de víveres en el siglo XII o que en el siglo XIV condujeron a una hambruna masiva en toda Europa. Son resultado de la manera específica en que la interacción humana con el entorno se está produciendo a escala mundial.

En el capitalismo esa interacción se organiza mediante la competencia de capitalistas rivales: de empresas pequeñas a comienzos del siglo XIX, y de gigantescas empresas multinacionales y de propiedad estatal a finales del siglo XX. La competencia lleva a una incesante búsqueda de formas nuevas, más productivas y más provechosas de interacción, sin tener en cuenta sus otras consecuencias. Los estados a veces tratan de regular todo el proceso. Pero ellos mismos se ven arrastrados a ello por su deseo de favorecer los intereses de las empresas de base nacional. La regulación, como ellos dicen con harta frecuencia, es imposible porque minará la competitividad de las empresas de base local en beneficio de los competidores extranjeros. E, incluso cuando sí intervienen, es una vez hecho ya el daño, pues no hay manera de que los funcionarios estatales puedan predecir todas las innovaciones industriales y prever su impacto más amplio.

Tan peligrosas fueron las consecuencias a finales del siglo XX, que hubo una tendencia a que la gente volviera la espalda a toda la ciencia y toda la

---

[8] Cruz Roja, *1999 World Disasters Report,* resumido en *The Guardian,* 24 de junio de 1999.

tecnología. Sin embargo, sin las tecnologías del siglo pasado no habría manera de alimentar a la población mundial, mucho menos liberarla de los estragos del hambre y del trabajo excesivo padecidos por la mayoría de la gente desde el ascenso de la sociedad de clases. Hubo una tendencia paralela a la adopción de un argumento de aquel viejo reaccionario llamado Malthus, y a insistir en que simplemente había demasiadas personas… o, al menos, de que las habría cuando la población mundial se hubiera duplicado en el plazo de 30 o 40 años. Sin embargo, la multiplicación por ocho de la población mundial desde la época de Malthus se acompañó de una multiplicación de sus víveres por más de ocho. Si en algunas partes de África, Asia y Latinoamérica el pueblo pasaba hambre, era como consecuencia no de una escasez absoluta de comida, sino de su distribución clasista.

El problema de la humanidad no es la tecnología o la población como tales, sino la manera en que la sociedad existente determina el empleo de la tecnología. Dicho crudamente, el mundo puede mantener fácilmente al doble de su población actual. No puede, sin embargo, soportar cantidades cada vez mayores de motores de combustión interna, cada uno de ellos bombeando a diario kilogramos de dióxido de carbono en beneficio de gigantescas empresas petroleras y automovilísticas. Una vez la humanidad cubra el globo en tales cantidades, la precondición para que continúe sobreviviendo es el empleo planificado de la tecnología para satisfacer las necesidades humanas reales, no su subordinación a la ciega acumulación de capitales en mutua competencia.

El empleo de la tecnología para la acumulación competitiva también encuentra expresión en su empleo bélico. En los años noventa, la tecnología militar que produjo la carnicería del Frente Occidental en la Primera Guerra Mundial y la barbarie del Frente Oriental y de Hiroshima y Nagasaki en la Segunda Guerra Mundial parecía increíblemente primitiva.

Por un lado, estaba el desarrollo de sistemas de equipamiento militar multimillonarios. Los EEUU, mediante unos gastos en términos absolutos (aunque no en proporción al producto nacional) superiores a los momentos álgidos de la Guerra Fría a comienzos de los años cincuenta, y mediante la utilización de medio siglo de avances en la tecnología informática, fueron capaces de librar contra Iraq y Serbia guerras que, sin causarles una sola baja, ocasionaron miles o incluso cientos de miles de muertes en el otro bando. También comenzaron a dirigir sus guerras por control remoto desde su propio continente y a confiar una vez más en el despliegue de misiles antibalísticos (ABM) de la «Guerra de las Galaxias» para protegerse de cualquier represalia.

Por otro lado, estaba el recurso a microsistemas de destrucción mortífera. Pequeños estados como Israel y países empobrecidos como Pakistán se encontraron con bastantes ingenieros y suficiente acceso a la tecnología informática moderna para fabricar sus propias armas nucleares: armas pigmeas para los criterios de los EEUU, pero suficientes si la ocasión se presenta para freír vivos a cientos de miles de personas en las capitales de los países vecinos. Para algunos al menos, la lección del despliegue de poder de fuego por parte de los EEUU en el Golfo y los Balcanes la extrajo el ex primer ministro ruso Víktor Chernomyrdin: «Hasta los más pequeños estados independientes tratarán de procurarse las armas nucleares y los vehículos para su lanzamiento a fin de defenderse»[9]. Para los incapaces de desarrollar esas tecnologías quedaban las más rudimentarias y baratas de la guerra química y biológica desarrolladas por las grandes potencias durante los primeros tres cuartos del siglo.

Durante la segunda mitad del siglo XX, los defensores de los programas nucleares de las grandes potencias argumentaban que estos garantizarían la paz mediante la lógica de la Destrucción Mutuamente Asegurada. Ninguna potencia, decían, sería la primera en utilizar sus armas nucleares debido a la certeza de que la represalia supondría su propia destrucción. La crisis cubana de 1962 puso de manifiesto lo cerca que podía llegar a estar esta lógica de fallar, y en los años ochenta los EEUU amenazaron con socavarla por completo al establecer una «capacidad de dar el primer golpe» con el despliegue de misiles crucero en Europa y su primer intento abortado de construir un sistema ABM. Si la amenaza no llegó a hacerse realidad fue debido a que los crecientes costes militares rompieron la columna vertebral de la economía soviética justo en el momento en que los EEUU descubrieron que todavía no disponían de la tecnología para hacer funcionar un sistema ABM... y las protestas masivas aumentaban los costes políticos de los gobiernos europeos con misiles crucero en su territorio. Pero la proliferación de armas nucleares y la reanudación de la construcción de sistemas ABM volvieron a reavivar la amenaza con creces. La mayor potencia del mundo y muchas de las más pequeñas se sintieron de nuevo atraídas por la lógica del «primer golpe» como respuesta a una repentina escalada de la tensión internacional mediante el empleo de armas nucleares que se suponía que evitarían las represalias. Esto, a su vez, aumentó la probabilidad de ataques militares preventivos, tanto convencionales como nucleares, en un desesperado intento de mantener bajo control a

---

[9] Citado por Mark Almond, *Independent on Sunday,* 6 de junio de 1999.

las potencias rivales y a las potencias menores. La barbarie no del todo materializada en la segunda mitad del siglo XX se convierte en una posibilidad real en el XXI. Cualquier perspectiva de futuro que lo contemple en términos de varias décadas en lugar de simplemente un par de años debe considerar alta la probabilidad de un conflicto nuclear de mayor o menor escala, y con ella la de condenar a la barbarie propiamente dicha a regiones enteras del globo.

Esta probabilidad se ha visto incrementada por el crecimiento de la inestabilidad económica. Una depresión de las dimensiones de la de los años treinta causaría el caos político en todos los países, lo cual crearía las condiciones, como en los años de entreguerras, en las que podrían acceder al poder partidos que recurrieran a las aventuras militares como una manera de afrontar los problemas domésticos. Los augurios ya se están cumpliendo con el aumento del voto a la extrema derecha en países importantes. Una vez más, si la perspectiva es de décadas, la posibilidad de que tales partidos accedan a las armas nucleares se convierte en probabilidad, a menos que surja una clase alternativa al sistema actual que emprenda la reorganización de toda la sociedad sobre una base diferente. El dilema entre socialismo o barbarie se plantea más agudamente que nunca.

¿Una clase universal?

El siglo XX no fue solamente un siglo de horrores. También fue, como hemos visto, un siglo de grandes recrudecimientos de la lucha desde abajo, de rebeliones lideradas por la clase obrera contra las fuerzas responsables de los horrores: las huelgas sindicales antes de la Primera Guerra Mundial; la Revolución rusa y las revueltas en toda Europa y el mundo colonial después de esa guerra; las olas de insurgencia en Austria, Francia y España en 1934-1936, y en Francia, Italia y Grecia en 1943-1945; la Revolución húngara de 1956; los acontecimientos de 1968 y posteriores; y las grandes huelgas y ocupaciones polacas de 1980. Sólo una de esas grandes revueltas se convirtió en una revolución exitosa, la de Rusia, y no tardó en verse aislada y estrangulado su ímpetu. Pero las luchas fueron uno de los grandes factores determinantes en la historia del siglo. Y, una vez más, el final de siglo no coincidió con el fin de las luchas. La desviación de la lucha de clases se hallaba tras la descomposición del Bloque Oriental. En Europa occidental, en los años noventa se produjo en Italia un derrocamiento del gobierno de extrema derecha de Berlusconi tras una ola de huelgas; la repentina revitalización de la lucha de la clase obrera en Francia con un mes de huelgas públicas y manifestaciones en noviembre-diciembre de 1995 que acabaron llevando al desmoronamiento del gobierno de derechas de Juppé; una ola de huelgas y protestas en Alemania; una huelga general en Dinamarca; sucesivas olas de huelgas en Corea del Sur; huelgas generales en Colombia y Ecuador; y, 32 años después de su instauración, la caída de la dictadura del general Suharto en Indonesia tras enormes manifestaciones y tumultos espontáneos.

Estas grandes insurrecciones sociales y políticas no impidieron que comentaristas superficiales y de moda hablaran del fin de la política de clases. Incluso Eric Hobsbawm, durante mucho tiempo considerado como uno de los más famosos marxistas británicos, llegó a afirmar que, si bien Marx tuvo razón cuando escribió acerca de la inestabilidad del capitalismo, se equivocó al considerar a la clase obrera como ariete de la oposición histórica al sistema. Los defensores de esos argumentos se basaban en dos conjuntos de pruebas: el descenso de la proporción de personas en los países industriales avanzados empleadas en las fábricas, y la cantidad relativamente pequeña de quienes ansiaban el derrocamiento revolucionario de la sociedad capitalista en tales países. Ni una ni otra clase de prueba justificaba sus conclusiones.

Desde luego, los antiguos bastiones de la clase obrera –los mineros, los obreros siderúrgicos y los trabajadores de los astilleros– redujeron de manera considerable su número en países como Gran Bretaña, donde incluso la cantidad de trabajadores en la industria automovilística a finales de los años noventa era solamente la mitad o un tercio de la de 30 años atrás. Pero hubo otros cambios que hicieron algo más que compensar esto. En los países avanzados, sus puestos fueron ocupados por cantidades crecientes de empleados de cuello blanco y en el sector «servicios», y muchos empleos que se solían considerar como de «clase media» se parecían cada vez más a los de la antigua industria fabril. En todas partes, los «gerentes de línea» desempeñaban el mismo papel que los capataces tradicionales; en todas partes se ejercía presión para que se trabajara más y se mostrara el «compromiso» con la empresa trabajando horas extra no pagadas. Los procedimientos de evaluación se convirtieron en casi universales, con intentos de introducir el pago por resultados incluso en áreas como la docencia.

Lejos de desaparecer como consecuencia del relativo declive de la industria, la línea de ensamblaje se propagó a nuevas áreas. De hecho, en muchos sectores la distinción entre «servicios» e «industria» dejó de tener mucho sentido: el operario de una máquina que fabricaba un ordenador entraba en la categoría «industria», mientras que alguien que realizara operaciones rutinarias en el procesamiento de sus programas entraba en la categoría «servicios»; alguien que metía hamburguesas en un envase pertenecía a la «industria», alguien que las metía en un bollo de comida rápida, a los «servicios». Ambas clases de trabajo producían mercaderías que se vendían por un beneficio, y ambas se caracterizaban por la continua presión para crear los mayores beneficios posibles.

A escala mundial, la imagen era incluso más clara. Durante la segunda mitad del siglo XX se produjo una enorme propagación internacional del trabajo asalariado. En virtualmente todos los principales países de todos los continentes se montaron plantas textiles, siderurgias, refinerías petroleras y plantas de ensamblaje de coches. Con ellas iban asociados muelles, aeropuertos, terminales de transporte por carretera y ferroviarias, sistemas bancarios modernos y rascacielos de oficinas. Como resultado, las ciudades se expandieron enormemente. En 1945 se discutía si la mayor ciudad del mundo era Londres o Nueva York. A finales del siglo eran Ciudad de México, Bombay y Tokio las que se disputaban el puesto. Las nuevas industrias y ciudades comportaban nuevas clases obreras. En los años ochenta, sólo en Corea del Sur había más trabajadores industriales que en todo el mundo cuando Marx y Engels escribieron el *Manifiesto Comunista...* y también contenía millones de asalariados no industriales.

Por supuesto, la fuerza laboral asalariada no estaba únicamente formada por asalariados. En Asia, África, partes de Latinoamérica e incluso partes de Europa oriental seguía habiendo cientos de millones de campesinos propietarios de pequeñas parcelas de tierra. En las ciudades del Tercer Mundo había enormes pequeñas burguesías empobrecidas cuya supervivencia dependía de la venta, por escasa que fuera, de cualesquiera bienes y servicios para los que pudieran encontrar un mercado, y que se fundían con la masa cada vez más vasta de jornaleros que se podían encontrar en las barriadas que crecían descontroladamente en las afueras de las ciudades. La psicología de estos grupos podía ser muy diferente de la de los trabajadores industriales. Sin embargo, como estos, y a diferencia de las clases medias y el campesinado de hace un siglo, sus vidas estaban completamente vinculadas al mercado y dependían de la lógica del capital.

En una ocasión, Karl Marx distinguió entre «una clase en sí», que tiene cierta posición objetiva en el seno de una sociedad, y una «clase para sí», que lucha conscientemente por metas propias. A finales del siglo XX, la clase obrera existía como nunca antes en cuanto clase en sí, con un núcleo de tal vez 2.000 millones de personas en torno al cual había otros 2.000 millones más o menos de personas cuyas vidas estaban esencialmente sujetas a la misma lógica que el núcleo. La auténtica discusión sobre el papel de la clase obrera versa sobre si puede convertirse, y cómo, en una clase para sí.

Lo que de la distinción de Marx importa es que en la historia no ha habido ninguna clase que haya podido surgir como una clase para sí. Todas crecen en el seno de un antiguo orden social, y sus miembros no tienen experiencia alguna de ningún otro. Necesariamente comienzan a dar por sentados los valores de esa sociedad. Los prejuicios de la antigua sociedad son también, inicialmente al menos, los prejuicios de los miembros de la nueva clase. Esto cambia sólo cuando se ven obligados, a menudo bajo circunstancias que escapan a su propio control, a luchar por sus intereses en el seno de la antigua sociedad. Tales luchas llevan al aumento de los vínculos entre ellos, a la creación de lealtades y valores diferentes de los de la sociedad. Sobre el terreno creado por esto, acerca de cómo puede dirigirse la sociedad, echan raíces nuevos conceptos que, a su vez, forman parte del marco para la comprensión del mundo por las siguientes generaciones.

El cambio de ideas no se produce según un sencillo movimiento lineal ascendente, lo mismo que la lucha de la nueva clase se caracteriza por pequeños éxitos y derrotas parciales, por dramáticos avances y retrocesos repentinos, a veces devastadores, de modo que hay flujos y reflujos en la propagación de la transformación de las ideas de las gentes. En la historia del ascenso de la clase capitalista se encuentran ejemplos y más ejemplos de tales flujos y reflujos. En cada etapa se dan grupos que comienzan a definirse a sí mismos de una manera diferente de la del antiguo orden feudal, pero que luego intentan reconciliarse con este y hacen las paces con las clases dirigentes precapitalistas, aceptan sus valores y contribuyen a perpetuar la sociedad de aquellos, dejando a las generaciones siguientes la tarea de comenzar de nuevo la lucha por una clase diferente de sociedad. Durante las guerras en el norte de Italia a finales del siglo XV, durante las guerras de religión en la Francia de un siglo más tarde o durante los horrores de la Guerra de los Treinta Años en Bohemia y Alemania debieron de ser muchas las personas que sintieran que la burguesía nunca sería capaz de transformar toda la sociedad a su propia imagen. Sin embargo, a finales del siglo XIX el desarrollo económico le había dado tanto peso como clase que ni siquiera los retrocesos de 1848 pudieron detener un avance aparentemente inexorable hacia el poder.

Bajo el capitalismo no hay nada mágico que permita a los trabajadores seguir un camino expedito hasta la conciencia de clase. La sociedad en torno a ellos está impregnada de los valores capitalistas, y estos valores los dan por sentados. Incluso su explotación la organiza un mercado laboral en el que compiten mutuamente por los empleos. Junto con la presión que una y otra vez hace que se alíen contra la subordinación de sus vidas a la inhumana lógica de la acumulación de capital, están también los factores que con harta facilidad pueden destruir esa unidad: el desempleo, que hace que cada individuo desespere de toda manera de procurarse el sustento salvo a expensas de otros; o las derrotas de sus organizaciones, que quiebran su sentido de la solidaridad y le hacen sentir que nunca habrá unidad y lucha suficientes para cambiar las cosas a mejor. El fomento de nuevos valores creados en los periodos de éxito para la lucha –encarnados en conceptos de solidaridad más allá de las divisiones nacionales, étnicas y de género– puede de repente verse trastocado, distorsionado o incluso destruido. También puede verse sometido a una considerable presión durante los periodos de «prosperidad» capitalista, cuando a algunos sectores de trabajadores les resulta beneficioso identificarse con el sistema: esto les ocurre a quienes la movilidad hacia arriba los convierte en capataces, supervisores o gerentes; a quienes consiguen procurarse un hueco como pequeños empresarios; y a quienes, como funcionarios sindicales y políticos laboristas o socialdemócratas, se convierten en los mediadores profesionales de la democracia capitalista. Esas personas pueden ser las personalidades más destacadas y dinámicas de sus localidades o lugares de trabajo, y su adaptación al sistema tiene el efecto de desmochar la conciencia de clase entre otros trabajadores.

Finalmente, el proceso de transformación de la clase en sí a la clase para sí se ve continuamente interrumpido por la reestructuración y el aumento en tamaño de la clase obrera a medida que el capitalismo se desarrolla. Nuevos grupos de trabajadores surgen y tienen que pasar nuevamente por un proceso de aprendizaje en cada etapa del sistema. En Gran Bretaña, por ejemplo, el núcleo de la clase obrera en la época del cartismo durante la década de 1840 lo formaban trabajadores textiles; en los años previos a la Primera Guerra Mundial consistía en trabajadores de la industria pesada como los trabajadores de los astilleros, los mineros y los trabajadores siderúrgicos; en los primeros años posteriores a la Segunda Guerra Mundial se componía de trabajadores mecánicos. Uno y otro tuvieron que pasar, a su vez, por el proceso de desarrollar conceptos ya encarnados, hasta cierto punto, en la conciencia de grupos anteriores. Las diferencias entre los antiguos y los nuevos trabajadores pueden ser incluso más pronunciadas cuando se da una enorme y rápida industrialización, como sucedió durante buena parte del siglo XX en muchos países: la clase obrera que hizo la revolución de 1917 en Rusia se ahogó en un enorme mar de nuevos trabajadores a finales de los años treinta; los trabajadores italianos que en 1943 hicieron tambalearse el régimen de Mussolini se diluyeron en medio de las cantidades mucho mayores de trabajadores nuevos que en los años sesenta llegaron del campo; muy pocos de las decenas de millones de trabajadores chinos de finales de los años ochenta eran descendientes directos de los que protagonizaron las grandes huelgas de los años veinte. Sin embargo, en cada caso, tras un lapso temporal más o menos largo, surgieron nuevas tradiciones similares a las antiguas: las huelgas italianas de 1969 y posteriores; el apoyo de los trabajadores chinos a los manifestantes de la Plaza de Tiananmen de 1989; las huelgas de los mineros rusos de 1989 y 1991. En ningún caso mostraron los trabajadores una plena conciencia revolucionaria. Pero en todos los casos comenzaron a romper con los valores y las premisas de la antigua sociedad. Comenzaron a avanzar hacia la conversión en una clase para sí, aunque no completaran el viaje.

Lo sucedido en el último cuarto del siglo XX no fue la extinción de la clase obrera o del desarrollo de su conciencia como clase. Por el contrario, lo que vimos fueron los frutos de su enorme expansión: una expansión que simultáneamente les dio más poder para configurar la sociedad como nunca antes, pero que también obligó a grandes sectores a tener que aprender de nuevo lo que sectores más pequeños ya habían conocido tres cuartos de siglo antes. El proceso de aprendizaje comportó precisamente la desviación de la lucha por la que estos años se caracterizaron. Dejó atrás una masa de conceptos confusos y contradictorios en las mentes de decenas de millones de personas. Esto distaba de la plena conversión de la clase en sí en una clase para sí. Pero en realidad también distaba mucho de la desaparición de las luchas obreras como fuerza activamente decisiva en la historia.

A comienzos de siglo, el futuro líder de la Revolución rusa, Lenin, comentó que la lucha económica de los trabajadores ni mucho menos llevaría automáticamente a la conciencia revolucionaria, sino que «el desarrollo espontáneo del movimiento de la clase obrera lleva a su subordinación a la ideología burguesa». Esto se debía a que «esa ideología burguesa tiene un origen mucho más antiguo que la ideología socialista, está mucho más desarrollada y [...] posee medios de difusión incomparablemente más poderosos»[10]. Su famosa conclusión fue: «La conciencia política de clase no se le puede aportar al obrero más que desde fuera»[11]. Fue una conclusión criticada por Rosa Luxemburgo, entre otros, y el propio Lenin admitió más tarde que había subestimado el papel de los trabajadores en el desarrollo de las ideas socialistas[12]. Pero sí planteó adecuadamente una cuestión que un cuarto de siglo más tarde asumiría y desarrollaría el con frecuencia mal comprendido revolucionario italiano Antonio Gramsci.

Gramsci señaló que los miembros de una clase suelen estar expuestos a visiones del mundo en conflicto: las que derivan de la práctica cotidiana de la sociedad existente y las que derivan de la medida en que la clase (o un sector de ella) tiene experiencias de la lucha por la transformación de esa sociedad. Como resultado, la personalidad de todos «se forma de una manera rara. Contiene elementos del hombre de las cavernas y principios del más avanzado saber moderno, prejuicios gastados de todas las fases históricas pasadas e intuiciones de una filosofía futura de la raza humana unida en todo el mundo»[13]. Estos contradictorios elementos se combinan de diferentes maneras entre individuos y grupos diferentes. Algunos se ven atrapados casi por completo dentro de las visiones características de la sociedad existente, y algunos han recorrido un largo camino en la ruptura con estas, pero la mayoría se han quedado atascados en medio, atraídos alternativamente en uno u otro sentido bajo el impacto de aquellos con visiones más homogéneas que se encuentran en uno y otro extremo. La acción concreta de una clase en cualquier momento de la historia depende de cuál de los «extremos» tenga más éxito en atraer al grupo intermedio cuando las agitaciones sociales (guerras, crisis económicas, huelgas y guerras civiles) lo abran a nuevas ideas. El grado en que una clase en sí se convierte en una clase para sí depende no solamente de los cambios materiales en el mundo en torno a ella, sino también de la formación de partidos rivales en su seno.

Esto también se puso de manifiesto en el ascenso del capitalismo. La «gran transición» no fue simplemente resultado de factores económicos objetivos.

[10] V. I. Lenin, «What Is To Be Done?», en V. I. Lenin, *Collected Works,* vol. 5, Moscú, 1961, pp. 385-386 [ed. cast.: «¿Qué hacer», en V. I. Lenin, *Obras completas,* vol. V, Madrid, Akal, 1976, pp. 392-393].

[11] V. I. Lenin, «What Is To Be Done?», p. 422 [ed. cast. cit.: p. 429].

[12] Para un estudio más completo de esto, véase mi artículo «Party and Class», reimpreso en T. Cliff, D. Hallas, C. Harman y L. Trotsky, *Party and Class,* Londres, 1996.

[13] A. Gramsci, *The Modern Prince and Other Essays,* Londres, 1957, p. 59.

También dependió de los sucesivos intentos de sectores de los nuevos *burghers* o clases burguesas para organizarse en torno a visiones del mundo muy diferentes de las del antiguo orden... y de otros sectores para trabajar con representantes del antiguo orden a fin de subvertir tal organización. Es la historia de los movimientos de revuelta o reforma en el Imperio islámico del siglo VIII y el Imperio chino del siglo XI, y de la represión de esos movimientos; de los movimientos del Renacimiento y la Reforma, y de los movimientos que en Italia, Alemania y Francia sucumbieron al antiguo orden; de las victorias de las revoluciones holandesa e inglesa, y del terrible callejón sin salida de la Guerra de los Treinta Años; de la Ilustración y de la reacción oscurantista contra la Ilustración; de la lucha de la Asamblea francesa contra su rey, y de los jacobinos contra los girondinos. La transición no se consiguió de un solo gran salto, ni fue resultado de un cambio lento y gradual. Dependió de la formación, la derrota y la reforma de partidos construidos en torno al desarrollo de una nueva concepción del mundo a lo largo de varios cientos de años.

La conquista del mundo por el capitalismo ha acelerado enormemente el proceso histórico. En el siglo XX las vidas de la gran mayoría de la población mundial cambiaron más que en todos los 5.000 años anteriores. La tremenda velocidad de esos cambios supuso que una y otra vez las personas intentaran afrontar las nuevas situaciones utilizando ideas que reflejaban la experiencia reciente de circunstancias bien distintas. En el plazo de décadas sus ideas sufrieron una transformación comparable a la que a la burguesía europea le costó 600 años. El hecho de que al final del siglo el proceso no estuviera completo no puede interpretarse como una prueba de que no seguía en marcha. La historia del siglo XX fue la historia de sucesivas generaciones de personas, cada vez mayores en número, que se resistían a la lógica de la sujeción al mundo de la acumulación competitiva de capital. En una ocasión, en Rusia, alcanzaron un breve éxito. A veces –como en la Alemania de 1918-1919, en la Francia de 1936 o en la Polonia de los años ochenta–, obtuvieron un éxito a medias, seguido de una derrota. A veces la derrota fue terrible, como en la Alemania de enero de 1933, sin ni siquiera entrar en batalla. Pero nada de esto constituye la más mínima excusa para afirmar que la lucha de clases ha llegado a su fin. El tipo de luchas libradas por una pequeña clase obrera en el siglo XIX, por una más grande en la primera mitad del XX y por una mucho mayor en el último cuarto del siglo la repetirán sectores de una clase trabajadora cuyos miembros se contarán por decenas y decenas de millones en el nuevo milenio.

De estas luchas surgirán nuevos intentos de remodelar la sociedad en torno a los valores de la solidaridad, el apoyo mutuo, el igualitarismo, la cooperación colectiva y un empleo democráticamente planificado de los recursos. Las clases dirigentes del mundo, como sus predecesoras a lo largo de 5.000 años, se emplearán a fondo para frustrar estos intentos y, si es necesario, cometerán enormes barbaridades para aferrarse a lo que consideran que es su derecho sagrado al poder y la propiedad. Defenderán el orden capitalista vigente hasta el final... aunque ello suponga el fin de la vida humana organizada.

No hay manera de anticipar cuál será el resultado de conflictos tan descomunales. Eso depende no sólo del choque de fuerzas objetivas de clase –del crecimiento de las clases en sí–, sino también de la medida en que en el seno de la clase obrera, expandida hasta convertirse en «universal», surja un núcleo de personas que entiendan cómo hay que luchar y sepan cómo ganarse a sus iguales para esta toma de conciencia. No faltarán grupos y movimientos que se opongan encarnizadamente a uno u otro aspecto del sistema. Las mismas barbarie e irracionalidad de este garantizan que esto será así, como lo ha sido en el pasado. Pero la historia del siglo XX pone de manifiesto que estos elementos sólo podrán ser verdaderamente eficaces cuando cristalicen en organizaciones revolucionarias consagradas al cuestionamiento del sistema en todos sus aspectos. La burguesía necesitó tal cristalización con el Ejército Nuevo Modelo del siglo XVII y el Club de los Jacobinos en el siglo XVIII. La clase obrera rusa la necesitó con el Partido Bolchevique en 1917. La enormemente expandida clase obrera mundial la necesitará una y otra vez en el siglo XXI, si es que la humanidad en su conjunto no se encamina hacia su destrucción. Esa necesidad sólo podrá satisfacerse si hay personas que se apliquen a la tarea. El socialista revolucionario irlandés James Connolly señaló en una ocasión: «Los únicos verdaderos profetas son los que forjan el futuro».

Comprender el pasado ayuda. Por eso escribí este libro.

Glosario

Personas

Abelardo, Pedro Pensador del siglo XIII condenado por la Iglesia. Castrado tras su aventura amorosa secreta con Eloísa.

Agustín de Hipona Obispo cristiano de *ca.* 400 d.C. Sus escritos influyeron sobre la teología cristiana dominante de los siguientes mil años.

Alejandro Magno Dirigente macedonio que instauró el Imperio griego en todo el Oriente Próximo y aun más allá, desde el Indo hasta el Nilo.

Alí Yerno de Mahoma, héroe de los «chiíes» opuestos a lo que consideraban una «degeneración» del islam desde finales del siglo VII en adelante.

Allende, Salvador Miembro moderado del Partido Socialista de Chile, presidente del país en 1970-1973, derrocado por un golpe militar que mató a miles de personas. Se suicidó tras organizar la defensa armada del palacio presidencial.

Aquino, Tomás de Teólogo del siglo XIII, influido por los escritos de Aristóteles. Sus ideas constituyeron la base de la ortodoxia católica en los siglos posteriores.

Aristóteles Filósofo y científico griego antiguo. Discípulo de Platón, desarrolló, sin embargo, una filosofía muy diferente, que fue dominante en la Europa de la Baja Edad Media.

Ashoka (a veces Asoka) Dirigente del Imperio maurya en su periodo de máximo auge durante el siglo IV a.C. Convertido al budismo.

Augusto Primer emperador romano, del 27 a.C. al 14 d.C.

Aurangzeb Último emperador mogol de la India que ejerció un gran poder. Encarceló a su padre, el sah Jahan, en el fuerte de Agra. Intentó, sin éxito, consolidar su gobierno mediante la imposición del islam a los funcionarios imperiales.

Averroes (Ibn-Rushd) Filósofo árabe del siglo XII en la España musulmana. Sus comentarios a las obras de Aristóteles ejercieron gran influencia sobre los intelectuales cristianos del siglo XIII.

Bacon, Roger Erudito y científico del siglo XIII. Puso por escrito la fórmula de la pólvora por primera vez en Europa.

Beaverbrook, lord Max Aitken, magnate británico de la prensa nacido en Canadá, ministro del gobierno en 1916 y 1940-1942.

Bernstein, Eduard Antiguo colaborador de Engels, importante partidario del reformismo en el seno del socialismo alemán a finales del siglo XIX. Opuesto a la Primera Guerra Mundial, pero también a la revolución.

Bismarck, Otto von Aristócrata, canciller de Prusia y luego de Alemania entre 1862 y 1890, responsable de las guerras que establecieron el Imperio alemán como Estado capitalista.

Blanc, Louis Líder socialista de mediados del siglo XIX que creyó en el método de las reformas del Estado existente, desempeñó un papel clave en el gobierno republicano de febrero-junio de 1848.

Blanqui, Auguste Revolucionario francés que creía que las conspiraciones insurreccionales traerían la dictadura del proletariado. Pasó buena parte de su vida en prisión.

Blum, Léon Líder del Partido Socialista Francés (SFIO), primer ministro en los gobiernos del Frente Popular de 1936-1937. Encarcelado en Alemania en la Segunda Guerra Mundial.

Brecht, Bertolt Destacado dramaturgo (y poeta) alemán del siglo XX, comunista a partir de finales de los años veinte.

Brézhnev, Leonid Dirigente de la URSS de 1964 a 1982, periodo caracterizado por el endurecimiento de la represión central, pero también por el creciente estancamiento económico.

Brissot, Jacques-Pierre Periodista, líder del Partido Girondino durante la Gran Revolución francesa, ejecutado en octubre de 1793.

Brüning, Heinrich Líder del partido católico alemán Zentrum y canciller en 1930-1932.

Bruto El más conocido de los asesinos de Julio César.

Bujarin, Nikolái Líder y teórico bolchevique ruso. Aliado con Stalin a mediados de los años veinte. Ejecutado por Stalin en 1937.

Burke, Edmund Oponente *whig,* a finales del siglo XVIII, del colonialismo británico en América y de la opresión en Irlanda, que se convirtió en uno de los principales propagandistas *tories* contra la Revolución francesa.

Calvino, Juan Líder de origen francés de un ala de la Reforma de mediados del siglo XVI, predicó la doctrina de que todo está ordenado de antemano por Dios, gobernante efectivo de Ginebra.

Carlos V Gobernante de España, los Países Bajos y el Sacro Imperio Romano Germánico durante la primera mitad del siglo XVI.

Castro, Fidel Hijo de terrateniente que lideró la fuerza guerrillera cubana entre 1956 y 1958, año en que asumió el poder el 31 de diciembre. Gobernante efectivo del país desde entonces.

César, Julio Antiguo partidario de Mario que conquistó la Galia y luego obtuvo el apoyo de los pobres cuando, en el 49 a.C., accedió al poder dictatorial; asesinado en el 44 a.C.

Chaplin, Charles Famoso actor de cine cómico en los EEUU, dirigió sus propias películas de corte izquierdista, como *Tiempos modernos* y *El gran dictador.* A finales de los años cuarenta y durante los cincuenta tuvo prohibida la entrada en los EEUU.

Chaucer, Geoffrey Escritor londinense del siglo XIV, uno de los primeros en emplear el inglés.

Chiang Kai-shek General chino, líder del nacionalista Kuomintang desde 1925. Gobernante de China en 1927-1949 y de Taiwán en los años cincuenta y sesenta.

Churchill, Winston Político inglés de la primera mitad del siglo XX. Entusiasta del imperialismo en África y la India, ministro en el gobierno liberal de preguerra, en el gobierno de coalición durante la guerra y en gobiernos *tories* de los años veinte. Miembro del ala derecha del partido *tory,* pero convencido de que Hitler suponía una amenaza para el Imperio británico. Primer ministro durante la Segunda Guerra Mundial y de nuevo a comienzos de los años cincuenta.

Clive, Robert Funcionario de la Compañía de las Indias Orientales británica y responsable de las primeras conquistas de Gran Bretaña en la India en la década de 1750.

Coleridge, Samuel Taylor Poeta inglés de finales del siglo XVIII y comienzos del XIX, amigo de Wordsworth.

Collins, Michael Líder militar de las fuerzas guerrilleras irlandesas que lucharon contra Gran Bretaña después de la Primera Guerra Mundial. En 1921 aceptó el tratado con Gran Bretaña y la partición de Irlanda. Asesinado en 1922 como líder de las fuerzas protratado.

Connolly, James Socialista irlandés nacido en Escocia en 1870. Organizador de los Trabajadores Industriales del Mundo (IWW) en los EEUU, luego del Sindicato del Transporte irlandés y de la Unión General de Trabajadores de Belfast. Lideró el sindicato durante los dos primeros años de la Gran Guerra, a la que se oponía. Formó el Ejército Ciudadano de trabajadores y desempeñó un importante papel en el Levantamiento de Pascua de 1916. Murió fusilado por el gobierno británico.

Constantino Emperador romano de comienzos del siglo IV d.C. que trasladó la capital del imperio a Bizancio y convirtió el cristianismo en la religión oficial.

Copérnico Monje polaco de la primera mitad del siglo XVI que formuló la primera argumentación europea moderna en favor del movimiento de la Tierra alrededor del Sol.

Cortés, Hernán Lideró la conquista española de México a comienzos de la década de 1520.

D'Holbach Filósofo materialista francés del siglo XVIII, asociado con la Ilustración.

Daladier, Édouard Líder del Partido Radical Francés, primer ministro en 1933, 1934 y 1938-1940.

Dante Alighieri Poeta italiano, nacido en Florencia en 1265, uno de los primeros escritores en italiano moderno.

Danton, Georges-Jacques Abogado del ala radical de la burguesía en la Revolución francesa. Máxima figura revolucionaria en el gobierno girondino de 1792, luego se unió a Robespierre para derrocar ese gobierno. Miembro del Comité de Salvación Pública hasta que fue guillotinado en abril de 1794.

De Gaulle, Charles La única figura de cierto rango en el ejército francés que se opuso a la colaboración con Alemania tras junio de 1940. Cabeza visible de la Resistencia radicada en Londres. Primer ministro de Francia en 1944-1946. Vuelto al cargo como consecuencia de la intentona de golpe de Estado de 1958, dirigió el gobierno hasta 1969.

De Valera, Éamon Participante en el Levantamiento de Pascua de 1916, declarado presidente de la República en 1919, opuesto al tratado con

Gran Bretaña en 1921, elegido primer ministro del «Estado libre» de los 26 condados en 1932. Dominó el gobierno, salvo un breve periodo en la oposición, hasta su muerte en 1959.

Deng Xiaoping Veterano líder comunista chino, purgado durante la Revolución cultural de 1966-1967. De vuelta al poder tras la muerte de Mao en 1976, dominó el gobierno e introdujo mecanismos de mercado. Responsable de la represión de las manifestaciones de la Plaza de Tiananmen de 1989.

Dollfuss, Engelbert Canciller de Austria en 1932, se proclamó dictador en mayo de 1933 y sofocó el levantamiento socialista de febrero de 1934; fue asesinado por la organización nazi rival en julio de 1934.

Dreiser, Theodore Importante novelista realista estadounidense del primer tercio del siglo XX.

Durruti, Buenaventura Famoso anarcosindicalista español. Asesinó al arzobispo de Zaragoza a comienzos de los años veinte, llevó a cabo robos de bancos en Latinoamérica a finales de la misma década, y fue encarcelado por liderar levantamientos durante la Segunda República española en 1931-1934. En julio de 1936 ayudó a organizar en Barcelona el levantamiento contra el intento de golpe militar, lideró una columna militar que se adentró en Aragón y, a finales de 1936, murió en el frente de Madrid.

Eisner, Kurt Socialdemócrata alemán en Múnich, apoyó el reformismo social de Bernstein, pero se opuso a la Primera Guerra Mundial. Los trabajadores y soldados revolucionarios lo convirtieron en primer ministro de Baviera en noviembre de 1919. Asesinado por un oficial derechista.

Erasmo de Róterdam Pensador renacentista noreuropeo de comienzos del siglo XVI; nacido en Holanda, vivió durante un tiempo en Inglaterra. Se opuso a la Reforma, pero condenó la Contrarreforma.

Espartaco Líder de la más famosa revuelta de esclavos en la antigua Roma.

Feuerbach, Ludwig Filósofo materialista alemán de la década de 1840 que consideraba que eran los humanos los que habían creado a Dios, no al revés.

Ford, Henry Fundador de la compañía automovilística Ford, montó la primera planta de ensamblaje de coches del mundo; se opuso con vehemencia a los sindicatos y fue simpatizante de Hitler en los años treinta.

Franco, Francisco General español, reprimió el levantamiento de Asturias de 1934, lideró el golpe de Estado de julio de 1936 y las fuerzas fascistas en la Guerra Civil. Dictador entre 1939 y 1975.

Franklin, Benjamin Rico impresor y editor de Pensilvania a mediados del siglo XVIII. Agente para las colonias de los EEUU en Londres, amigo de intelectuales ilustrados franceses y científico. Firmante de la Declaración de Independencia en 1776.

Friedman, Milton Economista del libre mercado, partidario de la teoría «monetarista», según la cual si los gobiernos controlan el suministro de dinero adecuadamente, las crisis son imposibles.

Galileo Astrónomo y físico de finales del siglo XVI y comienzos del XVII que estableció los fundamentos de la física moderna.

Gandhi, Mahatma Abogado educado en Londres que vistió atuendo campesino para liderar el movimiento nacional indio tras la Primera Guerra Mundial. Se opuso a los métodos violentos y las huelgas que pudieran afectar a los capitalistas indios, y acabó siendo asesinado por chovinistas hindúes en 1948. Sin ningún parentesco con Indira Gandhi.

Gibbon, Edward Historiador inglés del siglo XVIII cuya *Historia de la decadencia y caída del Imperio romano* fue muy crítica con la influencia del cristianismo.

Giolitti, Giovanni Político burgués que dominó el gobierno italiano antes, durante e inmediatamente después de la Primera Guerra Mundial.

Gladstone, William Figura dominante del Partido Liberal, en cuanto principal partido del capital industrial, en la Gran Bretaña del siglo XIX.

Goethe, Johann Wolfgang von Principal poeta, dramaturgo y novelista en la Alemania de finales del siglo XVIII y comienzos del XIX.

Gomułka, Władisław Importante comunista polaco en los años de posguerra, encarcelado en el último periodo de la vida de Stalin. Repuesto en el poder por aclamación popular en 1956, impuso su propia represión, y fue depuesto por las huelgas de 1969-1970.

Gordon, Charles George Militar británico que participó en la destrucción del Palacio de Verano de Pekín, luego reprimió la rebelión de T'ai-p'ing en la década de 1860, resultando muerto en el sitio de Jartum en 1885.

Graco, Cayo Reformista convertido en héroe del campesinado romano en la década de 120 a.C. Como su hermano, fue asesinado por los ricos.

Graco, Tiberio Reformista convertido en héroe del campesinado romano en la década de 130 a.C., asesinado por los ricos.

Gramsci, Antonio Marxista revolucionario italiano. Principal figura del movimiento por el establecimiento de consejos obreros en Turín en los años 1919-1920. Miembro fundador del Partido Comunista Italiano en 1921. Asumió el liderazgo en 1924-1926. Encarcelado por Mussolini hasta poco antes de su muerte en 1937. Desde la cárcel se opuso al «tercer periodo» de Stalin.

Guesde, Jules Socialista francés, en el exilio después de la Comuna, lideró el ala marxista del movimiento socialista hasta que en 1914 ingresó en el gabinete de guerra.

Guevara, Ernesto «Che» Médico argentino enrolado en las primeras guerrillas de Castro que desembarcaron en Cuba en 1956. Encargado de la industrialización en el régimen revolucionario instaurado en 1959. Descontento con la Unión Soviética a mediados de los años sesenta, dejó Cuba para difundir la revolución en el extranjero. Asesinado por la CIA en Bolivia en 1967.

Harmsworth, Alfred Más tarde lord Northcliffe. Magnate de la prensa que, a finales del siglo XIX, produjo la primera circulación masiva de periódicos populares de derechas.

Hayek, Friedrich von Economista furibundamente partidario del mercado que inspiró a Margaret Thatcher.

Healey, Denis Principal figura del Partido Laborista británico de los años cincuenta a los ochenta. Ministro del gobierno en 1964-1970 y en 1974-1979.

Hébert, Jacques Jacobino radical, apoyado por los *sans-culottes* en la Gran Revolución francesa. Ejecutado por Robespierre en marzo de 1794.

Hegel, Georg Wilhelm Friedrich Filósofo alemán de finales del siglo XVIII y comienzos del XIX, desarrolló el método dialéctico, pero de un modo oscuro.

Helvetius Filósofo materialista francés del siglo XVIII, partícipe de la Ilustración.

Hidalgo, Miguel Sacerdote mexicano que lideró el levantamiento contra los españoles en 1810, muerto a tiros en 1811.

Hilferding, Rudolf Economista marxista austriaco, activo en el movimiento socialista alemán. Intentó una vía intermedia entre el bolchevismo y la socialdemocracia de izquierdas en 1919-1920. Ministro de Hacienda socialdemócrata en gobiernos de coalición en el otoño de 1923 y en 1928. Dimitió en 1929, impotente ante la crisis económica. Asesinado en el exilio por los nazis en 1940.

Hindenburg, Paul von Mandó las fuerzas armadas alemanas con poderes casi dictatoriales en la Primera Guerra Mundial. Presidente de la República Alemania en 1925-1934. Nombró a Hitler canciller en enero de 1933.

Ho Chi Minh Líder comunista vietnamita desde los años veinte. Líder de la resistencia del Vietminh a los gobiernos coloniales japonés y francés. Dirigente de Vietnam del Norte después de 1954, símbolo de la resistencia a los EEUU en los años sesenta y comienzos de los setenta, dirigente de todo Vietnam después de mayo de 1975.

Hobsbawm, Eric Historiador británico, miembro del Partido Comunista durante medio siglo, autor de cuatro volúmenes de historia desde la década de 1780 hasta el presente.

Hugenberg, Alfred Magnate de la prensa y el cine alemán, líder derechista del conservador Partido Nacional, miembro del gabinete de Hitler en enero-junio de 1933.

Iglesias, Pablo En 1879 fundó el Partido Socialista Obrero Español (PSOE), cuya presidencia ostentó hasta 1925.

Jefferson, Thomas Dueño de plantaciones en Virginia en la segunda mitad del siglo XVIII, redactó la Declaración de Independencia; fue presidente de los EEUU en 1801-1809.

Johnson, Lyndon Baines Presidente de los EEUU en 1963-1968.

Josefo (Flavius Josephus) Líder judío de la revuelta judía contra Roma que cambió de bando y luego escribió una famosa historia.

Jrushchov, Nikita Antiguo cacique estalinista en Ucrania que se convirtió en líder de la URSS poco después de la muerte de Stalin en 1953. Denunció a Stalin en 1956 y 1958. Reprimió la Revolución húngara de 1956. Sustituido en el cargo por Brézhnev en 1964.

Justiniano Emperador de Bizancio a mediados del siglo VI d.C. Intentó reconquistar Italia y el norte de África. Supervisó la finalización de la catedral de Santa Sofía.

Kautsky, Karl El intelectual más conocido del movimiento socialista alemán tras la muerte de Engels. Conocido como «papa del marxismo», se mostró contrario a la Primera Guerra Mundial, pero se opuso a la acción revolucionaria contra ella. Se opuso a la Revolución bolchevique.

Kennedy, Robert Hermano de J. F. Kennedy. Fiscal general de los EEUU durante la presidencia de este en 1960-1963. Partidario de la Guerra de Vietnam hasta que en 1968 explotó la oposición popular contra ella. Asesinado mientras hacía campaña presidencial.

Kepler, Johannes Astrónomo y matemático que desarrolló las ideas de Copérnico a finales del siglo XVI y comienzos del XVII.

Kérenski, Aleksandr Lideró el gobierno provisional ruso en el verano-otoño de 1917.

Keynes, John Maynard Economista inglés liberal y partidario del libre mercado que se convenció de la necesidad de la intervención estatal en la economía en los años treinta.

Kipling, Rudyard Escritor británico de finales del siglo XIX y comienzos del XX, nacido en la India.

Kissinger, Henry Responsable de la política exterior de los gobiernos republicanos de los EEUU entre 1968 y 1976. Criminal de guerra que recibió el premio Nobel de la Paz.

Kitchener, lord General británico responsable de la masacre de Omdurman (Sudán) de 1898 y de los campos de concentración de la Guerra de los Bóers en Sudáfrica. Jefe del ejército en la Primera Guerra Mundial hasta su muerte en 1916.

Knox, John Líder de la Reforma calvinista en la Escocia de finales del siglo XVI.

Lafargue, Paul Yerno de Karl Marx, lideró el ala marxista del movimiento socialista francés hasta su suicidio en 1911.

Lafayette General francés, ayudó a las colonias americanas en la Guerra de la Independencia; figura dominante del gobierno durante los dos primeros años de la Revolución francesa, en el exilio bajo la república, contribuyó a la subida al trono de Luis Felipe de Orleans en 1830.

Lamartine, Alphonse Poeta e historiador francés que desempeñó un papel clave en la Segunda República francesa de 1848.

Largo Caballero, Francisco Líder del Partido Socialista Obrero Español (PSOE), ministro de Trabajo en 1931-1933, encarcelado tras la insurrección de Asturias de 1934, primer ministro en 1936-1937, obligado a dimitir en mayo de 1937.

Lenin, Vladímir Antiguo miembro de la organización marxista en Rusia, líder de su ala bolchevique después de 1903. Líder del gobierno soviético después de 1917, incapacitado a comienzos de 1923, falleció en 1924.

Lewis, John L. Líder del sindicato minero de los EEUU, fundador de la federación sindical CIO a mediados de los años treinta.

Liebknecht, Karl Parlamentario socialdemócrata alemán, contrario a la Primera Guerra Mundial, miembro fundador del grupo revolucionario Liga Espartaquista; fue encarcelado, proclamó la república socialista en noviembre de 1918, fue asesinado en enero de 1919.

Liu Shaoqi (Liu Shaho-ch'i) Líder comunista chino desde finales de los años veinte. Presidente desde 1962. Depuesto del cargo y caído en desgracia durante la Revolución cultural de 1966-1967.

Lloyd George, David Líder del Partido Liberal británico en 1900-1940. Antes de la Primera Guerra Mundial presentó unos presupuestos radicales, pero en 1916 formó coalición con los *tories* y gobernó con estos hasta 1922. Responsable de la partición de Irlanda en 1921.

Loyola, Ignacio de Fundó la Compañía de Jesús con el fin de reforzar enormemente la propagación del catolicismo romano a mediados del siglo XVI.

Ludendorff, Erich General alemán con poderes virtualmente dictatoriales junto con Hindenburg durante la Primera Guerra Mundial. Aliado con Hitler en 1923, luego rompió con este.

Luis XIV Rey francés bajo cuyo reinado se produjo un enorme crecimiento del poder de la monarquía; construyó el palacio de Versalles.

Luis XV Gobernante de Francia durante buena parte de la primera mitad del siglo XVIII.

Luis Napoleón Bonaparte (también conocido como Napoleón III) Sobrino de Napoleón Bonaparte (Napoleón I), fue elegido presidente de Francia en 1848, emperador entre 1852 y 1870.

Lutero, Martín Monje disidente alemán que lideró la ruptura protestante con Roma a partir de 1517.

Luxemburgo, Rosa Nacida en 1871 en el seno de una familia judía en la Polonia ocupada por Rusia, estuvo en el exilio desde finales de la década de 1870. Líder de la izquierda revolucionaria en los movimientos socialistas alemán y polaco. Encarcelada durante la Primera Guerra Mundial, fue asesinada en enero de 1919.

MacDonald, Ramsay Miembro fundador del Partido Laborista Independiente de Gran Bretaña a mediados de la década de 1890, líder del Partido Laborista antes de la Primera Guerra Mundial. Contrario a la guerra desde una perspectiva no revolucionaria en 1914. Primer ministro de gobiernos laboristas en minoría en 1924 y 1929-1931. Cambió de bando para liderar el gobierno «nacional» *tory* en 1931-1935.

Mahdi Mohamed Ahmed, líder de la revuelta sudanesa contra el Egipto bajo gobierno británico en la década de 1880.

Malraux, André Escritor francés de izquierdas a finales de los años veinte y comienzos de los treinta. Contribuyó a organizar la fuerza aérea republicana en la Guerra Civil Española. Apoyó al general De Gaulle tras la Segunda Guerra Mundial. Ministro en gobiernos gaullistas a partir de 1958.

Malthus, Thomas Clérigo anglicano de finales del siglo XVIII y comienzos del XIX. Su teoría de la población sostenía que el incremento de la riqueza de esta haría más pobres a los pobres.

Mann, Tom Trabajador mecánico, desempeñó un importante papel en la huelga portuaria de 1889, el Gran Malestar; ingresó en el Partido Comunista en 1921.

Mao Zedong (Mao Tse-tung) Líder del Partido Comunista Chino desde comienzos de los años treinta y del gobierno chino desde 1949. En 1962-1966 desempeñó sólo un papel decorativo. Volvió a ejercer una influencia plena con la «Revolución cultural». Fallecido en 1976.

Maquiavelo, Nicolás Funcionario público en la Florencia de alrededor de 1500, famoso por su libro *El príncipe,* que parece glorificar los métodos políticos menos escrupulosos.

Marat, Jean-Paul Médico de las clases altas que se convirtió en héroe de los pobres durante la Revolución francesa a partir de 1789. Colaboró con Robespierre y Danton en la formación de un gobierno jacobino en 1793, siendo odiado por los «moderados» y asesinado en julio de 1793.

Marcuse, Herbert Filósofo marxista alemán que vivió en los EEUU tras la llegada de Hitler al poder. Inspirador de muchas ideas izquierdistas en 1968.

María Antonieta Princesa austriaca y reina de Francia ejecutada por la revolución.

María Estuardo María, reina de los escoceses, ejecutada por Isabel I de Inglaterra.

María Tudor «María la sangrienta» *(Bloody Mary),* reina de Inglaterra y esposa de Felipe II de España, trató de reimponer el catolicismo romano en Inglaterra a mediados del siglo XVI.

Mario General que empleó el apoyo de los pobres para pujar por el poder en Roma hacia el 100 a.C.

McClellan, George Jefe del ejército del norte en la Guerra Civil americana en 1861-1862.

Medici Nombre de la familia de comerciantes y banqueros que dominó la vida de la Florencia de los siglos XV y XVI. Mecenas de muchos artistas del Renacimiento. Incluyó a dos papas y a una reina francesa del siglo XVI.

Moctezuma (a veces Montezuma) Gobernante azteca derrotado por los españoles.

Mólotov, Viacheslav Activista bolchevique en 1917, partidario de Stalin desde comienzos de los años veinte, importante figura en el régimen ruso hasta que fue purgado por Jrushchov en 1958.

Morelos, José María Sacerdote mexicano, lideró la revuelta contra los españoles tras la muerte de Hidalgo; muerto a tiros en 1815.

Müntzer, Thomas (a veces escrito Münzer) Revolucionario religioso durante la Reforma que desempeñó un importante papel durante la Guerra Campesina en 1525, ejecutado por los príncipes alemanes con el beneplácito de Martín Lutero. No se ha confundir con la ciudad de Munster, tomada por rebeldes religiosos posteriores a comienzos de la década de 1530.

Mussolini, Benito Líder del fascismo italiano. En origen socialista de izquierdas, se convirtió en un nacionalista entusiasta durante la Primera Guerra Mundial. Asumió el poder en 1922, invadió Etiopía en 1935, entró en la guerra del bando alemán en 1940; derrocado en el sur de Italia en 1943, dirigió un gobierno títere proalemán en el norte, y acabó colgado boca abajo por los partisanos en 1945.

Nasser, Gamal Abdel Oficial del ejército, lideró la revolución contra la monarquía egipcia en 1952, convirtiéndose en presidente en 1956 hasta su fallecimiento en 1970. Inspiró a los nacionalistas de todo el mundo árabe.

Nehru, Jawaharlal Educado en Harrow, líder del Congreso Nacional Indio desde 1920. Encarcelado durante la Segunda Guerra Mundial, fue primer ministro en 1947-1964.

Nixon, Richard Presidente de los EEUU y criminal de guerra, depuesto del cargo en 1975 por el robo en las oficinas del Partido Demócrata en el hotel Watergate.

Octavio Más tarde Augusto, emperador romano, sobrino de Julio César.

Orwell, George Escritor inglés, socialista en los años treinta, combatió en España con el partido de extrema izquierda POUM, apoyó las posiciones revolucionarias en *Homenaje a Cataluña,* satirizó a Stalin en *Rebelión en la granja* y *1984.*

Owen, Robert Industrial pionero de comienzos del siglo XIX que se convenció de la necesidad de un socialismo basado en las comunidades cooperativas.

Pablo, san Saulo de Tarso, judío con ciudadanía romana, convertido al cristianismo. Responsable de la difusión del cristianismo –así como de la mayor parte de sus doctrinas– en los mundos griego y romano.

Paine, Tom Artesano nacido en Gran Bretaña, importante panfletista en favor de la Revolución americana, regresó a Gran Bretaña para defender la Revolución francesa, siendo obligado a huir del país y luego encarcelado por los jacobinos en Francia.

Palmerston, lord Figura dominante en muchos gobiernos *whigs* británicos de la década de 1830 a la de 1860.

Papen, Franz von Canciller de Alemania en mayo-noviembre de 1932, vicecanciller en el gobierno de Hitler en 1933-1934, luego embajador del régimen nazi.

Perón, Juan Domingo Coronel, presidente de Argentina en 1946 con enorme apoyo popular y poderes dictatoriales. Depuesto en 1955. Regresó al poder a mediados de 1973; fue sucedido a su muerte por su esposa «Isabelita», que fue derrocada por un golpe militar en 1976.

Pizarro, Francisco Lideró la conquista española del Imperio inca a comienzos de la década de 1530.

Platón Filósofo de la antigua Grecia, discípulo de Sócrates. Sus opiniones influyeron en la teología cristiana desde el siglo V hasta el XIV.

Priestley, Joseph Químico inglés de finales del siglo XVIII y entusiasta de la Revolución francesa.

Proudhon, Pierre-Joseph Escritor socialista francés de las décadas de 1840 a 1860, contrario a la acción política de los trabajadores, creía que la sociedad debería funcionar como una asociación «mutua» de pequeños productores independientes.

Ptolomeo (Claudio) Matemático y astrónomo cuya imagen del universo con el Sol y los planetas girando en torno a la Tierra dominó toda la Edad Media europea.

Radek, Karl Revolucionario político, se unió a los bolcheviques en 1917; figura prominente en la Primera Internacional Comunista, apoyó a Trotsky en 1924-1928, luego se pasó al bando de Stalin. Murió en un campo de trabajo forzado tras los juicios de Moscú.

Robespierre, Maximilien Abogado de Arras, en el norte de Francia, que lideró el sector más revolucionario de la burguesía, los «jacobinos», entre 1789 y 1794, cuando fue ejecutado.

Roosevelt, Franklin D. Presidente de los Estados Unidos en 1933-1945.

Rothermere, lord Hermano de Alfred Harmsworth (lord Northcliffe), dirigió su propio imperio periodístico; fue ministro del gobierno británico durante la Primera Guerra Mundial y apoyó a los Camisas Negras fascistas a mediados de los años treinta.

Roux, Jacques Antiguo sacerdote que desempeñó un papel clave en la agitación entre los *sans-culottes* de París durante la Gran Revolución francesa. Prefirió cometer suicidio antes que ser ejecutado en febrero de 1794.

Russell, Bertrand Importante filósofo empirista y polemista británico de las décadas de 1890 a 1960. Socialista reformista, contrario a la Primera Guerra Mundial y a la Guerra de Vietnam.

Saint-Just, Louis Colega estrecho de Robespierre durante la Gran Revolución francesa. Ejecutado tras Thermidor a la edad de veintisiete años. Famoso por la frase «Los que hacen a medias una revolución cavan sus propias tumbas».

Sargón Primer gobernante que instauró un imperio en todo el Creciente Fértil alrededor de 2300 a.C.

Saulo de Tarso Nombre original de san Pablo.

Say, Jean-Baptiste Economista francés de comienzos del siglo XIX cuya «ley» sostenía la imposibilidad de la sobreproducción.

Serge, Victor Nacido en Bélgica en el seno de una familia rusa, encarcelado por sus simpatías anarquistas en Francia antes de la Primera Guerra Mundial, exiliado en España, fue a Rusia en 1919 para unirse a los bolcheviques, trabajó para la Internacional Comunista, apoyó la oposición de Trotsky a Stalin, una vez liberado marchó a Francia justo antes de los juicios de Moscú, en 1940 huyó a México ante el avance del ejército alemán. Autor de novelas, en particular *El camarada Tuláyev, Memorias de un revolucionario*, así como de libros de historia: *El año I de la Revolución rusa.*

Shaw, George Bernard Importante dramaturgo y polemista de la primera mitad del siglo XX. Nacido en Dublín, vivió en Inglaterra. Fundador de la Sociedad Fabiana.

Shelley, Percy Bysshe Poeta inglés de comienzos del siglo XIX, partidario de las ideas revolucionarias, murió en un accidente naval en 1822.

Shliápnikov, Aleksandr Obrero siderúrgico y organizador bolchevique antes y durante la Primera Guerra Mundial, comisario de trabajo en el gobierno revolucionario de 1918, líder de la «Oposición Obrera» en 1920-1921, se reconcilió con Stalin a mediados de los años veinte, si bien desapareció a mediados de los años treinta.

Sila General romano del siglo I a.C., desató una represión brutal contra sus oponentes y los pobres.

Smith, Adam Economista escocés del siglo XVIII, miembro de la Ilustración escocesa, que influyó sobre la economía moderna dominante y sobre Karl Marx.

Sun Yat-sen Fundador y líder del movimiento nacional chino y del Kuomintang hasta su fallecimiento en 1925.

Thiers, Louis-Adolphe Antiguo ministro del rey, presidente de la Tercera República francesa en 1871, organizó la represión de la Comuna de París.

Thorez, Maurice Líder del Partido Comunista Francés desde finales de 1920, viceprimer ministro de Francia en 1945-1947.

Tito, Josip Líder comunista de Yugoslavia en 1945-1980. Rompió con Stalin en 1948.

Tressell, Robert (Robert Noonan) Pintor de brocha gorda, socialista y novelista de la primera década del siglo XX, en 1911 murió en la pobreza a la edad de cuarenta años.

Trotsky, León Revolucionario ruso desde finales de la década de 1890, presidente del sóviet de San Petersburgo en 1905, oponente de Lenin hasta su unión a los bolcheviques en 1917, organizador de la insurrección de Octubre, fundador del Ejército Rojo, contrario al estalinismo, exiliado de Rusia en 1929, asesinado en México por un agente de Stalin en 1940.

Vargas, Getúlio Dictador de Brasil en 1937-1945, presidente en 1950-1954.

Wallenstein (a veces Waldstein) General en jefe de los ejércitos imperiales durante la primera parte de la Guerra de los Treinta Años. Asesinado por orden del emperador en la cima de sus éxitos.

Webb, Beatrice y Sidney Fundadores de la versión fabiana del socialismo gradualista en Gran Bretaña de la década de 1880. Opuestos a la Revolución bolchevique, en los años treinta elogiaron la Rusia de Stalin.

Weber, Max Sociólogo alemán de comienzos del siglo XX.

Wellington, duque de Jefe de los ejércitos británicos contra Napoleón en España durante la Guerra de la Independencia, así como en la Batalla de Waterloo; más adelante fue primer ministro *tory*.

Wells, H. G. Popular novelista inglés desde la década de 1890 hasta comienzos de la de 1940, pionero de la ciencia ficción, divulgador de la ciencia y la historia.

Wilberforce, William Parlamentario inglés que lideró la campaña del Parlamento contra el tráfico de esclavos a finales del siglo XVIII y comienzos del XIX.

Wilkes, John Periodista y parlamentario inglés del siglo XVIII. Obtuvo el apoyo de los comerciantes y las turbas londinenses, entró en conflicto con el gobierno de Jorge III, fue expulsado del Parlamento y encarcelado. Más tarde fue alcalde de Londres y uno de los pilares del sistema.

Wilson, Woodrow Presidente de los EEUU en 1913-1921.

Wycliffe, John Precursor inglés de la Reforma en el siglo XIV.

Zhou Enlai (Chou En-lai) Destacado comunista chino a partir de mediados de los años veinte, primer ministro a lo largo de los años cincuenta, sesenta y comienzos de los setenta.

Zola, Émile Importante novelista realista francés de la segunda mitad del siglo XIX, encarcelado por defender a Dreyfus.

Lugares

Agra Ciudad india, al sur de Delhi, donde se encuentra el Taj Mahal.

Alsacia-Lorena Zona del nordeste de Francia, pero anexionada por Alemania entre 1871 y 1919, y entre 1940 y 1944.

Aragón Región interior en el noreste del Estado español moderno. Reino que incluía a Cataluña a finales de la época medieval y comienzos de la moderna.

Armenia Región al este de Asia Menor, entre los mares Negro y Caspio. Hoy en día nombre de un país, antigua república soviética.

Asia Menor Parte asiática de la Turquía moderna, también llamada Anatolia.

Asiria Zona en lo que hoy en día es el sur de Turquía, centro del gran imperio de Oriente Próximo del siglo VII a.C.

Bizancio Ciudad sobre la lengua de agua que conecta el Mediterráneo con el mar Negro. Desde el siglo IV llamada Constantinopla y, desde finales del siglo XV, Estambul. También el nombre dado a los restos, de habla griega, del Imperio romano desde el siglo V hasta el XV.

Bohemia Mitad noroeste de la actual República Checa, con capital en Praga. De los siglos XIII a XVII, importante centro del Sacro Imperio Romano Germánico.

Borgoña Territorio del norte y el este de Francia que en el siglo XV estuvo a punto de desarrollarse hasta convertirse en un Estado separado.

Castilla Región del centro de España en la que se originaron el Estado y el idioma españoles modernos.

Cataluña Región del noreste del Estado español, que se extiende hacia el sur desde la frontera francesa, y cuyo idioma propio es el catalán. En el periodo medieval, entidad separada que incluía partes del sur de Francia. En el siglo XX se produjo allí un fuerte movimiento nacionalista, y hoy en día tiene su propio parlamento dentro del Estado español.

Charleston Importante ciudad portuaria en Carolina del Sur, EEUU.

Córdoba Ciudad española que fue un centro de civilización islámica en la Edad Media. También una ciudad argentina.

Creciente Fértil Región de Oriente Próximo que incluye a Palestina, Líbano, el norte de Siria y la mayor parte de Iraq.

Egeo Mar e islas en el este y el sudeste de Grecia. También empleado a veces para designar a la civilización de la Edad de Bronce de la Grecia continental.

Esparta Ciudad-Estado en el sur continental de la antigua Grecia, rival histórica de Atenas.

Fenicia Nombre de la costa del Líbano en el mundo antiguo.

Flandes Nombre medieval del oeste de Bélgica en torno a Gante y Brujas, y de una franja del norte de Francia, en que se habla una versión del holandés conocida como «flamenco».

Galia Nombre romano para lo que ahora es Francia. Incluía una franja del norte de Italia.

Gizeh Lugar a unos tres kilómetros al este del moderno El Cairo, donde se construyeron las mayores pirámides egipcias.

Granada Última ciudad árabe en rendirse a la monarquía española.

Hanseáticas, ciudades Puertos alemanes en el Mar del Norte y el Báltico a finales del periodo medieval.

Harappa Ciudad del III milenio a.C. a orillas del Indo.

Helesponto, estrecho del Estrecho que, al oeste de Estambul, une el Mediterráneo con el mar Negro; también llamado estrecho de los Dardanelos.

Ibérica, península Término que designa el territorio en que se encuentran España y Portugal.

Indo, valle del Hoy en día, parte oriental de Pakistán, cercana a la frontera con la India.

Indochina Región del Lejano Oriente compuesta por Vietnam, Camboya y Laos.

Jónico Mar e islas al oeste de Grecia.

Kampuchea Camboya.

Knossos Lugar palaciego de la civilización cretense del 2000 al 1500 a.C.

Lagash Ciudad-Estado en la Mesopotamia del III milenio a.C.

La Española Nombre de la isla caribeña que incluye Haití y la República Dominicana.

La Meca Ciudad comercial en el oeste de la península Arábiga. Lugar de nacimiento de Mahoma y la ciudad santa más importante del islam. Hoy en día en Arabia Saudí.

Macedonia Región de los Balcanes al norte de Grecia.

Magreb Región del norte de África que incluye a Marruecos, Argelia y Túnez.

Mahagda Estado del siglo VI a.C. al norte de la India, que lideró el Imperio maurya.

Mesoamérica Región que incluye a México y Guatemala.

Mesopotamia Antiguo nombre de lo que ahora es Iraq. Literalmente significa «entre dos ríos», esto es, el valle del Éufrates y el Tigris.

Mohenjo-Daro Ciudad del III milenio a.C. a orillas del Indo.

Nankín Ciudad china a orillas del Yangtsé, río arriba desde Shanghái.

New Lanark Ciudad próxima a Glasgow donde Robert Owen dirigió fábricas «modelo».

Nubia Región que comprende el sur de Egipto y el norte de Sudán.

Países Bajos Región que incluye las actuales Bélgica y Holanda.

Palatinado Zona del oeste de Alemania, principado durante el Sacro Imperio Romano Germánico.

Piamonte Zona del norte de Italia en torno a Turín, gobernada por el rey que a finales de la década de 1860 se convirtió en rey de Italia.

Prusia Reino del este de Alemania con centro en Berlín, cuyo gobernante se convirtió en emperador de Alemania en 1870. Mayor estado de Alemania hasta 1945.

Renania Zona del sudoeste de Alemania, frontera con Francia y Bélgica.

Río Amarillo Gran río en el norte de China que discurre hacia el sur y luego de oeste a este. Centro de las primeras civilizaciones chinas. Ha cambiado el curso, con resultados catastróficos desde el punto de vista histórico.

Ruhr, el Zona de Alemania, en el norte de Renania y próxima a la frontera belga, principal centro de la revolución industrial alemana.

Sacro Imperio Romano Germánico Imperio originariamente instaurado por Carlomagno en el siglo IX. Persistió como un conjunto dispar de territorios de Alemania, Europa oriental e Italia hasta el siglo XIX, cuando pasó a conocerse como el Imperio austriaco y luego como el Imperio austrohúngaro.

Samarkanda Importante ciudad comercial en el centro de Asia durante la Edad Media.

Santo Domingo Nombre original de Haití hasta la revuelta de los esclavos de la década de 1790.

Saqqara Lugar a unos cuantos kilómetros al sudeste del moderno El Cairo, donde se construyeron las primeras pirámides y tumbas.

Silesia Zona del sur de la actual Polonia. Disputada entre polacos y alemanes hasta el final de la Segunda Guerra Mundial.

Sumeria Nombre de la civilización mesopotámica del siglo III a.C.

Tebas Ciudad del antiguo Egipto, capital de los imperios medio y nuevo, cerca de la actual Luxor (también, nombre de una ciudad-Estado de la antigua Grecia).

Tenochtitlán Capital azteca, reconstruida como Ciudad de México por los conquistadores españoles.

Teotihuacán Ciudad construida en los primeros siglos después de Cristo cerca de la actual Ciudad de México y nombre de la civilización allí desarrollada.

Tercer Mundo Término empleado desde los años cincuenta para describir los antiguos países coloniales y semicoloniales.

Transilvania Región montañosa entre las modernas Hungría y Rumanía, reivindicada por ambos países.

Turingia Región del centro de Alemania.

Ulster Nueve condados del norte de Irlanda, empleado por los unionistas probritánicos para designar el pequeño Estado de seis condados instaurado en 1921.

Uruk Ciudad-Estado del III milenio a.C. en Mesopotamia.

Valle de México Zona en torno a la actual Ciudad de México, centro de las civilizaciones de Teotihuacán y azteca.

Valmy Lugar en el norte de Francia donde el ejército revolucionario obtuvo su primera gran victoria sobre los invasores realistas en 1792.

Versalles Ciudad al oeste de París donde Luis XIV construyó un gran palacio. Centro de las fuerzas dirigidas contra la Comuna de París en 1871. Lugar de reunión de la conferencia internacional que, a instancias de Gran Bretaña y Francia, dividió el mundo tras la Primera Guerra Mundial.

Waterloo Población belga en la que Napoleón sufrió su derrota final en 1815. No se ha de confundir con la estación ferroviaria del mismo nombre en Londres.

Yangtsé Gran río que recorre el centro de China de oeste a este. Desemboca en el mar cerca de Shanghái.

Términos

abasí Dinastía que gobernó el Imperio islámico en Oriente Próximo desde mediados del siglo VIII al XIII, sin poder real después del siglo X.

absolutismo / monarquía absolutista Poderosos regímenes monárquicos que existieron en países como Francia, España, Prusia, Austria y Rusia desde mediados del siglo XVII.

Acrópolis Colina que domina Atenas y en la que se encuentra el Partenón, templo construido en el siglo VI a.C.

activos, ciudadanos En la Francia de 1790-1792, varones con derecho a voto por ser propietarios.

ahimsa No violencia en el budismo y algunas versiones del hinduismo.

anarcosindicalismo Movimiento que combina los métodos sindicales de lucha con conceptos anarquistas.

Ancien régime Expresión francesa que significa «antiguo régimen», nombre dado con frecuencia al orden social en la Europa anterior a la Revolución francesa.

aranceles Impuestos aplicados a las importaciones de un país.

arios Pueblo que invadió la India hacia 1500 a.C. Hablaba un idioma indoeuropeo.

arrendatarios de impuestos Nombre dado a los ricos contratistas que compraron el derecho a recaudar impuestos del Estado en la antigua Roma, el Imperio abasí, Bizancio y la Francia prerrevolucionaria, entre otros lugares.

arrianismo Versión del cristianismo, muy influyente en el siglo V d.C., que discrepaba con el catolicismo sobre la interpretación de la Santísima Trinidad.

artesano Término ligeramente arcaico para referirse a un trabajador manual, normalmente autónomo.

asilo de pobres Edificio en el que los desempleados y pobres eran obligados a trabajar a cambio de comida y cobijo.

auto de fe Lugar para la ejecución de «herejes», víctimas de la Inquisición.

autogobierno Plan para la devolución por parte de Gran Bretaña de ciertos poderes al Parlamento de una Irlanda unida.

bantú Familia de idiomas hablados en el oeste, el centro y el sur de África.

bárbaros Antiguo término para la forma puramente agrícola de sociedad, utilizado por Morgan, Engels y Gordon Childe.

Batalla de la Montaña Blanca Batalla en la que las fuerzas bohemias sufrieron la primera gran derrota en la Guerra de los Treinta Años.

bóers Colonos blancos de habla holandesa en el sur de África, también llamados *afrikaners*.

Borbón Nombre de familia de los monarcas franceses de los siglos XVII y XVIII, y de los monarcas españoles desde comienzos del siglo XVIII.

Bronce, Edad de Término utilizado a veces para describir el periodo de la revolución urbana en Eurasia y África.

burghers Ciudadanos plenos de las ciudades de la Edad Media y comienzos de la Moderna, normalmente comerciantes o artesanos independientes. A veces llamados *burgesses* en Inglaterra. Origen de la palabra francesa *bourgeois,* «burgués».

burguesía Término de origen francés para designar a los habitantes de clase media de las ciudades, utilizado desde comienzos del siglo XIX para designar a los miembros de la clase capitalista.

caciquismo Término empleado por los antropólogos para designar una sociedad en la que algunas personas gozan de una posición de superioridad sobre los demás, pero sin una clara división en clases ni un Estado específico.

cadetes Partido Demócrata Constitucional en la Rusia prerrevolucionaria, opuesto al absolutismo zarista, pero también al movimiento obrero.

carlistas Partidarios de una rama dinástica rival de la monarquía española, enconados oponentes de incluso los más moderados planes de modernización o liberalización, desde la década de 1830 hasta la victoria fascista en 1939.

carmagnole Danza revolucionaria francesa.

casta Forma de organización social en que las personas pertenecen por nacimiento a una categoría social específica de la que (en teoría) no pueden escapar. Asociada con el hinduismo. En la práctica, la jerarquía de castas interfiere en la jerarquía basada en el poder de clase, de manera que hoy en día no todos los hindúes de las castas superiores son ricos, aunque la gran mayoría de los miembros de las castas inferiores sí son pobres.

cavaliers Nombre dado a las tropas realistas en la Guerra Civil inglesa.

cercados *(enclosures)* Vallado del territorio agrícola antes abierto y comunal por los terratenientes y los agricultores capitalistas, lo cual obligó a los campesinos más pobres a abandonar la tierra para ganarse la vida en las ciudades o convertirse en jornaleros agrícolas.

CGT Principal federación sindical francesa, fundada antes de la Primera Guerra Mundial, dirigida por el Partido Comunista desde la Segunda Guerra Mundial.

chiíes Seguidores de la principal versión minoritaria del islam, la mayoritaria en Irán, el sur de Iraq y partes del Líbano hoy en día.

Ch'in Imperio que unificó el norte de China en 221 a.C.

chin Dinastía de lengua túrquica que dirigió la mitad norte de China en el siglo XII.

chou Dinastía que dirigió un deshilvanado imperio «feudal» en China desde *ca.* 1100 a.C.

clan Véase **linaje.**

CNT (Confederación Nacional del Trabajo) Sindicato anarcosindicalista en España.

communards Participantes en la Comuna de París de 1871.

Compañía de las Indias Orientales Monopolio instaurado por la Corona inglesa para comerciar con el Asia meridional a comienzos del siglo XVII. Conquistó y dirigió buena parte de la India entre la década de 1760 y la de 1850. Sustituida por el gobierno directo de Gran Bretaña tras el motín de 1857.

comuna Término utilizado a menudo para designar una ciudad medieval, o el concejo que la dirigía. Utilizado para describir el consejo municipal de París durante la revolución de 1789-1795. Usado para designar el electo comité revolucionario que dirigió la ciudad en favor de los trabajadores en 1871. Utilizado para describir las granjas «colectivas» (en realidad, dirigidas por el Estado) en China a finales de los años cincuenta y durante los sesenta.

Comunión, Santa Rito cristiano en el que el sacerdote bebe vino y ofrece pan a la congregación; celebrado por católicos y luteranos (pero no calvinistas), este sacramento entraña el consumo de «la sangre y el cuerpo de Cristo». Causa de enormes disputas durante la Reforma.

concesiones Enclaves gobernados por europeos o japoneses dentro de las ciudades chinas.

Concilio de Trento Concilio de la Iglesia católica que dio origen a la Contrarreforma contra el protestantismo.

confucianismo Ideología dominante entre la clase burocrática y terrateniente en China durante la mayor parte de los últimos 2.000 años.

Constituyente, Asamblea Cuerpo legislativo de tipo parlamentario formado por elección durante los años revolucionarios 1792-1796.

contratación externa (*putting-out system*) Sistema por el cual los comerciantes proveían a artesanos autónomos de materias primas y herramientas a cambio del control sobre su producción, lo cual les permitía a los comerciantes extraer beneficios de la producción. Etapa en el camino hacia el capitalismo industrial plenamente desarrollado.

cuáqueros En su origen secta revolucionaria de la época de la Revolución inglesa, más tarde se convirtieron en cristianos pacifistas. Unos pocos de ellos se hicieron muy ricos y dominaron la colonia norteamericana de Pensilvania.

Cuestión Oriental Problema planteado por las principales potencias como consecuencia de los prolongados debilitamiento y fragmentación del Imperio turco en las regiones de los Balcanes y del mar Negro.

diezmos Especie de impuesto pagado por los campesinos y los artesanos a la Iglesia, que a menudo acababa en los bolsillos de los nobles.

Duma Parlamento en la Rusia prerrevolucionaria, elegido de manera antidemocrática.

elector Término empleado para designar a algunos príncipes del Sacro Imperio Romano Germánico.

émigrés Término empleado para describir a los aristócratas que se exiliaron y conspiraron contra la revolución en Francia.

equites Nombre empleado para designar a los grupos de nuevos ricos excluidos del poder en la Roma del siglo I a.C. por las familias senatoriales.

eseristas Miembros del Partido Social-Revolucionario en Rusia.

estados Término empleado para designar estratos sociales legalmente definidos con diferentes derechos y responsabilidades legales: señores, caballeros y *burghers,* por ejemplo, en la Europa medieval, y la nobleza, el clero y otros en la Francia prerrevolucionaria. También utilizado en ocasiones para describir los organismos de tipo parlamentario formados por representantes de los diferentes grupos (p. e., en Bohemia en la época de la Guerra de los Treinta Años).

Estados Generales Asambleas de representantes de los tres sectores de la población francesa en tiempos de la monarquía prerrevolucionaria –los nobles, el clero y el resto– que en 1789 se reunió por primera vez desde hacía 175 años.

estalinismo Apoyo a las doctrinas y métodos de Stalin. Más en general, término empleado para designar la forma de capitalismo de Estado vigente en Rusia y otros Estados del Bloque Oriental hasta 1989-1991.

Falange Nombre dado a los movimientos inspirados en España y el Líbano por el fascismo italiano.

fatimíes Dinastía que gobernó Egipto en los siglos XI y XII.

FBI (Federal Bureau of Investigation) Organización federal de la policía y de la policía secreta en los EEUU.

fédérés Voluntarios que, procedentes de fuera de París, marcharon sobre la ciudad para defender la Revolución francesa en 1792.

feudales, derechos Pago que los campesinos tenían que realizar a los señores feudales incluso cuando ya no eran siervos.

fonógrafo Precursor del gramófono y el tocadiscos.

forrajeo Término más adecuado para designar la caza y la recolección.

franciscanos Orden religiosa cristiana basada en las enseñanzas predicadas por san Francisco de Asís a comienzos del siglo XIII. Hacía hincapié en las virtudes de la pobreza, pero la Iglesia feudal supo integrarla y desactivarla.

fratelli Cristianos del siglo XIII cuyas doctrinas eran similares a las de san Francisco, pero que extrajeron conclusiones casi revolucionarias. Perseguidos por la Iglesia.

Freikorps Fuerza mercenaria de derechas utilizada contra los trabajadores alemanes en 1919-1920.

Frente Popular Intento auspiciado por el estalinismo ruso de crear coaliciones de partidos obreros y la «burguesía progresista» en los años treinta y posteriores.

Frente Unido Táctica de alianzas defensivas entre partidos y sindicatos obreros revolucionarios y no revolucionarios, formulada por Lenin y Trotsky en 1920-1921.

gens Véase **linaje**.

gentry Terratenientes acomodados, distintos de los grandes aristócratas. Utilizado en relación tanto con China de los Sung como con la Inglaterra del siglo XVII y XVIII.

girondinos Ala menos revolucionaria del Club Jacobino en la Revolución francesa durante 1791-1792, enconadamente opuesta a Robespierre.

gobierno provisional Gobierno no elegido que dirigió Rusia entre febrero y octubre de 1917.

godos (también visigodos, ostrogodos, francos) Pueblos germánicos que conquistaron diversas partes del antiguo Imperio romano de Occidente a partir del siglo V d.C.

Gran Depresión Periodo de crisis económicas durante finales de la década de 1870 y la de 1880. El término también se emplea a veces para referirse a los años treinta.

Gran Inca Término empleado para designar al emperador inca.

gremios Organizaciones de artesanos y trabajadores manuales con la finalidad de proteger los intereses de estos mediante la regulación de los precios y la calidad de los productos. Con frecuencia auspiciados por la monarquía o los gobiernos municipales.

grisettes Término coloquial para designar a las jóvenes francesas de la clase trabajadora en el siglo XIX.

Guardias Nacionales Fuerzas voluntarias reclutadas entre la clase media en Francia a comienzos de la década de 1790 y en la Europa del siglo XIX, se transformaron en la fuerza de la clase obrera durante el sitio de París en 1870-1871.

Guerra de los Bóers, 1899-1902 Guerra a propósito de la anexión del territorio bóer, rico en minerales, por los británicos en el sur de África.

Guerra de los Siete Años Guerra de mediados de la década de 1750 entre Francia y Gran Bretaña a propósito del dominio de Norteamérica y el comercio atlántico. Como resultado, Gran Bretaña asumió el control de Canadá y llevó a cabo la primera colonización de la India.

guptas Emperadores que gobernaron parte de la India en los primeros siglos después de Cristo.

Habeas corpus Norma legal que impide el encarcelamiento sin juicio.

hadices Colección de dichos atribuidos al profeta Mahoma.

Han Dinastía que gobernó China del 206 a.C. al 220 d.C. También un término a veces utilizado para referirse a las personas de etnia china en oposición con otros habitantes del país.

hegelianos de izquierdas En la Alemania de la década de 1840, grupo de intelectuales liberal-demócratas que volvió contra la monarquía prusiana las ideas del filósofo conservador Hegel.

helenos Griegos.

hicsos Pueblo que atacó a Egipto aproximadamente de 1700 a 1600 a.C., normalmente considerados procedentes de Palestina.

horticultura La forma más simple de agricultura, que implica el empleo de herramientas ligeras como el palo cavador y la azada.

hugonotes Protestantes franceses que siguieron las ideas de Calvino, forzados al exilio en el siglo XVII.

hunos Pueblo del Asia central que invadió Europa y el norte de la India a partir del siglo IV. Acabó asentándose en la moderna Hungría.

husitas Rebeldes religiosos en la Bohemia de comienzos del siglo XV, precursores de la Reforma protestante del siglo XVII.

ilotas Siervos que cultivaban la tierra en la antigua Esparta.

Ilustración Corriente intelectual del siglo XVIII que intentó sustituir la superstición por el razonamiento científico; asociada con Voltaire, Diderot, Rousseau, Hume, Gibbon.

Imperio antiguo Primera civilización en Egipto desde 3000 hacia *ca.* 2100 a.C.

Imperio medio Egipto desde *ca.* 2000 hasta 1780 a.C.

Imperio nuevo Egipto desde 1550 hasta 1075 a.C.

independientes Nombre dado al grupo «Ganar la guerra» reunido en torno a Cromwell durante la Guerra Civil inglesa. Véase también Socialdemócratas Independientes.

indoeuropeo Familia de idiomas que incluye el griego, el latín, el alemán, el ruso, el sánscrito, el hindi, el urdu, el persa, el kurdo.

Inquisición Institución de la Iglesia católica de finales de la Edad Media y comienzos del periodo moderno que tenía por finalidad la represión de la herejía.

Internacional Comunista (Comintern) Organización internacional centralizada de partidos revolucionarios instaurada en 1919, dominada por Stalin desde mediados de 1920 hasta su disolución durante la Segunda Guerra Mundial.

Izvestia Periódico fundado por los sóviets obreros en la Rusia de 1917. Desde los años veinte hasta finales de los años ochenta, portavoz del gobierno ruso.

jacobinos Miembros del club revolucionario más importante de París entre 1789 y 1794. Al principio incluyó a «moderados» como los girondinos, así como a elementos más revolucionarios. Más tarde el término se aplicó al sector más decidido, liderado por Robespierre. Empleado fuera de Francia para referirse a los partidarios de la revolución.

jesuitas (Compañía de Jesús) Orden religiosa fundada a mediados del siglo XVI para combatir la Reforma. Vista como el centro de la reacción religiosa por los protestantes y los librepensadores hasta el siglo XX. A partir de los años sesenta y hasta que fueron purgados por el papa, se convirtieron durante un breve periodo en exponentes de la izquierdista «teología de la liberación».

journée Término empleado para describir la movilización de los parisinos partidarios de la revuelta durante la Revolución francesa.

junkers Nobleza territorial de las regiones orientales de la Alemania de los siglos XVIII y XIX.

káiser Emperador alemán.

kulak Término ruso empleado para designar al agricultor capitalista o campesino rico.

Kuomintang Partido nacionalista chino, gobierno de China en 1927-1949, gobierno de Taiwán desde entonces.

kush Nombre empleado para designar a la antigua civilización nubia.

Laborista Independiente, Partido (ILP) Precursor del Partido Laborista en la Gran Bretaña de la década de 1890, subsistió como parte del Partido Laborista desde 1906 hasta comienzos de los años treinta.

latifundios Término empleado para designar las grandes fincas tanto en la antigua Roma como en la España y Latinoamérica modernas.

Liga Espartaquista Literalmente Liga de Espartaco *(Spartakusbund)*, grupo revolucionario armado durante la Primera Guerra Mundial.

linaje Forma de organización social que vincula a las personas en base a las relaciones de sangre; también llamado «clan» o *gens*.

luditas Tejedores y calceteros que destruyeron la nueva maquinaria instalada por los capitalistas en la gran ola de revueltas de los años 1811-1816; con frecuencia empleado como término denigratorio para designar a los contrarios al progreso técnico.

madrasas Escuelas religiosas islámicas.

mamelucos Soldados de origen turco en los imperios medievales del Oriente Próximo. Formalmente esclavos, en el siglo XII tomaron el poder en Egipto, donde gobernaron hasta la conquista otomana en 1517.

maniqueísmo Religión fundada por Mani en el siglo III d.C., que combinaba el cristianismo, el budismo y conceptos zoroastrianos.

materialismo Visión que niega que el espíritu o el pensamiento puedan existir independientemente de la existencia material.

maurya Imperio que unió la mayor parte de la actual India en el siglo IV a.C.

mayas Habitantes del sur de México y Guatemala que establecieron una civilización propia desde *ca.* 700 d.C.

mecánicos Antigua palabra para designar a los artesanos o trabajadores manuales.

meiji, Revolución Reforma que acabó con el feudalismo japonés en la década de 1860.

mencheviques Ala del movimiento socialista ruso a partir de 1903 que tendía a buscar la colaboración con la burguesía.

Micenas Civilización del sur continental de Grecia *ca.* 1500 a.C.

Ming Dinastía que gobernó China desde 1368 hasta 1644 d.C.

mogoles Dinastía que gobernó la mayor parte de la India desde 1526 hasta la primera parte del siglo XVIII.

mongoles Pueblo del este y el centro de Asia que, desde el siglo XII al XIV, atravesó Eurasia invadiendo reinos e imperios de Oriente Próximo, Europa oriental, Irán, la India y China.

monofisitas Cristianos de Oriente Próximo que discrepaban tanto de los católicos como de los arrianos sobre la interpretación de la Santísima Trinidad.

nacional liberales Sector de los antiguos liberales alemanes respaldado por los grandes empresarios que apoyó el régimen imperialista después de 1871. Se convirtieron en el Partido del Pueblo tras la revolución de 1918.

narodniki Literalmente, «populistas». Revolucionarios rusos anteriores a 1917 que miraban más por los campesinos que por los obreros.

neolítica, Revolución Introducción de un nuevo modo de vida basado en el empleo de sofisticadas herramientas de piedra y madera, que incluye la vida en grandes aldeas y una agricultura rudimentaria.

Neolítico Literalmente «Nueva Edad de Piedra», implica el empleo de sofisticadas herramientas de piedra y madera, así como la cerámica.

NEP (Nueva Política Económica) Mecanismos de mercado vigentes en Rusia entre 1921 y 1928.

nestoriano Versión del cristianismo proscrita por las Iglesias romana y bizantina. Influyente en el Asia central y China medievales.

noblesse d'épée Nobleza francesa tradicional.

noblesse de robe Sector de la nobleza francesa cuya riqueza procedía del control hereditario de partes del sistema legal, originalmente reclutada por los monarcas entre la clase media acomodada.

Nuevo Ejército Modelo Fuerzas parlamentarias reorganizadas que derrotaron a los monárquicos en la Guerra Civil inglesa y luego llevaron a cabo la Revolución inglesa en 1649.

oficiales Trabajadores cualificados empleados en los talleres de la Europa de la Edad Media y de comienzos del periodo moderno; de ellos se solía esperar que algún día se convirtieran en maestros artesanos autónomos.

oligarquía Término del griego antiguo que significa «gobierno de unos pocos».

olmecas Primera civilización surgida en México y Guatemala en el último milenio antes de Cristo.

omeyas Dinastía que dirigió el Imperio islámico en Oriente Próximo desde mediados del siglo VII hasta mediados del siglo VIII.

Orange En origen nombre de una familia de príncipes holandeses, aplicado desde el siglo XVIII a los protestantes contrarios a los católicos y partidarios del gobierno británico en Irlanda.

otomanos Líderes de un pueblo de habla turca que conquistó Asia Menor a los imperios islámico y bizantino a finales de la Edad Media, antes de expandirse por el norte de África, Oriente Próximo y los Balcanes.

Parlements Término empleado en la Francia revolucionaria para designar ciertos tribunales importantes.

pasivos, ciudadanos Personas que carecían de derecho de voto en un régimen de sufragio censitario, como la Francia de 1790-1792.

pastoralistas Sociedades basadas en el pastoreo de ganado bovino, ovino, camellos o llamas.

patriarcado Término empleado para designar la sociedad estructurada en torno a hogares bajo el dominio de los varones de más edad, a cuyas órdenes se hallan los demás varones, las mujeres y los sirvientes. Aplicado equívocamente por muchas feministas a todas las sociedades que oprimen a las mujeres.

patricios Elite dirigente hereditaria en el primer periodo de la República romana.

pequeña burguesía Término en principio utilizado para designar a los pequeños tenderos, comerciantes, agricultores capitalistas, etcétera. Extendido para incluir a los profesionales liberales y a los grados intermedios de gestión entre los empleados de cuello blanco.

personas medias Clase media embrionaria de pequeños agricultores y comerciantes en la época de la Guerra Civil inglesa.

pitagorismo Derivado de un matemático de los primeros tiempos de la antigua Grecia (Pitágoras), esta doctrina considera los números y las fórmulas matemáticas como poseedores de cualidades mágicas.

platonismo Doctrina filosófica según la cual el mundo material no es más que un reflejo imperfecto de conceptos ideales.

plebeyos Ciudadanos corrientes en los comienzos de la República romana, propietarios de pequeñas cantidades de tierra. Posteriormente utilizado para describir al sector más pobre de la población urbana, o simplemente a los que se han criado en la clase baja.

presbiterianos Nombre dado a los protestantes calvinistas escoceses, también aplicado a los del sector parlamentario que en la Guerra Civil inglesa querían pactar con los realistas.

proletarios En origen, habitantes de la antigua Roma que no poseían propiedad alguna. En los tiempos modernos, término empleado por Marx para describir a los trabajadores asalariados.

Radical, Partido Principal partido de la clase media francesa en los años previos a la Segunda Guerra Mundial.

Restauración Término empleado en Gran Bretaña en 1660 y en la Europa de 1814-1815 para describir la restauración de la monarquía tras un periodo revolucionario.

revolución urbana Término empleado para designar la transformación de la sociedad producida por el surgimiento de las clases, el Estado, las ciudades y con frecuencia la metalurgia y la escritura.

SA Organización paramilitar de las tropas de asalto nazis.

samurái Estrato privilegiado de caballeros en el Japón anterior a la década de 1860.

Sang Primera dinastía que dirigió un imperio en China, *ca.* 1600 a.C.

sans-culottes Sector más pobre de la población francesa en la época de la Gran Revolución, sobre todo artesanos y sus familias, pero también algunos obreros.

secciones Término empleado para describir reuniones masivas y regulares de personas en cada parte de París durante la Revolución francesa.

segunda servidumbre Reimposición de la servidumbre en Europa oriental a partir del siglo XVI, empleada para producir cereales que los nobles vendían en los mercados de Europa occidental.

semita Nombre de una familia de idiomas originados en el Oriente Próximo, que incluye el hebreo, el árabe y el arameo. Con frecuencia aplicado a pueblos originarios de la región, especialmente a los judíos. De ahí también «antisemita».

siervos Campesinos a medias libres, que cultivan parte de la tierra en su propio beneficio, pero a los que se obliga a suministrar trabajo no remunerado, bienes en especie o pagos en dinero a un señor cuyas tierras no se les permite abandonar.

sijismo Religión del norte de la India, fundada en el siglo XVI, que se opone al sistema de castas e integra aspectos del hinduismo y el islam.

síndrome de Vietnam Temor de la clase dirigente de los EEUU a partir de los años setenta a verse envueltos en una guerra que no pudieran ganar.

Socialdemócratas Independientes (USPD) Escisión izquierdista de la socialdemocracia alemana durante la Primera Guerra Mundial. La mitad se unió a los comunistas en 1920, la otra mitad reingresó en el principal partido socialdemócrata, el SPD.

socialismo utópico Conjunto de doctrinas de comienzos del siglo XIX, según las cuales la sociedad necesita ser organizada de manera planificada y cooperativa, para lo cual no haría falta una revolución, bastaría dar con un gobernante benévolo o formar comunidades cooperativas; asociado en Francia con el conde de Saint-Simon y Charles Fourier, en Gran Bretaña con Robert Owen.

Social-Revolucionario, Partido Partido ruso del primer cuarto del siglo XX que afirmaba basarse en los campesinos, pero en la práctica liderado por abogados.

sóviet En ruso, literalmente «consejo». Empleado en 1905 y 1917 para referirse a los consejos obreros y de soldados. Más tarde utilizado como expresión abreviada del régimen en Rusia.

SPD Partido Socialdemócrata de Alemania.

SS *(Schutzstaffel)* En origen guardia personal de Hitler, se desarrolló hasta convertirse en el núcleo militar del régimen nazi, responsable de los campos de exterminio.

sudras Casta india asociada con la explotación de la tierra. En el antiguo sistema de cuatro castas, por debajo de los sacerdotes, los guerreros y los cultivadores, pero por encima de los parias.

Sung Dinastía que dirigió toda China desde 960 d.C. hasta 1127, y luego el sur de China hasta 1279.

suníes Versión mayoritaria del islam.

taínos Nombre dado por Colón a las primeras poblaciones indígenas con que se encontró en el Caribe.

T'ai-p'ing Rebelión en China de mediados del siglo XIX.

taoísmo Popular ideología religiosa en China durante buena parte de los últimos 2.500 años. Asociado con diversas creencias mágicas, también puede, sin embargo, fomentar la experimentación práctica.

tercer periodo Política estalinista de los partidos comunistas de tratar a los partidos y los sindicatos socialistas como «socialfascistas».

Thermidor Término empleado para designar el golpe contrarrevolucionario contra los jacobinos en Francia en el verano de 1794, basado en el nombre dado por la revolución al mes en que ocurrió, empleado desde entonces (p. e., en Rusia) para describir los comienzos de la contrarrevolución.

Tokugawa Nombre de la familia feudal que dominó Japón desde comienzos del siglo XVII hasta la década de 1860, con frecuencia empleado para describir todo el periodo del feudalismo japonés.

tories En origen simpatizantes de la monarquía de los Estuardo en Gran Bretaña de finales del siglo XVII y comienzos del XVIII, luego uno de los dos partidos de la clase dirigente. Término empleado en los Estados Unidos para describir a los realistas durante la Guerra de Independencia. Hoy en día designa a los partidarios del Partido Conservador.

tributo Suma de dinero recaudada al pueblo de un país conquistado.

UGT (Unión General de Trabajadores) Sindicato bajo influencia del Partido Socialista Obrero Español.

ultraquistas Denominación religiosa basada en los principios husitas en Bohemia. No otorgaba a los sacerdotes ninguna posición especial sobre la masa.

ultras Término a veces empleado para designar a los reaccionarios extremos, no se debe confundir con «ultraizquierdista».

unionistas Partidarios de la soberanía británica sobre Irlanda.

Unión Soviética (Unión de República Socialistas Soviéticas, URSS) Nombre adoptado por las repúblicas del antiguo Imperio ruso en 1924 y luego empleado para designar el imperio estalinista; disuelta en 1991.

vedas Antecedente de la actual religión hindú, incluía el sacrificio de animales.

Vendée Región del oeste de Francia en la que en 1792 se produjo la revuelta de los monárquicos contra la revolución.

vikingos Pueblo de Escandinavia que en los siglos IX y X realizó incursiones en la Europa occidental y mediterránea antes de asentarse en Inglaterra, Escocia, Irlanda, Islandia, Rusia, Normandía y Sicilia.

villanos Siervos medievales.

virrey Gobernador de un país colonizado que disfruta de poder casi regio (absoluto).

Whig Antecesor del Partido Liberal. Partido en origen asociado con el acuerdo constitucional al que se llegó en Gran Bretaña en 1688. A comienzos del siglo XIX pasó a identificarse con el sector industrial de la clase dirigente en cuanto opuesto al hacendado. También empleado para designar la concepción de la historia inglesa que ve todo como una evolución perfecta hasta el presente liberal.

zamindars Clase de notables locales que vivían del reparto de los impuestos territoriales en la India mogol, transformada en la moderna clase terrateniente tras la conquista británica.

zapotecas Pueblo del sur de México que instauró la civilización del Monte Albán a partir de 500 d.C.

zoroastrismo Religión de Irán antes del ascenso del islam. Implica la creencia de una lucha eterna entre el bien y el mal. Hoy en día sobrevive entre pequeñas comunidades parsis en el subcontinente indio.

Para seguir leyendo

Esta lista no pretende ser en absoluto exhaustiva, sino simplemente sugerir unos cuantos libros de fácil lectura que permitan al lector profundizar un poco más en los temas planteados en cada sección. Quien quiera hacer más que eso, debe consultar las notas a pie de página.

Parte I: El surgimiento de las sociedades de clases

Myths of Male Dominance, de Eleanor Leacock, es el estudio más accesible de las sociedades cazadoras-recolectoras. *The !Kung San,* de Richard Lee, profundiza en una de ellas, lo mismo que *The Forest People,* de Richard Turnbull. *Stone Age Economics,* de Marshall Sahlins [ed. cast.: *Economía de la Edad de Piedra,* Madrid, Akal, 1977, reimp. 2015], examina la sociedad de la abundancia original y el cambio de las sociedades igualitarias a los caciquismos.

What Happened in History, de Gordon Childe [ed. cast.: *Qué sucedió en la historia,* Buenos Aires, La Pléyade, 1973] sigue siendo con mucho el estudio más accesible del Neolítico y de las revoluciones urbanas en Eurasia, aunque parte de su material y de su cronología está anticuado. Para una cronología revisada, véase *Before Civilisation,* de Colin Renfrew. Para el antiguo Egipto, véase *Ancient Egypt, A Social History,* de Bruce Trigger *et al.* [ed. cast.: *Historia del Egipto antiguo,* Barcelona, Crítica, 1985]; para las Américas, *Ancient American Civilisations,* de Friedrich Katz.

Parte II: El mundo antiguo

Gordon Childe resulta de nuevo de un valor incalculable. *A History of Chinese Civilisation,* de Jean Gernet [ed. cast.: *El mundo chino,* Barcelona, Crítica, 1991], es una buena introducción, lo mismo que el primer volumen de la *Penguin History of India*, de Romina Thapar [ed. cast.: *Historia de la India,* México, Fondo de Cultura Económica, 1969]. En *Class Struggles in the Ancient Greek World,* de Geoffrey de Ste. Croix [ed. cast.: *La lucha de clases en el mundo griego antiguo,* Barcelona, Crítica, 1988], se encontrará un detallado análisis de la esclavitud griega y la decadencia del Imperio romano. Para una historia más antigua de Roma, véase *Social Conflicts in the Roman Republic,* de P. A. Brunt [ed. cast.: *Conflictos sociales en la República romana,* Buenos Aires, Eudeba, 1973]. Yo soy crítico con algunos puntos de *The Foundations of Christianity,* de Karl Kautsky [ed. cast.: *Orígenes y fundamentos del cristianismo,* Salamanca, Sígueme, 1974], así como con muchos puntos de su política, pero debe leerse. *The Early Church,* de Henry Chadwick, es útil por lo que se refiere a la institucionalización del cristianismo.

Parte III: La «Edad Media»

De Peter Brown, *The World of Late Antiquity* [ed. cast.: *El mundo en la Antigüedad tardía,* Madrid, Taurus, 1989] y *The Rise of Western Christendom* se ocupan de los primeros desarrollos en Europa occidental, Bizancio y Oriente Próximo. Gernet vuelve a proporcionar un buen estudio de los desarrollos chinos. La colección de ensayos editados por W. Haeger, *Crisis and Prosperity in Sung China,* examina en profundidad un periodo clave, y los varios volúmenes del compendio realizado por Colin Ronan de la obra de Joseph Needham sobre la ciencia china, C. Ronan y J. Needham, *The Shorter Science and Civilisation of China,* resultan reveladores no sólo sobre la ciencia y la tecnología chinas, sino también sobre el desarrollo técnico en general. La introducción más accesible al Imperio bizantino es *Byzantium,* de Cyril Mango. *The Arabs in History,* de Bernard Lewis, constituye la visión panorámica más accesible sobre la historia islámica primitiva, lo mismo que, de Maxime Rodinson, *Mohammed* and *Islam and Capitalism* [ed. cast.: *Islam y capitalismo,* Buenos Aires, Siglo XXI, 1973].

Basil Davidson desempeñó un papel pionero en la exploración de la historia africana, y sus *Africa in History* y *The Search for Africa* son de gran utilidad, si bien en este terreno, ahora que el prejuicio colonial está dando sus últimos coletazos, continuamente se están haciendo nuevos descubrimientos. Por lo que a Europa se refiere, los dos volúmenes de *Feudal Society*, de Marc Bloch [ed. cast.: *La sociedad feudal*, Madrid, Akal, 1988, reimp. 2002], siguen siendo la mejor introducción general, y *Medieval Civilisation*, de Jacques Le Goff [ed. cast.: *La civilización occidental medieval*, Barcelona, Paidós, 1999], es muy accesible. Los dos libros de Guy Bois, *The Transformation of the Year 1000* [ed. cast.: *La revolución del año mil*, Barcelona, Grijalbo Mondadori, 1997; reed. en Crítica] (sobre el surgimiento de la producción feudal) y *The Crisis of Feudalism*, son más técnicos, pero de inestimable valor. Rodney Hilton se ocupa de esta crisis, de una manera similar a Bois, en su *Class Struggle and the Crisis of Feudalism* [ed. cast.: *Conflicto de clases y crisis del feudalismo*, Barcelona, Crítica, 1988]. *The Medieval Machine*, de Jean Gimpel, constituye un estudio muy legible sobre los cambios en tecnología y el primer redescubrimiento del saber clásico en el siglo XIV.

Parte IV: La gran transformación

La primera parte del *Manifiesto Comunista* sigue careciendo de rival para obtener una visión panorámica del aluvión de cambios ocurridos. Los tres volúmenes de *Capitalism and Civilisation*, de Fernand Braudel [ed. cast.: *Civilización material, economía y capitalismo*, Madrid, Alianza, 1984], que abarcan los siglos XV-XVIII, explican con mucho detalle los cambios en las vidas de las personas y la política mundial producida por el surgimiento del mercado. *Transitions to Capitalism in Early Modern Europe*, de R. S. Duplessis [ed. cast.: *Transiciones al capitalismo en Europa durante la Edad Moderna*, Zaragoza, Prensas Universitarias de Zaragoza, 2001], resume más brevemente los cambios económicos producidos en Europa a lo largo de esos tres siglos. El carácter social de la Reforma alemana está muy bien tratado en *The Politics of the Reformation in Germany*, de Thomas Brady, *Communal Reformation*, de P. Bickle, y *The People's Reformation*, de J. Abray. *Communism in Europe in the Age of the Reformation*, de Karl Kautsky, sigue mereciendo ser leído, lo mismo que *La guerra campesina en Alemania*, de Engels [ed. cast.: *Las guerras campesinas en Alemania*, México, Grijalbo,

1971]. Pese a su confuso título, *The Conquest of Poverty,* de Henry Heller, constituye un estupendo análisis de las raíces de clase del calvinismo en Francia. *The Thirty Year War,* de J. V. Polišenský, es imprescindible para comprender uno de los acontecimientos más confusos de la historia europea. Sobre la Revolución inglesa se ha escrito tanto, especialmente por Christopher Hill y Brian Manning, que resulta difícil saber qué recomendar, pero *The Century of Revolution* [ed. cast.: *El siglo de la Revolución, 1603-1704,* Madrid, Ayuso, 1972] y *God's Englishman,* de Hill, *Aristocrats, Plebeians and Revolution in England,* de Manning, y *The New Model Army,* de Gentles, pueden ser buenos puntos de partida. Sobre China, de nuevo se ha de recomendar a Gernet. Sobre la India, léase *A History of India,* de Burton Stein, mientras que *Agrarian Structure of Mogul India,* de Irfan Habib, es importante para una comprensión de lo ocurrido en la India mientras Europa occidental estaba comenzando a apoderarse del resto del mundo; pero evítese la segunda parte de *History of India,* de Spear [ed. cast.: *Historia de la India, II,* México, Fondo de Cultura Económica, 2001], pues es árida y difícil de seguir.

Parte V: La expansión del nuevo orden

En *Europe in the 18th Century,* de George Rudé [ed. cast.: *Europa en el siglo XVIII,* Madrid, Alianza, 1978], se hallará una panorámica de los desarrollos en Europa occidental, en R. S. Duplessis una panorámica de los cambios económicos, y en *Revolutionary Empire,* de Angus Calder, una panorámica del ascenso de Gran Bretaña y sus colonias. *The Making of New World Slavery,* de Robin Blackburn, actualiza el clásico de Eric Williams *Capitalism and Slavery* [ed. cast.: *Capitalismo y esclavitud,* Buenos Aires, Siglo XX, 1973] y detalla el surgimiento de las ideas racistas. *Slavery and African Life,* de Patrick Manning, trata del impacto en África. *Religion and the Decline of Magic,* de Keith Thomas, detalla el desarrollo de la manera científica de abordar el mundo en el siglo XVII, mientras que varios libros de Robert Darnton (por ejemplo, *The Business of the Enlightenment* [ed. cast.: *El negocio de la Ilustración,* México, Fondo de Cultura Económica, 2006]) se ocupan de sus raíces sociales en el XVIII. La marxista *A History of Economic Thought,* de Isaac Rubin, constituye un estudio muy útil de las ideas de Adam Smith.

Parte VI: El mundo vuelto patas arriba

Dos libros de Eric Hobsbawm, *The Age of Revolution* [ed. cast.: *La era de la revolución,* Barcelona, Labor, 1991] y *The Age of Capital* [ed. cast.: *La era del capital,* Barcelona, Labor, 1998, ambos reeditados en Crítica], dan una visión de la larga ola de cambios, especialmente en relación con Europa. En Gernet se hallará una panorámica similar sobre China que vale la pena complementar con la compilación de Franz Schurmann y Orville Schell *Imperial China* [ed. cast.: *China imperial,* México, Fondo de Cultura Económica, 1971]. *The American Revolution,* de Edward Countryman, resulta indispensable para la Guerra de la Independencia, lo mismo que *The Battle Cry of Freedom,* de James McPherson, para la Guerra Civil americana. *The French Revolution,* de Albert Soboul [ed. cast.: *La Revolución francesa,* Madrid, Tecnos, 1966], *The Great French Revolution,* de Kropotkin, y *Class Struggle in the First French Republic,* de André Guérin, aportan tres perspectivas distintas, todas ellas muy legibles. *The Black Jacobins*, de C. L. R. James [ed. cast.: *Los jacobinos negros: Toussaint l'Ouverture y la revolución de Haití,* Madrid, Turner, 2003], es el estudio clásico de la rebelión de los esclavos en Haití. *The Making of the English Working Class,* de Edward Thompson [ed. cast.: *La formación histórica de la clase obrera, Inglaterra 1780-1832,* Barcelona, Laia, 1977; reed. en Capitán Swing como *La formación de la clase obrera en Inglaterra,* 2012], abarca el periodo que va de la década de 1780 a la de 1830, y *The Chartists,* de Dorothy Thompson, prolonga el relato hasta incluir el movimiento cartista. *The Condition of the Working Class in England,* de Engels [ed. cast.: *La situación de la clase obrera en Inglaterra,* Madrid, Akal, 1976], explica gráficamente lo que la Revolución industrial supuso para las vidas de los obreros, y *1848,* de John Saville, constituye un estudio detallado de los conflictos ocurridos en Gran Bretaña e Irlanda ese año. *Documents on the French Revolution of 1848,* de Roger Price, es de gran utilidad, lo mismo que *Rhineland Revolutionaries,* de Jonathan Sperber. *Las luchas de clases en Francia de 1848 a 1850* y *El dieciocho brumario de Luis Bonaparte,* de Karl Marx (Madrid, Akal, 2016; vol. 1 de las *Obras Escogidas* [OE] de Marx y Engels), y *Revolución y contrarrevolución en Alemania,* de Engels (erróneamente atribuida a Marx en algunas ediciones antiguas), constituyen análisis pioneros. Sobre Marx y Engels, véase el excelente *The Revolutionary Ideas of Karl Marx,* de Alex Callinicos, y la biografía clásica *Karl Marx,* de Franz Mehring [ed. cast.: *Carlos Marx: historia de su vida,* Barcelona, Grijalbo, 1967]. *The History of the Paris Commune,* de Lissagaray [ed. cast.: *Historia de la Comuna,* Barcelona, Laia, 1975; reed. como *La Comuna de París* en Txalaparta], *The Paris Commune,* de Jelinek, y *The Siege of París,* de Alistair Horne, son todos buenos, y *La guerra civil en Francia,* de Karl Marx [ed. cast.: Madrid, Akal, 2016, vol. 1 de *OE*], sigue siendo fascinante.

Parte VII: El siglo de la esperanza y del horror

Hay pocas visiones panorámicas del siglo que resulten satisfactorias. La serie televisiva y el libro de la BBC *The People's Century* presentan la mayor parte de los principales acontecimientos del siglo tal como los experimentaron quienes participaron en ellos, pero de una manera algo caprichosa. *The Age of Imperialism,* de Eric Hobsbawm [ed. cast.: *La era del imperio,* Barcelona, Labor, 1990; reed. por Crítica], constituye una útil introducción a las fuerzas en funcionamiento a comienzos del siglo, y en su *The Age of Extremes* [ed. cast.: *Historia del siglo XX,* Barcelona, Crítica, 1994] se encontrarán perspicaces ideas sobre algunos de los principales acontecimientos y las corrientes culturales del siglo, pero a cambio no examina realmente ni el desarrollo de las clases sociales ni el gran conflicto entre ellas, que tan importantes fueron en la determinación del rumbo del siglo. *A Century of War,* de Gabriel Kolko [ed. cast.: *El siglo de las guerras,* Barcelona, Paidós, 2005], trata muy bien ciertos episodios, pero dista de ser exhaustivo. Sobre desarrollos y acontecimientos concretos abundan, sin embargo, los buenos libros.

The Scramble for Africa, de Thomas Packenham, pone de manifiesto lo que el imperialismo les hizo a los pueblos que conquistó. *History of the Russian Revolucion,* de León Trotsky [ed. cast.: *Historia de la Revolución rusa,* Madrid, Sarpe, 1985], sigue siendo la mejor monografía sobre la Revolución rusa, pero la versión abreviada de *The Russian Revolution of 1917,* del menchevique N. N. Sujánov, también es buena. Los dos primeros volúmenes de la biografía de Lenin de Tony Cliff constituyen una buena introducción a la historia del movimiento socialista en Rusia, y el segundo volumen también ofrece un accesible esbozo de los acontecimientos de 1917. *Rosa Luxemburg,* de Paul Frölich, es bueno como biografía y como guía para las discusiones habidas en el seno del Partido Socialdemócrata Alemán, mientras que *German Social Democracy,* de Carl Schorske, es el mejor estudio sobre ese partido.

Sobre los años revolucionarios de 1918-1922 hay mucho material en alemán; en inglés la obra más exhaustiva sigue siendo mi *The Lost Revolution:*

Germany 1918-23. The Rise of Italian Fascism, escrito por Angelo Tasca bajo pseudónimo (Angelo Rossi), es el mejor libro sobre el tema, pero difícil de encontrar. *Italian Fascism,* de Giampiero Carocci [ed. cast.: *Historia del fascismo,* México, UTEHA, 1961], es útil, y puede completarse con *Antonio Gramsci and the Origins of Italian Communism,* de J. M. Cammett, y *Occupation of the Factories,* de Paolo Spriano. *The Western Soviets,* de Donny Gluckstein, reúne la experiencia de las revueltas obreras en la Europa del periodo. *The Comintern,* de Duncan Hallas, y *Lenin's Moscow,* de Alfred Rosmer, describen los primeros años del Comitern. *World Revolution,* de C. L. R. James, lleva el relato hasta comienzos de los años treinta, y *La crisis del movimiento comunista. De la Komintern al Kominform,* de Fernando Claudín, cuenta toda la historia. *Memoirs of a Revolutionary,* de Victor Serge [ed. cast.: *Memorias de un revolucionario,* México, El Caballito, 1967; reed. en Veintisieteletras, 2011], constituye una maravillosa introducción al movimiento y al periodo. *The Chinese Labor Movement,* de Jean Chesneaux, es el estudio más cabal sobre su crecimiento y derrota en los años veinte. *The Tragedy of the Chinese Revolution,* de Harold Isaacs, es excelente y más fácil de encontrar. El segundo volumen de la biografía de Trotsky de Isaac Deutscher, *The Prophet Unarmed* [ed. cast.: *Trotsky, el profeta desarmado,* México, Era, 1971], y el tercer volumen de *Trotsky,* de Tony Cliff, se ocupan, desde puntos de vista ligeramente diferentes, de los cambios ocurridos en Rusia en los años veinte, mientras que *Lenin's Last Struggle,* de Moshe Lewin [ed. cast.: *El último combate de Lenin,* Barcelona, Lumen, 1970], detalla la desconfianza que Stalin inspiraba a Lenin. *The Great Crash,* de J. K. Galbraith [ed. cast.: *El crac del 29,* Barcelona, Ariel, 1989], es un estudio fascinante sobre el crac del 29 aunque no profundice en la crisis de los años treinta. *The World in Depression,* de Charles Kindelberger, se concentra principalmente en las disputas entre los gobiernos sobre las finanzas internacionales. *The Nazis, Capitalism and The Working Class,* de Donny Gluckstein, trata del más desastroso efecto político de la depresión. De la Francia de los años treinta se ocupa muy bien Julian Jackson en *The Popular Front in France. Fallen Bastions,* de R. Gedye, relata el levantamiento en Viena. No faltan los buenos libros sobre la Guerra Civil Española: *The Revolution and the Civil War in Spain,* de Broué y Témime [ed. cast.: *La revolución y la guerra en España. Primera parte,* México, Fondo de Cultura Económica, 1977], la historia oral de Ronald Fraser *Blood of Spain* [ed. cast.: *Recuérdalo tú y recuérdalo a otros,* Barcelona, Crítica, 2016], el estudio contemporáneo de Felix Morrow *Revolution and Counter-Revolution in Spain* [ed. cast.: *Revolución y contrarrevolución en España,* Buenos Aires, Pluma, 1976], y *Homage to Catalonia* de Orwell [ed. cast.: *Homenaje a Cataluña,* Barcelona, Ariel, 1970]. En *Labor's Giant Step*, de Art Preis, se encontrará un relato fascinante del movimiento obrero estadounidense de los años treinta, mientras que en *Teamster Rebellion,* de Farrell Dobbs, es uno de sus líderes el que cuenta una de las huelgas más importantes. *The Second World War,* de A. J. P. Taylor, da una sencilla explicación de los hechos ocurridos durante la guerra. *The Politics of War,* de Gabriel Kolko [ed. cast.: *Políticas de guerra,* Barcelona, Grijalbo, 1974], se ocupa de las maniobras de las grandes potencias que llevaron a la represión del movimiento de resistencia y luego a la Guerra Fría. Dos libros de Ian Birchall, *Bailing Out the System* y *Workers against the Monolith,* tratan del comportamiento de los partidos socialdemócratas y comunistas en Occidente durante la posguerra. *End of Empire,* de Brian Lapping (basado en una serie televisiva de mediados de los años ochenta), es un excelente estudio sobre algunos de los principales movimientos anticoloniales en la esfera de influencia británica. *The Mandate of Heaven,* de Nigel Harris, es un estudio crítico del periodo de Mao en China. *State Capitalism in Russia,* de Tony Cliff (escrito originalmente en 1947), se ocupa del auténtico dinamismo de la sociedad estalinista, mientras que mi propio *Class Struggles in Eastern Europe* describe la instauración de regímenes socialistas en Polonia, Checoslovaquia, Hungría y otras partes, y las crisis por las que pasaron entre 1953 y 1981. En la actualidad existe una docena de libros sobre el movimiento negro en los EEUU durante los años sesenta. *Bearing the Cross,* de Garrow, pasa revista al movimiento por los derechos civiles a través de una biografía de Martin Luther King. La compilación editada por Colin Barker, *Revolutionary Rehearsals,* relata algunas de las insurrecciones de finales de los años sesenta y durante los setenta, mientras que su *Festival of the Opressed* se ocupa por extenso del movimiento obrero polaco de 1980-1981. *A History of Contemporary Italy,* de Paul Ginsborg, y *States of Emergency,* de Robert Lumley, estudian los movimientos que barrieron Italia entre 1969 y 1974.

Parte de la mejor historia oral reciente se encontrará en accesibles documentales televisivos. *People's Century* y *The Nazis: A Warning from History,* de la BBC, son sumamente recomendables, lo mismo que la historia del movimiento afroamericano *Eyes on the prize; The Cold War* no siempre es tan bueno. La película *The Wobblies* es una visión documental de la militancia obrera en los EEUU durante el primer cuarto del siglo XX, y las dos primeras partes de la trilogía de Patricio Guzmán *La Batalla de Chile,* un fascinante relato de lo ocurrido al gobierno de Allende.

Índice

SEXTA PARTE
EL MUNDO VUELTO PATAS ARRIBA

SÉPTIMA PARTE
EL SIGLO DE LA ESPERANZA Y DEL HORROR